CB

Barthel Hrouda

DER ALTE ORIENT

Geschichte und Kultur
des alten Vorderasien

Mit Beiträgen von Jean Bottéro
Peter Calmeyer, Dietz Otto Edzard
Tilman Eickhoff, Karlheinz Keßler
Paolo Matthiae, Johannes Renger
Ulrike Rösner, C. B. F. Walker
Claus G. Wilcke und Gernot Wilhelm

C. Bertelsmann

Der Band enthält 480 Abbildungen und 44 graphische Darstellungen.

Frontispiz: Goldener Stierkopf am Klangkasten einer Leier aus dem Königsfriedhof von Ur. Bagdad, Iraq Museum.
Vorsatz: Relief an der Ostfassade des Apadana in Persepolis.
Umschlag Vorderseite: Elfenbeinplatte aus Nimrūd. Bagdad, Iraq Museum.
Umschlag Rückseite: »Friedensseite« der »Standarte von Ur«. London, British Museum.

Idee, Konzeption und Redaktion: topic GmbH, München-Karlsfeld
Ausführung des Layouts: Hubert K. Hepfinger, Freising
Graphische Darstellungen: E. Bostancı (36), J. Becker (424), C. Haase u. U. Seidl (426), nach H. J. Nissen (274), U. Seidl (410, 412, 413), A. Vogrin u. M. Derler (40 u, 71, 78, 120, 304, 306, 307, 312, 392, 418, 439), A. von Wickede u. S. Herbordt (40 o, 43, 52), C. Wolf (44, 45), E. Wirth (16, 22), J. Zwick (176, 446/447, 449).

Satz: Fotosatz Skazel GmbH, München
Reproduktionen: Hofmüller, Linz
Druck + Bindung: Mohndruck Graphische Betriebe GmbH, Gütersloh
Printed in Germany 1998 · Buch-Nr. 10152 7
ISBN 3572-00867-0

Vorwort

»Ex oriente lux« lautet ein altes geflügeltes Wort, und wir wissen heute besser denn je, daß dieser Ausspruch zu Recht besteht. Denn wie in diesem Buch dargelegt wird, sind die entscheidenden »Erfindungen« in der Geschichte der Menschheit auf dem Boden des Alten Orients entstanden: die Domestizierung der wichtigsten Haustiere und die Kultivierung der ersten Nutzpflanzen, aber auch die Schrift, die Mathematik, die Geometrie, die Astronomie und der Kalender sowie, als bedeutende technische Errungenschaft, die schnell drehende Töpferscheibe, um nur die wesentlichen zu nennen.

Unter den damaligen Menschen kam wohl den Bewohnern des südlichen Zweistromlandes, den Sumerern, wie sie nach einer geographischen Bezeichnung der Akkader heißen, eine Schlüsselposition zu. Sie waren die Begründer der ersten städtischen Hochkultur zwischen Euphrat und Tigris, im späteren Babylonien, und, wenn uns nicht alles täuscht, ebenso die Erfinder der ersten Schrift, von der sich letztlich auch das griechische und lateinische Alphabet ableiten. *Biblia* und *poinika grammata* nannten die Griechen bezeichnenderweise ihre Schriftzeichen, denn sie hatten sie von den Phönikern übernommen, den semitischen Bewohnern der Levante, die mit der Konsonantenschrift eine höhere, abstrakte Form von »Buchstaben« entwickelt hatten. Den Namen der phönikischen Stadt Byblos verbanden die Griechen auch mit dem Begriff des Beschreibstoffs und Buches. Bis heute werden die semitischen Wörter für »Rind« und »Haus«, »Alpha-bet«, verwendet, um die Reihenfolge der Buchstaben zu bezeichnen.

Der Vordere Orient war aber auch die Heimat von drei der vier Weltreligionen, der mosaischen, der christlichen und der islamischen. Natürlich sind wir heute weit davon entfernt, in »Babel« die Wiege zumindest der ersten beiden Religionen zu sehen, wie es zu Anfang unseres Jahrhunderts im »Babel-Bibel-Streit« geschehen ist. Immerhin stoßen wir dort schon auf Ansätze zum Monotheismus und auf den Dualismus von Gut und Böse, grundlegende Vorstellungen in allen drei Religionen, die sich als »prophetische« Religionen von der vierten Weltreligion, dem »mythischen« Buddhismus, prinzipiell unterscheiden.

Der Vordere Orient blieb auch nach dem Ende der altorientalischen Reiche noch lange Zeit tonangebend, nicht nur unter Alexander dem Großen und seinen Nachfolgern, den Diadochen, sondern auch in der Römerzeit – man denke nur an die demütigenden Niederlagen der Römer bei Carrhae/Harran gegen die Arsakiden und Sasaniden – und darüber hinaus unter den Byzantinern und Arabern bis ins 13. Jahrhundert.

Ein beredtes Zeugnis der gegenseitigen Berührungen zwischen Orient und Okzident, sei es im Krieg, sei es in Friedenszeiten, ist das berühmte Reiterstandbild Marc Aurels auf dem Kapitolsplatz in Rom, das der Vernichtung nur dadurch entgangen ist, daß es als Darstellung Konstantins galt, des ersten christlichen Kaisers, dessen erhobene linke Hand als segnender Gestus aufgefaßt wurde. Wie neueste Forschungen ergaben, wurde die Herrscherfigur auf ein älteres Pferd aus dem seleukidischen Osten gesetzt, das nach achämenidischer Art geschirrt und aufgezäumt ist. Diesen Hinweis verdankt der Herausgeber einem der Autoren, Herrn Prof. P. Calmeyer.

Wir wissen heute, daß der Niedergang der arabischen Kultur nicht nur durch die Mongolen, sondern in gleicher Weise auch, so unglaublich es klingen mag, durch die wichtigste Grundlage menschlicher Existenz im mittleren und südlichen Mesopotamien verursacht wurde: die künstliche Bewässerung. Der Salzgehalt des Grundwassers führte nämlich bei der schnellen Verdunstung zur Versalzung und damit zur Unfruchtbarkeit des Bodens. Erst in den letzten zwanzig Jahren hat man im Irak, von Hilleh bei Babylon bis in die Gegend nördlich von Uruk, damit begonnen, das Salz wieder aus dem Boden zu schwemmen. Das Land konnte dadurch für den Getreideanbau zurückgewonnen werden.

Ein weiterer Umstand, der zum Niedergang beigetragen hat, war offenbar die Entdeckung des Seewegs nach Indien, wodurch Landverbindungen wie die Seidenstraße ihre einzigartige Bedeutung für den Handel und den kulturellen Austausch nach und nach einbüßten.
Was den Vorderen Orient zu allen Zeiten »auszeichnete« und bewirkte, daß seine Geschichte einen so andersartigen Verlauf als beispielsweise die ägyptische nahm, waren die offenen Grenzen. Dies gilt besonders für Mesopotamien, das Land, in dem »Milch und Honig flossen« und das daher von vielen Menschen und Völkern begehrt war. Alle tausend Jahre fanden hier große Einwanderungen aus verschiedenen Himmelsrichtungen statt; die letzte war die arabische aus dem Süden.
Eine kontinuierliche Entwicklung der Kultur wie in Ägypten gab es hier also nicht, im Gegenteil, mit Schiller kann man sagen: »Wer zählt die Völker, nennt die Namen ...« Sumerer, Semiten und Indogermanen begegneten sich auf diesem Boden und bestimmten die Geschicke des Vorderen Orients. Die kulturelle Vielfalt dieses Gebiets ist für den Wissenschaftler, der sich damit befaßt, ebenso reizvoll wie kompliziert.
Dieses Buch soll einen Überblick über die verschiedenen Aspekte der altorientalischen Kultur auf dem neuesten Stand der Forschung bieten. Eine Reihe bekannter Wissenschaftler hat daran mitgearbeitet. Der Herausgeber und der Verlag danken Ihnen dafür sehr, ebenso den Photographen und Museen, die Bildmaterial zur Verfügung gestellt haben. Besonders glücklich sind wir über die Erlaubnis des Generaldirektors der irakischen Antikenverwaltung, Herrn Dr. Mu'ayid S. Damerji, einige der noch unveröffentlichten kostbaren Funde aus den Gräbern neuassyrischer Prinzessinnen abbilden zu dürfen.
Verzichtet wurde in dieser Publikation auf die Behandlung der antiken Verhältnisse auf der Arabischen Halbinsel und der Kulturen am Persischen Golf, weil man zu den noch relativ neuen Ergebnissen erst einen gewissen Abstand haben muß, um sie in den allgemeinen historischen Zusammenhang richtig einordnen zu können. Schon heute ist jedoch zu erkennen, daß den Handelsbeziehungen zwischen Mesopotamien und den Induskulturen im Bereich des antiken Melluḫḫa ein besonderer Stellenwert zukommt.
Die in diesem Buch verwendeten Regierungsdaten sind, wenn nicht anders vermerkt, den Bänden der »Fischer Weltgeschichte« entnommen, die sich für die Zeit vor 1500 v. Chr., der sogenannten Mittleren Chronologie bediente. Deren Ansätze liegen um 64 Jahre höher als die der sogenannten Kurz-Chronologie, aber auch um rund 200 Jahre niedriger als die der extrem langen. Kommen in einigen Fällen zwei Zeitangaben vor, bezieht sich die erste auf die Mittlere, die zweite auf die Kurz-Chronologie. Als Dreh- und Angelpunkt nimmt man meist die Regierungsdaten des berühmten Königs von Babylon, Hammurabi, der nach der Mittleren Chronologie 1792 – 1750, nach der Kurz-Chronologie 1728 – 1686 regiert haben soll. Eindeutig gesichert sind beide Zeitangaben nicht, nur die Länge seiner Regierungszeit von 42 Jahren.

München, im Dezember 1990 — Barthel Hrouda

Anmerkungen zur Schreibweise und Aussprache

Orts-, Völker- und Personennamen sind in der wissenschaftlichen Transkription wiedergegeben, soweit sich nicht biblische Formen (z. B. Sanherib) oder sonstige vereinfachte Schreibungen (z.B. Bagdad statt Baġdād) eingebürgert haben.

ā = langes a, neigt im Persischen zu ō
č = türkisch ç, tsch (wie in tschechisch)
ḍ = emphatisches d, im Persischen stimmhaftes s
ḏ = stimmhaftes englisches th (wie there)
ġ = Zäpfchen-r
ǧ = türkisch ç, dsch (wie in Dschungel)
ḥ = scharf aspiriertes h
ḫ = ch (wie in Lachen)
ī = langes i
ı = dunkles türkisches i
q = emphatisches (»velares«) k
ṣ = emphatisches s
š = türkisch ş, stimmloses sch
ṭ = emphatisches t
ṯ = stimmloses englisches th (wie in think)
ū = langes u
ẓ = stimmhaftes s
’ = fester Stimmeinsatz
‘ = gepreßter Kehllaut

Im Arabischen liegt die Betonung auf der letzten langen Silbe des Wortes, wenn sie zu den drei letzten Wortsilben gehört. Im Persischen wird fast stets die letzte Wortsilbe betont, auch in Lehnwörtern aus dem Arabischen.

Inhaltsverzeichnis

Naturraum 11
ULRIKE RÖSNER

Das Großrelief 11 – Das Klima 13
Die Vegetation 17 – Das Wasser 20
Die Lebensräume der Hochkulturen 22

Wasserschöpfrad bei ʿAna am Mittleren Euphrat

Vorgeschichte 35
BARTHEL HROUDA

Die »neolithische Revolution« 35
Das Aufkommen des Ziegelbaus 39
Die Anfänge der Keramik 40 – Das Chalkolithikum 49
Der Übergang zur Frühgeschichte in Südmesopotamien 51

Norşuntepe in Ostanatolien

Geschichte 55

Sumer und Akkad 55
DIETZ OTTO EDZARD

Hethiter und Hurriter 85
GERNOT WILHELM

Die Assyrer 112
Babylonien im 2. und 1. Jahrtausend 150
Das Reich der Achämeniden 162
KARLHEINZ KESSLER

Felsrelief in Sār-i Pūl

Wirtschaft und Gesellschaft 187
JOHANNES RENGER

Die natürlichen Grundlagen der Landwirtschaft 187
Die Grundstrukturen der Gesellschaft und ihre Entwicklung 189
Die Wirtschaft Babyloniens im 3. Jahrtausend 191
Landeigentum und Palastgeschäft in Altbabylonischer Zeit 197
Babylonien und Assyrien seit der Mitte des 2. Jahrtausends 200
Fernhandel 206 – Lokaler Austausch 208
Handwerkliche Produktion 212

Statuette des Schreibers Dudu. Bagdad, Iraq Museum

Religion 217
JEAN BOTTÉRO

Das religiöse Empfinden 219
Religiöse Vorstellungen 220
Götter, Welt und Menschen 227
Das kultische Verhalten 235
Wahrsagerei und Beschwörungswesen 238

Beterstatuette aus Larsa. Paris, Louvre

Wissenschaft und Technik 247
C.B.F. WALKER

Mathematik 248 – Astronomie 251
Kartographie 257 – Maße und Gewichte 258
Medizin 260 – Technologie 261

Zeremonialaxt. Bagdad, Iraq Museum

Schrift und Literatur 271
CLAUS G. WILCKE

Die Anfänge der Schrift 271
Urkunden und Literatur der Fāra-Zeit 273
Die Sprachen 276 – Die Weiterentwicklung der Keilschrift 278
Altsumerische Literatur und Werke der Akkad-Zeit 279
Die Gudea-Zylinder 282 – Altbabylonische Literaturtradition 284
Ninurta-Epen 286 – Literaturwerke der III. Dynastie von Ur 287
Gilgameš-Epen 291 – Atramḫasīs-Epos 293
Weltschöpfungsepos 294 – Die Aussage mythischer Erzählungen 294
Sänger und Dichter 294 – Spätere Literaturüberlieferung 297

Gudea-Zylinder B. Paris, Louvre

Kunst 299

Mesopotamien 299
BARTHEL HROUDA

Syrien 366
PAOLO MATTHIAE

Anatolien 378
PETER SPANOS

Elam 410
Die altorientalische Kunst im Reich der Achämeniden 418
PETER CALMEYER

Marmorkopf aus Uruk/Warka. Bagdad, Iraq Museum

Anhang 443

Archäologische Stätten 444
TILMAN EICKHOFF

Sammlungen altorientalischer Kunst 456
Glossar und Zeittafel 457
Literaturhinweise 460 – Register 461
Quellennachweis 463 – Abbildungsnachweis 464

Thronsaalfassade aus Babylon. Berlin, Vorderasiatisches Museum

Naturraum

DIE ERSTEN menschlichen Gemeinschaften waren in ihrer Entfaltung viel intensiver von der natürlichen Gunst oder Ungunst ihres Lebensraumes bestimmt als heutige hochtechnisierte Gesellschaften. Weite Gebiete des Alten Orients blieben darum wegen ihrer kargen, lebensfeindlichen Umwelt lange Zeit von einer dauerhaften Besiedlung ausgespart. Dennoch gab es Landschaften, die den Bedürfnissen der frühen Ackerbauern und Viehzüchter genügten oder gar die Entwicklung blühender Hochkulturen erlaubten.
Der Alte Orient ist Teil des großen altweltlichen Trockengürtels, der sich von der nordafrikanischen Atlantikküste über die Sahara bis weit nach Zentralasien hineinzieht. Den einstigen Kernraum nehmen heute die Staaten Irak, Syrien, Libanon, Israel, Jordanien und Ägypten ein; peripher dazu liegen die Türkei, Iran, Afghanistan und die Staaten der Arabischen Halbinsel. Mit den Randgebieten umfaßt der Alte Orient also den Raum zwischen dem Schwarzen Meer im Norden und dem Golf von Aden im Süden, der Ägäis im Westen und dem Hindukusch im Osten. Seine Ost-West-Ausdehnung entspricht etwa der der USA von der Pazifikküste bis zur Atlantikküste. Solche Dimensionen lassen die Vielfältigkeit der Naturraumausstattung und der natürlichen Ressourcen schon erahnen.

Das Großrelief

Die Gliederung des Großraumes zeigt zwei Grundprinzipien im Reliefaufbau: zum einen die hohen alpidischen Faltengebirge im Nordteil Vorderasiens und zum anderen das weitgespannte flache Tafelland des geologisch viel älteren Arabischen Schildes. Beide Einheiten trennt eine wichtige tektonische Grenze: der Mesopotamische Trog. Er teilt den vorderasiatischen Raum auf einer Linie, die vom Golf von Iskenderun im östlichen Mittelmeer bis zum Golf von Oman reicht. Bereits seit dem Erdaltertum sank er kontinuierlich ab und wurde mit Ablagerungen aus Flüssen und Meeren angefüllt. Er markiert den Kontaktbereich der arabischen Platte – Teil des alten Gondwanakontinents Afrika-Arabien – mit der anatolischen und der iranisch-afghanischen Platte. In einer Art Drehbewegung kollidiert hier der starre Sockel des Arabischen Schildes mit den nördlichen Kontinentalplatten. Aus Süd- bis Südost kommend, schiebt er sich unter die anatolische Masse im Nordwesten und taucht gleichzeitig unter die iranisch-afghanische Platte im Nordosten ab.
Mächtige Schichtpakete, die im Erdmittelalter und teilweise noch in der Erdneuzeit in ehemaligen ausgedehnten Meeresbecken abgelagert worden waren, sind durch den seitlichen Druck zusammengepreßt, gefaltet und schließlich herausgehoben worden. Im Gegensatz zu den Alpen hat aber die Faltung in Anatolien und in Persien auch alte, starre Landmassen erfaßt. Brüche und selektive Hebung oder Absenkung von Schollen waren die Folge. So entstand die charakteristische Gliederung der anatolischen und iranischen Gebirgslandschaften in zentrale Binnenplateaus oder Becken, die an den Rändern von stärker gefalteten Gebirgen eingefaßt sind. Afghanistan ist – trotz ausgeprägter Ebenen im Norden und Süden – in erster Linie ein Hochgebirgsland mit Höhen von 4000 bis weit über 7000 Meter. Hier ist die Kollision der iranisch-afghanischen Platte mit der eurasischen Platte im Norden und der indischen Platte im Osten für die Auffaltung des Hindukusch und seiner Ausläufer verantwortlich. Die zahlreichen Erdbeben in historischer und moderner Zeit zeigen, daß die Plattenbewegungen bis heute noch nicht abgeschlossen sind. Charakteristischerweise sind die tektonisch am stärksten beanspruchten Randgebirge des anatolischen und iranischen Hochlandes (Pontus, Taurus,

Wasserschöpfrad am Mittleren Euphrat bei ʿAna, Irak. Mit solchen »Noiras« wurde im Orient nachweislich schon in römischer Zeit das Wasser aus den großen Strömen gehoben und über Bewässerungskanäle auf die Felder geleitet. Viele waren bis in die Mitte dieses Jahrhunderts noch in Betrieb, mußten dann aber mehr und mehr den rationelleren Motorpumpen weichen.

Oben: Die Palmyraketten in Zentralsyrien gliedern sich in eine Reihe paralleler Bergrücken mit breiten Talzügen. Ihre Höhen – bis zu 1400 m – sind oft zu schroffen Schichtkämmen umgeformt, deren Flanken im Laufe der Zeit von Starkregen zerriedelt wurden. Im unteren Hangbereich gehen sie vielfach mit scharfem Knick in ausgedehnte, schwach geneigte Fußflächen über. Der Jahresniederschlag in dieser Region der Wüstensteppe beträgt etwa 100 bis 150 mm. Trotzdem trugen die heute kahlen Berge einst einen lichten Bestand an Pistazien und Bergwacholder als natürliche Vegetation, der dem menschlichen Eingriff zum Opfer fiel.

Rechtes: Ein ähnliches Kettengebirge, mit Höhen bis über 4000 m, ist der Zagros zwischen dem iranischen Hochland und dem Mesopotamischen Trog. Abschnitt südlich von Dārāb in der iranischen Provinz Fars.

Folgende Doppelseite: Das Zagrosgebirge südlich von Kermānšāh in Luristan.

Zagros und Albroz) sowie der Hindukusch mit seinen Ausläufern am meisten betroffen. Auch die vulkanischen Erscheinungen wie Vulkankegel, Basaltplateaus oder großflächige Tuffablagerungen sind Ausdruck dieser Nahtzonen der Erdkruste. Der 5165 Meter hohe Ararat in Ostanatolien zählt sicher zu den berühmtesten Vulkanen. An gut erhaltenen, ausgeprägten Kegelformen ist erkennbar, daß einzelne Vulkane in jüngster Zeit noch aktiv waren.

Südlich des Mesopotamischen Troges bestimmt der alte Festlandblock des Arabischen Schildes das Relief. Im Westen begrenzt ihn das Grabensystem des Roten Meeres, das sich über das Tote Meer und das Jordantal nach Norden bis zum Taurus fortsetzt. Im Scheitel einer weitgespannten Aufwölbung brach die Erdkruste ein und sank ab. Gleichzeitig stiegen die Schollen auf beiden Seiten an und schufen Bergländer, die mit steiler Front zum Graben weisen. Die jemenitischen und arabischen Randgebirge und die jordanischen Bergländer senken sich von den Grabenrändern nach Osten auf die Hochplateaus der arabischen Tafel ab. Die Bergländer von Galiläa, Palästina und Judäa fallen analog nach Westen ein.

Vulkanmassive und Basaltlavadecken entlang der Grabenzone des Roten Meeres markieren die Kontinentteilung an der Oberfläche. Das größte zusammenhängende Basaltgebiet erstreckt sich über Südsyrien und reicht weit nach Nordostjordanien hinein. Einer der jüngsten Ergüsse, die Legga, konnte auf nur 4000 Jahre datiert werden. Während die älteren Basalte bereits tiefgründig verwitterte, fruchtbare Böden aufweisen, sind die jungen Decken nur kahle Lavablockfelder, auf denen höchstens vom Wind etwas Feinmaterial abgelagert wurde.

Faltungsstrukturen wie im Nordteil Vorderasiens konnten sich auf dem starren Arabischen Schild nicht mehr ausbilden. Allenfalls die Gebirge an der Mittelmeerküste (Libanon, Antilibanon, Aansarīje und Amanus) zeigen noch Verwandtschaft mit dem nördlich anschließenden alpidischen Gebirgssystem des Taurus. Es sind Bruchfaltengebirge, in welchen neben mächtigen mesozoischen Sedimentschichten noch tieferliegende, starre Krustenteile bei der Bewegung erfaßt und zerbrochen wurden. Nach Osten ebbte die Faltungstendenz ab, und nur die oberen Deckschichten wurden noch zu isoliert stehenden Bergrücken aufgewölbt. Flachwellige Ebenen und Plateaus beherrschen sonst das Relief der Arabischen Halbinsel. Die Eintönigkeit wird nur von markanten Landstufen mit bilderbuchhaft ausgeprägten, steilen Stirnen aufgelöst. Rampenartig neigen sich ihre Hangfußflächen (Pedimente) sanft den weiten Ebenen und Becken zu.

Das Klima

Aufgrund seiner großen Nordsüdausdehnung hat der Alte Orient an drei Klimazonen Anteil: Der Hauptteil unterliegt der warmgemäßigten Subtropenzone. Nur ein schmaler Randsaum im Norden sowie die Zentralgebiete des anatolischen Hochlandes gehören bereits den Steppenklimaten der kühlgemäßigten Zone an. Im Süden reicht die Arabische Halbinsel noch randlich in die Tropenzone hinein.

Die Niederschläge fallen vorwiegend im Winterhalbjahr, nur die Südspitze der Arabischen Halbinsel und die Küstengebiete am Schwarzen und am Kaspischen Meer empfangen auch Sommerregen. Die jährlichen Summen variieren zwischen weit unter 100 Millimetern in den zentralen Wüsten, 200–400 Millimetern in den Steppenregionen und vereinzelt erheblich über 1000 Millimetern an den regenexponierten Hängen der Gebirge.

Neben den mittleren Jahressummen macht die Zuverlässigkeit, mit der die Niederschläge fallen, den agrarischen Wert eines Raumes aus. Als Faustregel gilt in Trockengebieten, daß die jährliche Abweichung vom Durchschnittswert um so größer ausfällt, je geringer die mittleren Jahresniederschläge sind. Eine Reihe aufeinanderfolgender Jahre, in denen überhaupt kein Regen fällt, ist in weiten Teilen des Orients also nichts Außergewöhnliches.

In der Regel sind die subtropischen Sommer heiß und trokken mit intensiver Sonneneinstrahlung und die Winter feucht und kühl. Dennoch treten deutliche thermische Kontraste zwischen den Teillandschaften auf. Die mittleren Jahrestemperaturen bewegen sich im Bereich von 15–20 Grad Celsius in den Levantestaaten und in Teilen des iranisch-afghanischen Hochlandes. Zentralanatolien ist mit 10–15 Grad Celsius schon merklich kälter, und in den Hochgebirgen Ostanatoliens und Afghanistans klettert das Thermometer im Jahresmittel nicht über 10 Grad Celsius; in den Kammlagen bleibt es sogar unter 5 Grad Celsius. Alle Hochländer leiden im Winter unter klirrender Kälte und strengen Frösten. Nach Süden zu, auf der Arabischen Halbinsel, steigen die mittleren Jahrestemperaturen rasch auf mehr als 25 Grad Celsius an; einzelne Spitzenwerte liegen über 50 Grad Celsius.

Innerhalb der Klimazonen bestimmen Reliefgestaltung, Höhenlage und Grad der Kontinentalität thermische und hygrische Abstufungen. So stellen sich die mediterranen

Gebirge und das Taurus-Zagros-Gebirgssystem den von Westen kommenden feuchten winterlichen Luftmassen als Regenfänger entgegen. Sie zwingen sie zum Aufsteigen und Abregnen. Die östlichen Gebiete im Regenschatten der Gebirge leiden deshalb besonders unter Trockenheit. Die Effekte der Kontinentalität äußern sich in binnenwärts abnehmenden Niederschlägen und krasser werdenden Temperaturunterschieden. Der Einfluß der Höhenlage bewirkt trockenere, wärmere Tiefländer einerseits und kältere, feuchtere Hochländer andererseits.

Typisch für aride und semiaride Gebiete sind viele lokale und regionale Windsysteme, die in der trockenen Jahreszeit – meist über beackertem Land – als gewaltige Staubstürme auftreten. Sie wirbeln Wolken aus Erde und Feinsand auf, die wie dichter Nebel die Sicht versperren, und treiben sie über weite Strecken vor sich her. Bezeichnend für kleinräumige Luftdruckgegensätze sind die in den Sommermonaten überall in den Steppengebieten entstehenden »dust devils«. Die manchmal einige hundert Meter hohen Luftwirbel (Windhosen) reißen Staub und Sand hoch und wandern über geringe Entfernungen, bis sie wieder in sich selbst zusammenfallen.

Klimawandel

Die Aridität stellt heute ein übergeordnetes Klimamerkmal Vorderasiens dar. Das war nicht immer so. Während des Pleistozäns (Eiszeitalter) – einer Epoche, in der sich in unseren nördlichen Breiten Kaltzeiten und Warmzeiten abwechselten – unterlag der Vordere Orient mehrmals einem Wandel von feuchten und trockenen Phasen. Das Altpleistozän soll verhältnismäßig niederschlagsreich gewesen sein, das Mittelpleistozän trockener und das Jungpleistozän im wesentlichen arid, aber kühler als heute. Die gegenwärtigen Wüstengebiete behielten jedoch ihre aride Prägung bei, obwohl sicher klimatische und graduelle Schwankungen auftraten. Sie wandelten sich aber höchstens zu semiariden Wüstensteppen oder Steppen.

Die Klimageschichte seit dem Höhepunkt der letzten Kaltzeit (etwa 18 000 Jahre vor heute) läßt sich annähernd aus den Änderungen der Florenzusammensetzung rekonstruieren. Untersuchungen des Pollenspektrums pollenführender Sedimente geben darüber Aufschluß. Grundsätzlich breiteten sich in den Feuchtzeiten mehr die Gehölzformationen aus, während in den Trockenzeiten baumlose Steppen wieder an Terrain gewannen.

Bis vor etwa 15 000 Jahren war das Klima des Nahen Ostens trockener und waren die Temperaturen um etwa 10 Grad Celsius niedriger als heute. Eine Zunahme an Eichenpollenprofilen im nördlichen Israel kündigt für etwa 1000 Jahre später den Wandel zu humideren Bedingungen an. Weitere 3000 Jahre dauerte es offenbar, bis die Niederschlagszunahme auch im Nordwesten Syriens spürbar wurde und sich gleichzeitig die Wälder in Anatolien ausdehnten. Dennoch hatten sich zu dieser Zeit in den meisten Regionen des Nahen Ostens die klimatischen Bedingungen noch nicht einschneidend geändert, und die Steppe blieb die charakteristische Vegetation. Die globalen Temperaturen müssen für die Periode 9000–6000 v. Chr. – dem Übergangszeitraum Spätpleistozän/Holozän – um einige

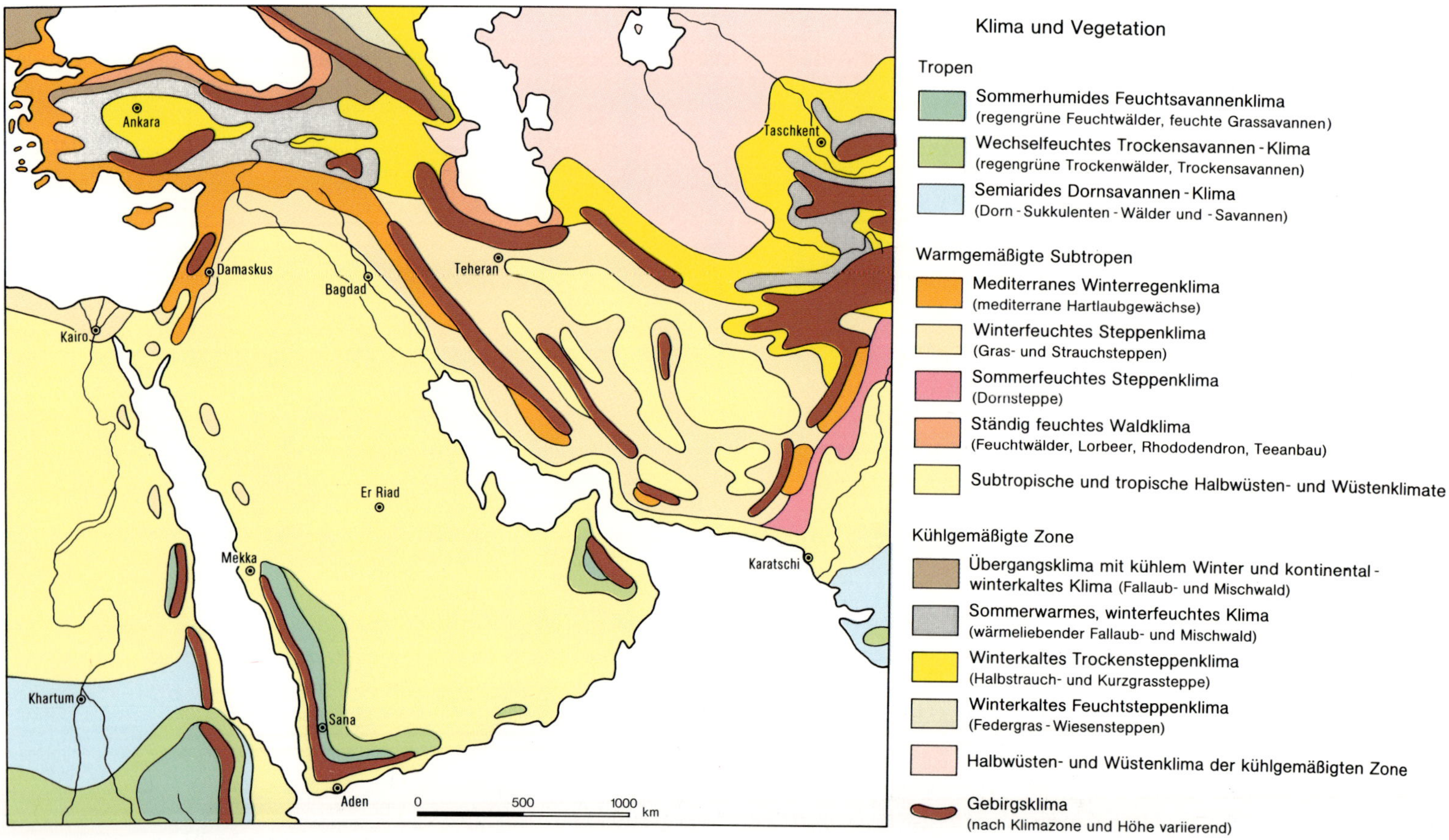

Polje im Taurus zwischen Maras und Kayseri, Türkei. Poljen sind Senken im Karstrelief mit ebenem Grund. Hier neigt er sich zum Zentrum hin, wo das oberflächlich abfließende Wasser durch ein Schluckloch (Ponor) in den unterirdischen Klüften des Kalkgesteins verschwindet. Von den Rahmenhängen wurde der Boden fast vollständig abgespült. Die Abtragungsprodukte haben mit der Zeit die Sohle des Beckens abgedichtet. Die fruchtbaren Poljeböden sind im Sommer Grundlage intensiv landwirtschaftlicher Nutzung; im Winter muß mit Überschwemmungen gerechnet werden.

Grade niedriger angesetzt werden als heute. Die für Nordwestsyrien belegte Niederschlagszunahme dauerte offenbar nicht lange, denn um 6000 v. Chr. waren erneut trokkene Bedingungen erreicht. Für die Ǧezire – die Wüstensteppe östlich des Euphrat – deuten palynologische Untersuchungen im Baliḫ-Tal darauf hin, daß zwischen 6000 und 4500 v. Chr., in neolithischer Zeit, trockenere Verhältnisse als heute herrschten mit ausgeprägter Artemisia-Steppenvegetation. Danach – in einer für die Entstehung der Hochkulturen besonders wichtigen Periode – kam es zu einem langsamen Ansteigen der Humidität, bis sich um 3500 v. Chr. im Taurus- und Zagrosgebiet moderne Klimabedingungen etabliert hatten.
In den letzten 6000 Jahren haben menschliche Eingriffe die natürlichen Pflanzengesellschaften so stark verändert, daß den Pollenprofilen kaum mehr verläßliche Hinweise auf Klimaänderungen zu entnehmen sind. Antiken Quellen und vielfältigen Indizien zufolge hat sich aber das Klima in hellenistischer, römischer und byzantinischer Zeit und danach nicht wesentlich vom heutigen unterschieden.

Die Vegetation

Die natürliche Vegetation Vorderasiens hat sich in erster Linie an die Vielfältigkeit der klimatischen Bedingungen anpassen müssen, wobei lokale Faktoren wie Böden, Relief und Wasserangebot modifizierend wirkten. Der Mensch hat im Laufe seiner vieltausendjährigen Geschichte – erste Spuren reichen mehr als 100 000 Jahre zurück – durch Rodung, Weidewirtschaft und Ackerbau die natürliche Vegetation so nachhaltig verändert, daß höchstens noch kümmerliche Reste der ursprünglichen Pflanzengesellschaften zu finden sind.

Die Mittelmeerküsten

In den ostmediterranen Küstengebieten dominieren offene, immergrüne Hartlaubwälder und lichte Nadelwälder mit verschiedenen Vertretern mediterraner Eichen

und vor allem zwei Kiefernarten – Pinie (Pinus pinea) und Aleppokiefer (Pinus halepensis). Sofern sie nicht ganz in Ackerflächen umgewandelt wurden, haben seit der Antike Holzeinschlag und Überweidung die Wälder zur Macchie degradiert, einer Hartlaubgebüschformation mit 2–5 Meter hohen immergrünen Sträuchern und Baumsträuchern. Sie wuchert oft zu einem dichten Gestrüpp, das keine Bodenflora aufkommen läßt. Erdbeerbaum, Lorbeer, Terebinthe, Baumheide, Myrte, Johannisbrotbaum und wilder Ölbaum bilden die Bestände.

Der Charakterbaum im mediterranen Kulturland ist der Ölbaum (Olea europaea), als Öllieferant seit alters einer der Grundpfeiler der menschlichen Ernährung. Die manchmal mehrere hundert Jahre alten lichten Haine haben auf weite Strecken die immergrünen Wälder ersetzt. Ebenfalls weit verbreitete Kulturpflanzen sind Weinstock, sommergrüner Feigenbaum, Mandelbaum und – aus Ostasien importiert – Zitrusfruchtbäume.

Tiefländer am Schwarzen und am Kaspischen Meer

Die subtropischen Feuchtwälder der Schwarzmeerküste und des Kaspischen Tieflandes setzen sich aus Hainbuche, sommergrüner Eiche, Platanen, Linden, Eschen, vereinzelt auch Ulmen und Buchen zusammen. Ergänzt wird das Spektrum durch Schlingpflanzen (Lianen) und starken Unterwuchs, die den Wald undurchdringlich machen wie einen Dschungel. Die Hauptkulturpflanzen am Schwarzen Meer – Mais, Tee sowie Haselnuß – und Fruchtbäume der gemäßigten Breiten (Apfel, Birne, Pflaume, Kirsche) weisen wie die Wälder auf den Übergang zur gemäßigten Klimazone hin. Im Kaspischen Tiefland werden heute im Bewässerungsfeldbau hohe Erträge an Reis, Baumwolle, Tee und Zitrusfrüchten erwirtschaftet.

Gebirge

Kennzeichnend für die vorderasiatischen Gebirge sind lichte Trockenwaldformationen. Nur die feuchten Bergwälder des Pontischen Gebirges weichen von dieser Regel ab. Oberhalb etwa 1000 Meter treten schon kälteresistente Nadelhölzer wie Tannen und Fichten auf. Über der oberen Waldgrenze – bei 2000 Metern an der Nordseite, bei 2500 Metern an der Südabdachung – erlaubt die ganzjährige Humidität die Ausbreitung geschlossener alpiner Matten. In den Bergwaldstufen des Taurus, Zagros und Alborz lassen die Sommertrockenheit und die kalten, schneereichen Winter nur Trockenwälder mit Eichen, Schwarzkiefern und einigen Wacholderarten zu. Charakteristisch für den Taurus sind die Kilikische Tanne (Abies cilicia) und die Zeder (Cedrus libani). Auch für alpine Matten ist es zu trokken. Oberhalb der Waldgrenze können daher nur locker stehende Gräser und die typischen halbkugelförmigen Dornpolsterpflanzen existieren, die vom Vieh nicht abge-

Linke Seite: Dorf mit Bienenkorbhäusern am Ostrand des Ǧebel Hass, einem Basaltplateau in Nordsyrien. Der Tafelberg im Hintergrund ist durch seine auflagernde dünne, harte Lavaschicht vor Abtragung bewahrt geblieben, im Gegensatz zu den angrenzenden Höhenzügen, denen diese schützende Decke bereits fehlt. Die Häuser werden in der Technik des »falschen Gewölbes« aus ungebrannten Lehmziegeln errichtet und mit Lehm verputzt; sie bedürfen deshalb ständig sorgfältiger Instandhaltung.

Oben: Nomaden am Ceyhan im Mittleren Taurus, Türkei. Nur noch kümmerliche Vegetationsreste bedecken die durch Erosion stark zerrunsten und zerriedelten Hänge. In den Flußtälern finden die Schaf- und Ziegenherden der Nomaden jedoch immer genügend Nahrung. Die Bahnen, aus denen die typischen Zelte zusammengenäht sind, werden noch wie früher aus Ziegenhaar gewebt. Der Transport des Hausrates geschieht heute allerdings nicht mit Tragtieren, sondern mit Lastkraftwagen und Traktoren.

weidet werden, weshalb dichte Bestände immer Ausdruck für Überweidung sind.

Die Bergwälder der levantinischen Gebirge sind seit der frühen Antike noch stärker der Rodung zum Opfer gefallen als die Feucht- und Trockenwälder der anatolischen und iranischen Gebirge. Aus der Bibel und aus anderen antiken Quellen weiß man von einem dichten Hochwald mit immergrünen Eichen und Nadelbäumen, durchsetzt von einigen laubwerfenden Arten (Eichen), der die Bergländer einst überzogen hat. Die Zeder (Cedrus libani) – als Charakterbaum des Libanon und der westsyrischen Gebirge schon im Alten Testament genannt – ist heute nur an geschützten Stellen in wenigen Exemplaren anzutreffen. Richtige Waldgebiete sucht man fast vergeblich. Macchie oder andere locker stehende Strauchgesellschaften haben sie längst abgelöst. Weite Teile der Gebirge, die durch die Entwaldung der Bodenerosion preisgegeben wurden, sind heute nackte Karsttriften. Nur vereinzelt kann sich ein kümmerliches Gehölz in dem bißchen Feinmaterial halten, das der Regen zwischen den Steinen zusammengespült hat.

In der nordafghanischen Gebirgsregion begrenzen die geringen Niederschlagssummen und der extrem kontinental geprägte Temperaturgang die Wuchsbedingungen. In den unteren Bergländern können sich keine geschlossenen Wälder mehr bilden, sondern nur sommertrockene Baumfluren und Offenwälder, die von einigen anspruchsvolleren Laubbäumen durchsetzt sind. Oberhalb nehmen Polsterstauden rasch zu und gehen jenseits der Baumgrenze – bei etwa 3600 Metern – in die charakteristischen Igel- oder Dornpolsterfluren über. Ab 4200 Metern folgt eine kurzrasige, alpinen Matten ähnliche Vegetation.

Steppen und Wüsten

Binnenwärts schließt sich an die Zone der mediterranen Hartlaubvegetation der ausgedehnte vorderasiatische Steppengürtel an, der durch baumfreie Gesellschaften aus Zwergsträuchern wie Artemisia herba alba und aus verschiedenen Gräsern (Stipa, Poa, Carex, Halfa- und Esperatogras) charakterisiert ist. Nach Anatolien reichen die letzten Ausläufer der großen zentralasiatischen Steppe hinein. Die ursprünglichen Grasgesellschaften gingen durch Überweidung in sekundäre Artemisia-Steppen über und sind heute weitgehend zu Kulturland umgebrochen. Die Hochebenen Ostanatoliens überziehen offene Laubwälder, in denen Eichenarten dominieren, sowie Steppen- und Grasvegetation. Offene Gebüschformationen besiedeln auch die Steppen Irans, die sich nach Osten zu unter zunehmend arideren Klimabedingungen auflösen und in die eigentliche Wüstenvegetation übergehen. Im Bereich der Trockensteppen des »Fruchtbaren Halbmondes« mit noch 200–300 Millimetern Niederschlag ist der Pflanzenwuchs relativ dicht, obwohl die intensive ackerbauliche und weidewirtschaftliche Nutzung seit der Bronzezeit zu erheblichen Bestandsveränderungen geführt hat. Je mehr man von hier aus nach Süden in den Bereich der Halbwüsten vordringt (60–100 Millimeter Niederschlag), desto weitständiger stehen die Pflanzenindividuen. In den riesigen Sandwüsten Arabiens (Rub' al-Ḫālī, Nafūd) und in den Kies- und Salzwüsten Irans (Dašt-e Lūt, Dašt-e Kavīr), in denen oft jahrelang kein Regen fällt, scheint das Pflanzenleben erloschen. Nach einem nur kurzen Regenguß kann ein lichter grüner Schleier die kahle Oberfläche überziehen. Aber schon wenige Tage später ist die Pracht verschwunden.

In den Tiefländern von Euphrat und Tigris dominieren Wasserpflanzenformationen wie Auenwälder, Röhricht, Tamarix-Gebüsch und dichtes Schilf an den Ufern.
Die Vegetation der Oasen ist schon seit dem Altertum eine reine Kulturpflanzengesellschaft mit traditionellem dreistöckigen Aufbau: Dattelpalmen als Schattenspender bilden meist das oberste Stockwerk. Darunter folgen Fruchtbäume wie Granatapfelbäume, und im Unterstockwerk wird Getreide oder Klee angebaut.

Das Wasser

Wasser war im Vorderen Orient bis auf einige Gunstgebiete immer Mangelfaktor. Dem Problem der Wasserversorgung hatte darum das Hauptaugenmerk der heimischen Bevölkerung bei der Auswahl der Siedlungsplätze und bei der Anlage der Felder zu gelten.
Nur wenige Regionen können von perennierenden Flüssen profitieren, die das ganze Jahr über Wasser führen: die Nordhälfte Anatoliens, die Küstengebiete mit ihren binnenwärts anschließenden Bergländern, die Gebirgsregionen Afghanistans und – siedlungsgeschichtlich für den Alten Orient am bedeutungsvollsten – das Zweistromland an Euphrat und Tigris mit den angrenzenden Taurus- und Zagrosketten.
In den nördlichen Hochländern füllt zumindest zur Regenzeit das Wasser die Flußbetten wieder auf (periodischer

Linke Seite: Tuffpyramiden von Göreme im anatolischen Hochland westlich von Kayseri, Türkei. Erosion durch fließendes Wasser hat die vulkanischen Tuffdecken immer mehr zerschnitten, zerriedelt, einzelne Teile der Decke isoliert und schließlich bizarre Kegelformen herauspräpariert. Viele dieser standfesten Pyramiden wurden früher ausgehöhlt und als Behausungen oder sogar als Kirchen genutzt.

Oben: Als majestätischer Kegel überragt der 5165 m hohe Ararat im ostanatolischen Hochland, Türkei, seine Umgebung. Bis weit in den Sommer hinein ist seine Bergspitze von einer Schneehaube bedeckt. Der Vulkan selbst ist seit 1840 erloschen.

Abfluß). Im Süden, auf der Arabischen Halbinsel, geschieht das höchstens episodisch. Nur dann, wenn heftige Regengüsse niedergehen, schießen in kürzester Zeit unglaubliche Wassermassen durch die ausgetrockneten Wadis, reißen Steine und Geröll mit sich, zerstören Straßen, schneiden tiefe Stufen in die Gerinnebetten und versickern dann irgendwo auf dem Weg oder münden in eine Senke, wo sie unter sengender Sonne verdunsten und leuchtend weiße Salzkrusten an der Oberfläche zurücklassen. Wo aber regelmäßig zur Regenzeit die Becken wieder Wassernachschub bekommen, entstehen durch die Verdunstung Salzseen wie der Vansee in Ostanatolien und das Tote Meer, das vom Jordan gespeist wird. Diese Binnenentwässerung, bei der die Flüsse und Wadis niemals eine Verbindung zum Meer finden, ist typisch für weite Teile der Hochländer und der Arabischen Halbinsel.

In den Trockengebieten kann neben Wassermangel auch Wasserüberschuß zum Negativfaktor werden: Überschwemmungen, Flußlaufverlegungen, Bodenabspülung, um nur einige Schlagworte zu nennen, sind die Folge. Die Wassermassen schießen als Schichtfluten die Hänge hinunter, so daß kaum Feuchtigkeit in den Boden und von da in die Grundwasserhorizonte eindringen kann.

Grundwasservorräte in Steppen und Wüsten sind meist fossil. Sie entstanden während der pleistozänen Feuchtzeiten, als üppigere Vegetation den Abfluß bremste und tiefgründiger entwickelte Böden das Wasser nach unten weiterleiteten. Gegenwärtig bildet sich Grundwasser nur in den humiden Bergregionen neu und in den Terrassenkörpern der großen Ströme, die über eine hohe Speicherfähigkeit verfügen. In der Šāmīja, der Wüstensteppe rechts des Euphrat, liegt der Grundwasserspiegel 200–400 Meter tief unter der Oberfläche, so daß er früher durch Brunnen nicht genutzt werden konnte. Statt zusammenhängender wasserführender Schichten sind meist nur lokale Aquifere mit minimaler Grundwasserneubildung vorhanden. Anders im nördlichen Teil der syrischen Steppen am Fuß der Tauruskettten: Hier steht der Wasserspiegel nur wenige Meter unter der Oberfläche und wurde schon seit der Bronzezeit in Brunnen zur Trinkwasserversorgung und Bewässerung erbohrt. Seit Erfindung der Brunnengrabtechnik war man im Nordbogen des »Fruchtbaren Halbmondes« plötzlich nicht mehr auf die Flußtäler angewiesen, sondern konnte

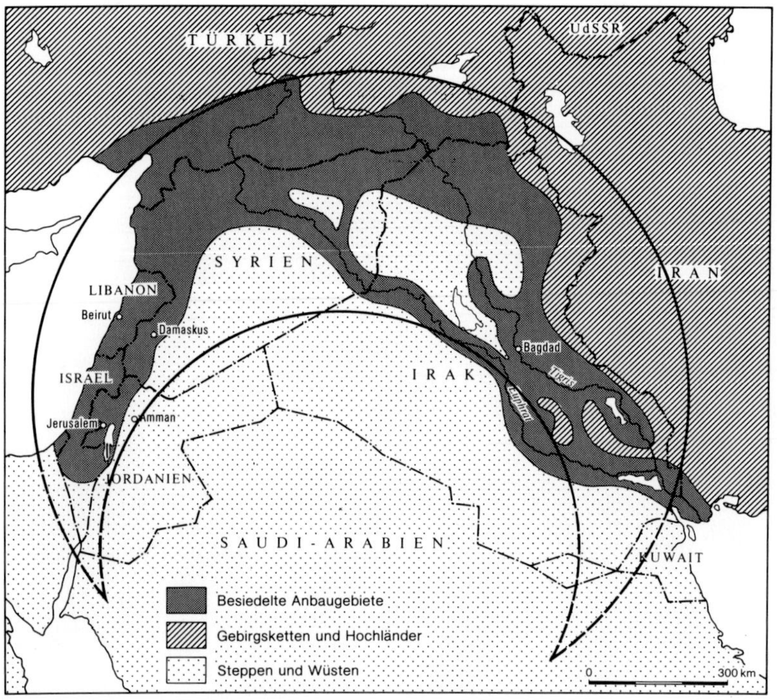

Oben: Der Fruchtbare Halbmond.

Unten: Landschaftsgliederung im Irak.

Rechte Seite, oben: Bewässerungsfluren am Mittleren Ḫābūr, Ostsyrien. Wie das Tal des Euphrat ist das Ḫābūr-Tal eine in die Wüstensteppentafel eingesenkte Stromoase. Nur schmale Streifen sind im Bewässerungsfeldbau nutzbar.

Rechte Seite, unten: Hangterrassierung im Ǧebel Ansarīye, Westsyrien. In den tieferen Lagen des Bergmassivs, unter 800 m, findet man karge Ackerfluren auf terrassierten Hängen. Die oft nur 1–3 m breiten Parzellen müssen sorgfältig gepflegt werden. Wird der mühsame Anbau aufgegeben und werden die Mauern nicht instand gehalten, ist die irreversible Bodenabspülung vorprogrammiert.

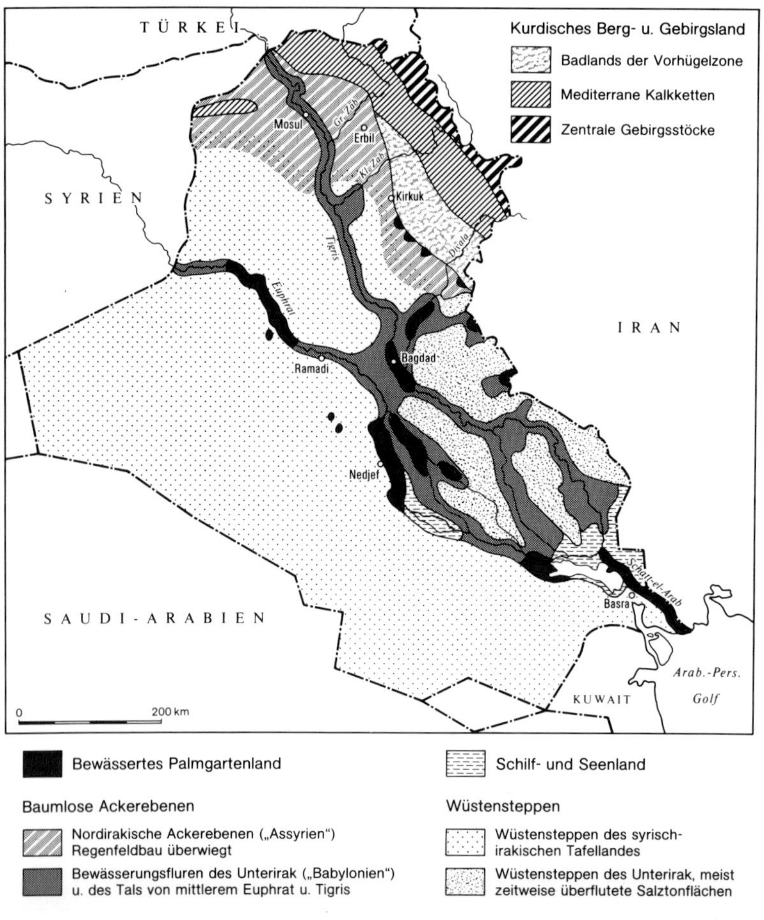

sich auch abseits davon niederlassen, sofern das Wasser selbst brauchbar war. Denn in Ostsyrien und im Nordwestirak weist das Grund- und Flußwasser einen überdurchschnittlich hohen Salzgehalt auf. Ursache sind die salz- und gipsreichen Schichten der miozänen Lower-Fars-Formation im Untergrund.

Eine wichtige Rolle bei der Wasserversorgung spielen die zahlreichen Karstquellen in den Kalksteingebirgen. Das Niederschlagswasser dringt hier in Spalten und Klüfte des verkarsteten Gesteins ein, wird im unterirdischen Karstsystem gespeichert und tritt in kraftvoll schüttenden Quellen wieder zutage. Allein der Ḫābūr, ein Nebenfluß des Euphrat, bezieht aus 13 nahe beieinanderliegenden Quelltöpfen bei Ras el-Ain sein Wasser.

Andere Quellen sind rar. Die wenigen, die in der Wüstensteppe entspringen, waren Grundlage für lebenswichtige ökologische Zellen in einer lebensfeindlichen Umwelt. Die Oase von Palmyra in der syrischen Wüstensteppe ist ein Beispiel dafür. Obwohl das Wasser sehr schwefelhaltig ist, hat sich der Ort zu einem unverzichtbaren Stützpunkt für die Karawanen auf ihrem beschwerlichen Gang durch die Wüste entwickelt und später zu einer blühenden Handelsstadt.

Der Wassermangel zwang bereits die frühen Hochkulturen dazu, raffinierte Methoden der Wassernutzung und komplizierte Bewässerungssysteme zu entwickeln. Bis vor kurzem waren viele davon in den orientalischen Ländern noch fast unverändert in Funktion: Aus den schuttreichen Fußflächen der Berge leitete man zum Beispiel das Wasser in Foggaras, eigens zu diesem Zweck angelegten unterirdischen Stollensystemen, auf die Bewässerungsfluren ab. An den großen Strömen hat man das Wasser schon in der römischen Kaiserzeit mit riesigen Schöpfrädern gehoben und in die dammartig hochgebauten Bewässerungskanäle eingeleitet; sowohl in Hama am Orontes als auch bei ʿAna am mittleren Euphrat kann man solche Wasserräder heute noch bewundern. Und nach neuesten archäologischen Untersuchungsergebnissen aus Ostsyrien vermutet man sogar, daß in assyrischer Zeit durchgehende Kanäle entlang beider Ḫābūrufer bis zur Euphratmündung existierten, um aus dem wasserreicheren Taurusvorland das Wasser in die trockenen Steppenregionen abzuleiten. Heute versucht man das Wasserproblem mit Motorpumpen und riesigen Staudammprojekten zu lösen. Nicht selten sind aber Absenkung des Grundwasserspiegels, Erschöpfung fossiler Grundwässer, Bodenversalzung, Versiegen von Quellen, um nur einige Beispiele zu nennen, der Preis, den man für das kurzfristige Mehr an Wasser zu bezahlen hat.

Die Lebensräume der Hochkulturen

Nach heutigem Wissen ist der Alte Orient die Region, in der sich zum erstenmal der Übergang von einer reinen Jäger- und Sammlergesellschaft zu einer Gemeinschaft vollzog, die auf Ackerbau und Viehzucht basierte. Die als

»neolithische Revolution« bezeichnete Umstrukturierung setzte noch vor dem 7. Jahrtausend v. Chr. ein. Sie schuf die Ernährungsgrundlage für einen raschen Bevölkerungszuwachs und befähigte die Gesellschaft zur Entfaltung neuer kultureller Aktivitäten, die in der »urbanen Revolution« kulminierten. Diese zweite »Revolution« in Westasien sah die allmähliche Umwandlung von subsistenzwirtschaftlich organisierten Dörfern in Städte, die ökonomisch auf intensiver Nahrungsmittelproduktion, auf Handwerk und auf externem Handel basierten.

Die Menschen konnten aber nur dort zum Ackerbau übergehen, wo die Niederschläge noch für einen Regenfeldbau ausreichten oder wo genügend Quell-, Fluß- oder Grundwasser für eine künstliche Bewässerung der Felder und Gärten zur Verfügung stand. Gleichzeitig durften Relief- und Bodengestalt keine unüberwindlichen Hindernisse darstellen. Zu diesen Gunsträumen zählen im Alten Orient einige der Berglandschaften, die Küstenebenen und Gebirgsvorländer am Mittelmeer sowie die Stromoase von Euphrat und Tigris.

Südwestarabien

Seit dem beginnenden ersten vorchristlichen Jahrtausend existierten im Südwesten der Arabischen Halbinsel relativ eigenständige blühende Reiche. Mit dem Norden der Arabischen Halbinsel waren sie durch die »Weihrauchstraße« verbunden, einem der bedeutendsten Handelswege des Altertums. Ihre natürliche Umwelt war von extremen Gegensätzen geprägt.

Parallel zum Roten Meer verläuft in einem 30–60 Kilometer breiten Streifen die Küstenwüste der Tihāma. Weniger als 50 Millimeter Niederschlag pro Jahr sind dort zu erwarten. Östlich erfolgt in einem Steilanstieg der Übergang zu den Hochländern in 2000–3000 Metern Höhe. Mit reichlichem Sommerregen – meist in nachmittäglichen Gewittergüssen – macht sich der Einfluß des randtropischen Südwestmonsuns bemerkbar. Beim Übergang vom Tiefland zum Hochland steigt die Regenmenge zwar rasch auf 700–900 Millimeter pro Jahr an, pendelt sich aber im Regenschatten der Gebirge auf etwa 200 Millimetern ein.

Das Hochland gliedert sich in eine Reihe von Becken, die durch niedrige, vegetationsarme Gebirgsriegel getrennt und mit dem Gesteinsschutt der umgebenden Berghänge angefüllt sind. Zuweilen liegt eine mehrere Meter mächtige Lößdecke darüber. Der Löß, ein windverfrachtetes Staubsediment, zeichnet sich durch seinen Nährstoffreichtum und gute Wasserbindungseigenschaften aus. Das Bekken von Sana, der jemenitischen Hauptstadt, verdankt ihm in Verbindung mit reichlichen Grundwasservorräten in geringer Tiefe seine Fruchtbarkeit.

Ertragreiche Böden weisen außerhalb der Becken hauptsächlich noch die bereits stark verwitterten älteren Vulkanite auf. Die unverwitterten jungvulkanischen Gesteine

Linke Seite: Einmündung eines Wadis in ein Endbecken, Südjordanien. In semiarid-ariden Gebieten erreicht das episodisch abfließende Niederschlagswasser meist gar nicht das Meer, sondern abflußlose, flache Hohlformen bilden die Erosionsbasis. Von ihren ausgetrockneten Oberflächen bläst der Wind Feinmaterial aus und häuft es randlich zu Sandschleppen an Steilwänden auf oder lagert es in Form von Dünen ab. Wie mit einem Sandstrahlgebläse werden gleichzeitig freistehende Felsflächen zurechtgeschliffen und dabei härtere Lagen markant herauspräpariert.

Oben: Basaltwüste in Nordostjordanien. Übersät mit scharfkantigen Gesteinstrümmern jeder Größe stellen die Basaltwüsten seit jeher ein für Nomaden und Karawanen extrem schwer zu durchquerendes Gelände dar. Die Blöcke sind alle von dünnen, schwarzbraunen Rinden überzogen. Es sind Anreicherungen aus mineralhaltigen Gesteinslösungen – schon Taubefeuchtung reicht zur Lösung aus –, die bei der Verdunstung unter extremer Sonneneinstrahlung entstanden sind. Wind und Sand haben die Oberflächen dann zu schwarz glänzendem »Wüstenlack« poliert.

und die verkarsteten Kalkflächen sind für den Ackerbau wertlos.

Neben einheimischen Pflanzenarten tauchen auch Florenelemente indischer, afrikanischer und neuweltlicher Herkunft als Ausdruck der ehemals regen Auslandsbeziehungen auf. Unter den Kulturpflanzen dominiert die Hirse als wichtigstes Brotgetreide. Hülsenfrüchte wie Bohnen und Linsen bilden die zweite Ernährungsgrundlage. Im 16. und 17. Jahrhundert hat sich der Anbau von Kaffee in Terrassenkulturen ausgebreitet. Der arabische Kaffee wurde über die kleine Hafenstadt Mokka in alle Welt exportiert. In jüngerer Zeit wurde der Kaffeestrauch durch den immergrünen Qatstrauch abgelöst, dessen Triebe und Blätter man wegen ihrer berauschenden Wirkung kaut.

Anatolien

Neolithische Siedler bewohnten das anatolische Hochland ab dem 8./7. Jahrtausend v. Chr. Obwohl bereits seßhaft, ernährten sie sich doch noch vorwiegend von der Jagd auf Wildschafe und -ziegen, Damhirsch, Wildschwein und Rothirsch. Seit etwa 6000 v. Chr. war die neolithische Ackerbaukultur voll entwickelt mit Haustieren wie Schaf, Ziege, Schwein und Rind.

Beste Voraussetzungen für seßhafte Siedlungen boten die Becken unterschiedlichster Größendimensionen, in der Türkei heute *Ova* genannt. Es sind Schwemmlandebenen, die von höherem Gelände oder Gebirgen eingerahmt werden und deren Zentrum meist ein See, Salzsee oder Sumpf einnimmt. Das Material für die feinkörnigen, fruchtbaren Böden haben der Hauptfluß und die vielen kleineren seitlichen Zuflüsse abgelagert. An den Rändern mußten die Bäche beim Austritt aus dem steilen Bergland in das flache Becken ihre schwerere Last – Kies, Sand, Geröll – in Schwemmfächern absetzen, bevor sie das Feinmaterial weitertransportieren konnten. In diesen grobkörnigen Schwemmfächersedimenten versickert ein Teil des aus dem Gebirge herabströmenden Wassers und speist die

oberen Grundwasserhorizonte der *Ovas*. Die Auffüllung der Becken ist noch nicht zu Ende, weil durch die fortschreitende Entwaldung immer mehr Boden von den Bergflanken abgespült wird. So werden die Hänge immer nackter, während die Beckenlagen von den fruchtbaren Bodensedimenten profitieren. In den letzten paar tausend Jahren war die Akkumulation so mächtig, daß einige Siedlungshügel völlig unter den Sedimenten verschwanden.
Die Siedlungsmuster in den *Ovas* blieb fast immer gleich: Die Zentren waren siedlungsarm. Die Städte bevorzugten aus Sicherheitsgründen die erhöhten Lagen auf den tertiären Hügeln am Rand der inneren alluvialen Ebene, und die Dörfer wurden im Randbereich meist dort gegründet, wo die Gebirgsbäche auf die Ebene trafen. So konnten unterhalb der Bachaustritte leicht bewässerbare Baum- und Gartenkulturen angelegt und das Land oberhalb für unbewässerten Getreidebau genutzt werden. Die Viehherden trieb man im Sommer ins Gebirge; im Winter durften sie die abgeernteten Stoppelfelder in den Becken abweiden.
Die Hauptanbaupflanzen der ersten bäuerlichen Kulturen waren Einkorn, Emmer und Gerste; Brotweizen und einige Leguminosen wie Erbsen, Linsen, Wicken tauchten später auf. Hunde, Schafe und Ziegen gelten als die frühesten domestizierten Tiere, während Rinder wahrscheinlich erst später gehalten wurden.

Der »Fruchtbare Halbmond«

Ganz besondere Bedeutung und Tragweite für die kulturelle Entwicklung von Orient und Okzident hatte der bogenförmig nach Norden ausgebuchtete Randsaum der Arabischen Halbinsel. Form und Ertragfähigkeit seiner Landschaften standen Pate für den Namen »Fruchtbarer Halbmond«. Er kann grob in drei Großlandschaften gegliedert werden: die ostmediterranen Küsten- und Gebirgsländer, die im Osten und Norden anschließenden, noch besser beregneten Steppengebiete sowie Mesopotamien, die Stromoase an Euphrat und Tigris.
Das Mittelmeerklima – milde, feuchte Winter, trockene, heiße Sommer, 600–1000 Millimeter Niederschlag pro Jahr bei relativ hoher Niederschlagsverläßlichkeit – macht hauptsächlich die Gunst der ostmediterranen Küsten und Gebirgsländer aus.
In den Ebenen ist Getreideanbau ohne künstliche Bewässerung möglich. Dort gedeiht auch der Ölbaum, die Charakterpflanze des Mittelmeerraumes. Ölbaumhaine ziehen sich in den Bergfußregionen bis in Höhen hinauf, in denen noch keine winterliche Frostgefahr besteht. Hier gedeihen auch noch alle anderen für das Mittelmeer charakteristischen Pflanzen: Aleppokiefer, immergrüne Steineiche, Feigen- und Mandelbäume und die Macchie. An Nutzpflanzen, die ohne künstliche Bewässerung auskommen, können die Bauern aus einem breiten Spektrum auswählen: Weizen und Gerste, Hülsenfrüchte, Melonen, Fruchtbäume wie Aprikosen, Pfirsiche, Feigen, Nüsse, Mandeln, Pistazien, Granatäpfel, Ölbaum, Weinstock, Tabak und Baumwolle. Zitrusfrüchte und Gemüse werden meist bewässert.
In den Gebirgsregionen treten bisweilen schon so strenge Fröste auf, daß typische Mittelmeerpflanzen wie Ölbaum, Feige und Aleppokiefer nicht mehr wachsen. Da die tief eingeschnittenen Täler den Anbau erschweren, hat man sich deshalb seit alters erfolgreich durch die Anlage von Hangterrassen geholfen. Aufgegebene, ungepflegte Ter-

Links: Terrassenanlagen mit Apfelbaumkulturen umgeben die 1800 m über dem Meer gelegene Maronitensiedlung im Nahr Qadiša im Libanongebirge.

Rechte Seite: Die Zeder (Cedrus libani) wurde schon im Alten Testament als der Charakterbaum der ostmediterranen Gebirge erwähnt. Durch die exzessive Abholzung der Wälder seit der Antike sind heute nur noch an geschützten Stellen einzelne Exemplare zu finden.

rassen werden aber schnell vom abfließenden Regenwasser zerstört, und der Boden – bisher durch die Mäuerchen festgehalten – wird abgespült. Übrig bleiben dann Hänge mit tief eingerissenen Erosionskerben, die bald genauso kahl sind wie diejenigen, die bereits in der Antike abgeholzt wurden. Denn die heute nackten Karsttriften waren einst von einem dichten Waldkleid überzogen.

Mit der Zerstörung der Wälder war aber gleichzeitig das Aus für die fruchtbare rote Erde der mediterranen Kalksteingebiete (Terra rossa) besiegelt. Sie wurde abgeschwemmt, und man findet heute Reste davon in den Tälern und im Vorland wieder. Auf den entwaldeten Hängen hat zunächst die Macchie als Sekundärgesellschaft Fuß gefaßt und die letzten Bodenreste bewahrt. Der Brennholzbedarf der Bevölkerung ist jedoch so stark, daß auch die Macchie zunehmend dezimiert und zu einer niedrigen Gras- und Strauchgesellschaft degradiert wird.

Auch die besser beregneten Steppenstreifen parallel zu den westlichen Gebirgen und vor der Südabdachung des Taurus rechnen zu den Ursprungsgebieten hochentwickelter Kulturen, wie beispielsweise der berühmten Ḥalaf-Kultur (um 5000 v. Chr.), die benannt ist nach einem Ruinenhügel an den Quellen des Ḫābūr in Nordostsyrien.

Die Siedlungen waren auf die Terrassenlandschaften an Euphrat, Baliḫ und Ḫābūr konzentriert, die entsprechende Bewässerungsmöglichkeiten boten. Dazwischen liegen meist eintönige, leicht wellige Steppen, die als Weide für Schafe und Ziegen dienten. Jahresniederschläge von 200–350 Millimeter erlauben noch, Wintergetreide im Regenfeldbau – teilweise auf fruchtbaren Lößböden – anzubauen, wenn zwischen die Anbaujahre jeweils ein Brachjahr eingeschaltet wird.

Die altbesiedelten Ackerebenen parallel zu den Gebirgen im Westen empfangen schon 300–400 Millimeter Jahresniederschlag. Tiefgründigere und fruchtbarere kastanienfarbene bis rote Böden der mediterran beeinflußten Region bieten eine gute agrarische Grundlage. Südlich von Damaskus, im Haurān, sind die tertiären bis altquartären vulkanischen Gesteine von dunkelroten, tiefgründigen Verwitterungslehmen bedeckt, die die Landschaft schon im Altertum zur Kornkammer werden ließen. Mit dem Wasser der nach Osten entwässernden Gebirgsflüsse konnte man außerhalb der niederschlagsreicheren Bergländer Bewässerungsoasen anlegen. Wie die Gūta von Damaskus versorgten sie die umliegenden Städte und Dörfer mit Oliven, frischen Gemüsen und Früchten.

Je weiter man sich ins Landesinnere auf die Wüstensteppen zubewegt, um so trockener wird das Land, um so spärlicher die Vegetation, um so karger werden die Böden und um so mehr taucht ein ubiquitäres Problem der Trockengebiete auf: Harte Kalk- und Gipskrusten überziehen wie ein Panzer weite Teile der Oberfläche oder bilden undurchdringliche Horizonte im Boden. Sie können durch Verdunstung des Bodenwassers entstehen, wobei die darin gelö-

Linke Seite: Blick von der alten Festung nach Osten auf Palmyra, eine einst blühende antike Handelsstadt inmitten der syrischen Wüstensteppe. Das breite grüne Band der Oasengärten trennt die Ruinenstätte von einem Salzsee. Links im Bild liegt der heutige Ort. Im Vordergrund sind die sanft nach Osten einfallenden, vegetationslosen Fußflächen der Palmyraketten zu sehen. Die vielen Vertiefungen in der Erdoberfläche zeugen von zahlreichen Raubgrabungen im Laufe der Jahrhunderte.

Oben: Sanddünen in der Wüste Nafūd, Saudi Arabien. Die Nafūd im Norden der Arabischen Halbinsel ist durch Dünenzüge mit der größten Wüste Vorderasiens, der Sandwüste Rub'al-Ḫālī in Südarabien verbunden. Trotzdem sind solche Sandwüsten eine Ausnahme; Stein- und Kieswüsten besitzen flächenmäßig eine viel größere Verbreitung. Pflanzenwuchs ist – abgesehen von vereinzelten trockenheitsresistenten Arten – unter diesen extremen Bedingungen unmöglich.

sten Stoffe sich allmählich oberflächennah anreichern. Meist sind es aber Anreicherungen von Kalk oder Gips, die bei der Bodenbildung unter der Oberfläche entstehen und erst durch die Abtragung des Bodens während der seltenen, aber heftigen Regenfälle freigelegt werden.

In Nordostsyrien und im Nordwestirak wird die Landwirtschaft außerdem stark durch die unfruchtbaren Gipsböden über den salz- und gipshaltigen Schichten der tertiären Lower Fars eingeschränkt. Sie werfen selbst bei Bewässerung nur minimale Erträge ab.

Die ersten Siedler müssen im Nordteil des »Fruchtbaren Halbmondes« einst ein viel dichteres Pflanzenkleid vorgefunden haben. Noch vor etwa 2500 Jahren war der größte Teil der syrischen Wüste dicht mit Gräsern, Kräutern und Zwergsträuchern bestanden, die Flußläufe von lichten Auenwäldern gesäumt, und die heute nackten Bergrücken bei Palmyra, mitten in der Wüstensteppe, sollen noch in römischer Zeit schüttere Pistazienwäldchen getragen haben. Die besser beregneten Gebiete der Steppen waren mit ihrem natürlichen Baumwuchs eher Parklandschaften ähnlich als den heutigen baumlosen Wüstensteppen.

Mesopotamien, das Land am mittleren und unteren Euphrat und Tigris, war die Landschaft, in der zum erstenmal in der Geschichte der Menschheit eine Jäger- und Sammlergesellschaft zum Ackerbau überging und deren Entwicklung in den wahrscheinlich frühesten Hochkulturen der Erde, den Stadtstaaten der Sumerer, kulminierte. Im nördlichen Siedlungsschwerpunkt Assyrien konnte ein teilweise von fruchtbaren Lößböden überzogener breiter Landstreifen zwischen dem Gebirge und dem Tigris bei 200–400 Millimeter Jahresniederschlag noch im Regenfeldbau bewirtschaftet werden. Zwischen Assyrien und Babylonien, dem zweiten antiken Siedlungsschwerpunkt im südlichen Tiefland, sind unfruchtbare, eintönige Kieswüsten oder zeitweilig überflutete Salztonflächen eingeschaltet.

In Babylonien selbst war bei 100–200 Millimetern Jahresniederschlag nur mit intensiver Bewässerung ein ertragreicher Feldbau möglich. Der Wasserreichtum von Euphrat und Tigris war die notwendige Grundlage, um die frucht-

Vorhergehende Doppelseite: Bewässerungsflur in Mesopotamien.

Links oben und unten: Die Hors, das Schilf- und Seengebiet des untersten Euphrat und Tigris, sind im Innern – wenn auch nur dünn – besiedelt, weil die Menschen die harten Lebensbedingungen akzeptiert haben. Tropischen Verhältnissen ähnliche, drückende Bedingungen in den heißen Sommermonaten und oft eisige, feuchte Kälte im Winter sowie Scharen von quälenden Moskitos und Parasiten bedrohen die Bewohner unaufhörlich mit schweren Krankheiten. Als Behausungen dienen Schilfhütten, die auf künstlichen Schilfinseln errichtet sind. Ihre Existenzgrundlage finden die Menschen neben dem Fischfang in der Haltung von Wasserbüffeln, die dem amphibischen Lebensraum glänzend angepaßt sind: Sie sind gute Schwimmer und können sich fast ausschließlich von Schilf ernähren.

Rechte Seite: Bewässerungsflur am Unteren Euphrat. Die Dreistöckigkeit des Anbaus ermöglicht es den Fellachen, maximalen Ertrag aus ihrem Bewässerungsland zu erwirtschaften. Das oberste Stockwerk bilden Dattelbäume. Sie dienen auch als willkommene Schattenspender für die Fruchtbäume im mittleren Stockwerk – hier Granatapfelbäume. Im untersten Stockwerk werden Getreide, Klee oder andere Futterpflanzen angebaut.

baren Schwemmlandböden zu nutzen und die Ernährung der rasch wachsenden Bevölkerung zu sichern.

Nach dem Austritt aus dem Gebirge ist für Euphrat und Tigris die Laufstrecke bis zum Golf durch die Senkungszone des Mesopotamischen Troges vorgezeichnet. In teilweise 30–100 Meter tiefen Einschnitten und mit relativ schmalen Stromauen durchqueren sie zunächst die Wüstensteppentafeln. Das Tal des Euphrat – auf dem Weg durch das Tafelland südlich von Abū Kemāl noch eng begrenzt durch steile Kliffs – weitet sich nordwestlich von Bagdad und mündet in die ausgedehnte Schwemmlandebene ein. Der Tigris, der oberhalb von Sāmarrā noch ein kräftiger und verwilderter Gebirgsfluß ist, strömt unterhalb in weit geschwungenen Mäandern über das Tiefland hin. Auf der Höhe von Bagdad nähern sich Euphrat und Tigris einander bis auf etwa 30 Kilometer. Ein Gewirr von vielen verästelten kleinen Wasserrinnen, Flußläufen und Kanälen verbindet sie, ohne daß es zur Vereinigung kommt. Danach trennen sich ihre Wege erneut für mehr als 400 Kilometer. Die geringen Niveauunterschiede zwischen Fluß und Land ermöglichen jetzt eine großflächige Bewässerung, so daß beide Ströme von ausgedehnten Bewässerungsfluren gesäumt werden. Südlich von ʿAmārā verzweigt sich der Tigris in viele einzelne Arme, die dann in ein großes Sumpf-, Schilf- und Seengebiet, die Hors, münden. Der Hauptfluß durchquert sie und vereinigt sich nordwestlich von Basra mit dem Euphrat – nach Dammbrüchen während einer Hochwasserkatastrophe 1908 fließt er durch den Hammarsee – zum Šatt al-Arab, der bei al-Fāo in den Golf mündet.

Neueste Untersuchungen zur Rekonstruktion der holozänen Golfküstenlinie zeigen, daß weite Teile Südmesopotamiens zwischen dem Meeresspiegeltiefstand am Ende des Pleistozäns und dem maximalen Vordringen des Golfes, bis zu 400 Kilometer landeinwärts, um 4000 v. Chr. bewohnbares Festland waren. Danach zog sich das Meer allmählich wieder bis zu seiner heutigen Position zurück. Das bedeutet, daß Siedlungen von Menschen, die das südlichste Mesopotamien vor 4000 v. Chr. bewohnten, heute entweder unter Wasser liegen oder von mächtigen Sedimentdecken begraben sind.

Das Land an Euphrat und Tigris verdankt seine fruchtbaren Böden den regelmäßigen Überschwemmungen, die stets frische, tonig-schluffige Sedimente nachliefern. Winterregen und Schneeschmelze in Anatolien, dem Quellgebiet, lassen die Wassermassen anschwellen und führen zu Hochwassern im April und Mai. Im Herbst dagegen, zur Zeit des größten Wasserbedarfs nach der sommerlichen Trockenperiode, ist der Wasserstand am niedrigsten.

Sehr oft nahmen die Hochwasser aber katastrophale Ausmaße an und zerstörten Dämme, Deiche und Dörfer. Grund für die Gefahr unkontrollierbarer Überflutungen ist das unterschiedliche Abflußverhalten von Euphrat und Tigris. Dem Euphrat fließen als wasserreiche Nebenflüsse nur der Baliḫ und der Ḫābūr zu, die beide im regenreicheren Taurusvorland entspringen. Auf dem Weg durch die Wüstensteppe erhält er dann nur episodisch noch Wasser aus den Wadis. Auf seiner langen Laufstrecke bis zum Eintritt in das Tiefland hat er bereits so viel an Energie und Wassermenge verloren, daß er zum ausgeglichenen Strom geworden ist, durch Dämme und Bewässerungsbauten relativ gut kontrollierbar. Dagegen ist der Tigris auf seinem Weg zum Golf niemals vom Zagrosgebirge abgekoppelt

wie der Euphrat. Immer wieder münden Gebirgsflüsse ein, die seinen Abfluß und seine Energie erhöhen und ihn von Niederschlägen und Schneeschmelze im Zagrosgebirge abhängig machen. Sein Abflußverhalten ist infolgedessen viel unausgeglichener, und er neigt zu viel gefährlicheren Hochwassern. Bewässerungsbauten am Tigris waren deshalb immer schwieriger als am Euphrat.
Überschwemmungen waren auch für die Ausdehnung der Schilf-, Sumpf- und Seenregion südlich von 'Amārā verantwortlich. Antike Quellen berichten, daß weite Gebiete der heutigen Hors und der Hammarsee noch vor dem 7. Jahrhundert n. Chr. trockenes, überschwemmungsfreies Ackerland waren. Davon zeugen auch Tells, die heute nur mit ihrer Spitze aus dem Hochwasser reichen. Aufgrund zunehmender Verwahrlosung der Kanal- und Dammbauten, die unter sumerischer und babylonischer Herrschaft eine relativ sichere Kontrolle der Frühjahrshochwasser gewährleisteten, kam es als Folge mehrerer katastrophaler Hochwasser – zuletzt 628 n. Chr. – zur völligen Zerstörung der Bewässerungsbauten. Zahlreiche Dämme brachen, und es entstand der ausgedehnte amphibische Bereich.
Neben den Überflutungen tauchte im Unterirak bereits in der Antike das Problem der Bodenversalzung auf und zwang schon damals zur Aufgabe umfangreicher Bewässerungsfluren. Denn der Grundwasserspiegel steht in weiten Teilen des Unterirak ohnehin relativ oberflächennah an. Zusätzliche Bewässerung ohne die erforderliche Entwässerung hebt ihn lokal stark an. Durch den kapillaren Aufstieg des Wassers und die Verdunstung fallen die gelösten Salze aus und reichern sich im Bereich der Pflanzenwurzeln oder als dünne Salzkruste direkt an der Oberfläche an. Regelmäßige Überschwemmungen waschen das Salz immer wieder aus; bleiben sie aber infolge niederschlagsarmer Jahre oder künstlicher Wasserregulationen aus, dann nimmt auch die Bodenversalzung rapide zu. Das Problem der Bodenversalzung im Unterirak ist schon so alt wie die Bewässerung selbst, aber noch nie hat sie ein solches Ausmaß erreicht wie heute, wo bereits die Hälfte aller Bewässerungsflächen davon betroffen ist.
Leben konnten frühe Gesellschaften auch unter den härtesten Bedingungen. So haben sie im kältesten Nordwesten Alaskas Fuß gefaßt oder im Zentrum der schwülheißen Tropenzone überlebt. Eine Weiterentwicklung zu Hochkulturen gelang indessen nur dort, wo die Menschen den gegebenen Naturraum wirkungsvoll nutzen konnten, ohne dabei ihre Kraft und Energie im Kampf gegen die Natur zu verschleißen. Es sind Landschaften, in denen eine im Vergleich zu angrenzenden Gebieten bessere Ausstattung mit den Faktoren gegeben ist, die die natürliche Umwelt des Menschen ausmachen und die Entwicklung zur Kulturlandschaft steuern: Relief und Boden, thermische und hygrische Bedingungen, Flora und Fauna. Die Menschen fanden solche Gunsträume im Alten Orient vor, und sie haben es glänzend verstanden, sie in Wert zu setzen.

Vorgeschichte

Wenn man Publikationen, die sich mit diesem Abschnitt der frühen Menschheitsentwicklung befassen, noch aus den vierziger Jahren mit solchen von heute vergleicht, so wird man leicht feststellen können, wie sich unser Wissen in der Zwischenzeit grundlegend verändert hat. Das Verdienst daran gebührt in erster Linie dem amerikanischen Prähistoriker R. J. Braidwood. Er hat die Hypothese von G. Childe, nach der sich der frühe Mensch zu einer bestimmten Zeit und an einer gewissen Stelle vom Nomaden (Wildbeuter/Jäger und Sammler) zum seßhaften Bauern und Viehzüchter/Hirten entwickelt habe, durch seine Ausgrabungstätigkeit, vor allem im irakischen Kurdistan, bewiesen. Wir bezeichnen dieses wohl wichtigste Ereignis in der Menschheitsgeschichte mit seinen nachfolgenden Erscheinungen nach S. Cole als »neolithische Revolution«.

Die »neolithische Revolution«

Der Übergang zur produzierenden Wirtschaftsweise konnte sich nur dort vollziehen, wo die dafür notwendigen Voraussetzungen bestanden. Bislang kennen wir nur ein Gebiet, das dafür bestens geschaffen war: den »Fruchtbaren Halbmond« in Vorderasien, der sich von der Gebirgszone in Westiran und Ostirak über das südliche Kleinasien bis nach Palästina erstreckt. In dieser meist aus Bergen und Hochtälern bestehenden Landschaft sorgten ausreichende Niederschläge für das natürliche Wachstum von »Urgetreide« und für das Gedeihen von Tieren, deren Domestikation zur Erzeugung von Milch, Fleisch und Wolle sich für den damaligen Menschen besonders lohnte. Es waren dies Wildschaf und Wildziege (Bezoarziege). Neben diesen beiden reinen Nutztieren ist der Hund zu nennen, der nach neuen Erkenntnissen sogar als bisher ältestes Haustier in Mitteleuropa schon um 12000 v. Chr., demnach 2000 Jahre früher als im Vorderen Orient, domestiert worden ist (Tabelle S. 36). Erst wesentlich später wurden das Schwein, das Rind und zuletzt, gegen 3000 v. Chr., der Esel und das Pferd Haustiere. Nach neuen Befunden erfolgte die erste Haustierhaltung des Esels offenbar ebenfalls im Vorderen Orient und nicht, wie früher angenommen, in Afrika. Diese Erkenntnisse verdanken wir zum größten Teil dem Münchener Domestikationsforscher J. Boessneck.

Beim »Urgetreide« handelte es sich nach M. Hopf um folgende Gräser: wilde zweizeilige Gerste, wilder Emmer und wildes Einkorn; bei den Hülsenfrüchten um die wilde Erbse und die wilde Linse. Das waren die Wildpflanzen, die der Mensch im »Fruchtbaren Halbmond« vorfand und kultivieren konnte, was selbstverständlich nicht von heute auf morgen geschah.

Wann geschah dies nun, und wer war der Mensch, dem wir diese Kulturtat zu verdanken haben?

Als Zeitpunkt kommt nach den prähistorischen Zeitbegriffen der Übergang vom Paläolithikum (Altsteinzeit) zum Neolithikum (Jungsteinzeit) in Frage, der früher als Mesolithikum bekannt war, heute besser als Protoneolithikum (Vorneolithikum) bezeichnet wird (um 8000 v. Chr.).

Unser direkter Vorfahre war der Homo sapiens, der den Neandertaler verdrängte, nachdem beide zuvor, wie die Skelettfunde beweisen, beispielsweise in Palästina, für

Nur wenige Siedlungen im Vorderen Orient können wie der Norşuntepe unweit von Elazıg in Ostanatolien auf eine Besiedlung zurückblicken, die von einem prähistorischen Siedlungskern ausgehend kontinuierlich bis weit in historische Zeiten hinein aufrechterhalten wurde. Aus dem Schutt der aus luftgetrockneten Lehmziegeln errichteten Bauten entstand die für Vorderasien typische Form eines Ruinenhügels, der arabisch Tell, persisch Tepe und türkisch Höyük heißt. Die ältesten Schichten des auf 30 m Höhe angewachsenen Ruinenhügels reichen bis ins 5. Jahrtausend v. Chr. zurück, das heißt in die Kupfersteinzeit (Chalkolithikum). Während der Bronzezeit war der Norşuntepe Herrschersitz. Die letzte Besiedlung durch die Urartäer erfaßte auch die Ebene und datiert in das frühe 1. Jahrtausend v. Chr. Inzwischen ist der Norşuntepe in den Fluten des Kebanstausees versunken; nur das Gitternetz der Stege zwischen den Grabungsflächen ragt noch als Insel aus dem Wasser.

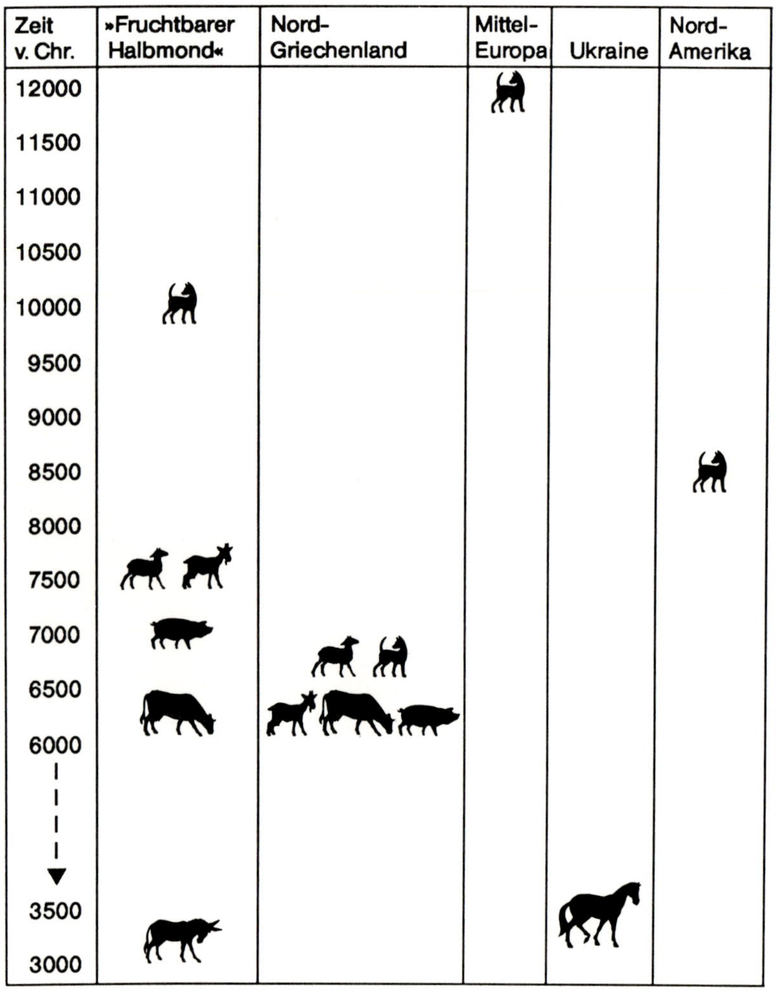

eine gewisse Zeitspanne noch zusammenlebten. Beide Menschenrassen sind wahrscheinlich aus Afrika nach Vorderasien eingewandert.

Der Neandertaler, benannt nach dem zuerst gefundenen Skelettrest, einem Schädel, im Neandertal bei Düsseldorf, war also der Bewohner Vorderasiens und Europas während der letzten Eiszeit, des Paläolithikums. Er ernährte sich zunächst von der Erbeutung junger und kranker Tiere, später erlernte er das weniger mühevolle Jagen und sammelte eßbare Pflanzen. Sein Gerät war der sogenannte Faustkeil. Aber es gab wohl auch schon kleinere Steinwerkzeuge und Waffen, sogenannte Mikrolithe, die unter anderem als Pfeilspitzen verwendet wurden. Sie lösten später die größeren und unhandlichen Faustkeile ab.

Der Neandertaler lebte in den kälteren Perioden in Höhlen, so zum Beispiel in der Hotu- und Belt-Höhle am Kaspischen Meer, in der Höhle von Šanīdār im irakischen Kurdistan und in der Höhle Karaïn bei Antalya, oder unter Schutzdächern, sogenannten Abris, wie sie unter anderem in Zarzi und Palegaura im irakischen Kurdistan, in Beldibi bei Antalya, im Karmelgebirge und südlich davon im Wādī Natūf in Palästina entdeckt wurden. In den wärmeren Zeiten, den Zwischeneiszeiten, benutzte der Neandertaler aber auch temporäre Freilandstationen, wie sein Nachfolger, der Homo sapiens. Derartige Freilandstationen, als Zelte hergerichtet, verwendeten auch Mammutjäger und Elfenbeinsammler in Pūškari in Ostsibirien.

Links oben: Die Chronologie der Domestikation verdeutlicht die Vorreiterrolle Vorderasiens. Nach dem Hund sind es klassische Herdentierarten, die im Neolithikum durch Zuchtwahl an das Leben und die Bedürfnisse der Menschen angepaßt wurden.

Links unten: Der altsteinzeitliche Faustkeil wurde im Neolithikum durch eine Reihe von Spezialwerkzeugen abgelöst. Neben einer breiten Palette an Klingen wurden unter anderem Bohrer, Stichel und Schaber hergestellt.
Ankara, Archäologisches Museum

Oben: Die ausgehende Altsteinzeit hat – wie in Westeuropa – auch an der Südküste Anatoliens Höhlenkunst hervorgebracht. Das Abri Beldibi südwestlich von Antalya war mit einer schwungvoll bewegten Szene bemalt: Hirsch und Urstier in gestrecktem Galopp.

Rechts: Eimer aus Çatal Höyük. Tongefäße wurden in dieser neolithischen anatolischen Siedlung seit dem 7. Jahrtausend v. Chr. produziert; sie verdrängten Behältnisse aus Holz, Korbwaren oder Stein jedoch nur langsam.
Ankara, Archäologisches Museum

In Höhlen Südfrankreichs und Nordspaniens haben künstlerisch begabte Neandertaler des späten Paläolithikums die weltberühmten Felsmalereien angefertigt, die durch ihren naturnahen Stil überall Bewunderung hervorgerufen, aber auch zu Überlegungen Anlaß gegeben haben, wie eine solche fast modern anmutende Kunstauffassung zu verstehen sei. Wegen des ähnlichen Stils gehören die Darstellung eines springenden Hirsches in Beldibi und andere Felszeichnungen in der »Schwarzen Höhle« Karaïn bei Antalya wohl derselben Zeit an (Abb. S. 36).

Die Fauna der damaligen Zeit bestand aus reinen Wildtieren, die danach teilweise ausgestorben sind, wie das Mammut und der Ur sowie, zumindest in Vorderasien, das Flußpferd und das Nashorn.

Nach in Palästina und im irakischen Kurdistan gefundenen typischen Steinwerkzeugen (Klingenindustrie) wurden hier Kulturabschnitte des Protoneolithikums und des beginnenden Neolithikums als Kebaran oder Natufien im Westen und Zarzien im Osten benannt, zusätzlich zu den für das Paläolithikum verwendeten Bezeichnungen nach französischen Fundorten mit für sie typischen Steingeräten, wie Acheuléen, Moustérien, Magdalénien.

Der Neandertaler hatte auch schon gewisse Vorstellungen vom Tod und vom Leben danach, wie bereits Bestattungen zeigen: Die Leichen, in der Regel als Hocker beigesetzt, waren mit Ocker bestreut und teilweise mit Muschelketten über der Stirn geschmückt. Neben Felsmalereien und Zeichnungen versuchte er sich auch in plastischer Gestaltung. Das beste Beispiel, zwar nicht in Vorderasien, sondern in Europa gefunden, ist die »Venus von Willendorf«.

Die jüngere Altsteinzeit, noch mit dem frühen Menschen, läßt sich etwa zwischen 10 000 und 8 000 v. Chr. ansetzen. Danach folgte das Neolithikum mit seiner Vorstufe, dem Protoneolithikum, in dem der jüngere Mensch gelernt hat,

In der neolithischen Siedlung von Çatal Höyük wurden zahlreiche Heiligtümer entdeckt. Eines davon wurde im Foyer des Archäologischen Museums in Ankara maßstabsgetreu rekonstruiert (oben). Ihre bauliche Anlage unterscheidet sich kaum von der gewöhnlicher Wohnhäuser, wohl aber die reiche malerische und plastische Ausgestaltung der Wände. Die einst über die Dachfläche hinausragende Nische in der Mitte der Rückwand enthält das Hauptmotiv: ein Gipsrelief, das eine Göttin (?) mit stark angewinkelten Armen und Beinen darstellt. Diese Haltung und der unmittelbar darunter plazierte Widderkopf ist als Geburtsakt interpretiert worden. Drei mächtige vollplastische Stierköpfe ragen aus der unteren Nischenhälfte und sind damit wohl ebenfalls der »Herrin der Tiere« untergeordnet.
Ein gewaltiger Urstier beherrscht das Jagdbild aus einem anderen Heiligtum von Çatal Höyük (linke Seite, oben). Der Größenunterschied zwischen Tier und Jägern läßt etwas von der Ehrfurcht vor diesen Kolossen erahnen. Die Domestizierung war damals schon teilweise erfolgt (ca. 8000 v Chr.).
Zwei einander gegenüberstehende Leoparden (linke Seite, unten), die Begleittiere der »Großen Göttin«, waren im zentralen Wandfeld eines weiteren Kulturraums modelliert.
Ankara, Archäologisches Museum

sein Leben mit der Kultivierung von Pflanzen und der Domestizierung von Tieren mehr oder minder planvoll zu gestalten. Natürlich war er weiter abhängig von den Naturereignissen, und Katastrophen konnten schlimme Folgen für ihn haben. Aber einen Weg zurück gab es nicht mehr, sondern nur noch nach vorn: zu dörflichen Ansiedlungen, zu Städtebildungen, die ebenfalls in Vorderasien, im engeren Sinne in Mesopotamien, am Ende des 4. Jahrtausends v. Chr. ihren Anfang nahmen und schließlich zur Entstehung überregionaler Großreiche nach der Mitte des 3. Jahrtausends führten.

Das Aufkommen des Ziegelbaus

Ein wichtiger Schritt auf diesem Weg war die Entwicklung einer besonderen Bautechnik mit Hilfe von Ziegeln, zunächst mit den in der Sonne getrockneten sogenannten *libn* (arabische Bezeichnung, türkisch *kerpiç*), später dann mit gebrannten Backsteinen. Die ältesten *libn* oder Lehmziegel scheinen jetzt polnische Archäologen in dem schon von Braidwood untersuchten Mlaffa'at im Ostirak entdeckt zu haben. Sie sollen nach ^{14}C um 9000 v. Chr. datieren und wären damit rund 2000 Jahre älter als die zigarrenförmigen Ziegel aus Jericho (Abb. S. 40). Damit bestand die Möglichkeit zu einer differenzierteren Bautechnik. Man konnte das durch den Stampflehm bedingte amorphe Bauen aufgeben und nun auch planvollere Gebäude mit oblongen Räumen herstellen. Bis zu einer echten Architektenplanung vergingen aber noch einige Jahrtausende. Am Anfang des Seßhaftwerdens wurde wohl noch überwiegend das Zelt aus Fellen oder die Hütte aus vegetabilem Material benutzt. Der Grundriß des Zeltes war in der Regel rund, und diese Form zeigten auch die ersten festgestellten, meist halb unterirdisch angelegten einräumigen Anlagen. Derartige Befunde in präkeramischen Schichten des Frühen Neolithikums (PPN) ließen sich in Jericho ebenso wie in neuen Fundorten am syrischen Euphrat oder in Çayönü in der Südosttürkei nachweisen.

Die Anfänge der Keramik

Eine Leistung von gleicher Bedeutung für die Menschheitsentwicklung war die Erfindung der Keramik, also die Herstellung von Behältern für Speisen und Getränke, aber auch für die Vorratswirtschaft und für Transporte bestimmter Güter bis hin zu den griechischen und römischen Öl- und Weinamphoren aus gebranntem, nicht mehr veränderbarem Ton. Die moderne vorgeschichtliche Forschung ist der Ansicht, daß diese Erfindung erst im zweiten, jüngeren Abschnitt des Neolithikums stattgefunden hat, und sie unterteilt die Jungsteinzeit demzufolge in eine vorkeramische ältere (PPN = Pre-Pottery-Neolithic) und eben in eine jüngere Phase mit Keramik.

Nur an einigen wenigen Fundplätzen läßt sich jedoch ein nahtloser Übergang beider Phasen feststellen, zum ersten-

Oben: Hausgrundrisse der Halaf-Zeit aus Çavi Tarlası in der Südosttürkei. Ein Tholos von 2,5 bis 5 m Durchmesser und ein rechteckiger Vorratsbau (Dromos) bilden jeweils eine Hauseinheit.

Unten: Lehmziegel aus Jericho. Daumeneindrücke verbessern das Anhaften des Mörtels.

Unten rechts: Hausgrundrisse aus Çayönü in Südostanatolien. Parallel geführte Substruktionsmauern schützten Vorräte vor Bodenfeuchtigkeit.

Rechte Seite: Jericho war bereits um 7500 v. Chr. durch Mauern und einen Rundturm von 10 m Durchmesser geschützt.

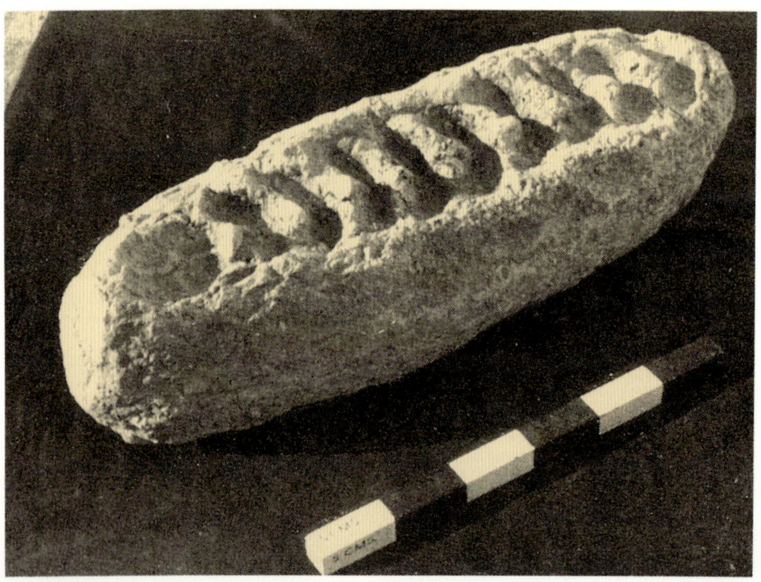

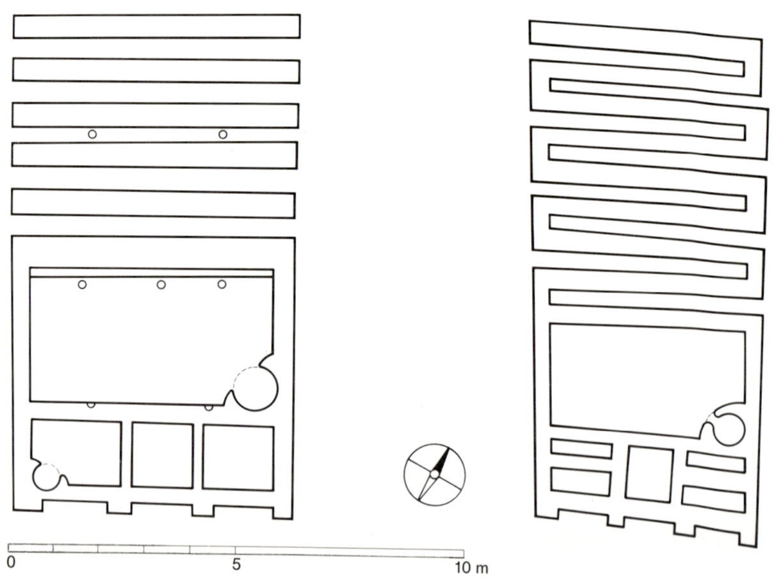

mal beobachtet, obwohl anfangs nicht richtig gewürdigt, in Rās eš-Šamrā, dem späteren Ugarit, in Syrien.
Ähnliche Befunde liegen neuerdings auch aus dem schon erwähnten Murēbit vor, dann von Tell Buqras bei Dēr ez-Zōr am syrischen Euphrat, aber wohl auch aus Qal'at Ǧarmō, dem berühmten Ausgrabungsort von Braidwood im Ostirak, aus Tepe Guran bei Kermānšāh und aus anderen Fundstätten.
Unter Umständen ging der echten (gebrannten) Keramik eine Vorstufe voraus: die Anfertigung von luftgetrockneten Tongefäßen, wie sie beispielsweise aus Ǧang Dareh bei Bīsutūn im Iran bekannt geworden sind, oder der Gebrauch von Naturprodukten wie Kürbissen. Vor der Erfindung der Keramik verwendete man Gefäße und Behälter aus Holz, Leder oder auch aus Stein. Neolithische Steingefäße lassen bereits eine hohe Fertigkeit im Umgang mit diesem an sich sehr schwer zu bearbeitenden Material erkennen.
Offenbar hatten die damals lebenden Menschen schon einen gewissen kulturellen Höhepunkt erreicht, noch bevor sie mit der Erfindung der Keramik in eine Art »industrielles« Zeitalter eingetreten sind. Dies zeigt sich nicht nur in der Qualität der Steingefäße, sondern auch in menschlichen Bildwerken aus Ton, Gips oder Kalk, seien es einzelne Köpfe oder auch ganze Figuren, wie sie neuerdings in 'Ain Ġassāl in Jordanien und im südtürkischen Nevalı Çori gefunden wurden (Abb. rechts unten). Die berühmtesten, zum Teil über echte menschliche Schädel geformten Rundbilder stammen jedoch wiederum aus Jericho. Die Augen waren mit Muscheln eingelegt.
Nach den Befunden aus einem neuen Fundort in der südöstlichen Türkei, in Çayonü bei Diyarbakır, wo zahlreiche Schädel in einem Gebäude entdeckt wurden, könnte man

Links: Im vorkeramischen Neolithikum Palästinas (ca. 8500 – 6000 v. Chr.) war es üblich, die Skelette der Toten ohne Schädel zu beerdigen. Die Schädel, teils mit, teils ohne Unterkiefer, wurden einer speziellen Behandlung unterzogen und dann separat bestattet oder in den Häusern aufbewahrt. Die Prozedur bestand darin, dem Schädel mit Hilfe von Gips wieder ein Gesicht aufzumodellieren, anstelle der Augen Muscheln einzusetzen und die Gesichtszüge mit Farbe nachzuzeichnen. In Tell Ramad bei Damaskus wurden deutlich unterlebensgroße Tonfiguren in Sitzhaltung gefunden, die derart präparierte Schädel stützten.

Rechts unten: Im jordanischen 'Ain Ġassāl stieß man erst jüngst auf eine ganze Gruppe rundplastischer Menschenbilder, die mit rund drei viertel Lebensgröße keine Scheu vor großen Formaten erkennen lassen. Es ist nicht endgültig entschieden, ob hier Menschen – vielleicht im Rahmen eines Ahnenkultes – dargestellt werden sollten oder ob es sich um Götterbilder handelt.

Rechts oben: Noch vor der Erfindung der Schrift und des Rollsiegels entstand das Stempelsiegel als Eigentumsmarkierung. Es ist eine Erfindung des frühen akeramischen Neolithikums. Die hier gezeigten Beispiele gehören in die Ḥalaf-Zeit und stammen aus Fundorten, die alle zwischen dem Mittelmeer und dem Zagrosgebirge in Obermesopotamien liegen. Stempelsiegel dienten zum Schutz von Eigentum vor unbefugtem Zugriff. Gefäßverschlüsse, aber auch solche von Kisten und Türen wurden mit Lehmbatzen »plombiert«. Auf die Plomben, auch »Bullen« genannt, wurde das Siegelmuster aufgestempelt.

zu dem Schluß kommen, daß der menschliche Kopf eine bestimmte Bedeutung im damaligen Totenkult besessen hat. Auch noch in der nachfolgenden keramischen Phase scheint diese Sitte bestanden zu haben, wie entsprechende Deponierungen in Häusern von Hacılar in der Westtürkei beweisen.

Im akeramischen Neolithikum läßt sich außerdem zum erstenmal die Verwendung des Stempelsiegels (Abb. S. 43) belegen, das nach langer Zeit des Gebrauchs als Eigentumsmarkierung um 3000 v. Chr. durch das Rollsiegel abgelöst wurde.

Im Bauwesen entstanden schon relativ komplizierte Anlagen wie die grillähnlichen Strukturen in Çayönü und an anderen Orten, die der Belüftung beziehungsweise Trokkenhaltung der darüber befindlichen Speicherräume dienten (Grundriß S. 40).

Mit dem Aufkommen der Keramik, zu der sich bald die aus dem gleichen Material und in derselben Technik hergestellten Terrakotten gesellen sollten (Abb. S. 50, 51, 53),

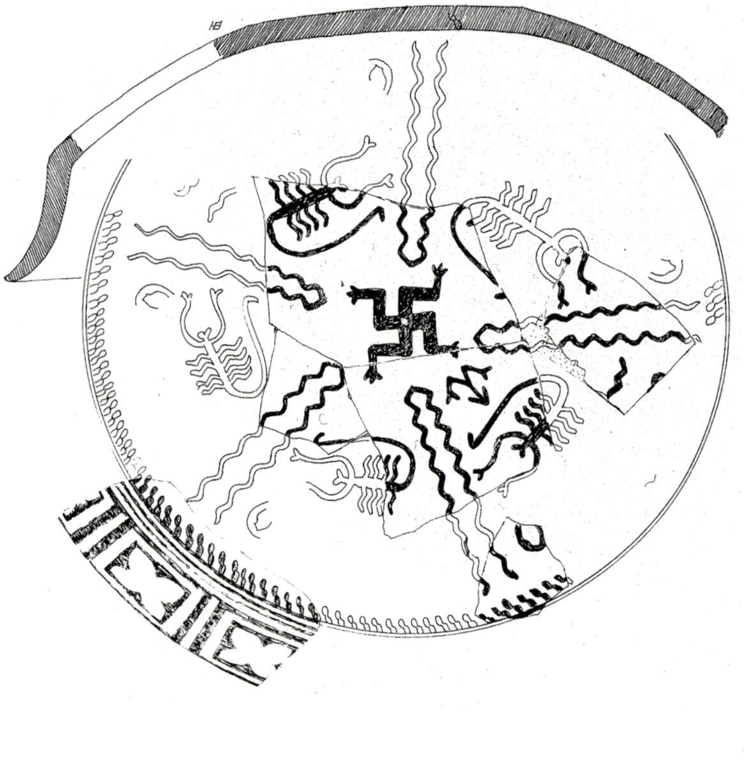

Das mesopotamische Tiefland durchlief die Stationen zur entwickelten Hochkultur zuletzt schneller als die früheren Schrittmacher in Kleinasien, Palästina oder im Zagrosbereich. Auch hier werden die vorgeschichtlichen Phasen wie üblich nach Fundorten benannt, in denen bestimmte Keramikgattungen zum erstenmal entdeckt wurden.
Die abgebildeten Gefäße datieren ins Chalkolithikum (um 5500 – 3000 v. Chr.) und wurden noch ohne Töpferscheibe geformt.
Aus Tell eṣ-Ṣawwan südlich von Sāmarrā kommt die feingemusterte Schale der sogenannten Sāmarrā-Ware (linke Seite, oben; Durchmesser 30 cm). Ihre Innenfläche ist mit stilisierten Vögeln und Pflanzen bemalt. Die in zwei Kreisen »wirbelnde« Anlage des zentralen Bildfeldes ist ein Merkmal dieser Gattung. Auf zwei weiteren Sāmarrā-Schalen (Musterrekonstruktionen links) ist der Skorpion ein wichtiges Bildelement. Die stilisierte Frauenfigur mit langen wehenden Haaren vermittelt in der vierfachen Wiederholung den Eindruck eines Reigens.
Polychrom bemalt ist die sogenannte Ḥalaf-Keramik, die vielleicht gediegenste Gattung der mesopotamischen Keramik. Ein besonders prächtiges Beispiel wurde in einer antiken Töpferei in Tell Arpačije unweit von Ninive gefunden (oben). Streng geometrische Muster in roter, schwarzer und weißer Farbe auf hellem, rötlichgelbem Tongrund ziehen sich um eine große Blüte am Grund der Schale (Durchmesser 32,5 cm). Bagdad, Iraq Museum

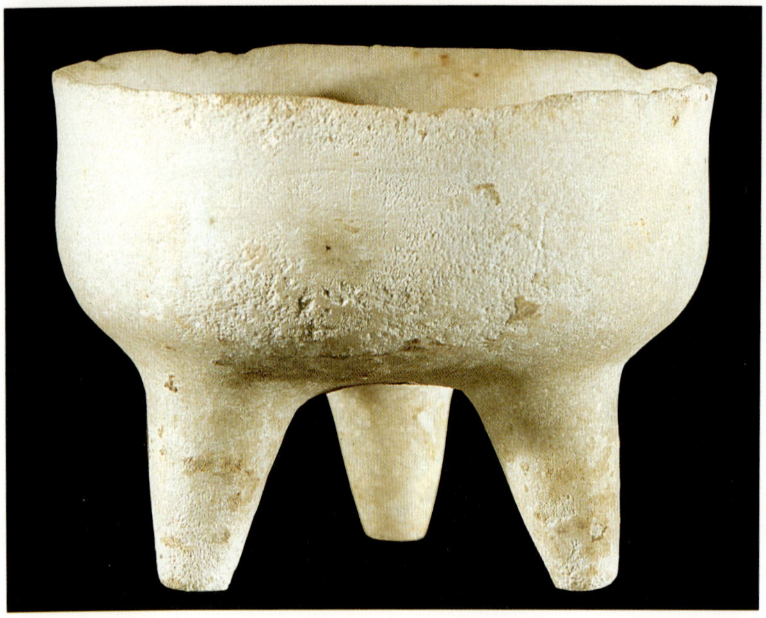

Linke Seite: Hacılar-Keramik. In der am Nordrand des Taurus gelegenen vorgeschichtlichen Siedlung entstand aus vorkeramischen Anfängen eine Dorfkultur mit reicher Keramikproduktion. Da die Gefäße noch von Hand aufgebaut wurden, ist die Formgebung freier als bei den Rotationsformen von der Töpferscheibe. Dies zeigt bereits eine unbemalte Schale mit drei Beinen (links) aus Schicht Hacılar V (um 5000 v. Chr.). Im Frühen Chalkolithikum wuchs der Anteil bemalter Keramiken und erreichte zuletzt (Schicht I) 75 Prozent des Gesamtbestands. Neben ovalen Näpfen (oben) kommen vor allem an Kalebassen erinnernde Flaschen mit Henkelösen vor (links unten). Die Bemalung ist rotbraun auf den cremefarbenen Grund aufgetragen. In Schicht I wurde zwar die ältere Maltechnik beibehalten, aber der Dekor weitgehend auf lineare Muster reduziert. Die vorangegangene Zeit bevorzugte dagegen eine flächige Bemalung, die mit Positiv-Negativ-Effekten spielte. Aus der Natur entlehnte symbolische Motive wurden dabei bis zur Unkenntlichkeit verfremdet.
Ankara, Archäologisches Museum

Rechte Seite: Das schönste Beispiel der berühmten Keramik aus der ersten Siedlung in Susa (Susa A) ist ein mit Steinböcken, Hunden und Wasservögeln bemalter Becher (Höhe 28,5 cm).
Paris, Louvre

lösen die Tongefäße die Steingeräte als Leitmotiv der Ausgräber ab. Über ihre praktische Funktion hinaus wurden sie auch zum Träger künstlerischen Ausdrucks in der damaligen Zeit, nachdem die Oberfläche, außen wie innen, für die Ausschmückung durch Farbe, Ritzung oder Relief entdeckt worden war.
Nach den Erfahrungen der Ethnologen bei Naturvölkern wurden die Gefäße zunächst wohl von Frauen im Heimverfahren hergestellt, bald aber, bei immer stärkerer Nachfrage in der eigenen Siedlung und dann auch als Exportgut, in »Manufakturen« angefertigt. Es wurden Brennöfen für hohe Temperaturen, die von außen befeuert werden konnten, konstruiert und wahrscheinlich von Berufstöpfern genutzt.
Zur industriell hergestellten Massenware wurde die Keramik schließlich nach Einführung der schnell drehenden Töpferscheibe im 4. Jahrtausend v. Chr. – eine wichtige Neuerung, die wohl wiederum, wie das Rollsiegel, die Schrift und auch das Rad, den damaligen Bewohnern Südmesopotamiens, den Sumerern, zu verdanken ist.
Bemalte Keramiken des Vorderen Orients, deren Gattungen in der Regel nach ihrem ersten Fundort benannt wurden, zeichneten sich schon relativ früh durch eine reiche Verzierung mit geometrischen Mustern und figürlichen Darstellungen aus. Die Farben sind, soweit es sich um glänzende handelt, bereits durch einen komplizierten Brennvorgang, durch oxidierenden und reduzierenden Brand, ähnlich wie bei den wesentlich jüngeren schwarz- und rotfigurigen griechischen Vasen, gewonnen worden. Ebenso sind bei den Mustern schon fast alle Symmetrieoperationen (Punkt- und Bandsymmetrien) zur Anwendung gekommen.
Die qualitätvollste Keramik in der auf das Neolithikum folgenden Kupfersteinzeit (Chalkolithikum), im 5. Jahrtausend v. Chr., war die Ḥalaf-Keramik Nordmesopotamiens, sowohl was die klaren Formen betrifft als auch hinsichtlich der Bemalung (Abb. S. 45). Das Bukranion, ein stilisierter Rinderschädel, bildet eines ihrer Leitmotive. Weiter im Osten war die etwas ältere Sāmarrā-Keramik zu Hause, mit weniger stilisierten Tier- und Menschendarstellungen, die

Die Keramik von Can Hasan, das östlich von Hacılar am Nordhang des Taurus liegt, setzt etwa mit dem Ende von Hacılar ein, das heißt im Mittleren Chalkolithikum (1. Hälfte des 5. Jahrtausends v. Chr.). Die Malweise der kleinasiatischen Buntkeramiker, Rot auf Creme, wurde beibehalten, jedoch durch andere Kombinationen von Dunkel auf Hell ergänzt. Breite Farbbänder rahmen Felder, die mit feinen Pinselstrichen schraffiert sind. Die rein geometrischen Muster lassen keinen Symbolismus mehr erkennen. Die beiden Gefäße, eine kugelige Flasche mit engem Hals (linke Seite, Höhe 29,5 cm) und der bauchige Henkeltopf mit kurzem Hals und ausschwingender Randlippe (oben, Höhe 51 cm) sind beide vom Dekor her so angelegt, daß in der senkrechten Draufsicht ein Stern entsteht.

Gefäße dieser Art wurden in einer Siedlung hergestellt, deren quadratische und rechteckige Häuser nahtlos aneinandergebaut waren. Wie in Çatal Höyük muß der Zugang über die Dächer erfolgt sein, denn die gut erhaltenen Erdgeschosse wiesen keine Türen auf. Wahrscheinlich wurden sie als Vorratsräume und nur in den kalten Monaten als Unterschlupf genutzt, während sich an warmen Tagen das Leben im luftigen ersten Stock abspielte. Die Aufbauten dürften nur einen Teil der Dachflächen eingenommen haben, denn dort oben verliefen auch die Verbindungswege. Die Wände der Häuser bestanden aus großen Lehmziegeln mit Holzeinlagen. Unregelmäßige Vorsprünge bildeten Nischen und schrankartige Vertiefungen die mit Podesten versehen waren.
Ankara, Archäologisches Museum

meist auf der Innenseite von Schalen wirbelartig angeordnet wurden (Abb. S. 44).
Im westlichen Kleinasien spielte die über den Kunsthandel weit verbreitete und dadurch gut bekannte Hacılar-Keramik eine wesentliche Rolle, wenn es sich auch bei vielen dieser verkauften Beispiele um Fälschungen handelt. Der Glanz ist hier aber nicht beim Brennen entstanden, sondern durch nachträgliche Politur (Abb. S. 46).

Das Chalkolithikum

Wie der Name »Kupfersteinzeit« besagt, wurde jetzt neben dem Stein auch zusätzlich Metall, Kupfer, verwendet. Von einigen Wissenschaftlern wird daher die Bezeichnung »Kupferzeit« bevorzugt.
Im Zuge der Entwicklung erscheint jetzt die Architektur fortgeschrittener und differenzierter. Es gibt deutlich als solche erkennbare Sakralanlagen, darunter vielleicht schon ein frühes Beispiel eines Megarons mit Anten und Vorhalle (Mersin/Südtürkei). In dem älteren Çatal Höyük

befanden sich in den wabenähnlich angelegten und nur über die Dächer zugänglichen Wohntrakten Kapellen mit plastischem Schmuck und Wandmalereien (Abb. S. 38, 39).
Kennzeichnend für den Bereich der Ḥalaf-Keramik in Nordmesopotamien und Südkleinasien waren Rundbauten, sogenannte Tholoi, teilweise mit rechteckigen Vorbauten (Grundriß S. 40). Sie dienten aber wohl eher profanen als sakralen Zwecken, als Wohnhäuser (Tholoi) mit Speichern (rechteckige Vor- oder Anbauten: Dromoi). Im Süden, so in Tell eṣ-Ṣawwan nördlich von Bagdad, stießen irakische Ausgräber auf T-förmige Grundrisse mit Kettenräumen, die nur nacheinander in einer Richtung betretbar waren.
Für das Chalkolithikum lassen sich auch die ersten Befestigungsanlagen nachweisen, wenn man von dem Turm und der dazugehörigen kleinen Mauer im präkeramischen Jericho absieht, die offenbar die Bewohner der Oase vor begehrlichen Nachbarn schützen sollten (Abb. S. 41).
Die mit der Ḥalaf-Ware zeitgenössischen Frauenterrakotten erinnern in ihrer »Fettleibigkeit« an Figuren aus Ton und Stein, die in Çatal Höyük und Hacılar gefunden wurden (Abb. S. 50, 51), sowie darüber hinaus an die wesentlich ältere »Venus von Willendorf« aus dem Jungpaläolithikum. Dieses »Schönheitsideal« scheint sich also bis in das Frühe und Mittlere Chalkolithikum gehalten zu haben. Es wurde dann aber am Ende der Kupfersteinzeit, während der ʿObēd-Periode, durch ein anderes abgelöst. Die wiederum meist weiblichen Tonfiguren wurden nun sehr schlank ausgebildet und mit einem Tierkopf versehen (Abb. S. 52). In Gräbern von Tell eṣ-Ṣawwan wurden Figuren aus Stein, und zwar auch männliche, zusammen mit Steingefäßen und -behältern gefunden.

Der Übergang zur Frühgeschichte in Südmesopotamien

Seit der Kupfersteinzeit nahm auch das südliche Zweistromland, das spätere Sumer, an der weiteren Entwicklung teil. Dieses Gebiet war nur mit künstlicher Bewässerung, also durch Kanalisation, für den Ackerbau nutzbar. Die alte Theorie aber, daß es als reines Alluvialland erst »abtrocknen« mußte, ist durch neue geologische Untersuchungen jedoch überholt. In einer bestimmten Tiefe war es von Anfang an festes Land, ja, die nördliche Küste des Golfs lag sogar, wie wir heute wissen, um 14000 v. Chr., vor der Abschmelzung der Gletscher, in der Höhe des heutigen Oman. Es fiel hier aber nicht ausreichend Regen, der einen Regenfeldbau wie im Norden ermöglicht hätte. Die ältesten chalkolithischen Spuren von Kanälen fand die englische Archäologin J. Oates bei Mandali im Osttigrisland, wo ebensowenig wie im Süden der Regen für einen gesicherten Anbau sorgte.
Offenbar wurde die Kenntnis des Ackerbaus aus dem Norden zusammen mit den dort gesammelten Erfahrungen

In Çatal Höyük und Hacılar kam eine beträchtliche Anzahl von Statuetten ans Licht. Die aus Ton und verschiedenen Steinarten gefertigten Figuren (alle unter 20 cm Höhe) stellen meist Frauen dar; es gibt aber auch männliche Figuren sowie einige Paare oder andere Gruppen. Neben den Wanddekorationen aus den Heiligtümern von Çatal Höyük sind es vor allem diese Darstellungen, die uns einen tieferen Einblick in die Vorstellungswelt ihrer Schöpfer und Besitzer geben. Dieser Welt können wir uns allerdings nur in Vermutungen nähern. Von den fettleibigen Frauenfiguren der Älteren Steinzeit unterscheiden sich die neolithischen durch die Modellierung des Kopfes und der Gesichtszüge. Darüber hinaus sind sie in verschiedenen Aspekten des Lebens dargestellt, etwa als Mutter mit einem Kleinkind in den Armen (unten, aus Hacılar) oder als Gebärende. Bilder wie die zwischen zwei Leoparden thronende »Herrin der Tiere« (linke Seite) lassen an Gottesvorstellungen in Menschengestalt denken: an eine Muttergottheit, die für Fruchtbarkeit unter Menschen, Tieren und auf dem Feld sorgt. Fundort war ein Getreidespeicher in Çatal Höyük. Das Figurenfragment aus Hacılar (oben) stellt eine Frau in liebender Umarmung mit einem vielleicht als Jüngling zu ergänzenden Mann dar. Eine männliche Gestalt erscheint in Çatal Höyük öfter als Reiter auf wilden Tieren (Leopard, Stier). Möglicherweise kann man in ihr das für die Jagd zuständige göttliche Wesen und zugleich den Partner der »Großen Göttin« sehen.
Ankara, Archäologisches Museum

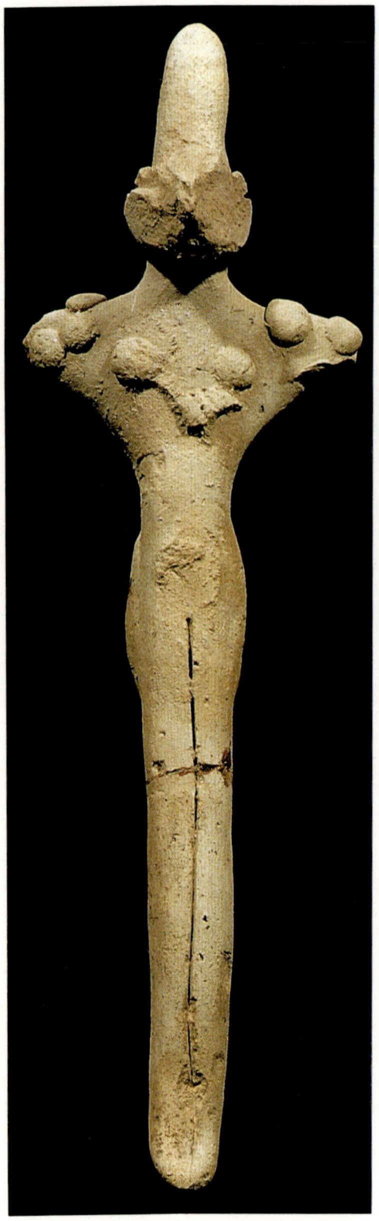

Links und rechts: Bereits in dem zur ältesten Siedlung von Tell eṣ-Ṣawwan (Schicht I) gehörenden Friedhof wurden den Toten neben Schmuck und Steingefäßen Frauenstatuetten aus Alabaster mitgegeben, jedoch so gut wie keine Keramik.
Aus Schicht II kommt eine 11,5 cm hohe Frauenfigur mit sehr ausladenden Formen (rechts). Sie ist aus feinem Ton gefertigt; im Neolithikum Mesopotamiens (um 6000 v. Chr.) sind demnach nicht nur Gefäße, sondern auch Kleinplastiken aus Ton entstanden.
Wohin sich die Gestaltung kleiner Menschenbilder um 4000 v. Chr. (Ende der Späten 'Obēd-Zeit) weiterentwickelte, zeigen Statuetten aus Eridu (links außen) und aus Ur (links innen). Auf extrem schlanken, allerdings sehr breitschultrigen Körpern sitzt ein reptilartig wirkender Kopf mit einem konischen Aufbau, der mit Bitumen überzogen sein kann. Auch diese Figuren stammen aus Gräbern.
Bagdad, Iraq Museum

Unten: Ebenfalls in der Späten 'Obēd-Zeit sind die in Originalgröße wiedergegebenen Abdrucke von Stempelsiegeln aus dem osttigridischen Tepe Gaura entstanden. Mehrere zeigen ein sexuell aktives Paar, andere zwei Trinkende, die sich mit Saugrohren aus einem fast mannshohen Gefäß bedienen, oder eine Reihe Schreitender (Gefangene?).

übernommen, denn die nun auch im Süden verwendete Buntkeramik zeigt in der Verzierung Einflüsse der Sāmarrā- wie der Ḥalaf-Keramik. Neuerdings haben französische Archäologen unter Leitung von J.-L. Huot in Tell el-Uēli bei Larsa aber eine noch ältere Keramik als die bis dahin bekannte Eridu-Ware entdeckt. Nach dem schon relativ entwickelten Aussehen der sogenannten Uēli-Keramik dürfte es sich selbst bei dieser noch nicht um das älteste Zeugnis einer Tonware im Süden gehandelt haben.
Wenn das Gebiet des späteren Sumer zunächst noch Entwicklungsland war, so sollte sich dies schon bald, bereits während des Späten Chalkolithikums, ändern. Dann übernahm nämlich der Süden die Führung in der weiteren Entwicklung, die zur Ausbildung der ersten Städte in der Weltgeschichte führte. Aus dem Lehrling wurde der Geselle und Meister, vielleicht nicht zuletzt durch die Not gefordert, denn man mußte hier eine künstliche Bewässerung schaffen, um sich aus eigener Kraft ernähren zu können. Diese Tätigkeit aber bedurfte einer zentralen Leitung oder führte zu einer Zentralgewalt. Daneben waren aber wohl auch natürliche Ereignisse maßgeblich beteiligt wie die von R. M. Adams und H. J. Nissen festgestellte veränderte Wasserführung im südlichen Mesopotamien.
Die Vorgeschichte mit Ereignissen vor der eigentlichen Geschichte – der etwas schiefe Ausdruck wird von einigen Wissenschaftlern durch »Urgeschichte« ersetzt – geht in die Frühgeschichte und diese dann endlich in die Geschichte über. Die Frühgeschichte wird entweder charakterisiert durch frühe Schrift, aber ohne politische Nachrichten, wie es dann später für die eigentliche Geschichte typisch ist, oder durch Nachrichten aus anderen, benachbarten Kulturbereichen, die sich ihrerseits schon in einer echten historischen Phase befinden, wie etwa die Römer zur Zeit Cäsars oder Tacitus', die über die Germanen (frühgeschichtlich) berichteten.
Im Vorderen Orient beginnt die frühgeschichtliche Periode sowohl in Sumer als auch in Elam mit wirtschaftlichen Aufzählungen auf Tontafeln in der zweiten Hälfte des 4. Jahrtausends v. Chr. Die Geschichte setzt rund 500 Jahre später ein, in der ersten Hälfte des 3. Jahrtausends. Zum Vergleich: Bei uns in Deutschland fängt die Geschichte erst mit Karl dem Großen um 800 n. Chr. an.

Geschichte

Die Geschichte des Alten Vorderen Orients beginnt für uns mit den ersten deutbaren Schriftzeugnissen etwa um die Wende vom vierten zum dritten vorchristlichen Jahrtausend. Es ist die Geschichte der »Keilschriftkulturen«. Denn das »heilig-keilige Gedränge« der Tontafel hat als Kommunikationsmittel die altorientalische Kultur und ihre Ausstrahlung ermöglicht, hat ganze Reiche zu verwalten geholfen, eine umfangreiche, in vielen Sprachen sich ausdrükkende Literatur von Generation zu Generation weitergereicht und – so können wir heute sagen – verewigt. Neben der Keilschrift ist ein anderes Kontinuum der altorientalischen Geschichte die alles beherrschende Götterwelt – sumerisch, akkadisch, hurritisch, hethitisch, elamisch und andere. Es fällt schwer, einen Bereich ausfindig zu machen, den sie nicht geprägt hätte. Als Assyrien und Babylonien im Weltreich der Perser aufgegangen waren, hat die »Keilschriftkultur« rapide an Boden verloren, sich immer mehr auf kleine Zentren beschränkt. Die unablässig vordringende aramäische Sprache obsiegte und mit ihr eine leicht zu handhabende Konsonantenschrift. Und als die »Keilschriftkultur« ihr Leben aushauchte, sah sich auch die altorientalische Götterwelt neuen Systemen gegenüber: dem iranischen Zoroastrismus, dem Monotheismus Israels, dem Mithraskult und schließlich dem aufsteigenden Christentum.

Sumer und Akkad

Wie lange wir schon mit einer Besiedlung des heute Irak genannten Gebietes rechnen sollen, ist in höchstem Maße ungewiß. Einer jüngeren Theorie zufolge wären Euphrat und Tigris vor 16 Jahrtausenden tief in die Landschaft eingeschnittene Flüsse gewesen. Sie hätten sich zu einem Strom vereinigt, der seinen Lauf durch den heutigen Persischen Golf fortsetzte, um in den Indischen Ozean einzumünden. Weltweites Ansteigen des Meeresspiegels (das unter anderem auch die Landbrücke nach England unterbrach) füllte den Golf an und verwandelte die Gebiete am Unterlauf von Euphrat, Tigris, Kārūn und Kerḫa in eine riesige Schwemmlandzone.

Wir lassen die geologische Vorgeschichte auf sich beruhen bis zu dem Zeitpunkt, wo wir die ersten Zeugnisse organisierten Zusammenlebens der Bewohner in einer städtischen Kultur finden: bedeutende Architektur, in Massen produzierte Keramik, Steingefäße und Siegel von hervorragender künstlerischer Qualität und schließlich eine Schrift. Dieser »Zeitpunkt« – und gemeint ist der Zeitraum von einem Jahrhundert und mehr – läßt sich mit den uns verfügbaren Mitteln nur sehr ungenau bestimmen: Ende des 4. Jahrtausends v. Chr. ist nur ein grober Anhaltspunkt. Er liegt jedenfalls ein gutes halbes Jahrzehntausend zurück – einerseits fast unvorstellbar lange, aber auf der anderen Seite nur von geringer Dauer, wenn wir die gesamte Entwicklungsgeschichte der Menschheit zugrunde legen.

Nachdem man im Vorderen Orient schon länger mit kleinen geformten und eingekerbten Tongebilden versucht hatte, Zahlen und Gezähltes festzuhalten, kam es zum entscheidenden Schritt der Schrifterfindung, als man das, was man zunächst zählen und bezeichnen wollte, zweidimensional auf die Oberfläche von Tontafeln ritzte. Die Schrifterfinder waren nach fast einhelliger Meinung die Sumerer. Wohl angeregt durch dieses Ereignis im Zweistromland kam es auch in Susa am Kārūn, also in Elam, zu einer Schriftbildung, deren Erzeugnisse sich weit nach Osten bis an die Grenze des heutigen Afghanistan verbreiteten. Irgendwelche Zusammenhänge zwischen der Schrifterfindung im Zweistromland und in Ägypten lassen sich bisher nicht nachweisen. Die Entwicklung bei der Anwendung

Am wichtigsten Querweg des Zagrosgebirges, in Sār-i Pūl, sind mehrere Siegesdenkmäler in die steilen Felswände gemeißelt worden. Wiederkehrendes Kernmotiv dieser Reliefs ist der triumphierende König über einem niedergestreckten Feind. Sie dürften zwischen der Ur-III-Zeit und der Altbabylonischen Zeit entstanden sein.

	UR							
2700						URUK	KIŠ	
75	Archaische Tafeln					Gilgameš	Mebaragesi	
50							Aka	
25			LAGAŠ					
2600							(Mesilim)	
75			Enhengal (Mesilim)				ŠURUPPAK	
50							Archive	
25		UMMA						
2500		*Uš*	Ursanše um 2520					
75	Mesanepada	*Enakale*	Akurgal um 2490					
50	Meskiangnuna		Eanatum um 2470					
25	Balulu	*Urlumma*	Entemena um 2430			*Lugalkingeneš-*		
2400			Enanatum II. um 2400			*dudu*		
75			Lugalbanda um 2370				ADAB	ELAM
50	AKKAD	*Lugalzagesi*	Urukagina um 2355			*Lugalzagesi*	*Meskigala*	
25	Sargon 2340–2284							*Luḫiššan*
2300	Rīmuš 2283–2275							
75	Maništūšu 2274–2260							*Epirmupi*
50	Narāmsîn 2259–2223							*Ḫita*
25	Šarkališarrī 2222–2198							
2200								
75	6 Könige 2197–2159							*Kutik-*
50								*Inšušinak*
25	UR III							
2100	Urnammu 2111–2094					Utuḫengal		
75	Šulgi 2093–2046					2116–2110		
50	Amarsuena		LARSA				EŠNUNNA	
	2045–2037							
25	Sūsîn	ISIN	Naplānum				Iturija	
	2036–2028		2025–2005					
2000	Ibbisîn	Išbierra	Emiṣum	DĒR			Ilšuilija	
	2027–2003	2017–1985	2004–1977					
		Šū'ilišu				ASSUR		
75		1984–1975						
		Iddindagan	Samium	Nidnuša		Puzuraššur I.		
		1974–1954	1976–1942	Anum-				
50		Išmedagan	Zabāja	muttabbil		Šalimaḫum		
		1953–1935	1941–1933					
25		Lipiteštar	Gungunum			Ilušuma	15 Herrscher	
		1934–1924	1932–1906					
		Urninurta	Abisarē	BABYLON		Irišum I.		
1900	URUK	1923–1896	1905–1895					
75		Būrsin	Sumu'el	Sumuabum		Ikunum		ELAM
		1895–1874	1894–1866	1894–1881				
50	Sinkāšid	Lipitenlil	Nuradad	Sumula'el	MARI	Šarrumkēn		Eparti um 1860
	um 1865/60–1833	1873–1869	1865–1850	1880–1845				
25	Anam	Enlilbani	Sîniddinam	Sabium		Puzuraššur II.	Ipiqadad II.	
	um 1821–1817	1860–1837	1849–1843	1844–1831				
	Irdanene	Zambija	Sîneribam	Apilsîn	Jaggidliim	Narāmsîn	Narāmsîn	Šilḫaḫa um 1830
	um 1816–1810	Iterpīša	Sîniqīšam	1830–1813	um 1830			
		Sînmāgir	Waradsîn	Sînmuballit	Jahdunlim	Irišum II.	Dāduša	
1800		1827–1817	1834–1823	1812–1793	um 1825–1810	Šamši-Adad		
75			Rīmsîn	Hammurabi	(Jasmaḫadad)	1815–1782		
			1822–1763	1792–1750	Zimrilim			
50			Rīmsîn II.		1782–1759	Išmedagan	Ibālpī'el II.	
						1781–1742		
25			»MEERLAND«	Samsuiluna	ḪANA			Kutir-Naḫ-
				1749–1712				ḫunte um 1730
1700			Iliman	Abi'ešuḫ		Adasi um 1700		
				1711–1684				
75				Ammīditana	6 Könige			
				1683–1647				
50				Ammīṣaduqa				
				1646–1626				
25				Samsuditana				
1600				1625–1594				

der Schrift akzelerierte. Es wurde sehr bald auch nicht zu Zählendes notiert bis hin zu Abstraktem und Eigennamen. Die Reste riesiger Gebäude in Uruk, seien es nun »Tempel« oder Versammlungsstätten gewesen, lassen erkennen, daß am Ende des 4. Jahrtausends Menschen in so großer Zahl organisiert beieinander lebten, daß wir hier und anderswo von »Städten« sprechen dürfen. Von etwa 2700 v. Chr. stammen die Reste der ältesten Stadtmauer von Uruk, die ein Gebiet von etwa 5 5 Quadratkilometern umfaßte. Mit der ältesten Schrift und den archäologischen Zeugnissen sind wir freilich noch nicht imstande, bereits Geschichte im Sinne einer politischen Geschichte zu schreiben. Dazu bedürfte es der Kenntnis der Namen von Persönlichkeiten, genauer zu umreißender Zeiträume und der Möglichkeit, Aktion und Reaktion zu beschreiben. Die ältesten Tafeln mit »Keilschrift« (genauer: mit deren Vorläufer, die »linear« und noch nicht durch »Keilförmigkeit« der einzelnen Zeichenelemente geprägt waren) notieren Verwaltungsvorgänge, die sich einstweilen nur in ganz vereinzelten Fällen rekonstruieren lassen. Es handelt sich im wesentlichen um die Einnahme oder Ausgabe (Verteilung) von Naturalien und Vieh; vielleicht auch schon um Bestandsaufnahme, Inventar. Wir können aber auf jeden Fall Wirtschaftsgefüge erschließen, die so umfangreich waren, daß das menschliche Gedächtnis allein mit deren Überwachung überfordert gewesen wäre.

Wer leitete solche Wirtschaftsgefüge, und wer stand an der Spitze einer Stadt und ihres Umlandes? Hier sind nur Rückschlüsse aus viel späteren Perioden möglich, das heißt aus der Zeit, in welcher die Keilschriftquellen die Namen von Herrschern preisgeben samt den von ihnen gebrauchten Titeln. Machen wir von einer solchen »Hochrechnung« Gebrauch, so nehmen wir an der Spitze einer Stadt einen »Herrn« (sumerisch *en*) an oder einen »Großen« (sumerisch *lugal*, wörtlich »große Person«), von dem wir in historischer Zeit wissen, daß er sein Herrscheramt vererben und eine »Dynastie« begründen konnte. Wir sprechen bei den »Großen« herkömmlich von »Königen«.

Die organisierten Siedlungen des südlichen Zweistromlandes waren von geregelter Wasserzufuhr abhängig und lagen daher notwendigerweise an einem der Flüsse (Euphrat, Tigris beziehungsweise einem ihrer Flußarme) oder an einem Kanal. Regenfeldbau ohne Risiko ist im heutigen Irak nur nördlich des 35. Breitengrades möglich. Die Anlage eines Kanalnetzes und die von oben überwachte Bewässerung gehörten zu den allerersten Aufgaben eines Gemeinwesens. Die im Prinzip große Fruchtbarkeit des Bodens war also kein Geschenk der Natur allein; sie mußte durch menschliche Leistung erarbeitet werden. Voraussetzung war im übrigen, daß das Hochwasser der beiden Zwillingsflüsse nach der Schneeschmelze in den Bergen genau zur erwarteten Zeit eintraf. Dem Herrscher oblag es dabei, durch richtiges kultisches Verhalten die Gunst der Götter herbeizuführen. Sein Amt war, soweit wir zurückblicken können, stark kultisch eingebunden.

Oben: »Standarte von Mari«. Die frühdynastische Einlegearbeit aus Perlmutt wurde nach dem Muster der »Standarte von Ur« rekonstruiert. Krieger führen gefesselte Feinde vor den Herrscher von Mari. Aleppo, Nationalmuseum

Unten: Hauptfigur dreier Siegelbilder der späten Uruk-Zeit ist der Herrscher. Nur in Kultszenen trägt er den »Netzrock«; so bei der Fütterung der Widder aus der Tempelherde der Inanna, deren Symbol das sogenannte Schilfringbündel ist; so auch beim Bootstransport einer Stierfigur mit Stufenaltar. In der dritten Abrollung inspiziert der Herrscher gefesselte Feinde. Berlin, Vorderasiatisches Museum

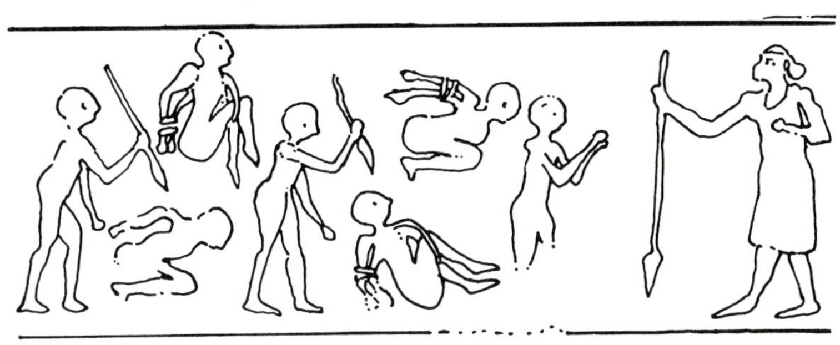

Links: Besonders würdig erachtete Texte erhielten einen repräsentativen Träger – hier ein Tonprisma. Die »sumerische Königsliste« nennt für die frühesten Dynastien noch mythisch hohe Regierungszeiten. Erst im Laufe der Aufzählung schrumpfen diese auf »menschliches Maß«. Die lange Herrscherabfolge führt bis ans Ende der I. Dynastie von Isin (1800 v. Chr.). Oxford, Ashmolean Museum

Rechts: Der nach Norden gerichtete Blick über den Stadtkern von Ur zeigt oben links die Zikkurrat des Mondgottes Nanna und weitere Komplexe der Ur-III-Zeit: südwärts anschließend den Ningal-Tempel innerhalb des Wohnbezirks der Nanna-Priesterinnen; rechts davon, klein, aber markant, das Gerichtstor, dann das Schatzhaus. In Bildmitte stößt man auf den Palast und weiter nach Südosten auf den Grabbau der vergöttlichten Ur-III-Herrscher. Am unteren Bildrand liegen Wohnviertel.

Uruk wurde mit der Waffe geschlagen; sein Königtum ging über auf Akkad. In Akkad wurde Sargon König, der ... eines Palmgärtners, Mundschenk des Urzababa. Er erbaute Akkad und regierte als König 56 Jahre. Dann regierte Rīmuš, der Sohn des Sargon, 9 Jahre. Dann regierte Maništūšu, der ältere Bruder des Rīmuš und Sohn des Sargon, 15 Jahre. Dann regierte Narāmsîn, Sohn des Maništūšu, 37 Jahre. Dann regierte Šarkališarrī, Sohn des Narāmsîn, 25 Jahre. Wer war dann König? Wer war nicht König? War Igigi König? War Nanum König? War Imi König? War Elulu König? Die vier übten gleichzeitig das Königsamt aus und regierten drei Jahre. Dann regierte Dudu 21 Jahre. Dann regierte Šūdurul, Sohn des Dudu, 15 Jahre. Im ganzen 11 Könige, die 181 Jahre regierten.

Aus der »Sumerischen Königsliste«

Einstweilen noch nicht zu beantworten ist die Frage, wieweit sich der Macht- und Einflußbereich eines »Herrn« wie desjenigen von Uruk erstreckte. Wir sehen keinen Grund, ihn sehr knapp abzustecken. Denn die Möglichkeiten des Verkehrs und der Bewegung von Boten, Truppen und Handelskarawanen haben sich über die Jahrtausende nicht wesentlich geändert: Schiffsverkehr auf den Flüssen, Kanälen und Lagunen; der Esel als Zug- und Reittier; und der Mensch zu Fuß, in beschleunigter Form als Läufer. Eindeutige Belege für die Verwendung des Kamels gibt es nicht vor dem 1. Jahrtausend v. Chr.

Neben den großen Zentren Uruk, Eridu, Ur, Umma, Girsu, Lagaš, Larsa, Nippur, Isin, Adab, Sipar, Kiš und manchen anderen gab es zu allen Zeiten kleinere Gemeinden, Dörfer und auch Einzelgehöfte. Eine exakte Vorstellung von Einwohnerzahlen können wir uns freilich nicht machen, da alles auf den Versuch einer »Demographie« Abzielende zu stark mit Spekulation belastet ist. Namentlich sind uns Orte aus den Keilschrifturkunden und auch aus den »geographischen Listen« der Schulen zu Tausenden bekannt. Aber nur ein Bruchteil davon ist lokalisiert, das heißt mit einem der zahllosen Ruinenhügel (Tells) identifiziert, die der südirakischen Landschaft so sehr das Gepräge geben. Wir nennen den geschichtlichen Raum des Zweistromlandes zwischen dem »Flaschenhals« von Euphrat und Tigris auf der Höhe von Bagdad im Nordwesten und dem Persischen Golf im Südosten »Babylonien«, indem wir auf eine Zeit vorausgreifen, in der Babylon die führende Stadt dieses Bereichs geworden war. Die Geschichte dieses »Babylonien« ist im 3. Jahrtausend v. Chr. wesentlich durch die Sprecher zweier Sprachen geprägt: Sumerer und Semiten. Die letzteren können wir etwa seit der Mitte dieses Jahrtausends genauer als die »Akkader« identifizieren, wiederum von uns im voraus benannt nach der Hauptstadt Akkad, in welcher Sargon und seine Nachfolger regierten. Sumerer und Akkader sind miteinander eine Kultursymbiose eingegangen, die sich in der Geschichte des Altertums kaum noch einmal in solcher Intensität nachweisen läßt. Woher die Sumerer gekommen sind und seit wann sie in Babylonien ansässig waren, ist unklar. Alle Versuche, ihre Sprache in verwandtschaftliche Beziehung zu irgendeiner anderen Sprache der Welt zu setzen, sind bisher mißlungen. Die Akkader sprachen eine semitische Sprache, die unter anderem mit dem Hebräischen und Arabischen verwandt ist. Obwohl beide Sprachen, Sumerisch und Akkadisch, von ihrem Typ her völlig verschieden sind, haben sie einander doch stark beeinflußt, und schon früh hat ein lebhafter Austausch von »Lehnwörtern« stattgefunden. Hierbei war allerdings zu Anfang das Sumerische stärker der gebende als der nehmende Teil. Zahlreiche Ausdrücke für »Priester«, für sonstige Funktionen und Berufe, aber auch für Geräte, Musikinstrumente oder zum Beispiel das Wort für den »Palast« sind sumerischen Ursprungs. Die Akkader haben auch einen hohen Prozentsatz der

sumerischen Götternamen übernommen. Fast immer gespannt war dagegen das Verhältnis zu den elamischen Nachbarn im Osten. Elam ist durch die Jahrtausende hindurch gleichsam der »Erbfeind« Mesopotamiens gewesen, und auch in der nachchristlichen Geschichte gibt es Beispiele genug dafür, wie sich dieser Gegensatz fortgesetzt hat. Von einem weiteren Nachbarn, den Hurritern, wird in einem späteren Kapitel die Rede sein.

Geschichte, die wir mit Eigennamen verbinden können, beginnt mit den ältesten »historischen« Inschriften, in der Hauptsache Bau- und Weihinschriften der Herrscher. Für die Bewohner des Zweistromlandes begann Geschichte laut der »Sumerischen Königsliste«, einem um 2000–1700 v. Chr. verbreiteten Literaturwerk, in der Zeit, als »das Königtum vom Himmel herabgekommen war«. In dieser Liste sind Herrscherreihen zahlreicher Städte aufgeführt (»Dynastien«), und den ältesten Königen werden mythisch lange Regierungszeiten zugewiesen, anfangs oft eine Vielzahl von 3600 Jahren (3600 ist gleichsam die »Tausend« im Sexagesimalsystem, nach welchem die sumerischen Zahlen aufgebaut sind). Der älteste uns inschriftlich bezeugte Herrscher ist Enmebaragesi, König in der im nördlichen Babylonien gelegenen Stadt Kiš. Sein Sohn Agga hätte nach einem sumerischen Epos, das in der Altbabylonischen Zeit überliefert ist, gegen keinen geringeren als Gilgameš von Uruk gekämpft, den Helden des »Gilgameš-Epos«. So treffen historische Realität und literarische Tradition zusammen. Dem Versuch, Enmebaragesi bereits in einen genaueren historisch-chronologischen Rahmen einzuordnen, ist mangels sonstiger zeitgenössischer Quellen noch kein Erfolg beschieden. Er hat aber wohl bis zu zwei Jahrhunderte früher regiert als Urnanše von Lagaš, mit dem ein zusammenhängender Bericht über die politische Geschichte Babyloniens begonnen werden kann.

Lagaš

Durch Fundzufall besitzen wir aus Girsu, der Hauptstadt des sumerischen Staates Lagaš, Inschriften von neun aufeinanderfolgenden Herrschern, die sich teils »Stadtfürst«

Beigaben aus dem frühdynastischen »Königsfriedhof« von Ur. Aus Goldblech getriebene Gefäße (linke Seite) zeigen folgende Dekortechniken: Punzen von Mustern, Ziselierung der Namensinschrift, Kannelierung des Körpers und Applikation von Henkeln aus Lapislazuli. Der Goldhelm des Meskalamdug (oben) kann nicht als Helm für den Kriegseinsatz, sondern nur als kultische Perücke interpretiert werden. Dennoch war genau dieser Helmtyp Teil der königlichen Rüstung.
Bagdad, Iraq Museum

(ensi), teils »König« *(lugal)* betiteln. Das Korpus umfaßt fünf oder sechs Generationen und einen Zeitraum von rund 170 Jahren, etwa 2500–2330 v. Chr. Ans Ende dieser Periode gehört ein Archiv von über 1200 veröffentlichten Tontafeln aus der Verwaltung des Tempels der Stadtgöttin von Girsu, Ba'u. Die Dichte und der Informationsreichtum dieses Textkorpus haben den Historiker lange Zeit dazu bewogen, im Staate Lagaš des 26. bis 24. Jahrhunderts v. Chr. das Modell des sumerischen Stadtstaates überhaupt zu sehen, in welchem die Tempel der Stadtgottheit (samt Familie) gegenüber dem »Palast« (das heißt dem Bereich des Herrschers) eine beherrschende Rolle gespielt hätten; das Modell einer sumerischen »Tempelstadt«. Das läßt sich nicht mehr so entschieden vertreten, seitdem zeitlich parallele Urkunden und Archive aus anderen Städten Babyloniens genauer analysiert worden sind. Vor allem hat sich auch die Rolle eines neben dem »Tempel« und »Palast« bestehenden »privaten Sektors« klarer herauskristallisiert. Die Inschriften der Herrscher von Lagaš berichten über den Bau von Tempeln und Befestigungswerken, über das Graben von Kanälen, Weihgaben und anderes. Es sind dies auch in Zukunft zentrale Themen der königlichen Inschriften. Enthalten sind aber auch Exkurse, die den »außenpolitischen« Bereich betreffen: Siege über auswärtige Staaten (das heißt über deren Heere), wobei auch schon erkennbar wird, daß sich mehrere Stadtstaaten zu Koalitionen zusammenschließen konnten. Der geographische Horizont der Inschriften eines Königs wie Eannatum von Lagaš (berühmt durch seine »Geierstele«) ist weitgespannt; er reicht bis nach Mari am Mittleren Euphrat. Beherrschendes Thema einer Anzahl der Königsinschriften aus Girsu/Lagaš ist der Kampf mit dem Nachbarstaat Umma. Es geht

um Wassernutzungsrechte, und da dies ein lebenswichtiges Anliegen war, versteht es sich leicht, daß jeder Lösungsversuch und jeder der Gegenseite aufgezwungene Oktroi nur vorläufig sein konnte und den nächsten Konflikt schon in sich bergen mußten. In der historischen Rückschau spielen die Herrscher von Girsu auf einen Schiedsspruch an, den – noch vor der Zeit des Urnanše – der (akkadische) König Mesilim von Kiš gefällt hatte. Da von besagtem Mesilim eine Keule mit Löwendekor und Inschrift in Girsu selbst gefunden worden ist (Abb. S. 330), liegt die Vermutung nahe, Mesilim sei einmal der Oberherr über Girsu gewesen. Leider entziehen sich aber – mangels einschlägiger Quellen – alle näheren politischen Zusammenhänge unserer Kenntnis.

Der letzte König in der Herrscherreihe von Girsu/Lagaš, Urukagina (anderer Lesungsvorschlag: Uru-inimgina), wurde von seinem Rivalen in Umma, Lugalzagesi, endgültig besiegt. Es gelang Lugalzagesi zwar, auf kürzere Zeit einen Staat im gesamten südlichen Babylonien zu errichten; er fiel aber der aufstrebenden Macht von Akkad zum Opfer. Urukagina ist als der erste »Sozialreformer« in die modernen Geschichtsbücher eingegangen, da er in mehreren seiner Inschriften darauf hinweist, daß er unrechtmäßigen Brauch seiner Vorgänger abgeschafft und durch gerechtere Bestimmungen ersetzt habe. Auch ist er der erste, von dem wir hören, daß ihm der Schutz des rechtlosen Armen vor dem mächtigen Reichen am Herzen gelegen habe. Genaue Lektüre seiner Texte und ein kritisches »Zwischen-den-Zeilen-Lesen« berauben uns zwar mancher Illusion, da wir sehen, daß Urukagina durchaus nicht zweckfrei handelte, sondern zum Beispiel bestimmten Priesterklassen vorher nicht innegehabte Rechte und Vergünstigungen einräumte; daß er womöglich überhaupt in seiner Rolle als Usurpator vorrangig »klerusfreundlich« reagierte. Doch kann sich auch der heutige Leser dem Schwung der Argumentation eines bedeutenden politisch-historischen Dokuments schwer entziehen.

Akkad

Die Mitte des 24. Jahrhunderts v. Chr. (nach der zugrunde gelegten, aber noch sehr wenig gesicherten Chronologie) stellt einen der wichtigsten Wendepunkte in der altorientalischen Geschichte dar, wenn wir aus unserer distanzierten Überschau urteilen. Zum erstenmal entstand auf mesopotamischem Boden ein regelrechtes »Reich« von bis dahin ungeahnten Ausmaßen. Zentrum war Akkad, eine Stadt vielleicht zwischen Sippar und Kiš, die trotz mancher Hypothesen immer noch nicht sicher lokalisiert worden ist. Die ersten fünf Herrscher der »Dynastie von Akkad« regierten der »Sumerischen Königsliste« zufolge 142 Jahre lang. Es waren Sargon (Šarru-kīn – die für den neuassyrischen gleichnamigen König übliche biblische Form Sargon hat sich bei uns auch für den 1600 Jahre älteren Herrscher eingebürgert), Rīmuš, Maništūšu, Narāmsîn und Šarkališarrī. Der Dynastiegründer Sargon soll 56 Jahre lang regiert haben. Wir wissen aber nicht, ob diese Zahl von der Errichtung der Hauptstadt Akkad an gerechnet ist, oder ob sie vorhergehende Jahre einbezieht. Dieser Unsicherheitsfaktor wiegt schwer bei dem Versuch, die Chronologie des 3. Jahrtausends v. Chr. festzulegen.

Um die Gestalt Sargons haben sich zahlreiche Sagen und Legenden gerankt. Es gibt eine Aussetzungsgeschichte, die an Moses erinnert; Sargon soll von einem Gärtner adoptiert worden und Günstling der Liebesgöttin Ištar geworden sein (Ištar, der Venusstern, die Göttin der Liebe, aber

Unmittelbar östlich des frühdynastischen »Königsfriedhofs« in Ur ließen Herrscher der Ur-III-Zeit, Šulgi und Amarsu'ena, die unterirdischen Grüfte für ihre jeweiligen Vorgänger anlegen (links). Die mit Kraggewölben überdachten, großzügigen Grüfte (rechts) schloß man nach dem Begräbnis. Die Treppenzugänge wurden angefüllt und mit einem ebenerdigen Pflaster versiegelt. Darauf schließlich wurde ein am Hofhausschema orientierter Grabtempel errichtet. Zur Einrichtung gehören jeweils Einbauten für Trank- und Brandopfer. Die Nischengliederung der Außenfronten und überdimensionierte Wandstärken weisen dieses Bauwerk als Sakralbau aus.

Gefolgschaftsbestattung im frühdynastischen »Königsfriedhof« von Ur. Verschwenderisch wurde auch das Personal ausgestattet, das den Hauptbestatteten in den Tod begleitete. Der ursprüngliche Schädelbefund einer Hofdame (unten) konnte geborgen werden. Anhand solcher Befunde gelang die Rekonstruktion höfischen Kopfschmucks (oben). Goldene Bänder und Ketten mit feinem Blattwerk aus gehämmertem Goldblech (rechte Seite) bedeckten das von großen sternförmigen Blüten überragte Haupt wie eine Kappe. Ein Kollier und üppige Ketten aus Lapislazuli-, Karneol- und Goldperlen zierten Hals und Brust. Bagdad, Iraq Museum

auch des Krieges, war Stadtgottheit von Akkad); vor seiner Königsherrschaft wäre Sargon Mundschenk bei König Urzababa von Kiš gewesen, der ihn durch einen »Uriasbrief« dem Tode hätte preisgeben wollen. Sargons Reich, dessen Einfluß zeitweilig bis ins Gebiet des Persischen Golfs und im Nordwesten bis nach Syrien reichte, war – im ganzen gesehen – alles andere als ein politisch stabiles Gebilde. Unter Sargon selbst wie auch unter all seinen Nachfolgern unterbrachen Aufstände und Revolten von zum Teil umfangreichen Städtekoalitionen immer wieder den Frieden.

Sargon hat neben Mari am Mittleren Euphrat auch die bedeutende Stadt Ebla in Nordsyrien erobert und zerstört. Er löschte damit ein blühendes Handelszentrum aus, an dem sich, wie wir erst seit 1975 wissen, Keilschriftkultur bereits kurz nach der Mitte des 3. Jahrtausends v. Chr. etabliert hatte. Auf der anderen Seite berichtet er davon, daß Schiffe aus Tilmun, Magan und Meluḫḫa im Hafen von Akkad angelegt hätten. Damit wies er auf einen über den Persischen Golf hinausreichenden Fernhandel hin; denn Tilmun ist die Insel Bahrain (vielleicht mitsamt dem gegenüberliegenden Küstenhinterland); Magan entspricht dem heutigen Oman, möglicherweise unter Einschluß der iranischen Küste auf der anderen Seite des Golfs von Oman; Meluḫḫa schließlich war die sumerische Bezeichnung für das Gebiet der alten Induskultur (mit ihren Hauptzentren Harappa und Mohendjodaro), wobei wir freilich dem antiken Mesopotamier nicht die Kenntnis unseres modernen Landkartenbildes unterstellen dürfen. Besonders Tilmun hat bei der Vermittlung des südöstlichen Überseehandels stets eine bedeutende Rolle gespielt.

Die Berichte von Sargons Taten und Erfolgen haben, so imposant sie klingen mögen, für den Historiker leider nur beschränkten Wert, da es noch nicht möglich ist, sie chronologisch zu reihen und innerhalb der angeblich 56 Regierungsjahre anzuordnen. Wie dem aber auch sei, die Erinnerung an das Reich Sargons ist nie verloschen. Ein gelehrter Traktat des 8. oder 7. Jahrhunderts v. Chr. führt nicht weniger als 65 Städte und Länder auf, die Sargon beherrscht haben soll; dabei entbehrt aber zum Beispiel die Einbeziehung von Kreta (Kapturu, dem Kaphthor der Bibel) jeglicher Realität. Immerhin aber stammen Originalinschriften von Sargons viertem Nachfolger Narāmsîn aus einem Gebiet mit dem Durchmesser von über 1000 Kilometern (von Diyarbakır am Oberlauf des Tigris über Ninive bis nach Ur in Babylonien oder Susa in Elam).

Sargon hat eine seiner Töchter als Priesterin des Mondgottes Nanna von Ur eingesetzt. Sie nahm den sumerischen Namen Enḫeduana an und behielt ihr Amt, bis sie von Narāmsîns Tochter Enmenana abgelöst wurde. Es ist dies ein schönes Zeichen sumerisch-akkadischer Symbiose. Sargon war ja seiner Sprache nach »Akkader«, und er hat sich in seinen Inschriften auch gerühmt, daß er die Statthalterschaften »Söhnen von Akkad« übertragen hätte. Trotzdem war es für ihn eine Selbstverständlichkeit, Anschluß

an den Kult eines sumerischen Gottes in einer traditionell sumerischen Stadt zu suchen. Enḫeduana muß eine hochbegabte Frau gewesen sein. Sie gilt als die Verfasserin zweier langer sumerischer Hymnen, und ihr wurde auch die Initiative zugeschrieben, eine Sammlung von Liedern auf verschiedene Tempel Babyloniens zusammengestellt zu haben.

Sargon, Rīmuš und Maništūšu nennen sich »König von Akkad« und »König von Kiš«. Da das für die Stadt Kiš gebräuchliche Schriftzeichen später als *kiššatu*, »Gesamtheit«, gedeutet wird, besteht allgemein die Meinung, daß bereits bei der Schreibung »König von Kiš« ein Schriftspiel vorliegt und »König der Gesamtheit« gemeint war. Narāmsîn nahm dann den noch anspruchsvolleren Titel »König der vier (Welt-)Ufer« an. Auch ließ er sich vergöttlichen in der Form, daß man ihn als den »(Schutz-)Gott von Akkad« bezeichnete. Seinem Namen wurde das Keilschriftzeichen vorangestellt, das »Gott« bedeutet und das als sogenanntes »Gottesdeterminativ« vor regelrechten Götternamen geschrieben werden mußte. Nun ist es zwar wenig wahrscheinlich, daß diese Art von Vergöttlichung bedeutete, der Herrscher habe sich in einen den großen Göttern ebenbürtigen Rang erheben wollen. Zuzugestehen ist aber auf jeden Fall, daß sich der König mit Bezug auf seine Stadt, sein Land und seine Bevölkerung in einer Rolle sah, die der eines lokalen Schutzgottes entsprach. In zeitgenössischen Rechtsurkunden aus Nippur wurden Eide »bei Narāmsîn« geleistet, die ihre Analogie im Eid bei einer Gottheit hatten. Sowohl der Titel »König der vier (Welt-)Ufer« als auch die Vergöttlichung machten Schule. Sie begegnen uns wieder bei den Herrschern der III. Dynastie von Ur sowie bei zahlreichen – selbst unbedeutenden – Königen der Altbabylonischen Zeit.

Die akkadische Sprache hatte zwar schon vor Sargon ein literarisches Prestige gewonnen, das sich dem des Sumerischen näherte; nicht nur in Mari, sogar noch im nordsyrischen Ebla wurde mesopotamische Schultradition gepflegt und eine Sprache geschrieben, die einen der Dialekte des sogenannten Altakkadischen darstellte (manche Gelehrte wollen im »Eblaïtischen« allerdings eher eine eigene, selbständige semitische Sprache sehen). Aber im Reich von Akkad griff der Gebrauch des Akkadischen auch auf ehemals rein sumerisches Sprachgebiet über, und in Susa wurde – zunächst wohl unter dem Einfluß einer akkadischen Garnison – das Akkadische Urkundensprache, und die mesopotamische Keilschrift verdrängte und ersetzte völlig das ältere einheimische elamische Schriftsystem. Trotz immer wiederkehrender politischer Wirren waren die Städte des Reiches Stätten hoher Bildung und voll von geistigen Anregungen in der Dichtung wie in der bildenden Kunst. Es verdient auch Erwähnung, daß die während der Akkad-Zeit gebrauchte, ästhetisch uns sehr ansprechende Schriftform, wie die Schreiber sie auf Ton praktizierten, Jahrhunderte später, in der Altbabylonischen Periode, zur Prunkschrift wurde, in der Denkmäler wie die Stele mit dem »Kodex Hammurabi« geschrieben wurden. Die sich immer wieder durchsetzende Einheit des Reichs hat noch viele folgende Generationen beeindruckt. Altbabylonische Orakelantworten wie »Ein König der vier (Welt)Ufer wird erscheinen« legen Zeugnis davon ab, daß man an die Zeit von Akkad wie an ein verlorenes Ideal zurückdachte.

Die Gutäer

Nach dem fünften König der Dynastie, Šarkališarrī, war die Glanzzeit Akkads vorüber. Die spätere Tradition hatte schon das Gebaren des Vorgängers Narāmsîn als Hybris empfunden, und er erschien der Nachwelt als ein Unheilsherrscher. So viele Faktoren aber auch immer den Niedergang letztlich herbeigeführt haben mögen – der nagende Wurm kleinstaatlichen Eigensinns hat nicht nur dem Reich von Akkad zu schaffen gemacht –, besonders hervorzuheben ist *einer*: Die ursprünglich wohl in den Zagrosbergen Irans beheimateten Gutäer stießen in die babylonische Ebene vor, und Gutäerfürsten gelang es, sich im Laufe der Zeit in babylonischen Städten als Herrscher zu etablieren. Die schon öfters zitierte »Sumerische Königsliste« weist den Gutäer-»Königen« fast ein volles Jahrhundert zu. Aber falls eine solche Zahl überhaupt als real anzusehen ist, dürfte sie sich doch zu einem großen Teil überschneiden mit jenen 41 Jahren, die die Königsliste nach Šarkališarrī noch für die Dynastie von Akkad übrig hat. Jedenfalls ist der chronologische Anschluß der Akkad-Dynastie und der sogenannten Gutäerzeit an die Zeit der III. Dynastie von Ur noch völlig ungesichert. Bestimmte Zeitkomplexe der altorientalischen Geschichte gleichen noch Flößen, die unverankert auf dem Strom der Zeit schwimmen; die einen zwar in Sichtweite der anderen, aber noch ohne präzisen Abstand. Das außerordentlich negative Bild, das die babylonische Historiographie und in ihrem Gefolge auch unsere moderne Geschichtsschreibung von den Gutäern zeichnet, läßt sich im wesentlichen auf Formulierungen zurückführen, die König Utuḫengal in seiner Siegesinschrift verwendet. Utuḫengal schreibt sich das Verdienst zu, die Gutäerherrschaft endgültig beseitigt zu haben. Er war ein Bruder Urnammus, des ersten Königs der III. Dynastie von Ur.

Die III. Dynastie von Ur

In die für uns noch einigermaßen dunkle Periode zwischen dem Ende von Akkad und dem Beginn von Ur III fällt der Wiederaufstieg des Staates von Lagaš. Er fand seinen Höhepunkt in der Regierung des »Stadtfürsten« Gudea, der zwar schon Zeitgenosse des Urnammu von Ur III war, aber noch vollkommen selbständig und ohne Ahnung der Zukunft, die seinen Staat zur Provinz eines übergeordneten Königtums degradieren sollte. Gudeas Inschriften, allem voran seine auf zwei enormen Tonzylindern von 30 Zentimetern Höhe aufgezeichnete Tempelbauhymne (Abb. S. 270), sind Höhepunkte der sumerischen Literatur schlechthin. Nicht ganz ohne Grund sieht die moderne Sumerologie die Sprache der Inschriften Gudeas als »normativ« an. Während Gudea nun zwar in seinem literarischen Stil an alte, vorsargonische Tradition anknüpfen kann, trägt sein Werk doch ebenso unmißverständlich den Stempel der Akkad-Zeit. Die Länder, aus denen Gudea das Baumaterial für sein Vorhaben herbeischaffen läßt, spiegeln den geographischen Horizont von Akkad wider, und wenn er einmal bezeichnet wird als »der Stadtfürst, der Gott seiner Stadt«, so ist man nur allzu deutlich an Narāmsîn von Akkad erinnert.

Wir wissen noch nicht, wie Urnammu, der erste König der III. Dynastie von Ur, vormals Statthalter unter seinem Bruder Utuḫengal, König geworden ist. Unsere heutige Bezeichnung »dritte« Dynastie von Ur (oder kurz: Ur III) bezieht sich auf die »Sumerische Königsliste«, die für Ur auch eine »erste« und »zweite« Dynastie auflistet. Ur III füllt mit fünf Königen (Urnammu, Šulgi, Amarsu'ena, Šūsîn, Ibbisîn) ein gutes Jahrhundert aus (ca. 2112–2004). Urnammu hat, wohl eher gegen Ende seiner Regierungszeit, den Nachbarstaat Lagaš ausgeschaltet. Er konnte dadurch den begehrten Golf-Überseehandel nach Ur lenken. Als erster mesopotamischer Herrscher nennt sich Urnammu »König von Sumer und Akkad«. Er weist damit deutlich auf die beiden staatstragenden »ethnischen« Elemente hin: Sumerer und Akkader.

Das 52 cm hohe Sitzbildnis des Verwaltungsbeamten Ebiḫ-il aus dem Ištar-Tempel von Mari gehört zu den qualitätvollsten Alabasterskulpturen der »Mari-Schule«. Details wie der durch Bohrungen plastisch wirkende gelockte Bart, die im Gegensatz zu allen Vergleichsstücken natürlich gewellten Zotten des Rocks und die stoffliche Struktur des Korbhockers tragen ebenso zum Reiz dieses Werkes bei wie der zuversichtlich lächelnde Mund und die in schwarzes Bitumen eingelegten Augen. Paris, Louvre

Auf Urnammu oder seinen Sohn Šulgi geht die älteste uns bekannte Sammlung von »Rechtssprüchen« zurück, die wir konventionell »Kodizes« nennen. Es handelt sich hierbei um aneinandergereihte Sätze des Typs »Wenn Sachverhalt A, dann (ergibt sich) die Rechtsfolge B«. Die Sprache des »Kodex Urnammu« (oder »Kodex Šulgi«) ist sumerisch. Das Original war zweifellos eine Stele – wie die des berühmten »Kodex Hammurabi«. Erhalten sind von Urnammus (oder Šulgis) Werk allerdings nur Abschriften auf Tontafeln, und auch diese sind nur ganz bruchstückhaft. Trotzdem läßt sich erkennen und rekonstruieren, daß bestimmte rechtlich relevante Themen zusammengefaßt waren, wie zum Beispiel Eheschließung und Scheidung, falsche Anschuldigung, Sklavenrecht. Der ursprünglich für die Rechtssammlung Hammurabis geprägte Ausdruck »Kodex« soll nicht die Vorstellung erwecken, es sei hier von ausdrücklich »kodifiziertem« Recht die Rede. Die Diskussion über die Funktion der altmesopotamischen »Kodizes« ist nach wie vor kontrovers: Waren es verbindlich erlassene Gesetze oder Empfehlungen aufgrund gesammelter – und analog erweiterter – Rechtsentscheidungen?

Anders als das Reich von Akkad war der Staat von Ur III, der sich unter Šulgi zur vollen Macht entfaltete, offenbar nie ernsthaft von innen her gefährdet. Sein Ende gestaltete sich dafür um so dramatischer. Militärische Einsätze scheinen sich ganz auf die Randgebiete beschränkt zu haben. Aber selbst hier war es das Bestreben der Könige, Allianzen auf dem Wege der »politischen Heirat«, das heißt durch die Verheiratung von Prinzessinnen an ausländische Herrscher, anzubahnen. Es lag zu allen Zeiten im Interesse mesopotamischer Staaten, die von außen hereinkommenden Handelswege so weit wie möglich unter Kontrolle zu haben. Der Nachrichtendienst war durch intensiven Botenverkehr innerhalb der einzelnen Provinzen und nach auswärts vorzüglich ausgebaut, wie wir aus zahlreichen Verwaltungstäfelchen erfahren, auf denen die Verpflegung abreisender und die Verköstigung ankommender Boten und ausländischer Gesandter registriert ist.

Šulgi und seine Nachfolger haben – wie Narāmsîn von Akkad – wieder göttliche Ehren genossen. Der König wie auch sein Thron erhielten regelmäßige Opfer in eigenen Kapellen. Der schon in der Akkad-Zeit einsetzende Brauch, den Namen eines Herrschers in zusammengesetzten Personennamen zu verwenden, kam immer mehr in Mode: So wie der Name Utu-ḫengal wörtlich bedeutet »der Sonnengott (Utu) ist Überfluß«, heißt Šulgi-ḫengal »Šulgi ist Überfluß«. Der Königsname erscheint also an der Stelle eines Götternamens.

Eine immense Zahl von Verwaltungsurkunden (veröffentlicht sind über 24000) erlaubt uns einen sehr genauen Einblick in das Funktionieren des Staates von Ur III. Es gab eine streng hierarchisch gegliederte Beamtenschaft, deren Rang auch an der Höhe ihrer Entlohnung abzulesen ist. Grundlage des Lohnsystems wie auch allgemeiner Wertmesser war das Litermaß Gerste. 300 Maß Gerste wurden idealiter mit einem Schekel Silber gleichgesetzt. In der Wirklichkeit gab es freilich erhebliche »Kursschwankungen«. Der Staat war in etwa 40 Provinzen aufgegliedert, die – zumindest im dicht besiedelten Babylonien – genau gegeneinander abgegrenzt waren. An ihrer Spitze stand ein »Stadtfürst« *(ensi)*, der aber nicht mehr selbständig war, sondern gegebenenfalls vom König abgesetzt oder auch in eine andere Provinz versetzt werden konnte. Der »Stadtfürst« hatte zwar weitgehende Rechts- und Verwaltungsvollmachten; doch konnte er keine eigenen »außenpolitischen« Entscheidungen treffen. In Uruk, zu welchem die Könige durch ihre Verwandtschaft mit Utuḫengal ein besonders enges Verhältnis hatten, aber auch in einigen Randprovinzen, hatte ein »Statthalter« oder »General« die Verwaltung inne. Ackerbau, Viehwirtschaft, Fischerei, Textil-, Leder- und Schilfrohrindustrie und andere Erwerbszweige waren samt und sonders einem stark bürokratisierten Verwaltungs- und Abrechnungssystem unterworfen, wobei uns der Fundzufall Beispiele für tägliche, monatliche, aber auch ganze Jahresabrechnungen überliefert hat. Sehr oft wurden bestimmte Leistungen oder Einnahmen im voraus geschätzt, und das tatsächliche Ergebnis wurde dann fallweise mit einem Überschuß oder als Defizit bewertet. Beides konnte dann auf die nächstfolgende Abrechnungsperiode übertragen werden. Es bedarf keiner Betonung, daß ein derartig aufgeblähtes Verwaltungssystem wie das von Ur III sich auf ein Heer fähiger Schreiber stützen mußte.

All das hier Geschilderte bezieht sich auf die beiden großen Komplexe »Palast« und »Tempel«, das heißt Ländereien, Herden und jegliche Wirtschaftseinheiten, die entweder der »Krone« beziehungsweise dem Sitz eines »Stadtfürsten« oder aber einem der zahllosen Heiligtümer zugeordnet waren. Daneben bestand der private Sektor: Bürger mit eigenem Grundbesitz, Handwerker und Kaufleute, die auf eigene Rechnung und eigenes Risiko arbeiteten ohne irgendwelche Abhängigkeit vom »Palast« oder »Tempel«. Wir sind über diesen Bereich sehr viel schlechter unterrichtet, da er sich weitgehend der »Verschriftung« entzog. Daß es im übrigen vielfältige Überschneidungen zwischen »Palast«, »Tempel« und privatem Sektor gegeben hat – man denke nur an privaten Grundbesitz von Beamten –, liegt auf der Hand.

Verwaltungssprachen waren – wohl je nach den »ethnischen« Mehrheitsverhältnissen – Sumerisch oder Akkadisch. Während es Belege für Dolmetscher gibt, die die

Zwei Beterstatuen aus Tempeln in Mari. Bei der Statue des bärtigen Beters im Zottenrock (linke Seite, Höhe 1,14 m) geht aus der Weihinschrift nicht eindeutig hervor, wer der Stifter, wer der Dargestellte ist. Jedenfalls nennt sie Ikun-Šamagan, einen König von Mari. Auch die fragmentarisch erhaltene Statue eines bartlosen Beters im Zottenrock (rechts, Höhe 54 cm) besitzt die typischen mit Muscheln und Lapislazuli eingelegten Augen. Füße, Sockel und linker Arm wurden ergänzt. Beide Statuen stammen aus der jüngeren Frühdynastischen Zeit. Damaskus, Nationalmuseum

Verständigung mit Fremden wie Amurritern oder Leuten aus Meluḫḫa ermöglichten, scheint es keinen Bedarf für Personen gegeben zu haben, die zwischen Sprechern des Sumerischen und des Akkadischen vermittelten. Zweisprachigkeit war wohl weit verbreitet, und sie ist auf jeden Fall bei den Schreibern vorauszusetzen. Neben der Verwaltung ist auch das Gerichtswesen außerordentlich gut durch Urkunden dokumentiert, die gewöhnlich die Überschrift »abgeschlossene Rechtssache« trugen. Ein Prozeß konnte in mehr als nur einer Instanz geführt werden, und der Appell an den König selbst ist keine Seltenheit.

Der Niedergang des Staates von Ur III läßt sich deutlicher verfolgen, als das beim Reich von Akkad der Fall gewesen war. Unsere Hauptquelle sind Briefe, die der letzte König, Ibbisîn, mit verschiedenen »Stadtfürsten« ausgetauscht hatte und die – möglicherweise in literarisch überhöhter Form – später abgeschrieben und ins Kurrikulum der Schreiberschulen aufgenommen worden waren. Auch sind zwei Klagelieder erhalten, die die Zerstörung von Ur beziehungsweise von Sumer und Akkad schlechthin beweinen. Ibbisîn war in Krieg mit Elam verwickelt. Die Hauptstadt Ur war in starke Bedrängnis geraten durch Einfälle der nomadischen Amurriter. Išbierra, ein »Statthalter« oder sonstwie hoher Beamter aus Mari am Mittleren Euphrat, machte sich die prekäre Lage des Königs zunutze, und er brachte ihn dazu, ihm die Städte Isin und Nippur »zum Schutz« anzuvertrauen. Daneben betrieb er auf dem Wege der Korrespondenz ein geschicktes Spiel mit anderen »Stadtfürsten«, um sie zum Abfall von Ibbisîn zu veranlassen. Im zehnten Jahr Ibbisîns begann Išbierra, in Isin eigene »Jahresdatenformeln« auszugeben und nicht mehr die Formeln von Ur zu benutzen. Das landläufige Datierungssystem bestand darin, daß jedes Jahr einen »Namen« aufgrund eines markanten Ereignisses erhielt, zum Beispiel *Jahr: der »Stadtfürst« von Anšan heiratete die Königstochter* (= Jahr Šulgi 30). Mit der Verwendung eigener Jahresdatenformeln hatte Išbierra seine Selbständigkeit erklärt. Sein nächster Schritt war der Anspruch auf die Herrschaft über ganz Babylonien. Ibbisîn konnte sich auf stark reduziertem Gebiet noch 14 Jahre lang halten. An seinem Regierungsende sehen wir Ur durch eingedrungene Elamiter belagert; die Hauptstadt wurde eingenommen und zerstört und Ibbisîn selbst nach Elam verschleppt – ein in der Geschichte Mesopotamiens einzigartiges Schicksal.

Isin

Išbierras Herrschaft in der neuen Hauptstadt Isin war zunächst lediglich die Fortführung des Staates von Ur III in beschränkterer Form. Es hätte ja auch kein Vorbild für Neuerungen irgendwelcher Art gegeben. Išbierra übernahm das Verwaltungssystem; er ließ sich vergöttlichen, und auch sein Name erscheint als Bestandteil von Beamtennamen, zum Beispiel Išbi-Erra-il-mātišu »Išbierra ist

der (Schutz-)Gott seines Landes«. Erst nach dreizehn Jahren gelang es ihm, die elamischen Okkupanten aus Ur zu vertreiben. Aber schon vorher hatte er sich – unter Umgehung von Ur – den Handel über den Persischen Golf wieder erschlossen. Die von Išbierra begründete Dynastie währte über 200 Jahre und endete erst 1794 v. Chr. mit der Einnahme Isins durch Rīmsîn von Larsa. Vier oder fünf Generationen lang, unter seinen Nachfolgern Šū'ilišu, Iddindagan, Išmedagan und Lipiteštar, blieb der Thron innerhalb derselben Familie.

Išbierras Vorgehen war nicht ohne Beispiel. In Dēr nahe der heutigen persischen Grenze, in Ešnunna am Euphratnebenfluß Dijāla, vielleicht auch schon in Kiš und Sippar machten sich ehemalige Untertanen Urs selbständig. Auch Larsa im Süden, nur etwa 60 Kilometer von Ur entfernt, hat wohl sofort vom Sturz Urs profitiert. Die dortige Dynastie, die sich auf einen Amurriter Naplānum zurückführt, wurde unter ihrem fünften König Gungunum zum ernsthaften Rivalen Isins. Wenn sich auch Isin während der ersten 80 Jahre der Dynastie als Nachfolgerin von Ur III betrachten konnte, geht doch die Tendenz zur Zersplitterung Babyloniens schon unmittelbar auf das Ende Ibbisîns zurück. Diese Tendenz verstärkte sich laufend, und sie führte im Jahrhundert zwischen Lipiteštar von Isin (1934–1924) und Waradsîn von Larsa (1834–1823) zu einem Mosaik von Kleinstaaten, das wir noch heute nicht vollständig überblicken.

Linke Seite: Die sogenannte Isin/Larsa-Stadt in Ur vermittelt eine gute Vorstellung von einer Stadtanlage der Ur-III-Zeit. Enge Gassen führen durch ein Gewirr von sich ineinander verschränkenden Hofhäusern.

Oben: Freigelegtes Wohnviertel in Nippur. Das typische Baumaterial in Mesopotamien war der ungebrannte Ziegel.

Unten: Wohnhaus des Hürden- oder Hofhaustyps in Ur.

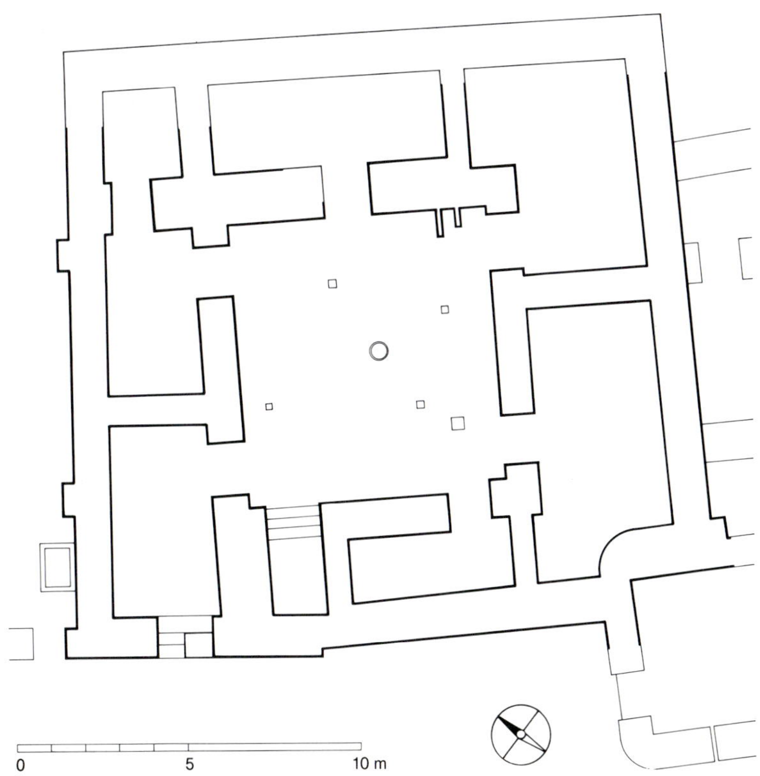

Die endgültige Trennung vom Staatssystem des Typs »Ur III« ist wohl dadurch zustande gekommen, daß sich die traditionelle Zweiheit »Sumer und Akkad« verschoben hatte zu einem Gegenüber von Akkadern und Amurritern. Ein altbabylonischer Leberschautext orakelt:

Der aus der Steppe wird zu mir hereinkommen und den, der in der Stadt wohnt, hinausjagen.

Damit ist angespielt auf die ungeheure Beunruhigung, die von den – wenigstens zu einem größeren Teil – nomadisierenden Amurritern ausging. Wir hören von ihnen erstmals schon unter der Dynastie von Akkad; aber dort werden sie landschaftlich noch mit dem Gebirgszug Ǧebel al-Bišrī in Syrien westlich vom Mittleren Euphrat assoziiert. Šūsîn von Ur III hatte eine »Mauer« (oder eine Reihe von Festungen) gegen die »Martu« (oder »Mardu«) errichten lassen; »Martu« war die sumerische Bezeichnung für die Amurriter. Aber seine Maßnahme konnte den Ansturm nur vorübergehend aufhalten. Naplānum von Larsa war einer der ersten Amurriter, die sich als Herrscher einer babylonischen Stadt etablierten. Die Amurriter sprachen eine semitische Sprache, die dem »kanaanäischen« Zweig (zu welchem auch das Hebräische gehört) näher stand als dem Akkadischen. In sumerischen literarischen Texten werden Martu (Amurriter) öfter als Leute, die keine Häuser haben und kein Getreide anbauen, gebrandmarkt, also als Nichtseßhafte.

Sumerisch ist als lebendig gesprochene Sprache wohl spätestens im Jahrhundert nach Ur III ausgestorben, es sei denn, es hätte sich auf kleinen »Sprachinseln« noch einige Generationen länger gehalten. Im ganzen hat sich das Akkadische als *die* Umgangssprache durchgesetzt. Das literarische Prestige des Sumerischen war indes ungebrochen. Die Schreiberschulen blieben Pflegestätten der sumerischen schönen Literatur. Es wurden nicht nur ältere Werke kopiert und tradiert. Es entstanden auch neu komponierte Texte in fast unübersehbarer Zahl. Einige der Hymnen, die

Vorhergehende Doppelseite: Die urukzeitliche Stadt auf dem Ǧebel Arūda, hoch über dem nordsyrischen Euphrat gelegen, war ein weit vorgeschobener Verwaltungssitz des südmesopotamischen Fernhandels. Wohnhäuser vom Mittelsaaltyp breiten sich auf den Hangterrassen aus. Ein massiver Verwaltungs- oder Tempelbau beherrscht die Szenerie.

Links und rechts: Die »Geierstele« aus Girsu/Tellō ist trotz ihres fragmentarischen Erhaltungszustands ein exemplarisches Hauptwerk der ausgehenden Frühdynastischen Zeit. Vieles kommt in ihr erstmalig zum Vorschein: Es ist die älteste bekannte Stele, die in Wort und Bild Historisches berichtet – einen Grenzkonflikt zwischen Lagaš und Umma. Das Bildprogramm ist in ein göttlich-symbolisches Themenfeld (Vorderseite) und ein profan-kriegerisches (Rückseite) geschieden: Der Stadtgott von Lagaš, Ningirsu, erschlägt mit seiner Keule die im Netz gefangenen Feinde (Vorderseite, rechts); König Eannatum von Lagaš führt seine Phalanx zu Fuß oder im Streitwagen über die »am Boden zerstörten« Gegner (Rückseite, links). Erstmalig werden schließlich Motive durch Trenner gegliedert, und man versucht, in Einzelszenen räumliche Tiefe darzustellen, zum Beispiel bei den tiefgestaffelten Kriegern der Phalanx.
Paris, Louvre

auf die ersten Könige von Isin (Iddindagan, Išmedagan) gedichtet wurden, gehören zu den schönsten Zeugnissen sumerischer Sprache. Daneben wurden aber auch Verträge und Verwaltungsurkunden zu einem großen Teil noch sumerisch formuliert. Sumerische Bau- und Weihinschriften entstanden noch unter König Samsuiluna, dem Nachfolger Hammurabis von Babylon. Dabei ist aber zu bemerken, daß sich das Sumerische nach Lipiteštar von Isin immer weiter von den Normen etwa der Sprache eines Gudea von Lagaš entfernte, um schließlich nur noch eine durch und durch vom Akkadischen beeinflußte Kunstsprache zu sein.

Was das Nebeneinander von Akkadern und Amurritern betrifft, so besteht ein wesentlicher Unterschied zur früheren sumerisch-akkadischen Symbiose: Die amurritische Sprache ist niemals schriftfähig geworden – abgesehen davon, daß man amurritische Personennamen schrieb. Der Einfluß dieser Sprache auf das Akkadische hat sich stark in Grenzen gehalten und ist in keiner Weise vergleichbar mit dem Einfluß des Sumerischen. Auch ist sonst kaum Kulturgut übernommen worden. Als *ein* Beispiel läßt sich das Wort *salīmum*, »Friedensschluß«, anführen, das amurritischer Herkunft ist. Hier ist es denkbar, daß die Verbindung mit bestimmten vorher nicht bekannten Zeremonien zur Rezeption des Fremdworts geführt hat. Grundsätzlich konnten sich die Amurriter dem Sog der älteren, überlegenen Kultur nicht widersetzen, und so haben sie sich dieser Kultur und ihrer Sprache, dem Akkadischen, je nach den Umständen verschieden rasch assimiliert. Später, im Jahrhundert Hammurabis, spiegeln die Briefe der königlichen Korrespondenz von Mari besonders eindrucksvoll das Nebeneinander zweier Bevölkerungsschichten wider, der ansässigen Akkader und der auf dem Wege zur Seßhaftigkeit begriffenen Amurriterstämme.

Eines der letzten großen sumerischen Schriftdenkmäler, das sich auf die Praxis des täglichen Lebens bezieht, ist der

Links: Kopf einer lebensgroßen Statue. Sie war eine Weihgabe des Statthalters Puzur-eštar von Mari und wurde als Beute- und Ausstellungsstück im »Schloßmuseum« von Babylon wiederentdeckt. Der bei aller Detailgenauigkeit strenge Anschein beruht auf der manierierten Wiedergabe einer »westsemitischen« Barttracht. Dargestellt ist vielleicht ein vergöttlichter König, denn Götter kennzeichnende Hörner zieren die königliche Breitrandkappe. Der Kopf der Statue befindet sich im Vorderasiatischen Museum in Berlin, der Körper im Archäologischen Museum in Istanbul.

Rechts: Laut Rückeninschrift stellt die Statuette Urningirsu dar, einen Nachfahren des Gudea von Lagaš (Höhe des Fragments 17 cm). Sie setzt die lange Reihe der Gudea-Statuen nahtlos fort. Im Gegensatz zu diesen oft etwas steif wirkenden Skulpturen wirken hier die Modellierung von Gesicht und Händen organischer, die Wiedergabe der Gewanddetails (Faltenwurf) stoffmäßiger.
Berlin, Vorderasiatisches Museum

Damals richtete Urnammu, der Mächtige ... das Recht im Lande auf ... Er schuf Freiheit in Sumer und Akkad ... Die Waise wurde nicht dem Reichen ausgeliefert noch die Witwe dem Mächtigen; wer nur einen Schekel besaß, den überantwortete man nicht dem, der eine ganze Mine besaß ...

Aus dem Prolog des »Kodex Urnammu«

»Kodex Lipiteštar«. Zeitlich steht er ziemlich genau in der Mitte zwischen dem »Kodex Urnammu« (Ur III) und dem »Kodex Hammurabi«. In Sprache und Rechtsauffassung läßt sich der »Kodex Lipiteštar« allerdings dem »Kodex Urnammu« viel näher rücken als der Rechtssammlung Hammurabis. Bei Lipiteštar finden wir noch nicht die bei Hammurabi üblich gewordene Vergeltung analog zum Vergehen (*lex talionis*, »Auge um Auge ...«), und anstelle der bei Hammurabi drastisch oft empfohlenen Todesstrafe sind bei Lipiteštar meist Geldbußen vorgesehen. Die Tatsache, daß um 1934–1924, ein dreiviertel Jahrhundert nach dem Ende des Reichs von Ur III, eine für die Bevölkerung bestimmte Rechtssammlung noch auf Sumerisch veröffentlicht werden konnte, zeigt, daß der Herrscher von Isin noch willens war, diese altererbte Sprache als »staatstragend« zu betrachten.

Gungunum, der fünfte König der Larsa-Dynastie (1932–1906), und zu Beginn seiner Regierung Zeitgenosse Lipiteštars von Isin (1934–1924) hat das nicht fern gelegene Ur erobert, so daß Isin die alte traditionsreiche Stadt und den nach wie vor wichtigen Seehafen einbüßte.

Daß solche Ereignisse die politische Landkarte aber nicht einfach von Schwarz in Weiß veränderten, sondern daß wir die Verhältnisse sehr viel diffiziler beurteilen müssen, entnehmen wir zwei Bauinschriften aus Ur. Sie stammen von Enannatumma, der Priesterin des Mondgottes Nanna in Ur. Enannatumma war Tochter von Lipiteštars Vorgänger Išmedagan, und ihr Vater hatte sie traditionellerweise in das »religionspolitisch« außerordentlich bedeutende Amt einsetzen lassen. Die Bauvorhaben der Enannatumma sind nun zwar, den neuen Verhältnissen entsprechend, dem Gungunum von Larsa zugeeignet; die Bauherrin bezeichnet Gungunum aber nur als den »mächtigen Mann, König von Larsa«, während sie sich selbst nach wie vor stolz als die Tochter des »Königs von Sumer und Akkad« ausweist.

Letzthin wichtiger als der Besitz von Ur war für Isin, ideologisch gesehen, daß es noch über Nippur verfügte. Nippur war Kultort des Gottes Enlil, der alle göttlichen Entscheidungen in der Hand hatte und von dessen Gnade auch jedes legitime Königtum abhing. Ibbisîn von Ur hatte in einem seiner Briefe selbst beklagt, daß Enlil ihm sein Wohlwollen entzogen habe. Es konnte nicht ausbleiben, daß ehrgeizige Herrscher von Larsa bestrebt waren, auch Nippur in ihren Besitz zu bringen. Und das blieb nicht aus. Die politisch völlig unstabilen Verhältnisse unter den Nachfolgern Lipiteštars von Isin und Gungunums von Larsa mit schnell wechselnden Koalitionen kleiner Könige; mit Siegen von unbedeutender Tragweite, die in den Inschriften des Siegers jedoch enorm aufgebauscht wurden; mit Inschriften, die sich einer ererbten, aber ganz unglaubwürdig klingenden Phraseologie bedienen wie »Kampf gegen die vier (Welt-)Ufer« – diese Verhältnisse haben ihren Nachhall an einer für den Historiker ganz

unerwarteten Stelle gefunden: Es sind die Orakelsätze der Leberschau vom Typ »Wenn der Befund (der Leber des frisch geschlachteten Schafs) A ist, dann bedeutet das (für denjenigen, der die Leber hat inspizieren lassen) B«. Rein formal entsprechen solche Satzgefüge genau denjenigen der Rechtssammlungen (»Wenn Sachverhalt A, dann Rechtsfolge B«). Hier einige Beispiele:
Der Fürst wird von dem Feldzug, auf den er ausgezogen ist, nicht zurückkehren. – Ein Würdenträger wird seinen König töten. – Die Bewohner eines Distrikts werden ihren Bürgermeister verjagen. – Den Fürsten werden seine Bundesgenossen im Stich lassen. – Einer, der vor dem König sitzt, wird das, was der König geheimhalten will, immer wieder dem Feinde preisgeben. – Der Feind wird Gerste auf ein Schiff laden und als Beute wegführen. – Die Statue, die der König hat anfertigen lassen, wird ein anderer als Votivgabe stiften.
Wir zitierten schon die »nostalgische« Omenaussage *Ein König der Gesamtheit wird im Lande auftreten*, und ganz ähnlich heißt es: *Ein König von Sumer wird herrschen.* Es sind aber nicht nur der König und sein Haus berücksichtigt. Auch der Bürger ist Gegenstand von Orakelantworten (im Falle, daß er auf dem Wege der Leberschau eine Anfrage – zum Beispiel Erfolg oder Mißerfolg betreffend – gestellt hatte): *Sein Prozeßgegner wird im Palast* (das heißt im Prozeß vor dem König oder einem lokalen Staatsbeamten) *zu Fall kommen*; oder: *Über sein Haus und seinen Hausrat wird der Palast verfügen.* Angesichts eines herannahenden Feindes kann es vorkommen, daß *das Stadttor verriegelt* und daß *in der Stadt bittere Not ausbrechen* wird. Solcherlei Orakelsätze – und es gibt Hunderte davon – sind in der Tat eine unschätzbare Quelle für die Kenntnis der politischen, wirtschaftlichen und sozialen Verhältnisse der altbabylonischen Periode.

Babylon

Das Jahrhundert äußerster Zersplitterung Babyloniens endete mit dem Aufstieg zweier neuer Mächte. Unter Waradsîn und Rīmsîn, den Söhnen eines aus dem elamischen Grenzland stammenden Amurriterhauptes (Kudurmabuk), konnte Larsa den Einfluß des Staates Isin weitgehend ausschalten und sich dessen Territorium schließlich ganz einverleiben (1793 v. Chr.). Babylon, wo wir seit 1894 v. Chr. eine eigene Dynastie – ebenfalls amurritischer Herkunft – an der Regierung sehen, wurde seinerseits zum bedrohlichen Rivalen von Larsa, und König Hammurabi (1792–1750) eroberte im Jahr 1763 v. Chr. Larsa. Hammurabi (oder Hammurapi, wie sein Name auch gelesen wird) ist – neben Gilgameš – eine der beeindruckendsten Gestalten des Alten Orients vor der Mitte des 2. Jahrtausends v. Chr. Er verdankt seinen Nachruhm einerseits dem »Kodex Hammurabi«, jener Gesetzesstele mit über 280 Rechtssätzen, aber andererseits auch der Tatsache, daß er den Namen Babylon ein für allemal berühmt gemacht hat. Ähnlich wie in der vorsargonischen Zeit Kiš Repräsentant für die semitische, nichtsumerische Bevölkerung des südlichen Zweistromlandes gewesen war oder wie Akkad seinen Namen auf die nördliche Hälfte des »Sumer und Akkad« genannten Gebietes und auch auf die Sprache, das »Akkadische«, übertragen konnte, so wurde die Stadt

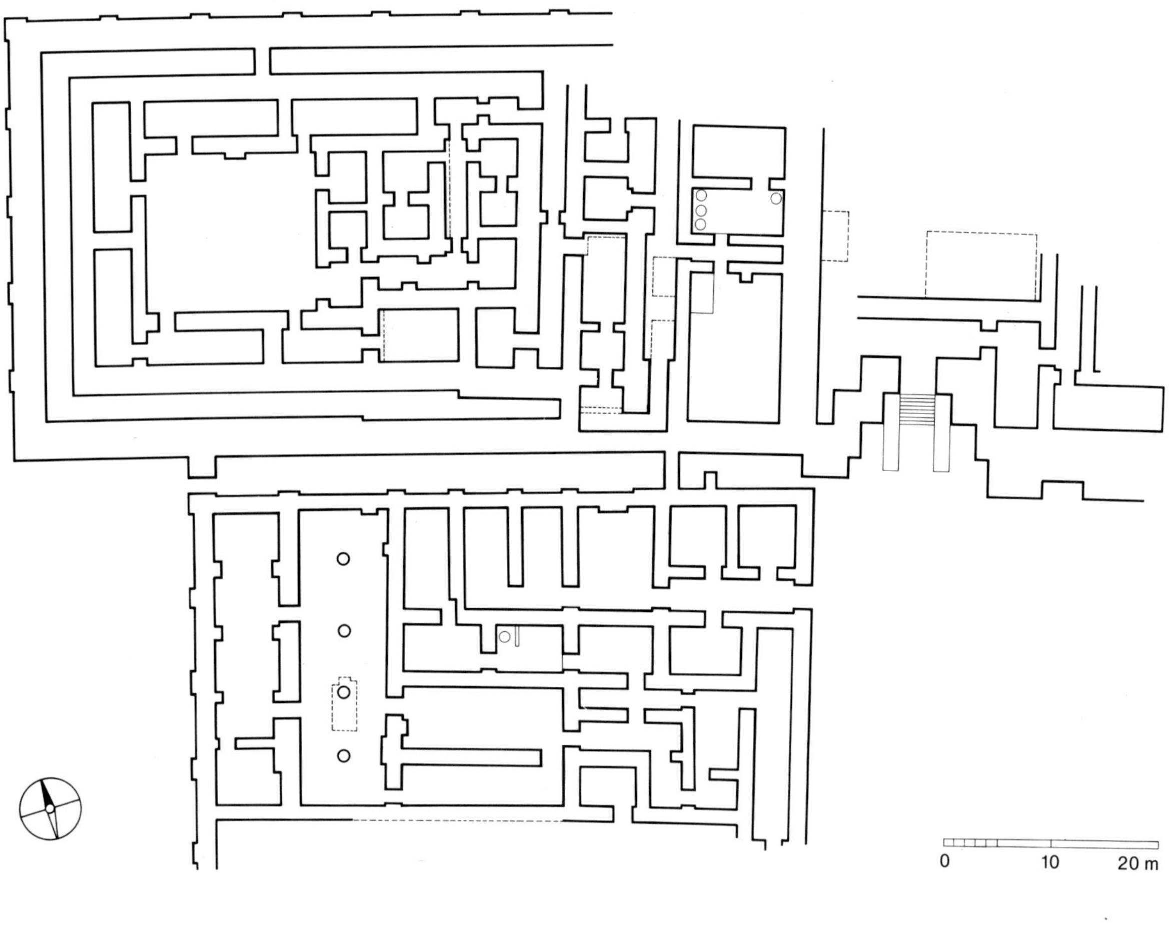

Links: Der frühdynastische Palast von Ḫursagkalamma wirkt in seinem ältesten Teil (im Nordosten) sehr wehrhaft, leichter dagegen in dem etwas jüngeren separaten Südteil mit zwei repräsentativen Sälen. Zweitrangige Räume sind in beiden Bereichen zu labyrinthartigen Ketten verbunden. Ein Monumentaltor steht im Osten.

Rechts: Der altbabylonische Palast von Mari. Luftbild von Westen. Das einst weit über Mari hinaus berühmte »Gesamtkunstwerk« (A. Moortgat) vereinigt in seinen Mauern unterschiedlichste Funktionen: Der Haupteingang nahe der Nordostecke erschließt über zwei Höfe den Wirtschafts- und Verwaltungstrakt. Im Südosten liegt der Tempelbereich, im Süden eine Flucht von Magazinen. Der Zentralhof bildet mit Thron- und Bankettsälen das repräsentative Zentrum, die Küche liegt direkt benachbart. Die königliche Wohnung, das Schatzhaus und ein Badehaus belegen das Viertel im Nordwesten.

Babylon Exponent einer ganzen Landschaft, die die Griechen »Babylonia« nannten. Wir haben diesen Begriff ja – anachronistisch – schon auf Zeiten zurückprojiziert, die Hammurabi um viele Jahrhunderte vorangehen.
Babylons Anfänge sind dunkel und sicher nicht sehr bedeutend. Im Reich von Ur III war es eine der vielen Provinzen (mit uns nicht bekannter Abgrenzung). Über die Geschichte der Stadt nach dem Niedergang von Ur und vor dem Beginn der sogenannten I. Dynastie von Babylon (ab 1894 v. Chr.) ist noch nichts bekannt. Aber auch unter Hammurabis Vorgängern spielte die Stadt zunächst keine Rolle, die sie irgendwie über ihre Nachbarn emporgehoben hätte. Alles hängt wohl mit der Persönlichkeit Hammurabis selber zusammen. Nach der Eroberung von Larsa verlautbarte er, er habe *das Fundament von Sumer und Akkad gefestigt.* Damit griff er auf eine Wendung zurück, die in älteren Königsinschriften, aber auch in der Hymnenliteratur ihre Wurzeln hat: Es handelt sich um den Anspruch auf ein Reich, wie es die Könige von Akkad, die von Ur III und auch noch die ersten Könige von Isin errichtet hatten oder doch hatten errichten wollen. Der Weg dahin war keinesfalls nur eine Serie militärischer Erfolge; ebensoviel, wenn nicht gar noch mehr, wog eine über Jahre sich erstreckende geschickte diplomatische Tätigkeit. Das Palastarchiv des zeitgenössischen Königs Zimrilim von Mari enthält mehrere hundert Briefe, die von auswärtigen Monarchen und Gesandten eingegangen, oder die Kopien von Briefen, die nach auswärts abgesandt worden waren. Der geographische Horizont dieser Korrespondenz von Mari umfaßt das ganze nördliche und mittlere Syrien, Assyrien, Babylonien wie auch das Gebiet am Dijāla. Auch Hammurabi von Babylon erscheint hier als einer der Korrespondenten. Kaum eine andere Quelle gewährt besseren Einblick in das stets wechselnde Gegen- oder Zusammenspiel lokaler Mächte, von denen, wie es einmal heißt, eine für sich allein nichts vermag. Wer seine Macht vergrößern wollte, mußte – zeitweilig – Bundesgenossen gewinnen, diese dann wieder gegen einen Feind ausspielen …
Den besten Überblick über Hammurabis Reich auf seinem Höhepunkt bietet der Prolog des »Kodex«, wo er die folgenden Städte aufführt, die ihm untertan gewesen wären. Die hier vollständig wiedergegebene Aufzählung spiegelt zugleich die wichtigsten zeitgenössischen Kultstätten wider. Am Anfang steht bezeichnenderweise Nippur, *das Band von Himmel und Erde*, mit dem Gott Enlil, der die Königsherrschaft verlieh. Es folgt das ganz im Süden liegende Eridu, Kultort des Weisheitsgottes Enki (sumerisch Hajja oder Ea). Erst an dritter Stelle ist Babylon selbst

Zwei Fragmente einer Wandbemalung aus dem zentralen Hof des Palastes in Mari. In 2 m Höhe setzte der Bildfries ein, auf dem sich einst ein großer Stieropferzug hin zu einem nicht mehr erhaltenen thronenden Gott (?) bewegt haben dürfte. Auf dem Fragment im Nationalmuseum in Aleppo (rechts) führt ein Ministrant einen mit Goldschmuck behängten Stier. Die »wechselseitige« Wiedergabe des Stierkopfes, der zugleich frontal (Stirn und Hörner) und im Profil (Auge, Nüstern, Maul) gezeigt wird, führt über Stilvergleiche zur Datierung. Diese Komposition kann demnach nicht unter dem letzten Palastbenutzer Zimrilim, sondern nur unter einem der ihm vorausgehenden Gegner – Šamšī-Adad oder Jasmaḫadad – entstanden sein. Das Fragment im Louvre (links) zeigt ebenfalls einen Ministranten. Eine wesentlich größer dargestellte Gestalt ist nur durch ihren Unterarm vertreten. Sie könnte zu einer Hauptszene gehört haben, die die ganze Frieshöhe eingenommen hat. Aufschlußreich bei beiden Figuren ist die Wiedergabe der Tracht.

genannt mit seinem Gott Marduk, der erst in den Jahrhunderten nach Hammurabi zur zentralen Göttergestalt des mesopotamischen Pantheons aufstieg. Die Reihe setzt sich fort mit Ur, Sippar und Larsa. Diese Assoziation ist zwar geographisch nicht sinnvoll, wohl aber in kultischer Hinsicht; denn in Ur wurde der Mondgott Sîn (sumerisch Nanna), in Sippar und Larsa jeweils der Sonnengott Šamaš (sumerisch Utu) als Hauptgottheit verehrt. Danach Uruk mit dem Himmelsgott An und der Kriegs- und Liebesgöttin Inanna (akkadisch Ištar); Isin als Kultort der Ärztegöttin; die alte Doppelstadt Kiš und Ḫursagkalamma mit dem dortigen Götterpaar Zababa und Ištar; Gudua mit dem Totengott Erra; das unweit Babylons gelegene Borsippa mit dem Gott Tutu; Dilbat mit Uraš. Nach Keš, einer Kultstadt der Muttergöttin, werden Lagaš und Girsu genannt, dann die Ištar-Stadt Zabalam sowie Karkar und Adab, beide Kultorte des Wettergottes Adad (sumerisch Iškur). Maškanšapir und Malgium liegen am Tigris nicht weit von der Einmündung des Dijāla. Danach verläßt Hammurabi Babylonien und nennt Mari am Mittleren Euphrat sowie noch weiter nordwestlich Tuttul an der Einmündung des Euphratnebenflusses Balīḫ. Mit der Ištar-Stadt Akkad sind wir wieder im Süden; aber abgeschlossen wird die lange Aufzählung mit Assur und Ninive am mittleren Lauf des Tigris. Hammurabi beschreibt insgesamt einen Bereich, der wieder an Akkad oder Ur III denken läßt. Assur und

Ninive können – falls sie überhaupt eng einbezogen waren – nur vorübergehend zu Hammurabis Machtsphäre gehört haben; denn schon gegen Ende seiner Regierung mußte er gegen Assyrien (bei ihm Subartu genannt) zu Felde ziehen. Die Stele, in die der »Kodex Hammurabi« eingemeißelt ist, besteht aus schwarzem Diorit und ist 2,25 Meter hoch. Sie wurde 1902 in Susa entdeckt. Dorthin war sie als elamisches Beutegut, wohl im Gefolge eines Kriegszuges des Königs Šutruk-Naḫḫunte zu Beginn des 12. Jahrhunderts v. Chr., verschleppt worden. Der »Kodex Hammurabi« wurde noch im selben Jahr in wissenschaftlicher Form veröffentlicht. Studien, die sich dem Monumentalwerk in kaum noch übersehbarer Zahl gewidmet haben, führten zur Begründung einer eigenen Teildisziplin der altorientalischen Forschung, der Wissenschaft von den »Keilschriftrechten«. Die rund 280 »Paragraphen« des »Kodex Hammurabi« behandeln bürgerliches, Straf- und Verwaltungsrecht, ohne daß diese – modernen! – Kategorien dort auseinandergegliedert wären. Dabei geht der »Gesetzgeber« keineswegs auf irgendwelche Vollständigkeit aus. Es war sein Anliegen, durch Aufzeigen markanter Fälle zur analogischen Betrachtungsweise anzuregen. Wenn die Sammlung als solche neu und originell war, so läßt das doch die Möglichkeit offen, daß viele einzelne Fälle schon Teil einer älteren Tradition waren. So finden wir, um nur ein Beispiel zu nennen, Baumfrevel (§59), das heißt das unerlaubte

Links oben: In den Rollsiegelbildern der Altbabylonischen Zeit ist wie in der Akkad-Zeit die »Einführungsszene« das beliebteste Thema; es tauchen jedoch neue Protagonisten auf. Hier tritt der »Gottkönig als Krieger« mit einer Fürbitterin vor die bewaffnete Göttin Ištar, die den Fuß auf einen Löwen, ihr attributives Tier, gesetzt hat. New York, Pierpont Morgan Library

Links unten: Vergleichsweise viel »Personal« zeigt das Hämatitsiegel, in dem ein Sterblicher vor ein Götterpaar hintritt. Den Abschluß der Szene bildet, auf einem Berg stehend, die den Bittsteller einführende dritte Gottheit. London, British Museum

Rechts: In thematischer wie gestalterischer Hinsicht ist das Reliefbild des »Kodex Hammurabi« ein Stereotyp. Der thronende Gott, hier der Sonnengott Šamaš in seiner Funktion als Richter des Himmels und der Erde, garantiert die Satzungen des in Ehrerbietung vor ihn hintretenden Königs Hammurabi. Die in Susa gefundene Basaltstele ist 2,25 m hoch. Paris, Louvre

Der Bedrückte, der einen Prozeß bekommt, möge vor mein Bild, den gesetzgebenden König, kommen, meine beschriebene Stele sich vorlesen lassen und meine höchst kostbaren Worte hören, und meine Stele soll ihm die Sachlage weisen, sein Urteil soll er finden, sein Herz soll aufatmen: Hammurabi, soll er sagen, der Herr, der wie ein leiblicher Vater zu den Menschen ist, hat sich den Worten Marduks, seines Herrn, gebeugt und hat Marduks Triumph allenthalben erreicht; das Herz Marduks, seines Herrn, hat er erfreut und Wohlbefinden für das Volk auf ewig bereitet und dem Lande Recht verschafft!

Aus dem Epilog des »Kodex Hammurabi«

Fällen eines Baumes im Garten eines anderen, schon im »Kodex Lipiteštar« erwähnt und dort mit einer Buße in gleicher Höhe (eine halbe Mine Silber) geahndet. In einem großen Überblick lassen sich unter anderem die folgenden Rechtsmaterien des »Kodex Hammurabi« anführen: falsche Anschuldigung; Rechtsmißbrauch durch den Richter – Diebstahl, Hehlerei, Raub, Plünderung, Einbruch – Mord, Totschlag und Körperverletzung – Entführung – handelsrechtliche Fragen, besonders die Regelung des Verhältnisses zwischen einem Kaufmann und Kapitalgeber und seinem über Land reisenden Agenten; Veruntreuung von Handelsware – Kreditgeschäft und Darlehen; die Rolle der Schankwirtin (unter anderem als Kreditgeberin) – Sklavenrecht: Lösegeld, Schuldsklaverei, Flucht, Anfechtung der Sklaveneigenschaft durch den Sklaven selbst – Personen-, Schiffs- und Tiermiete samt Tarifangaben – der (auch im Talmud sehr ausführlich behandelte) Fall des stößigen Stiers – Familienrecht: Brautpreis, Mitgift, Eigentum der Ehefrau, Verhältnis zwischen Haupt- und Nebenfrau samt deren Kindern, Scheidung, Adoption, Erbschaft – der Status bestimmter Priesterinnen, Fahrlässigkeit von Ärzten oder Baumeistern und vieles mehr.

Hammurabi hat sein Werk »Rechtsentscheidungen der gerechten Ordnung« genannt. Im Epilog seines »Kodex« ruft er ausdrücklich dazu auf, daß sich jeder Rechtsuchende auf seine Stele beziehen und sich die für seinen individuellen Fall einschlägigen Stellen »vorlesen lassen« möge. Dieser Satz ist eines der stärksten Argumente dafür, daß der König sein Recht beim Wort genommen und in die Tat umgesetzt wissen wollte.

Hammurabis Sohn Samsuiluna (1749–1712) sah sich bereits wieder von mehreren Seiten bedroht. Im tiefen Süden Babyloniens hören wir von einem neuen Gegner, dem »Meerland«. Dieser Name bezieht sich auf ein Gebiet, das unmittelbar an den Golf angrenzte, aber wohl auch weite Strecken der von Schilflagunen durchzogenen südirakischen Landschaft einbegriff. Leider ist, von ganz knappen Andeutungen abgesehen, über die Ursprünge dieses »Meerlandes« kaum schon etwas Konkretes bekannt. Ein zweites bis dahin unbekanntes Unruheelement waren die Kassiten. Ihre Herkunft vermutet man ebenso wie bei den Gutäern im iranischen Bergland. Die Kassiten waren, soweit wir nach den wenigen von ihnen hinterlassenen Sprachresten beurteilen können (es sind Götter- und Personennamen und ganz vereinzelte Wörter, zum Teil als Lehnwörter im Akkadischen), weder mit den Elamern noch nicht den Hurritern verwandt. Teile des Iran waren im Altertum womöglich in sprachlicher Hinsicht ebenso zerklüftet, wie es heute noch der Kaukasus ist.

Die Kassiten konnten anfangs noch durch Befestigungen von Babylonien ferngehalten werden, und sie siedelten zunächst im Gebiet des Ǧebel Ḥamrīn und des Mittleren Euphrat. Von dort aus gelangten sie auf dem Wege friedlicher Infiltration in wachsender Zahl nach Babylonien. Nach dem Ende der Regierung des Samsuditana, des letzten Königs der I. Dynastie von Babylon (1595 v. Chr.), bemächtigten sie sich des Throns. Dieser Zeitpunkt markiert in der Anschauung moderner Historiker den Einschnitt zwischen der Altbabylonischen und der Mittelbabylonischen Periode.

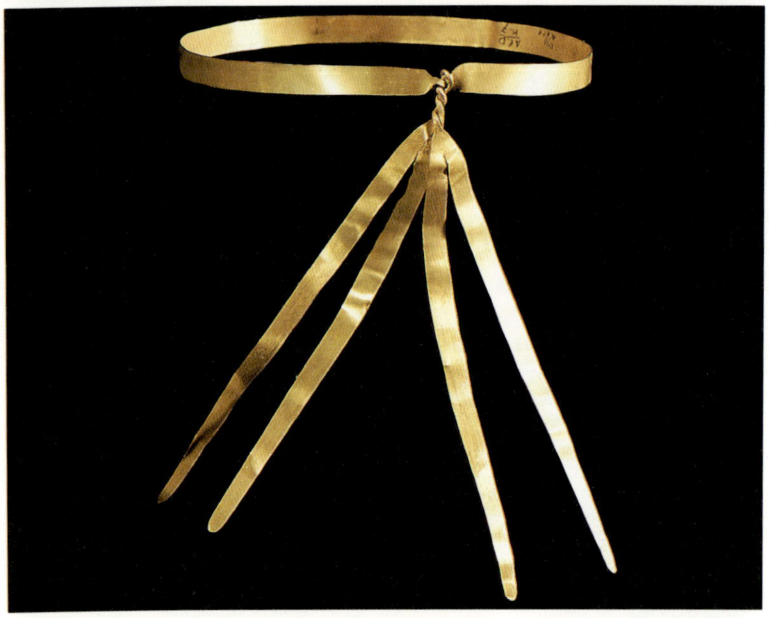

Grabfunde aus den sogenannten »Königsgräbern« von Alaça Höyük. In der zweiten Hälfte des 3. Jahrtausends (Frühe Bronzezeit) blühte in Zentralanatolien die Metallverarbeitung auf. Als Grabbeigaben haben sich Meisterleistungen eines bodenständigen Kunsthandwerks erhalten. Der Reichtum der Bestatteten könnte mit der Ausbeutung oder Weiterverarbeitung der im Pontischen Gebirge gelegenen Metallvorkommen zusammenhängen. Neben den in Gußtechnik hergestellten Standarten wurden reizvolle Treibarbeiten aus Gold gefunden.
Oben links: Bauchige Schnabelkanne mit getriebenen Fischgrätmustern und schräglaufenden Bändern. Goldblech. Höhe 15 cm.
Oben rechts: Topf mit kanneliertem Rumpf. Goldblech. Höhe 8,2 cm.
Links: Diadem aus Goldblechstreifen. Durchmesser 16,2 cm.
Unten links und rechts: Zwei Pokale aus Goldblech. Höhe ca. 13 cm. Die hohen Stiele sind mit getriebenen, gegenläufigen Spiralmustern beziehungsweise gleichlaufenden Fischgrätmustern verziert.
Ankara, Archäologisches Museum

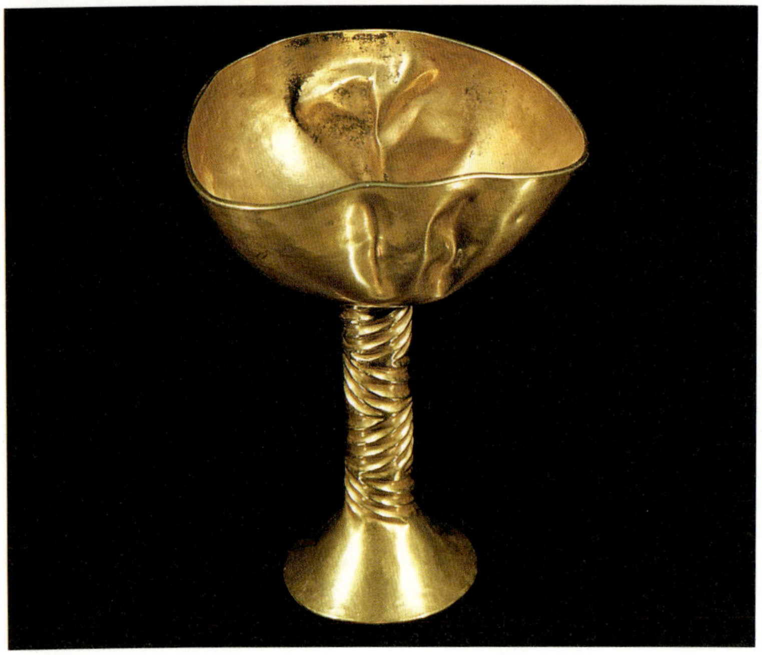

Hethiter und Hurriter

Zentralanatolien das von etwa 1600 bis 1200 v.Chr. als Kernland des Hethiterreiches den Gang der Geschichte Vorderasiens entscheidend mitbestimmte, ist erst spät mit der Schriftkultur Südmesopotamiens in engere Berührung gekommen. Erst mit dem Handel assyrischer Kaufleute findet die Keilschrift im 19. Jahrhundert v.Chr. dort Verwendung. Für das 3. Jahrtausend v.Chr. stehen also nur archäologische Quellen zur Verfügung, sieht man von späteren sagenhaften Berichten über Kriegszüge der Könige von Akkad, Sargon und Narāmsîn, nach Inneranatolien ab. Der archäologische Befund läßt Entwicklungen und Ereignisse in der letzten Phase der Frühen Bronzezeit (FB III) in den letzten Jahrhunderten des 3. Jahrtausends erkennen, die einen tiefen Einschnitt bedeuteten und für den weiteren Gang der Geschichte wichtige Voraussetzungen bildeten.

Anatolien am Ende der Frühen Bronzezeit

Im nördlichen Zentralanatolien und an der Küste des Schwarzen Meeres deuten reich ausgestattete Gräber auf eine beträchtliche Prosperität. Die wichtigsten Fundorte hierfür sind Alaça Höyük, Horoztepe und Ikiztepe; hier gehörten neben Geräten aus Zinnbronze auch solche aus Gold zur Grabausstattung. Die Funde verweisen auf einen hohen Stand der Metallurgie. Verwendung von Gußformen ebenso wie die Technik des *cire perdue* (verlorene Form) sind nachzuweisen, und zur Oberflächendekorierung kannte man Tauschierung und Aufbringung von Blattmetall. Die verstärkte Verwendung von Zinn zur Herstellung von Bronze läßt auf einen leichteren Zugang zu diesem Metall schließen, das wahrscheinlich auf dem Handelsweg aus dem Osten nach Nordanatolien gelangte. Kupferminen sind in Nordanatolien zahlreich, daneben konnten lokale Silbervorkommen ausgebeutet werden. Gold wurde vermutlich aus Westanatolien importiert. Die Bestattungsformen lassen Verbindungen zu den Gräbern von Maikop in Transkaukasien erkennen.

Zahlreiche Orte des anatolischen Plateaus wurden am Ende der FB-II- oder während der FB-III-Zeit durch Feuer zerstört oder aufgegeben. Ob es sich hierbei vor allem um Auswirkungen von Einwanderungen neuer Bevölkerungen oder um lokale Ereignisse wie Kriege zwischen verschiedenen Stadtstaaten handelt, bleibt unsicher.

Bisher ist es nicht gelungen, die archäologischen Befunde mit der Sprachgeographie Anatoliens im 2. Jahrtausend v.Chr. sicher zu verknüpfen. Diese stellt sich nach Ausweis der schriftlichen Quellen etwa folgendermaßen dar: Im nördlichen Zentralanatolien, grob begrenzt durch den Halys (türkisch: Kızıl Irmak), wurde das Hattische gesprochen, das sich bislang mit keiner anderen Sprache genetisch verknüpfen läßt und das wahrscheinlich bereits in der Mitte des 2. Jahrtausends ausstarb. Es wurde ersetzt durch das Hethitische, das zum anatolischen Zweig der indogermanischen Sprachen gehört. Die ältesten Hinweise auf die Anwesenheit von Sprechern des Hethitischen stammen aus den Urkunden der assyrischen Handelskolonie Kārum Kaniš/Kültepe in Kappadokien (19. Jahrhundert v.Chr.). Im Südwesten Anatoliens, von der Ägäisküste bis etwa in die Konyaebene, und später auch weiter nach Osten hin war das Luwische verbreitet, das ebenfalls zu den indogermanisch-anatolischen Sprachen gehört. Eine weitere Sprache dieses Sprachzweiges, das Palaische, wurde in Nordanatolien etwa westlich des Unterlaufs des Halys gesprochen, verschwand aber wohl mit der Landnahme der Kaškäer, deren Sprache uns unbekannt bleibt.

Die Verbreitung indogermanischer Sprachen in Anatolien ist öfter auf eine Einwanderung gegen Ende des 3. Jahrtausends zurückgeführt und mit den Zerstörungen in Zusammenhang gebracht worden, die sich im archäologischen Befund abzeichnen. In diesen Modellen gilt das Hattische als die autochthone Sprache des nördlichen Zentralanatolien. Eine Deutungsvariante trennt die Einwanderung der Luwier von der der Hethiter und will nur die ersteren mit dem Ende der FB-II-Zeit in Verbindung bringen. Auch über die Einwanderungswege gibt es gegensätzliche Auffassungen; der These einer Einwanderung von Osten über den Kaukasus steht diejenige einer Einwanderung von Westen, von den Meerengen her, gegenüber. Es ist sogar angenommen worden, zunächst seien die Luwier von Nordwesten, dann die Hethiter von Nordosten eingewandert. Auch die Möglichkeit einer Zuwanderung über das Schwarze Meer ist in Betracht gezogen worden. Eine andere Hypothese läßt die Hethiter bereits gegen Ende des 4. oder am Anfang des 3. Jahrtausends nach Anatolien gelangen und die Luwier erst später nachrücken. Die Vielzahl der Vorschläge zeigt, daß die Verknüpfung des archäologischen Befundes mit der anatolischen Sprachsituation des 2. Jahrtausends derzeit über das Stadium gelehrter Vermutungen nicht hinausgeht.

Die Zeit der altassyrischen Handelskolonien

Schon gegen Ende des 3. Jahrtausends hatten sich wahrscheinlich fremde Kaufleute am Rande der Stadt Kaniš niedergelassen und mit den Einheimischen Handel getrieben. Im 19. Jahrhundert v.Chr. waren der Handel zwischen Mesopotamien und Anatolien sowie Teile des inneranatolischen Handels in den Händen assyrischer Kaufleute. Sie unterhielten in zahlreichen Städten Anatoliens Niederlassungen, die als *kārum* oder *wabartum* bezeichnet wurden. Der Kārum von Kaniš, dessen Ausgrabung immer noch andauert und in dem bisher schon rund 20 000 Urkunden gefunden wurden, hatte dabei die Funktion eines administrativen und jurisdiktiven Zentrums. Assyrische Handelsniederlassungen sind auch in der späteren Hauptstadt des Hethiterreiches, Ḫattuš (jünger: Ḫattuša), und in Alişar gefunden worden. Über zwanzig weitere Handelsnieder-

Die altassyrischen Kaufleute, die im 19. und 18. Jahrhundert v. Chr. Handel in Anatolien trieben, benutzten für ihre Geschäftskorrespondenz, Kontrakte und sonstigen Aufzeichnungen eine Form der Keilschrift, die wegen ihres geringen Zeichenbestandes auch ohne eine langjährige Schreiberausbildung erlernt werden konnte. Nicht selten wurden Tontafeln zur Sicherung mit einer Tonhülle versehen, die den Text der Tafel ganz oder teilweise wiederholte und gesiegelt war. Die links abgebildete Tafel, die noch in der zur Hälfte aufgebrochenen Hülle steckt, stammt aus Alişar Höyük, einem Ruinenhügel auf halbem Wege zwischen Kaniš (heute Kültepe) und Ḫattuša, der meist mit der in den Texten erwähnten Stadt Amkuwa identifiziert wird. Die Siedlung assyrischer Kaufleute in Amkuwa hatte nur den Status eines wabartum, *nicht eines* kārum. *Die ebenfalls aufgebrochene Hülle der rechts abgebildeten Tafel aus Kaniš/Kültepe ist am unteren Rand mit einer Siegelabrollung versehen.*
Ankara, Archäologisches Museum

Zu Innā'a sprich: »Folgendermaßen (sagt) Elāni: Seitdem ich (hierher) kam, sind Idī-Kūbum und sein Kollegium, der Zehn(männerrat) von Ḫaḫḫum, und ich wiederholt zum Palast hinaufgegangen. Die Prinzen antworteten ständig dasselbe ... Die Bürger haben einen Aufstand gemacht. Der König hat Blut vergossen. Sein Thron ist nicht sicher. Die festgelegten Vereinbarungen sind suspendiert. Die Prinzen beobachten einander mißtrauisch ...«

Altassyrischer Brief aus dem Kārum Kaniš über einen Aufstand in der wohl im Gebiet des Oberen Euphrat gelegenen Stadt Ḫaḫḫum

lassungen sind urkundlich bezeugt. Sie verteilen sich über ganz Zentralanatolien von der Gegend der Mündung des Halys, wo die wichtige Stadt Zalpa lag, bis an die Grenze Syriens und von der Gegend südlich des Großen Salzsees (türkisch: Tuz Gölü) im Westen bis Obermesopotamien im Osten. Die Kaufleute brachten mit Eselkarawanen vor allem Zinn und Textilien nach Anatolien, nahmen am inneranatolischen Handel unter anderem mit Kupfer und Textilien teil und erwarben vorzugsweise Edelmetalle, die in ihrer Heimat als Zahlungsmittel galten. Trotz der relativen Abgeschlossenheit in separaten Kaufmannsvorstädten mit eigener Gerichtsbarkeit war das Verhältnis zu den Einheimischen, wohl auch durch zahlreiche Heiratsverbindungen, im allgemeinen unproblematisch, zumal die Stadtfürsten ein materielles Interesse an der Tätigkeit der Kaufleute hatten.

Die Epoche der assyrischen Handelskolonien gliedert sich in zwei Phasen, deren ältere (Kārum Kaniš Schicht II) etwa drei Generationenlängen dauerte. Aus dieser Zeit stammen bei weitem die meisten Urkunden. Sie endete mit einer vollständigen Zerstörung, die für die Bewohner so überraschend kam, daß Hausrat und Keilschriftdokumente nicht mehr fortgeschafft werden konnten. Nach einer wohl nur kurzen Zwischenphase wurde der Kārum wieder aufgebaut (Schicht Ib), jedoch nach etwa einer Generationenspanne abermals gründlich zerstört. Da in dieser Zeit auch die Heimatstadt der Kaufleute, Assur, in schwere Bedrängnis durch die Expansion Babylons unter Hammurabi geriet, endete die Ära des von Assyrern dominierten Anatolienhandels endgültig.

Kaniš erlangte danach keine besondere Bedeutung mehr. Um so bemerkenswerter ist es jedoch, daß die Hethiter ihre eigene indogermanisch-anatolische Sprache nach der Kurzform des Namens dieser Stadt als *neš(umn)ili* »nach Art (der Bewohner) von Neš(a)« benannten, während die Sprachbezeichnung *ḫattili*, die von dem Namen des Landes Ḫatti abgeleitet ist, die nichtindogermanische Sprache des Landes bezeichnete, die vom Hethitischen verdrängt wurde. Die hethitische Sprache war also wohl schon frühzeitig in Kappadokien verbreitet, möglicherweise noch bevor sie sich im späteren hethitischen Kernland Ḫatti durchsetzte. Für diese Annahme sprechen auch mehrere hethitische Wörter und Namen in den assyrischen Tafeln des Kārum Kaniš.

Die politische Struktur Anatoliens war durch das Nebeneinander mehrerer unabhängiger Stadtstaaten bestimmt, von denen wiederum kleinere Stadtstaaten abhängig waren. An der Spitze stand jeweils ein »(Stadt-)Fürst« (assyrisch: *rubā'um*). Der Herrscher von Burušḫattum oder Burušḫanda südlich des Tuz Gölü führte den Titel »Großfürst« *(rubā'um rabī'um)*, der in der Kārum-Ib-Zeit auf den Fürsten von Kaniš, Anitta, überging.

Von Anitta hat die hethitische Tradition einen Text bewahrt, der auf Inschriften dieses Herrschers zurückgeht.

Das reliefierte Kultgefäß aus Inandık wurde zusammen mit weiteren Vorratsgefäßen in Raum 3 eines Gebäudes der althethitischen Schicht IV (16. Jahrhundert v. Chr.) gefunden. Der Körper der 82 cm hohen Vase trägt vier getrennt hergestellte Reliefstreifen. Die Hauptszenen sind wohl in den mittleren beiden Bildstreifen zu suchen. Im zweiten Bildstreifen von unten ist ein Mann – wohl der »Opferherr« nach der Terminologie hethitischer Rituale –, gefolgt von zwei Frauen und einem Knaben, dargestellt (rechte Seite). Sie stehen hinter einer Priestergruppe, die unter Leierbegleitung und Rezitation dem in Gestalt eines Stiers dargestellten Wettergott einen Stier opfert (unten links). Hinter der Gruppe des Opferherrn folgen drei Männer, von denen zwei einen Tisch aus Flechtwerk tragen (unten rechts). Im unteren Bildstreifen sitzt eine Frau mit einem großen Vorratsgefäß einer anderen sitzenden Gestalt (Göttin?) gegenüber (rechte Seite). Dahinter musizieren zwei Männer an einer großen Standlyra (unten rechts). Der zweite Bildstreifen von oben zeigt einen Mann und eine Frau, die sich auf einem Bett gegenübersitzen (oben rechts). Derselbe Bildstreifen zeigt zwei Männer mit erhobenem Schwert, eine Lyraspielerin (links) und Zimbelspielerinnen (oben rechts). Im oberen Bildstreifen sind weitere Musikanten (oben rechts, rechte Seite), zwei Akrobaten (links) sowie ein Paar im coitus a tergo *dargestellt.*
Ankara, Archäologisches Museum

Anitta berichtet darin, daß sein Vater Pitḫana Fürst von Kuššar war, die Stadt Kaniš (der Text verwendet hier die Kurzform Neša) eroberte und zu seiner Residenz machte. Anitta selbst konnte seine Herrschaft über ganz Nordanatolien ausdehnen, indem er die Könige Pijušti von Ḫatti und Ḫuzzija von Zalpa besiegte. Die Stadt Ḫattuša wurde zerstört, ihr Wiederaufbau unter Fluchandrohung verboten. Ein Herrscher von Zalpa hatte zu einem früheren Zeitpunkt offenbar einmal Kaniš erobert und dabei eine Götterstatue erbeutet, die Anitta nun heimführen konnte. Nach weiteren militärischen Erfolgen erlangte er auch die Herrschaft über Purušḫanda, dessen Herrscher ihm die Insignien, Thron und Zepter von Eisen, aushändigte.

Das Alte Reich der Hethiter

Das weitere Schicksal der Dynastie, zu der Pitḫana und Anitta gehörten, ist unbekannt. Von ihrer ursprünglichen Heimat, der noch nicht lokalisierten Stadt Kuššar, ging aber etwa ein Jahrhundert später eine neue Dynamik aus, die wiederum zur Zusammenfassung der ehemals von Anitta beherrschten Gebiete führte. Da die Namen Anittas und Pitḫanas in der nun einsetzenden Herrscherfolge nie wieder auftauchen, hat die Annahme einer neuen Dynastie eine gewisse Wahrscheinlichkeit. Ihr erster namentlich bekannter Repräsentant ist Labarna I., der nach einem etwa anderthalb Jahrhunderte später entstandenen Text, dem Erlaß des Königs Telipinu, zahlreiche Städte zwischen dem Tuz Gölü und dem Taurusgebirge eroberte. Sein Nachfolger ist Labarna II., besser bekannt unter dem Namen Ḫattušili (»der von Ḫattuš(a)«), den er wahrscheinlich annahm, nachdem er die Residenz von Kuššar in die von Anitta zerstörte Stadt Ḫattuša verlegt hatte.
Ḫattuša liegt an einem nach Norden abfallenden Hang etwa 150 Kilometer östlich von Ankara. Kernzelle der Siedlung ist ein im Osten und Nordosten steil aufragendes Felsplateau (heute Büyükkale genannt), das nach Befestigung seiner sanfter ansteigenden West- und Südseite zu einer kaum einnehmbaren Festung ausgebaut werden konnte. Diese Anhöhe trug zweifellos bereits den Palast der Kārum-zeitlichen Könige, und hier stand die Residenz der hethitischen Könige bis zum Untergang ihres Reiches. Nordwestlich des Burgbergs lag die Unterstadt, an die sich in der Kārum-Ib-Zeit nach Nordwesten hin die Niederlassung assyrischer Kaufleute, der Kārum Ḫattuš, anschloß. Die wichtigste Anlage der Unterstadt war der Große Tempel, in dem das oberste Götterpaar des Landes, der Wettergott und die Sonnengöttin von Arinna, verehrt wurden. Von Ḫattuša aus läßt sich ein ausgedehntes Getreideanbaugebiet im Norden der Stadt kontrollieren, mit dessen Erträgen auch den Bedürfnissen einer großen außerhalb des Agrarsektors tätigen hauptstädtischen Bevölkerung Rechnung getragen werden konnte.
Mit Ḫattušili I. setzen die hethitischen historischen Quellen ein. Es ist vermutet worden, daß dies auf die Eroberung

Linke Seite: Die weibliche Statuette aus Gold und Silber wurde in Hasanoğlan bei Ankara gefunden. Das um 2000 v. Chr. entstandene Meisterwerk der hattischen Kunst zeigt enge Beziehungen zu den Goldarbeiten der Gräber von Alaça Höyük.
Ankara, Archäologisches Museum

Rechts innen: Die Elfenbeinstatuette eines knienden Mannes aus Alaça Höyük ist vielleicht ein Import aus dem syrisch- phönikischen Bereich. Höhe 3,9 cm. 17./16. Jahrhundert v. Chr.
Ankara, Archäologisches Museum

Rechts außen: Sitzende Elfenbeinstatuette einer nackten, ihre Brüste haltenden Göttin aus Kārum Kaniš/Kültepe. Höhe 5 cm. 18. Jahrhundert v. Chr.
Der Bildtypus ist aus Mesopotamien übernommen.
Ankara, Archäologisches Museum

Als Muršili in Ḫattuša als König herrschte, waren seine Söhne, seine Brüder, seine Schwäger, die Männer seiner Sippe und seine Truppen einig. Das Feindesland hielt er mit (starkem) Arm besiegt und entmachtete das (Feindes-)Land, und er machte sie (= die Feindesländer) zu Grenzen des Meeres.
Er zog nach Ḫalpa, vernichtete Ḫalpa und brachte Gefangene von Ḫalpa und seinen Besitz nach Ḫattuša. Danach aber zog er nach Babylon und vernichtete Babylon.
Telipinu-Erlaß I 24–29

des schriftkundigen Nordsyrien zurückzuführen sei und daß Ḫattušili auf diese Weise die seit der Kārum-Zeit verlorene Schriftkultur in Inneranatolien wiederbegründet habe. Angesichts der Vielzahl und Verschiedenartigkeit der auf die Zeit Ḫattušilis zurückgehenden Texte erscheint diese Annahme allerdings problematisch. Vielleicht hatten bereits Ḫattušilis Vorgänger in Kuššar eine aus Syrien entlehnte Form der Keilschrift verwendet. Es erscheint aber gut möglich, daß der spezielle Duktus, in dem die älteren Texte aus Ḫattuša geschrieben sind, erst zur Zeit Ḫattušilis I. in Anatolien eingeführt wurde.
Ḫattušili setzte die Eroberungspolitik seines Vorgängers fort und wandte sich vor allem Nordsyrien und den Gebieten am Oberlauf des Euphrats zu. Er zerstörte Alalaḫ am Orontes, das seit mehreren Generationen Residenz einer Nebenlinie des Königshauses von Ḫalab (Aleppo) gewesen war. Der Versuch, die Stadt Uršum zu erobern, schlug jedoch trotz langer Belagerung fehl. Ein weiterer Feldzug richtete sich gegen Arzawa in Südwestanatolien. Wie schon sein Vorgänger setzte Ḫattušili vorzugsweise Mitglieder seiner Familie als Provinzverwalter ein.
Die größte Gefährdung erwuchs dem Hethiterreich in dieser Zeit aus dem Aufstieg einer Großmacht jenseits des Euphrats. Hier war (wahrscheinlich im frühen 16. Jahrhundert v. Chr.) ein Staat entstanden, der ein knappes Jahrhundert später erstmals unter seinem Namen Maittani, jünger Mittani, in einer ägyptischen Inschrift aus der Zeit Thutmosis' I. (1494-1482) erwähnt wird. In akkadischen Quellen wird er oft Ḫanigalbat genannt, während die Hethiter zumeist vom Lande Ḫurri sprechen.
Ein militärischer Vorstoß Mittanis – die Quelle verwendet hier den Namen Ḫanigalbat – führte zu einem allgemeinen Aufstand gegen die hethitische Herrschaft, dessen Ḫattušili nur mit Mühe Herr werden konnte. Nach einigen Konsolidierungsfeldzügen konnte er aber seine Feldzüge im syrischen und südostanatolischen Raum wiederaufnehmen und mit der Eroberung der beiden reichen und bedeutenden Städte Ḫaššum und Ḫaḫḫum krönen. Mit der breiten Schilderung dieses letzteren Triumphes endet der Tatenbericht Ḫattušilis, der etwa das erste Jahrzehnt seiner Regierung umfaßt. Das Ziel seiner späteren Expansionsstrategie war Aleppo, die Metropole Nordsyriens, die geraume Zeit selbst zu den Hauptmächten Vorderasiens gehört hatte. Trotz einiger Erfolge – eine jüngere Quelle sagt von ihm, er habe das Großkönigtum von Aleppo »beseitigt« – blieb aber die Eroberung dieser Stadt seinem Nachfolger Muršili I. vorbehalten.
Muršili war von Ḫattušili als Nachfolger designiert worden und gelangte in noch jugendlichem Alter auf den Thron. Über seine Regierungszeit sind wir nur schlecht unterrichtet. Die herausragenden Ereignisse sind die Erfolge gegen die beiden Metropolen, die aus den Auseinandersetzungen der Epoche Hammurabis von Babylon als Sieger hervorgegangen waren, allerdings seitdem viel von ihrer Macht eingebüßt hatten: Zunächst gelang ihm die seit langem von Ḫattušili vorbereitete Einnahme Aleppos. Später konnte er in einer staunenerweckenden militärischen Leistung das mehr als anderthalbtausend Kilometer von Ḫattuša entfernte Babylon erobern und mit reicher Beute heimkehren (1531 v.Chr.). Der Dynastie Hammurabis war damit ein Ende gesetzt, doch konnten die Hethiter nicht daran denken, eine so entfernte Großstadt selbst besetzt zu halten. Die Herrschaft über Babylonien fiel vielmehr an eine kassitische Dynastie, die vermutlich dem mitteleuphratischen Lande Ḫana entstammte. Nach Ḫana waren bereits während des vorausgehenden Jahrhunderts Kassiten aus dem Zagrosgebirge eingewandert, und einige der dortigen Herrscher trugen kassitische Namen, die sich auch in der Liste der kassitischen Könige von Babylon finden. Sicherlich bestand zwischen Muršili und dem zeitge-

Oben: Weit westlich des hethitischen Kerngebiets, im nur 30 km von Izmir entfernten Karabel, befindet sich das Felsrelief eines bewaffneten Gottes (?). Die Inschrift nennt Tutḫaliya IV.

Unten: In die hethitische Großreichszeit datierten auch die Felsreliefs von Gâvurkale. Auf der Südflanke einer dreiseitig von Zyklopenmauern umrahmten Felsnase bewegen sich zwei Schreitende – nach Art einer Einführungsszene – auf eine thronende Gottheit zu.

Rechte Seite: Von Tortürmen gerahmt treten zwei massige Löwen frontal aus den Pfeilern des Löwentors von Ḫattuša. Unheilabwehrend blicken sie auf die Einlaßsuchenden.

nössischen Herrscher von Ḫana ein Bündnis, das vielleicht bereits im Kampf gegen Aleppo zustande gekommen war. Zur Sicherung seiner syrischen Eroberungen mußte Muršili allerdings ebenso wie sein Vorgänger gegen »die Hurriter« – gemeint sind die Truppen des Königs von Mittani – kämpfen. Auch wenn er in diesen Hurriterkriegen siegreich gewesen sein mag, so blieben alle seine Erfolge doch ephemerer Natur. Er wurde von seinem Schwager Ḫantili ermordet, und mit diesem Mord setzte eine lange Phase blutiger Auseinandersetzungen innerhalb der Königsfamilie ein, mit der der äußere Machtverfall des Hethiterreichs einherging.

Auseinandersetzungen um die Thronfolge hatte es bereits seit mindestens drei Generationen gegeben. In seinem »Testament« nimmt Ḫattušili Bezug auf einen Aufstand zur Zeit seines Großvaters, in dem wahrscheinlich dessen Sohn Labarna von der vom Vater vorgesehenen Thronfolge ausgeschlossen werden sollte. Ḫattušili selbst hatte den Sohn seiner Schwester, ebenfalls einen Labarna, adoptiert und zum Nachfolger bestimmt, dann aber diese Regelung zugunsten seines Enkels Muršili umgestoßen. Ein Sohn Ḫattušilis erhob sich gegen seinen Vater, desgleichen eine Tochter, die wahrscheinlich Thronansprüche für ihren Sohn oder ihren Ehemann durchsetzen wollte und hierbei Unterstützung fand. Das Bild einer vollständigen Harmonie in der Königsfamilie vor der Ermordung Muršilis, wie es der Erlaß des Telipinu als Kontrast zu der anschließenden Ära der Königsmorde ausmalt, ist also eine Fiktion. Übrigens weiß auch der Verfasser des Erlasses von den Auseinandersetzungen während der Regierungszeit Ḫattušilis, doch macht er im Interesse seines Geschichtskonzepts die »Diener der Prinzen« dafür verantwortlich.

Der Hintergrund dieses zähen Ringens innerhalb der Königsfamilie könnte in einem Konflikt verschiedener Erbfolgeregelungen liegen. Es ist vermutet worden, daß es neben der patrilinearen Erbfolge auch eine Tradition der Matrilinearität gegeben habe. Dabei wäre der Nachfolger des Königs nicht sein eigener Sohn, sondern der Sohn seiner Schwester. Es ist jedenfalls auffällig, daß seit den ersten historisch bezeugten Königen des Hethiterreichs wohl stets patrilineare Erbfolge stattfand, Aufstandsbewegungen sowie Königs- und Prinzenmorde sich aber in der älteren Zeit nicht selten über weibliche Mitglieder der Königsfamilie legitimierten. Von besonderem Interesse ist in diesem Zusammenhang der einzige Vatermord in der hethitischen Königsgeschichte: Nach dem Tode Ḫantilis I., des Mörders Muršilis, beseitigte Ḫantilis Schwiegersohn Zidanta die Söhne seines Schwiegervaters, um selbst zur Königswürde zu gelangen. Nach einer wohl nur kurzen Regierung tötete ihn sein eigener Sohn Ammuna, der nun den Thron bestieg und anscheinend bis zu seinem natürlichen Tod regierte. Es wäre vorstellbar, daß Ammuna hierbei die Illegitimität der Thronbesteigung seines Vaters geltend machte und sich darauf berief, daß er mütterlicher-

seits ein Enkel Ḫantilis war. Es muß allerdings betont werden, daß weder unsere Kenntnis der Verwandtschaftsverhältnisse der königlichen Familie noch die der Motivation der Akteure ausreicht, um in diesen Fragen zu sicheren Antworten zu gelangen.

Den Versuch, dem Morden ein Ende zu machen und zu einer verbindlichen Regelung der Thronfolge zu kommen, unternahm im ersten Viertel des 15. Jahrhunderts König Telipinu. In einem Erlaß legte er fest, daß der Nachfolger des Königs ein Sohn »ersten Ranges« *(ḫantezzi-)*, das heißt ein Sohn aus der Ehe mit der Hauptfrau und Königin, sein solle. Nur wenn ein solcher nicht vorhanden sei, folge ein Sohn »zweiten Ranges« *(tan pedaš)* aus einer anderen Verbindung des Königs, und für den Fall, daß auch dieser fehle, solle der Ehemann einer Tochter aus der Ehe mit der Königin Thronfolger sein. Dieser letztere Punkt zeigt, daß das Edikt keine von der Tagespolitik losgelöste Gesetzgebungsmaßnahme war, sondern ein konkretes Ziel hatte, nämlich dem Schwiegersohn Telipinus, Alluwamna, den Thron zu sichern, den dieser tatsächlich später bestieg. Im weiteren Verlauf der hethitischen Geschichte ist der unterschiedliche Rang der Königssöhne entsprechend dem Status ihrer Mütter stets bestimmend für die Thronfolge gewesen, und Verstöße dagegen erfolgten in sichtbarem Unrechtsbewußtsein.

Die äußere Situation des Hethiterreichs hatte sich in den Jahrzehnten seit Muršilis Tod bald verschlechtert. Ḫantili war noch in der Lage, in Nordsyrien in der Gegend des Euphratknies zu kämpfen, doch sah er Veranlassung, in Ḫatti selbst Festungen zu bauen, vielleicht weil schon in dieser Zeit die Herrschaft über den pontischen Gebirgsraum unsicher zu werden begann. Aleppo war wahrscheinlich nicht lange nach dem Ende Muršilis wieder unter einer einheimischen Dynastie unabhängig geworden. Unter Ammuna fielen zahlreiche Städte von Ḫatti ab, darunter auch die Stadt Adanija mit ihrem Hinterland, das in der Folgezeit als Königreich Kizzuwatna bald selbständig war, bald in Abhängigkeit von seinen Nachbarn Ḫatti oder Mittani stand.

Telipinu zog noch einmal in den Raum nördlich von Aleppo und eroberte Ḫaššu(wa), das bereits ein knappes Jahrhundert zuvor von Ḫattušili I. eingenommen worden war. Auch ein Feldzug gegen die Stadt Lawazzantija in Kizzuwatna war seiner eigenen Angabe zufolge erfolgreich, doch mußte er durch den Abschluß eines Staatsvertrages mit Išputaḫšu von Kizzuwatna, der sich auf seinem Siegel sogar »Großkönig« nannte, die Eigenstaatlichkeit dieses Landes anerkennen.

Wenn unsere heutige Geschichtsschreibung das Alte Reich der Hethiter üblicherweise mit Telipinu enden läßt, so bedeutet dies nicht, daß mit dem Ende seiner Regierung ein tieferer historischer Einschnitt gegeben ist. Die Entwicklung, die das Hethiterreich seit der Ermordung Muršilis genommen hatte, setzte sich vielmehr im Mittleren

Reich fort, wobei die Grenzen des außenpolitischen Spielraums vor allem durch die Expansion und deutliche Überlegenheit des Mittani-Reiches bestimmt wurden.

Die Hurriter und das Mittani-Reich

Es wurde bereits erwähnt, daß der gegen Ende des 16. oder Anfang des 15. Jahrhunderts v.Chr. erstmals namentlich erwähnte Staat Mittani wahrscheinlich bereits am Anfang des 16. Jahrhunderts oder noch etwas früher entstanden sein dürfte. Den Königen dieses Staates war es anscheinend gelungen, einen großen Teil der zahlreichen Kleinstaaten Obermesopotamiens, die uns aus den in Mari gefundenen Briefen der Zeit um 1700 v.Chr. teilweise bekannt sind, unter ihrer Herrschaft zusammenzufassen. Angesichts der Bedrohung durch die hethitischen Raub- und Eroberungszüge im Raum zwischen Euphrat und Mittelmeer unterstützten sie die dortigen Staaten und gerieten so ihrerseits in einen Konflikt mit dem aufstrebenden Hethiterreich.

Erst seit etwa 1500 v.Chr. sind uns Könige von Mittani mit ihren Namen bezeugt. Keiner dieser Namen läßt sich aus einer der bekannten altorientalischen Sprachen ableiten, wohl aber können sie mehr oder weniger plausibel aus dem Indoarischen gedeutet werden, also aus einem Dialekt des indo-iranischen Zweigs der indogermanischen Sprachen. Da auch sonst einige Wörter und Götternamen in Texten, die auf Mittani verweisen, indoarischer Herkunft sind, muß man annehmen, daß Absprengsel jener Stämme, die später den Iran und Nordindien besiedelten, bereits früh in den Sog des »Fruchtbaren Halbmonds« gerieten und – vielleicht im Zuge einer neuen hurritischen Wanderungswelle von Nordosten her – an der Entstehung des Staates Mittani entschiedenen Anteil hatten. Sie bewahrten im Umkreis des Herrscherhauses einige indoarische Traditionen, vor allem in der Namengebung und im Kult, integrierten sich jedoch im übrigen in die im Lande vorgefundene Kultur. Die Sprache der Bevölkerung von Mittani war wohl überwiegend das Hurritische, neben dem vor allem westsemitische Sprachen verbreitet gewesen sein dürften. Die hurritische Sprache ist nur mit dem Urartäischen sicher verwandt, das in den Inschriften der Könige von Urartu in der Gegend des Vansees in der östlichen Türkei vom späten 9. bis zum ausgehenden 7. Jahrhundert v.Chr. geschrieben wurde. Hurritisch wurde bereits im letzten Viertel des 3. Jahrtausends v.Chr. im

Linke Seite und oben: Im Bereich des Sphingentors, dem höchsten Abschnitt der Befestigung von Ḫattuša, führte eine Ausfallpforte (Poterne) aus der Stadt ins Vorgelände. Ein 71 m langer Gang durchsticht den hier künstlich aufgeschütteten Wall. Die Wandungen dieses Tunnels bildet ein im Scheitel durch Keilsteine geschlossenes Kraggewölbe von nahezu dreieckigem Querschnitt. Mächtige Monolithen rahmen den stadtseitigen Eingang. Anlagen dieser Art dienten im Belagerungsfall dazu, Verteidiger hinauszuschleusen, ohne daß dafür eines der großen Tore geöffnet werden mußte.

Rechts: Das in der phrygischen Südburg von Boğazköy verbaute Relief der Großreichszeit zeigt eine bewaffnete Götterfigur.

Königsliste der Hethiter

Altes Reich	
Labarna-Ḫattušili I.	um 1560
Muršili I.	um 1530
Ḫantili I.	
Zidanta I.	
Ammuna	
Ḫuzzija I.	
Telipinu	um 1470
Mittleres Reich	
Taḫurwaili*	
Alluwamna	
Ḫantili II.	
Zidanta II.	
Ḫuzzija II.	
Muwattalli I.	
Tutḫalija I./II.	um 1400
Arnuwanda I.	um 1375
Ḫattušili II.*	
Tutḫalija III.	um 1350
Großreich	
Šuppiluliuma I.	um 1320–1290
Arnuwanda II.	
Muršili II.	
Muwattalli	
Urḫi-Teššup (Muršili III.)	
Ḫattušili III.	um 1265–1236
Tutḫalija IV.	um 1220
Arnuwanda III.	
Šuppilulijama II.	um 1200

* Position unklar

nördlichen Osttigrisland und in Obermesopotamien gesprochen. Die hurritischen Kleinstaaten dieser Gegenden orientierten sich an der überlegenen Kultur Südmesopotamiens und hatten einen – allerdings immer noch undeutlichen – Anteil an der Ausstrahlung der Keilschriftkultur in den syrischen und anatolischen Raum.

Im zweiten Viertel des 15. Jahrhunderts gelang es König Parrattarna (I.), den Herrschaftsbereich von Mittani bis an das Mittelmeer auszudehnen. Er unterstützte anscheinend eine Revolte in Aleppo gegen die einheimische Dynastie, die sich nach der hethitischen Eroberung der Stadt dort wieder hatte etablieren können. Der König von Aleppo wurde dabei wohl ermordet, während seine Familie bei Verwandten in Emar am Euphrat Asyl fand. Ein jüngerer Prinz, Idrimi, dem wir einen lebendigen Bericht über diese Ereignisse und über seinen weiteren Lebensweg verdanken, zog von Emar durch die Steppe nach Kanaan und verbrachte dort angeblich sieben Jahre, bis er an der Spitze einer Schar von Flüchtlingen und sonstigen Anhängern auf dem Seeweg nach Nordsyrien zurückkehrte. Dort fand er, so sein Bericht, die Unterstützung der Landesbewohner und seiner eigenen Familie. Unter Hinweis auf ein früheres Bündnis zwischen Aleppo und Mittani kam Idrimi zu

einer Einigung mit Parrattarna. Dieser setzte ihn zwar nicht in seiner Vaterstadt als König ein, wohl aber in der alten Sekundogenitur von Aleppo, in Alalaḫ am Orontes, das seit seiner Zerstörung durch Ḫattušili I. ein Schattendasein geführt hatte. Ein paritätischer Vertrag regelte das Problem des Flüchtlingsaustauschs mit dem König des nördlich angrenzenden Landes, Pillija von Kizzuwatna, der wohl seinerseits in einem vertraglichen Verhältnis, vielleicht auch in Abhängigkeit, zu Mittani stand. Unter seinen Herrschertaten erwähnt Idrimi vor allem einen Feldzug gegen hethitisches Territorium, wohl östlich oder nordöstlich des Amanus, in dessen Verlauf er sieben Städte eingenommen und geplündert zu haben behauptet, ohne daß eine hethitische Reaktion erfolgt sei.

War das Hethiterreich demnach im 15. Jahrhundert keine Macht mehr, mit der in Syrien zu rechnen war, so konnte Mittani sich doch nicht des ungestörten Besitzes seiner Eroberungen erfreuen. Ägypten hatte bereits im späten 16. Jahrhundert nach seiner Befreiung von der Hyksos-Herrschaft unter der aus dem oberägyptischen Theben stammenden XVIII. Dynastie die militärische Expansion nach Norden hin aufgenommen und war dabei schon früh in Konflikt mit Mittani geraten. Dieser Konflikt verstärkte sich nach der Machtübernahme Thutmosis' III., der 1447 sogar die Gegend von Karkemiš erreichte und den Euphrat überschritt. Die Herrschaft Mittanis im Raum zwischen Euphrat und Mittelmeer wurde dadurch zweifellos für eine Weile erschüttert, doch gelang es den Ägyptern nicht, dieses Gebiet in ständige Abhängigkeit zu bringen. König Sauštatar von Mittani, dessen Regierung in die letzten Jahrzehnte des 15. Jahrhunderts fallen dürfte, ist als Oberherr der Könige Niqmepa von Alalaḫ und Šunaššura von Kizzuwatna bezeugt, und dies setzt voraus, daß er Nordsyrien zwischen Euphrat und Mittelmeer mit dem Zentrum Aleppo wieder voll kontrollierte. Im Osten eroberte er Assur, das zuvor Kontakt mit Ägypten aufgenommen hatte. Das von einer hurritischen Dynastie regierte Land Arrapḫa östlich von Assur gehörte einige Jahrzehnte später nachweislich zum Mittani-Reich, und man darf vermuten, daß dieser Zustand bereits seit längerem andauerte und vielleicht ebenfalls auf Sauštatar zurückging.

Gegen Ende des 15. Jahrhunderts begannen Mittani und Ägypten nach einem Interessenausgleich zu suchen. Nach langen Verhandlungen schlossen Artatama I. von Mittani und der Pharao Thutmosis IV. (1400-1390) Frieden und vereinbarten eine dynastische Heirat zwischen dem Pharao und einer mittanischen Prinzessin. Die Beziehungen gestalteten sich ausgezeichnet, wie der Austausch reicher Geschenksendungen oder auch die wiederholte Überfüh-

Königstor von Ḫattuša. Das fast rundplastisch wirkende Relief eines bewaffneten Gottes (Ankara, Archäologisches Museum) schmückte einen der stadtseitigen Torpfeiler. Von der Feldseite führte der Aufweg, von Mauern und Bastionen gesichert, vor den hohen parabelförmigen Torbogen und dann hinein in die Torkammer.

rung eines berühmten hurritischen Kultbildes zur Heilung des Pharaos zeigt. Die Könige von Mittani waren insbesondere an ägyptischem Gold interessiert, das in dieser Zeit in Vorderasien nicht nur aus Prestigegründen hochgeschätzt war, sondern auch als Zahlungsmittel galt.
Der Frieden zwischen den beiden Ländern hatte über mehrere Generationen Bestand und wurde noch zweimal durch die Entsendung einer mittanischen Prinzessin in den ägyptischen Harem bekräftigt. Eine vorübergehende Trübung des Verhältnisses trat ein, als etwa um 1370 v.Chr. König Artašumara von Mittani ermordet wurde und der Königsmörder den unmündigen jüngeren Bruder des Ermordeten, Tušratta, auf den Thron setzte. Erst als es diesem später gelang, sich von der Vormundschaft zu befreien und den Mörder zu bestrafen, war der Pharao bereit, den diplomatischen Verkehr wieder aufzunehmen.
Die Kenntnis der Einzelheiten des mittanisch-ägyptischen Verhältnisses verdanken wir dem in Amarna in Mittelägypten entdeckten Staatsarchiv, aus dem neben Briefen aus Babylon, Assur, Ḫatti und anderen Ländern sowie den zahlreichen von Ägypten abhängigen Stadtstaaten Syriens und Palästinas auch elf oder zwölf teilweise sehr lange Briefe Tušrattas an Amenophis III. und seinen Nachfolger Amenophis IV./Echnaton erhalten sind.
Die Abschwächung der expansiven Dynamik der beiden Großmächte seit dem Ende des 15. Jahrhunderts dürfte auf mehrere Ursachen zurückgehen. Was Mittani betrifft, so fehlen uns fast alle Quellen für seine soziale und ökonomische Entwicklung, doch stehen für einen Vasallenstaat an der östlichen Peripherie des Mittani-Reiches, nämlich das Land Arrapḫa (heute: Kirkuk), mit den Textfunden aus Nuzi an die 5000 Rechts- und Wirtschaftsurkunden zur Verfügung. Sie lassen eine zentrifugale Tendenz in der Gesellschaft von Arrapḫa erkennen. Auf der einen Seite stand die zunehmende Verarmung großer Teile der bäuerlichen Bevölkerung, auf der anderen die Herausbildung eines prosperierenden Großgrundbesitzes unter Ausweitung des Sektors abhängiger und unfreier Arbeit. Diese Entwicklung, die vielleicht ähnlich in Mittani stattfand, wirkte der Stabilität des Staates zweifellos entgegen.
Ein außenpolitischer Faktor spielte aber sicherlich auch eine wichtige Rolle, nämlich der Wiederaufstieg Ḫattis am Ende des 15. Jahrhunderts. Das wichtigste Expansionsziel Ḫattis war stets das durch seine zentrale Lage im Fernhan-

Das 1,6 km nordöstlich von Ḫattuš gelegene Heiligtum Yazılıkaya (türkisch: »beschriebener Fels«) besteht aus einer Gruppe steil aufragender Felsen. Unter Tutḫalija IV. (um 1220 v. Chr.) wurde die Felsgruppe mit Reliefs versehen und als Heiligtum genutzt. Die größere Kammer A (folgende Doppelseite) zeigt eine lange Reihe von ursprünglich 69 Gottheiten, und zwar auf der linken Seite die männlichen Götter, auf der rechten die Göttinnen. Ihre Namen sind mit hethitischen Hierogylphen beigeschrieben. Es handelt sich um das stark hurritisch geprägte Reichspantheon, das sich in der späten Großreichszeit im Umkreis der Dynastie unter kizzuwatnischem Einfluß herausgebildet hatte. Die höchsten Gottheiten sind in dem Bildfeld an der Stirnseite dargestellt. Links steht der hurritische Wettergott Teššup auf dem Nacken der beiden Berggötter Namni und Ḫazzi (Mons Casius an der nordsyrischen Küste). Ihm gegenüber steht seine Gemahlin Ḫepat auf einem Löwen, hinter ihr, ebenfalls auf einem Löwen, ihr Sohn Šarruma. Die Kammer B enthält ein Relief des Stifters Tutḫalija IV. und seines Schutzgottes Šarruma, der seinen Arm fürsorglich um die Schulter des Königs gelegt hat (linke Seite, innen). Diese Darstellung der engen Beziehung zwischen dem Herrscher und der ihn schützenden Gottheit wurde vielleicht durch ägyptische Vorbilder inspiriert. Ein weiteres Relief zeigt ein in den Boden gestecktes Schwert mit einem Griff aus Löwen, Löwenprotomen und dem Kopf einer Gottheit (linke Seite, außen). Diese Reliefs ebenso wie ein weiteres mit der Darstellung von zwölf Gottheiten mit Sichelschwertern (oben) lassen darauf schließen, daß die Funktion der Kammer B im Bereich des Kults für den verstorbenen König Tutḫalija stand.

del prosperierende Nordsyrien. Die Stärke des Mittani-Reiches und die Schwäche Ḫattis bedingten sich gegenseitig. Ein Wiederaufstieg Ḫattis von einer inneranatolischen Regionalmacht zur vorderasiatischen Großmacht mußte zum Konflikt mit Mittani führen. Angesichts der Bedrohung einer Region von vitaler Wichtigkeit lag es für Mittani nahe, mit Ägypten zu einer Verständigung zu kommen.

Das Mittlere Reich der Hethiter

Über die ersten Jahrzehnte des Mittleren Reiches der Hethiter ist nur wenig bekannt. Das vertragliche Verhältnis mit Kizzuwatna wurde mehrfach erneuert. Die von Telipinu vorgesehene Nachfolge seines Schwiegersohnes Alluwamna wurde möglicherweise zunächst durch einen Usurpator namens Taḫurwaili verhindert, von dem das Original eines Staatsvertrages mit Eḫeja von Kizzuwatna erhalten ist. Taḫurwaili mag aber auch erst später die Regierung an sich gerissen haben. Auf Alluwamna folgte sein Sohn Ḫantili II., dann ein Zidanta II., der einen Vertrag mit Pillija von Kizzuwatna abschloß, und schließlich Ḫuzzija II. Damit wiederholen sich drei Königsnamen des Alten Rei-

ches in gleicher Reihenfolge, was früher zu gelegentlichen Zweifeln an der Existenz der nur schlecht bezeugten Könige des Mittleren Reiches geführt hat. Ḫuzzija wurde von einem Usurpator, Muwattalli I., ermordet. Dieser wurde seinerseits von einer Gruppe hoher Würdenträger, wahrscheinlich Mitgliedern des Königshauses, beseitigt, durch die ein Tutḫalija die Königswürde erlangte. Anders als man bisher meist annahm, dürfte Tutḫalija der alten Dynastie entstammen. Die Geschichtsschreibung war bisher im Zweifel, ob die Nachrichten über diese Epoche, die sich mit dem Namen Tutḫalija verbinden, auf einen einzigen König zu beziehen sind. Die Opferlisten für verstorbene Könige, die, wie sich neuerdings gezeigt hat, als historische Quelle sehr ernst zu nehmen sind, sprechen für diese Annahme.

Tutḫalija (»I./II.«) führte das Hethiterreich um 1400 v.Chr. zu einer neuen Blüte seiner Macht und Kultur, so daß der Begriff »Mittleres Reich«, der manchmal in Frage gestellt wurde, sich als berechtigt erweist. Es gelang ihm, König Šunaššura von Kizzuwatna mit der Zusicherung eines privilegierten Vasallenstatus zum Abfall vom Mittani-Reich zu bewegen. Später, wahrscheinlich noch zur Regierungszeit Tutḫalijas, wurde Kizzuwatna in das Hethiterreich inkorporiert. An die Stelle des Königs trat ein hethitischer Prinz, der die priesterlichen Funktionen des Herrschers und gewiß auch administrative Aufgaben wahrnahm.

Die – vor allem wohl durch die Nähe zum hurritischen Nordsyrien - stark hurritisch geprägte Kultur von Kizzuwatna beeinflußte in der Folgezeit die Kultur der Hethiterhauptstadt Ḫattuša sehr stark. Die Dynastie zeigte von dieser Zeit an eine enge Bindung an das hurritische Milieu bis hin zur Wahl hurritischer Personennamen, die erst bei der Thronbesteigung durch traditionelle ḫattische, hethitische oder luwische Namen ersetzt wurden. In der auf Tutḫalija folgenden Generation wurden in Ḫattuša erstmals in großem Umfang hurritischsprachige Rituale und Gebete niedergeschrieben. Dies alles deutet darauf hin, daß eine engere Bindung an Kizzuwatna bestand, als sie durch eine bloße Eroberung unter dem Gesichtspunkt der Machterweiterung hätte bewirkt werden können. Vielleicht war die Übernahme des Landes durch Heiratsverbindungen vorbereitet. Die Gemahlin Tutḫalijas trug den hurritischen Namen Nikkal-mati, und auch die folgenden beiden Königinnen hatten hurritische Namen. Noch über ein Jahrhundert später heiratete der Prinz und nachmalige König Ḫattušili III. die Tochter eines sicherlich sehr hochrangigen kizzuwatnischen Priesters. Es wäre also gut denkbar, daß die Bindung des Herrscherhauses an hurritische Traditionen über die Königinnen zustande kam.

Tutḫalija führte nach Ausweis seiner Annalen auch in Westanatolien Krieg und gelangte dabei bis in Landschaften an der Ägäisküste. Möglicherweise hat er auch Alašija (Zypern) erobert, denn sein Nachfolger beruft sich auf seine Oberhoheit über diese Insel.

Linke Seite: Šuppiluliuma I. ließ die Hieroglypheninschrift am Nişantepe anbringen. Der felsige Hügel war in die Befestigungsanlagen von Ḫattuša einbezogen.

Oben: Quellheiligtum Eflatun Pınar. Das Monument aus der Großreichszeit ist aus reliefierten Trachytquadern errichtet. Mischwesen flankieren ein Götterpaar.

Tutḫalija hatte sich dann allerdings gegen einen gefährlichen Feind zu wenden, der das hethitische Kernland und die Hauptstadt Ḫattuša selbst bedrohte, nämlich die Kaškäer, ein kriegerisches Hirtenvolk der pontischen Berge, über dessen Herkunft nichts bekannt ist. Mochte Tutḫalija ihrer auch, wie er sich rühmt, Herr geworden sein, so waren doch sie es, die den hethitischen Staat von der Höhe einer seit Muršili I. nicht mehr gekannten Macht in eine existenzbedrohende Krise stürzten.

Unter der Regierung Arnuwandas I., der bereits seinen Vater Tutḫalija auf Feldzügen begleitet hatte, drangen kaškäische Stämme in die nordanatolischen Provinzen ein, plünderten die Siedlungen und vor allem die reich ausgestatteten Tempel und führten Menschen und Vieh als Beute fort. In dieser Situation konnte die von Tutḫalija in Westanatolien aufgebaute Machtposition nicht mehr gehalten werden. Gerade zu Vasallen gewordene dortige Herrscher fielen wieder ab, ohne daß die hethitische Reaktion über Anklagen hätte hinausgehen können. In diesem Zusammenhang wird erstmals auch das Land Aḫḫija genannt, das später öfter unter dem Namen Aḫḫijawa bezeugt ist. Es handelt sich dabei zweifellos um eine im Westen gelegene Großmacht außerhalb des hethitischen Herrschaftsbereichs; ob Aḫḫijawa mit Mykene gleichgesetzt werden darf, ist immer noch umstritten. Unter dem nächsten König, Arnuwandas Sohn Tutḫalija »III.«, wurde wahrscheinlich sogar die Hauptstadt Ḫattuša durch einen Kaškäerüberfall ernstlich in Mitleidenschaft gezogen. Zahlreiche Provinzen machten sich selbständig, in Arzawa entstand ein größerer Staat, der eigenständigen Kontakt mit Ägypten aufnahm. Der König, der öfter krank darniederlag, residierte anscheinend längere Zeit in Šamuḫa am Oberlauf des Euphrats, wofür die Gefährdung und Verwüstung der Hauptstadt ein Grund gewesen sein mag.

Erst in den letzten Jahren seiner Regierung fand eine gewisse Konsolidierung des Reiches statt. Der tatkräftige Prinz Šuppiluliuma, der allerdings wohl Sohn einer Nebenfrau war und insofern keine vorrangigen Thronrechte besaß, unternahm im Auftrag seines Vaters Feldzüge gegen die Kaškäer im Norden, Ḫajaša im Nordosten, Išuwa im Osten und Arzawa im Südwesten. Als Tutḫalija starb, ermordete Šuppiluliuma unter Bruch seines Treueides dessen designierten Nachfolger, der ebenfalls Tutḫalija hieß, und bestieg selbst den Thron. Das Prestige, das er als Heerführer erworben haben mochte, sicherte ihm gewiß die Loyalität, wo nicht die Zuneigung des Heeres, das er sogleich zu neuen Erfolgen führte. Šuppiluliuma wurde der Begründer des hethitischen »Großreiches«, das sich in den Dimensionen, die Muršili I. im Alten Reich und Tutḫalija I. im Mittleren Reich für eine Generation erreicht hatten, für mehr als ein Jahrhundert erhalten sollte.

Das hethitische Großreich

Am Anfang seiner Regierung schloß Šuppiluliuma die Rückeroberung von Arzawa ab und hielt sich damit den Rücken frei für die entscheidende Auseinandersetzung mit Mittani, die er durch ein Bündnis mit dem mittanischen Kronprätendenten Artatama II. und dessen Protektor Aššur-uballiṭ von Assyrien vorbereitet hatte. Die Situation war insofern günstig, als sich die Beziehungen zwischen Mittani und Ägypten nach der Thronbesteigung Pharao Amenophis' IV., der sich im Zuge seiner religiösen Reformen Echnaton nannte, deutlich verschlechtert hatten und möglicherweise nach einigen Jahren ganz abgebrochen wurden. Šuppiluliuma suchte sofort die Entscheidung, indem er gegen Waššukkanni zog, die noch nicht wieder aufgefundene, im Quellgebiet des Ḫābūr vermutete Hauptstadt von Mittani. Da er hier auf Schwierigkeiten stieß, wandte er sich nach Westen, überschritt den Euphrat und eroberte die zu Mittani gehörigen syrischen Kleinstaaten, darunter Aleppo und Alalaḫ sowie die weiter südlich gelegenen Länder Ni'a und Nuḫašše. Der Fürst von Qadeš, dessen Gebiet zur ägyptischen Einflußzone gehörte, trat Šuppiluliuma (nach Aussage einer hethitischen Quelle) entgegen, was diesen zur Einnahme von Qadeš veranlaßte und damit zum Konflikt mit Ägypten führte. Die syrischen Eroberungen wurden durch Vasallenverträge abgesichert, in der wichtigsten Stadt, Aleppo, wurde ein Sohn Šuppiluliumas, Telipinu, der vorher das oberste Priesteramt in Kizzuwatna wahrgenommen hatte, als König eingesetzt. Die gut befestigte Stadt Karkemiš an einem wichtigen Euphratübergang widersetzte sich allerdings noch lange der Eroberung.

Einige Jahre später trat im Verhältnis zu Ägypten eine dramatische Veränderung ein: Ein Pharao starb, und seine Witwe wandte sich an Šuppiluliuma mit der überraschenden Bitte, einen seiner Söhne zu entsenden, der ihr Gatte und König von Ägypten werden sollte. Die Identität des verstorbenen Pharaos – Echnaton, Semenchkare oder Tutanchamun – ist noch umstritten. Šuppiluliuma willigte nach anfänglichem Zögern ein, doch wurde der Prinz auf dem Weg nach Ägypten ermordet, was zu einem hethitischen Rachefeldzug führte.
Inzwischen war auch Karkemiš erobert worden, und ebenso wie in Aleppo setzte Šuppiluliuma auch hier einen Sohn, Pijaššili, als König ein. Wohl mit Rücksicht auf die hurritischen Traditionen Nordsyriens nahm er den Thronnamen Šarri-kušuḫ an. Die hethitischen Dynastien in Aleppo und Karkemiš stellten während der gesamten hethitischen Großreichszeit einen entscheidenden Faktor der ungestörten Herrschaft über Syrien dar.
Tušratta von Mittani wurde etwa in dieser Zeit ermordet, und die Assyrer konnten ihren Prätendenten für den mittanischen Thron in Waššukkanni etablieren. In dieser Situation wechselte Šuppiluliuma das Bündnis und unterstützte einen Sohn Tušrattas, Šattiwaza, gegen die Assyrer, damit diesen nicht alle Früchte der Ausschaltung Mittanis als Großmacht überlassen blieben. Hethitische Truppen eroberten Waššukkanni für Šattiwaza, der durch einen Staatsvertrag zu einem privilegierten Vasallen Šuppiluliumas geworden war. Diesen Status warf er allerdings anscheinend bei der ersten Krise der hethitischen Macht ein Jahrzehnt später wieder ab.
Die Krise trat ein, nachdem Šuppiluliuma und wenig später sein Nachfolger Arnuwanda II. gestorben waren (um 1320 v.Chr.). Ein jüngerer Sohn Šuppiluliumas, Muršili II., dem das Prestige des erfahrenen Heerführers noch fehlte, wurde König und sah sich sofort mit einem allgemeinen Aufstand konfrontiert. Die lange Regierungszeit dieses

Linke Seite: Auf hethitischen Königsurkunden wie Landschenkungen, Erlassen und Verträgen war das königliche Siegel abgedrückt. Es handelt sich dabei um ein kreisrundes gewölbtes Stempelsiegel mit Inschrift. Die ältesten Siegel waren noch anonym: »Siegel des Tabarna, des Großkönigs. Wer es vertauscht, wird sterben.« Seit Alluwamna wurde der Königsname genannt, noch später wurden weitere Titel sowie der Vatername hinzugefügt, so daß die Keilinschrift sich in Ringen um das Innenfeld zog. In der Mitte des Siegels waren ursprünglich Symbole, später der Königsname in hethitischen Hierogylphen eingefügt. Ankara, Archäologisches Museum

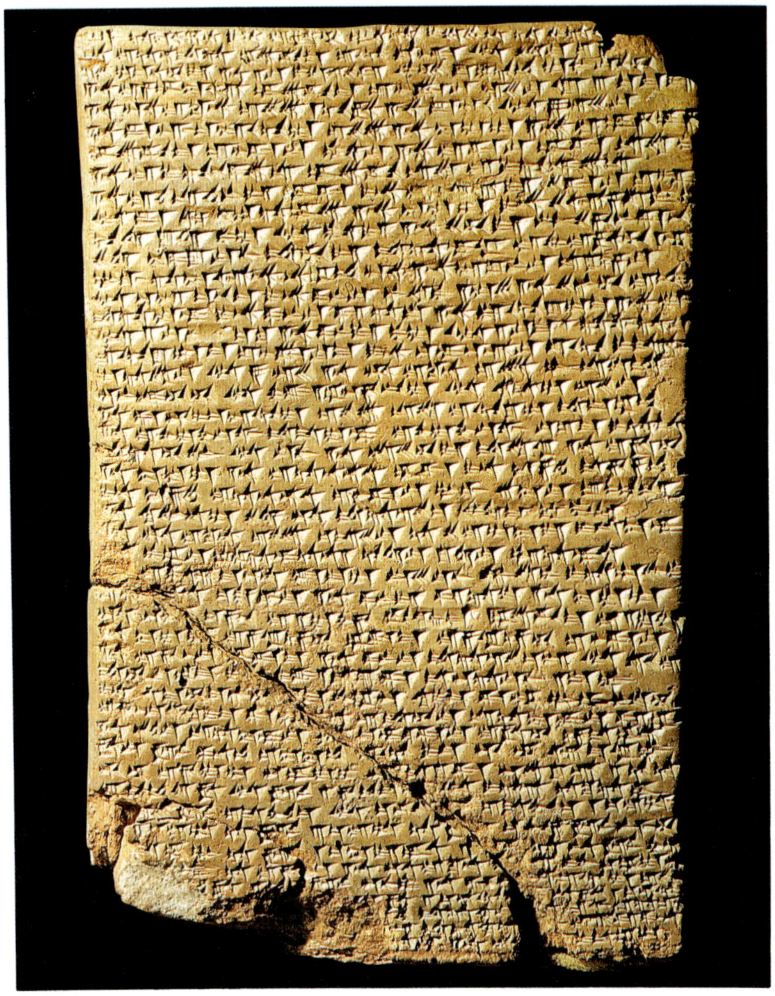

Rechts: Der Tatenbericht Ḫattušilis I. (um 1560 v. Chr.) liegt in einer akkadischen und einer hethitischen Fassung vor. Die erhaltenen Abschriften stammen allerdings aus dem 13. Jahrhundert v. Chr.. Die Abbildung zeigt eine vorzüglich erhaltene Tafel von der Königsburg Büyükkale in Ḫattuša mit der akkadischen Fassung. Ankara, Archäologisches Museum

Im darauffolgenden Jahr zog ich nach Arzawa. Rinder (und) Schafe brachte ich her. Und hinter mir brach der Feind von Ḫanigalbat (= die Hurriter) in mein Land ein. Alle Länder wurden mir feindlich, allein die Stadt Ḫattuša blieb (mir treu). Der Großkönig Tabarna, der Liebling des Sonnengottes, auf seinen Schoß setzte er (= der Gott) ihn und ergriff seine Hand und lief ihm ständig (in der Schlacht) voran...
Im darauffolgenden Jahr zog ich [gegen] Zarunti und zerstörte Zarunti. Gegen Ḫaššu zog ich. Gegen ihn (= den Großkönig) standen sie (= die Truppen von Ḫaššu), und die Truppen der Stadt Ḫalab (= Aleppo) waren mit ihm (= dem Fürsten von Ḫaššu). Im Gebirge Adalur schlug ich sie. In (wenigen) Tagen überschritt der Großkönig wie ein Löwe das Ufer des Flusses Puran. Die Stadt Ḫaššuwa warf er wie ein Löwe mit seiner Pranke nieder. Staub schüttete er auf sie, und mit ihrer Habe füllte er Ḫattuša an. Silber und Gold hatten nicht Anfang noch Ende.

Aus den Taten Ḫattušilis I., akkadische Fassung

Während mein Vater drunten im Lande Karkemiš war, schickte er Lupakki und Tarḫunta-zalma ins Land Amka. Sie gingen hin und schlugen das Land Amka und brachten Gefangene, Rinder (und) Schafe zurück vor meinen Vater. Die Leute des Landes Ägypten aber, als sie von dem Angriff auf das Land Amka hörten, fürchteten sich. Und weil ihnen obendrein ihr Herr, Nipḫururija, gestorben war, schickte die Königin von Ägypten [...] einen Boten zu meinem Vater und schrieb ihm folgendermaßen: »Der Mann ist mir gestorben. Ein Sohn von mir ist nicht vorhanden. Du aber, sagt man, hast viele Söhne. Wenn Du mir einen Sohn von Dir gibst, würde er mir mein Gatte sein. Einen Diener von mir werde ich nicht nehmen und zu meinem Gatten machen, zu sehr verabscheue ich (das).«
Und als mein Vater solchermaßen hörte, rief er die Großen zum Rate (in der Angelegenheit und sagte): »Solch eine Sache ist seit alters niemals geschehen!« Und es kam dahin, daß mein Vater ins Land Ägypten den Ḫattuša-ziti (mit den Worten) schickte: »Geh und bring mir ein wahres Wort zurück! Vielleicht betrügen sie mich. Vielleicht haben sie doch einen Sohn ihres Herrn. Bring du mir ein wahres Wort zurück!« Bis Ḫattuša-ziti aus dem Land Ägypten zurückkehrte, bezwang mein Vater endlich die Stadt Karkemiš [...]
Als es aber Frühjahr wurde, [kam] Ḫattuša-ziti aus dem Lande Ägypten [zurück], und der Gesandte von Ägypten, der Herr Ḫani, kam mit ihm. Da mein Vater, als er den Ḫattuša- ziti ins Land Ägypten geschickt hatte, ihn folgendermaßen beauftragt hatte: »Vielleicht haben Sie einen Sohn ihres Herrn, betrügen mich aber und wollen meinen Sohn nicht für die Königswürde!«, schrieb die Königin von Ägypten meinem Vater mit einer Tontafel folgendermaßen zurück:
»Warum sprachst Du solchermaßen: ‚Sie betrügen mich!'? Hätte ich einen Sohn, hätte ich (dann über) die Schmach meiner eigenen Person und meines Landes an ein anderes Land geschrieben? Du hast mir nicht geglaubt und hast obendrein in dieser Weise zu mir gesprochen! Der mein Gatte war, der ist mir gestorben. Ein Sohn von mir ist nicht vorhanden. Einen Diener von mir aber werde ich niemals nehmen und ihn zu meinem Gatten machen. An irgendein anderes Land habe ich nicht geschrieben, Dir (allein) habe ich geschrieben. Man sagt, Deine Söhne seien zahlreich. Gib mir einen Sohn von Dir, und mir wird er mein Gatte, im Lande Ägypten aber wird er König sein!«
Und da mein Vater gutherzig war, gab er dem Wort der Frau nach und beschäftigte sich mit der (Angelegenheit) eines Sohnes. [... Mein Vater sprach folgendermaßen zu Ḫani: »... [... Ich war freundlich, [aber] ihr habt mir plötzlich Böses getan [...] ... Den Stadtfürsten von Kinza, welchen ich dem König des Landes Ḫurri [weggenommen] hatte, den schlugt ihr. [Al]s ich (das) aber hörte, kam mir der Zorn hoch, und ich entsandte meine Fußtruppen und Wagenkämpfer und die Herren. Sie kamen und schlugen euer Grenzgebiet, das Land Amka. Und als sie das Land Amka, welches euch gehört, geschlagen hatten, da fürchtetet Ihr euch [viel]leicht. Einen Sohn wünscht ihr von mir als ... [Jene]r wird womöglich zur Geisel, zum [König] aber macht ihr ihn nicht!«
[Folgendermaßen (sprach) Ḫ]ani zu meinem Vater: »Mein Herr! Jenes [...] ist unseres Landes Schmach. Hätten wir irgendwo einen [Königssohn], wären wir (dann) in ein anderes Land gekommen und hätten uns unseren Herrn erbeten? Der unser Herr war, Nipḫururija, der ist gestorben. Einen Sohn aber hatte er nicht. Die Gemahlin unseres Herrn ist alleinstehend. Einen Sohn unseres Herrn (= Šuppiluliumas) erbitten wir für die Königsherrschaft im Lande Ägypten, für die Frau, unsere Herrin, aber erbitten wir ihn als ihren Gatten. Weiterhin sind wir nicht in irgendein anderes Land gegangen, hierher allein sind wir gekommen. Unser Herr, gib uns einen Sohn von dir!« Da beschäftigte sich mein Vater um ihretwillen mit (der Angelegenheit eines) Sohnes. Mein Vater verlangte dann die Vertragstafel, wie der Wettergott die Leute von Kuruštama, Söhne von Ḫatti, genommen und ins Land Ägypten gebracht und sie zu Leuten Ägyptens gemacht hatte und wie der Wettergott zwischen dem Lande Ägypten und dem Lande Ḫatti einen Vertrag geschlossen hatte und wie sie stets miteinander freundlich gewesen waren [...]

Aus den »Mannestaten Šuppiluliumas«, 7. Tafel

Späthethitische Felsreliefs bei dem Dorf Ivriz am Nordhang des Taurus. Das mit einer Hierogylphen-inschrift versehene 6 m hohe Relief (rechts) befindet sich unmittelbar neben einer Quelle. Es stellt den Wettergott als Bringer der Fruchtbarkeit dar: In der einen Hand trägt er Weintrauben, in der anderen ein Ährenbündel. Vor ihm steht betend der Regionalkönig Warpalawas, ein Zeitgenosse Tiglatpilesars III. (745–727). Der Einfluß der assyrischen Reichskunst ist unverkennbar. Noch vor 700 wurden die Gebiete nördlich der Kilikischen Pforte zu assyrischen Provinzen.

[...] Sobald mein Vater Gott geworden war, setzte sich mein Bruder Arnuwanda auf den Thron seines Vaters. Danach aber wurde er ebenfalls krank. Als aber die Feindesländer (von der) Krankheit meines Bruders Arnuwanda hörten, da fingen die Feindesländer an, jeweils Krieg zu führen. Als aber mein Bruder Arnuwanda Gott geworden war, da führten auch jene Feindesländer Krieg, die (bis dahin noch) nicht Krieg geführt hatten...
Weil mein Vater im Lande Mittani Garnisonen anlegte und er in den Garnisonen verweilte, verzögerten sich die Kultfeste der Sonnengöttin von Arinna, meiner Herrin, immer wieder. Als aber ich, meine Majestät, mich auf den Thron meines Vaters setzte, [...] sorgte ich für die feststehenden Kultfeste gerade der Sonnengöttin von Arinna, meiner Herrin. Ich feierte sie, und zur Sonnengöttin von Arinna, meiner Herrin, erhob ich die Hand und sprach folgendermaßen: »O Sonnengöttin von Arinna, meine Herrin! Die umliegenden Feindesländer, welche mich ständig ein Kind nannten und mich mißachteten und deine, der Sonnengöttin von Arinna, meiner Herrin, Grenzen zu nehmen suchten, steh mir bei, o Sonnengöttin von Arinna, meine Herrin, und überwältige mir jene umliegenden Feindesländer!« Und die Sonnengöttin von Arinna hörte mein Wort und stand mir bei. Und nachdem ich mich auf den Thron meines Vaters gesetzt hatte, besiegte ich diese umliegenden Feindesländer in zehn Jahren und schlug sie.

Aus den Zehnjahresannalen Muršilis II.

Königs war vor allem dem insgesamt erfolgreichen Bemühen gewidmet, das Reich in den Dimensionen, die Šuppiluliuma ihm gegeben hatte, zu erhalten. Diese Bemühungen wurden erschwert von einer viele Jahre lang das Hethiterreich heimsuchenden Seuche. Von entscheidender Bedeutung für den Erfolg Muršilis waren die Loyalität seiner Halbbrüder auf den Thronen von Aleppo und Karkemiš sowie die Ohnmacht Ägyptens. Dadurch war es Muršili möglich, sich der schwierigen Situation in Anatolien zu widmen, die Nord- und Nordostgrenze gegen die Kaškäer und die Ḫajašäer zu halten und in Arzawa im Südwesten mehrere Kleinstaaten vertraglich an Ḫatti zu binden.

Das Problem der unsicheren Nordgrenze beschäftigte auch den Nachfolger Muršilis, seinen Sohn Muwattalli II. Er versuchte, es durch eine überraschende Lösung zu überwinden, nämlich die Verlagerung der Hauptstadt aus ihrer exponierten nördlichen Lage nach Tarḫuntašša in Südanatolien (wahrscheinlich in Lykaonien, Pisidien oder dem Rauhen Kilikien). An der Nordgrenze setzte er als König des Landes Ḫakpiš seinen jüngeren Bruder Ḫattušili ein, dem es gelang, die Grenzgebiete durch Befestigungen und Wiederbesiedlung zu stabilisieren und sogar die alte Kultstadt Nerik, die schon zur Zeit Ḫantilis (II.?) zerstört worden war, zurückzuerobern und wieder aufzubauen.

Das Verhältnis zu Ägypten spitzte sich auf eine Konfrontation zu, als der Pharao Ramses II. (1279–1212) den Thron bestieg und die Wiederherstellung der einstigen ägyptischen Machtposition in Syrien anstrebte. Ein erstes Anzeichen des zuungunsten Ḫattis veränderten Kräfteverhältnisses war der Abfall des Landes Amurru im Nusairiergebirge und nördlichen Libanon, das einst zur ägyptischen Einflußzone gehört hatte, aber seit Šuppiluliumas Syrienfeldzügen hethitischer Vasall war. Im Jahre 1275 kam es bei Qadeš zu einer Schlacht zwischen dem hethitischen und dem ägyptischen Heer. Der Ausgang war – trotz gegenteiliger ägyptischer Darstellung – für die Ägypter ungünstiger als für die Hethiter, so daß Ramses sich gezwungen sah, von seinen Plänen zunächst Abstand zu nehmen. Der Casus belli, Amurru, wurde unter einem neuen König wieder fest an Ḫatti gebunden.

An der südöstlichen Grenze des Ḫatti-Reiches deutete sich ein neuer Konfliktherd mit der Westexpansion Assyriens an, die Adad-nirārī I. mit Feldzügen gegen Ḫanigalbat (wie das ehemalige Mittani jetzt nur noch genannt wurde) einleitete. An der entgegengesetzten Peripherie seines Reiches, in Westanatolien, konnte Muwattalli dagegen seine Position stärken, wie aus einem Vasallenvertrag mit einem dortigen Herrscher namens Alakšandu, der das Land Wiluša (Troas?) regierte, hervorgeht.

Nach Muwattallis Tod wurde der Sohn einer Nebenfrau, Urḫi-teššup, Nachfolger, der den Thronnamen Muršili (III.) annahm. Als er versuchte, den großen Einfluß seines Onkels Ḫattušili zu beschneiden, revoltierte dieser, setzte seinen Neffen ab und bestieg selbst den Thron.

Die späthethitischen Fürstentümer waren am Ende des 8. Jahrhunderts v. Chr. für Assyrien vorrangig Transitländer beziehungsweise Rohstofflieferanten. Zersplitterung und Abhängigkeit sind auch an der Kunst dieser Kleinstaaten ablesbar. So waren an der aus zwei Reliefplatten zusammengefügten Bankettszene aus Karatepe (oben) Meister aus ganz unterschiedlichen Schulen tätig. Bei den Reliefs aus Sakçegözü (rechts) sind Stil und Anbringung an der Außenmauer ebenso regionaltypisch wie der Torlöwe, die Bildelemente jedoch rein assyrisch. Ankara, Archäologisches Museum

In seiner Verantwortung für die Nordregion hatte Ḫattušili III. wahrscheinlich erkannt, wie gefährdet das Hethiterreich in seinen alten Kerngebieten war. Dennoch folgte er nicht dem Konzept seines Bruders, den Schwerpunkt des Reiches in sicherere Gegenden zu verlagern, sondern bemühte sich um die Restauration der hethitischen Herrschaft in Nordanatolien. Die Hauptstadt war, vielleicht unter Ḫattušilis Einfluß, schon von Urḫi-teššup nach Ḫattuša zurückverlegt worden.
Die Situation in Syrien suchte Ḫattušili mit diplomatischen Mitteln unter Kontrolle zu halten. 1259 wurde ein Friedensvertrag mit Ägypten geschlossen, der 1246 durch die Ehe Ramses' II. mit einer Tochter Ḫattušilis besiegelt wurde und Bestand bis zum Untergang des Reiches hatte. In Amurru hatte er bald nach seiner Thronbesteigung den Fürsten Pentešina wieder installiert, der von Muwattalli abgesetzt und Ḫattušili zur Bewachung übergeben worden war. Den Expansionsdrang Assyriens gegen den Oberen Euphrat hin, der auch unter Salmanassar I. anhielt, versuchte er durch ein Bündnis mit Babylon einzudämmen.
In der vormaligen Hauptstadt Tarḫuntašša setzte Ḫattušili Kurunta, einen Sohn Muwattallis, als König ein, den er selbst erzogen hatte und der mit seinem Sohn und späteren Nachfolger Tutḫalija befreundet war. Kurunta hatte seine Loyalität unter Beweis gestellt, als er sich bei Ḫattušilis Revolte gegen seinen eigenen (Halb-)Bruder Urḫiteššup stellte.

Als Tutḫalija IV. die Nachfolge seines Vaters antrat, bestätigte er seinen Cousin Kurunta in der Königswürde und verbesserte sogar die Vertragskonditionen, was diesen jedoch nicht abhielt, bei späterer Gelegenheit – erfolglos – nach der Großkönigswürde zu greifen. In der Auseinandersetzung mit Assyrien versuchte Tutḫalija, ein Handelsembargo durchzusetzen, das assyrischen Kaufleuten den Zugang zur Mittelmeerküste sperren sollte.
Bereits zur Zeit Ḫattušilis III. hatten sich in Westanatolien manche Schwierigkeiten eingestellt, die unter seinem Nachfolger noch zunahmen. Ein gewisser Pijamaradu hatte für Unruhe gesorgt und war möglicherweise dabei von Tawagalawa, dem Bruder des Großkönigs von Aḫḫijawa, unterstützt worden, worüber Ḫattušili in einem langen Brief an den Herrscher von Aḫḫijawa Beschwerde führte. Für Tutḫalija stellten die Lukkaländer im Südwesten zunehmend eine Bedrohung dar, und im Nordwesten ging die Kontrolle über Wiluša verloren.

Dennoch konnte Tutḫalija in Ḫattuša gewaltige Bauprojekte verwirklichen. Er ließ ein Gebiet von mehr als der doppelten Größe der bisherigen Stadt mit einer Mauer umgeben und bebaute es mit zahlreichen Tempelanlagen. Auch die Ausgestaltung des Felsheiligtums Yazılıkaya in der Nähe von Ḫattuša geht auf ihn zurück.
Der Nachfolger Tutḫalijas, Arnuwanda III., starb nach wohl nur kurzer Regierungszeit kinderlos, so daß sein Bruder Šuppiluliuma II. (Šuppilulijama) den Thron bestieg. Er ist der letzte in Ḫattuša bezeugte hethitische Großkönig. Das bemerkenswerteste Ereignis, das die wenigen erhaltenen Quellen über seine Regierungszeit berichten, ist eine Seeschlacht, in der die Hethiter die »Schiffe von Alašija (Zypern) inmitten des Meeres« besiegten und in Brand steckten. Dieses ungewöhnliche Ereignis dürfte bereits in Zusammenhang mit katastrophalen Ereignissen stehen, die einen tiefen Einschnitt in der Geschichte des östlichen Mittelmeerraumes darstellen. In den letzten Jahrzehnten des 13. Jahrhunderts traten dort Piraten in Erscheinung, die sicherlich aus Südwestanatolien und der Ägäis, möglicherweise auch aus noch weiter westlich gelegenen Gebieten des Mittelmeerraumes, stammen und trotz ihrer nur geringen Zahl die Küsten mit der Gewalt eines Wikingersturms in Schrecken versetzten. Der Großkönig versuchte, durch den Einsatz der gesamten Flotte der syrischen Handelsstadt Ugarit den Seeräubern an der Küste von Lukka entgegenzutreten. Eine kürzlich in Ḫattuša aufgefundene Inschrift erwähnt auch einen Feldzug gegen Lukka. Diese Abwehrkämpfe konnten jedoch die Katastrophe nicht aufhalten. Ugarit und andere Städte an den Küsten fielen der völligen Zerstörung zum Opfer. Ob sich die erwähnte Seeschlacht der hethitischen Flotte gegen das bereits von Seeräubern besetzte Zypern wandte oder noch gegen das in die spätbronzezeitliche Staatenwelt als hethitischer Vasall eingebundene Königreich, kann nicht entschieden werden.
Die innenpolitische Situation des Ḫatti-Reiches war schon seit der Zeit Tutḫalijas IV. schwieriger geworden. Die beschwörenden Worte bei den Vereidigungen hoher Würdenträger deuten auf eine tiefe Sorge vor militärischen Niederlagen, Illoyalität und Aufständen. Die Probleme wurden vermehrt durch eine der in Anatolien nicht seltenen Hungersnöte, die im Jahre 1210 v.Chr. den verbündeten Pharao Merenptah zu Getreidelieferungen veranlaßte. Das normale Leben in Ḫattuša ging jedoch anscheinend weiter, ohne daß etwa die Bautätigkeit eingestellt wurde. Im Osten trat sogar eine günstige Entwicklung ein, indem der militärische Druck von seiten Assyriens während der späten Regierungszeit Tukulti-Ninurtas gänzlich nachließ. Etwa um 1200 v. Chr. jedoch wurden die öffentlichen Gebäude von Ḫattuša in einer großen Brandkatastrophe, die der archäologische Befund unzweifelhaft erkennen läßt, gründlich zerstört. Andere Bauwerke verfielen, ohne daß die Stadt wieder aufgebaut wurde. Außer Ḫattuša wurden auch andere Orte im nördlichen Zentralanatolien ver-

wüstet. Die Ursachen des Untergangs von Ḫattuša und damit des hethitischen Großreichs liegen im dunkeln. Es ist daran gedacht worden, das Ausmaß der Verwüstung und Zerstörungswut, das gerade an den Bauten imperialer Symbolik deutlich wird, auf einen neuen und in furchtbarer Weise erfolgreichen Ansturm nordanatolischer Kaškäer zurückzuführen, welche ja auch während der Glanzzeiten hethitischer Macht seit dem Mittleren Reich stets eine bedrohliche Gefahrenquelle in unmittelbarer Nähe der Hauptstadt waren. Aber auch neue, uns unbekannte Völkerschaften, vielleicht Zuwanderer aus dem Westen, kommen für die Zerstörung Ḫattis in Frage.

Anatolien nach dem Ende des Großreichs

Im nördlichen Zentralanatolien endete damit die von hattisch-hethitischen Traditionen geprägte Geschichte. Die hethitische Sprache verschwand ebenso wie die urbane Kultur. Für etwa drei Jahrhunderte fehlen sogar weitgehend die archäologischen Hinweise auf menschliche Anwesenheit, auch wenn natürlich mit Nomaden ebenso wie mit bäuerlicher Bevölkerung in dörflichen Ansiedlungen zu rechnen ist.

Weiter im Westen dagegen, etwa im Raume von Gordion, fanden keine Zerstörungen dieses Ausmaßes statt. Hier wanderten etwa seit dem 10. oder 9. Jahrhundert v. Chr. die Phryger, von Thrakien über die Meerengen kommend, ein und bauten ein Reich mit der Hauptstadt Gordion auf, das große Teile des westlichen Zentralanatolien umfaßte und insofern in der Nachfolge des hethitischen Großreichs stand. Die Phryger knüpften aber nicht an hethitische Traditionen an und sind nicht mehr, wie die Hethiter, nach Mesopotamien und Syrien, sondern nach Westen zum griechischsprachigen Kulturraum hin orientiert. Ein deutliches Zeichen hierfür ist die Übernahme des griechischen Alphabets im späten 8. Jahrhundert v. Chr.

Königsliste von Mittani

Kirta*	
Šuttarna I.*	
Parratarna (I.)	
Parsatatar	
Sauštatar	um 1420
(Parratarna II.)**	
Artatama I.	um 1400
Šuttarna II.	um 1380
Artašumara	um 1370
Tušratta (Tulšeratta)	um 1365–1335
(daneben:	
Artatama II.	
Šuttarna III.)	
Šattiwaza	
Šattuara I.	um 1290
Wasašatta	
Šattuara II.	um 1240

* Position unklar.
** Existenz unklar.

Karkemiš am Euphrat beherrschte einen strategisch und handelspolitisch wichtigen Flußübergang. Deshalb war es bereits im 2. Jahrtausend v. Chr. von allen Großmächten der Region – Ägyptern, Hethitern, Mittani und Assyrern – begehrt und wechselnder Kontrolle unterworfen. Temporäre Unabhängigkeit erlangte Karkemiš nur zu Beginn des 1. Jahrtausends. Aus dieser Zeit stammen die älteren Orthostatenreliefs der »Herald's Wall«, einer Tempelumfriedung. Die Darstellung von Sonnen- und Mondgott, die auf dem Rücken eines langhingestreckten Löwen stehen (links) und die Wagenkampfszene (rechts) zeigen, daß sich die ältere späthethitische Reliefkunst (ca. 950–850 v. Chr.) noch eng an Vorbilder der Großreichszeit anschließt.
Ankara, Archäologisches Museum

Südwestanatolien war der ohnehin stets schwankenden hethitischen Kontrolle schon in der späten Großreichszeit entglitten. Hier wurden aber auch im 1. Jahrtausend v.Chr. noch Sprachen gesprochen, die zum luwischen Zweig der indogermanisch-anatolischen Sprachen gehören. Dies ist vor allem für das Lykische gesichert, das seit dem 6. Jahrhundert v.Chr. mit einem griechischen Alphabet geschrieben und vor allem für Grabinschriften verwendet wurde. In kultureller Hinsicht gilt für Lykien wie für Phrygien und Westanatolien insgesamt, daß westliche Einflüsse von Griechenland und der Ägäis her bestimmend wurden.

Im Süden und Südosten des hethitischen Reiches dagegen, von Lykaonien im Westen bis zum Euphrat im Osten, entstanden zahlreiche Kleinstaaten, die sich in der Nachfolge des Großreichs sahen und die die moderne Geschichtsschreibung daher als »späthethitisch« bezeichnet. Hier finden sich an vielen Orten Steininschriften in hethitischen Hieroglyphen, wie sie seit Tutḫalija IV. gebräuchlich geworden waren. Ihre Sprache ist jedoch nicht Hethitisch, sondern Luwisch, das sich anscheinend schon während der Großreichszeit stark verbreitet hatte.

In Karkemiš konnte sich die Dynastie des Šarri-kušuḫ, den Šuppiluliuma I. dort eingesetzt hatte, auch über den Untergang des Großreichs hinaus halten. Die Könige von Karkemiš hatten zunehmend die Oberaufsicht über die Vasallenstaaten in Syrien im Auftrage des Großkönigs ausgeübt. Dadurch wurde der Name Ḫatti bereits im 12. Jahrhundert auf Nordsyrien übertragen. Kuzi-teššup von Karkemiš nahm nach dem Zusammenbruch des Großreichs die Tradition der älteren Linie auf und führte seitdem den Titel eines Großkönigs, worin ihm seine Nachfolger noch mehrere Generationen lang folgten. Eine Nebenlinie der Dynastie von Karkemiš konnte ein Königreich in Milidia (türkisch: Malatya) begründen und knüpfte auch hier an Überlieferungen der Großreichszeit an, etwa in der Wahl des Königsnamens Arnuwantis.

Der erste Herrscher in Urartu, der Inschriften hinterließ, ist Sardur I. Auf Kalksteinblöcken der »Sardursburg« an der Westseite der Zitadelle von Van ließ er sechs gleichlautende Inschriften in assyrischer Sprache und Schrift anbringen (links unten). Eine Generation später wurde auch die urartäische Sprache für Inschriften verwendet. König Išpuini ließ im Zagrosgebirge am Kelišin-Paß eine Stele errichten, die in assyrischer und urartäischer Sprache auf seinen Zug zum Kultzentrum des Gottes, Ḫaldi, in Muṣaṣir Bezug nimmt (rechte Seite, außen). Die mit 380 Zeilen längste urartäische Inschrift geht auf Argišti I. zurück, der auf der Felswand vor seinen Grabkammern (?) an der Südseite der Zitadelle von Van seine Taten aufzeichnen ließ (rechte Seite, innen). Den Höhepunkt seiner Macht erreichte Urartu unter Sardur II. In Izolu am Ostufer des Euphrat ließ er seine Inschrift anbringen, die seinen Sieg über den König von Meliṭea/Malatya verewigen sollte (links oben).

Mit der assyrischen Westexpansion, deren Anfänge ins späte 10. Jahrhundert v. Chr. fallen, sahen sich die späthethitischen Staaten einer wohlorganisierten Kriegsmaschinerie gegenüber, der sie auch mit Koalitionen oder mit der Anlehnung an das ostanatolische Reich von Urartu auf Dauer nicht standzuhalten vermochten. Im späten 8. Jahrhundert v. Chr. eroberte Sargon II. von Assyrien (722-705) schließlich Karkemiš, Kummuḫ (Kommagene), Miliṭea (Malatya), Qu'e (Kilikien) und andere Kleinstaaten der späthethitischen Staatenwelt endgültig und wandelte sie in assyrische Provinzen um.

Die Assyrer

Die spärlichen Informationen über die Assyrer, welche die Bibel und einige klassische Autoren tradierten, aber auch die ersten Grabungen in mesopotamischen Ruinenstätten durch P. E. Botta und A. H. Layard in der Mitte des vergangenen Jahrhunderts bezogen sich ausnahmslos auf das sogenannte neuassyrische Reich des 1. Jahrtausends v. Chr. Die Wiederentdeckung der Assyrer am Beginn der wissenschaftlichen Untersuchungen in Mesopotamien in der Mitte des 19. Jahrhunderts führte zu der Traditionsbezeichnung Assyriologie für die gesamte Keilschriftforschung. Der Assyrername erlebt durch die (ost-)aramäisch sprechenden Christen des Vorderen Orients, die ihn als ihre moderne ethnische und sprachliche Sammelbezeichnung gebrauchen, heute sogar eine Renaissance. Doch sind die Assyrisch, einen nördlichen Dialektzweig des semitischen Akkadischen, sprechenden »Assyrer« ursprünglich nur die Bewohner der Stadt Assur, heute Qal'at Šerqāt. Im Gefolge der politischen Expansion Assurs wurde die Bezeichnung Assyrien, eigentlich nur *māt Aššur*, »Land (von) Assur«, später politisch-geographisch auf die gesamte nordmesopotamische Ebene entlang des Tigris, bis zur Einmündung des Unteren Zāb, übertragen.

Die Stadt Assur im 3. Jahrtausend

Assur, auf einer felsig-kiesigen Terrasse am kahlen Westufer des Tigris gelegen, verdankt seine Gründung wohl den handelspolitischen Vorteilen, welche die Nähe der über das osttigridische Territorium ins Iranische Hochland und nach Babylonien führenden Handelsrouten bot. Über Assur konnten von assyrischen Kaufleuten Waren auf der großen Haupthandelsroute nach Nordsyrien, aber auch an den Ḫābūr und in die Region des Mittleren Euphrats transportiert werden. Archäologisch gibt es keinen sicheren Nachweis, daß die Anlage der Siedlung vor der sogenannten Frühdynastischen Periode (ca. 2700 v. Chr.) erfolgte, ganz im Gegensatz etwa zu dem nördlichen Ninive, wo archaische Schichten und das Auftauchen von Buntkeramik die Besiedlung noch als Jahrtausende älter erweisen. Die damalige ethnische Zusammensetzung des assyrischen Nordens, von den Babyloniern unter dem geographischen Terminus Subartu subsumiert, ist unklar; neben semitischer und hurritischer Bevölkerung ist besonders die Anwesenheit eines autochthonen Elements unsicher. Wann akkadisch sprechende Semiten zuwanderten, entzieht sich unserer Kenntnis; der spezifisch assyrische Dialekt ist erst zu Beginn des 2. Jahrtausends überliefert.
Die assyrische Königsliste verzeichnet zu Beginn 17 Könige, die »in Zelten wohnten«. Wie wir durch eine babylonische Parallele wissen, handelt es sich dabei aber um einen späteren, in nomadisch-amoritischer Tradition stehenden genealogischen Zusatz, der auch fiktive Stammesnamen als Personennamen enthält, so daß nicht einmal sicher ist, ob einige der mit einem Tudija beginnenden

Namen denen historischer Könige von Assur entsprechen. Kontrovers von den Philologen beurteilt wird auch die vermeintliche Lesung des Stadtnamens Assur in den Texten aus dem syrischen Ebla. Den Königen von Akkad und der Ur-III-Zeit war Assur wie der ganze Norden aber zumindest zeitweilig unterworfen; auch die archäologische Evidenz spricht für eine größere Bedeutung der Stadt in jenen Perioden. Mit Ititi und Azuzu, der sich Diener des Akkad-Königs Maništūšu nennt, tauchen die ersten assyrischen Herrscher in Weihinschriften auf. Zarriqum, ein nichtassyrischer Gouverneur des Ur-III-Königs Amarsu'ena, bezeugt mit einer Weihinschrift aus Assur die festere Kontrolle der Stadt durch den mesopotamischen Süden.

Die nationalen Assurkönige

In altassyrischer Schrift und Sprache gehaltene Bau- und Weihinschriften mit Namen assyrischer Regenten begegnen erst zu Beginn des 2. Jahrtausends v. Chr. Der national-lokale Charakter des assyrischen Königtums wird nicht nur durch Herrschernamen mit dem theophoren Element Assur unterstrichen, sondern auch durch das besondere Verhältnis der Regierenden zum Hauptkultzentrum der Stadt, dem auf dem höchsten Felssporn über dem Tigris liegenden Tempel des Gottes Aššur; Stadt und Stadtgott führen, vergleichbar dem klassischen Rom, denselben Namen. Im Verständnis der Herrscher ist der Gott Aššur der eigentliche König, sie selbst bezeichnen sich in ihren Inschriften als *iššī'akkum*, seinen stellvertretenden Regenten, ansonsten werden sie *rubā'um*, »Großer«, tituliert, obgleich sie in nichtassyrischem Verständnis Könige waren. Herrschernamen wie Sargon (I.) und Narāmsîn bewahren Tradition und Erinnerung an die frühere Akkad-Dynastie. Die assyrischen Urkunden werden bezeichnenderweise nicht durch die Jahresdaten ihrer Könige, sondern durch – ursprünglich vom Los bestimmte – eponyme Beamtennamen datiert. Unter Ilušuma und Irišum I. wurde in größerem Umfang am Aššur- und Ištar-Tempel, aber auch an der Stadtbefestigung gebaut.

Der altassyrische Handel

Begegnet schon in der Inschrift des Ititi mit Gasur, dem späteren Nuzi, der große Handelsrivale Assurs im Osttigrisgebiet, so macht eine schwierig zu interpretierende Inschrift Ilušumas mit Nennung von Nippur, Ur, Awal und Dēr und der Erwähnung von Kupfer klar, daß die handelspolitischen Interessen Assurs auch weit nach Süden reichten. Assyrische Kaufleute saßen auch in den *kārum* genannten Handelsniederlassungen Babyloniens. Eine ganz besondere Dimension nahm der Handel mit Anatolien ein, der durch einige tausend Keilschrifturkunden dokumentiert ist, denen leider fast keine Schriftzeugnisse aus Assur selbst gegenüberstehen. Hauptzentrale des in

zwei getrennten Phasen – die zweite, kürzere wohl unter Šamšī-Adad I. – dokumentierten Anatolienhandels war Kaniš/Kültepe. Die dort, aber auch in anderen anatolischen Siedlungen wie Ḫattuša/Boğazkale oder Alişar gefundenen und längst noch nicht ausgewerteten Kaufmannsarchive zeigen, daß dieser Handel, sein Verlauf, die Handelswege, Steuern und Konditionen durch die einheimischen Fürsten reguliert wurden, während Partner nur die assyrischen Händler und ihre selbstbestimmten Repräsentanten im *kārum* und in den *wabartum* genannten sekundären Stationen waren; daß der assyrische König hier nur eine untergeordnete Rolle spielte, wird durch Selbstverwaltungsgremien und die Benutzung eines eigenen Datierungssystems in Anatolien unterstrichen.
Die assyrischen Kaufleute erwarben im Osttigrisland *anāku*, wohl Zinn, das zur Bronzeherstellung in Anatolien benötigt wurde. Zusammen mit babylonischen, aber vor allem in Eigenproduktion hergestellten Stoffen wurde das Zinn nach Anatolien transportiert. Der nach Assur zurückfließende Profit bestand ausschließlich aus Silber. Auf Anatolien beschränkt war ein zeitweiliger Handel mit anderen Produkten, an dem auch einheimische Händler beteiligt waren. Als Transportmittel dienten Esel, beladen mit exakt normierten Packsätteln. Viele verschiedene Zölle, Kopf- und Reisesteuern sowie Futterkosten erforderten eine sorgfältige Abrechnung. Für die Ausgaben während der Reisen hatten die Führer der kleinen Eselskarawanen Beträge in »Handzinn« zur Verfügung. Schmuggelrouten und Versuche, ohne Abgaben die Handelsniederlassungen zu erreichen, sind bezeugt. Politisch-kriegerische Ereignisse hatten prekäre Auswirkungen und ließen einen solchen Fernhandel leicht zusammenbrechen. Mit seiner Unterbrechung verschwand aus Kleinasien auch die altassyrische Sprache und Schrift, die von anatolischen Fürsten für ihre Staatskorrespondenz gebraucht wurde.

Das Assur dieser Periode scheint also sehr stark vom Handel dominiert gewesen zu sein. Allerdings besitzen wir sicher ein zu einseitiges Quellenmaterial, und die Position des Königs in Assur bleibt sehr dunkel. Eine bedeutende Rolle scheint neben ihm das Gremium der »Ältesten« gespielt zu haben. Briefe belegen, daß jahrelange Abwesenheit von Kaufleuten und ihrer Agenten oder die Unterbrechung des Silberflusses einzelne Familien in Schwierigkeiten brachten. In Assur zurückbleibende Familienmitglieder, darunter auch Frauen, waren gelegentlich in den Handelsverlauf und die Warenbeschaffung integriert.

Das altassyrische Großreich des Šamšī-Adad I.

Die Reihe der nationalassyrischen Könige wurde jäh unterbrochen. Die Vorgeschichte erfahren wir lapidar aus der assyrischen Königsliste:
Šamšī-Adad, Sohn des Ilukabkabuhu, ging nach Karduniaš (spätere Bezeichnung für Babylonien) *während der Regierung des Narāmsîn* (Sohn des Dynastiegründers Puzur-Aššur). *Im Jahreseponymat des Ibni-Adad kam Šamšī-Adad aus Karduniaš. Er nahm Ekallātum ein. Für drei Jahre regierte er in Ekallātum. Im Eponymat des Atamar-Ištar kam Šamšī-Adad aus Ekallātum. Er entfernte Irišum, Sohn des Narāmsîn, vom Thron und nahm ihn selbst ein. Er regierte 33 Jahre.*
Šamšī-Adads Vorfahren waren mit der Stadt Terqa/Tell Ašāra, südlich der Ḫābūr-Mündung am Euphrat gelegen, verknüpft, wo er später einen Tempel des Gottes Dagan erbauen ließ. Die Umstände der Machtergreifung sind nicht ganz klar. Auch ist die Lage der Stadt Ekallātum nicht gesichert. Verschiedene Wissenschaftler verbinden Haikal, den modernen Namen einer ausgedehnten, aber kaum untersuchten Ruinenstätte auf dem östlichen Tigrisufer, etwa zehn Kilometer nördlich von Assur gelegen, mit die-

Dem heutigen Betrachter präsentiert sich Assur selbst aus der Luft als eine durch Erosion umstrukturierte Ruinenlandschaft (rechts). Die Rekonstruktionszeichnung des Ausgräbers W. Andrae (links) läßt jedoch das Assur der neuassyrischen Zeit wiedererstehen. Sie zeigt, vom östlichen Tigrisufer aus gesehen, den prominentesten Stadtteil, die sich hoch über den Tigris und seinen Nebenarm erhebende Nordostspitze von Assur. Auf ihr thronen (von links vorne nach rechts hinten) der Aššur-Tempel mit seiner hohen Umfriedung, die große Zikkurrat, der »Alte Palast« und die beiden Tempeltürme des Anu-Adad-Tempels. Das auf dieser Seite von Natur aus schwer einnehmbare Stadtgebiet war zusätzlich von äußerst massiven Befestigungen geschützt.

sem Ekallātum. Die Herkunft und babylonische Prägung Šamšī-Adads schlägt sich in seinen Inschriften nieder, die einen starken babylonischen Einfluß verraten. So übernahm er zwar die traditionelle assyrische Königstitulatur, trug sie aber neben anderen. Dem universellen Machtanspruch Šamšī-Adads nach der Eroberung Nordmesopotamiens trägt der neue Titel *šar kiššati*, »König der Welt«, Rechnung. Der babylonische Gott Enlil wird in seinen Inschriften mit Aššur gleichgesetzt.

Der Aufstieg Šamšī-Adads, der bis zu einer fast völligen Kontrolle über das nördliche Mesopotamien führte, war begleitet von einer Vielzahl militärischer Auseinandersetzungen und diplomatischer Verhandlungen mit nord- und südmesopotamischen Machtzentren, unter ihnen Elam, Ešnunna, Larsa, Babylon und Mari. Ausschlaggebend war die geschickte Ausnutzung der sich jeweils bietenden Koalitionsmöglichkeiten, aber auch die Einbindung der verschiedenen nomadischen und halbseßhaften Bevölkerungselemente.

Von dem nordmesopotamischen Šubat-Enlil aus regierte Šamšī-Adad ein Reich, das von den kurdischen Bergen im Osten bis zum Euphrat reichte. Den tatkräftigeren seiner Söhne, Išmedagan, ließ er von Ekallātum aus die Tigrisregion sichern, Jasmaḫadad übernahm den Thron des mitteleuphratischen Mari/Tell Ḥarīri. Zur Sicherung seiner Herrschaft gegen die feindliche Haltung von Jamḫad/Aleppo, das den exilierten Mari-Thronfolger Zimrilim unterstützte, ging Šamšī-Adad ein Bündnis mit dem mittelsyrischen Staat Qatna/Mišrife ein. Briefe Šamšī-Adads aus Mari erweisen ihn als tatkräftige Persönlichkeit, die in patriarchalischer Weise sich selbst auch um kleinere Angelegenheiten kümmerte und mit Kritik an dem Verhalten seiner Söhne nicht sparte. Die assyrische Verwaltung gebrauchte in Nordmesopotamien einheitlich die Datierung nach Jahreseponymen, wie Texte aus Šāgar Bāzār, Mari und Tell ar-Rimāḥ bezeugen.

Wenn auch nicht die eigentliche Residenzstadt, so profitierte Assur doch von der Regentschaft Šamšī-Adads. Nachdem schon unter Ilušuma und Irišum I. am Aššur-Tempel Restaurierungsmaßnahmen stattgefunden hatten, verlieh ihm Šamšī-Adad das bis in die assyrische Spätzeit weitgehend beibehaltene langgestreckt-rechteckige Grundrißschema. Sichtbarster Ausdruck seiner Bautätigkeit ist das heute noch das Ruinenfeld rund 20 Meter überragende Lehmmassiv der Aššur-Enlil-Zikkurrat. Auch wenn der Erbauer sich wohl nur selten dort aufhielt, wurde in Assur ein neuer Königspalast gegründet. Im nördlicheren Ninive ließ er den mit dem Namen des Maništūšu aus der Akkad-Dynastie verbundenen Ištar-Tempel restaurieren. Den assyrischen Kaufleuten garantierte die Herrschaft Šamšī-Adads die zeitweilige Wiederaufnahme des weitgespannten Handels.

Nach dem Tode Šamšī-Adads blieb für seine Söhne nur der Rückzug aus dem eroberten Nordmesopotamien übrig.

Linke Seite: Quleia am Mittleren Euphrat. Irakische Grabungen brachten unlängst die rechteckige Stadtanlage aus der 1. Hälfte des 8. Jahrhunderts v. Chr. ans Licht. Das regionale Fürstentum von Suḫi und Mari nutzte die damalige assyrische Schwäche für Stadtgründungen.

Oben: Die Ruinen von Nippur sind heute großenteils unter Wanderdünen begraben. Auch die Assyrer pflegten und restaurierten die altehrwürdigen Kultstätten dieser südmesopotamischen Stadt. Andererseits verlegten sie unter Assurbanipal eine Garnison dorthin, denn auch Nippur war wiederholt an antiassyrischen Aufständen beteiligt.

An Jasmaḫadad folgendermaßen (spricht) dein Bruder Išmedagan. Über die Situation im Lande von Šušarra, von dem du schriebst, daß dieses Land in Unordnung ist und wir nicht imstande sind, es zu halten, möge dich Išarlim informieren. Lidāja, der Anführer der Turukkäer und die Turukkäer mit ihm, die in diesem Land ansässig sind, haben sich feindlich verhalten und zwei Ortschaften zerstört. Ich bin zu Hilfe geeilt, doch haben sie sich ins Gebirge zurückgezogen. Wir haben uns überlegt, daß dieses Land nicht gehalten werden kann... Mir geht es gut, dein Herz sei nicht beunruhigt.

Brief des Išmedagan an seinen Bruder Jasmaḫadad in Mari

Mit Hilfe des nordsyrischen Staates Jamḫad gelang es Zimrilim, Jasmaḫadad aus Mari zu vertreiben. In einem sehr komplizierten, rasch wechselnden politischen und militärischen Kräftespiel, an dem fast alle größeren Machtgebilde der Altbabylonischen Zeit partizipierten, konnte lediglich das assyrische Kerngebiet für einige Zeit von Išmedagan gehalten werden. Neu edierte Briefe aus dem Archiv von Mari belegen, wie prekär die Lage für den von seinen Zeitgenossen nur als »König von Ekallātum« bezeichneten Herrscher wurde. In seiner eigenen Residenz Ekallātum lag eine fremde und weitgehend unkontrollierbare Garnison von Soldaten aus dem Dijāla-Staat Ešnunna. Zeitweise schwerkrank, versuchte Išmedagan sich an den im Aufstieg begriffenen König Hammurabi von Babylon anzulehnen und hielt sich zeitweilig an dessen Hof auf. Unmittelbar bedrohlich wurde die Situation, als Nomaden vom Stamm der Turukku unter Führung eines Zazija von den Bergen herab das Osttigrisgebiet Assyriens plünderten. Von den nördlicheren Orten, darunter Ninive und Kalḫu, gingen ihre Razzien bis an die Tore von Ekallātum. Ein Brief zeigt, daß Personen aus Assur, wohl Kaufleute, in ihrer Bewegungsfreiheit in Nordmesopotamien eingeschränkt waren. Daß unter diesen Umständen der Anatolienhandel zusammenbrach und mit ihm die assyrische Schrift aus Anatolien verschwand, ist verständlich. Der weitergehende Aufstieg Hammurabis von Babylon scheint diesen, wenn vielleicht auch nur kurzzeitig, zum Souverän über die assyrischen Städte gemacht zu haben. Im Prolog seiner Gesetzesstele sind unter den von Hammurabi angeblich eroberten Städten auch Assur und Ninive genannt.

Zwischen altassyrischem und mittelassyrischem Reich

Mit der Regierung des Išmedagan scheint auch die Bedeutung Assurs geschwunden zu sein. Eine mehrere Jahrhunderte dauernde, nur durch wenige Quellen erleuchtete Überlieferungslücke trennt die altassyrische von der mittelassyrischen Periode. Über die Dauer dieses Zeitraums existiert eine umfangreiche und noch heute sehr kontroverse, mit philologisch-historischen und archäologischen Argumenten geführte Diskussion. Erst im 15. Jahrhundert v. Chr. gelingt eine etwas exaktere Anbindung an die moderne Chronologie, da von nun an kontinuierlicher Herrscherdaten beziehungsweise Namen von Eponymen vorliegen. Der assyrische Dialekt durchlief in diesem Zeitraum Veränderungen. Die assyrische Königsliste nennt zwar zahlreiche assyrische Herrschernamen und Daten, weist jedoch erhebliche Lücken und Ungenauigkeiten auf. Nur wenige dieser Könige sind durch knappe Bauinschriften beziehungsweise Ziegelaufschriften aus Assur bekannt. Einige wichtige Ereignisse vermitteln Chroniken des 1. Jahrtausends v. Chr., so die sogenannte »Synchronistische Chronik«, die, einseitig proassyrisch ausgerichtet, eklektisch die Beziehungen zu Babylonien, besonders militärische Erfolge assyrischer Könige, schildert, und die etwas verläßlichere, aber nur in Resten erhaltene babylonische »Chronik P(inches)«.

Die Dynastie Šamšī-Adads I. scheint durch eine nationalassyrische abgelöst worden zu sein. Eine aus Assur stammende Bauinschrift des nicht in der Königsliste erscheinenden Puzursîn begründet die Zerstörung des Šamšī-Adad-Palastes damit, daß dessen Erbauer ein Ausländer nichtassyrischer Herkunft gewesen sei, der zudem bei seinem Palastbau Kultstätten zerstört habe. Doch war die Erinnerung an die positiven Seiten dieses großen Herrschers stärker. Spätere assyrische Könige knüpften propagandistisch an seine Leistungen an, und der Königsname Šamšī-Adad blieb im Königshaus beliebt.

Assur scheint lange Zeit auf die Größe eines Stadtstaates reduziert gewesen zu sein. Das Entstehen des von hurritischer Bevölkerung getragenen Mittani-Staates im Westen und dessen Verbindungen mit dem kleinen hurritischen Königreich von Arrapḫa (heute Kirkūk) südlich des Unteren Zābflusses blockierten eine neue Expansion. Assur wurde zeitweilig vom nordmesopotamisch-hurritischen Staat Mittani abhängig. Der hurritische Einfluß wird im assyrischen Wortschatz, besonders in der Verwaltungsterminologie, sichtbar; manche Ortsnamen Assyriens sind hurritischen Ursprungs. Die kriegerischen Auseinandersetzungen in dieser Region waren quasi vorprogrammiert, zumal sich nach dem Untergang des Staates Arrapḫa, vielleicht aufgrund assyrischer Angriffe, Babylonier und Assyrer im Osttigrisgebiet direkt gegenüberstanden. So kam es zu verschiedenen wenig dauerhaften Grenzziehungen, etwa im 15. Jahrhundert v. Chr. zwischen Puzur-Aššur III. und dem Kassiten Burnaburiaš, einer der wenigen für die Chronologie dieser Zeit so wichtigen Synchronismen zwischen babylonischer und assyrischer Geschichte.

Die Entstehung des mittelassyrischen Reiches

Gegen den Protest des kassitischen Königs von Babylon und Mittanis bemühte sich Assur um diplomatische Beziehungen zum ägyptischen Pharao und – wie die anderen Mächte – um die Lieferung ägyptischen Goldes. Aššur-uballiṭ I. (1365–1330), der nun auch den Titel eines »Königs von Assur« führte, gelang es, Assur wieder in die Reihe der bedeutenden vorderasiatischen Mächte zurückzuführen, wie Briefe an den Pharao Amenophis IV. zeigen. Eine Tochter Aššur-uballiṭs wurde mit dem Kassitenkönig verheiratet; dies begründete sein Eingreifen in Babylonien, als

Bislang war nur der »Alte Palast« von Assur als (bereits in der Antike geplünderte) Grablege assyrischer Könige bekannt. Kürzlich gelang es irakischen Forschern, Königsgrüfte auch unter dem Nordwestpalast in Nimrūd aufzudecken, darunter erstmals völlig intakte und solche von Königinnen und Prinzessinnen. Ungekannt hoch ist die Qualität der mehr als einen Zentner wiegenden Schmuckbeigaben. In Ausführung und Gestaltung sind sie den ägyptischen ebenbürtig. Beispiele dieser wahrhaft königlichen Prachtentfaltung sind das Blütendiadem mit Genien und ein Kollier (rechts) sowie zwei Armreifen (links). Bagdad, Iraq Museum

sein Enkel dort einem Mordanschlag zum Opfer fiel. Begünstigt wurde der assyrische Aufstieg auch durch dynastische Auseinandersetzungen und eine Spaltung innerhalb der Aristokratie des Mittani-Reiches. Die Parteinahme der hethischen Großkönige verstrickte diese in die nordmesopotamischen Ereignisse, doch blieb die mehrfach drohende direkte militärische Konfrontation zwischen Hethitern und Assyrern aus. Die internationalen Dimensionen des assyrischen Vorgehens gegen das Mittani-Reich unterstreichen Reste der zwischenstaatlichen Korrespondenz aus der hethitischen Hauptstadt.
Die assyrischen Königsinschriften, zum erstenmal nun mit längeren historischen Passagen versehen, zeigen, daß Hethiter und Babylonier die unter Adad-nirāri I. (1307–1275) und Salmanassar I. (1274–1245) erfolgte Zerschlagung des Mittani-Reiches nicht verhindern konnten. Adad-nirāri I. war in zwei Kriegen gegen Šattuara I. und seinen Sohn Wašašatta erfolgreich und eroberte die großen Städte des Mittani-Reiches. Salmanassar vereitelte den Versuch Šattuaras II., die Verhältnisse zu restaurieren. Die Residenz Irridu wurde zerstört, die anderen Städte wurden besetzt. Ungeachtet stolz verkündeter Siege über hethitische und aramäische Hilfstruppen scheint diese Unterstützung, die vielleicht vom hethitischen Vizekönig von Karkemiš ausging, nur unbedeutend gewesen zu sein. Die mit Konsequenz durchgeführten Eroberungen dehnten den assyrischen Machtbereich fast bis zum Euphratbogen aus. Umfangreiche Deportationen der hurritischen Bevölkerung und starke assyrische Garnisonen in dem von den Assyrern Ḫanigalbat genannten früheren Mittani-Gebiet ließen keinen Widerstand mehr zu. Verwaltungstechnisch führte eine Zeitlang ein hoher assyrischer Beamter, der *sukallu rabû*, den Titel eines Herrschers von Mittani. Weitere Vorstöße, so von Salmanassar in das nördliche Berggebiet Urartu, gegen die Lullubi im Zagrosgebirge und gegen die Aḫlamu, Suti und Jauri-Aramäer rundeten die Erfolge Assurs ab.

Die Konsolidierung des mittelassyrischen Reiches

Die Königsinschriften Tukulti-Ninurtas I. (1244–1208) liegen in größerer Zahl vor. Auch dieser Herrscher hatte unbestreitbare Erfolge vorzuweisen. Die zwangsläufige Konfrontation mit den Kassiten unter Kaštiliaš IV. mündete in eine verheerende Invasion Nordbabyloniens (um 1125 v. Chr.) und die Inthronisierung eines neuen Königs in Babylon, der sich jedoch nur kurze Zeit behauptete. Die zu Beginn der Regierung Tukulti-Ninurtas drohende große Auseinandersetzung mit den Hethitern konnte mit diplomatischen Mitteln verhindert werden. Auch im nördlichen Berggebiet von Katmuḫu waren Erfolge zu verzeichnen. Ausdruck der enorm gestiegenen Macht des assyrischen Königs und der Bedürfnisse seiner Hofhaltung, vielleicht auch Ursache für seinen späteren Sturz, ist die Anlage von

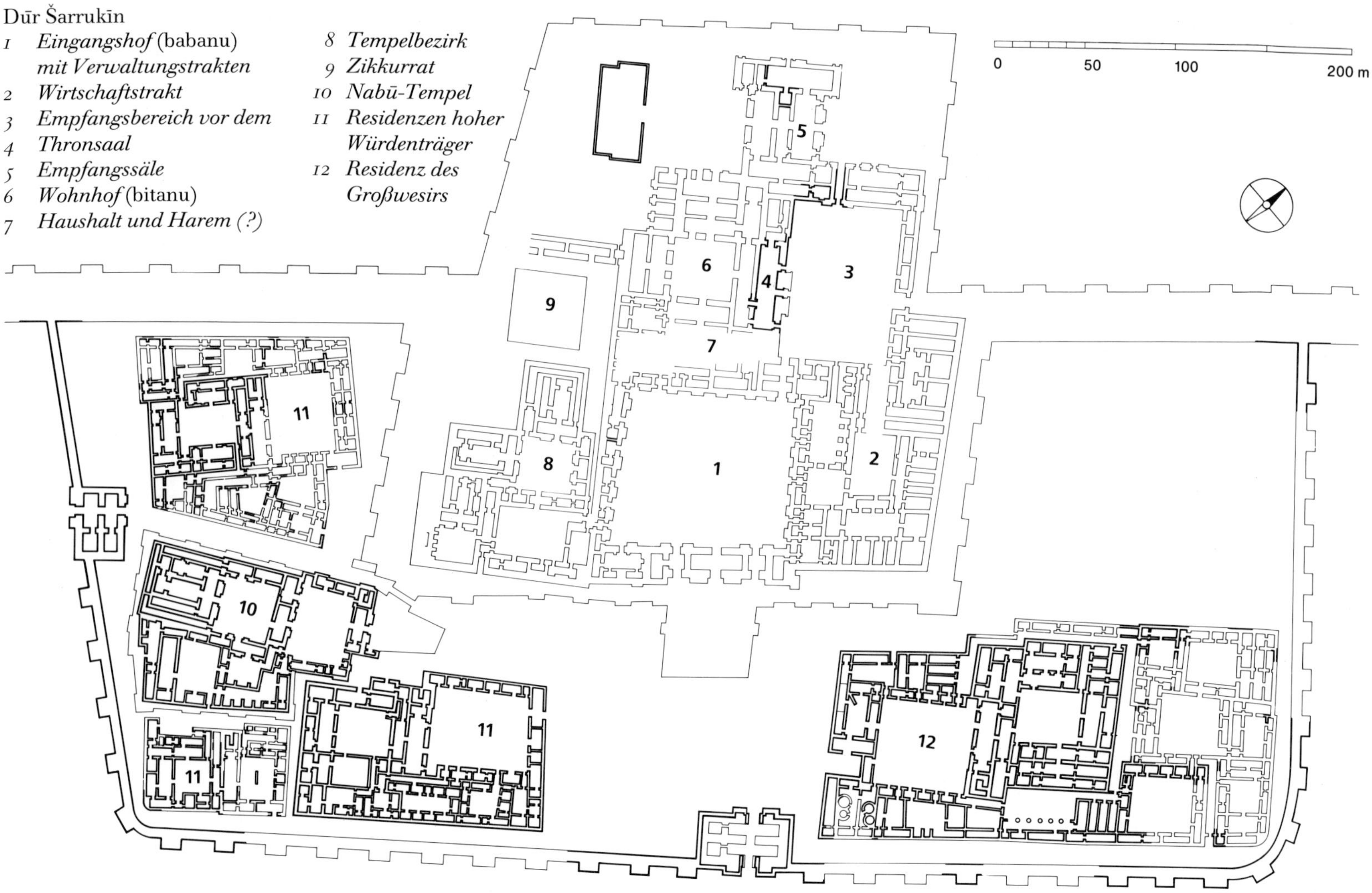

Dūr Šarrukīn
1 *Eingangshof* (babanu) *mit Verwaltungstrakten*
2 *Wirtschaftstrakt*
3 *Empfangsbereich vor dem*
4 *Thronsaal*
5 *Empfangssäle*
6 *Wohnhof* (bitanu)
7 *Haushalt und Harem (?)*
8 *Tempelbezirk*
9 *Zikkurrat*
10 *Nabū-Tempel*
11 *Residenzen hoher Würdenträger*
12 *Residenz des Großwesirs*

Links: Grundriß des Palastes Sargons II. (722–705) in Dūr Šarru-kīn/Ḫorsābād. Vor der Palastterrasse (1–9), die aus der Stadtmauer nach außen vorspringt, liegt das Residenzviertel (10–12).

Oben: Das im 13. Jahrhundert v. Chr. in Sichtweite von Assur gegründete Kār Tukulti-Ninurta diente nur temporär als Kult- und Residenzstadt. Besonders repräsentative Räume des Palastes lagen ursprünglich auf einer ca. 18 m hohen Lehmziegelterrasse. Deren Aufgang und Schauseite war einst zum Tigrisufer hin ausgerichtet. Die Reste der Terrasse ragen heute als stark erodierte Kuppen aus den Feldern.

Kār Tukulti-Ninurta, einer neuen Residenz, auf dem anderen Flußufer fünf Kilometer nördlich von Assur gelegen. Die eigentlichen Motive für diese Gründung bleiben unklar; in den Inschriften wird sie mit dem Willen des Gottes Aššur begründet. Auf einer gewaltigen Ziegelplattform entlang des Tigris entstanden eine mit Wandmalereien und glasierten Ziegeln ausgeschmückte prächtige Palastanlage, ein Aššur-Tempel mit angeschlossener Zikkurrat und andere öffentliche Bauten. Die Dimensionen der Stadt sind noch nicht gänzlich erforscht. Ergrabene Verwaltungstexte zeigen, daß babylonische Kriegsgefangene, aber auch hurritische Deportiertenfamilien am Bau und an der Besiedlung der Stadt beteiligt waren. Nach der Ermordung des Königs wurde die Residenz nach Assur zurückverlegt. Den Nachfolgern Tukulti-Ninurtas I. bereitete der stetige Druck aramäischer Stämme auf Nordmesopotamien zunehmend Probleme, die zeitweilig zum Verlust der Euphratgrenze führten. Kämpfe mit den babylonischen Königen verliefen unterschiedlich. Ninurta-tukulti-Aššur, aus dessen Zeit ein Verwaltungsarchiv aus Assur überdauerte, wurde um 1134 von seinem Bruder Muttakil-Nusku nach Babylon deportiert.

Die Kriegszüge Tiglatpilesars I. (1114–1076), der letzte Höhepunkt des mittelassyrischen Königtums, zeigen eine durch den Zusammenbruch des Hethiterreiches und der Kassitendynastie schon veränderte weltpolitische Konstellation. Ziele waren die Siedlungsgebiete der Aḫlamu-Aramäer am Mittleren Euphrat und Ḫābūr, ebenso Katmuḫu und Nairi, das heißt die gesamte nördliche Gebirgsregion. In der Malatya-Region sind mit den phrygischen Muški und den hurritischen Nachfolgestaaten neue Gegner zum erstenmal erwähnt. Ohne großen Widerstand erreichte Tiglatpilesar I. das Mittelmeer, empfing dort den Tribut nordphönikischer Städte und registrierte stolz eine kleine Meeresfahrt mit dem Fang eines seltsamen Meerestieres. Ein Kuriosum wie das Geschenk eines lebenden Krokodils durch den ägyptischen Pharao zeigt die immer noch weitgespannten diplomatischen Beziehungen. Diese brachen jedoch nach Tiglatpilesar ab. Seine Nachfolger konnten sowohl Nordmesopotamien als auch die nördliche Gebirgszone nicht mehr halten. Für ein Jahrhundert, das von den modernen Historikern als Trennlinie zwischen der mittel- und der neuassyrischen Periode genommen wird, liegen nur noch wenige Informationen vor.

Das mittelassyrische Königtum

Das assyrische Königtum, wie es uns in der neuassyrischen Zeit begegnet, erhielt seine spezifische Prägung schon in der mittelassyrischen Periode. In der Führung des Titels »König der Welt« seit Tukulti-Ninurta I. kommt der universelle Herrschaftsanspruch der assyrischen Könige zum Ausdruck. Die starke Bindung an den Gott Aššur, die inschriftliche Rechtfertigung des königlichen Handelns in Übereinstimmung mit dem Willen des Gottes Aššur und die Teilnahme am Neujahrsfest waren obligate Bestandteile dieses neuen Königtums. Im Königsritual und in recht rigiden Haremsedikten tritt es ebenso in Erscheinung wie in Verwaltungstexten, die ein nach Assur zentriertes Tributsystem dokumentieren, und im archäologisch nachgewiesenen Luxus der Ausstattung der Paläste. Neu ist eine eigene literarische Produktion am Königshof, darunter ein singuläres historisches Epos, das den Kampf Tukulti-Ninurtas I. gegen Kaštiliaš zum Gegenstand hat.
Die Zahl der Hofämter scheint groß gewesen zu sein, wenn uns auch die Kompetenzen recht unklar bleiben; die weitere Bearbeitung der Assur-Archive könnte hier vielleicht mehr Erkenntnisse liefern. Das System verschiedener »Verwalter« *(abarakku)* einzelner Verwaltungsbereiche, die Ordnung des Palastes durch den *rab ekalli* und die Rolle der Hofeunuchen sind bisher nur ansatzweise erkennbar. Königliche Beauftragte *(qīpu ša šarri)* tauchen oft als Verbindungsleute zwischen den Provinzstatthaltern *(bēl pīḫati)* und der Residenz auf. Tribute *(madattu)* und Audienzgeschenke *(namurtu)*, zumeist aus Schafen und Ziegen, seltener aus Rindern bestehend und oft für Opferhandlungen oder Mahlzeiten verwendet, flossen in die königlichen Kassen. Unterschiede zur neuassyrischen Zeit sind trotz mancher identischer Ämterbezeichnung vorhanden. Auch Phraseologie und Terminologie der Verwaltungstexte unterscheiden sich deutlich von der neuassyrischen Praxis. Außerhalb Assurs wurden bisher einzelne Texte aus Šibaniba/Tell Billa, Tell Ali und Garnisonsorten des Ḫābūr-Gebietes wie Sikani/Tell Feḫerīye, Kaḫat/Tell Barri, Dūr Katlimmu/Tell Šēḫ Ḥamad und Tell Fray am Euphratbogen geborgen. Das militärische Potential der mittelassyrischen Könige scheint noch relativ beschränkt gewesen zu sein. Sogenannte *hurādu*-Truppen waren an strategisch wichtigen Punkten stationiert. Zur Sicherung von Grenzregionen wurden auch Assyrer in diese Festungen, beispielsweise nach Sinabu und Tidu am Oberen Tigris, verpflanzt. In Provinzzentren agierende Verwalter von Palästen hatten sich um die Getreideversorgung für die große Zahl umgesiedelter Deportierter und für das Militärpersonal zu kümmern.

Die Führungsschicht Assurs

Die erhaltene Sammlung mittelassyrischer Gesetze ist trotz äußerer Anlehnung an ältere babylonische Vorbilder Ausdruck des Gesellschaftsverständnisses der führenden Familien der Stadt Assur. Ihr Zusammenleben scheint ein sehr starrer Ehrenkodex bestimmt zu haben, der vor allem den Privatbereich schützte. Den königlichen Haremsvorschriften vergleichbar, war besonders der Bereich der assyrischen Frau sehr abgeschirmt. Die Familien Assurs hatten einen wesentlichen Anteil an der Verwaltung des mittelassyrischen Reiches. Oft ist die erbliche Tendenz bei der Besetzung von Positionen zu beobachten. Die anscheinend recht kleinen assyrischen Provinzen, oft nur den Bereich einer einzelnen Stadt umfassend, wurden in der Regel von Statthaltern verwaltet, die sich aus der Aristokratie Assurs rekrutierten. Gleiches gilt für militärische Ränge. Auch partizipierten diese städtischen Familien Assurs an der Ausweitung des königlichen Haushalts und übernahmen häufig Palastämter in Assur oder in den Provinzen. Privatarchive zeigen, daß sie daneben an privaten wirtschaftli-

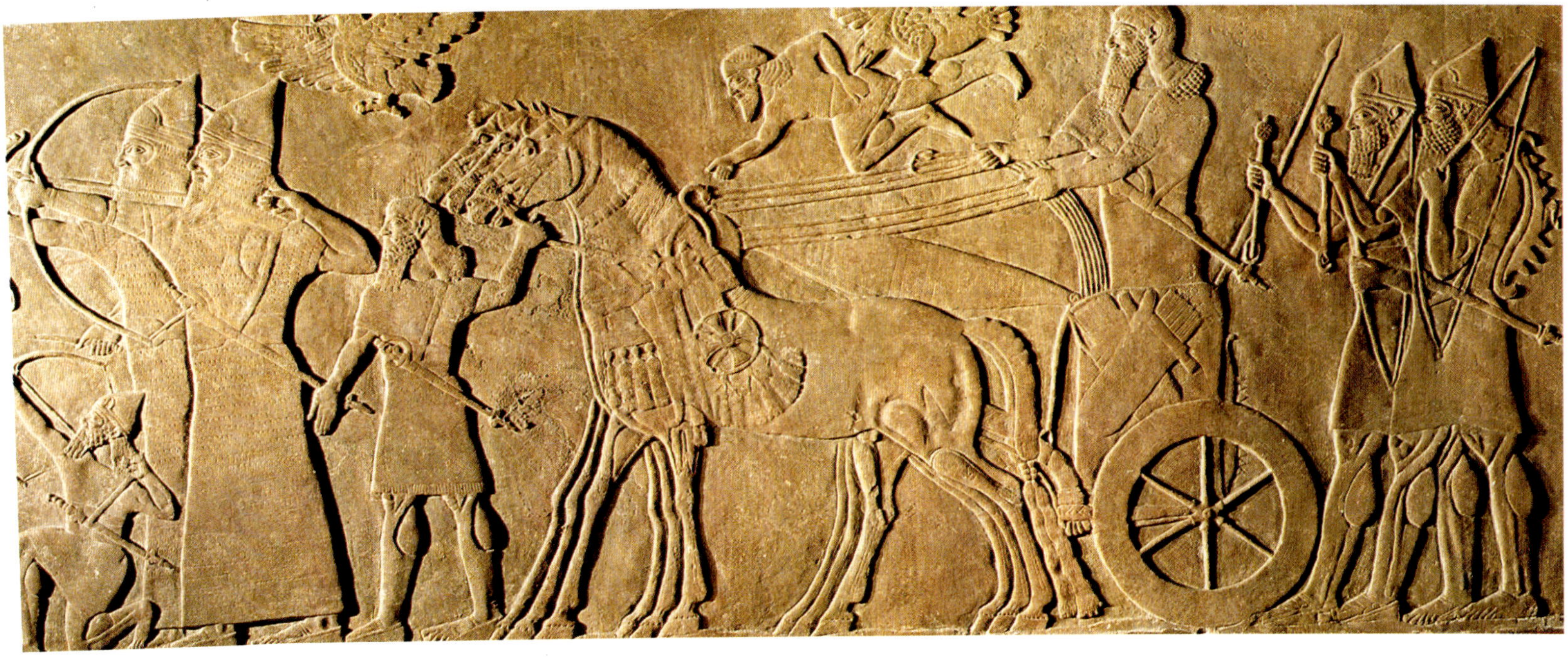

Orthostatenreliefs aus dem Nordwestpalast des Assurnaṣirpal II. (883–859) in Nimrūd mit Szenen einer Schlacht. Linke Seite: Dreispännige Streitwagen werfen von hinten ein gegnerisches Gespann nieder. Jeder Wagen ist mit einem Wagenlenker und Bogenschützen besetzt. Oben: Nur der Wagenlenker steht noch im Streitwagen. Der Bogenschütze des Gespanns beteiligt sich zu Fuß am Angriff auf eine befestigte Stadt. Geier machen sich über die erschlagenen Feinde her.
London, British Museum

chen Unternehmen beteiligt sein und großen Grundbesitz außerhalb Assurs besitzen konnten. Sklavenbesitz war üblich. Auch vom Palast unabhängige Handelsaktivitäten dieses Personenkreises sind belegt. Die höchsten Beamten hatten einen umfangreichen, oft von einem *abarakku*, »Verwalter«, geleiteten eigenen Haushalt *(bētu)*.

Das mittelassyrische Assur

Die Stadt Assur als Zentrum des assyrischen Königtums erlebte in der mittelassyrischen Zeit einen großen Aufschwung. Auf wirtschaftlichem Gebiet dominierte zunehmend die wachsende königliche Hofhaltung in der Stadt, wenn auch durchaus assyrische Kaufleute noch auf eigene Rechnung aktiv waren. Die eintreffenden Tribute und Abgaben der eroberten Länder und Städte konzentrierten sich auf diese Stadt; andere Ortschaften Assyriens scheinen nach dem bisherigen Quellenstand weit weniger profitiert zu haben. Um- und Neubauten veränderten das Stadtbild. Aus den eroberten Städten des Mittani-Reiches wurden selbst Architekturteile nach Assur verschleppt und wiederverwendet. Erneuert wurde der Sîn-Šamaš-Tempel, grundlegend neugestaltet der Alte Palast. Eine neue Palastanlage und ein Tempel der Ištar von Assur kamen unter Tukulti-Ninurta I. hinzu. Mächtige Befestigungen und Ufermauern am Tigris wurden angelegt. Unter Tiglatpilesar I. wurde ein den Göttern Anu und Adad geweihter Doppeltempel errichtet, an dessen Cellae je eine kleinere Zikkurrat anschloß. Reiche Gründungsbeigaben, darunter keilschriftliche Urkunden auf Täfelchen aus Gold, Silber und Blei, wurden von den Archäologen geborgen. Abgesehen von Tempeln und Palästen wurden bisher nur wenige Reste anderer öffentlicher Gebäude ergraben. Es konnten jedoch einige Verwaltungsarchive dabei geborgen werden. Eine Besonderheit stellt ein öffentlicher Platz in der Nähe des Südtores dar, auf dem beschriftete steinerne Stelen standen. Die oft sehr sorglos eingehauenen Inschriften enthalten die Namen mehrerer assyrischer Könige und zahlreicher Beamter, die als Eponymen datierten. Auch wenn ihre Anordnung nur bedingt rekonstruierbar ist und viele zerstört beziehungsweise verschleppt wurden, dürften die Stelen, beginnend mit dem 14. Jahrhundert v. Chr., einen Zeitraum von 700 Jahren umfaßt und als eine Art ewiger Kalender gedient haben. Vermutlich besteht zwischen ihnen und den nur für die neuassyrische Zeit erhaltenen Listen der Jahreseponymen ein Zusammenhang.
Noch relativ wenig ist über die reinen Wohnquartiere dieser Zeit bekannt. Von den insgesamt nur sechs in Privathäusern gefundenen umfangreicheren Keilschriftarchiven wurden bis heute erst wenige ausgewertet.

Das neuassyrische Reich und der Wiederaufstieg Assurs

Zu Beginn des 9. Jahrhunderts v. Chr. sah sich Assur wieder auf sein Kerngebiet zurückgedrängt. Der Wiederaufstieg war das Werk einer Reihe tatkräftiger Herrscher. Unter Adad-nirāri II. (912–891) und Tukulti-Ninurta II. (890–884) gelang es in zähen Auseinandersetzungen mit den Aramäerstaaten und -stämmen Nordmesopotamiens, den assyrischen Anspruch auf die früheren Territorien zu erneuern und einen großen Teil von ihnen zur Anerkennung der assyrischen Oberhoheit zu bewegen. Gegen den Widerstand der Temanäernomaden, die sich in Nisibis verschanzten, gelang es Adad-nirāri erst nach mehreren

Könige von Assyrien

Aššur-uballiṭ I.	1365–1330
Enlil-narāri	1329–1320
Arik-dēn-ilu	1319–1308
Adad-nirāri I.	1307–1275
Salmanassar I.	1274–1245
Tukulit-Ninurta I.	1244–1208
Aššur-nādin-apli	1207–1204
Aššur-nirāri III.	1203–1198
Aššur-dan	1179–1134
Aššur-rēš-iši	1133–1116
Tiglatpilesar I.	1114–1076
Ašared-apil-Ekur	1075–1074
Aššur-bēl-kala	1073–1056
Aššur-rabi	1010–970
Aššur-rēš-iši	970–966
Tiglatpilesar II.	966–935
Aššur-dan II.	935–912
Adad-nirāri II.	912–891
Tukulti-Ninurta II.	891–884
Assurnaṣirpal II.	883–859
Salmanassar III.	858–824
Šamši-Adad V.	823–811
Sammuramāt (Semiramis)	
Adad-nirāri III.	811–781
Salmanassar IV.	781–772
Aššur-dan III.	772–754
Aššur-nirāri V.	754–745
Tiglatpilesar III.	745–727
Salmanassar V.	726–722
Sargon II.	722–705
Sanherib	705–681
Asarhaddon	681–669
Assurbanipal	669–627
Aššur-etel-ilāni	627(?)
Sin-šarra-iškun	626(?)–612
Aššur-uballiṭ	612–609

Neuassyrische Stelen mit Herrscherbild und Göttersymbolen. Die ältere Stele mit ungewöhnlichem rechteckigen Umriß (rechts, Höhe 1,28 m) stand am Eingang zum Thronsaal des Nordwestpalastes in Kalaḫ/Nimrūd. Die lange Inschrift rühmt die Verlegung der Residenz, die einer Neugründung von Nimrūd gleichkam, sowie den Bau und die Einweihung des Palastes im Jahre 879 v. Chr. Bei dem zehntägigen Fest wurden 70 000 Gäste auf Kosten der Staatskasse bewirtet.
Die übliche Form zeigt die oben gerundete Stele (links, Höhe 1,30 m), auf der Adad-nirāri III. (811–781) dargestellt ist. Sie wurde in der Tempelcella von Tell ar-Rimaḥ entdeckt und war dem Gott Adad geweiht. Der untere Teil der Inschrift wurde willkürlich »ausradiert«. Er bezog sich wahrscheinlich auf den Stifter, einen Würdenträger namens Nergalereš, der vermutlich in Ungnade gefallen ist.
Bagdad, Iraq Museum

Jahren, die Ḫābūr-Route zu öffnen. Neben militärischem Vorgehen genügte oft eine Demonstration der assyrischen Stärke. So entpuppt sich ein Marsch Tukulti-Ninurtas II. durch das Wādi Ṯarṯār nach Nordbabylonien, den Mittleren Euphrat und den Ḫābūr entlang als diplomatisch gut vorbereitetes Unternehmen, das ohne Kämpfe auskam und die lokalen Strukturen weitgehend unangetastet ließ. Der die Etappen dieses Zuges schildernde Bericht auf einer Tontafel ist das erste Beispiel einer neuassyrischen Königsinschrift mit umfangreichem »annalistischen« Part.

Die großen Eroberer

Unter Assurnaṣirpal II. (883–859) und Salmanassar III. (858–824) stieg das assyrische Reich endgültig zur allein dominierenden Macht in Vorderasien auf. Fast pausenlos waren assyrische Heere, oft noch unter Führung des Königs selbst, in Jahreskampagnen unterwegs und flossen durch sie Tributeinnahmen in die Königsresidenz. Nicht nur wurde die Herrschaft über Nordmesopotamien weiter gesichert, auch Teile des nördlichen Gebirgsbereiches, die Völkerschaften des Zagros bis zur elamischen Grenze und unter Salmanassar auch Teile des Iranischen Hochlandes wurden dem assyrischen Machtbereich eingegliedert. Selbst Kilikien und die Landschaft Tabal nördlich des Taurusgebirges unterwarfen sich. Nicht um jeden Preis wurden eroberte Territorien zu assyrischen Provinzen, sondern oft auch einheimische Regenten zu tributpflichtigen Vasallen, gelegentlich durch assyrische Beamte beaufsichtigt. Konnte Assurnaṣirpal die Tributleistung der nordsyrischen und phönikischen Küstenorte noch ohne große militärische Kraftprobe erreichen, so eskalierten dort die Ereignisse unter Salmanassar III. Für die weitere Expansion wichtig war die Gewinnung des Euphratüberganges von Til Barsip/Tell Aḥmar, der Residenz des Aramäerstaates Bīt Adini, die assyrischen Heeren nun auf Dauer den Zugang nach Syrien sicherte. Erst einer großen antiassyrischen Koalition, geführt von den aramäischen Königen von Hama und Damaskus, unter Beteiligung phönikischer Stadtstaaten, aber auch von Kontingenten aus Israel, Ägypten und von Araberstämmen, gelang es 853 v. Chr. bei Qarqar am Orontes, die Assyrer zu stoppen. Zwar wurden unter Salmanassar III. noch keine assyrischen Provinzen westlich des Euphratbogens eingerichtet, doch reichte der assyrische Einfluß schon bis Palästina und stand ein weiteres Vorrücken der Assyrer den dortigen Herrschern drohend vor Augen. Unter Salmanassar III. war auch die nördliche Bergregion, darunter Urartu, wieder Ziel assyrischer Züge, ebenso Babylonien.

Der Aufstieg der assyrischen Könige manifestiert sich auch in der Verlegung der Residenz von Assur nach Kalḫu/Nimrūd. Die Stadt Assur blieb jedoch schon wegen des Aššur-Tempels weiter unter der Fürsorge der assyrischen Könige. Die Palastanlage Assurnaṣirpals II. ist durch britische und jüngst auch irakische Grabungen, die spektakuläre Schmuckfunde aus Gräbern erbrachten, gut untersucht. Dieser sogenannte Nordwestpalast bildet mit seinen farbig bemalten Orthostatenreliefs, die zumeist mit einer Standardinschrift versehen wurden, und seinen kräftig modellierten Torwächterwesen einen Höhepunkt assyri-

Die Reliefzyklen von Assurnaṣirpal II. (883–859) repräsentieren zwei Seiten des assyrischen Königtums: zum einen den kämpferischen Tatmenschen in bewegten Kriegs- und Jagdszenen und zum anderen die religiöse Rolle des Königs in statuarischen Kompositionen. Die Darstellung des Herrschers am Lebensbaum (linke Seite) schmückte in Nimrūd die Wand hinter dem Thron des Nordwestpalastes. Etwas weniger hieratisch wirkt die Trinkszene (oben), die aufgrund des teilnehmenden Genius jedoch ebenfalls nur als Ritual aufgefaßt werden kann. London, British Museum

scher Palastarchitektur. Seine zehntägige Einweihung unter Beteiligung von fast 70 000 Gästen wird im Text einer berühmten Stele detailliert geschildert. Das große Inschriftenkorpus Assurnaṣirpals besticht vor allem durch die ausführlichen topographischen Details bei der Schilderung vieler Feldzüge; es zeigt aber auch alle Merkmale der assyrischen Königsideologie: Rückschläge werden verschwiegen, und hinter den in üppiger Phraseologie verkündeten Siegen verbergen sich oft recht bescheidene Erfolge.
Auch von Salmanassar III. sind umfangreiche Königsinschriften überliefert. Einzelfunde wie der berühmte Schwarze Obelisk oder die Bronzereliefs der Tore des Mamu-Tempels in Balawāt stellen in ihrer Verbindung von historischer Schilderung und Bilddarstellung besonders eindrückliche Quellenzeugnisse für seine Regierung dar.

Die erste Krise des neuassyrischen Reiches

Erste krisenhafte Tendenzen zeigten sich, als gegen Salmanassar III. innerhalb des Königshauses eine Revolte ausbrach, in die viele assyrische Städte verwickelt waren. In der Folgezeit konnten unter Šamšī-Adad V. (823–811), der erfolgreich in Babylonien intervenierte und das Osttigrisgebiet für Assyrien okkupierte, und Adad-nirāri III. (811–781) die assyrischen Positionen noch einigermaßen behauptet werden; unter Salmanassar IV. (781–772), Aššur-dān III. (772–754) und Aššur-nirāri V. (754–745) wurde die Krise jedoch augenfällig. Assyrien konnte nicht verhindern, daß im gebirgigen Norden Urartu expandierte und in Kollaboration mit nordsyrischen Staaten, darunter Kummuḫu und Bīt Agusi/Arpad ein antiassyrisches Bündnis schmiedete. Ein von Aššur-nirāri V. zuvor mit Mati'ēl von Arpad geschlossener Vertrag erwies sich schnell als gegenstandslos. Aus der assyrischen Eponymenliste dürfen wir auf verschiedene Aufstände schließen.
In dieser Situation bewahrten einzelne Provinzstatthalter und Hofbeamte das Reich vor dem Zusammenbruch. So regierte von Til Barsip aus der Turtān Šamšī-ilu seine riesige Provinz mit einer aramäisch-luwischen Mischbevölkerung quasi als unabhängiger Herrscher. Die Stelen des Pallil-ereš, des Statthalters von Raṣappa, zeigen, daß er die gesamte Steppenzone zwischen Ǧebel Sinǧār, dem Ḫābūr und dem Mittleren Euphrat kontrollierte und ein eigenes Kolonisierungsprogramm mit neuen Siedlungsgründungen durchführte. Keilschriftfunde neuer archäologischer Grabungen im Bereich von Anat am Mittleren Euphrat verdeutlichen auch die Existenz eines noch unabhängigen, kleinen einheimischen Fürstentums von »Suḫi und Mari«, dessen Herrscher sich auf Hammurabi von Babylon und Kassitenkönige zurückführten. So konnte von ihnen eine Karawane aus den arabischen Oasen Saba und Taima, die

am Mittleren Euphrat nach Ḫindanu auf assyrischem Gebiet unterwegs war, ohne erkennbare assyrische Reaktion geplündert werden. In diesen Zeitraum fällt auch die mehrjährige Regentschaft der Mutter des noch minderjährigen Adad-nirāri III., die als sagenumwobene Semiramis den griechischen Autoren bekannt war.

Der große Eroberer Tiglatpilesar

Als großer Eroberer wird Tiglatpilesar III. (745–727) in fast allen historischen Darstellungen charakterisiert. Neuere Untersuchungen verdeutlichen, daß er zumindest bei seiner Syrienpolitik mehr auf die Ereignisse reagieren mußte, als daß ein ursprünglicher Plan dahinterstand. 743 v. Chr. beseitigte er durch seinen Sieg über Sardur II. die von Urartu ausgehende Gefahr; das Hauptwiderstandszentrum Arpad/Tell Erfād wurde nach mehrjähriger Belagerung besetzt. Antiassyrische Koalitionen, die jeweils den Bruch geschlossener Verträge bedeuteten, führten ihn in nur zwölf Jahren zur Eroberung ganz Syriens und Palästinas bis an die ägyptische Grenze. Bis Mittelsyrien und Nordphönikien erstreckten sich nun assyrische Provinzen. 732 v. Chr. wurde Damaskus eingenommen. Zu den Gebieten, welche als abhängige Staaten direkter assyrischer Provinzverwaltung entgingen, zählten die Küstenstädte Südphönikiens und Palästinas, ein Restisrael, wo der assyrienfeindliche Regent durch Hosea abgelöst wurde, Juda und die transjordanischen Staaten Bīt-Ammon, Moab und Edom. Fester kontrolliert wurden auch die Taurusstaaten Qu'e, Tabal, Gurgum/Marqasi (heute Maraş), Kummuḫu und Sam'al/Zincirli. Im gesamten Berggebiet zwischen Vansee, Iranischem Hochland und der Grenze Elams tauchten die assyrischen Heere auf. In Babylonien ausbrechende Wirren führten nicht nur zur Unterwerfung der zahllosen aramäischen und chaldäischen Stämme des babylonischen Südens, sondern Tiglatpilesar, der Pūl der Bibel, ließ sich nun als erster assyrischer König in Doppelfunktion auch zum König von Babylon ernennen. Begleitet wurden die Eroberungen Tiglatpilesars von umfangreichen, oft strategische Gesichtspunkte betonenden Deportationen und von einer Neuordnung vieler Provinzen. Die einzelnen Provinzen wurden wesentlich verkleinert; die Gefahr einer Bedrohung des Königs durch einzelne Statthalter war dadurch dauerhaft beseitigt.

Die Strukturen der assyrischen Herrschaft

Die Strukturen des neuassyrischen Königtums basieren teilweise auf den mittelassyrischen. Auffallend ist eine noch hierarchischere Ordnung der Spitze des Reiches. Sie schlägt sich auch in einem nun festen Kreis von Eponymen nieder, beginnend mit dem König, gefolgt von den höchsten Hofbeamten und einigen der wichtigsten Provinzgouverneure *(bēl pīḫati)*. In diese Positionen stiegen zunehmend nichtassyrische Personen auf.

König, Königin und Kronprinz führten wie die hohen Würdenträger einen selbständigen Haushalt *(bētu)* mit eigenen Strukturen. Auch die Provinzen der höchsten Würdenträger und Statthalter wurden als »Haushalt« definiert. In Nimrūd residierte die Königin beziehungsweise »Palastfrau« zumindest zeitweilig außerhalb des Residenzbezirkes in einem Flügel des *ekal maššarte* (»Zeughaus«). Ihr kleiner Haushalt wurde von einer »Vorgesetzten« *(šakintu)* mit einer Stellvertreterin *(šanītu)* verwaltet. Neben dem gewöhnlichen Personal scheint sie auch eine kleine militärische Einheit besessen zu haben. Wirtschaftlich konnte sie unabhängig agieren und beispielsweise Geld verleihen, das ihr Schreiber vom Depot des Mulissu-Tempels abbuchen ließ. Verantwortlich für die verzweigte äußere Organisation des Palastes und für das *ekal maššarte* war wie in mittelassyrischer Zeit der *rab ekalli*, für den inneren Bereich mit zahlreichen Eunuchen der *rab rēše*.
Assyrische Provinzen wurden von Gouverneuren *(bēl pīḫati)* regiert, die durch einen »Zweiten« vertreten wurden. Eine Untergliederung einzelner Provinzen ist belegt. In einigen Orten in einer Provinz agierten auch ein oder mehrere *rab alāni*, ansonsten waren Ortsvorsteher *(ḫazannu)* die nächsten Autoritäten. Leider fehlen gerade Textzeugnisse für eine komplettere Rekonstruktion der Provinzialverwaltung, zu deren ausführenden Organen Steuereinnehmer *(mākisu)* und Verantwortliche für die Getreideeinnahmen *(rab karmāni)* gehörten. Einige Briefe und Urkunden aus Guzana/Tell Ḫalaf und aus Tarsus sowie in der Residenz archivierte Briefe sind fast unsere einzige Informationsquelle für die Regionen außerhalb Assyriens. Auch das assyrische Kernland und die jeweilige Residenzstadt waren in das Provinzialsystem einbezogen. Durch die Edition von Teilen des Archivs der Gouverneure von Kalḫu kennen wir einige spezifische Details des Haushaltes *(bētu)* eines solchen Statthalters, zu dem ein Hausvorsteher *(ša muḫḫi bēti)*, Soldaten, Eunuchen und Sänger gehörten. Gerade dieses Archiv zeigt, daß neben der Jurisdiktion auch komplexe landwirtschaftliche Vorgänge in seinen Aufgabenbereich fielen, obwohl nicht immer klar wird, welche der Transaktionen des Statthalters auf eigene und welche auf Rechnung seiner Provinz liefen.
Neu eroberte Territorien wurden nicht a priori zu Provinzen degradiert; zumal an der Peripherie des Reiches wurden die einheimischen Regierungsstrukturen in der Regel beibehalten, allenfalls assyrische Beamte zur Aufsicht bei-

Linke Seite: Die 3,80 m hohe Statue des Königs Tarhunza von Melid zeigt, daß sich in den aramäischen Kleinfürstentümern am Oberlauf des Euphrat am Ende des 8. Jahrhunderts v. Chr. der Einfluß Assyriens nicht nur politisch, sondern auch in der Kunst bemerkbar machte.
Ankara, Archäologisches Museum

Rechts: Herrscherbild Salmanassars III. (858–824) aus Nimrūd/Kalḫu. Der König ist ohne Herrscherinsignien in Gebetshaltung dargestellt. Laut Inschrift war die 1,03 m hohe Statue im Tempel aufgestellt und sollte das Wohlwollen des Gottes Adad auf den Herrscher lenken.
Bagdad, Iraq Museum

Hofhierarchie des neuassyrischen Reiches

König *(šarru)*	»Großer König«, »Starker König«, »König der vier Weltgegenden«, »König von Sumer und Akkad«
↓ *turtānu*	»Feldmarschall«, Statthalter der Provinz Ḫarrān (später zwei *turtānu)*
↓ *rab šaqê*	»Obermundschenk«
↓ *nagir ekalli*	»Palastherold«
↓ *abarakku rebû*	»Oberverwalter«
↓ *sukallu*	»Wezir«
↓ Statthalter von Assur	»Statthalter des Landes« *(šakin māti)*
↓ Statthalter von Raṣappa	
↓ weitere Statthalter	

Links und rechts: Auf der Thronbasis des ekal maššarte *in Nimrūd ließ Salmanassar III. (858–824) das oft wiederholte Motiv der Tributbringer darstellen. Die Szene im Zentrum der Frontseite (rechts oben) ist allerdings einmalig. Sie erinnert an ein Treffen mit dem babylonischen König Marduk-zākir-šumi.*
Bagdad, Iraq Museum

Folgende Doppelseite: Das Bronzetor Salmanassars III. (858–824) aus Balawāt stellt Szenen aus den Feldzügen des Königs dar. Die Bildbänder sind 27 cm hoch.
London, British Museum

gestellt. Eidverträge *(adê)* regelten die sehr differenzierten Beziehungen mit den abhängigen und tributpflichtigen Vasallenstaaten. Auffallend ist – und dies setzte sich auch in der Perserzeit fort – die weitgehende Autonomie der großen phönikischen Küstenstädte. Es war gängige Praxis, daß der assyrische König direkt oder über Hofbeamte und Militärs in die Belange der Provinzen eingriff. Mit dem Recht auf Grund und Boden ausgestattet, konnte er umfangreiche Landschenkungen, Steuerprivilegien für einzelne Städte oder die Befreiung von der allgemeinen Dienstpflicht für Einzelpersonen gewähren.

Die wirtschaftliche Basis

Von einer einheitlichen Wirtschaftslenkung des Reiches kann aber nicht gesprochen werden. Der Austausch zwischen den Provinzen, über deren Wirtschaftskraft wenige Daten vorliegen, und der Residenz wurde anscheinend recht pragmatisch gehandhabt.

Das distributive Rationensystem innerhalb der Residenz ist besonders durch Nimrūd-Texte bekannt, die Brot- und Weinrationen an einen großen Kreis von Höflingen, Handwerkern, Musikern, Diplomaten und Angehörigen fremder Völker auflisten; es verlangte einen kontinuierlichen Nachschub an Naturalien und Fertigprodukten. Die gute agrarische Basis Assyriens konnte den Bedarf des Hofes allein nicht decken. Als Einnahmequelle dienten primär die in der Eroberungsphase sehr irregulär eingehenden, später jährlichen Tribute *(madattu)* und die Einnahmen der Provinzverwaltung, darunter eine Steuer von zehn Prozent auf Getriede, von 25 Prozent auf Stroh sowie andere, zumeist schlecht dokumentierte Steuern, wie eine Hafen-, Fähr- und Torsteuer. Die Angehörigen der königlichen Familie und die höchsten Würdenträger hatten daneben

auch weitgestreuten Domänenbesitz. Oft mußten Sondermaßnahmen verfügt werden, etwa bei umfangreichen Bauvorhaben. Der große Bedarf an wertvollem Bauholz war beispielsweise nur durch schwierige Abholzungsaktionen der Zedernbestände im Libanon oder im nördlichen Meḫri zu sichern. So waren Provinzen und abhängige Staaten unterschiedlichen Forderungen ausgesetzt. Die Eintreibung der Tribute durch assyrische Steuereinnehmer war in schwer zugänglichen Regionen oft nur unter militärischer Bedeckung möglich.

Die nötigen Arbeitskräfte, im Bedarfsfall aber auch Soldaten, sicherte die jährliche Dienstverpflichtung *(ilku)* der Bevölkerung des Reiches. In der Praxis wurde diese jedoch mehr und mehr zu einer Art Naturalsteuer, von der eine anwachsende Schicht von Notablen ausgenommen war. Wesentlich bescheidener als in Babylonien war die wirtschaftliche Rolle der Tempel, obgleich diese Subsidien von König oder Statthaltern erhielten und mit vielfachen Privilegien ausgestattet waren. Einige Tempel dienten als eine Art Depot oder verliehen Silber für wirtschaftliche Unternehmungen. Privates Engagement assyrischer Kaufleute ist noch bezeugt, ihr Wirken in bestimmten Regionen bedurfte oft vertraglicher Abmachungen.

Das assyrische Heer

Reliefs und Königsinschriften vermitteln ein recht militaristisch-imperialistisches Bild der Assyrer mit Kampfszenen, der Eroberung von Städten, Details des Lagerdienstes, Streitwagen, Belagerungsmaschinen, an die feindliche Mauer geführten Türmen und Mauerbrechern sowie dem Abtransport von Bewohnern mit ihrer Habe. Die militärischen Erfolge Assyriens beruhten anscheinend weniger auf einer großen Heeresmasse denn auf einer gewissen

Flexibilität des Einsatzes und einer Spezialisierung von Heereseinheiten. So wurden gelegentlich sogar Kameltruppen oder Schiffe eingesetzt, obgleich Assyrien keine Flotte besaß und im Bedarfsfall auf syrische und phönikische Seeleute und Bootsbauer zurückgegriffen wurde. Die assyrische Waffenproduktion übernahm unter anderem die eigene Herstellung des elamischen Bogens.

Besonders überwachte Königsstraßen *(hūl šarri)*, die vermutlich Vorbilder für die späteren persischen Königsstraßen waren, erlaubten relativ rasche Transporte. Auch hier ist aber auf die generelle Schwierigkeit des damaligen Transportsystems zu verweisen. Das normale Reisemittel, auch für assyrische Offizielle, war der langsame Esel, das Pferd nur im Ausnahmefall bei Militärs. Klagen über das Fehlen von Transporttieren zeigen, daß auch das System der Straßenstationen nicht allzu perfekt organisiert war. Auch kleinere Flüsse konnten oft nur mühevoll auf Schläuchen liegend überquert werden. Die Jahreskampagnen wurden in der Regel aus Witterungsgründen vor dem Winter beendet.

Größere assyrische Garnisonen lagen nur an strategischen Orten einiger weniger Provinzen, wie etwa Nippur, Arbela oder Harran, wo allmählich Offiziere und Provinzbeamte zu einer lokalen Aristokratie verschmolzen. Die einzelnen Statthalter scheinen normalerweise nur über wenige eigene Truppen verfügt zu haben. Bedeutendere militärische Unternehmungen wurden häufig dem *turtānu* oder dem *rab šaqê* übertragen.

Die Frage nach dem Umfang des anscheinend kleinen stehenden Heeres *(kiṣru)*, das im Bedarfsfall durch im Rahmen der *ilku* ausgehobene Bewaffnete oder durch generelle Aushebungen ergänzt wurde, ist nicht zuverlässig zu beantworten. Die so beliebten Schätzungen über die Zahl der assyrischen Truppen, oft in Bereiche von 100 000 bis 200 000 gehend, basieren auf übertriebenen Zahlen und sind insgesamt zuwenig fundiert, um ernsthaft diskutiert werden zu können. Seltener wurde anscheinend von der Möglichkeit Gebrauch gemacht, Truppen aus den eroberten Territorien zu rekrutieren. Ein Gesamtaufgebot der Provinzen und abhängigen Staaten, wie in der Perserzeit, taucht nie auf.

Texte aus Nimrūd liefern uns einige Details über die assyrischen Kavallerieeinheiten unter Sargon II. Der hierfür und für die Streitwagen benötigte Pferdebedarf wurde zumeist aus dem Iranischen Hochland und dem Zagrosgebiet, insbesondere auch von den Mannäern gedeckt, doch bereitete die Beschaffung oft Probleme. Diese berittenen Einheiten waren teilweise nach assyrischen Städten benannt; so existierten je eine Assur-, Arrapḫa-, Arzuḫina- und Erbil-Einheit. Ethnisch nicht weiter spezifiziert war eine Deportiertenschwadron. Unter Tiglatpilesar III. kam eine babylonisch-aramäische, unter Sargon II. eine vielleicht vorwiegend nationale Samaria-Reitereinheit hinzu. Es gab ferner spezielle königliche Truppen »an der Seite des Königs«. Zu den höheren Offizieren gehörten die *ša qurbute*-Verbindungsoffiziere, die Pferde- und Reitereinheiten führenden *mušarkisu* und die Lenker des königlichen Streitwagens. Als Boten fungierten oft *kallāpu*, Angehörige der leichten Reiterei. Bogenschützen, die häufig bei Sonderunternehmen als eine Art Polizeitruppe eingesetzt wurden, waren vielfach Angehörige der Itū'u-Nomaden.

Terror und Deportationen

Assyrische Reliefs und Königsinschriften bezeugen, daß die Assyrer auf Widerstand häufig mit beträchtlicher Grausamkeit reagierten. Nicht alle Könige scheinen hier jedoch gleich rigoros verfahren zu sein. Zu den Königen, die erfolgreich diplomatisches Vorgehen mit derartigen Methoden mischten, gehörte Assurnaṣirpal II. Das Image besonders grausamer Handlungsweise haftet den alten Assyrern auch bei modernen Historikern an. Die zahlreichen Reliefdarstellungen mit Szenen, welche beispielsweise geschundene und auf Stangen gespießte Menschen oder das Köpfen und Verbrennen von Gefangenen zeigen, sowie die assyrischen Königsinschriften mit entsprechenden Phrasen hatten hier wesentlichen Anteil.
An diesem Bild sind jedoch einige Korrekturen anzubringen. Die assyrische Gesellschaft weist im Vergleich zu den anderen Völkern des Alten Orients keinerlei besonders herausragende grausam-rohe Züge auf. Ziel assyrischer Militäraktionen scheint fast nie die totale Ausrottung der Bevölkerung einer Stadt oder eines ganzen Landstriches gewesen zu sein. Die für ein christliches Verständnis so befremdliche, zudem mit dem Namen des Gottes Aššur verbundene Grausamkeit hatte neben der Abschreckung noch eine andere Dimension: Die detaillierte Darstellung und Beschreibung von grausamen Strafen entspringen dem Legitimationsstreben assyrischer Herrscher und bringen ihre Handlungsweise in Übereinstimmung mit dem

Der »Schwarze Obelisk« ist ein klassisches Beispiel neuassyrischer Selbstdarstellung und deshalb eine wichtige historische Quelle. Das schon unter Sir A. H. Layard auf der Akropolis von Nimrūd gefundene 2 m hohe Denkmal wurde im Auftrag Salmanassars III. (858–824) geschaffen. Die standardisierte Annaleninschrift am dreifach gestuften oberen Abschluß und am Fuß schildert die militärischen Erfolge dieses Herrschers bis in sein 31. Regierungsjahr – demnach kann der Obelisk nicht vor 828 v. Chr. entstanden sein. Je fünf durch Stege getrennte Bildfelder füllen die vier Schauseiten. Die vier Reliefs gleicher Höhe gehören thematisch zusammen, dies zeigt die umlaufende Bildunterschrift. Die beiden oberen Bildfolgen schildern die Huldigung des in Nordwestiran herrschenden Sua von Gilzanu und des israelitischen Königs Jehu aus dem Haus Omri. Die unteren Bildstreifen bringen verwandte Themen: Tribute aus den Ländern Muṣri, Suḫi (am Mittleren Euphrat) und Hattina (in Nordwestsyrien). Wiederkehrende Szenen sind die langen Reihen derer, die dem Sieger Tributgaben präsentieren. Neben Pretiosen gehören dazu vor allem auf den mittleren Bildstreifen exotische Tiere (Trampeltiere, ein syrischer [?] Elefant und Affen). Trotz dieser Indizien ist die Lokalisierung des Landes Muṣri noch nicht gesichert. Im vierten Streifen ist eine Landschaftsszene mit zwei Löwen und einem Hirsch eingeschoben. London, British Museum

Willen des Gottes Aššur. Schwerste Bestrafung für die Gegner Assurs war geradezu gerechtfertigt und gefordert, wenn etwa Vertragsverletzungen oder feindliches Verhalten des Gegners vorausgingen.
Im Vergleich zur mittelassyrischen Zeit nahm die Zahl deportierter Personen stark zu. Eine neuere Untersuchung summiert die assyrischen Zahlen auf 1 210 928 und schätzt die Gesamtsumme auf 4,5 Millionen Personen, doch sind die erhaltenen Zahlen in keiner Weise zuverlässig. Rein militärische Gesichtspunkte, etwa der Bevölkerungsaustausch bei Grenzfestungen, und rein wirtschaftliche, wie im Falle der für den Palast benötigten syrischen Kunsthandwerker, sind zu registrieren, doch Hauptpraxis scheint die geschlossene dörfliche Ansiedlung von Deportiertenfamilien zur Kolonisierung und Stärkung der Wirtschaftskraft dünner besiedelter Regionen gewesen zu sein, zumal in den assyrischen Kernlanden. In Rechtsstellung und Lebensbedingungen unterscheiden sie sich nicht von der übrigen Bevölkerung. Nur ein geringer Prozentsatz wurde zu Sklaven im königlichen Haushalt und in den größeren Tempeln oder zu Zwangsarbeit eingesetzt. Die wirtschaftlichen Bedingungen verboten generell eine umfangreichere Sklavenhaltung, zumal in Privathaushalten.

Assyrien und Urartu

Zwischen dem Vordringen des mittelassyrischen Königs Tiglatpilesar I. in die nördliche Taurusregion gegen die dortigen Nairi-Länder und dem Auftauchen eines neuen Staatswesens um den heutigen Vansee liegt eine Überlieferungslücke. In assyrischen Quellen stets Uruaṭri/Uraṭru beziehungsweise Urartu genannt, eine Bezeichnung, die wohl mit dem Bergnamen Ararat zu verknüpfen ist, trägt dieser Staat den einheimischen Namen Biai(nili). Der sich über einen langen Zeitraum erstreckende Prozeß der Vereinigung hurritischer beziehungsweise Urartäisch, eine dem Hurritischen verwandte Sprache, sprechender Bergstämme war im 9. Jahrhundert v. Chr. abgeschlossen.
Mit der Erwähnung eines Aramu von Urartu und der Erstürmung seiner Residenz Arzaškun durch Salmanassar III. 855 v. Chr. beginnt ein neuer Abschnitt assyrischer Außenpolitik. Militärische Auseinandersetzungen und Rivalität, aber auch Perioden der Verständigung zwischen beiden Mächten wechselten. Die Expansion Urartus zielte nicht nur nach Norden bis in das Gebiet des heutigen Eriwan (urartäisch Erebūni), sondern auch nach Westen bis in die Region des heutigen Malatya und in die Kommagene sowie nach Osten bis an den Urmiasee. Hier jeweils tangierten die urartäischen Interessen mit den assyrischen. Einbezogen in die Konflikte zwischen beiden Mächten war der gesamte Gebirgsgürtel nördlich Assyriens mit kleinen Pufferstaaten wie Šubria, Ḫubuškia, Kumme und Muṣaṣir, aber auch die Taurusregion. Eine direkte Bedrohung des assyrischen Kernlandes über das Gebirge hinweg war aber nicht gegeben. Starke Bergfestungen, die auch für assyrische Heere vielfach uneinnehmbar waren, und Ketten von Straßenposten sicherten das urartäische Kernland um den Vansee. Seit Sardur I. befand sich die urartäische Residenz Ṭu(ru)špa auf dem Vanfelsen, später auf dem Rusaḫinili genannten Toprakkale.

Die Reliefzyklen neuassyrischer Herrscher zeigen in aller Deutlichkeit das schreckliche Schicksal der Gegner Assyriens. Dem assyrischen Palastbesucher demonstrierten solche Bilder die unbändige Macht des Herrschers, dem fremdländischen Gast die Sinnlosigkeit des Widerstands. Die Darstellungen können nicht als bloße Propaganda abgetan werden, denn sie schildern genau die angewandten Techniken des Machterhalts. Unter Einsatz von Belagerungsmaschinen wurden selbst gut befestigte Städte zur Kapitulation gezwungen (links). Widerspenstigen Verteidigern drohten brutale Hinrichtungsmethoden wie das Pfählen und der gegnerischen Bevölkerung die Deportation. Zudem wurde ihre Moral und kulturelle Identität durch Entführung oder Zerstörung ihrer Götterbilder gebrochen (oben). Reliefs Tiglatpilsesars III. (745–727) aus dem Zentralpalast in Nimrūd. London, British Museum

An den König, meinen Herrn, Dein Diener Sanherib. Der König, mein Herr, möge wohl sein, das Land Assur, die Heiligtümer und alle Festungen des Königs sind in Ordnung. Der König, mein Herr, möge ganz zufrieden sein. Der Ukkäer(fürst) schrieb mir: »Die Streitkräfte des Urartäerkönigs, welche in das Kimmeriergebiet gingen, wurden völlig geschlagen...« Dies ist der Bericht des Ukkäers. Aššur-reṣūa schrieb mir: »Der frühere Bericht über Urartu, den ich dir schickte, ist so (bestätigt); eine völlige Niederlage haben sie erlitten, doch ist das Land ruhig. Jeder der Großen ist in sein Land gegangen, sein *turtānu* Qaqqadānu hingegen ist gefangen. Der Urartäerkönig hält sich in Uazaun auf.« Dies ist der Bericht des Aššur-reṣūa. Nabû-le'i, der Statthalter von Birtu, schrieb mir: ... (dritte Bestätigung der Ereignisse)... Die Wachen an der Grenze haben mir ebensolche Berichte geschickt...

Aus einem Brief des Kronprinzen Sanherib an Sargon II.

Zweimal gelang es Assyrien, Urartu zurückzudrängen. Tiglatpilesar III. beseitigte 743 v. Chr. durch einen Sieg über Sardur II. bei Kištan und Ḫalpi am Euphrat die Gefahr, von Urartäern und verbündeten Aramäerstaaten vom Zugang nach Westen abgeschnitten zu werden. Als einziger Assyrer tauchte er vor Ṭušpa auf, ohne einen Angriff unternehmen zu können. Zwischen Sargon II. und Rusa kam es hinsichtlich der Mannäer südlich des Urmiasees zu Auseinandersetzungen. Diese wurden von assyrischer Seite aus gut vorbereitet. Statthalter und Beamte an der urartäischen Grenze beobachteten die Bewegungen ihrer urartäischen Pendants und des Königs und meldeten diese brieflich an eine von dem Kronprinzen Sanherib geleitete Zentrale. Ein Teil dieser »Geheimdienstinformationen« blieb unter der Ninive-Korrespondenz erhalten. Der Einfall kimmerischer Stämme in urartäisches Gebiet gab Sargon dann 714 v. Chr. die Chance, in einem weitgespannten Unternehmen ohne große urartäische Gegenwehr und mit geringen Verlusten das urartäisch-iranische Terrain um den Urmiasee zu durchziehen. Ein vor dem Gott Aššur deponierter Rechtfertigungsbrief Sargons berichtet detailliert vom Verlauf dieses Feldzuges, als dessen Höhepunkt die Plünderung des Ḫaldi-Tempels in dem kleinen Staat Muṣaṣir geschildert wird.

Viele urartäische Residenzen waren stark befestigte Burgen. Meist kontrollierten sie fruchtbare Tallandschaften und hatten neben Palast und Tempel große Magazine. Der Vanfelsen, trug einst die Zitadelle der von Sardur I. gegründeten urartäischen Hauptstadt Ṭušpa (links unten). Grabkammern und Inschriften, jedoch nur geringe Baureste zeugen vom Zentrum des Urartäerreiches. Die Burganlage auf dem Çavuştepe besitzt einen in seinen Grundmauern gut erhaltenen Tempel (links). Laut Inschrift geht er auf Sardur II. zurück. Die westlichste dieser Burganlagen krönt den Altıntepe im oberen Euphrattal (rechts). Auch hier steht ein quadratischer Tempelbau mit präzis behauenen Sockelquadern neben der Palastanlage.

Könige von Urartu

Sardur I.	um 840–830
Išpuini	um 830–820
Menua	um 810–785
Argišti I.	um 785–760
Sardur II.	um 760–730
Rusa I.	um 730–713
Argišti II.	
Rusa II.	
Rusa III.	
Sardur III.	
Sardur IV.	

Kustašpili, der König von Qumaḫa, war unabhängig und zahlte keinem König Tribut… Ich zog gegen das Land Qumaḫa. Im Kampfe fiel mir Uita, die Festung des Königs, in die Hand, und ebenso die Königsstadt Ḫalpi, die durch einen See geschützt (?) ist. Ich näherte mich der Königsstadt Parala. Da kam er (Kustašpili) vor mich, prosternierte sich, und ich legte ihm als Tribut, den er mir auch zahlte, auf: 45 Minen reines Gold, 800 Minen Silber, 3600 Stück Stoff, 2000 Bronzeschilde und 1535 Gefäße aus Bronze. Aus einer Inschrift Sardurs II. (um 760–730)

Die recht friedlichen Kontakte zwischen Assyrien und Urartu im 7. Jahrhundert v. Chr. liefen vor allem über die Region von Erbīl. Permanent bedroht von den Einfällen der Kimmerier und Skythen über den Kaukasus, überdauerte der Staat Urartu, vielleicht territorial schon aufgesplittert, den Fall Assyriens um einige Jahre, doch war er ohne Chance gegen die Meder. Sichtbarster Ausdruck des assyrischen Einflusses ist die Einführung der neuassyrischen Keilschrift, die in einer abgewandelten und vereinfachten Form gebraucht wird. Vorwiegend die Felsinschriften der urartäischen Könige, insgesamt nur wenige Tontafelfunde und einige Reste einer Hieroglyphenschrift geben Zeugnis von der urartäischen Sprache. Dem assyrischen vergleichbar ist das System der urartäischen Statthalterschaften. Assyrischer Motivschatz ist in der sonst recht eigenständigen urartäischen Kunst, die sich besonders in der Bearbeitung der Bronze auszeichnet, vielfach vorhanden. Umgekehrt wurden vielleicht die urartäischen Fähigkeiten der Felsbearbeitung und der Führung von Kanälen durch gebirgiges Gelände unter Sanherib bei der Anlage seines großen Ninive-Bewässerungsprojekts herangezogen.

Die Aramaisierung des neuassyrischen Reiches

Die neuassyrischen Könige trafen bei ihrer Expansion auf eine Vielzahl verschiedener Aramäerstämme, die teils alte Siedlungsstellen okkupiert, teils neue Stammeszentren

gegründet hatten. Die häufig nach Stammesführern (meist *bīt*, »Haus« + Personenname) benannten aramäischen Zentren waren allein nicht in der Lage, den assyrischen Heeren entgegenzutreten. Mehrjähriger Widerstand, wie durch die Temanäer von Naṣibīna oder durch Aḫūni, den Regenten des strategisch wichtigen Euphratübergangs Til Barsib/Tell Aḥmar, zu dessen Bevölkerung auch luwische Elemente gehörten, waren die Ausnahme. Die rechtzeitige Unterwerfung und Tributleistung garantierte besonders im 9./8. Jahrhundert v. Chr. vielen Aramäerzentren noch eine begrenzte Selbständigkeit.

Die assyrische Verwaltung nahm durchaus Rücksicht auf bestehende Traditionen, wie das Beispiel der am Quellkopf des Ḫābūr gelegenen Städte Guzana/Tell Ḥalaf und Sikani/Tell Feḫerīje, Zentren des aramäischen Staates Bīt Baḫiāni, zeigt. Von dem einheimischen Regenten Kapara war in Guzana ein Palast erbaut worden, der mit seinen Orthostatenreliefs Beispiele der aramäischen Kunst liefert, aber auch, neben der Verwendung der Keilschrift, die ältesten aramäischen Schriftzeugnisse. Nach der assyrischen Okkupation blieb der assyrische Gouverneur, wie die aramäische Fassung einer bilingualen Statue aus Tell Feḫerīje zeigt, für die einheimische Bevölkerung weiterhin der »König«. Zu den durch Grabungen und inschriftliche Funde etwas besser bekannten aramäischen Zentren zählt auch Šadikanni/Tell Arbān am Ḫābūr. Seine proassyrischen Herrscher, die in einem mit Torstieren assyrischen Typs ausgestatteten Palast residierten, waren anscheinend noch im 8. Jahrhundert v. Chr. an der Macht.

Eine allmähliche Aramaisierung des neuassyrischen Reiches ist unbestreitbar. Über den Grad der Aramaisierung der assyrischen und babylonischen Kerngebiete sind aber nur vage Aussagen zu treffen. Die aramäische Schrift wurde lokal und vereinzelt von der Verwaltung gebraucht, konnte aber nicht die Keilschrift verdrängen. Im Bereich der Residenzstädte und alten Tempelzentren wurden die Dialekte des Akkadischen noch gesprochen, doch dürften sich bereits im 7. Jahrhundert v. Chr. die Verhältnisse auf dem Lande, nicht zuletzt durch Deportationen und Umsiedlungsmaßnahmen, stark zugunsten des Aramäischen verändert haben.

Die Sargoniden

Mit Sargon II. (722–705) taucht nach einer kurzen Schwächephase des Reiches unter Salmanassar V. (726–722) ein assyrischer König auf, der sich nicht nur mit seinem Thronnamen Sargon in die Tradition der Könige von Akkad stellt, sondern auch die Grenzen Assurs noch einmal weit verschiebt. Seine Herkunft bleibt dunkel, doch ist er Begründer einer Dynastie, deren zum Teil lange regierende Könige durch ein sehr reiches Quellenmaterial fast bis zum Untergang des Reiches zu verfolgen sind.

Gegen antiassyrischen Widerstand in fast allen Reichstei-

len gelang es Sargon, sich durchzusetzen, nicht ohne Rückschläge. Zahlreiche neue Provinzen, so im Westen Samaria, Karkemiš am Euphrat, Gurgum mit der Hauptstadt Marqasi/Maraş, Kummuḫu/Kommagene mit Malatya, Tabal und Qu'e/Kilikien, vergrößerten das Reichsgebiet. Das nördlich der Kilikischen Pforte gelegene Tabal, gleichermaßen umworben von dem phrygischen König Midas und Urartu, konnte sich, zeitweilig auch durch eine Heirat mit Assyrien verbündet, freilich rasch der assyrischen Oberhoheit wieder entziehen. Kurzfristig erkannten im Westen auch die zyprischen Stadtstaaten die assyrische Herrschaft an, was durch eine in Zypern gefundene Sargon-Stele unterstrichen wird. Das Iranische Hochland wurde durch eine Reihe von neuen Festungen und Provinzen gesichert; als Hauptbasis diente hier das noch nicht lokalisierte Ḫarḫar im Bereich der Meder, nun umbenannt in Kār Šarrukīn. Unruhen im Zagros und urartäische Übergriffe gegen die südlich des Urmiasees ansässigen Mannäer, die traditionellen Pferdelieferanten der Assyrer, führten 714 v. Chr. zu einem erfolgreichen Feldzug in den Zagros und weiter gegen Territorien des Urartäerkönigs Rusa sowie zur Annexion des Pufferstaates Muṣaṣir.
Ein ganzes Jahrzehnt dauerte der Kampf gegen den Chaldäerführer Marduk-apla-iddin in Babylonien. Unterstützt von Elam, das nun nach mehreren Jahrhunderten wieder in die mesopotamische Geschichte eingriff, hatte sich Marduk-apla-iddin zu Beginn der Regierung Sargons vom mesopotamischen Süden aus Babylons bemächtigt. Erst 709 v. Chr. gelang es Sargon mit der Einnahme von Dūr Jakīn, ohne Marduk-apla-iddin ergreifen zu können, die zahlreichen Aramäerstaaten des südlichen Mesopotamiens zu unterwerfen und seine Anerkennung auch als babylonischer König durchzusetzen.
Die Gründung einer Sargons Namen tragenden neuen Residenzstadt an der Stelle eines unbedeutenden Dorfes namens Maganuba, rund 25 Kilometer nordöstlich von Ninive in einem agrarisch fruchtbaren Gebiet in Gebirgsnähe, ist unmittelbar Ausdruck des königlichen Willens. Durch die französischen Grabungen unter P. E. Botta im 19. Jahrhundert, deren Relieffunde heute die Säle des Louvre in Paris zieren, und spätere amerikanische Grabungen sind die Grundstrukturen von Dūr Šarrukīn weitgehend geklärt. Die Stadt nahm ein Rechteck von 1760 x 1635 Metern ein, in dessen Nordwestteil abgesondert die eigentliche Residenz mit Palästen und Tempeln lag. Über Baufortschritte und die vielfältigen Aktivitäten bei der Anlage dieser Stadt informieren uns Briefe der königlichen Korrespondenz. Sie nennen uns auch diverse assyrische Provinzstatthalter, die Baumaterialien und Arbeitskräfte zur Verfügung zu stellen hatten. Eine herausragende Rolle bei der Organisation des Baubetriebs spielte der Statthalter von Assur, Tāb-ṣilli-ešarra. Andere, wie die Gouverneure der Stadt Tušhan am Oberen Tigris und der Provinz Arrapḫa, schickten größere Arbeitskontingente; aus Guzana wurden beispielsweise Bauern mit ihrem Vieh und Gemüsegärtner auf die von Beamten kontrollierte Reise in die neue Stadt geschickt. Doch nur ein Jahr nach ihrer Einweihung fand Sargon II. im Verlauf eines Feldzugs im Gebirge den Tod, was Dūr Šarrukīn ein ähnliches Schicksal bescherte, wie es Kār Tukulti-Ninurta unter Tukulti-Ninurta I. erlitt. Zwar noch besiedelt, verlor die Stadt rasch an Bedeutung, da sie die Nachfolger nicht als Residenz übernahmen.

Sanherib

Der Tod Sargons hatte abermals in verschiedenen Reichsgebieten antiassyrische Reaktionen zur Folge. Erneut nutzte Marduk-apla-iddin mit elamischer Unterstützung die Situation, und in verschiedenen Orten Palästinas brachen Aufstände aus. Ägyptische Unterstützung förderte den Widerstand. Das Vorgehen Sanheribs (705–681), bestätigt durch biblische Quellen, zeitigte in Palästina einigen Erfolg, und viele Städte unterwarfen sich wieder; auch Hiskia von Juda sah 701 v. Chr. während der Belagerung Jerusalems ein, daß nur die rechtzeitige Kapitulation und Tributleistung sein Territorium vor der assyrischen Besetzung bewahren können. Eine Reihe von Festungen seines Reiches, darunter Laḫiš, war zuvor von assyrischen Truppen eingenommen worden. Erfolgreich war auch der Krieg gegen die Araberstämme der syrischen Wüste; die wesentlichsten Karawanenrouten scheinen kontrolliert worden zu sein.
Assyrischen Erfolgen standen aber erhebliche Rückschläge gegenüber. Gegen Ende der Regierung Sanheribs hatte ein assyrisches Heer unter Führung des *rab šaqê* erneut gegen Jerusalem vorzugehen, wurde aber durch eine ausbrechende Seuche gestoppt. Im Taurusgebiet erfolgten Gebietsverluste. Ein Dauerproblem blieb die Situation in Babylonien. Die von Elam unterstützte Guerillataktik der Aramäer- und Chaldäerstämme zeitigte Wirkung. Dadurch provozierte assyrische Seeaktionen gegen die elamische Küste hatten nur mäßigen Erfolg, der zunichte gemacht wurde, als ein elamischer Überraschungsangriff 694 v. Chr. sogar Sippar zerstörte und der als Regent im nördlichen Babylonien eingesetzte Sohn Sanheribs gefangengenommen wurde. Auch eine trotz der assyrischen Siegesmeldung letztlich nicht erfolgreiche Schlacht bei Ḫalule am Tigris gegen eine große Koalition von Babyloniern, Elamern und Zagrosstämmen hatte Sanherib 691 v. Chr. hinzunehmen. Zwei Jahre später griff er zu bisher nicht praktizierter Gewalt und ließ Babylon dem Erdboden gleichmachen. Die Wahl seines jüngsten Sohnes Asarhaddon zum Kronprinzen führte zu einer Hofopposition und schließlich zu seiner Ermordung.

Elfenbeinarbeit mit Einlagen aus Gold, Lapislazuli und Karneol. Das Motiv der Löwin, die in einem Feld Lotus- und Papyruspflanzen einen Nubier tötet, ist ägyptischer Herkunft. Der Möbelzierat aus dem Nordwestpalast in Nimrūd wird in die Zeit Sargons II. (722–705) datiert. Bagdad, Iraq Museum

Zu den bemerkenswertesten innenpolitischen Leistungen Sanheribs gehört die Gründung einer neuen Residenz in Ninive. Damit verbunden waren umfangreiche Arbeiten zur Sicherung der Wasserversorgung der Ebene um Ninive, die zu den technisch aufwendigsten und großartigsten Baumaßnahmen assyrischer Könige zu zählen sind. Durch felsiges Gelände wurden mit Hilfe von Schleusen und über ein gewaltiges Aquädukt bei Ǧerwān Kanäle geführt, die teilweise 50 Kilometer lang sind.

Asarhaddon

Die antibabylonische Politik Sanheribs wurde von seinem Nachfolger Asarhaddon (681–669) sofort revidiert. Nach einem mehrwöchigen Bürgerkrieg mit seinen Brüdern widmete er sich der Wiederherstellung Babylons und seines Marduk-Heiligtums Esangila. Tempelrestaurierungen erfolgten gleichermaßen in Assyrien wie in Babylonien. Neben Baumaßnahmen in Assur finden sich solche in babylonischen Tempelzentren wie Nippur und Uruk.
Außerhalb des assyrischen Reiches begannen sich im Norden neue Völkerbewegungen bemerkbar zu machen, welche die Assyrer stark beunruhigten. Über die Kaukasuspässe strömende Scharen von Kimmeriern und Skythen bedrohten das iranische Plateau und Kleinasien. Ein Einfall in die Tiefebene wurde verhindert, unter anderem durch ein Heiratsbündnis mit Prototyes (Partatua), dem Skythenführer auf dem Iranischen Hochland. Ein kimmerischer Vorstoß über den Taurus nach Kilikien wurde ebenfalls abgewehrt. Die beginnende Rebellion der medischen Stämme gegen Assur konnte noch einmal eingedämmt werden.
Nach mehreren Jahrhunderten Existenz als assyrischer Vasallenstaat wurde 676 v. Chr. das zwischen Urartu und der Tigrisgrenze gelegene Šupria, dessen Herrscher noch hurritische Namen trugen, unter dem Vorwand, Schlupfwinkel für entlaufene Assyrer zu sein, besetzt und in zwei neue Provinzen eingeteilt.
Hatte Sargon die assyrischen Heere wieder bis an die ägyptische Grenze geführt, so machte sich nun in diesem Bereich der ägyptische Einfluß gegen Assur erneut bemerkbar. Die damit verbundene Rebellion der phönikischen Stadt Sidon konnte nach längerer Belagerung 677 v. Chr. unterdrückt werden. König Abdimilkutti wurde hingerichtet, seine Stadt auf Kosten des benachbarten Tyros mit Gebietsverlusten bestraft und auf dem Festland gegenüber Sidon eine assyrische Provinzhauptstadt angelegt. Noch einmal erkannten zyprische Städte die assyrische Macht an. 671 v. Chr. gelang dann die Invasion Ägyptens. Der besiegte Pharao Taharka aus der Äthiopendynastie räumte die Residenz Memphis und wich nach Süden aus. Die von assyrischen Beamten und Offizieren überwachten ägyptischen Deltafürsten erwiesen sich jedoch nicht als zuverlässige Partner, so daß Rebellionen die assyrische Herrschaft in Ägypten ständig bedrohten.
Vor seinem Tod gelang es Asarhaddon noch, die Thronfolge zu regeln. Vertraglich wurden für diesen Fall Vasallenstaaten zur Loyalität verpflichtet. Durch Zufall blieben in Nimrūd einige diesbezügliche Verträge mit einzelnen Herrschern und Stadtregenten aus Medien und dem Zagrosgebiet erhalten.

Politik und Orakel

Unter den Sargoniden ist ein wachsender Einfluß von Spezialisten der Extispizin *(barû)*, vorwiegend Eingeweideschau mit Beobachtung der Leber und Lunge geschlachteter Schafe, aber auch von Astrologen, am Königshof zu beobachten. Alle Angelegenheiten, welche die Sicherheit des Königs, seiner Familie und des Landes betrafen, wurden kommentiert. Die ganze große Breite mesopotamischer Omentexte stand dafür zur Verfügung. Auch auf den

Elfenbeinarbeiten aus dem Ekal maššarte, *dem sogenannten »Fort Salmanassar«, in Nimrūd. Die »Frau am Fenster« (linke Seite, außen), eine Tempelprostituierte der Astarte, ist ein beliebtes phönikisches Motiv.*
Der ägyptisch inspirierte Hintergrund mit stilisierten Papyrus- und Lotuspflanzen bei der Kuh mit ihrem säugenden Kalb (linke Seite, innen) deutet ebenfalls auf levantinische Herkunft. Bei dem 60 cm breiten mehrteiligen Paneel eines Bettes (oben) ist jedoch die Verwandtschaft mit assyrischen Reliefdarstellungen offenkundig. Vogelgenien und Tierbezwinger sind um einen thronenden Herrscher gruppiert, der einen Becher in der Rechten hält.
Bagdad, Iraq Museum

Feldzügen begleiteten diverse Spezialisten das Heer und versuchten, die günstigen oder ungünstigen Geschehnisse vorauszudeuten. Wieder zu beobachten ist der Brauch, den bei Verfinsterungen dem König vermeintlich drohenden Gefahren durch die temporäre rituelle Einsetzung eines Ersatzkönigs, der anschließend wahrscheinlich getötet wurde, zu entgehen.
Besonders empfänglich für den Einfluß dieses Personenkreises scheint nach Aussage der Ninivebriefe Asarhaddon gewesen zu sein. Eine wesentliche Ursache hierfür war anscheinend sein sich verschlechternder Gesundheitszustand. Die Mobilität des Königs und seiner Familie wurde abhängig von den Vorhersagen dieser Fachleute. Konkurrierende und uneinheitliche Vorhersagen führten zu Verstimmungen am Hof. In Briefen an den König wird der gegenseitige Vorwurf der Inkompetenz laut, und der direktere Zugang der Eingeweideschauer zum Herrscher erschwerte die Position der Gelehrten, welche terrestrische und himmlische Phänomene mit Hilfe der astrologischen Kompendien zu deuten versuchten.
Für Asarhaddon und Assurbanipal liegt eine größere Gruppe von Orakelanfragen an den Sonnengott Šamaš vor, welche ganz konkrete innen- und außenpolitische Ereignisse betreffen und teilweise präzis datiert sind. Die militärische Situation in Kleinasien spiegeln Anfragen wie:
Wird der König von Phrygien zusammen mit den verbündeten Kimmeriern oder mit Mugallu eine Festung der Stadt Melid (Malatya) angreifen?
Zahlreiche Anfragen betreffen die assyrische Nord- und Ostgrenze:
Werden skythische und kimmerische Truppen die medische Region Bīt-Ḫamban besetzen? – Werden die Skythen Assyrien durch die Pässe von Ḫubuškia angreifen? – Wird die assyrische Armee die Stadt Dur-Illil wieder einnehmen? – Werden die Statthalter und Großen, die in Medien Pferde als Tribut eintreiben sollen, wieder sicher aus Medien herauskommen?
Andere Anfragen beleuchten die Situation in Ägypten:
Soll Assurbanipal den Beamten Nabû-šarr-auṣur nach Ägypten schicken? Wird dieser seinen Auftrag ausführen?
Das Wohlergehen des Königs und des Kronprinzen, die Frage möglicher Rebellionen, die Besetzung von Beamtenposten und Priesterstellen, religiöse Maßnahmen wie der Transport der babylonischen Marduk-Statue per Boot – der Themenkreis der Anfragen war groß.

Assurbanipal

Unter Assurbanipal (669–627) nahm das assyrische Reich durch die erneute Einnahme Ägyptens noch einmal gewaltig an Ausdehnung zu. Selbst ein bisher noch nicht mit den Assyrern in Kontakt stehender Staat wie das kleinasiatische Lydien unter Gyges suchte, bedroht von Einfällen der Kimmerier, den Kontakt zu Assyrien. Auf dem Höhepunkt seiner Erfolge konnte sich Assurbanipal rühmen, wieder über Tilmūn, das heißt über den östlichen Golf zu regieren, Elam entscheidend besiegt und die Araber in ihre Schranken gewiesen zu haben.
Die militärischen Aufgaben erforderten aber gewaltige Anstrengungen. Die scheinbar so erfolgreiche neuerliche Invasion Ägyptens mit der Einnahme Thebens, gegen

Links und rechts: Einen Eindruck von altorientalischen Befestigungsbauten vermitteln die kilometerlangen Stadtmauern von Ninive. Dort hat der irakische Antikendienst Teile der südwestlichen Mauern und zwei Stadttore rekonstruiert. Eine niedrigere Mauer überwacht das Vorfeld und wird stadteinwärts von der mächtigen Hauptmauer deutlich überragt (rechts). Beide besitzen vorspringende Türme in so dichter Folge, daß von ihnen aus der Mauerfuß gut mit Pfeil und Bogen verteidigt werden konnte. Die Wehrgänge sind durch gestufte Zinnen geschützt, die Ziegelmauern durch sorgfältig behauene Steine verblendet. Neuassyrische Stadttore (links) besitzen als Charakteristikum einen breiten Torraum, von dem eine Treppe in den Torturm und auf die Mauern führt.

Folgende Doppelseite: Die Stämme des aufrührerischen, babylonischen Südens zogen die assyrischen Streitkräfte mehrfach auf sich. Auch wenn diese Expeditionen auf den Reliefs aus dem Südwestpalast des Sanherib (705–681) in Ninive als Erfolge dargestellt wurden, gelang es in Wirklichkeit nicht, die Aufrührer zu stellen; sie konnten sich durch die Sümpfe und Lagunen von Euphrat und Tigris immer wieder ins benachbarte Elam zurückziehen. London, British Museum

Obgleich ich jünger war als meine älteren Brüder, hat mein Vater, der mich erzeugte, auf Befehl der Götter ... inmitten meiner Brüder gerade *mein* Haupt getreulich emporgehoben mit den Worten: »Dieser sei mein Erbprinz«. Als er darauf Šamaš und Adad durch Opferschau befragte, antworteten sie ihm ein festes Ja mit den Worten: »Er ist dein Nachfolger.« Er beachtete ihren gewichtigen Ausspruch, versammelte die Assyrer, klein und groß, sowie meine Brüder, den Samen meines Vaterhauses, und ließ sie vor ... den Göttern von Assyrien, die Himmel und Erde bewohnen, einen feierlichen Eid schwören, mein Nachfolgerecht zu respektieren. Aus den Annalen Asarhaddons (681–669)

Taharka und seinen Nachfolger Tanutamun, erwies sich, da der zur Wahrung der assyrischen Interessen protegierte Gaufürst von Saïs, Necho, 655 v. Chr. die Loyalität aufkündigte, letztlich als kurze Episode. Die assyrischen Truppen, mit anderen Aufgaben beschäftigt, konnten nicht mehr reagieren. Bedrohlich wurde die Situation für Assur im südlichen Babylonien, wo mit elamischer Unterstützung ein vor allem von den chaldäischen und aramäischen Stämmen des Meerlandes getragener Aufstand nur mühsam unterdrückt werden konnte. Eine erfolgreiche Schlacht gegen den Elamer Te'umman 653 v. Chr., auf den Palastreliefs in Ninive eindrucksvoll dargestellt, beruhigte die Situation nur kurz, da der als König von Babylon in Nordbabylonien regierende Bruder Assurbanipals, Šamaš-šuma-ukīn, im folgenden Jahr einen weitgeknüpften Aufstandsversuch gegen Assurbanipal unternahm. Dessen Dimensionen waren um so bedrohlicher, als Šamaš-šuma-ukīn Araberstämme um Hilfe ersuchte, die gleichzeitig im Westen und in Babylonien aktiv wurden, und mit dem Regenten von Juda antiassyrische Kontakte aufnahm. 648 v. Chr. eroberte Assurbanipal Babylon zurück; Šamaš-šuma-ukīn kam in den Flammen seines Palastes um.
Elam wurde durch eine Invasion, in deren Verlauf Susa, Madaktu und eine große Zahl weiterer elamischer Städte eingenommen wurden, entscheidend geschwächt. Eine nochmalige Invasion, etwa 640 v. Chr., endete mit großen Zerstörungen und Plünderungen in Elam, das zwar noch als Staat weiter existent, aber als großer Machtfaktor endgültig ausgeschaltet war. Gleichzeitig wurden die Araberstämme, vor allem Gruppen der Qedar-Stämme, die Šamaš-šuma-ukīn während seines Aufstandes unterstützt hatten, von der Damaskusregion aus in ihren Wüstensitzen angegriffen. Szenen der Araberkämpfe finden sich ebenfalls auf den Palastreliefs aus Ninive wieder. Abrupt bricht die Überlieferung der Königsinschriften mit dem Jahre 638 ab und läßt damit breiten Raum für Spekulationen über die letzten elf Regierungsjahre des Königs.
Das Bild Assurbanipals wäre unvollständig ohne Hinweis auf seine durch erhaltene Briefe bezeugten Anweisungen zur Sammlung der keilschriftlichen Literatur. Die Reste der königlichen Bibliothek in Ninive bilden (heute im British Museum) immer noch die wesentliche Textquelle für die Erforschung der neuassyrischen Periode. Die in Ninive geborgenen Briefe der Sargonidenkönige, aber auch einige Reste von Verwaltungsarchiven, vermitteln ein sehr detailreiches Bild des assyrischen Hoflebens dieser Zeit. Auch die Person Assurbanipals erscheint in ihnen. Die Griechen kannten ihn noch unter dem Namen Sardanapal, mit dessen Person sie unhistorisch die Überlieferung über den letzten assyrischen König Sîn-šarra-iškun vermengten. Ihre Einschätzung Assurbanipals als ein verweichlichter, im Luxus schwelgender und letztlich zum Untergang verurteilter König läßt sich nicht mit der altorientalischen Überlieferung in Einklang bringen.

Die Endphase des assyrischen Reiches

Ein alttestamentlicher Prophet wie Nahum gibt seinen antiassyrischen Gefühlen mit drastischen Worten Ausdruck. Seine Haßtirade gegen Ninive und die Arroganz der assyrischen Macht verdeutlicht exemplarisch, daß der Sturz Assyriens von vielen Parteien der unterworfenen Staaten herbeigesehnt wurde. Er kam rascher als erwartet. Moderne Historiker haben einige Schwierigkeiten, die Gründe für den raschen Zerfall des assyrischen Reiches zu analysieren.

Wahrscheinlich schon gegen Ende der Regierung Assurbanipals verlor Assyrien im Westen, so in Palästina und Phönikien, seinen Einfluß. Da für die letzten 30 Jahre Assyriens aber noch zuwenig Tontafelmaterial vorliegt und auch biblische und andere Quellen kaum Informationen liefern, bleiben die Details recht unklar. Mit außenpolitischen Argumenten allein läßt sich der rasche Fall Assyriens nicht erklären. Zweifellos waren viele Teile des riesigen Reiches schwer zu kontrollieren, veränderten die Völkerbewegungen in Kleinasien und im Iranischen Hochland, die Einfälle der Kimmerier und Skythen sowie eine Konzentration der iranischen Stämme das militärische Kräfteverhältnis. Das Scheitern der assyrischen Ägyptenpolitik und die Restituierung einer starken nationalägyptischen Dynastie schwächten die Position Assurs in Palästina. Innerassyrische Machtkämpfe nach dem Tode Assurbanipals und die ungelöste babylonische Frage banden assyrische Heereskräfte, so daß bei einem Vorstoß skythischer Gruppen durch Syrien bis an die Grenze Ägyptens die dortigen Regenten und die phönikische Küstenregion ohne den Beistand assyrischer Truppen blieben.

Aber die äußere Situation war nicht viel prekärer als bei früheren assyrischen Königen, die sich am Ende doch behaupten konnten. Es scheint ein weiterer Faktor hinzugekommen zu sein. Indizien sprechen dafür, daß sich die materielle und ökonomische Basis der assyrischen Herrschaft verschlechtert hatte. Die spärlichen Informationen über den Zustand der assyrischen Provinzen sind jedoch nicht leicht einheitlich zu bewerten. Krisen im Zusammenhang mit Mißernten begegnen auch schon früher, so unter Sargon II. Unter Asarhaddon werden beispielsweise Flüchtlinge erwähnt, die dem assyrischen Steuerdruck und der Dienstverpflichtung ausgewichen und in das gebirgige Šupria geflüchtet waren. Inwieweit sich der Erwerb umfangreichen Großgrundbesitzes durch Hofangehörige auswirkte, vielleicht verbunden mit Steuerbefreiungen für ganze Regionen, bleibt ebenfalls unklar. Ein führender Offizier, der »Zügelhalter« Assurbanipals namens Rēmanni-Adad, hatte jedenfalls Besitzungen, die über das ganze nördliche Mesopotamien und wahrscheinlich auch Nordsyrien verstreut waren.

An dem sich ausweitenden Fernhandel im Ägäisraum, an dem die phönikischen, zyprischen und westkleinasiatischen Stadtstaaten und zunehmend griechische Händler partizipierten, scheinen die assyrischen Kaufleute nicht mehr wesentlich beteiligt gewesen zu sein. Die Verlagerung, teilweise auch Blockierung der Handelsströme könnte also durchaus eine der wesentlichen Ursachen für ein rasches Sinken der Wirtschaftskraft des assyrischen Kernlandes gewesen sein. Vor allem aber dürften sich das Ausbleiben der jährlichen Tributzahlungen und die fehlenden Möglichkeiten, Steuern in vielen Regionen einzutreiben, auf die Palastwirtschaft und den militärischen Apparat ausgewirkt und den Zerfall der assyrischen Zentralmacht beschleunigt haben.

Der Untergang der assyrischen Städte

Verhindert der Quellenmangel für die letzten Jahre des assyrischen Reiches noch eine schlüssige Interpretation, ist wenigstens dank babylonischer Chroniken der äußere Ablauf der Ereignisse klar, wenn auch beträchtliche chronologische Unsicherheiten bestehen. Mit dem Tod Assurbanipals brachen in Assyrien Nachfolgekämpfe aus, die Aššur-etel-ilāni, Sîn-šumu-līšer und zuletzt Sîn-šarra-iškun an die Macht brachten. In Babylonien war 627 v. Chr. mit dem fast gleichzeitigen Ende des von Assurbanipal in Babylon eingesetzten Kandalānu eine unsichere Situation entstanden. Der Chaldäer Nabopolassar, vom Meerland kommend, nutzte sie aus und konnte sich schon 626 in Babylon als neuer König durchsetzen. Sîn-šarra-iškun, der noch in Assur einen Tempel für Nabû und Tašmētum erbauen ließ, hatte, wie die Daten der babylonischen Wirtschaftsdokumente zeigen, bald die Kontrolle über die Stadt verloren, doch konnten die Garnison in Nippur und die assyrerfreundlichen Parteien in Uruk und anderen Städten die Interessen Assyriens in Babylonien noch einige Jahre verteidigen. Sie waren aber zeitweilig völlig eingeschlossen, von Hunger bedroht und datierten zuletzt nicht mehr einheitlich nach anerkannten Herrschern.

Waren assyrische Heere anfangs noch fast jährlich in Babylonien aktiv, so zeigt uns die sogenannte Nabopolassar-Chronik ab 616 v. Chr. die babylonischen Heere schon außerhalb ihres Stammesgebietes und die Assyrer im Abwehrkampf gegen die über die Zagroskette nach Assyrien vorstoßenden vereinigten Meder. Auf assyrischer Seite standen nur die Mannäer als nördliche, unmittelbar bedrohte Nachbarn der Meder. Den Doppelangriffen war Assur nicht gewachsen. 614 v. Chr. nahmen die Meder unter Kyaxares Assur ein, plünderten und zerstörten die Stadt gründlich, wie auch der archäologische Befund verdeutlicht. Der später eintreffende Nabopolassar schloß mit Kyaxares ein Bündnis, das 612 v. Chr. mit der gemeinsamen Erstürmung von Ninive das assyrische Reich zerschlug.

Assurbanipals Heer konnte am Fluß Ulai/Kerḫa die elamischen Feinde stellen und König Te'umman töten. Eine dauerhafte Befreiung der »Erbfeinde« wurde dadurch aber nicht erreicht. Relief aus dem Südwestpalast in Ninive. London, British Museum

Die Grabungen bestätigten die umfangreichen Zerstörungen der assyrischen großen Städte. Über Nisibis nahmen die Babylonier und Meder die Verfolgung fliehender Assyrer auf. Mit ägyptischer Hilfe und versprengten assyrischen Truppen versuchte noch zwei Jahre lang in Ḫarrān ein Aššur-uballiṭ das assyrische Königtum zu retten.
Nur einige wenige moderne topographische Bezeichnungen, die sich im aramäischen Umfeld hielten, wie etwa das heutige Karamlis, das auf ein assyrisches Kār Mulissi zurückgeht, führen im Bereich des assyrischen Stammlandes heute in die assyrische Zeit zurück. Die klassischen Autoren zitieren noch einige Namen und Ereignisse, ohne eine klare Vorstellung von dieser Epoche zu haben. Nur die Bibel bewahrte die Erinnerung an den großen Glanz der Städte Assur und Ninive. Im 1. und 2. Jahrhundert v. Chr. entstand aber noch einmal über der Brandschicht des zerstörten Assur eine große parthisch-aramäische Stadt, die wahrscheinlich unter dem Sasaniden Shapur verlassen wurde. Sie enthielt wieder große Tempel und Paläste, mit einem Umfang, der nicht geringer war als der der früheren assyrischen Stadt. Die archäologischen Grabungen und aramäische Inschriften bezeugen ein lokales Weiterleben des Kultes des Gottes Aššur bis in jene Zeit und damit auch einen weiteren Mosaikstein geschichtlicher Kontinuität.

Babylonien im 2. und 1. Jahrtausend

Die Kassiten

Der weitere Zuzug kassitischer Stämme und die Inbesitznahme des babylonischen Königsthrones durch eine Dynastie kassitischer Herrscher wurden begünstigt durch einen Vorstoß, den der hethitische König Muršili I. von Nordsyrien aus entlang des Euphrats nach Babylon unternahm. Die zeitweilige Verschleppung der Marduk-Statue nach Ḫana am Mittleren Euphrat ist vielleicht als Hinweis zu

Linke Seite und oben: Reliefs aus dem Nordpalast in Ninive mit Szenen aus dem Feldzug Assurbanipals (669–627) gegen Elam. Bogenschützen verteidigen die elamische Königsstadt Ḫamanu (oben). Eine assyrische Abteilung greift sie über eine Sturmleiter an, während Mineure Breschen in die Mauer schlagen. Erschlagene und verwundete Verteidiger stürzen von den Zinnen herab, andere treiben im Fluß. Zu Fuß oder auf Fuhrwerken treten die Überlebenden einer anderen eroberten elamischen Stadt (linke Seite) den Weg in die Deportation an.
London, British Museum

Folgende Doppelseite: Lange Zeit blieben die am Rand der Syrischen Wüste schweifenden Araber von Vergeltungsmaßnahmen der Assyrer verschont. Zuletzt sandte Assurbanipal seine Truppen auch gegen diese auf Kamelen reitenden Stämme und vernichtete ihre Zeltlager. Relief aus dem Nordpalast in Ninive.
London, British Museum

Te'umman, der König von Elam, welcher in einer gewaltigen Schlacht verwundet wurde, und Tamritu, sein ältester Sohn, der seine Hand ergriffen hatte, flohen, um ihr Leben zu retten, und verbargen sich in einem Gehölz. Unter dem Beistand Aššurs und der Ištar tötete ich sie und hieb ihnen die Köpfe ab.

Beischrift des Reliefs mit der Schlacht am Ulai

interpretieren, daß dort schon seßhafte kassitische Elemente dieses Unternehmen begünstigten.

Die darauf folgenden Ereignisse in Babylonien sind unzureichend dokumentiert. Zwar liegt eine Namensreihe von Kassitenherrschern vor, doch ist für einen langen Zeitraum keine sichere chronologische Einordnung möglich. Königsinschriften fehlen fast völlig, die Wirtschaftsdokumente setzen erst nach einer langen Unterbrechung wieder ein. Die archäologische Stratigraphie und die wenigen textlichen Synchronismen, vor allem zwischen nordsyrischen Kleinstaaten wie Jamḫad/Aleppo, Alalaḫ, den althethitischen Königen und den Herrschern von Mittani, genügen noch nicht, um die Zeitdauer zwischen dem Ende der I. Dynastie von Babylon und dem Einsetzen der reicheren mittelbabylonischen Dokumentation im 14. Jahrhundert v. Chr. präziser einzugrenzen. Die ersten Namen der kassitischen Königsliste sind Gandaš und Agum, der die Marduk-Statue nach Babylon zurückgeführt haben soll.

Links: Seit dem 14. Jahrhundert v. Chr. wurden königliche Landschenkungen durch Urkundensteine, Kudurru, dokumentiert. Beim Kudurru des Marduk-šapik-zēri (1080–1068) zeigt das Bildfeld an der Spitze der 60 cm hohen Stele Göttersymbole, den Hauptteil füllt die Inschrift. Unter Nennung der Landvermesser und von Zeugen wird die Schenkung an einen Beamten besiegelt. Nach einer Aufzählung aller Arten von Vertragsbruch folgt die Fluchformel. Eine Schar von Göttern soll die entsetzlichsten Strafen über potentielle Frevler bringen.
Bagdad, Iraq Museum

Rechte Seite: Von dem Kassitenkönig Melišipak (1188–1174) sind zwei Kudurru erhalten, die als Beute nach Susa verschleppt wurden. Bei dem einen ist die Inschrift großenteils herausgemeißelt (innen, Höhe 90 cm). Das Relief zeigt den König, wie er seine mit Land belehnte Tochter vor eine thronende Göttin als Garantin der Schenkung führt. Auf dem Kudurru, den Melišipak für seinen Sohn Marduk-apal-iddina ausgestellt hat (außen, Höhe 68 cm) ist in fünf Friesen das ganze kassitische Pantheon symbolisch vergegenwärtigt.
Paris, Louvre

Kulturell scheinen sich die Kassiten rasch an die babylonischen Verhältnisse assimiliert zu haben. Zwar tragen sie vereinzelt noch den Namen Kaššu, »Kassite«, und titulieren sich die Herrscher mit einer kassitischen Bezeichnung für Babylonien »König von Kar(an)duniaš«, ansonsten aber sind Sprache, Duktus und Terminologie ihrer Inschriften gut (mittel-)babylonisch. Daß die Träger kassitischer Personennamen nicht immer ethnisch als Kassiten zu bezeichnen sind, sondern auch in babylonischen Familien solche Namen getragen wurden, ist zumindest im 13. Jahrhundert v. Chr. nachweisbar. Das babylonische Pantheon wird übernommen, die kassitischen Götter erscheinen nur noch in Personennamen. In die Kassitenzeit fällt auch der Aufstieg des babylonischen Stadtgottes Marduk.

Die babylonische Gesellschaft unterliegt in dieser Zeit einem beträchtlichen Wandel. Parallel zum übrigen Vorderen Orient, aber weit weniger deutlich als etwa in dem Osttigrisstaat Arrapḫa oder in Nordsyrien, ist das Eindringen feudal-aristokratischer Elemente zu beobachten. Das Vorhandensein von Großgrundbesitz, dessen Hauptquelle Landschenkungen der kassitischen Könige an Hofbeamte, Gouverneure und Offiziere waren, scheint zumindest regional die soziale Stratigraphie stark verändert zu haben. Sichtbarster Ausdruck dieser Maßnahmen sind Landschenkungsurkunden aus Stein, sogenannte Kudurru, die nicht nur den Schenkungsvorgang detailliert enthalten, sondern auch die den Rechtsvorgang sichernden Götter in Symboldarstellungen sichtbar werden lassen.

Die traditionellen Tempelzentren, vor allem der Enlil-Tempel in Nippur, aber auch beispielsweise Uruk, wo Karaïndaš einen Innin-Tempel errichten ließ, und Ur wurden von den kassitischen Königen begünstigt. Die in Nippur aufgefundenen über 10 000 Rechts-, Verwaltungstafeln und Briefe bilden die Hauptmasse des heute vorliegenden mittelbabylonischen Textmaterials. Bedeutend sind vor allem ihre Informationen über die internen Strukturen dieses Tempels, besonders über die Wirtschaftsverwaltung mit Abrechnungen über eingehende landwirtschaftliche Produkte und den Viehbestand. Außer einigen Urkunden aus Ur, Dūr Kurigalzu und Babylon sind nur wenige schriftliche Zeugnisse aus anderen Orten bekannt. Lediglich aus Dūr Kurigalzu und durch die Briefe aus dem ägyptischen Amarna kennen wir Texte aus der Umgebung des Königs. Bedauerlich ist auch das Fehlen literarischer Archive, da in der späteren Kassitenzeit nicht nur eine Rückbesinnung auf die babylonische Schultradition erfolgte, sondern auch viele der im 1. Jahrtausend v. Chr. verbreiteten literarischen Tafelserien, Beschwörungen, Omina, Mythen und Epen, beispielsweise das Gilgameš-Epos, damals kompiliert beziehungsweise redigiert wurden.

Das kassitische Babylonien als Weltmacht

Ab dem 15. Jahrhundert v. Chr. erlebte Babylonien unter den Kassiten einen neuen Aufschwung. So wurde einerseits das Osttigrisland mit seinen Handelswegen kontrolliert, andererseits gelang es, die von Nomaden bedrohte

Euphratroute nach Syrien und Ägypten zu öffnen. Assyrien scheint sogar kurzzeitig von den Kassiten abhängig gewesen zu sein. Es gelang Ulamburiaš und Agum, die Meerlanddynastie zu beseitigen und damit den Golfhandel mit Tilmūn wiederzubeleben. Von kassitischem Einfluß zeugen archäologische Funde und Keilschriftzeugnisse aus Bahrain. Babylonische Schrift und Sprache drang erneut bis Elam vor. Aus dem Haft-Tepe nahe Susa stammen Tontafeln, die nicht nur einen wertvollen Synchronismus zwischen einem Kadašman-Enlil und dem Elamer Tepti-aḫar liefern, sondern auch die diplomatischen Beziehungen verdeutlichen. Nicht zuletzt die Briefe aus Tell el-Amarna zeigen die Kassitenherrscher als neben dem König von Mittani gleichberechtigte Partner des Pharaos.

Kurigalzu I. gründete bei dem heutigen Bagdad die neue Residenz Dūr Kurigalzu/'Aqār Qūf, dessen hochragender Stufenturm und umgebender Tempelbezirk bis heute überdauerten.

Ägyptisches Gold strömte nach Babylonien; zeitweise wurde bei Wertberechnungen der Silberstandard durch einen Goldstandard ersetzt. Dennoch waren der Aufstieg Assyriens, sein Vordringen in der Osttigrisregion und eine allmähliche Einmischung in die babylonischen Angelegenheiten nicht zu verhindern. Unter Aššur-uballiṭ I. intervenierten die Assyrer zum erstenmal gewaltsam in die kassitische Innenpolitik. Der Babylonienzug Tukulti-Ninurtas I. (um 1230 v. Chr.) scheint, wie die Grabungen im Ḥamrīn-Becken andeuten, zumindest im Osttigrisland von erheblichen Zerstörungen begleitet worden zu sein. Das Ende der Kassitendynastie kam dann (etwa 1165 v. Chr.) unter dem Elamer Kudur-Naḫḫunte durch eine verheerende Invasion. Plünderungen, so auch die Verschleppung von Kunstwerken wie der Hammurabi-Stele nach Susa, und Deportationen erschütterten ganz Babylonien. Mit dem Raub der Marduk-Statue wurde auch symbolisch das babylonische Königtum durch die Elamer beseitigt.

Aramäer und Chaldäer in Babylonien

Den Kassiten folgt in der babylonischen Königsliste die sogenannte II. Dynastie von Isin. Ihrem bedeutendsten König, Nebukadnezar (I.), gelang es zeitweilig, auch in Auseinandersetzung mit den Assyrern und Elamern, das babylonische Königtum zu restaurieren, ja selbst gegen Assur erfolgreich vorzugehen. Doch erlitt die Macht der babylonischen Könige in den folgenden Jahrhunderten einen deutlichen Niedergang; von vielen wissen wir praktisch nicht mehr als ihren Namen.

Seit der Jahrtausendwende teilte Babylonien das Schicksal Nordmesopotamiens. Zahlreiche aramäische Nomadenstämme – die bedeutendsten waren wohl die Puqudu – überfluteten das Land, brachten Hungersnöte und nahmen, teilweise unter der Führung von Schechs *(nasīku)*, große Gebiete außerhalb der Städte in Besitz. Im 9. Jahrhundert v. Chr. tauchten die ethnisch-linguistisch nicht sicher einzuordnenden semitischen Chaldu (Chaldäer) auf. Ihre Hauptstämme, Bīt Dakkuri, Bīt Amukani und Bīt Jakīn, besiedelten vor allem Südbabylonien und das sumpfige, traditionell »Meerland« genannte Gebiet um den Golf. Ihre Führer zeigten eine größere Neigung zur Machtkonzentration und zur Besiedlung alter babylonischer Kultzentren. Vor allem Bīt Jakīn erscheint als eigenes Stammeskönigtum in assyrischen Berichten und übernimmt das Erbe des Meerlandes. Gestützt auf ihr Rückzugsgebiet am Golf, erwiesen sich die Chaldäer als hartnäckige Gegner einer nördlicheren Zentralmacht, sei es des Anspruchs des babylonischen Königs, sei es der Assyrer. Aus ihrer Bindung an Götter wie Nabû und Marduk und in Opposition zu den verhaßten Assyrern erhoben die Chaldäer später selbst den Anspruch auf Babylon und das babylonische Königtum. Der daraus resultierende Konflikt wurde zeitweilig auch zu einem innerbabylonischen, zwischen Stadt und Land, zwischen zumeist städtischen assyrerfreundlichen und assyrerfeindlichen Parteien.

Babylon und das assyrische Trauma

Seit Beginn der Kassitenzeit waren zwischen Assyrien und Babylonien kriegerische Auseinandersetzungen und Kämpfe um die Grenzziehung im Osttigrisgebiet zu registrieren, jedoch wechselten diese mit Perioden friedlicher Verständigung. Den assyrischen Königen war das gemeinsame religiöse, sprachliche und kulturelle Erbe, das sie mit Babylon teilten, wohlbewußt, gewiß auch die intellektuell-kulturelle Überlegenheit des Südens. Nationalen Elementen, die sich um die spezifischen Kulte von Aššur und Marduk gruppierten, stand ein fortdauerndes Einströmen babylonischen Gedanken- und Kulturgutes nach Assyrien gegenüber, was umgekehrt nicht der Fall war. Ohne deswegen, wie ein moderner Historiker, gleich von einem assyrischen »Minderwertigkeitsgefühl« sprechen zu wollen, scheint Assyrien das babylonische Königtum immer als wesensverwandt betrachtet und als eigenständig akzeptiert zu haben. Zu den königlichen Pflichten der Assyrerkönige gehörte auch die Fürsorge um die alten babylonischen Tempelzentren, von denen einige wie Sippar und Nippur mit Sonderprivilegien ausgestattet wurden. Eine Beseitigung des babylonischen Königtums kam nicht in Frage, aber die Legitimation der Herrschaft durch die Akzeptanz von Marduk war Voraussetzung, wenn assyrische Könige in Personalunion Babylonien regierten. Auch der Versuch Sanheribs, Babylon zu zerstören, war ohne Marduk nicht zu bewerkstelligen, was durch den Versuch, den Kult des Marduk nach Assur zu transplantieren, unterstrichen wird. Auf der anderen Seite hatten die neuassyrischen Könige die alte Balance zwischen den Mächten mindestens seit der Invasion Šamšī-Adads V. und der Umklammerung Babyloniens vom Dijālafluß bis Dēr an der elamischen Grenze erheblich gestört. Daß seit Tiglatpilesar III. und seinem Sohn Salmanassar V. assyrische Könige gleichzeitig legitime Könige von Babylon waren, wurde von manchen babylonischen Nationalisten sowie den Aramäer- und Chaldäerstämmen nicht akzeptiert, bot aber auch einen bequemen Vorwand, um nomadischen Elementen die Plünderung des städtischen Umlandes zu erleichtern.

Das babylonische Problem sollte die Einsetzung von Familienangehörigen assyrischer Könige als Könige in Babylon lösen helfen. Mit Aššur-nadin-šumi (699–694) und Šamaš-šuma-ukīn (667–648), dem Bruder Assurbanipals, endeten diese Versuche nicht erfolgreich. Mehr Erfolg hatte Assurbanipal mit der Etablierung eines Kandalānu (647–627), der uns aber eher als Schattenfigur und nur durch Daten von Wirtschaftsurkunden bekannt ist.

Seit dem Ende des 8. Jahrhunderts v. Chr. sind große Turbulenzen in Babylonien zu registrieren, die zeitweise noch durch die Politik Elams und einiger Zagrosrandstaaten wie Ellipi vergrößert wurden. Die antiassyrische Politik des fähigen Chaldäers Marduk-apla-iddina, des biblischen Merodach-baladan, der diplomatische Beziehungen zu Hiskia von Juda aufnahm, machte diesen zu einem hartnäckigen Gegner Sargons und Sanheribs, der sich über längere Zeit hinweg (721–710 und 703) in Babylon halten konnte. Ihm folgte Mušēzib-Marduk. Unter Assurbanipal wurde Nabûbēl-šumāte vom Meerland, ursprünglich von den Assyrern anerkannt, mit elamischer Rückendeckung ein ebenso gefährlicher Gegner. Assyrische Razzien und Seeaktionen zeitigten nur begrenzten Erfolg. Erst militärischer Druck auf Elam und die Forderung nach seiner Auslieferung führten zu seinem Selbstmord. Assyrerfreundliche Städte wie Kissig, Ur und Nippur halfen den assyrischen Generälen, von denen sich unter Assurbanipal der

Am Größenunterschied der beiden Dargestellten wird deutlich, wer auf diesem Kudurru schenkt und wer empfängt: Links der König von Babylon, Marduk-apal-iddina II. (721–710), durch den Spitzhelm gekennzeichnet, rechts ein Beamter, dem die Länderei »auf ewig« zugute kommt. Berlin, Vorderasiatisches Museum

Monumentalität und Wehrhaftigkeit kennzeichnen Tore und Außenmauern des erst vor kurzem wiedererrichteten spätbabylonischen Palastes in Babylon. Nur die gestuften Zinnen und flache Wandnischen gliedern die endlos wirkende Fassade.

mit besonderen Vollmachten ausgestattete Bēl-ibni auszeichnen konnte. Der in Ur eingesetzte Gouverneur Sîn-balāssu-iqbi ließ dort noch einen Tempelbau errichten.

Nabopolassar und der Kampf um das assyrische Erbe

Der Chaldäer Nabopolassar, der Begründer des spätbabylonischen Reiches, begann seinen Kampf gegen die Assyrer vom schwer zugänglichen Meerland aus, dem traditionellen südmesopotamischen Widerstandsherd. Zwar erkannten schon 626 v. Chr. – die Chronologie des Geschehens ist nicht sicher – Uruk und Babylon Nabopolassar als König an, doch bedurfte es langwieriger Gefechte mit assyrischen Einheiten und ihren Parteigängern in mittel- und südbabylonischen Städten, bis babylonische Truppen gegen assyrische Positionen am Mittleren Euphrat und am Tigris vorgehen konnten. Es ist anzunehmen, daß erst der von den Medern auf Assyrien ausgehende Druck diese von der »Nabopolassar-Chronik« ab 616 v. Chr. überlieferten Aktionen ermöglichte. Das Bündnis mit dem Meder Kyaxares kam nach der Zerstörung Assurs 614 v. Chr. zustande und führte zwei Jahre später zum Angriff auf Ninive. Wir dürfen davon ausgehen, daß im Rahmen dieses Bündnisses auch schon die gegenseitigen Interessensphären abgesteckt wurden. Bis auf Teile des eigentlichen Assyrien – hier sind die tatsächlichen Machtverhältnisse noch ungeklärt – blieb Babylon die Herrschaft über die mesopotamische Tiefebene. Durchaus weitsichtig versuchten die ägyptischen Pharaonen Psammetich und Necho, durch die Etablierung einer Garnison in Karkemiš am Euphrat und die militärische Unterstützung assyrischer Resteinheiten bei Harran das babylonische Vordringen nach Syrien und Palästina zu blockieren. Dies gelang für kurze Zeit, doch wurden unter der Führung des babylonischen Kronprinzen Nebukadnezar die Ägypter 605 v. Chr. bei Karkemiš und in der Verfolgung bei Hama vernichtend besiegt. Das neubabylonische Reich hatte das Erbe Assyriens angetreten.

Nebukadnezar und die goldenen Jahre Babylons

Die lange Regierung Nebukadnezars stellt unbestreitbar den Höhepunkt der spätbabylonischen Dynastie dar. Seine Felsinschrift am libanesischen Naḥr el-Kelb, dem »Hundsfluß«, neben ägyptische und assyrische plaziert, ferner auch Stelen im Bereich der Beq'a-Ebene, dokumentieren den Anspruch auf diese Regionen. Weitgehend ungestört flossen die Tribute Vorderasiens nach Babylon und ermöglichten dort eine prachtvolle Hofhaltung. Lediglich in Palästina und an der phönikischen Küste provozierte ägyptischer Einfluß einige Turbulenzen, scheiterte ein Angriff gegen Ägypten und mußte gegen Araberstämme, Edom und Moab vorgegangen werden. Vor allem Tyros, das 13 Jahre lang belagert wurde, sowie Jerusalem sahen von der mittelsyrischen Hauptbasis Ribla aus operierende babylonische Truppen. 597 v. Chr. wurde Jojakim von Juda zusammen mit seinen Parteigängern nach Babylon deportiert und Zedekia eingesetzt. Ein Jahrzehnt später erneut lange belagert, wurden nach der Eroberung Jerusalems Tausende jüdischer Personen nach Babylonien verschleppt. Für einen langen Zeitraum fehlen dann die babylonischen Chronikberichte, so daß wir über die weitere außenpolitische Entwicklung äußerst schlecht unterrichtet sind. Nach Herodot vermittelte Babylon 585 v. Chr. einen Frieden zwischen den Medern und dem Lyderreich. Die Interessen Babylons in Kleinasien verdeutlicht auch ein Fragment der Neriglissar-Chronik. Mit der kurzen Regierung des Neriglissar-Awīl-Marduk (562–560) endete die dynastische Thronfolge. Unter Neriglissar (560–556), einem Militär und begüterten Hofbeamten auf dem Königsthron, drang ein babylonisches Heer entlang der heutigen türkischen Südküste noch bis an die Grenze zu Lydien vor.

Die wirtschaftliche und gesellschaftliche Entwicklung

Der wirtschaftliche Aufstieg Babyloniens seit dem 7. Jahrhundert v. Chr. wurde durch die Kämpfe gegen die Assyrer nur kurz unterbrochen und setzte sich unter Nabopolassar

und Nebukadnezar fort. Der Zustrom von Deportierten, unter ihnen Iraner, Assyrer, Ägypter und Juden, förderte nicht nur die Landwirtschaft, sondern auch die Aktivitäten auf dem Handelssektor. Schon im 7. Jahrhundert ist eine größere Zahl begüterter babylonischer Familien, oder besser Familienverbände, textlich zu verfolgen. Neben dem Vatersnamen tauchen bei diesen Personen oft gemeinsame Familiennamen auf, von denen einige vielleicht schon aus der kassitischen Zeit stammen. Mehrere große Privatarchive bezeugen ihre privaten Aktivitäten, teils auf dem Handelssektor, teils in der Landwirtschaft mit Vermietung und Verpachtung von Ländereien oder im Geldverleih. Umfangreicher Sklavenbesitz bei einzelnen dieser führenden Familien ist belegt. Babylon selbst nahm immer mehr einen internationalen Charakter an.

Zur Stärkung der Wirtschaftskraft und der Einnahmen der großen Tempelstädte wie Uruk, Larsa und Borsippa – die Zahl der erhaltenen Verwaltungstexte aus den Tempeln geht in die Zehntausende – wurden sehr erfolgreiche Maßnahmen durchgeführt. Es gelang hier, die königlichen Interessen mit denen der führenden Familien dieser Städte, die wie der König am Tempeldienst und an den damit verbundenen Pfründeneinnahmen partizipierten, zu vereinen. Die Toppositionen dieser Tempel wurden in einer Art Ämterbalance zwischen Stadt und König besetzt. Mit Hilfe des Stadtpräfekten *(šakin tēmi)* und verschiedener königlicher Aufsichtsbeamter *(ša reš šarri)* wurden die Tempelaktivitäten kontrolliert, deren Spitze *(šatammu)* von den städtischen Familien eingenommen wurde.

Doch sollte nicht einfach die gesellschaftliche Situation Nordbabyloniens auf Gesamtbabylonien, vor allem nicht auf die alten Tempelorte des Südens, übertragen werden. Da dort nur begrenzt Neuland zu kultivieren war und die Besitzverhältnisse wie die ökonomischen Bedingungen weitgehend vom Tempel diktiert wurden, war für größere private Handelsunternehmungen und »Großkaufleute« kein Platz und kein Markt.

Noch sehr unklar, zumal in den Gebieten außerhalb Babyloniens, ist das System der babylonischen Provinzverwaltung. In Babylonien waren die Provinzen *(pīḫatu)* nach alten chaldäisch-aramäischen Stammesterritorien wie Puqudu, Gambulu, Meerland und so weiter benannt.

Der Glanz der Stadt Babylon

Das Bauprogramm der babylonischen Könige ist gigantisch zu nennen. Vor allem die stereotypen Bauinschriften Nebukadnezars finden sich fast in allen größeren babylonischen Städten. Da bei vielen Bauten die haltbareren gebrannten statt der luftgetrockneten Lehmziegel Verwendung fanden, überdauerten sie besser und vermitteln uns heute eine gute Vorstellung von der spätbabylonischen Architektur. Vielfach wurden die Ziegel mit der königlichen Titulatur gestempelt. Von besonderem Interesse sind

die Restaurierung und der teilweise Neubau praktisch aller großer Kultkomplexe Babyloniens.
Fast komplett erneuert wurde das Stadtbild Babylons. Die Grabungen R. Koldeweys vor dem Ersten Weltkrieg, wiederaufgenommen von irakischen Archäologen, zeigen, daß die von den antiken Autoren (Herodot, Ktesias bei Diodor, Strabo, Flavius Josephus, Curtius Rufus) als Weltwunder angeführte Doppelmauer der Stadt eine Länge von etwa 18 Kilometern hatte.
Im nordwestlichen Teil wurde von Nebukadnezar – auch Baureste Nabopolassars sind vorhanden – eine das Stadtgebiet überragende gewaltige Palastanlage errichtet. Die südlich der Binnenmauer liegende »Südburg« mit mehreren parallelgeschalteten Hofsystemen, die im Norden und Süden von einer Vielzahl von Räumen umgeben waren, dürfte das eigentliche Residenz- und Verwaltungszentrum der spätbabylonischen Könige gewesen sein. Von den Verwaltungsarchiven der Könige liegen aber nur kümmerliche Reste vor, so eine vielzitierte Rationenliste, die unter den Empfängern auch den exilierten Jojakim von Juda nennt. Am 55 x 60 Meter großen Haupthof lag südlich der 17 x 52 Meter große, mit glasierten Ziegeln geschmückte Thronsaal (Abb. S. 442); die beiden westlichen Höfe waren wohl die Privatquartiere für König und Königin. Nördlich davon lag die sogenannte »Hauptburg«, und außerhalb der Stadt befand sich noch eine Art »Sommerpalast«, an dem der alte Stadtname Babil bis in die Moderne haften blieb; beide Anlagen dienten nur Wohnzwecken.
Die an der Ostseite vorbeiführende Prozessionsstraße mit dem prächtigen Ištar-Tor wurde ebenso neu angelegt oder restauriert wie das von einer gewaltigen Peribolos-Mauer umgebene Esangila-Heiligtum Marduks mit dem Stufenturm Etemenanki; ferner das Festhaus *(bīt akītu)*, das bisher noch unentdeckte Ziel der Prozessionsstraße, und mehrere Tempel, von denen der heute rekonstruierte Ninmaḫ-Tempel, der neuergrabene *Nabû ša ḫarê*-Tempel und der Tempel der Ištar von Akkad noch heute eindrucksvoll Zeugnis ablegen.
Außer der erwähnten Zikkurrat überliefern uns die griechischen Autoren als Weltwunder noch die sogenannten »Hängenden Gärten der Semiramis«, wohl eine Gartenanlage, die entgegen früheren Ansichten noch nicht lokalisiert ist; desgleichen fehlt in den Beschreibungen selten der Hinweis auch auf die mindestens 123 Meter lange Euphratbrücke von Babylon; sie ruhte auf Ziegelpfeilern, die mit Hausteinen verkleidet waren.

Das Ende des spätbabylonischen Reiches

Immer noch geben Persönlichkeit und Politik des letzten babylonischen Königs Nabonid (555–539) viele Rätsel auf. Diese beginnen mit seiner Herkunft, der möglicherweise aramäischen Abstammung seiner Mutter Adad-guppi und der Usurpation des babylonischen Thrones. Die persönliche Verehrung des Mondgottes Sîn, besonders des Sîn der Stadt Ḫarrān in Nordmesopotamien, dessen Tempel Eḫulḫul neu erbaut wurde, aber auch das antiquarische Interesse Nabonids an seiner Vergangenheit sowie die Einbeziehung der assyrischen Könige in die Liste seiner Vorfahren sind einige der eigenen Züge dieses Herrschers. Im Namen einer Restaurierung früherer Verhältnisse zur Zeit Nebukadnezars wurden die babylonischen Tempel neu geordnet, wobei Nabonids Sohn, der Kronprinz Belsazar, eine aktive Rolle spielte. Aus der Neubesetzung von Tempelämtern läßt sich auch auf eine gewisse Opposition gegenüber den königlichen Maßnahmen schließen. Noch einmal ist eine rege Bautätigkeit in den alten Tempelzentren zu beobachten.
Viele Spekulationen existieren über einen zehnjährigen Aufenthalt Nabonids in der Oasenstadt Taima in der nordarabischen Wüste und die Kontrolle der Oasen bis Medina. War es die Erkenntnis, daß vom Iranischen Hochland die

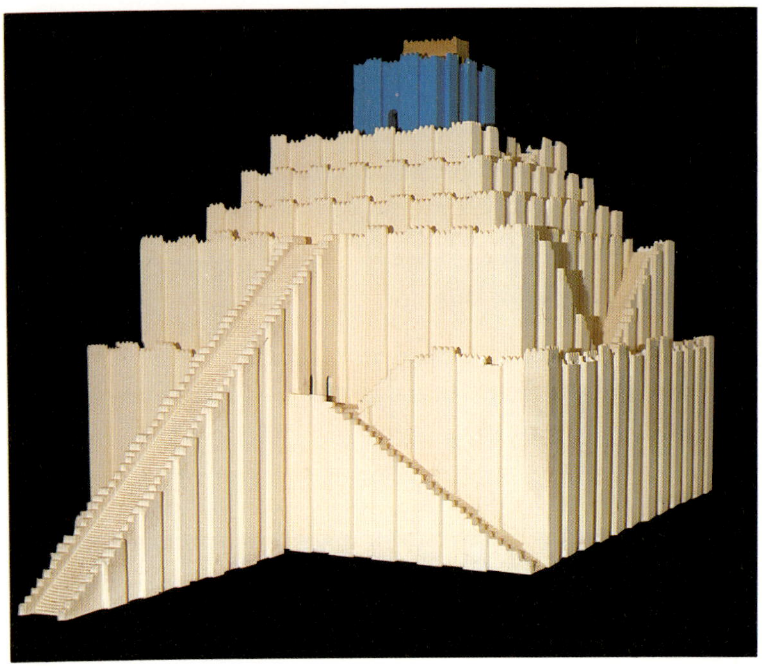

Mitten in diesem heiligen Bezirk ist ein fester Turm errichtet, ein Stadion, lang und breit, und auf diesem Turm steht wiederum ein Turm und dann noch einer, im Ganzen acht Türme übereinander. Alle diese Türme kann man ersteigen auf einer außen herumführenden Treppe. Auf mittlerer Höhe sind Ruhebänke angebracht, auf die sich der Hinaufsteigende setzen kann, um sich zu erholen. In dem höchsten Turm steht erst das eigentliche große Tempelhaus, und in dem Tempelhaus steht ein großes Ruhebett, mit schönen Decken belegt, und daneben ein goldener Tisch. Kein Götterbild findet man dort aufgestellt, auch nächtigt kein Mensch in dem Tempel, bloß eine einzige aus Babylon stammende Frau, die sich der Gott unter allen Frauen des Landes erwählt, wie wenigstens die Chaldäer, die Priester dieses Gottes, behaupten.
Herodot, Historien, I 181

Wenig ist vom legendären »Turm zu Babel« erhalten geblieben, denn er wurde schon in der Antike als Baustoffquelle ausgebeutet. Dort, wo einst der Backsteinmantel einen massiven Lehmziegelkern umschloß, blinkt heute schilfbestandenes Grundwasser (rechts). Das Rekonstruktionsmodell der Zikkurrat von Babylon im dortigen Museum (links) orientiert sich einerseits an Grabungsbeobachtungen, andererseits an der Beschreibung Herodots.

drohende Invasion Babyloniens bevorstand? Spielten religiöse Motive eine Rolle, oder vermischten sich imperialistisch-wirtschaftliche Motive mit politischen, etwa grundlegenden Differenzen mit Belsazar und mit der Priesterschaft der babylonischen Tempel?

Nabonid fand, wie aramäische Fragmente aus Qumran belegen, als mythische Figur auch Eingang in die jüdische Literatur. Die Popularität Nabonids scheint nach seiner Rückkehr nach Babylon aber nur gering gewesen zu sein. Die Revolte des Statthalters Gobryas und das Eingreifen des Persers Kyros, der 539 v. Chr. nach kurzem militärischen Widerstand Nabonids Babylonien fast kampflos übernahm, beendeten eine Epoche der Weltgeschichte: die Beherrschung des Vorderen Orients durch mesopotamische Könige. Die Bewohner und die Marduk-Priesterschaft Babylons, die Kyros beim Einzug zujubelten, waren sich dessen wohl kaum bewußt, und auch die wirtschaftlichen Verhältnisse Babyloniens blieben davon zunächst unangetastet. Als in Babylon unter dem Perserkönig Dareios I. 20 Jahre später antipersische Aufstände ausbrachen, wurde noch einmal der Name Nebukadnezars für kurze Zeit zum Symbolnamen babylonischer Nationalisten. Obgleich Babylon noch lange sein weltstädtisches Gepräge bewahrte, wurde die Weltpolitik jedoch von anderen Orten aus gemacht.

Das Reich der Achämeniden

Die Meder

Welche der zahlreichen indo-iranischen Stammes- und Ortsnamen des Iranischen Hochlandes, die uns die assyrischen Quellen seit dem 9. Jahrhundert v. Chr. nennen, nun ethnisch »medisch« (Mada) sind oder nur im weiteren assyrisch-geographischen Sinn so bezeichnet werden, ist nicht klar. Zumindest die Region um Hamadan gehörte,

Linke Seite: Die gewaltigen Reste des von Nebukadnezar II. (605–562) errichteten Ištar-Tors in Babylon zeigen den ersten, später zugeschütteten Bauzustand.

Oben: Jahrhundertelang wurden die Schutthügel des riesigen Ruinengeländes von Babylon von Ziegelräubern durchwühlt. Trotzdem ergaben die seit 1899 durchgeführten Grabungen eine zuverlässige Rekonstruktion der Stadt zur Zeit Nebukadnezars II.

Folgende Doppelseite: Dehan-i Ǧulaman. Am Ostrand der Großen Wüste gleiten Wanderdünen über die Ruinen einer bedeutenden achämenidischen Stadt, vielleicht das antike Zarin, die Hauptstadt der Provinz Drangiana. Der quadratische Lehmziegelbau (54 x 54 m) mit Säulenhallen und Eckbastionen erinnert an die Säulensäle von Persepolis. Die große Zahl installierter Feueraltäre spricht für ein Heiligtum von überregionaler Bedeutung.

Babylon hat durchweg dreistöckige und vierstöckige Häuser und wird von geradlinigen Straßen durchzogen, die teils in der Richtung des Stromes, teils quer auf den Fluß zulaufen. Jede dieser Querstraßen mündet in ein Tor in der Backsteinmauer längs des Flusses, so daß die Zahl dieser Tore gleich der der Querstraßen ist. Auch diese Tore waren aus Erz und führten an den Strom hinab.

Herodot, Historien, I 180

wie auch später, zum engeren Siedlungsgebiet der Meder, doch ist noch kein Ortsname der assyrischen Quellen lokalisiert. Archäologische Surveys entdeckten in dem in Frage kommenden Gebiet mehrere »medische« Siedlungen, aber nur in Nūš-i Ǧān, Baba Ǧān und Godin Tepe sind bisher Architekturreste ergraben.

Medien war wegen seines Pferdereichtums für die Assyrer wichtig. Einige medische Stämme gehörten zeitweilig zur assyrischen Provinz (Ḫarḫar), aber auch die entfernteren Meder sahen sich mit assyrischen Tributforderungen konfrontiert. Herodot nennt uns für das 8. Jahrhundert v. Chr. Deiokes und Phraortes als medische Könige. Der erste Name könnte mit dem eines Daiukku im Bereich der Mannäer identisch sein. Phraortes wird von einigen Forschern mit der Person eines Kaštariti, Stadtfürst von Bīt Kašši, identifiziert, der als Führer medischer Stadtfürsten gegen Asarhaddon auftritt. Wie weit es damals wirklich schon ein übergeordnetes Stammeskönigtum im Sinne Herodots

gab, bleibt unsicher. Die nach Herodots Angaben rekonstruierbaren Daten für Deiokes (699–647) und Phraortes (646–625) sind daher sehr hypothetisch. Von einzelnen medischen Stammesführern liegen keilschriftliche Verträge mit Asarhaddon vor, in denen sie die assyrische Thronfolgeregelung anerkennen.

Das medische Großreich

Die vereinigten medischen Stämme wurden spätestens nach dem Zerfall des Skythenreiches um den Urmiasee (um 625 v. Chr.) zu offensiven Aktionen gegen das assyrische Reich fähig. Nach Deiokes und Phraortes folgte als Regent Kyaxares (624–585). Angriffe gegen das Osttigrisland, die Eroberung von Tarbisu und Assur (614 v. Chr.), das Bündnis mit dem Babylonier Nabopolassar und die gemeinsame Eroberung von Ninive (612 v. Chr.) sind aus den Keilschriftchroniken bekannt. Schlechter sind wir über das weitere Vorgehen unterrichtet. Indizien deuten darauf hin, daß es zeitweise zu Spannungen mit Babylon kam. Es folgte der Untergang der Mannäer und Urartus, wobei die Beteiligung skythischer Einheiten bei der Eroberung urartäischer Festungen umstritten ist. Zwischen 590 und 585 v. Chr. fand der Krieg gegen das Lyderreich des Alyattes statt, der nach einer Sonnenfinsternis am 25. Mai 585 mit einem durch die Babylonier und Kiliker vermittelten Frieden beendet wurde; durch ihn wurde die Halysgrenze zwischen Lydien und den Medern festgelegt. Nur die klassischen Autoren berichten, daß unter Kyaxares weite Gebiete des iranischen Ostens hinzukamen. Sein Nachfolger Astyages (584–549), der in Ekbatana residierte, wird von den Quellen nur noch in Verbindung mit der Machtübernahme durch die Perser unter Kyros beleuchtet. Das große Mederreich ist also eine noch sehr unbekannte Größe; ob es sich nur um eine Agglomeration von Staaten handelte oder ob die Meder wie die Perser schon ein einheitlicheres Verwaltungssystem aufbauten, ist unbekannt. Medisch scheint freilich das Wort für den Satrapen-Statthalter zu sein.

Die Perser

Assyrische Quellen vermelden schon im 9. Jahrhundert v. Chr. den Eingang von Tributzahlungen von Stämmen des Landes Pars(u)a, das am Rande der assyrischen Einflußzone zwischen den Territorien der Meder (etwa die Region von Hamadan) und der Mannäer (südlich des Urmiasees) lag. Im 7. Jahrhundert v. Chr. wird aber östlich von Elam das Land Parsuaš/Parsumaš, die Persis, die heutige Fars, zum erstenmal erwähnt. Die meisten Wissenschaftler nahmen daher an, daß die Perser sich gegen 700 v. Chr. in einer großen Wanderbewegung nach Süden wandten, doch wurde jüngst die These vertreten, daß der nördliche Parsua-Name nichts mit den späteren Stammlanden zu tun habe. Die Persis dürfte zeitweilig unter elamischer Kontrolle gestanden haben. Noch die spätere Verwaltung von Persepolis und viele persische Königsinschriften verwendeten die elamische Sprache. Die altorientalische Bezeichnung dieser Region ist Anšan; noch Kyros II. führte wie elamische Herrscher den Titel »König von Anzan«. Als Assurbanipal 640 v. Chr. gegen Elam vorging, unterwarf sich auch ein Kyros (I.) von Parsumaš, wohl ein Vorgänger des späteren Großkönigs, und schickte seinen Sohn Arukku nach Ninive. Über die weiteren Vorgänge sind wir nicht unterrichtet, doch dürfte die Persis einen festen Bestandteil des medischen Reiches gebildet haben.

Kyros und die Begründung des persischen Reiches

Von der Persis aus konnte Kyros (II.), Sohn des Kambyses, Nachkomme des Achaimenes, die medische Oberhoheit abstreifen. Die Eroberung der altorientalischen Welt durch

Linke Seite und oben: Funde aus dem Oxus-Schatz. Am Ufer des Oxus/Amu Darya wurde 1887 ein Schatz gehoben, der nahezu 200 Objekte von hohem kunsthandwerklichen Rang enthielt. Schmuck, Waffen, Gefäße und Statuetten, aus Edelmetall gefertigt, entstanden zwischen dem 5. und 3. Jahrhundert v. Chr. Dank neuer sowjetischer Grabungen ist es nun fast sicher, daß der Oxus-Schatz einst einem Tempel gehörte. London, British Museum

die Achämeniden vollzog sich, militärisch gut vorbereitet, sehr rasch. 550 v. Chr. besiegte Kyros den Meder Astyages, dessen Truppen anscheinend überliefen, und nahm seine Residenz Ekbatana ein. Ohne auf babylonischen Widerstand zu stoßen, durchquerte Kyros das Osttigrisgebiet und wandte sich nach Kleinasien. Nach einem Sieg gegen die Lyder unter Kroisos bei Pterias östlich des Halysflusses folgten 547 v. Chr. die Einnahme der Stadt Sardes und die Gefangennahme des Lyderkönigs Kroisos. Mit diesem Jahr beginnt auch die mit militärischen und diplomatischen Mitteln geführte langwährende Auseinandersetzung mit den Griechenstädten an der kleinasiatischen Küste. Es folgte die Ausdehnung des Reiches nach Osten bis an die Grenzen Indiens, von der nur Herodot berichtet. 539 v. Chr. fielen die Gebiete des spätbabylonischen Reiches fast kampflos in persische Hände. Mit Hilfe einflußreicher babylonischer Kreise, die Nabonid keine Unterstützung mehr leisteten, zog Kyros in Babylon ein. Eine geschickte und rücksichtsvolle Besatzungspolitik ließ in Mesopotamien die einheimischen Strukturen in Verwaltung und Recht sowie bei den religiösen Verhältnissen zunächst weitgehend unangetastet. Das Führen des Titels »König von Babylon« neben dem umfassenderen »König der Länder« durch die frühen Achämeniden ist hierfür Beleg. Ein von der babylonischen Marduk-Priesterschaft verfaßter Keilschriftzylinder rühmt nicht nur die religiöse Bautätigkeit des Kyros, sondern bemüht sich, die Person und Herkunft des Königs in die mesopotamische Herrschaftstradition zu integrieren. Die zahlreichen Wirt-

Zwei oft als »Feuertempel« angesprochene Türme sind in ihrer Funktion nach wie vor umstritten. Der schlechter erhaltene (links) steht in Pasargadae, der intaktere (rechts) im Tal der Königsgräber von Naqš-i Rustam. Blinde Fenster deuten einen dreistöckigen Innenausbau an, die außen heraufgeführte Treppe erschließt jedoch nur einen einzigen hochgelegenen Raum.

Achämeniden

Kambyses	um 600–559
Kyros II.	559–529
Kambyses II.	529–522
Dareios I.	522–486
Xerxes I.	486–465
Artaxerxes I.	465–424
Xerxes II.	424
Dareios II.	423–405
Artaxerxes II.	405–359
Artaxerxes III.	358–337
Arses	337–335
Dareios III.	335–330

Die Schlacht zwischen Kyros und Tomyris halte ich für die gewaltigste, die je Barbaren einander geliefert haben. Von ihrem Verlauf habe ich folgendes in Erfahrung gebracht. Zuerst sollen sie einander aus der Ferne mit Pfeilen beschossen haben, dann, als die Pfeile verschossen waren, zum Handgemenge übergegangen sein und einander mit Lanzen und Dolchen bekämpft haben. Lange Zeit schwankte der Kampf, und keiner wollte weichen. Endlich siegten die Massageten. Der größte Teil des persischen Heeres wurde vernichtet, und auch Kyros fand seinen Tod, nachdem er im ganzen neunundzwanzig Jahre die Krone getragen hatte. Herodot, Historien, I 214

schaftsdokumente der babylonischen Städte bezeugen eine weitgehend ungestörte Entwicklung unter den Achämeniden bis zu Xerxes. Stempelziegel des Kyros finden sich im Tempelbezirk von Ur. Eine persische Garnison sicherte den neuen Statthalter in Babylon, der anfänglich ein mit Syrien vereintes riesiges Territorium verwaltete.

Eine propagandistisch geschickt auf religiöse Toleranz abzielende Politik erleichterte auch die Übernahme der bisher von Babylon aus kontrollierten anderen Territorien. Das Buch Ezra berichtet, daß Kyros 538 v. Chr. sofort per Erlaß den jüdischen Untertanen die Rückkehr in ihre Heimat erlaubt und den Wiederaufbau des Tempels in Jerusalem befohlen habe. Auch wenn alles dafür spricht, daß das Kyros-Dekret nicht echt ist und für eine nennenswerte Rückwanderung jüdischer Bevölkerungsgruppen keine außerbiblischen Quellen vorliegen, ist an der toleranten Einstellung der frühen Achämeniden gegenüber den alten Kultzentren nicht zu zweifeln. Eine ebenso propagandistisch wirksame Maßnahme scheint die Schonung gefangengenommener Könige durch Kyros gewesen zu sein. In der griechischen Tradition schlägt sich dies in einem idealisierten Kyros-Bild nieder. In Xenophons »Kyropaideia« ist der Achämenide zum Musterbeispiel ritterlich-königlicher Bildung und Gesittung geworden. Nach dem Bericht Herodots fiel Kyros bei dem Versuch, die iranische Macht nach Mittelasien über den Oxus (Amu-Darya) hinauszutragen, im Kampf gegen die sakischen Massageten.

Kambyses und die Machtübernahme durch Dareios I.

Die Nachfolge des Kyros übernahm sein Sohn Kambyses (530–522) unter ihm erfolgte 525 v. Chr. die Invasion Ägyptens, die das Ende der Dynastie von Saïs herbeiführte. Ägypten wurde von nun an für über ein Jahrhundert von persischen Statthaltern regiert. Maßnahmen, mit denen Kambyses die ihm als neuem Pharao zustehende Kontrolle über die kultischen Einnahmen der ägyptischen Heiligtümer zu festigen suchte, scheinen einige Unruhen nach sich gezogen zu haben. Sie schlagen sich vielleicht in dem sehr negativen Bild der Herrschaft des Kambyses in Ägypten nieder, das die griechischen Quellen zeichnen. Ungeachtet späterer Aufstände blieb es bei der eingeschlagenen persischen Besatzungspolitik, auch in Recht und Verwaltung das pharaonische Erbe zu übernehmen.

Der langen Regierungszeit des mit Kyros nicht in direkter Linie verwandten Achämeniden Dareios I. (522–486), des Sohnes des Hystaspes, Enkel des Arsames, gingen Unruhen und Aufstände voraus. Seine eigene Version der Ereignisse wurde von Dareios auf dem Felsen von Bīsutūn minuziös in altpersischer, elamischer und babylonischer Keilschrift niedergeschrieben. Dieses mit unzweifelhaft propagandistischer Absicht verfaßte und auch im Reichsgebiet verbreitete politische Dokument sollte die Rechtmäßigkeit seines Vorgehens begründen. In ihrer Ausführlichkeit stellt diese Inschrift eine der wertvollsten Originalquellen der Achämenidengeschichte dar.

Schon vor dem Tode des Kambyses hatte sich der von der Priesterkaste der Magier unterstützte Gaumāta, der falsche Smerdis/Bardiya, erhoben. Die Revolte bedrohte die Vorrechte der persischen Nobilität. Nach der Beseitigung des Gaumāta mit Hilfe einer Gruppe persischer Adliger, der Heirat mit der Kyros-Tochter Atossa und der Thronbesteigung hatte sich Dareios mit Aufständen in verschiedenen Reichsteilen zu befassen, darunter Medien, Elam, Babylonien, Urartu/Armenien, Baktrien und die Margiana. Diese Aufstände waren teilweise offensichtlich nationalistisch,

denn die Usurpatoren nahmen vielfach alte lokale Königsnamen an. Da sie aber unkoordiniert blieben, gelang es Dareios überraschend schnell, angeblich in einem Jahr, die »Lügenkönige« zu beseitigen.

Die Eroberungspolitik des Dareios

Dareios nahm die frühere persische Eroberungspolitik wieder auf. 519 v. Chr. sind Kämpfe mit den Saken in Turkestan bezeugt; in Sind wurde das Industal erreicht. Dem Satrapen Aryandes gelang es, sich kurzzeitig in Libyen festzusetzen. 513 v. Chr. unternahm Dareios persönlich eine erste militärische Operation auf europäischem Gebiet. Mittels einer Schiffsbrücke über den Bosporus wandten sich die Perser in das östliche Thrakien und zur Donaumündung. Zum Erstaunen mancher moderner Historiker war das Ziel danach die von skythischen Stämmen bewohnte südrussische Steppe. Der anscheinend nicht sehr erfolgreiche Skythenzug, wohl auch unternommen, um diese Terra incognita zu erkunden, ließ weitere griechische Städte und Inseln in die persische Einflußzone geraten.
499 v. Chr. brach eine Revolte gegen die persische Besatzung in Ionien aus; sie bildete den Auftakt einer Periode von 50 Jahren, in der sich persische und griechische Heere und Flotten gegenüberstanden. Der sechs Jahre dauernde Aufstand wurde nur von einigen Städten des Mutterlandes, wie Athen und Eretria, halbherzig unterstützt. Nach Anfangserfolgen breiteten sich die Aufstände bis Zypern aus, doch gelang es den Verbündeten weder, die Garnison des persischen Statthalters aus Sardes zu vertreiben noch den langsamen Aufmarsch der Perser, vor allem der persischen Mittelmeerflotte, zu verhindern. Aufgesplittert zu Lande, brach 494 v. Chr. bei Lade auch die griechische Flotte auseinander. Einzelne Städte wie Milet bekamen die persische Rache zu spüren. Die zu erwartenden persischen Aktionen gegen Griechenland wurden unter Mardonios durch die Sicherung von Thrakien und Makedonien vorbereitet, die weiteren Operationen von Artaphernes und Datis. Im Gegensatz zu Eretria, Athen und Sparta antworteten sehr viele griechische Städte auf die Unterwerfungsforderung positiv oder kollaborierten gar mit den Persern. Doch gelang es nach der Eroberung von Eretria 490 v. Chr. den Athenern unter Miltiades bei Marathon, bevor noch eine spartanische Einheit eintraf, das persische Heer zu besiegen und die verbleibenden Truppen auf ihre Transportschiffe zurückzudrängen. Die große Konfrontation war noch einmal verschoben.

Die Herrschaft des Dareios

In die Regierung Dareios' I. fallen nicht nur zahlreiche außenpolitische Ereignisse, sondern auch reformatorische Maßnahmen im Inneren, die den Zusammenhalt der einzelnen Reichsteile bewahren sollten. Seine sechsunddreißigjährige Regierung hinterließ zwar kein einheitliches, aber doch ein fest von der Königsresidenz aus kontrolliertes Reich. Dessen Territorialbeschreibung findet sich in den Gründungsurkunden aus Persepolis:
Von den Skythen von jenseits Sogdiens bis nach Kūš/Äthiopien, von Indien bis nach Sparda/Lydien.
Das persönliche Engagement des Dareios in vielen Bereichen der Verwaltung und in der Kriegsführung basierte auf einer großen Zahl von persönlichen Beratern und Agenten, die auf die besonderen Belange der einzelnen Provinzen spezialisiert waren, unter ihnen beispielsweise Udjahorresne, Neith-Priester von Saïs in Ägypten, und Histiaios von Milet. Die neuen wirtschaftlichen und strategischen Perspektiven, die sich Dareios eröffneten, zeigen sich auch in der Durchführung des von dem Pharao Necho schon früher begonnenen Versuchs, einen Kanal zwischen Mittelmeer und Sues am Roten Meer zu ziehen, und dem Auftrag zur Erforschung des Seeweges von Indien nach Westen.

Vorhergehende Doppelseite: Unweit des Schlachtfeldes, wo Kyros der Große 550 v. Chr. den Meder Astyages besiegte, ließ er seine Residenz Pasargadae anlegen. Hier wurde er auch bestattet. Sein Grabmal in Form eines rechteckigen Giebelhauses steht auf einem sechsfach gestuften Steinsockel.

Links: Spät erst – die Palastanlage von Persepolis war schon geraume Zeit ungenutzt – wurde in einer Felswand des dortigen Burgbergs ein Königsgrab angelegt. Die Gestaltung seiner Felsfassade folgt bis in Einzelheiten den Fassaden der Achämenidengräber von Naqš-i Rustam. Wahrscheinlich diente es Artaxerxes II. als letzte Ruhestätte.

Rechts: Mit dem Tod Dareios' I. (522–486) wurde das Tal von Naqš-i Rustam zum Begräbnisplatz achämenidischer Könige. In den steilen Felswänden wurden vier Grabkammern angelegt und mit einer kreuzförmigen Fassade versehen. Grab III (in Blickrichtung) ist wohl das Xerxes' I. Für wen Grab II (in der linken Wand) bestimmt war, ist ungewiß.

Folgende Doppelseite: Aufstände gefährdeten den Regierungsantritt Dareios' I. Die Niederwerfung der Rebellen hat er im Felsrelief von Bīsutūn/Bagistana mit dreisprachiger Inschrift verewigt. Der König tritt Gaumāta »in den Staub« und hält acht weitere Thronprätendenten sowie den Skythen Skunha »an der Leine«.

Das persische Königtum

Die Entwicklung des persischen Königtums war mit Dareios abgeschlossen. An der Spitze stand ein absoluter, mit unbeschränkten Vollmachten regierender Monarch. Der »König der Könige« und »König der Länder«, auch »König von Medien und Persien«, der Abkömmling des Achaimenes, der Arya (Arier), akzeptierte keinen anderen Herrscher als gleichrangig. Das vielleicht teilweise auf dem medischen basierende Hofzeremoniell war ganz auf diese isolierte, überragende Stellung des Königs zugeschnitten. Zugang und direkter Kontakt zu ihm waren bewußt erschwert, Proskynese und Distanz bei Audienzen gefordert. Die Interessen des persischen und medischen Adels waren insofern berücksichtigt, als nur ihm, zusammen mit den Angehörigen der Dynastie, der Anspruch auf die höchsten Hofämter und Reichsstellen zukam. Allein mit diesem Personenkreis konnte sich das Königshaus verschwägern. Nach Dareios finden wir nur noch eine Hauptfrau, daneben aber zahlreiche Konkubinen im königlichen Harem. Schwierig bleibt es, die Struktur des Hofes zu durchleuchten. Vielleicht die wichtigste Funktion am Hof hatten der *hazarapatiš*, »Chiliarch«, und die königlichen Wagenlenker, Waffen-, Bogen- und Speerträger. Nicht immer lassen sich jedoch die griechischen Termini mit den aus den altorientalischen Quellen bekannten Bezeichnungen identifizieren; dies gilt auch für den Geheimdienstchef, der das Büro der von den Griechen »Augen und Ohren des Königs« genannten zahllosen Informanten und Spitzel leitete.

In der Größe der königlichen Paläste repräsentiert sich eine immer gewaltigere Hofhaltung. Unter Kyros wurde in Pasargadae eine neue Palastanlage errichtet. Zwei von offenen Säulenhallen umgebene Palastbereiche lagen in einer riesigen umwallten Parkanlage, in die auch das Grab des Königs integriert war. In solchen »Paradies« genannten königlichen Parks manifestiert sich genauso wie in den

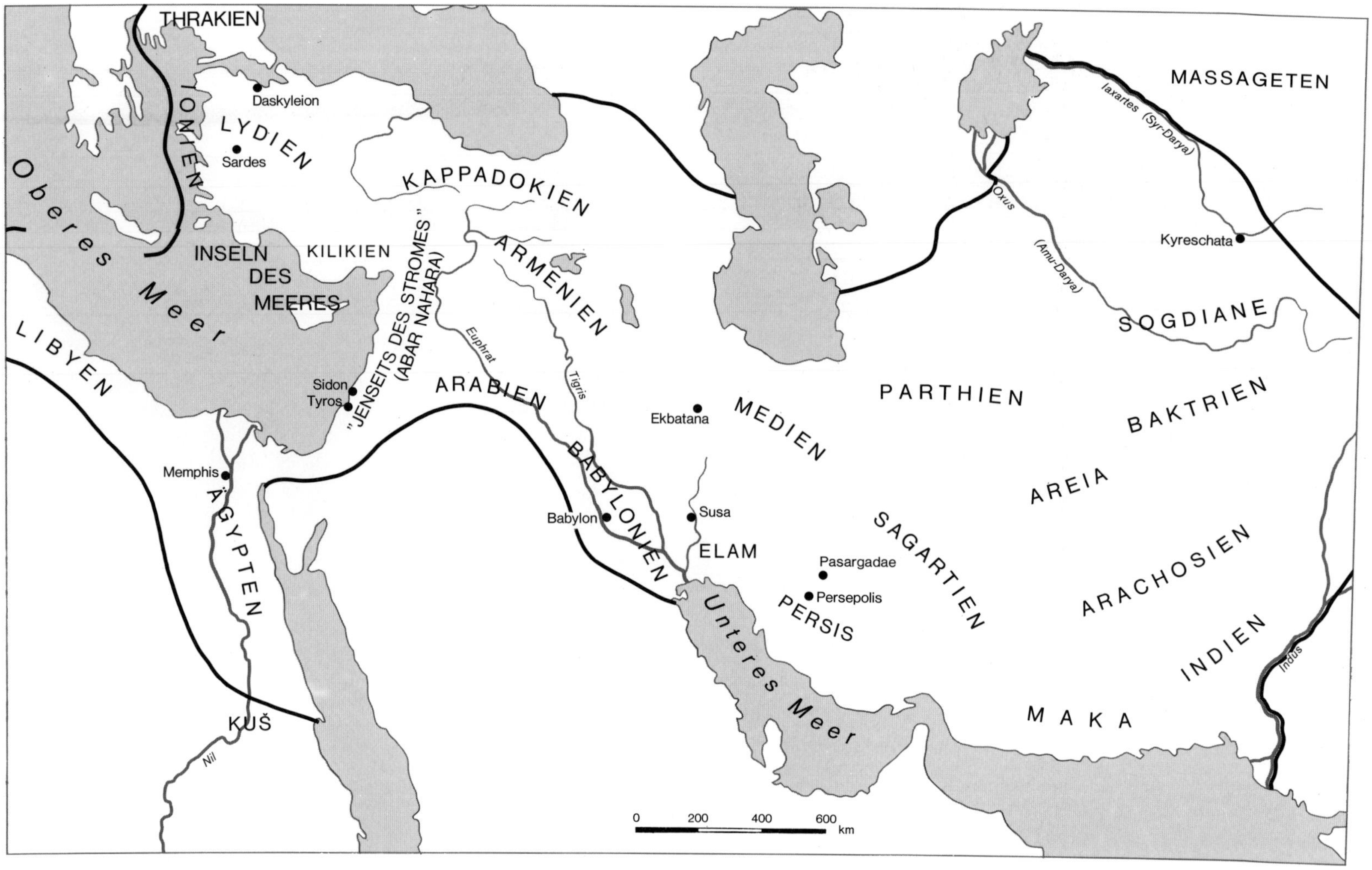

Jagd- und Reitparks das iranische Reiter- und Jagdideal sowie eine Vorliebe für Landsitze.
Monumental im Vergleich zu Pasargadae war der Palast, den sich Dareios, wahrscheinlich an der Stelle einer älteren Anlage seines Vaters Hystaspes, in Persepolis erbauen ließ, der aber erst von seinen Nachfolgern fertiggestellt wurde. Die Bewunderung der antiken Autoren wird schon angesichts der gewaltigen Dimensionen der Säulenhallen verständlich, darunter der Apadana-»Thronsaal« mit einer überdachten Innenfläche von rund 60 x 60 Metern. Iranische, aber auch ägyptische, assyrische und griechische Elemente – ionische oder lydische Architekten wirkten mit – vereinigen sich zu einem beeindruckenden architektonischen Ensemble, zu dem auch die Königsgräber von Naqš-i Rustam gehören. Eine nach griechischen Berichten wichtigere Residenz lag in Susa auf dem planierten Gelände der alten Akropolis; mit ihren glasierten Reliefziegeln zeigt sie deutlich babylonische Einflüsse. Weitere königliche Paläste in verschiedenen Provinzen sind bekannt.
Zu allen Palästen gehörten die »Schatzhäuser« (*ganzaka*), in denen Tribute, Geschenke und sonstige Einnahmen verwaltet wurden. Die internen Abrechnungsvorgänge eines derartigen Schatzhauses sind durch Tausende von Tontafeln in elamischer Sprache aus Persepolis bekannt. Sie listen die Reisespesen von Hofangehörigen und Verwaltungsbeamten auf, die Ausgabe von Tieren, Getreide und Wein, jedoch überraschend selten reine Silberzahlungen. Die Thesaurierung von Edelmetallen in den persischen Schatzhäusern wird heute oft kritisiert, da sie dadurch dem wirtschaftlichen Kreislauf des Reiches entzogen waren. Doch wird dabei vergessen, daß die Beibehaltung bestehender Wirtschaftsstrukturen in den Provinzen persische Politik war, die keine einheitliche Steuerung vorsah. In dieses Konzept gehört auch die Einführung der auf der babylonischen Mine basierenden persischen Münzen unter Dareios. Die Golddareike von 8,4 Gramm, mit dem Bild des bogenschießenden Königs im Knielauf, und der Silbersiglos von 14,9 Gramm wurden in erster Linie für den Westen des Reiches geprägt, wo seit ihrer Einführung im ionisch-lydischen Bereich die Griechen, natürlich auch die griechischen Söldner, mit der Münze vertraut waren.
Zu den kontroversesten Fragen gehört die nach einer religiösen Basis des persischen Königtums. Die polytheistische Religion des Iranischen Hochlandes geriet zunehmend in den Einfluß der von Zoroaster ausgehenden Ideen. Die Erwähnung von Ahuramazda als übergeordnetem Gott bei Dareios und der betonte Dualismus zwischen Gut und Böse legen eine solche Verbindung nahe, obwohl der Name des Religionsstifters nie erscheint. Umstritten ist die Rolle der iranischen Priesterkaste der Magier, die nicht nur den Feuerkult betreuten, sondern auch politisch aktiv waren. Monotheistische Tendenzen, die Xerxes zugeschrieben werden, finden sich bei den übrigen Königen nicht, die eine ausgeprägte Toleranz gegenüber anderen

Links: Satrapieneinteilung des Achämenidenreiches. Die Liste Herodots stimmt nicht ganz mit persischen Quellen überein.

Rechts: Monumentale Mischwesen bewachen das »Tor aller Länder« von Persepolis. Neuassyrische Vorbilder sind unverkennbar.

Religionen auszeichnet. Seit Artaxerxes I. treten neben Ahuramazda zunehmend Mitra und die Göttin Anahita in den Vordergrund.

Die persische Satrapie

Dareios ordnete die Provinzen neu; an ihrer Spitze standen nun gleichrangige Satrapen. Die Bīsutūn-Inschrift nennt folgende geographische Einheiten, die freilich nicht völlig mit der bei Herodot gelieferten Liste von 20 Satrapien übereinstimmen: Persis, Elam, Babylon, Assyrien, Arabien, Ägypten, »die am Meer«, Sparda/Lydien, Ionien, Medien, Armenien, Kappadokien, Parthien, Drangiana, Areia, Chorasmien, Baktrien, Sogdien, Gandhara, Saken, Sattagydai, Arachosien, Maka; weitere wie Sagartien und Karien kamen hinzu.
Die einzelnen Satrapien hatten einen von ihrer Leistungsfähigkeit abhängigen, festgelegten Jahrestribut an die königlichen Schatzhäuser in den Residenzen, teils in Silber, teils auch in landesspezifischen Produkten zu entrichten. Die Glaubwürdigkeit einer bei Herodot überlieferten Liste über die Finanzkraft der aufgelisteten 20 Provinzen, die Babylonien und Ägypten mit 1000 beziehungsweise 700 Silbertalenten an der Spitze hat, wird nicht von allen Kommentatoren anerkannt.
Die Satrapen wurden vom Großkönig ernannt, was erbliche Tendenzen nicht ausschloß, waren jederzeit abrufbar und zur Heeresfolge verpflichtet. In der Regel handelte es sich um Iraner, die oft mit dem Königshaus verwandt waren. Sie fungierten als oberste Rechts- und Verwaltungsinstanz. Die Satrapenhöfe waren gleichzeitig Ausbildungszentrum für die vornehmen Perser der Provinz, unter ihnen auch der Söhne angesiedelter Großgrundbesitzer, und in manchem ein kleines Spiegelbild des Königshofes. Satrapen hatten wie der Großkönig eigene Jagdparks und Gärten. Die Informationen über die Infrastrukturen der Satrapien sind dürftig. Auch wenn die griechischen Quellen uns Hyparchen und Kommandanten von Städten nennen, läßt sich kein einheitliches System erkennen.

Verwaltungspraxis und Kommunikation

Die persische Verwaltung in den neu eroberten Territorien praktizierte eine recht flexible Verwaltungspolitik. Viele lokale Strukturen in Wirtschaft und Verwaltung blieben unangetastet. Auf regionale staatliche Eigenbestrebungen wurde Rücksicht genommen. So gehörten beispielsweise die phönikischen Küstenstädte nur eher nominell zum Bereich der syrischen Statthalterschaft, was ihre wirtschaftlichen Unternehmungen im gesamten Mittelmeerraum sehr begünstigte. Umgekehrt profitierten die persischen Großkönige von der Erfahrung der phönikischen Seeleute. Die wirtschaftliche Potenz der phönikischen Städte mit ihren Kolonien im Mittelmeerraum erlaubte diesen die Haltung größerer Flottenverbände, die sich auf persischer Seite in mehreren Seeschlachten auszeichneten und zusammen mit kilikischen und karischen Schiffen das Rückgrat der persischen Seestreitkräfte bildeten.
Verwaltungssprache wurde zunehmend das Aramäische, doch blieben daneben regionale Sprachen und Schriften wie die elamische in der Persis und Susa, die babylonische und in Ägypten die demotische in Gebrauch. Die rasche Ausbreitung des (Reichs-)Aramäischen ist durch Papyrusfunde in Ägypten, biblische Texte und Inschriften von Lykien bis Indien belegt.
In Anlehnung an assyrische Vorbilder wurden persische »Königsstraßen« angelegt, von denen uns aber nur die von Susa nach Sardes durch Herodot bekannt ist. Da allgemein das Pferd benutzt wurde, konnten Informationen angeblich innerhalb einer Woche die 2100 Kilometer lange Strecke durchlaufen. Ob die Organisation des Postdienstes wirklich so perfekt und die allgemeine Sicherheit wirklich so groß waren, wie behauptet, muß bezweifelt werden. Man darf nicht vergessen, daß innerhalb des riesigen Perserreiches viele gebirgige Regionen lagen, die nicht wirklich zu kontrollieren waren. Zu den unsicheren Territorien zählten beispielsweise die Gebiete der Kardusier am

Kaspischen Meer und der um die Persis ansässigen Kossaioi, Uxier und Mader sowie der Karduchoi/Kurden; ferner die gesamte Schwarzmeerregion, Lykien, Pisidien, Kataonien in Kleinasien und auch Palästina, in das zunehmend nordarabische Stämme einströmten.

Perser und Griechen

Jede Darstellung der Geschichte des Achämenidenreiches ist vorwiegend eine Auseinandersetzung mit den Informationen, die uns die griechischen Autoren der Antike liefern. Die Diskussion, ob und wieweit diese aufgrund der Quellenlage zwangsläufig extrem einseitige Betrachtungsweise gerechtfertigt ist, ob die Fakten als zuverlässig zu gelten haben und wieweit sie durch die leider nur regional vorhandene nichtgriechische Überlieferung sowie den archäologischen Befund gestützt werden, ist nahezu unüberschaubar und wird heute noch so kontrovers geführt wie früher. Die für den weltpolitischen Verlauf der Geschichte wichtigen Auseinandersetzungen zwischen Persern und Griechen liegen nicht aus persischer Sicht kommentiert vor. Obwohl eine deutlichere Distanz zu den Aussagen der griechischen Quellen und ein besserer Informationsstand über die altorientalische Überlieferung zu beobachten ist, kann sich die historische Forschung der suggestiven Kraft der griechischen Berichte, die vielfach stereotype Klischees und Charakterisierungen der Perser und ihrer Könige verwenden, auch heute nicht entziehen. Seit der Besetzung Lydiens fand ein ständiger Informationsaustausch zwischen Griechen und Persern statt. Dieser kam nicht nur durch griechische Berater und Exilanten jeder Couleur an den Höfen der Satrapen und der Großkönige zustande. Händler, Ärzte, wie Ktesias von Knidos, Wissenschaftler, welche die Kenntnis mesopotamischer Astronomie und Mantik nach Westen brachten, Reisende wie Herodot oder Steinmetzen, die an Palastbauten in Pasargadae und Persepolis mitwirkten, und nicht zuletzt zahlreiche griechische Söldner ermöglichten diesen Austausch auch auf der unteren Ebene. Ohne diese Kontakte wären weder die persischen Erfolge in Griechenland mittels Diplomatie, Propaganda und Bestechungsgelder möglich gewesen, noch hätten einzelne griechische Stadtstaaten, Fürsten und militärische Abenteurer gegen die persischen Positionen vorgehen können.

Gerade die Rolle der griechischen Söldner – auch karische, lydische und lykische verdingten sich im Ausland – wird in vielen Geschichtsbetrachtungen vernachlässigt. Oft standen Griechen Griechen im Kampf gegenüber. Dabei bestimmten sie durch ihr Verhalten bei größeren Gefechten in mancher Hinsicht den Verlauf der achämenidischen Geschichte. Griechische Offiziere und Militärberater waren zunehmend an der achämenidischen Militärpolitik beteiligt. Neben der königlichen Garde galten die griechischen Söldner als die kampftauglichsten Fußtruppen des persischen Heeres, und das Versäumnis, hier eigene iranische Truppen auszubilden, dürfte einer der Faktoren gewesen sein, die sich am Ende für die Schlagkraft des persischen Heeres besonders negativ auswirkten.

Xerxes

In die ersten Regierungsjahre des Xerxes (486–465), des ältesten und schon lange als Thronfolger bestimmten Sohnes des Dareios, fielen diverse Revolten in Ägypten und Babylonien, die rasch unterdrückt wurden. Datierte Wirtschaftsdokumente aus nordbabylonischen Städten nennen 484 v. Chr. zwei Usurpatoren, Bēl-šimanni und Šamaš-erība. Die Version der griechischen Autoren zeichnet ein düsteres Bild der persischen Strafmaßnahmen gegen Babylon und speziell die Marduk-Priesterschaft des Esangila-Heiligtums. Danach seien nicht nur Esangila, die Marduk-Statue und der Stufenturm Etemenanki, sondern auch die Stadtmauern zerstört und das babylonische Königtum beseitigt worden. Die altorientalischen Quellen können diese Berichte nicht bestätigen, im Gegenteil, der Marduk-Kult lief weiter, und auch der in diesem Zusammenhang oft zitierte Wechsel in der Titulatur der persischen Könige, die nicht mehr den Titel »König von Babylon«, sondern nur noch »König der Länder« führten, scheint nicht abrupt von den babylonischen Schreibern eingeführt worden zu sein. Einige Veränderungen, die aber schon in den letzten Jahren des Dareios eingesetzt haben können, zeichnen sich auf wirtschaftlichem Sektor in Babylonien ab. Ein stärkeres Engagement von Persern auf dem Lande, besonders in der Region von Nippur, ist zu konstatieren. Leider geht die Zahl der erhaltenen Keilschriftarchive mit Xerxes stark zurück, so daß kein Gesamtbild für Mesopotamien vorliegt.

Die große Invasion Griechenlands

Das sehr negative Bild des Xerxes in der griechischen Welt findet sich auch bei den Beschreibungen des persischen Fehlschlages bei der lange überfälligen Invasion Griechenlands. Xerxes nahm 480 v. Chr. persönlich an dem von seinem Schwager Mardonios geleiteten Unternehmen teil. Die mehrjährigen Vorbereitungen waren hierfür sorgfältiger getroffen worden als unter Dareios. Proviantlager, eine Schiffsbrücke über den Hellespont und der Durchstich eines Kanals nördlich des für Schiffe gefährlichen Athos ließen Landheer und Flotte sicher nach Makedonien gelangen. Die farbige Beschreibung des Heeresaufgebots der verschiedenen persischen Provinzen, vor allem die unrealistisch hohen Zahlenangaben bei Herodot – nüchterne Schätzungen gehen heute von weit unter 100 000 aus –, lassen einige Zweifel an der Zuverlässigkeit mancher Einzel-

Die Basen und Säulenkapitelle des Tripylon von Persepolis sind reich mit Blattwerk und Voluten verziert. Sie können sich oben in Tierprotomen gabeln, auf denen das Dachgebälk auflag. Dies sind typische »Erfindungen« der achämenidischen Kunst.

heiten aufkommen. Griechische Exilanten, thessalische Verbündete und Überläufer befanden sich auf persischer Seite, vor deren Übermacht die nördlichen Verteidigungsstellungen der griechischen Verbündeten zu Wasser und zu Lande schnell zusammenbrachen, zumal nach der Vernichtung der Spartaner bei den Thermopylen. Die von dem athenischen Parteiführer Themistokles durchgesetzte Evakuierung Athens, aber auch persisches Drängen nach rascher Entscheidung vor dem nahenden Winter und taktische Fehleinschätzungen führten dann jedoch zur Niederlage der sich hauptsächlich auf phönikische, ionische und karische Schiffe stützenden persischen Kriegsflotte gegen die griechische in der Enge bei Salamis. Nach der Abreise des Xerxes und der Überwinterung des persischen Heeres in Thessalien endete bei Platäa der Angriff des Mardonios, getragen durch die überlegene persische Reiterei, am Widerstand der Spartaner unter Pausanias in einem völligen Desaster. Ein Gegenangriff griechischer Schiffe mit der Erstürmung des persischen Schiffslagers bei Mykale noch im selben Jahr und ein neuer Aufstand ionischer Städte waren die Folge. Entlang der kleinasiatischen Küste begann nun ein Kleinkrieg unter Beteiligung persischer Satrapen und Kommandanten mit verschiedenen in sich zerstrittenen griechischen Parteien. Die gescheiterte Invasion mündete so in einen langen, abnutzenden Grenzkrieg zwischen Griechen und Persern.

Mord, Intrige und Rebellion

Die Ermordung des Xerxes in seinem Palast in Susa war nur der Anfang zahlreicher innerdynastischer und höfischer Intrigen, die in Mord und Gewalt endeten. Die königliche Politik und die Besetzung von Ämtern und Befehlsstellen gerieten zunehmend in den Sog sich erbittert befehdender Parteien am Hofe, in die nicht nur die höheren Würdenträger, sondern auch die Hofeunuchen und Teile des königlichen Harems verwickelt waren.
Seit der gescheiterten Westexpedition des Xerxes stellten sich die Achämenidenkönige nur noch selten selbst an die Spitze des persischen Heeres, sondern verließen sich zunehmend auf die Fähigkeiten und Informationen anderer. In den Großkönigen nur noch von Höflingen umgebene und beeinflußte isolierte Personen zu sehen ist jedoch falsch; ein ausgezeichneter Informationsdienst lieferte, wie zahlreiche Beispiele belegen, die Grundlage dafür, daß es ungeachtet der Vorgänge am Hof bis zu Alexander gelang, das politische Hauptziel der Achämenidenkönige erfolgreich zu verfolgen, nämlich das Reichsgebiet des Dareios zu bewahren.
Dennoch erschütterten die internen Vorgänge das Reich. Artaxerxes I. ließ nach einer Revolte seines Bruders, des Satrapen von Baktrien, sämtliche Brüder hinrichten, ein Vorgang, der sich unter Artaxerxes III. wiederholte. Xerxes II. wurde sofort nach der Thronbesteigung von seinem Bruder Sogdianos gestürzt, der wiederum von seinem Stiefbruder Ochos, nun als Dareios II. an der Macht, beseitigt wurde. Artaxerxes III. wurde von dem Hofeunuchen Bogoas vergiftet, der Arses als Nachfolger inthronisieren ließ, ihn zwei Jahre später aber ebenfalls beseitigte. Die griechischen Autoren, die oft mehr an Haremsintrigen als an politischen Vorgängen am Hof interessiert waren, registrierten auch den großen Einfluß, den Parysatis, die Tochter Artaxerxes' I. und Gemahlin Dareios' II., auf die Besetzung von Satrapien und Militärstellen hatte.
Militärisch herausgefordert wurde Artaxerxes II. durch seinen Bruder, den jüngeren Kyros. In jungen Jahren mit dem Oberbefehl über die kleinasiatischen Truppen ausgestattet, gewann dieser durch eine geschickte Politik auch griechische Unterstützung. Der Staatsstreich wurde vorwiegend getragen durch ein Expeditionsheer von 14 000 griechischen Söldnern. Der von Tissaphernes, dem Satrapen von Lydien und Karien, vorgewarnte Großkönig stellte sich 401 v. Chr. bei Kunaxa in Mesopotamien und hatte das Glück, daß Kyros während des Angriffs fiel. Der berühmte Rückmarsch der »10 000 Griechen« durch ein feindliches und schwieriges Gebirgsland wurde von dem beteiligten Athener Xenophon detailreich beschrieben.
Sich mehr und mehr mit griechischen Söldnern umgebend, trieben viele Satrapen durchaus eine eigene Politik. Daß nur einmal eine große Satrapenrebellion im Westen die Herrschaft des Großkönigs gefährden konnte, ist dem Umstand zuzuschreiben, daß die Satrapen selten gemeinsame Interessen hatten. Der Aufstand der westlichen Satrapen im Jahre 370 v. Chr., ausgehend von Ariobarzanes, dem Satrapen von Phrygien, und Datames von Kappadokien, fiel zusammen mit einer Offensive Ägyptens und zyprischer Griechen. Mehr als die direkte Bedrohung durch den erst 359 beendeten Aufstand scheinen die wirtschaftlichen Verluste durch den Einnahmeausfall in Kleinasien und Ägypten die Residenz beunruhigt zu haben.

Die Achämenidenkönige nach Xerxes

Die Regierung Artaxerxes' I. (465–426) sah sich im Westen noch mit dem Erbe der gescheiterten Invasion des Xerxes konfrontiert. In Ionien schwelte die Revolte. Vor allem Athen als Führer der Delischen Liga befand sich noch in der Offensive. 460 v. Chr. segelten deren Flotteneinheiten ins Mittelmeer zur Befreiung der zyprischen Griechen und danach zur Unterstützung eines in Unterägypten ausgebrochenen Aufstandes eines Inaros. Persisches Gold in Griechenland und mangelnde Unterstützung aus Athen ließen das Unternehmen in einem Desaster enden. Kriegsmüdigkeit bei allen Parteien führte zu Verhandlungen. 449 v. Chr. einigte man sich auf eine Art entmilitarisierter Zone in Ionien, die Persien de jure über die ionischen Städte die Hoheit beließ. Diplomatischer und finanzieller Einfluß der Perser verhinderte in der Folgezeit, daß sich die griechischen Mächte einigten, und förderte die Spannungen zwischen Athen und Sparta.

Insgesamt scheinen weite Reichsteile, vielleicht bis auf einige Ostterritorien, unter Artaxerxes I. relativ friedliche Zeiten durchlebt zu haben. Das biblische Buch Ezra belegt die dank einer geschickten Religionspolitik guten Beziehungen zwischen einem Teil der Führungsschicht der jüdischen Bevölkerung Palästinas und dem Großkönig.
Nach dem blutigen Zwischenspiel Xerxes' II. (425–423) folgte Dareios II. (423–401). In seine Regierung fiel im Westen der von persischen Zahlungen beeinflußte große Peloponnesische Krieg der Griechen. Es gelang, vertraglich das Zugeständnis Spartas zu erhalten, daß der ionische Bereich wieder unter festere persische Kontrolle gelangen sollte. Ein aus persischer Sicht viel gefährlicherer Krisenherd entwickelte sich 405 v. Chr. durch die Revolte des Amyrtaios in Ägypten. Die Rückeroberungspläne mußten verschoben werden. Der Tod Dareios' II. und der Regierungsantritt des Arsakes als Artaxerxes II. (401–358) veränderten die Ausgangssituation. Artaxerxes hatte zunächst den Angriff des jüngeren Kyros hinzunehmen und sich mit Kleinasien zu beschäftigen, wo inzwischen die Spartaner unter Agesilaos eine Offensive gegen die dortigen Satrapen begonnen hatten. Die persische Diplomatie und ihre Golddareiken sorgten dafür, daß Agesilaos trotz seiner Erfolge abberufen wurde. Da den neuen ägyptischen Pharaonen nur eine offensive antipersische Politik blieb und sie mit zyprischen Griechen unter Führung des Euagoras von Salamis, den kleinasiatischen Pisidern und palästinischen Arabern koalierten, suchte die persische Diplomatie erneut den Ausgleich mit den Griechen. Geschickt deren Uneinigkeit nutzend, erreichte sie 386 v. Chr. den sogenannten Antalkidas-Frieden, der Kleinasien in seiner Gesamtheit den Persern zuschlug und ihnen freie Hand zur Rückeroberung Ägyptens ließ. Doch scheiterten die zu Wasser und zu Lande vorgetragenen Angriffe sowohl 385–383 als auch 373 v. Chr. an den klimatisch-geographischen Bedingungen. Die ägyptische Gegenoffensive nach Syrien, der Aufstand der westlichen Satrapen, griechische Söldnerführer wie der Spartaner Agesilaos und athenische Trieren unter Chabrias, die zugunsten der Ägypter eingriffen, ließen kurzzeitig eine prekäre Situation für Artaxerxes entstehen. Eine innerägyptische Revolte, die die Ägypter zum Abzug aus Syrien und Palästina zwang, rettete ihn. Das Ende des Satrapenaufstandes ermöglichte nochmals einen Angriff, der jedoch beim Tod des Großkönigs abgebrochen wurde. Die relative Ruhe im Westen ließ dann Artaxerxes III. Ochos (358–338) dem Ziel der Rückeroberung Ägyptens näherkommen. Ein erster Versuch im Jahre 353 scheiterte, ein zweiter wurde durch den Aufstand des

Rechts oben und unten: Torreliefs vom Palast Dareios' I. auf der Terrasse von Persepolis: der schreitende König, begleitet von Schirm- und Wedelträger (oben); königlicher Held im Kampf mit einem Stier (unten).

Folgende Doppelseite: Südliche Eingangsseite des Palastes Dareios' I. in Persepolis. Die Reliefs der Terrassenwand zeigen die königliche Leibgarde, die der Treppenwangen einen Kampf zwischen Löwe und Stier.

Königs von Sidon verzögert. Aber nach der Einnahme von Sidon glückte 343 v. Chr. mit griechischer Hilfe das nun sorgfältig vorbereitete Unternehmen.

Das Perserreich vor Alexanders Eroberung

Die letzten 150 Jahre der Achämenidenherrschaft wurden von manchen Historikern im Tenor der griechischen Autoren als Zeit des kontinuierlichen Verfalls interpretiert. Die rasche Eroberung des Perserreiches durch Alexander sei die logische Konsequenz dieser Entwicklung gewesen. Auch hier sind bei genauer Betrachtung Korrekturen anzubringen. In Babylonien war es nicht erst Alexander, der eine gewisse Rückbesinnung auf einheimische schulische beziehungsweise wissenschaftliche Traditionen einleitete, sondern dies geschah bereits durch die babylonischen Tempelzentren unter den letzten Achämeniden. Die Niederschrift des kanonischen mesopotamischen Schrifttums wurde erneut intensiviert. Besonders auffällig sind Innovationen auf dem Gebiet der spezifisch babylonischen astronomisch-astrologischen Forschung, wobei die Anwendung mathematischer Methoden dieser Forschung eine neue Qualität verlieh und die Babylonier nach Auffassung der Griechen zu Lehrmeistern in dieser Disziplin machte. Kurz vor der Eroberung durch Alexander scheinen infolge einer klugen Wirtschaftspolitik des persischen Satrapen in Babylonien einige mesopotamische Städte wie Babylon und Uruk noch einmal einen Aufschwung genommen zu haben. Auch im Osten waren die politischen Verhältnisse damals anscheinend recht stabil. Manche Regionen wie Choresmien scheinen sogar einen jahrhundertelangen Friedenszustand erlebt zu haben. Unter Artaxerxes III. standen die Tributeinnahmen Kleinasiens und Ägyptens den Achämeniden wieder voll zur Verfügung, war das Reich des Dareios, von außen betrachtet, wieder intakt.

Alexander und das Ende des Perserreiches

Als Dareios III. 336 v. Chr. den persischen Thron bestieg, war nicht abzusehen, daß nur wenige Jahre später das Reich vor der Kampfkraft der makedonischen Phalanx und Kavallerie kapitulieren sollte. Es kann nicht die Rede davon sein, daß das Entstehen der von Makedonien ausgehenden Gefahr nicht erkannt wurde. Nach der durch Philipp II. von Makedonien teilweise gewaltsam erzwungenen Gründung des Hellenischen Bundes mit seiner antipersischen Zielsetzung verhinderte nur die Ermordung Philipps die drohenden Kampfhandlungen. Überraschend war anscheinend die Geschwindigkeit, mit der sich der junge Alexander in Makedonien und bei den Griechen durchsetzte und die antipersische »Befreiungsdoktrin« seines Vaters in offensive Aktionen umsetzte.
Fast jedes Detail der folgenden Ereignisse liegt heute in unterschiedlicher Interpretation vor. Da nur die griechischen

Links: Der »Löwe von Babylon« stand als Ausstellungsstück im spätbabylonischen Schloßmuseum. Die unvollendete Skulptur dürfte am Anfang des 14. Jahrhunderts v. Chr. entstanden sein und verrät späthethitisch-nordsyrischen Einfluß.

Oben: Der Steinlöwe von Ekbatana/Hamadan war das Grabdenkmal, das Alexander der Große für seinen dort verstorbenen Freund und Mitregenten Hephaistion errichten ließ. Das Monument steht in der Tradition griechischer Grablöwen.

Berichte auszuwerten sind, fehlt es nicht an mehr oder weniger plausiblen Spekulationen über die persische Reaktion. Daß Dareios III. sich nicht auf die Weite des asiatischen Raumes verließ, sondern sich sofort in Richtung Syrien an die Spitze eines Heeres setzte, muß nicht unbedingt mit ritterlicher Grandeur oder taktischen Finessen erklärt werden; der Ernst der Situation für die Existenz seines Thrones war ihm anscheinend voll bewußt. Vielfach wird die griechische Version übernommen, die Erfolge seien allein der Genialität Alexanders oder seinem ungestüm-jugendlichen Vorwärtsdrang zuzuschreiben.

Es bleibt festzuhalten, daß die Siege mit Hilfe einer gut trainierten makedonischen Elitetruppe errungen wurde, der das große, aber mäßig kampfkräftige persische Heer – die starren Streitwagen und Elefanten bildeten keine ernsthaften Angriffswaffen – nichts Vergleichbares entgegenzustellen hatte, außer einer an Zahl kleineren griechischen Söldnertruppe. Das militärische Risiko war also für Alexander kalkulierbar, ebenso die Reaktion vieler persischer Satrapen, welche dem Sieger die Tore kampflos öffneten. 334 v. Chr. wurde am Granikos bei Zelea die persische Kleinasienarmee besiegt, Milet aber erst nach heftiger Gegenwehr genommen. Die persische Flotte, die allein im Rücken Alexanders hätte operieren können, löste sich durch den überraschenden Tod ihres Kommandanten, des Rhodiers Memnon, auf. Als nach Besetzung der kleinasiatischen Provinzen 333 v. Chr. an der Küste bei Issos, zu Füßen des Amanosgebirges, der entscheidende Sieg gelang, unterwarfen sich die Provinzen von Syrien bis Ägypten, mit Ausnahme von Tyros, dem vorwärtseilenden Alexander. Spätestens bei dieser eingeschlagenen Richtung wird deutlich, daß Alexander die vollständige Annexion des persischen Reichsgebietes vor Augen hatte. Die den persischen Heeren zugeschriebenen Zahlen sind dabei maßlos übertrieben, auch die der letzten persischen Abwehrstellung 331 bei Gaugamela in Kleinasien.

Der Einzug Alexanders in Babylon, der Aufenthalt in Susa, sein Marsch nach Persepolis mit der symbolischen Beendigung des griechischen Befreiungsfeldzuges durch die Einäscherung des Königspalastes, die Verfolgung des hilflosen Dareios über Ekbatana in die iranische Steppe sind folgerichtige Stationen seiner Bemühung, legitimer Nachfolger der Achämeniden zu werden. Mit der Ermordung Dareios' III. durch den baktrischen Satrapen Bessos, der noch versuchte, als neuer Artaxerxes Anerkennung zu finden, fiel Alexander das achämenidische Erbe zu.

Wirtschaft und Gesellschaft

Wie man die Wirtschaft einer alten Zivilisation, ihre Strukturen, die sie beherrschenden Prozesse und die Mentalität der in einer solchen Wirtschaft Agierenden darstellt, hängt entscheidend von der Sichtweise des Beschreibenden ab. Diese ist beeinflußt von seiner jeweiligen Position innerhalb der theoretischen Diskussion über vormoderne oder vorkapitalistische Wirtschaftssysteme. Die wirtschaftshistorische und wirtschaftsethnologische Forschung hat ausreichend Argumente präsentiert, die es verbieten, vormoderne Wirtschaftssysteme durch die Brille der eigenen marktwirtschaftlichen Erfahrungen zu sehen. Eine Betrachtungsweise, die in einer alten Wirtschaft die heutigen wirtschaftlichen Institutionen und Verhaltensweisen antizipiert sieht, wird das Charakteristische, das eine solche alte Wirtschaftsform von der unseren unterscheidet, nur unzureichend erfassen.

Unsere Vorstellungen von der Wirtschaft Mesopotamiens sind zum einen geprägt vom Bericht Herodots, der von zweihundertfachen Ernteerträgen zu berichten weiß, und zum anderen von dem biblischen Klischee der Babylonier als einem Volk von Krämern. Damit sind zwei wesentliche Aspekte angesprochen. Arm an Rohstoffen, war Mesopotamien auf ausgedehnte Handelsbeziehungen angewiesen, um Metalle zum Herstellen von Werkzeugen und Schmuck, Steine für Kultstatuen, Schmuckstücke und Rollsiegel oder Holz für monumentale Bauten zur Verfügung zu haben. Lebensgrundlage des Landes aber war die Landwirtschaft mit integrierter Viehwirtschaft. Handwerkliche Produktion spielte demgegenüber ebenso wie der Handel, sei es Fernhandel oder seien es interne Austauschformen, quantitativ eine untergeordnete Rolle.

Einen Eindruck vom Prestige der Schreibkundigen vermittelt dieses 40 cm hohe Sitzbild aus Frühdynastischer Zeit. Die Inschrift auf dem Rücken besagt, daß das Rundbild wohl auf Geheiß eines Mannes namens Aimdugud geschaffen wurde. Er weihte es dem Gotte Ningirsu, und zwar »für das Leben des Schreibers Dudu«. Bagdad, Iraq Museum

Die natürlichen Grundlagen der Landwirtschaft

In Assyrien, im Norden, überwiegt Regenfeldbau. Da die jährlichen Niederschläge im Mittel zwar ausreichen, in manchen Jahren aber zuwenig Regen zur falschen Zeit fällt, wird, wo immer möglich, auch künstlich bewässert. Im Süden, in Babylonien, beruht Landwirtschaft ausschließlich auf künstlicher Bewässerung. Allerdings war Wasser nicht unbegrenzt verfügbar. Euphrat und Tigris hatten während der Wachstumsphase des Getreides von Oktober bis März den niedrigsten Wasserstand des Jahres. Damit waren der landwirtschaftlichen Produktion deutliche Grenzen gesetzt. Die vorgegebene Wasserknappheit gab Anlaß für Konflikte zwischen einzelnen Staaten Babyloniens. Ein gravierendes Problem jeder auf künstlicher Bewässerung basierenden Landwirtschaft stellt die durch starke Verdunstung hervorgerufene Versalzung der Böden dar. Trotz aller Bemühungen, durch Drainage und Ausschwemmen den Salzgehalt in den Böden niedrig zu halten, fielen immer wieder große Flächen für landwirtschaftliche Nutzung aus.

Angebaut wurde hauptsächlich Gerste – Emmer und Weizen in geringerem Maße. Wesentliche Bedeutung kommt der Kultivation der Dattelpalme zu. Andere Fruchtbäume, wie Feige, Granatapfel oder Aprikose (?), spielten eine untergeordnete Rolle. Die Texte erwähnen zahlreiche weitere Nutzpflanzen: Zwiebeln, Lauch und Knoblauch waren für die Ernährung ebenso wichtig wie verschiedene Sorten von Leguminosen, Blattgemüsen und Gurkengewächsen. Ein Problem bereitet der Forschung noch immer die eindeutige Identifizierung der Pflanze, aus der das Öl gewonnen wurde. Man verbindet das Wort für Ölpflanze, *šamaš-šammum*, mit Sesam. Es ist aber bisher nicht gelungen, vor der Mitte des 1. Jahrtausends Sesam paläobotanisch eindeutig nachzuweisen. Ebenso fraglich ist die Vermutung, Leinöl sei das hauptsächlich verwendete Pflanzenöl gewesen. Leinfasern spielen zwar in der Textilherstellung eine

gewisse Rolle; der Anbau von Leinen (Flachs) beansprucht aber die Böden so stark, daß die Existenz von umfangreichen Flachskulturen als ziemlich problematisch angesehen werden muß.

Die Bewohner Babyloniens haben im Laufe der Jahrhunderte große Erfahrungen gesammelt und trotz der geschilderten Risiken Ernten erzielt, wie sie in einer traditionellen Landwirtschaft einmalig sind – eine zivilisatorische Leistung ersten Ranges. Die durchschnittlichen Erträge bei Gerste, mit denen man auch administrativ kalkulierte, betrugen gegen Ende des 3. Jahrtausends das Zwanzigfache, in besonders fruchtbaren Regionen das Dreißigfache des eingesetzten Saatgutes, waren später allerdings niedriger (1:6 bis 1:10). Zum Vergleich: Für das klassische Griechenland rechnet man mit einer Relation von 1:4,5 bis 1:7,

Oben: Der Hakenpflug aus Holz wurde um einen Saatguttrichter erweitert. Diese frühe »Sähmaschine« war seit dem 3. Jahrtausend im Einsatz und führte gegenüber der Handaussaat zu beachtlichen Ertragssteigerungen. Auf einem neuassyrischen Relief ist die Konstruktion gut zu erkennen. London, British Museum

Rechts: Das Relief auf einer frühsumerischen Mulde aus Gipsstein zeigt beiderseits einer Schilfhütte in heraldischer Anordnung Widder, Mutterschaf und Lamm. Schilfringbündel, Symbole der Göttin Inanna von Uruk, deuten an, daß hier keine »profane« Viehhaltung dargestellt wurde. London, British Museum

Wenn Du das Feld mit dem Saatpflug pflügst, so richte Dein Augenmerk auf Deinen Mann, der die Saatkörner [in den Saattrichter] gleiten läßt. Aus je zwei Fingern soll er das Saatgut fallen lassen, pro Ninda (6 Meter) Furchenlänge soll er ein Schekel (ca. 8 Gramm) Saatgut säen. Falls das Saatgut in den Furchen nicht tief genug zu liegen kommt, stelle die Pflugschar, die »Zunge« Deines Pfluges, neu ein!

Aus den »Anweisungen eines Bauern an seinen Sohn«

für Italien spricht der römische Schriftsteller Columella sogar von 1:4. Die Verhältnisse im europäischen Mittelalter waren ähnlich schlecht.
Um welche Größenordnungen es dabei ging, illustrieren zwei Texte aus dem 21. Jahrhundert v. Chr. Im einen werden die Erträge einer Fläche von 214 Quadratkilometern verzeichnet, im anderen der Gesamtertrag eines Jahres für den Staat von Lagaš mit mehr als 21 Millionen Litern (= ca. 12600 Tonnen) angegeben; davon waren 12,5 Millionen Liter (= ca. 7500 Tonnen, ausreichend für 25000 jährliche Gersterationen à 300 Kilogramm) für zentrale Aufgaben an den Herrscher abzuliefern.
Wesentlichen Anteil an solchen hervorragenden Ergebnissen hatte vor allem die ausgeklügelte Aussaattechnik. Mit Hilfe des Saatpfluges, Vorläufer einer modernen Drillmaschine, konnte man die Saat in der Saatfurche im gleichen Abstand in den Boden bringen, wodurch die einzelnen Pflanzen optimale Wachstumsbedingungen erhielten. Sie wurden zudem dadurch verbessert, daß die Saatfurchen ihrerseits auf eine Distanz von 50–75 Zentimetern angelegt waren. Diese Anbautechnik ermöglichte einen sehr sparsamen Umgang mit Saatgut. Das Verwenden des Saatpfluges bedingt den Einsatz von Pflugrindern. Um damit optimale Ergebnisse zu erzielen, sind ein gutes Training und eine sorgfältige Führung der Ochsen beim Pflügen erforderlich. Die Babylonier haben hierin eine Perfektion erreicht, die in der heutigen traditionellen Landwirtschaft des Vorderen Orients nicht zu finden ist. Um der Erschöpfung des Bodens zu begegnen, war man gezwungen, die Felder jedes zweite Jahr brachliegen zu lassen. Systematisches Düngen kann bisher nicht nachgewiesen werden. Man hat vermutet, das Überhüten junger Getreidestände durch Kleinviehherden habe einen gewissen Düngungseffekt gehabt. Die einer Monokultur nahekommende Bevorzugung der Gerste brachte eine sehr einseitige Beanspruchung der Böden mit sich. Andererseits stand einem Fruchtwechsel mit anderen Getreidesorten deren Salzempfindlichkeit entgegen, während Gerste eine höhere Resistenz gegenüber dem Salzgehalt der Böden aufweist.
All dieses Wissen wird reflektiert in zahlreichen Verwaltungsurkunden, in denen etwa Saatgutmengen und Futtergerste für die Pflugrinder für riesige Flächen vorausberechnet, zu erwartende Erträge kalkuliert oder die geernteten Mengen mit dem vorher kalkulierten Betrag verglichen werden, um entsprechend Buchführung und Haushaltsplanung zu korrigieren. Wesentliche Erkenntnisse über die babylonische Landwirtschaft verdanken wir interdisziplinärer Zusammenarbeit zwischen Assyriologen, Archäologen, Paläobotanikern und Agronomen, die sich dabei die Erfahrungen landwirtschaftlicher Entwicklungshilfe in ariden und semiariden Gebieten zunutze machen konnten.
Der Gott Ninurta war der Patron des Ackerbaus. Ihm war ein Lehrgedicht »Anweisung eines Bauern an seinen Sohn« gewidmet. Es behandelt Detailfragen, wie etwa das Vorbereiten der Felder für die Aussaat oder den Umgang mit dem Saatpflug. Zwei andere literarische Kompositionen handeln von den Vorzügen der Hacke, einem der wichtigsten landwirtschaftlichen Geräte. Ein Streitgedicht zwischen Mutterschaf und Getreide zeigt, daß die Babylonier sahen, wie Land- und Viehwirtschaft aufeinander angewiesen waren.

Die Grundstrukturen der Gesellschaft und ihre Entwicklung

Die künstliche Bewässerung in Babylonien war ursprünglich auf der Ebene dörflicher Siedlungen organisiert, die sich entlang der natürlichen Wasserläufe nachweisen lassen. Das Aufkommen städtischer Siedlungen im Verlauf des 4. Jahrtausends hat die Rolle des Dorfes zunehmend eingeschränkt. Die Dorfgemeinschaften, bis dahin mit Verfügungsgewalt über das von ihnen selbst erschlossene Ackerland, verloren ihre Eigenständigkeit in dem Maße, wie übergeordnete Gewalten – konzentriert in den Städten – die Anlage der Bewässerungssysteme organisierten und sich damit einen entscheidenden Einfluß auf das so gewonnene Ackerland sicherten. Fortan, bis ins 1. Jahrtausend v. Chr., waren die Städte Kristallisationspunkt wirtschaftli-

cher und gesellschaftlicher Macht. Allerdings hat in Babylonien die Stadt kaum je – vielleicht mit Ausnahme der Spätbabylonischen und Achämenidischen Zeit – eine institutionell selbständige Position erlangt. Die babylonische Stadt war immer Objekt königlicher Machtausübung.

Die archäologischen und schriftlichen Zeugnisse aus dem zentralen Bereich des frühgeschichtlichen Uruk (Wende vom 4. zum 3. Jahrtausend) geben Zeugnis von Haushaltseinheiten, die durch ein hohes Maß von Arbeitsteilung, soziale und administrative Hierarchisierung gekennzeichnet waren. Wenn die allgemein geteilte Meinung zutrifft, die frühen Monumentalbauten in Uruk seien Tempel gewesen, und die Schriftdokumente, die aus ihnen hervorgegangen sind, reflektierten administrative Prozesse dieser Institutionen, dann waren die frühesten faßbaren Formen von Staatlichkeit in Babylonien um Tempel – als der architektonischen Manifestation von Macht – herum organisiert. Verwaltungsurkunden aus anderen Städten Babyloniens vermitteln für das gesamte 3. Jahrtausend das Bild einer ebenfalls von großen Haushaltseinheiten dominierten Wirtschaft, in die große Teile, wenn nicht nahezu die gesamte Bevölkerung integriert war. Die entscheidenden gesellschaftlichen Differenzierungen zwischen Herrschenden und Beherrschten waren bereits Ende des 4. Jahrtausends voll ausgebildet. Bis in die Mitte des 3. Jahrtausends scheinen die Tempelhaushalte in den einzelnen städtischen Siedlungen die dominante Rolle gespielt zu haben. Die herrschenden Eliten waren mit den Tempeln verbunden, erhielten von daher ihre – religiös begründete – Legitimation. Seit der Mitte des 3. Jahrtausends macht sich zunehmend eine Entwicklung bemerkbar, die schließlich zum Entstehen eines unabhängigen Königtums führte. Fortan, also bis zum Ende mesopotamischer Zivilisation, bestimmte die Dichotomie zwischen Tempel und Palast das wirtschaftliche und gesellschaftliche Geschehen im Lande.

Der Herrscher war der Gemeinschaft als ganzer verpflichtet. Als Hirte der »Schwarzköpfigen« – so eine metaphorische Selbstbezeichnung der Babylonier – hatte er den Schwachen vor dem Mächtigen zu schützen, soziales Equilibrium zu wahren. Dieser Idealvorstellung hat die Wirklichkeit aber nur begrenzt entsprochen. Eine Bevölkerung, die weitgehend mit den Risiken der Subsistenzproduktion leben mußte, stand nämlich permanent in der Gefahr, durch Mißernten oder andere Naturkatastrophen in wirtschaftliche Abhängigkeit von den Mächtigen gezwungen zu werden. Verschuldung, Verlust des Landes und der persönlichen Freiheit waren die Folgen. Königliche Schulderlasse haben diese Entwicklung nur ungenügend korrigieren können.

Die Wirtschaft Babyloniens im 3. Jahrtausend

In der letzten Phase der sogenannten Frühdynastischen Zeit (ca. 2500–2350) haben wir es im wesentlichen mit kleinen Territorialstaaten zu tun, deren Mittelpunkt jeweils eine größere städtische Siedlung war. Die staatliche Organisation innerhalb eines solchen Staates war geprägt von der Macht, die vom Tempel des jeweiligen Stadtgottes ausging. Er war der Herr des Tempelhaushaltes, dem vor allem umfangreiche Flächen von Ackerland unterstanden. Der Tempelhaushalt wurde vom Stadtfürsten als dem Vertreter des Gottes auf Erden verwaltet. Gleiches traf zu für die Tempelhaushalte der Gemahlin des Stadtgottes oder

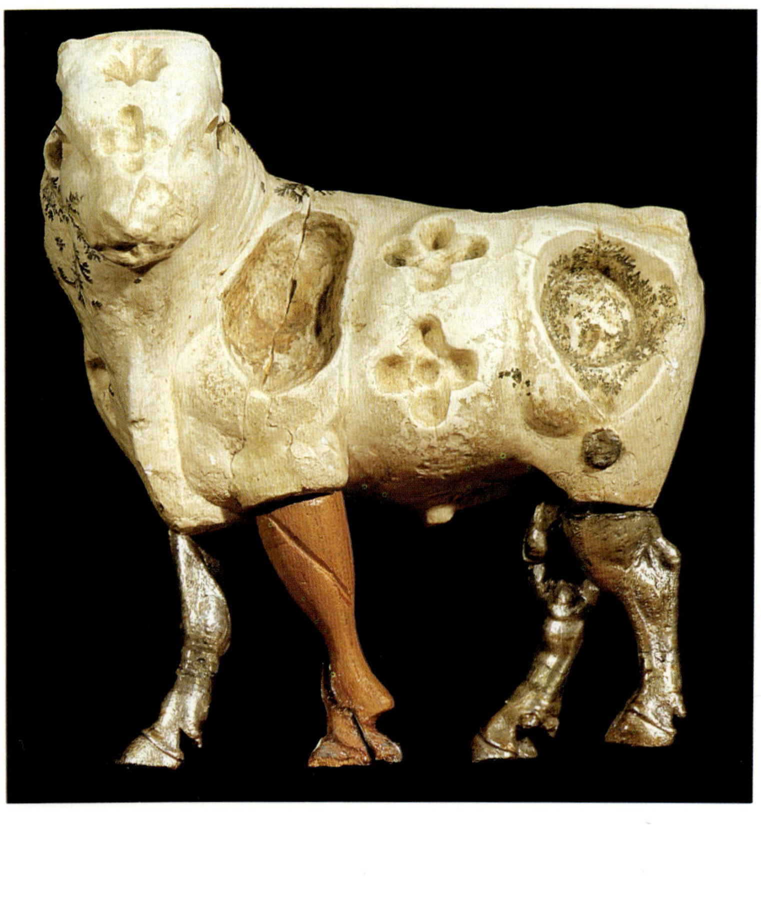

Materialbeherrschung und gute Naturbeobachtung kennzeichnen die Tierdarstellungen der frühsumerischen Kunsthandwerker. Die aus einem Kalkstein herausgearbeitete Tüllenkanne (rechts) mit ihren teils vollplastisch, teils im Relief gezeigten Löwen und Rindern belegt dies. Die für Gießopfer geeignete Kanne gehört zum Tempelinventar das Eanna-Heiligtums in Uruk. Aus demselben Sammelfund stammt der kleine Stier (links). Der Rumpf dieser aus verschiedenen Materialien zusammengesetzten Figurine (Höhe 85 cm) besteht aus Kalkstein, die Beine sind aus Silber gefertigt, die Augen aus Lapislazuli eingelegt. Weitere Einlagen, zum Teil in Form von Blüten, an Kopf, Rumpf und Schenkeln sind leider ebenso verloren wie Ohren, Hörner und Schwanz. Bildwerke dieser Art wurden wahrscheinlich als symbolische Opfer an Stelle wirklicher Tiere in das Heiligtum gebracht. Bagdad, Iraq Museum

Kol. I	39 Woll-Mutterschafe:	5 Hammel:
Kol. II	2 verendet	2 an den Palast 1 verendet
Kol. III	2 weibliche Jährlinge 1 männlicher Jährling: 12 (Tiere) verwendet	3 männliche Jährlinge entnommen
Kol. IV	4 männliche Jährlinge (an den Mäster)	9 weibliche Jährlinge
Unterschrift:	Personenname und Funktion	

Verwaltungsurkunde aus Uruk (3100 v. Chr.)

deren Kinder, die jeweils von der Gemahlin und den Kindern des Stadtfürsten geleitet wurden. Ein Verwaltungsstab mit einem »Intendanten« an der Spitze war für alle wirtschaftlichen Operationen verantwortlich. Er dirigierte die Feldarbeit und Herdenhaltung und kümmerte sich um das Eintreiben der Erträge, die aus anderen wirtschaftlichen Tätigkeiten – wie etwa dem Fischfang – dem Haushalt zustanden. Das Herstellen von Geräten oder das Weben von Stoffen für internen Verbrauch und Austausch mit anderen Haushalten, aber auch zum Zwecke des Fernhandels geschah innerhalb der Haushaltseinheit.

Wir bezeichnen diese Art von Wirtschaft als Haushalts- oder Oikos-Wirtschaft (von griechisch *oikos* = »Haus, Haushalt«). Ihr wesentliches Merkmal ist nach Max Weber, daß alles, was in einem Haushalt verbraucht wird, zuvor in ihm erzeugt und verarbeitet wird. Wir unterscheiden Oikos-Wirtschaft – als herrschaftlichen Großhaushalt, der mitunter mit einem Staatsgebilde identisch sein konnte – von der bäuerlichen Familienwirtschaft auf der Basis von Subsistenzproduktion.

Am klarsten lassen sich die Strukturen einer Oikos-Wirtschaft aus den Urkunden der Ur-III-Zeit (ca. 2100–2000) rekonstruieren. Im Zuge einer Entwicklung, an deren Ende die Herrscher des Staates von Ur alle kleinen Territorialstaaten Babyloniens unter ihre Kontrolle gebracht hatten, wurde auch die Stellung der einzelnen Haushalte in den jeweiligen Staaten betroffen. Sie waren nun in das Gesamtsystem des Ur-III-Staates integriert. Dieser selbst stellte sich dar als der Großhaushalt des Herrschers, dem alle Einzelhaushalte in den Territorialstaaten hierarchisch untergeordnet waren.

Fanden in der Frühdynastischen Zeit alle für die Existenz eines Haushaltes notwendigen Aktivitäten in diesem statt, so beobachten wir in der Ur-III-Zeit eine Spezialisierung einzelner Haushalte auf bestimmte Aufgaben hin. Das wird deutlich, wenn wir uns die vier Typen von Haushalten vor Augen führen, die sich unterscheiden lassen.

In den Tempelhaushalten war die landwirtschaftliche Produktion konzentriert. Ihnen unterstanden Domänen, deren Größe zwischen 50 und 200 Hektar schwankte.

Spezielle Haushalte hatten die Aufgabe, die Produkte der Landwirtschaft und Viehzucht zu verarbeiten. Wir kennen mehrere Manufakturen, eher Arbeitshäuser oder Ergasterien, in denen Textilien hergestellt wurden, und andere, in denen Getreide zu Mehl verarbeitet wurde.

Auch zentrale Verwaltungsaufgaben waren in Form von Haushaltseinheiten organisiert. Das »Botenhaus« war dafür verantwortlich, die Anordnungen des Herrschers in alle Regionen seines Herrschaftsgebietes zu tragen. Die Boten galten als königliche Emissäre mit entsprechenden Vollmachten. Der statusgemäßen Versorgung des Herrschers, seiner Familienangehörigen oder hoher Funktionsträger – etwa Oberpriestern der Tempel – dienten Haushalte, die ihnen persönlich unterstellt waren.

In großen Redistributionszentren wurden die Abgaben aus den einzelnen Haushalten – also etwa den Tempeldomänen – oder die Tribute unterworfener Gebiete östlich des Tigris gesammelt und dorthin weitergeleitet, wo sie zur Erfüllung gesamtstaatlicher Verpflichtungen benötigt wurden. Ein gutes Beispiel ist ein zentraler Viehhof in der Nähe von Nippur, durch den jährlich etwa 60 000 Tiere – überwiegend Schafe und Ziegen – geschleust worden sind.

Jeder Haushalt hatte ein ständiges Personal, das vertikal und je nach den ökonomischen Erfordernissen auch horizontal gegliedert war. In den Tempelhaushalten war das Kultpersonal strikt vom Verwaltungspersonal getrennt. Das ständige Personal bestand aus einem Verwaltungsstab, der meist dreifach hierarchisch aufgebaut war, spezialisierten Arbeitskräften und Dienstpersonal für die Unterhaltung des Haushaltes – etwa Handwerkern zum Herstellen und Reparieren von Geräten – sowie Aufsichts- oder Wachpersonal. Daneben beschäftigten die Haushalte eine große Zahl von zusätzlichen Arbeitskräften. Ihr Verhältnis zu einem Haushalt war entweder das von – längerfristig

Oben: Der »Melkerfries«, eine in Kupfer gefaßte Einlegearbeit aus schwarzem Schiefer und Kalkstein, stammt aus dem Ninḫursag-Tempel von Tell el-ʿObēd. Er zeigt Szenen aus der wahrscheinlich zum Tempel gehörigen Milchwirtschaft: das Melken, die Jungviehhaltung im Schilfstall und die Herstellung verschiedener Milchprodukte. Die an Genrebilder erinnernde Darstellung aus der späten Frühdynastischen Zeit vereinigt jedoch mehrere seit frühsumerischer Zeit bekannte Motive, so daß man sie eher als konservativ oder kanonisch einstufen muß. Dennoch vermittelt sie einen lebendigen Eindruck vom bäuerlichen Alltagsleben in einem Tempelhaushalt.
Bagdad, Iraq Museum

Unten: Herdenhaltung und Herdennutzung

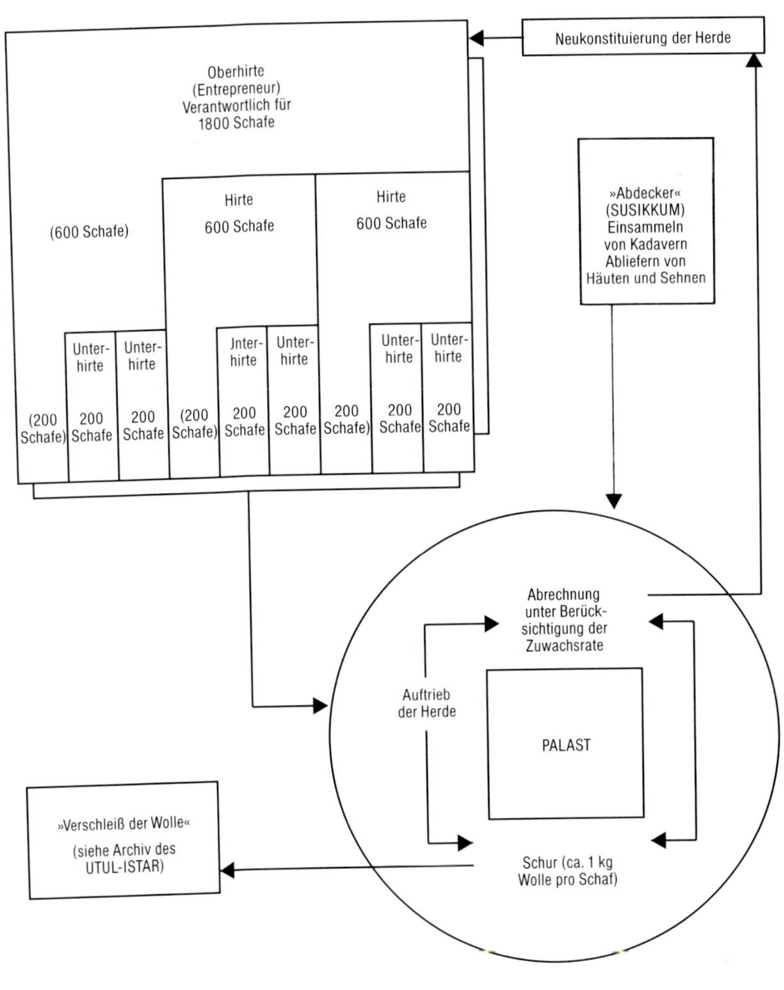

beschäftigten – Lohnarbeitern, Tagelöhnern, Dienstverpflichteten, zuweilen auch von Kriegsgefangenen oder unfreien Arbeitskräften. Sklaven haben in allen Perioden mesopotamischer Geschichte existiert. Sie rekrutierten sich aus verschuldeten Personen oder Kriegsgefangenen oder wurden aus den umliegenden Regionen »importiert«. Quantitativ hat Sklaverei jedoch nie eine solche Rolle wie in der klassischen Antike gespielt, wo Sklaven ein entscheidendes Arbeitskräftepotential bildeten. Sklaven in Mesopotamien waren an die Haushalte einzelner Personen gebunden. Im übrigen ist der Unterschied in den Lebensverhältnissen und im Status zwischen Sklaven und den in den großen Haushalten Beschäftigten oder Dienstverpflichteten oft nicht sehr groß gewesen.

Schriftlichkeit spielte im Rahmen der Verwaltungspraxis in Mesopotamien eine wichtige Rolle. Schon die Entstehung der Schrift Ende des 4. Jahrtausends ist eng verbunden mit den Erfordernissen, die die Verwaltung großer institutioneller Haushalte stellte. Die Träger der Verwaltung waren in der Regel Schreiber. Ihr Training erfolgte in einer Institution, die den Namen »Tafelhaus« trug. Sie wurden nicht nur für Verwaltungsaufgaben, sondern auch dazu ausgebildet, literarische Texte, etwa Königshymnen oder Epen und Mythen, zu verfassen und zu tradieren. Auf ihren Siegeln führten Beamte oft den Titel »Schreiber«, nicht als Zeichen ihrer Funktion, sondern als Hinweis auf ihre professionelle Qualifikation, Voraussetzung für eine Tätigkeit im Verwaltungssystem.

In der Ur-III-Zeit waren wahrscheinlich die allermeisten der höheren und höchsten Beamten Schreiber. Dies ist nicht zu allen Zeiten mesopotamischer Geschichte der Fall gewesen. Ein gutes Beispiel ist die neuassyrische Verwaltung: Neben dem verantwortlichen Leiter einer Verwaltungseinheit stehen dessen Stellvertreter und ein ihnen zugeordneter Schreiber. Man mag daraus schließen, daß die Administratoren selbst nicht in jedem Fall des Lesens und Schreibens mächtig gewesen sind.

Jeder Haushalt, vor allem jedoch der des Palastes, hortete seine Vorräte in den eigenen Wänden. Im frühbronzezeitlichen Palast von Norşuntepe (rechte Seite) faßten die Vorratsgefäße bis zu 160 Liter. Über die Vorräte wurde seit Beginn der Schrifterfindung penibel Buch geführt. Die frühdynastische Tontafel aus der Erlenmeyer-Sammlung listet Getreideprodukte und die zur Herstellung jeweils benötigten Mengen an Getreide nach Sorten auf. Die im British Museum verwahrte Tafel (unten) stammt aus der gleichen Zeit und rechnet Bierzuteilungen an mehrere Personen ab. Auf der Rückseite wurden die Ingredienzien – Gerstenschrot und Malz – summiert.

Im Verlauf der historischen Entwicklung haben die Schreiber ein rigides System der Verschriftung von Verwaltungsvorgängen entwickelt. Unterschiedliche Arten von Schriftstücken manifestierten jeweils für sich allein oder in Verbindung miteinander Verwaltungshandeln: Briefe, Verwaltungsurkunden wie etwa Quittungen, monatliche und jährliche Gesamtabrechnungen, Listen, aber auch Rechtsurkunden initiierten beziehungsweise dokumentierten spezifische Verwaltungsakte. Die diversen Urkundentypen zeichneten sich durch eine Reihe von feststehenden und in der Regel unveränderlichen formalen Kriterien aus, die der Urkunde und dem darin dokumentierten Verwaltungsakt Eindeutigkeit verliehen. Dazu gehörten nicht nur die Bezeichnung von Verwaltungsvorgängen mit feststehenden Termini (etwa für Eingang oder Ausgang von Gütern, Überschuß oder Defizit) und die genaue Nennung der beteiligten Personen unter Angabe ihres Titels und ihrer Funktion, sondern auch formale Gestaltungsprinzipien für die einzelnen Urkundengruppen, die sich zum Beispiel auf die Anordnung der einzelnen Verwaltungsvermerke innerhalb einer Urkunde bezogen, sowie einheitliche Systeme für eine exakte Datierung und ein adäquates Maßsystem, das das Beherrschen komplexer Rechenoperationen voraussetzte. Die äußere Form bestimmter funktional definierter Urkunden ist hier ebenso zu nennen wie das Verwenden von Rollsiegeln, das der Authentisierung von Verwaltungsakten und der Dokumentierung von Verantwortlichkeiten diente. Allein aus der Ur-III-Zeit sind etwa 100 000 Urkunden bekannt, 30 000 davon wurden bisher publiziert.

Die Verschriftung erfüllte kurz- und längerfristige Kontrollfunktionen. Quittungen und andere Aufzeichnungen erlaubten die Kontrolle über Einzelvorgänge auf einer täglichen Basis. Sie wurden zu monatlichen und jährlichen Abrechnungen zusammengefaßt. Alle diese Aufzeichnungen sammelte man in Tafelbehältern und hat sie – teilweise in speziellen Gebäuden – archiviert. Zur besseren Übersichtlichkeit wurden die Behälter mit Etiketten versehen, die über den Inhalt Auskunft geben konnten.

Wie in anderen Bereichen der mesopotamischen Gesellschaft gilt auch für die in der Verwaltung Tätigen das Prinzip, Beruf und Funktion in der Regel innerhalb der Familie von einer Generation auf die nächste zu vererben. So kontrollierten während der Ur-III-Zeit, aber auch der Altbabylonischen Zeit einzelne Familien die Verwaltung der großen institutionellen Haushalte. Eine vom Herrscher regulierte Mobilität innerhalb dieser Verwaltungsstrukturen, die auch ein Element der Kontrolle und Durchsichtigkeit hätte darstellen können, existierte kaum. Wir beobachten lediglich, daß die Herrscher des Ur-III-Staates durch überlagerte Systeme ihren Einfluß zu wahren suchten. Dies geschah beispielsweise auch durch den Einsatz königlicher Emissäre, die vom Herrscher beauftragt waren, seine Befehle an die Autoritäten in den einzelnen Teilen des Reiches zu übermitteln, deren Durchführung durchzusetzen

und darüber zu berichten. Neuassyrische Herrscher wie Sargon II. (722–705) sprechen regelmäßig davon, wie sie am Ende einer militärischen Kampagne einen der beteiligten Generäle zum Gouverneur des gerade eroberten Gebietes eingesetzt hätten. In Neubabylonischer Zeit versuchten die Herrscher mit Hilfe permanenter königlicher Kommissäre auf den verschiedenen lokalen Verwaltungsebenen die Tätigkeit der jeweiligen Administratoren, die in der Regel den Familienverbänden der städtischen Oberschichten entstammten, zu kontrollieren und diesen gegenüber die Interessen der Zentralgewalt durchzusetzen. Ein weiteres Charakteristikum mesopotamischer Verwaltungswirklichkeit liegt in der Tatsache begründet, daß offizielle und private Tätigkeiten oft nebeneinander stehen konnten, der Dienst in der Verwaltung des Herrschers also keinen Ausschließlichkeitsanspruch begründete. In Privathäusern fanden sich verschiedentlich neben Urkunden, die die privaten Geschäfte hoher Beamter betrafen, auch solche, die eindeutig aus der Verwaltung des institutionellen Haushaltes stammten, für den sie tätig waren. Es läßt sich darüber hinaus auch zeigen, daß hohe Beamte Felder, die sie aus dem Landfundus eines institutionellen Haushaltes gepachtet hatten, mit Personal ebendieses Haushaltes bewirtschafteten.

Das Personal der Haushalte wurde je nach Status durch Naturalrationen entlohnt. Sie bestanden im wesentlichen aus Gerste, Öl zum Salben und Bier, die jeweils pro Tag, und aus Wolle oder einem Stück Stoff, die pro Jahr berechnet wurden. Die Rationen für Personen auf der untersten Stufe der sozialen Hierarchie deckten mit ungefähr 1,6 Litern Gerste, was etwa 0,6 Kilogramm Mehl ergab, gerade den Bedarf eines erwachsenen Mannes. Kinder, Jugendliche und Frauen erhielten zum Teil sogar erheblich geringere Rationen. Die für diese Rationen notwendigen Ressourcen wurden in den einzelnen Haushalten erarbeitet und gespeichert. Wir nennen eine solche Wirtschaft

*Unten links: Das in der Nähe von Hama gefundene Hausmodell aus der späten Frühdynastischen Zeit gibt einen rechteckigen Haustyp mit zweistöckigem Gebäudeteil wieder. Gedeckt ist das völlig intakte Modell (Maße 54 x 27 x 42 cm) mit dem noch heute gebräuchlichen flachen Lehmdach. Auf den vorkragenden Balken sitzen Tauben.
Damaskus, Nationalmuseum*

*Unten rechts: Hausmodelle, die ursprünglich als Kultgeräte dienten, zeigen Details des altorientalischen Hausbaus wie die Kammer mit Rauchabzug, die hervorgehobene Außentür und eine hufeisenförmige Feuerstelle im Zentralraum. Die symmetrisch im Rund der Außenmauer verteilten Räume sind bei dem unter einer frühdynastischen Straße in Mari gefundenen Modell (Durchmesser ca. 60 cm) ohne Dach dargestellt.
Damaskus, Nationalmuseum*

*Rechts: Die Terrakottagruppe mit zwei Männern und ihren Ochsen stammt aus Byblos, das am Ende der Frühen Bronzezeit seinen dörflichen Charakter verlor und zu einem bedeutenden Handelspartner Ägyptens wurde.
Beirut, Nationalmuseum*

Wenn ein Hirte, dem Rinder beziehungsweise Schafe oder Ziegen zum Hüten anvertraut worden sind, seinen vollen Lohn empfangen hat und somit abgegolten ist, bei den Rindern, Schafen oder Ziegen einen Verlust verursacht oder die vorgegebenen Geburtenquoten nicht erfüllt hat, ist er gemäß den Bestimmungen seines [Hüte]vertrages verpflichtet, Jungtiere [aus seiner eigenen Herde] und den entgangenen Ablieferungsbetrag zu erstatten.
»Kodex Hammurabi«, §264

(Namen von fünf Personen) – diese und ihre Kollegen haben aus freien Stücken gegenüber Enlil-šum-iddina, aus der Familie Murašû, erklärt: »Das Getreidefeld des Arsames (Mitglied der königlichen Familie), das Getreidefeld aus dem Kronland am Nanal NN, das Getreidefeld des NN, das Getreidefeld der Schiffer, das Getreidefeld ..., das in [Ortsname] gelegen ist, und das Versorgungsland der Bewohner von [Ortsname] – dazu vierzig trainierte Pflugochsen für zehn Gespanne, Zaumzeug und als Saatgut 130 Gur Gerste (ca. 11 800 Kilogramm), 6.3.2 Gur Weizen (ca. 605 Kilogramm), 12 Gur Emmer (ca. 1090 Kilogramm, [x Gur] Zwiebelsamen und 70 Gur Gerste (als Verpflegungsration [für 6300 Tagespensen]) für Arbeiten am Bewässerungssystem gib uns zur Pacht. Jährlich im zweiten Monat (das heißt kurz nach der Ernte) werden wir Dir 1300 Gur Gerste, 100 Gur Weizen, 100 Gur Emmer – zusammen 1500 Gur Getreide (ca. 136 080 Kilogramm), 2 Gur Kressesamen, und [x] Gur Zwiebelsamen ... abliefern.«
Aus einem Pachtvertrag der Familie Murašû mit einer Gruppe von Entrepreneuren aus dem 40. Jahr Artaxerxes' I. (424 v. Chr.)

redistributiv. Ein wesentliches Merkmal dieser Verteilungswirtschaft ist es, daß die Versorgung der Bevölkerung nicht über Märkte erfolgte.

Landeigentum und Palastgeschäft in Altbabylonischer Zeit

Während zur Ur-III-Zeit die landwirtschaftliche Produktion Aufgabe großer Haushalte war, ist sie in der Altbabylonischen Zeit (ca. 2000–1600) individualisiert. Mehrere tausend Urkunden, die Rechtsgeschäfte zwischen Individuen zum Gegenstand haben, führten dazu, die Altbabylonische Zeit – im Gegensatz zu der von Staatswirtschaft geprägten Ur-III-Zeit – als eine Periode zu betrachten, in der individuelles wirtschaftliches Handeln und privates Eigentum an der Feldflur, dem hauptsächlichen Produktionsmittel einer Agrargesellschaft, das Wirtschaftssystem entscheidend bestimmt hätten. Dieser Eindruck ist in mehrfacher Hinsicht falsch. Zum einen stammen viele Urkunden, die sich des Formulars bedienen, nach dem auch private Rechtsurkunden aufgesetzt worden sind, aus dem Bereich der großen Institutionen Tempel oder Palast und beurkunden Verpflichtungen zwischen diesen Institutionen und Individuen, wobei in den Dokumenten hohe Verwaltungsfunktionäre die Institutionen vertreten, ohne daß ihre Titel genannt wären. Zum anderen war die Rolle privaten Eigentums an den Feldern stärker beschränkt, als man bisher hat sehen wollen. Nach Ausweis der vorliegenden Erbteilungsurkunden und Immobilienkaufverträge hat es in Südbabylonien, also in Ur, Larsa, Uruk und Kutalla, praktisch kein Privateigentum an Feldern gegeben. Solches existierte nur in Mittel- und Nordbabylonien. Aber auch dort waren die Möglichkeiten, es frei zu veräußern, vielfach eingeschränkt.

Wir wissen andererseits, daß ein erheblicher Teil der Bevölkerung weiterhin dem Palast dienstpflichtig war,

dafür aber in der Regel nicht durch Naturalrationen entlohnt wurde, sondern Felder zur Sicherung des Lebensunterhaltes zugewiesen erhielt. Die Größe dieser Felder – üblicherweise etwa sechs Hektar – garantierte die Versorgung der Dienstpflichtigen und ihrer Familien. Neben dem Land, das der Palast in Form von Versorgungsfeldern verteilte, hat er umfangreiche Flächen an Einzelpersonen verpachtet. Die darauf zu leistenden Pachtabgaben haben dem Palast das für zentrale Aufgaben nötige Getreide eingebracht. Schließlich behielt der Palast Ackerflächen zur freien Verfügung zurück, etwa, um kurzfristig Dienstpflichtige mit Feldern versorgen zu können. Nichtaufgeteiltes Verfügungsland wurde dann in großen Flächen – in einem Fall mindestens 3500 Hektar – unter besonderen vertraglichen Bedingungen an Mitglieder der Oberschicht zur Bewirtschaftung vergeben. Diese Art der Bewirtschaftung stellt eine für die Altbabylonische Zeit charakteristische Form wirtschaftlichen Handelns des Palastes dar, die wir »Palastgeschäft« nennen.

Charakteristikum des Palastgeschäftes der Altbabylonischen Zeit ist es, daß der Palast im Gegensatz zur vorhergehenden Ur-III-Zeit viele wirtschaftliche Operationen, die bis dahin innerhalb der großen institutionellen Haushalte durchgeführt worden waren, in Form von Franchisen an Entrepreneure vergeben hat, die bestimmte vorher festgesetzte Leistungen zu erbringen hatten. Überschüsse kamen ihnen zugute, Verluste gingen zu ihren Lasten. Ansätze für eine solche Operationsweise finden sich schon zu Ende der Frühdynastischen Zeit. Aber es bleibt vorläufig völlig unklar, was zu dem drastischen Wechsel von einer alle wirtschaftlichen Aktivitäten umfassenden Haushaltswirtschaft zu einer Form der Palastwirtschaft geführt hat, bei der quantitativ bedeutsame Teile wirtschaftlichen Handelns nicht mehr unter der direkten Kontrolle des institutionellen Haushaltes verblieben sind. Man mag hierfür die einschneidenden Veränderungen verantwortlich machen, die das Ende der Herrschaft der III. Dynastie von Ur markieren. Nach einer Periode von etwa einhundert Jahren, während der die politischen und wirtschaftlichen Strukturen der Ur-III-Zeit unter den Herrschern der I. Dynastie von Isin noch bestimmend waren, setzte mit Beginn des 19. Jahrhunderts v. Chr. eine rapide Fragmentierung der politischen Landkarte ein. In zahlreichen Städten usurpierten Gruppen amoritischer Nomaden die Herrschaft. Man mag fragen, ob diese sich den hohen Anforderungen, die die Verwaltung der großen Haushalte stellte, nicht gewachsen sahen oder ob andere Gründe ausschlaggebend für den Wechsel der Wirtschaftsoperationen waren, etwa der, daß es für den Palast »ökonomischer« war, sich von so vielen wirtschaftlichen Aktivitäten als möglich zu entlasten. Die Produktionsweise, die strukturell durch das Palastgeschäft gekennzeichnet ist, bezeichnet man als tributäre Produktionsweise. Sie bestimmte die Wirtschaft Babyloniens und Assyriens bis in die Achämenidenzeit.

Palastgeschäfte bezogen sich auf drei Bereiche: landwirtschaftliche Produktion, das Ausbeuten natürlicher Ressourcen und Dienstleistungen.

Zur landwirtschaftlichen Produktion rechnen wir Getreideanbau, Dattelpalmenkultivation und Herdenhaltung. Bei der Haltung von Schafherden ging es vor allem um das Gewinnen von Wolle, erst in zweiter Linie um das Bereitstellen von Schlachtvieh. Bei der Rinderhaltung stand die Versorgung institutioneller Haushalte mit Pflugrindern im Vordergrund, während das Erzeugen von Milchprodukten anscheinend eine untergeordnete Rolle spielte.

Das Ausbeuten natürlicher Ressourcen bestand vor allem im Fisch- und Vogelfang in Kanälen, Sümpfen und Marschen. Auch das Schneiden von Schilfrohr, benötigt zum Flechten von Matten und Körben sowie als Baumaterial, und das Streichen von Ziegeln sind hier zu nennen.

Bei den Dienstleistungen, die mittels Palastgeschäft erbracht wurden, stehen im Mittelpunkt der urkundlichen

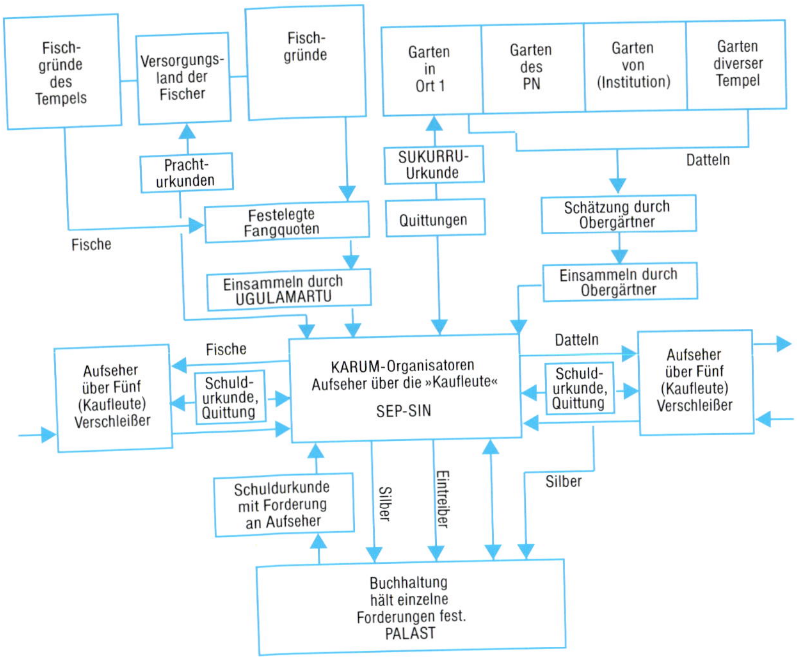

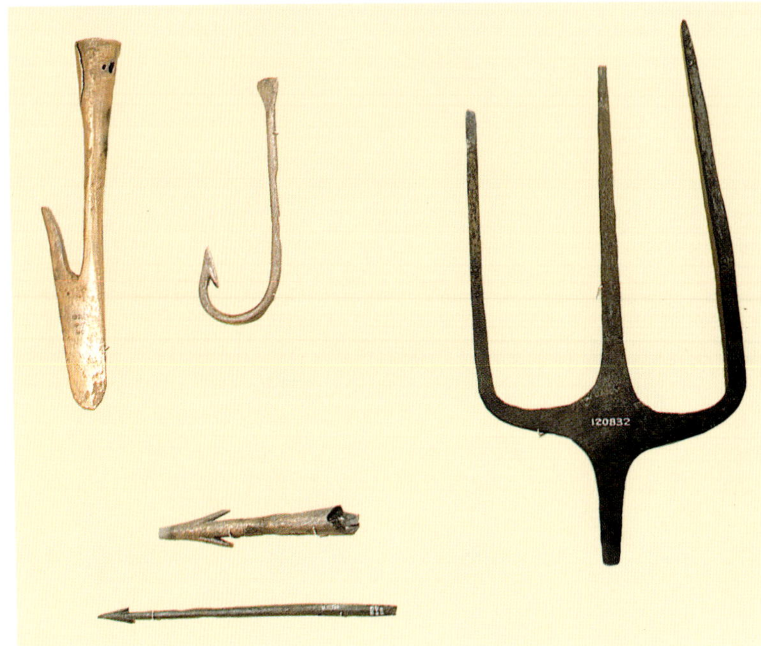

Überlieferung der Fernhandel sowie der »Verschleiß« landwirtschaftlicher Produkte und der Erträge aus dem Fischfang. Als Palastgeschäft organisiert waren auch das Speichern und der Transport von Gerste, das Bereitstellen von Arbeitskräften für saisonale Arbeiten und das Eintreiben von Abgaben.

Wenn es um das Ausbeuten natürlicher Ressourcen ging, wurden etwa den Fischern Felder für ihren Lebensunterhalt zur Verfügung gestellt. Sie hatten als Gegenleistung eine bestimmte Menge von Fischen an einen Agenten abzuliefern, der diese wiederum – in der Regel an die großen institutionellen Haushalte – zu verteilen hatte, dafür Silber erhielt und dem Palast davon eine festgesetzte Summe zu zahlen hatte.

Am besten läßt sich die eben geschilderte Verkoppelung zweier Arten von Palastgeschäft – landwirtschaftliche Produktion und Dienstleistung – am Beispiel der Dattelpalmenkulturen zeigen. Der Palast besaß riesige Dattelpalmenplantagen. Er verpachtete sie in kleinen Parzellen an Gärtner. Diese waren für die aufwendige Pflege der einzelnen Palmen, das künstliche Befruchten der weiblichen Blütenstände und schließlich die Ernte und das Nachreifen der geernteten Datteln verantwortlich. Je nach der Ausgestaltung des Pachtvertrages mußten sie zwei Drittel oder die Hälfte der Ernte abliefern. Die Höhe der zu erwartenden Ernte wurde etwa fünf Wochen vor der Reife der Datteln durch Beauftragte des Palastes geschätzt, die daraus resultierende Menge abzuliefernder Datteln in einer Schuldurkunde festgehalten. Die Gärtner lieferten ihre Datteln an einen Obergärtner ab, dem ein gewisses Soll gesetzt war. Für ihn kam es darauf an, mehr Datteln einzutreiben als vorgesehen; er wiederum leitete sie einem Agenten weiter, dessen Aufgabe darin bestand, die Datteln bei den einzelnen großen Haushalten zu »versilbern«. Dem Palast hatte der Agent eine bestimmte Summe Silber abzuliefern. Auch er war bemüht, mehr Silber einzunehmen, als er

Linke Seite: Für Transport und Fischfang auf dem zum Teil engmaschigen Wasserstraßennetz Mesopotamiens stand eine Reihe von Wasserfahrzeugen bereit: schnittige Ruderboote in Plankenbauweise, schwere Kähne, die bauchige guffa *aus einem lederbespannten Korb, Schilfflöße und schließlich Holz- und Schlauchflöße auf luftgefüllten Tierbälgen mit erheblicher Tragkraft (arabisch* kellek*). Das im frühdynastischen Königsgrab des Meskalamdug in Ur gefundene Modell eines Ruderbootes aus Silber (Länge 65 cm) hat bis heute Nachfolger in den Marschen des Südirak. Der dort gebräuchliche Bootstyp* mashuf *und die noch elegantere* terrade *(Länge 7 m) durchschneiden mit ihren hochgezogenen Steven mühelos das Schilf.*
Bagdad, Iraq Museum

Oben links: Flußdiagramm für die Archive von Šep-Sîn und Šamaš-ḫazir (1786-1758).

Oben rechts: Angelhaken, daneben aber auch Wurfspieße und der Mehrzack waren die Gerätschaften der Fischerei.
London, British Museum

Unten: Das Terrakottarelief aus Ur zeigt ein Boot mit zwei Fischern. Der eine hockt auf den Planken und rudert, der andere steht am Bug und holt mit dem Mehrzack zum Stoß aus.
Paris, Louvre

Oben: Die Klimabedingungen machten weite Teile Vorderasiens von den Leistungen der Bewässerungstechnik abhängig und diese zu einem besonders innovativen Bereich. Eine Meisterleistung assyrischer Ingenieurbaukunst war der Aquädukt von Ǧerwān, der mit 280 m Länge und 22 m Breite ein Tal nordöstlich von Ninive überwand. Auf einem Palastrelief des Königs Asarhaddon (681-669) ist ein Aquädukt dargestellt, das die Wasserkanäle einer reich mit Bäumen bestandenen Parkanlage speist. London, British Museum

Rechts: Mit mehrfach gestaffelten Schöpfwerken (arabisch šādūf*) wird Flußwasser in höhergelegene Kanäle gehoben. Detail aus einem Palastrelief Sanheribs (705-681). London, British Museum*

abzuführen hatte. Dieses System funktionierte nur, solange auf jeder Ebene Überschüsse gegenüber dem vorgegebenen Abgabesoll erzielt wurden. In der Realität ist das aber sehr oft nicht der Fall gewesen. Urkunden zeigen uns, wie sich oft über mehrere Jahre hin auf jeder der beschriebenen Ebenen Rückstände ansammelten. Das hat dann zu Zwangsmaßnahmen geführt.

Babylonien und Assyrien seit der Mitte des 2. Jahrtausends und im 1. Jahrtausend

Über die Wirtschaft zur Zeit der Kassitenherrschaft informieren bisher fast ausschließlich Urkunden, die aus dem Bereich der Palastwirtschaft stammen. Steinerne Dokumente, die die Vergabe von großen Ländereien an Mitglieder der Oberschicht beurkunden, geben Zeugnis von der Existenz von Großgrundbesitz in privater Hand, was sich für die vorhergehenden Epochen nicht nachweisen läßt.

Nunmehr sende ich Euch die Tafel betreffs des Feldes, der Pflugrinder und der Palastpächter ... [Das Feld ist] belastet mit einer Ernteabgabe von 10 800 Gur Gerste (ca. 1630 Tonnen) und einem Vorschuß in Höhe von 450 Gur Saatgut und Futtergerste (ca. 68 Tonnen) sowie 4 Minen Silber (ca. 1,8 Kilogramm) – dies alles zu Lasten der Austauschagenten, die dem Arwium zwecks Bewirtschaftung [besagter Felder] zugewiesen worden sind.

Aus einem Brief des Hammurabi an Šamaš-ḫazir (1755 v. Chr.)

Aus dem 1. Jahrtausend stehen uns Tausende von Rechts- und Verwaltungsurkunden zur Verfügung. Sie verteilen sich hauptsächlich auf das 6. und 5. Jahrhundert v. Chr., nur zu einem geringen Teil auf spätere Jahrhunderte und kommen vor allem aus Uruk, Sippar, Nippur, Babylon. Diese Urkunden bezeugen die Existenz von institutionellem Land unter der Kontrolle von Tempel oder Palast, der es – vor allem in achämenidischer Zeit – auch in Form von »Lehen« vergeben hat. Individuelles Eigentum an Feldern läßt sich jedoch ebenso nachweisen wie solches, das – in der Seleukidenzeit – von einigen Städten kontrolliert worden ist.

Es scheint, daß der Palast weitgehend auf direkten Einfluß auf das Bodenregime verzichtet und sich nur für die Anlage der großen Wasserläufe verantwortlich gefühlt, den eigentlichen Unterhalt des Bewässerungssystems aber an private Entrepreneure verpachtet hat.

Eine dominante Rolle des Privateigentums an der Feldflur läßt sich jedenfalls bisher aus den Quellen nicht nachweisen. Aber auch die quantitativen Relationen zwischen den einzelnen Arten von Verfügungsrechten über die Feldflur bleiben uns verborgen.

Mehrere tausend Urkunden aus Uruk beleuchten im wesentlichen Verhältnisse, die ganz entscheidend vom zentralen Heiligtum der Stadt geprägt waren. Seine riesigen Ländereien wurden nach dem Muster des Palastgeschäftes an Generalpächter vergeben, die sie teils mit vom Tempel gestelltem Personal, Vieh und Gerätschaften bearbeiteten, teils aber an Kleinpächter unterverpachteten. Die Größenordnungen, um die es dabei ging, werden durch zwei Texte dokumentiert, in denen von Abgaben von rund 1,8 beziehungsweise 4,5 Millionen Liter Gerste die Rede ist, im einen Fall für das Bereitstellen von Arbeitskräften, im anderen für 7500 Hektar Feld. Die städtische Oberschicht von Uruk war in ihren Aktivitäten ganz auf die Bedürfnisse des Tempels eingestellt. Die meisten für das Funktionieren des Tempelkultes und seines Haushaltes notwendigen Aufgaben waren als Pfründen ausgewiesen, die ihre Eigentümer an den Erträgen der Tempelwirtschaft und seinem sonstigen Einkommen teilhaben ließen. Wirtschaftliche und politische Macht befanden sich fest in den Händen von Familienverbänden, innerhalb derer Ämter und Funktionen von einer Generation an die nächste weitergegeben wurden.

Man hat oft die frühesten Beispiele für Banken in zwei umfangreichen Familienarchiven aus Babylon und Nippur gesehen. Eine weniger von modernen Vorstellungen beeinflußte Betrachtungsweise läßt auch andere Interpretationen zu. So hat die Familie Murašû aus Nippur Felder zur Bewirtschaftung übernommen, die hohe Würdenträger des Achämenidenreiches vom Großkönig als Lehen erhielten, aber nicht selbst bewirtschaften wollten. Die Murašû haben diese unterverpachtet. Die Einnahmen flossen zum einen an die Herren der Felder, zum anderen führten die Murašû dem persischen Großkönig zustehende Abgaben direkt ab. Auch wenn die Murašû diese Abgaben, zu denen die Herren der Felder verpflichtet waren, »vorfinanzierten«, kann man zwar von einem Darlehen sprechen, aber kaum von einem Bankgeschäft, sofern man als wesentliches Kriterium des Bankgeschäftes das Entgegennehmen von Einlagen und deren Verwendung als Darlehen versteht.

Das Haus Egibi ist eine von mehreren Familienfirmen, die aus der Zeit der Chaldäerdynastie und dem Beginn der achämenidischen Herrschaft in Babylonien bekannt sind. Nach Ausweis der verfügbaren Urkunden waren diese Firmen in zahlreiche Geschäftspartnerschaften verwickelt, die man vom Typ her mit der mittelalterlichen Kommenda vergleichen kann. Dabei stellte einer der Partner Silber oder Waren demjenigen zur Verfügung, der damit eine Geschäftsunternehmung bestritt. Letzterer konnte sich allerdings auch selbst mit Silber oder Waren an dem

Geschäft beteiligen. Die Dauer einer solchen Geschäftsverbindung war zwar begrenzt, erstreckte sich aber durchaus auf mehrere Jahre. Dies steht im Gegensatz zur Praxis der Altbabylonischen Zeit, in der Kommendageschäfte strikt einmalig und in der Regel nur auf wenige Monate terminiert waren. Ziel dieser Partnerschaften war wohl zumeist der Handel über größere Distanzen. Aber es scheint auch Partnerschaften gegeben zu haben, deren Zweck die Verarbeitung landwirtschaftlicher Produkte war. Bei manchen dieser Geschäfte ging es um beachtliche Mengen, zum Beispiel um rund 15 000 Liter Datteln, 7500 Liter Gerste und 60 Fässer, wohl zur Herstellung von Dattelwein und Bier, oder um einen Posten von 150 000 Gebinden Zwiebeln, die Gegenstand eines Lieferungsgeschäftes waren.

Es spricht vieles dafür, daß auch in der Spätbabylonischen Zeit ein wesentlicher Teil der Bevölkerung von der landwirtschaftlichen Subsistenzproduktion lebte und sich insoweit selbst versorgte. Die eben geschilderten Geschäftstransaktionen werden daher wohl hauptsächlich den Bedürfnissen von Palast- und Tempelhaushalten gedient haben, die ein umfangreiches abhängiges Personal zu versorgen hatten.

Wenn es zur Spätbabylonischen Zeit eine Schicht von reichen Individuen gegeben hat, so muß man fragen, welchen Platz eine solche Schicht innerhalb der Gesellschaft eingenommen, wie sich ihre wirtschaftliche Potenz zur Macht des Herrschers verhalten und ob sie letztlich an der politischen Macht partizipiert hat. Hierauf gibt es nur unzureichende Antworten. Zumindest bietet das politische System des 6. und 5. Jahrhunderts v. Chr. Ansatzpunkte: In den langen Jahrhunderten ohne eine nennenswerte königliche Zentralgewalt waren die Städte Babyloniens sich mehr oder weniger selbst überlassen gewesen. Die lokalen Eliten, deren Existenz ganz wesentlich mit den Haupteiligtümern der Städte verknüpft war, gewannen dabei ein Maß an politischer und wirtschaftlicher Eigenständigkeit, das

Linke Seite: Transporte zu Lande erforderten vor allem im Rahmen königlicher Bauvorhaben den Einsatz oft großer und streng kontrollierter Arbeitergruppen. In Tragkörben schleppen Kriegsgefangene Steine aus einer Grube. Relief aus dem Südwestpalast des Königs Sanherib (705-681) in Ninive. London, British Museum

Oben: Träger befördern und stapeln Bauholz. Detail eines Reliefs aus dem Palast Sargons II. (722-705) in Dūr Šarrukīn. Paris, Louvre

Folgende Doppelseite: Unter Tiglatpilesar III. (745-725) wurde über Kriegsbeute offenbar doppelt Buch geführt: einmal in assyrischer Tradition mittels Keilschrift auf Tontafel, zum anderen nach der Methode aramäischer Schreiber mit Pinsel auf Papyrus. Die Viehherden der eroberten Stadt werden davongetrieben, Frauen und Kinder auf Wagen deportiert. Buckelrinder ziehen die einachsigen Gefährte mit Speichenrädern. Reliefplatte aus dem Zentralpalast von Nimrūd. London, British Museum

Wo Abgaben eingehen, aber niemand reicher wird, wo Ausgaben getätigt werden, ohne daß die Vorräte sich erschöpfen. Was ist das? (Des Rätsels Lösung): Der königliche Haushalt!

Rätsel aus dem zweisprachigen Vokabular Diri

zurückzuschneiden sich die Chaldäerherrscher seit Nebukadnezar schwertaten.

Die Bodenbesitzverhältnisse in Assyrien im 2. und 1. Jahrtausend sind in vielem ebenso ungeklärt wie die in Babylonien zur gleichen Zeit. Da in Assyrien Landwirtschaft auf Regenfeldbau beruhte, war damit automatisch die Rolle des Staates eine ganz andere als in Babylonien, wo dieser wesentliche Aufgaben bei der Organisation des Bewässerungssystems hatte und ihm daraus originäre Rechtstitel über das so gewonnene Ackerland zufielen. In Assyrien dagegen beruhten die Verfügungsrechte des Herrschers über das Ackerland primär auf seinen Eroberungen. Bis in die Neuassyrische Zeit hinein können wir Spuren dorfgemeinschaftlicher Strukturen beobachten. Seit dem 14. Jahrhundert v. Chr. spielte sich ein Prozeß ab, der zu einer immer stärkeren Differenzierung zwischen armen und reichen Ackerbauern führte. An dessen Ende saßen die verarmten Teile der Landbevölkerung als Hintersassen auf

den Domänen der Großen des Reiches. Sie waren zwar keine Sklaven, durften sich aber nicht vom Grund und Boden der Domäne lösen. Der Palast verfügte über Ackerland von unbekannten Ausmaßen, das er an Angehörige der Oberschicht vergab oder zur Ansiedlung von Deportierten aus anderen Teilen des Reiches verwendete.

Oben: Bauholz, aber auch viele andere Güter ließen sich am besten auf den Flüssen und Kanälen transportieren. Dazu dienten die »Guffas« und verschiedene Flöße. Hier wird ein Schilffloß auf einem Floß aus Baumstämmen verschifft. Palastrelief des Königs Sanherib (705-681) aus Ninive. London, British Museum

Rechte Seite: Den Schiffbau für die Seefahrt im Mittelmeer trieben vor allem die Phöniker voran. Ihre expansive Seepolitik stützte sich auf Kriegsschiffe wie diese Bireme mit Rammsporn und hohen Aufbauten. Fragment eines Palastreliefs des König Sanherib (705-681) aus Ninive. London, British Museum

Fernhandel

Handel mit den Gebieten rund um Mesopotamien läßt sich seit vorgeschichtlicher Zeit nachweisen. Neben den für die Bronzeherstellung wichtigen Rohstoffen Kupfer und Zinn wurden vor allem Gold und Silber und seit dem 1. Jahrtausend Eisen importiert. Nicht nur Bauholz für Prestigebauten wie Tempel und Paläste, sondern auch wertvolle Steine, die zu Statuen, Siegeln oder anderen Schmuckstükken verarbeitet wurden, kamen aus fernen Ländern. Mesopotamien lag an der Schnittstelle von Handelsrouten, die vom Persisch-Arabischen Golf nach Nordsyrien und zum Mittelmeer oder vom iranischen Plateau nach Westen führten, und nahm so als Mittler am Überlandhandel der gesamten Region teil. Austausch pflegte Mesopotamien zum einen mit den Ländern am und um den Golf bis hin zum Indusdelta, wo bis zum 17. Jahrhundert v. Chr. eine Hochkultur blühte, die durch die Fundorte Harappa und Mohenjodaro charakterisiert ist. Zum anderen bestanden ausgedehnte Handelsbeziehungen zum iranischen Pla-

19.3.0 Gur (ca. 5000 Liter = 3000 kg) [am Baum hängende] grüne Datteln, [die abzuliefernde Abgabe in Höhe von] 50 Prozent beträgt 9.4.0 Gur reife Datteln.
Ernteschätzung, betreffend den Dattelgarten, den Šamaš-ḫazir [im Auftrag des Palastes verwaltet]. Gärtner-Pächter ist Adad-ereš.
Im Monat VI mit Ablauf des 30. Tages wird er die reifen Datteln abliefern. (Es folgen Namen der Zeugen, darunter der Obergärtner, der die Schätzung vornahm, und das Datum.)

Urkunde über eine Ernteschätzung (um 1755 v. Chr.)

Sprich zu Pušu-ken! Folgendermaßen Husarum: »Zwei Talente und zehn Minen Zinn, vierzig Leinenstoffe, einschließlich des Packmaterials, zwei schwarze Esel und [schließlich] 17 Minen Zinn als Reisespesen – all dies bringt Šu-Kubum zu Dir. ... Laß den Šu-Kubum meine Waren nach der Stadt Puruš-ḫanda zu Deinen Agenten und zu Aḫu-tab bringen, damit diese meine Waren zu jedem Preis gegen bar umsetzen ... Laß sie meine Waren gegen Silber eintauschen ... Kümmere Dich um meine Anweisung ... und schicke Šu-Kubum mit dem Silber zu mir (nach Assur). Wirf ein Auge auf Šu-Kubum!«

Altassyrischer Brief (19. Jahrhundert v. Chr.)

teau, zu Anatolien, Nordsyrien und der Levante. Auch die Nomaden der syrisch-arabischen Steppe haben mit dem mesopotamischen Kulturland Handel getrieben. Die Intensität des Austausches mit all diesen Regionen hat im Laufe der Geschichte vielfach gewechselt, sowohl der Wandel der politischen und gesellschaftlichen Verhältnisse als auch andere und neue Bedürfnisse waren der Grund dafür.

Was die Bewohner Mesopotamiens im Zuge ihres Handels mit fremden Regionen erlebt haben, fand seinen Niederschlag in der erzählenden Literatur. Der Zug des Gilgameš in den »Zedernwald«, den man seit dem 18. Jahrhundert v. Chr. mit dem Libanon identifiziert hat, schildert die Gefahren und Erfahrungen beim Gewinnen von Bauholz. Die Epen um die sagenhaften Könige aus Uruk, Enmerkar und Lugalbanda, reflektieren die Handelsbeziehungen Südbabyloniens mit dem iranischen Plateau, von wo neben Metall auch wertvolle Steine, vor allem der als Schmuckstein beliebte Lapislazuli, stammten.

Über die eigentlichen Mechanismen des Handels wissen wir verhältnismäßig wenig. Der Handel mit den Ländern am Golf und auf der Arabischen Halbinsel geschah zur See. Es scheint, daß mesopotamische Kaufleute nicht selbst bis nach Indien oder Oman gefahren sind. Dieser Handel wurde vielmehr in Etappen über Zwischenhandelsplätze, auch Emporien genannt, abgewickelt. Eine wichtige Rolle spielt dabei das Land Tilmun, das sowohl das heutige Bahrain als auch die Insel Failaka am Nordende des Golfs umfaßte. Anders scheint der Handel über Land von Mesopotamien aus organisiert gewesen zu sein. Wir wissen von einem ausgedehnten Karawanenhandel aus dem südlichen Mesopotamien entlang des Tigris nach Norden in die Gegend des alten Assur (südlich des heutigen Mosul). Entlang des Euphrat sind neben Transporten zu Schiff auch Eselskarawanen bis nach Nordsyrien gezogen.

Ein recht klares Bild von den Prozeduren des Fernhandels im 19. Jahrhundert v. Chr. vermittelt uns eine Gruppe von rund 20 000 Geschäftsurkunden und Briefen assyrischer Kaufleute, die Zinn und Textilien mit Eselskarawanen von Assur am oberen Tigris nach der Stadt Kaniš im östlichen Anatolien transportierten. Von dort brachten sie im wesentlichen Silber nach Assur zurück, mit dem sie von neuem Zinn – wahrscheinlich aus dem nördlichen Iran – und Textilien aus Babylonien bezogen. In Anatolien unterhielten sie ein weitverzweigtes Netz von Handelsstationen, von denen Kaniš offensichtlich die bedeutendste war. Die Kaufleute waren in »Familienfirmen« organisiert. Ein Teil lebte permanent, also über viele Jahre, in Anatolien. Die andere Seite der Firma saß in Assur.

Die Korrespondenz zwischen den Herrschern Babyloniens und Ägyptens im 14. Jahrhundert v. Chr., die im mittelägyptischen Amarna gefunden wurde, zeigt uns eine andere Art, Bedarf an Luxusgütern zu befriedigen. Die Herrscher haben sich ihre Wünsche – zuweilen in geradezu

Links oben: Gewichte in Form sehr naturgetreu wiedergegebener Enten waren seit der Ur-III-Zeit und dann im ganzen 2. Jahrtausend v. Chr. Hilfsmittel beim Wiegen. Dieses Exemplar aus Ur trägt eine Inschrift des Königs Šulgi, der damit das Gewicht als »geeicht« anerkennt. Die Ente besteht aus Diorit, ist 14 cm lang und wiegt knapp 2,5 kg.
Bagdad, Iraq Museum

Links unten: Aus dem 8. Jahrhundert v. Chr. stammt dieses ebenfalls mit dem Königsnamen versehene Gewicht aus Bronze in Form eines liegenden Löwen mit Handgriff. Es gehört zu einem Satz aus drei Löwengewichten, der von 3 Schekel bis 15 Minen reicht.
London, British Museum

Rechts: Der Vorgang des Wiegens mit einer fast mannshohen Balkenwaage wird auf einem Bildstreifen des »Rassam-Obelisken« gezeigt. Hier wird die bei einem erfolgreichen Kriegszug von König Assurnaṣirpal II. (883-859) gemachte Beute gewogen.
London, British Museum

Seit mein Vater und Dein Vater miteinander über gute Freundschaft redeten, übersandten sie einander schöne Geschenke, und etwas, worum gebeten wurde, verweigerten sie einander nicht! Jetzt hat mein Bruder (das heißt: Amenophis) nur zwei Minen Gold (ca. 0,9 Kilogramm) mir als Geschenk übersandt. Ist aber gerade jetzt Gold [bei Dir] in Menge vorhanden, so schicke mir auch so viel wie Dein Vater seinerzeit! Ist aber wenig vorhanden, so schicke wenigstens halb soviel, wie Dein Vater zu schicken pflegte! Warum nur hast Du lediglich zwei Minen Gold geschickt? Jetzt, da die von mir unternommenen Arbeiten im Tempel einen großen Umfang angenommen haben und ich sehr intensiv arbeiten lasse, schicke mir viel Gold! Aber Du, was immer Du Dir aus meinem Lande wünschst, schreib es mir, daß man es Dir zukommen lasse!

Aus einem Brief von Burnaburiaš II., König von Babylonien, an Amenophis III. von Ägypten

bettelndem Ton – mitgeteilt und sie sich wechselseitig in Form von Geschenken erfüllt. Man bezeichnet diese Art des Handels als Geschenkhandel.

Im 1. Jahrtausend haben die assyrischen Herrscher ihren Bedarf an Metallen, Holz, wertvollen Steinen oder Pferden für die Armee in zunehmendem Maße mittels Beute und Tribut gedeckt. Eroberung ersetzte friedlichen Handel. Die brutale Ausplünderung eroberter Länder hat letztlich zum rapiden Untergang des neuassyrischen Reiches am Ende des 7. Jahrhunderts v. Chr. beigetragen. Zu diesem Zeitpunkt hatten die Assyrer ganz Syrien und Palästina erobert, die Grenzen Ägyptens erreicht, sich weit nach Anatolien vorgeschoben und waren im Osten und Nordosten gegenüber iranischen Stämmen und dem Reich Elam, das das iranische Plateau und die Ebene von Ḫūzistān beherrschte, zum Stehen gekommen. Zum Erhalt ihrer Militärmaschine waren sie aber so sehr auf permanenten Nachschub aus neu zu erobernden Gebieten angewiesen, daß das Ausbleiben weiterer Eroberungen automatisch zum Kollaps des Reiches führen mußte.

Lokaler Austausch

Der Fernhandel hat in den Darstellungen zur Wirtschaft Mesopotamiens meist mehr im Mittelpunkt des Interesses gestanden als die Mechanismen zur Befriedigung alltäglicher Bedürfnisse. Das liegt vor allem daran, daß aus den uns verfügbaren Quellen über den Handel mit fernen Regionen mehr zu erfahren ist als über den Fluß von Gütern innerhalb der Dörfer und Städte sowie zwischen räumlich nahe beieinander liegenden Siedlungen.

Menschen können ihren Bedarf an lebensnotwendigen Dingen auf unterschiedliche Weise befriedigen. Unter den Bedingungen einer Agrarwirtschaft, wie sie für das alte Mesopotamien bestimmend waren, reguliert die Art der Verfügungsgewalt über das Ackerland in entscheidendem Maße die Art, wie diejenigen, die das Land bestellten, an den Erträgen ihrer Arbeit teilhaben konnten. Im Redistributivsystem der großen institutionellen Haushalte – vorwiegend während des 3. Jahrtausends – erfolgte das durch die regelmäßige Zuteilung von Naturalrationen, später dann – seit Beginn des 2. Jahrtausends – durch individuelle landwirtschaftliche Produktion auf der Basis bäuerlicher Familienwirtschaften.

Die Verfügungsgewalt über das Ackerland beruhte dabei entweder auf individuellen oder kollektiven »Eigentumsrechten«, auf Pachtvertrag oder darauf, daß ein Feld als Versorgungsfeld mit der Verpflichtung zu Dienstleistungen für den Palast zugeteilt war. In der Regel reichten diese Felder gerade aus, die Subsistenz derer zu garantieren, die das Feld bestellten. Wir sprechen daher von Subsistenzproduktion.

In einer Wirtschaft, in der Subsistenzproduktion – mit weitgehender Selbstversorgung und Selbstverbrauch – oder die Versorgung durch Naturalrationen innerhalb institutioneller Haushalte die Grundversorgung der Menschen befriedigen, ist zusätzlicher Bedarf an Produkten, die nicht selbst produziert oder durch Rationen zugeteilt werden können und deshalb von außerhalb bezogen werden müssen, sowohl hinsichtlich der Menge als auch der Art eingeschränkt. Selbstverbrauch limitiert das Angebot, Selbstversorgung die Nachfrage. Dies hat Auswirkungen auf die Bedeutung von Austausch, in welcher Form auch immer er geschieht. In besonderem Maße gilt das jedoch für den Markttausch.

Selbstversorgung ist auf weitgehende Autarkie gerichtet, sowohl bei bäuerlicher Familienwirtschaft als auch bei der Produktion innerhalb institutioneller Haushalte. Selbstverbrauch bedeutet, daß das Produzierte weitgehend oder ausschließlich innerhalb der Wirtschaftseinheit verbraucht wird, in der es entsteht, da die Produktion auf die Sicherstellung des Existenzminimums hin angelegt ist und gerade bei bäuerlichen Familienwirtschaften nicht um des Austausches willen erfolgt. Ein verbleibender marginaler Bedarf wurde – nach Analogie ethnologischer Erkenntnisse – auf dörflicher Ebene im Rahmen von Nachbarschaftshilfe nach dem Prinzip der Reziprozität befriedigt. Wie die Bewohner der Städte, die fast alle selbst landwirtschaftliche Produzenten waren, ihren marginalen Bedarf befriedigten, entnehmen wir beispielhaft einem Korpus von etwa 2500 Briefen aus der Altbabylonischen Zeit. Sie sprechen von vielerlei Gütern, um die gebeten, die angeboten und gegen andere Güter oder Silber getauscht wurden. Hauptsächlich ging es um Nahrungsmittel (63 Prozent der Fälle), aber auch um Wolle und Textilien (19 Prozent), Haushaltsutensilien (5 Prozent), andere handwerkliche Erzeugnisse und Rohmaterialien, also praktisch um alles, was im täglichen Leben eines Babyloniers eine Rolle spielen konnte. Der Kontext der Briefe zeigt, daß es sich um Austausch zwischen sozial miteinander verbundenen Menschen handelte.

Verschiedene Briefpassagen, in denen um etwas gebeten wird, vermitteln den deutlichen Eindruck, daß einem Bittsteller kein anderer Weg offenstand, seine Wünsche zu befriedigen, als seinen Briefpartner darum zu bitten. Niemals wird er auf den Markt als den Ort verwiesen, wo er sich das Gewünschte hätte kaufen können. Dies kann bedeuten, daß es tatsächlich keinen Markt als Institution gab, durch den man seinen Bedarf hätte decken können. Andererseits ist es vorstellbar, daß die vom Adressaten begehrten Dinge gerade nicht zu dem Zeitpunkt, wo sie benötigt wurden, oder auch grundsätzlich nicht im Wege des Markttausches erhältlich waren. Aber auch der Charakter der Beziehungen könnte für die Partner eine unum-

gängliche Verpflichtung dargestellt haben, ihre Bedürfnisse innerhalb eines sozial determinierten Rahmens zu befriedigen.

Der Lebenszyklus des einzelnen und der Familie bot vielfältige Gelegenheiten, innerhalb eines Familienverbandes dringend benötigte Gegenstände zu verteilen, etwa die Aussteuer der Tochter anläßlich ihrer Hochzeit oder eine Erbteilung. Auch Geschenke von Dritten, die aus Anlaß des Begräbnisses einer bedeutenden Person an die Familie des Verstorbenen gegeben wurden, um dessen Ansehen zu würdigen und dem Nachfolger Reverenz zu erweisen, sind hier zu nennen. Pachtverträge aus Sippar enthalten die Vereinbarung, daß der Pächter neben dem regulären Pachtzins anläßlich einer Reihe von Götterfesten jeweils ein Brot, Bier und Fleisch zu liefern hatte. Auch in anderen Verträgen konnte die zu erbringende Leistung in Naturalien erfolgen.

Luxusbedarf, also der Bedarf an außergewöhnlichen Produkten, die besonderes handwerkliches Können bei der Herstellung voraussetzten oder deren Ursprung außerhalb Mesopotamiens lag, wurde anscheinend zu einem beachtlichen Teil dadurch befriedigt, daß Geschenke zu besonderen Anlässen in einer Art von osmotischem Prozeß von statusmäßig Höherstehenden, die einen privilegierten Zugang dazu hatten, in weniger privilegierte Segmente der Bevölkerung gelangten. Das konnte etwa das Verteilen von Kriegsbeute sein; aber auch mehr oder weniger regelmäßig geleistete Dienste für den Herrscher wurden manchmal durch wertvolle Geschenke über das übliche Maß hinaus belohnt. In Mari etwa verteilte der Herrscher in diesem Sinn Gewänder, gelegentlich auch silberne Schmuckstücke an Wahrsageexperten, die in seinen Diensten standen.

Alle diese Beispiele zeigen, in welchem Maße Zugangsmöglichkeiten zu einer Vielzahl von Gütern, Objekten und Dienstleistungen existierten, die sich außerhalb eines formalisierten Markttausches beschaffen ließen. Damit wird die Existenz von Markt in Mesopotamien als einer Institution, die bei der Versorgung der Bevölkerung eine quantitativ wesentliche Rolle gespielt haben könnte, grundsätzlich in Frage gestellt. Wir wissen zwar von Wander- oder Straßenhändlern, die Bier, Röstkorn, aber auch Öl oder Salz angeboten haben, und daß Waren von extravagantem Charakter, vor allem wenn sie von außerhalb Mesopotamiens kamen, direkt bei Ankunft einer Karawane von den Fernhändlern erstanden werden konnten. Periodische

Schmuckfunde wie diese vier Ketten aus Sumerischer und Frühdynastischer Zeit zeugen von der Reichweite des damaligen Fernhandels. Mesopotamien bezog Edelmetalle und (Halb-)Edelsteine nur zum Teil aus den angrenzenden Bergregionen und dem Golfgebiet. Türkis kam wahrscheinlich aus Baktrien. Lapislazuli wurde im heutigen Afghanistan gewonnen und über viele Stationen durch den weiten persischen Wüstengürtel transportiert, bevor es unterwegs oder am Ziel verarbeitet wurde.
Cambridge / Mass., Fogg Art Museum

und an bestimmte Lokalitäten gebundene Märkte aber lassen sich in der Wirtschaft Mesopotamiens bisher nicht nachweisen.

Handwerkliche Produktion

Die Zeugnisse handwerklichen Geschicks sind uns in vielfältiger Form überliefert: Statuen, kunstvoll gearbeitete Reliefs, Rollsiegel und Schmuckstücke aus wertvollen Steinen und Metall, Gefäße aus Ton, Stein, Metall oder Glas, Geräte aus Metall oder Holz. Vieles, was Handwerker für die neuassyrischen Könige und ihren Hofstaat an Besonderem geschaffen haben, findet sich abgebildet auf den Wandreliefs neuassyrischer Paläste: Schmuckstücke, kostbare Gewänder, Waffen oder Möbel aus erlesenen Materialien wie etwa Elfenbein. Sie vermitteln ein eindrucksvolles Bild von der Kunstfertigkeit babylonischer und assyrischer Handwerker.

Handwerkliche Spezialisierung und Arbeitsteilung geht weit bis ins 4. Jahrtausend zurück. Einige Namen für Handwerker – wie etwa die für den Töpfer oder den Holzbearbeiter – gehören sogar sprachlich in die Zeit vor der Ansiedlung der Sumerer in der Alluvialebene Südbabyloniens. Die Spezialisierung der Handwerker orientierte sich im wesentlichen an den zu bearbeitenden Materialien Ton, Metall, Stein, Holz, Schilfrohr, Wolle oder Leder. Eine weitere Arbeitsteilung bedingte die Art der zu fertigenden Gegenstände. So gab es Handwerker, die sich speziell dem Schneiden von Rollsiegeln widmeten, andere dem Fertigen von steinernen Statuen. Das Herstellen von Reibsteinen für die Produktion von Mehl war gleichfalls Aufgabe der Steinmetzen. Bei den Metallhandwerkern wiederum unterscheiden wir den Kupfer- oder Bronzeschmied von dem, der mit Gold oder Silber arbeitete.

Handwerker im engeren Sinne muß man von solchen Berufen unterscheiden, die Dienstleistungen verrichteten, wie sie etwa Garköche oder Bäcker anboten. Wir zählen hierzu wandernde Händler oder Hausierer und die Schankwirtin, aber auch Experten wie den Schreiber, der Privatpersonen beim Verfassen von Briefen oder Rechtsurkunden zu Diensten stand. Handwerkliche Fertigkeiten wie etwa Spinnen und Weben, das Herstellen von Matten und Körben aus Schilf oder von gängiger Keramik wurden sicherlich von vielen Menschen beherrscht. Vor allem im dörflichen Milieu sind handwerkliche Erzeugnisse in den einzelnen Familien oder in Zusammenarbeit mehrerer Familien gefertigt worden, so wie noch heute im Nahen Osten die Frauen eines Dorfes zusammenkommen, um benötigte Keramik herzustellen. Zahlreiche – oft mehrere hundert – dienstverpflichtete Frauen webten in den Arbeitshäusern von Tempeln oder Palästen die Stoffe, die den Arbeitern dieser Institutionen als Naturaldeputate zugeteilt oder von Händlern in fernen Ländern getauscht wurden, denn babylonische Textilien waren überaus

Neben Gebrauchskeramik produzierten die mesopotamischen Töpfer Luxusware. Die ca. 15 cm hohen »Knopfbecher« sind Beispiele der sogenannten Nuzi-Keramik. Sie besticht durch ihren weiß gemalten, lebendigen Dekor auf dunkelfarbigen Bändern. Der Gefäßkörper ist extrem dünnwandig, feintonig und von heller Farbe. Verbreitungsgebiet dieser »Palastkeramik« ist der Bereich zwischen nördlicher Levante und dem osttigridischen Nuzi. Es deckt sich in etwa mit der Ausdehnung des Mittani-Reiches.
Seit etwa 2000 v. Chr. wurde in einem langwierigen Prozeß die »Chemie« der Glasherstellung erprobt. Zeitgleich mit der Nuzi-Keramik (und formal von dieser beeinflußt) gelingen um 1500 v. Chr. die ersten hohlgeformten Gefäße aus gemustertem Buntglas (linke Seite, außen).
Bagdad, Iraq Museum

begehrt. Aus Verwaltungsurkunden der Ur-III-Zeit geht hervor, daß Weberinnen oft mehrere Monate oder auch bis zu zwei Jahren an einem einzigen kostbaren Stück Stoff arbeiteten.
Eine Reihe von Handwerken kommt nicht ohne in den Familien von einer Generation auf die nächste tradierte besondere Kenntnisse und Erfahrungen aus. Handwerker wurden gelegentlich mit einem Sammelbegriff bezeichnet, der soviel wie Meister, Experte, auch Gelehrter bedeutet. Eine Unterscheidung zwischen Künstlern und Handwerkern hat es im Bewußtsein der Babylonier aber nicht gegeben. Was wir heute als Kunstwerk ansehen, ist das Ergebnis anonymen handwerklichen Schaffens. Das Prestigebedürfnis von Herrschern und Oberschichten hat auch im alten Mesopotamien die handwerkliche Arbeit stimuliert. Rollsiegel, die im Auftrag des Herrschers geschnitten wurden, zeichnen sich oft durch ihre exzeptionelle Qualität aus. Die in Dūr Šarrukīn, Kalaḫ und Ninive ausgegrabenen Wandreliefs neuassyrischer Paläste sind ein anderes Beispiel. In ihren Inschriften erwähnen neuassyrische Herrscher Handwerker, vor allem aus Nordsyrien, die sie als Gefangene mit dem ausdrücklichen Ziel nach Assyrien brachten, deren Kunstfertigkeit und Erfahrung beim Ausschmücken ihrer Paläste zu nutzen.
Buntes Glas und daraus gefertigte Gefäße sind mit Sicherheit seit der Mitte des 2. Jahrtausends bezeugt. Vom Ende des 2. Jahrtausends und aus der Bibliothek des Assurbanipal sind Rezepte zur Herstellung von Glas überliefert. Versuche mit den Rezepten haben gutes Glas ergeben. Das Bemerkenswerte an diesen Texten ist, daß sie in einer Art Geheimkode geschrieben sind, den nur Eingeweihte lesen konnten. Sie haben damit den Charakter von Geheimwissen und stehen so auf einer Stufe mit Ritualtexten, von den babylonischen Schreibern selbst als geheim klassifiziert. Nichts deutet darauf hin, daß handwerkliches Know-how aus anderen Bereichen geheimgehalten, Unbefugten der Zugang verwehrt gewesen wäre.
Ein Blick auf neuassyrische Wandreliefs überzeugt von der außerordentlichen Fähigkeit derer, die sie geschaffen haben. Darstellungen auf den Reliefs, die die Steinmetzarbeiten und den Transport riesiger Skulpturen zeigen, vermitteln eine Ahnung vom technischen Können, das für

das Errichten monumentaler Bauten vonnöten war. Die Bauforschung hat einiges von den Problemen aufgezeigt, die hierbei zu bewältigen waren. Um etwa die ungeheure Baumasse einer Zikkurrat (mindestens 35 000 Kubikmeter im Fall der Zikkurrat von Ur), die weitgehend aus ungebrannten Lehmziegeln bestand, vor dem »Breitlaufen« zu hindern, verlegte man im Innern jeweils zwischen mehreren Ziegellagen Schilfmatten und spannte außerdem quer durch den Baukörper Schilfseile, die diesen zusammenhalten sollten.

Das Anlegen der Bewässerungssysteme erforderte Kenntnisse und Erfahrungen hinsichtlich von Fließrichtung und Wasserverhalten. Über die hohen Anforderungen, die das Vermessen und die Kalkulation von Arbeitsleistung beim Anlegen eines Kanals stellten, geben uns mathematische Texte aus der Altbabylonischen Zeit (ca. 18./17. Jahrhundert v. Chr.) Auskunft. Felderpläne und andere Verwaltungsurkunden, die wir aus der Ur-III-Zeit besitzen, zeugen ebenfalls von einem beachtlichen Niveau angewandter Mathematik.

Der Rahmen, in dem handwerkliche Tätigkeit vonstatten ging, hat sich im Verlauf der mesopotamischen Geschichte den Veränderungen in der Gesellschafts- und Wirtschaftsstruktur angepaßt. Vermutlich wurde in vorgeschichtlicher Zeit, als die Strukturen der Gesellschaft von dörflichen Produktionsformen bestimmt und handwerkliches Produzieren noch wenig differenziert war, vieles in den einzelnen Familieneinheiten selbst gefertigt. Dies änderte sich, sobald komplexere gesellschaftliche Strukturen entstanden. Die Einführung der Bronze führte dort, wo Kupfer und Zinn durch den Fernhandel hingelangten, zu einer Konzentration der Metallverarbeitung: in den großen Tempelhaushalten. Die Texte aus der Ur-III-Zeit zeigen, daß in den großen institutionellen Haushalten von Tempel oder Palast jeweils solche Handwerker beschäftigt wurden, deren Fertigkeiten innerhalb des Haushaltes benötigt wurden. In den Domänen und Textilmanufakturen waren das diejenigen, die etwa Pflüge und Zaumzeug beziehungsweise Webstühle herstellen oder reparieren mußten. In den großen Ergasterien zur Getreideverarbeitung sorgten die Steinmetzen für den einwandfreien Zustand der Reibsteine. Töpfer und Rohrmatten- beziehungsweise Korbflechter gab es offensichtlich in fast jedem Haushalt. Die besonderen Bedürfnisse des Hofes der Herrscher der III. Dynastie von Ur an Luxusgegenständen befriedigte ein »Handwerkerhaus« in der Hauptstadt Ur, dessen Archiv erhalten ist. Aus dem 20. Jahrhundert v. Chr. kennen wir eine ähnlich große Werkstatt in Isin.

Auch in der Altbabylonischen Zeit waren die Handwerker weitgehend in den Betrieb der institutionellen Haushalte integriert. In der Regel waren sie in Arbeitsgruppen organisiert, die jeweils einem Aufseher unterstanden, der selbst Handwerker war. Ein privates Handwerk wie im islamischen Orient oder im europäischen Mittelalter hat es in Mesopotamien bis zum Ende der Altbabylonischen Zeit (ca. 1600 v. Chr.) nicht gegeben. Das schließt nicht aus, daß Handwerker, die in den institutionellen Haushalten arbeiteten, durchaus auf »Bestellung« für persönlichen Bedarf ihre Dienste zur Verfügung stellten.

Über die Stellung der Handwerker während der Spätbabylonischen Zeit (6./5. Jahrhundert v. Chr.) erfahren wir einiges aus den Tempelarchiven des südbabylonischen Uruk. Sie waren Angehörige der städtischen Oberschicht und arbeiteten hauptsächlich für den Tempel. Es scheint, daß diese Arbeiten in kleinen »Familienbetrieben« geleistet wurden. Die Handwerker waren als Gruppe organisiert und wurden von einem Angehörigen der Gruppe angeleitet. Dieser empfing beispielsweise für sie die Naturalrationen aus den Händen des Tempelpersonals. Allerdings wurde er nicht als Aufseher bezeichnet. Dies ist ein wesentlicher Unterschied zur Altbabylonischen Zeit und mag Hinweis auf ein größeres Maß von Unabhängigkeit

Zur Verbesserung der Statik in der mesopotamischen Zikkurrat waren besondere Baumaßnahmen erforderlich. In regelmäßigen Abständen aufgelegte Schilfschichten und horizontal durch das Massiv gezogene, bis zu 10 cm starke Schilftaue verhindern ein Auseinanderbersten der Ziegelmassen. Diese Details sind an der im 14. Jahrhundert v. Chr. errichteten Zikkurrat von 'Aqar Qūf (linke Seite) und an der älteren, aus der Ur-III-Zeit stammenden Eanna-Zikkurrat in Uruk (oben) noch gut zu erkennen.

Zum Jahreswechsel, ... wenn die Schalen mit den Verpflegungsrationen inspiziert werden, da überwacht Nanše die Überprüfung des Dienstpersonals. Ihre Oberschreiberin, die Göttin Nisaba, legt sich die inhaltsschweren Tafeln auf dem Schoß zurecht ... Für Nanše stellt sie das Dienstpersonal in einer Reihe auf ... Die, die auf der Tafel [als ständiges Personal des Tempelhaushalts] registriert, und die, die zeitweilig als Lohnarbeiter eingestellt worden sind – ist einer von ihnen gesehen worden, daß er sich unerlaubt aus dem [Dienst des] Haushaltes entfernt hat, sein Dienstverhältnis soll beim ersten Anschlag der Harfe beendet werden. Der Gott Ḫaja, der Mann, der die Buchführung verrichtet, der den verläßlichen Diener beaufsichtigt, den verläßlichen Diener trägt er erneut in die Tafel ein...

Aus einer Hymne an die Göttin Nanše (21. Jahrhundert v. Chr.)

sein. Die Arbeit bestand vor allem im Herstellen und Reparieren von Kultobjekten, Gerätschaften und Baulichkeiten im Tempelbereich. Solche Tätigkeit schloß regelmäßig den Umgang mit wertvollen Materialien ein. Veruntreuung war daher häufig. Um dem zu steuern, wies man einem Handwerker Material nur für einen genau spezifizierten Auftrag zu, ein Brauch, der sich bis in das 3. Jahrtausend zurückverfolgen läßt. Den ungerechtfertigten Umgang mit den anvertrauten Materialien bedrohte die Tempelverwaltung mit hohen Strafen.

Handwerkliche Tätigkeit hatte einen festen Platz im Weltbild des alten Mesopotamien. Der Mythos von Enki und Inanna nennt die Handwerke im gleichen Atemzug mit den wichtigsten Errungenschaften menschlicher Zivilisation sowie den religiösen und staatlichen Institutionen des Landes. Und Enki, der Gott der Weisheit, dem die Menschen diese Errungenschaften verdanken, galt in verschiedenen Hypostasen als Patron der einzelnen Handwerke.

Religion

Die Religion des alten Mesopotamien zeichnet sich wie die altägyptische in doppelter Hinsicht aus: durch ihr Alter und durch ihre Langlebigkeit. Wir haben in Mesopotamien die ältesten deutlichen und eindeutigen Äußerungen von Religiosität vor uns: nämlich in Schriftdenkmälern, und nur die können uns authentische Kenntnisse vermitteln. Die ältesten Dokumente stammen aus dem ersten Drittel des 3. Jahrtausends v. Chr.; von da an sind zunehmend mehr und immer verschiedenartigere religiöse Texte überliefert. Mit ihrer Hilfe können wir über fast drei Jahrtausende lang, bis in die Zeit um Christi Geburt hinein, Entwicklung und Niedergang dieser Religion verfolgen. Wir besitzen eine Unmenge von Schriftquellen, die sich allerdings – weil der Zufall erst bei der Erhaltung und dann wieder bei der Entdeckung mitspielt – nicht gleichmäßig über die endlos lange Zeitspanne verteilen; deshalb sind etliche Zeitabschnitte nicht genügend dokumentiert, selbst wenn uns die Überlieferungssituation im ganzen recht gut erscheint.

Seit 150 Jahren wird im Boden des Irak und der umliegenden Länder ausgegraben; dadurch besitzen wir eine halbe Million Texte, die in einer der beiden damals gesprochenen Sprachen abgefaßt sind: Sumerisch oder Akkadisch. Gewiß ist nur ein Fünftel der Texte von eigentlichem literarischen Interesse; nur da ist von höheren Dingen die Rede, der Rest beschränkt sich auf Alltagsangelegenheiten, auf das materielle Leben. Aber in dieser Welt, in diesen Zeiten, als das Band zwischen Himmel und Erde noch nicht zerschnitten war wie heute, als alle Dinge noch in einem übernatürlichen Dämmerlicht lagen, da können die meisten Aufzeichnungen, sogar die ganz trivialen, noch etwas über das damalige Leben und über die religiösen Vorstellungen der Menschen aussagen, und sei es nur indirekt. Über das religiöse Denken verbreiten sich zum Glück ziemlich viele Texte sehr viel ausführlicher: hierarchisch angeordnete Götterlisten; Lieder zu Ehren der Götter; Mythen, die vom Leben der Götter berichten, von ihrem Wirken beim Ursprung der Welt und von ihrem Eingreifen in deren Lauf; sodann private Gebete, in denen sich ihre Bedeutung für das Dasein eines jeden offenbart; minuziös ausgearbeitete Rituale für den öffentlichen Kult; schließlich einige Werke oder Werklein, die in verschiedener Form bestimmte Aspekte des religiösen – oder der Religion nahestehenden – Denkens erklären, erläutern oder erörtern.

Dazu kommt die ungeheure Menge eigentlich archäologischer Stücke, die zunächst zwar eindrucksvoller sind, aber im Grunde stumm und daher vieldeutig: Überreste von Heiligtümern, Geräte, Kultgegenstände und Grabbeigaben; Darstellungen von Gottheiten und ihrem Kultpersonal, von Handlungen der Götter, von öffentlichen oder privaten Zeremonien zu Ehren der Götter.

Nun darf man nicht erwarten, mit Hilfe einer so eindrucksvollen Ansammlung ein religiöses System in unserem Sinne erkennen zu können. Die großen Weltreligionen, das Judentum mit den beiden Tochterreligionen Christentum und Islam im Westen und der Buddhismus im Fernen Osten, sind »historische« Religionen: Jede wurde von einer kraftvollen religiösen Persönlichkeit begründet, die chronologisch einzuordnen ist und deren Geistigkeit verbreitet und institutionalisiert wurde. Durch eigene und der ersten Anhänger Vorsorge wurden »heilige Schriften« verfaßt, die ihre authentischen Gedanken verewigten und eine Tradition dogmatischer und moralischer Rechtgläubigkeit schufen; diese wurde dann von besonderen Autori-

»Dem Amurru, seinem Gott, für das Leben des Hammurabi, des Königs von Babylon, Lunanna ... fertigte für sein Leben eine betende Statue aus Kupfer mit goldüberzogenem Gesicht und weihte sie ihm als seinen Diener.« So lautet die sumerische Inschrift auf dem Sockel der 19,5 cm hohen Bronzestatuette, die wahrscheinlich aus Larsa stammt. Bezugsfigur des knienden Beters war, wie das Sockelrelief zeigt, eine thronende Gottheit. An der Vorderseite des Sockels ist ein kleines Gefäß für Opfergaben angesetzt. Paris, Louvre

Frauen und Männer, Paare und Familien konnten Stifter von Beterstatuen sein. Die hier abgebildeten Beispiele stammen aus dem Inanna-Tempel von Nippur und datieren in der Mitte der Frühdynastischen Zeit.
Es verwundert nicht, daß sich eine Frau mittels einer Statuette der für die Liebe zuständigen Göttin anempfiehlt (rechte Seite). Die in ein langes Gewand gekleidete sitzende Frau hält einen Becher und eine Dattelrispe in ihren Händen. Die aus jüngeren sumerischen Mythen ableitbaren Wesenszüge der Inanna sind von Dominanz und erotischer Liebe geprägt und stehen für Fruchtbarkeit, jedoch eher nicht für stilles Eheglück. Dennoch ist das Sitzbild eines treu vereinten Paares dieser Göttin geweiht, wie uns die Inschrift lehrt (links).
Bagdad, Iraq Museum

täten verkündet und kontrolliert. So wie die übrigen antiken und »primitiven« Religionen hat auch die mesopotamische, die schon am Ende der Vorgeschichte, also kurz vor 3000 v. Chr., fertig ausgebildet war, keinen historisch belegbaren »Gründer« und keine »heiligen Schriften«, die ihren ideologischen und sachlichen Inhalt festhielten – er war in keiner Weise festgelegt und ausgesprochen, ähnlich wie es in Kulturen ohne kodifiziertes Recht für die Normen des Sozialverhaltens gilt. Es gibt kein Korpus, das die Treue zu einer »Lehre« fördern oder überwachen sollte – eine solche existierte schlechthin nicht. Die Religion ist lediglich die uralte Haltung vor dem Übernatürlichen, die direkt der Empfindung und der Wahrnehmung allgemeiner und überkommener Dinge entströmt. Sie setzt sich zusammen aus Glaubensüberzeugungen und eingewurzelten Gewohnheiten, die wie die ganze Kultur im prähistorischen Dunkel gewachsen sind – niemals formell festgelegt oder angehalten, sondern durchscheinend für das kollektive Denken und Verhalten, immer weiter angereichert und umgestaltet, der Entwicklung von Kultur und Geschichte folgend.

Hinzu kommt, daß diese Kultur selbst das Produkt der Symbiose zweier Völker ist, die gänzlich verschieden nach Ursprung, Kultur und Sprache waren: der Sumerer und der Akkader, wie man die ältesten Semiten nennt. Besonders in religiöser Hinsicht hat diese Kultur dadurch etwas Hybrides bekommen. Die Sumerer scheinen zunächst viel von ihrer Mythologie und ihren Ritualen eingebracht zu haben; da sie aber im Laufe der Jahrhunderte von den zahlreicheren und ethnisch stärkeren Akkadern »aufgesogen« wurden, haben diese das System schnell mit ihrer eigenen Mentalität durchdrungen: mit ihrer Religiosität und ihrer Sicht der Dinge. Sie allein und ihre späteren Verwandten haben noch mindestens zweitausend Jahre lang den Fort-

bestand und die Entwicklung getragen. So ist die mesopotamische Religion trotz ihrer frühen und starken sumerischen Prägung semitisch geblieben, nicht nur allgemein geistig, sondern auch in den meisten Details.
Jede Religion beeindruckt zunächst durch ihre Massenwirkung, als soziales Phänomen; will man jedoch genauer in ihre Struktur eindringen und ihren Wert ermessen, dann sollte man sich auf ihre psychologische Dimension besinnen, auf ihre Existenzformen und -bedingungen in den Individuen, ohne die ja keine Gesellschaft vorstellbar ist. Auf dieser Ebene ist letztlich jede Religion von dem instinktiven Gefühl beseelt – das sich vom Menschen ebensowenig wegdenken läßt wie der Sinn für das Schöne und die Liebe –, daß es eine Ordnung der Dinge über uns gibt, die höher ist als alles hienieden, und daß wir durch sie beherrscht und geführt werden, kurz, was wir den Sinn für das Übernatürliche, das Heilige oder das Numinose (R. Otto) nennen. Per definitionem entzieht sich dieses geahnte Numinose jeder unmittelbaren Erkenntnis, doch wir haben den Drang, von ihm entweder durch Inspiration oder durch Schlußfolgern irgendein Bild, irgendeine Vorstellung zu gewinnen.
In den Empfindungen, die sich dabei dem Numinosen gegenüber in uns entwickeln, und in der Vorstellung, die wir uns von ihm machen, erlegen wir uns in unserer Hinwendung ein ganz bestimmtes Verhalten auf. Die religiösen Gefühle, die religiösen Überzeugungen und die religiösen Pflichten sind wechselseitig voneinander abhängig und bilden die drei untrennbaren Eckpfeiler, die ein religiöses System abstecken und charakterisieren.

Das religiöse Empfinden

Anders als bei Religionen wie der unseren, die eher zu einer – mehr oder weniger herzlichen – Hinwendung zum Heiligen als dem Mittelpunkt neigen, war das religiöse Empfinden in Mesopotamien deutlich zentrifugal. Das gängige Vokabular, das die Beziehungen zur Götterwelt zum Ausdruck brachte, war im wesentlichen verbunden mit Gemütsbewegungen des »Glaubens«, der »Ehrfurcht«, der »Bewunderung«, der »Anbetung«, der »Unterwerfung« und der »Dienstbarkeit«. Gewiß, gelegentlich – aber die Beispiele lassen sich an den Fingern einer Hand abzählen – kann man auf eine Vokabel stoßen, die an »Liebe« anklingt. So etwa in einem Lied, von dem uns nur der erste Vers aus einem sogenannten Liederkatalog erhalten ist: »Ehrt euren Gott! Liebt euren Gott!« Aber das mit »lieben« wiedergegebene Verbum *(râmu)* ist zweideutig; vielleicht deutet es hier nicht so sehr die »Anziehung« oder »Leidenschaft« an, sondern Bewunderung und Unterwürfigkeit, was im übrigen völlig vereinbar wäre mit der Demut und Verehrung, die man der Gottheit sonst erweist und die hier im Verbum »ehren« ausgedrückt wird.
Die mesopotamische Religion hat nie etwas Mystisches gehabt; sie hat niemals dazu ermutigt, irgendeine Intimität mit den Göttern zu suchen. Man »bewundert« sie, »betet sie an«, »lobpreist« sie, »schmeichelt« ihnen, aber an ihrem Ort ist keine andere Haltung denkbar als die der »Ergebenheit«, der »Unterwerfung«, der »Furcht«, also die Pose des »alleruntertänigsten Dieners« vor dem höchsten und allmächtigen Herrn und Meister. Wenn der Name der Gottheit als solcher (sumerisch *dingir*, akkadisch *ilu*) sich etymologisch nicht erklären läßt und wir seine genaue Bedeutung folglich nicht kennen, spricht wenigstens das für ihn verwendete Keilschriftzeichen ideographisch für sich: Es gibt einen Stern wieder, der alles ausdrücken sollte, das »hoch« ist, »erhoben«, »erhaben« – weit über der Erde. Die Götter erscheinen immer in einer blendenden, furchteinflößenden Aura, in einem so starken »Glanz«, daß jeder von einem »überirdischen Strahlen« *(melammu)* gebannt und in Furcht und Schrecken versetzt wurde: »Herr, dessen Gleißen der Blick nicht standhält«, heißt es in einem Gebet

an Marduk; um die Erhabenheit von Marduks Göttlichkeit noch deutlicher herauszustreichen, war ihm »ein zehnfacher«, ja »fünfzigfacher Schreckensglanz« zum Attribut gegeben.

Man kann die vielen verschiedenen religiösen Texte durchgehen, wie man will – vor allem Hymnen und Gebete, die am besten die Religiosität, die innere Haltung vor den Göttern überliefern –, man findet nur, was sie mit dem All in Beziehung setzt, das sie beherrschen, regieren oder nach Gutdünken umstürzen; nur Worte, die aus ihnen die unvergleichlichen und alles überragenden Herren und Herrscher über Menschen und Dinge machen; nur, was ihre Majestät, ihre Größe ohnegleichen betont, oder – und das läuft auf dasselbe hinaus – nur Formeln, dazu bestimmt, sich ihre Gnade zu verschaffen durch schmeichelhaftes Nennen ihrer Macht, ihrer Autorität, ihres Ruhms, ihrer Großmut, ihres Wohlwollens, ihrer Fähigkeiten, glückbringend in den Lauf der Welt, der Menschheit und in das Schicksal eines jeden einzugreifen. Um nur einmal den Tenor vorzuführen, seien hier einige Auszüge aus solchen Gebeten zitiert. Sie geben das Wesen der tiefen Religiosität der Mesopotamier spürbar wieder. Zunächst eine sumerische Strophe an Enlil:

Herr bist du, Herrscher bist du!
Enlil, Herr bist du, Herrscher bist du! ...
Übermächtiger Herr, allgewaltiger Herr!
Herr im Himmel, ... Herr auf der Erde bist du.
Herr, dessen Ausspruch unabänderlich ist
und der sein Wort, einmal verkündet,
nicht mehr umdeuten läßt.

In einer Anrufung Enkis (ebenfalls sumerisch) werden im ganzen die gleichen Bilder der Übermacht verwendet:

Herr, Allerhöchster im Himmel und auf der Erde,
der du von Haus aus ganz und gar selbständig bist!
Vater Enki, Herr, der die Erde beherrscht,
Allmächtiger oben und hienieden!

Als es den Göttern oblag, den Angesehensten unter ihnen, Marduk, an die Spitze zu stellen, verliehen sie ihm die geballte Macht in Gestalt von »Namen« oder, wenn man will, »Titeln«. So verkünden sie:

Sobald man diesen Namen ausspricht,
wollen wir uns niederwerfen.
Öffnet er den Mund (zum Befehl),
sollen ihn die Götter voller Respekt anhören.
Sein Geheiß sei über allem,
oben und unten!
Er sei über alles erhöht,
der Sohn, der für uns Rache geübt hat.
Sein Herrscheramt sei das höchste,
er soll keinen Widerpart haben!

Und in einem persönlichen Gebet an Ištar kommen unter anderem die folgenden Zeilen vor:

Weiseste unter den Göttern,
die alle Menschen beherrscht,
die du das Band, das Himmel und Erde zusammenhält,
fest in der Hand hast ...
Ich rufe deine Hilfe an,
der ich dein ehrfürchtiger hausgeborener Sklave bin,
ich werfe mich dir zu Füßen.

Schließlich wollen wir noch den Anfang eines großen Hymnus an Šamaš, den Sonnengott und Gott des Rechts, zitieren – es ist übrigens einer der schönsten Texte der akkadischen Literatur:

Šamaš, der den ganzen Himmel erleuchtet,
der von oben bis unten das Dunkel verscheucht ...
Dein Glanz umhüllt die Erde wie ein Netz.
In die Finsternis der fernsten Berge bringst du Licht ...
Dein Strahlen enthüllt und erhellt das noch so Verborgene.
Wenn dein Licht aufleuchtet,
wird man der Menschen Wandel gewahr.
Dein Gleißen bedeckt die entlegensten Gebirge,
ungestüm strahlst du über alle Länder.
Du bist über den Gipfeln und überschaust die Erde.
Vom Himmel herab hältst du den Länderkreis
wie eine Waagschale.

Religiöse Vorstellungen

Die frühesten religiösen Bemühungen der Ahnen der Mesopotamier sind in das Dunkel der Vorgeschichte gehüllt. Es entgeht uns, welche Vorstellung sie sich machten von »der Ordnung der Dinge, die höher sind als alles hienieden«, die sie erahnten als eine gewaltige, aber nicht geheure Macht. Wir können nur die Richtung erraten, aus der ihre Vorstellungen kamen; denn die Schriftquellen geben uns direkte Kenntnis nur von den Resultaten. Mehrere Komponenten kamen zusammen.

Der Götterstaat

Zunächst hat man offenbar das Heilige, als die Ursache aller Wirkungen, mit den vielen allerwegen erfahrenen dunklen Erscheinungen in Verbindung gebracht – mit dem Bau und dem Lauf der Welt, die unermeßlich groß uns einhüllt, die vor uns da war und nach uns da sein wird und die unserer nicht bedarf. Da sind der wunderbare Himmel oben und, so weit das Auge reicht, die riesige Erde mit ihrem Unterbau einer geheimnisvollen Tiefe; unermeßlich weit erstreckt sich ihre vielgestaltige Oberfläche mit

An dieser kleinen Beterfigur aus Alabaster (Höhe 18 cm) waren Haar und Bart asphaltgeschwärzt. Die Augäpfel bestehen aus Muschelschalen. Dübellöcher lassen darauf schließen, daß die fehlenden Beine gesondert angebracht waren. Die Statuette war als Weihgabe in den Nintu-Tempel von Ḫafāǧī gelangt und sollte dort ständig für des Stifters Wohlergehen beten. Bagdad, Iraq Museum

Flüssen, Meer und fruchtbarem Land, mit Wüsten, Ebenen und Bergen, mit ihrem Pflanzenbewuchs und dem ganzen Gewimmel der Tiere; da sind die ewigen und unfehlbaren Bahnen der Sterne; da ist das unerwartete Niederströmen des Regens, das Toben der Winde, der Stürme; da sind das geheimnisvolle Sprießen der Pflanzen und das genauso unfaßbare Wachsen der Tiere – und all die tausend weiteren Rätsel, die sich von überallher einstellten und dem frühen Geist ganz unlösbar vorkommen mußten, da er noch lange ohne wirklich »wissenschaftliche« Fähigkeiten bleiben sollte. Wollte man darauf best- und schnellstmöglich antworten, was lag näher, als sich der unsichtbaren höheren Macht anzuvertrauen, deren wahre Existenz sich den Herzen und Köpfen dunkel aufdrängt?
So sind alle diese Phänomene dem Eingreifen des Übernatürlichen zugeschrieben worden, das in numinose Einheiten aufgeteilt wurde: nämlich in »Gottheiten«, die man in Beziehung zu den jeweiligen Welträtseln setzte. Es gab einen Gott des Himmels, einen Gott der Erde, einen Sonnengott, einen Sturmgott ... Wir sprechen von dem bodenständigen mesopotamischen Polytheismus. Wie viele Götter umfaßte er? Die Zahl »600«, die oft in den Texten erscheint, war in Wirklichkeit eine Art runde Zahl, die in dem dort gebräuchlichen Sexagesimalsystem etwas besagte wie »unendlich viele«, so wie wir von »abertausend« sprechen. Wir können noch heute nicht genau abschätzen, wie viele Götter man sich in diesem Land tatsächlich erdacht und vorgestellt hat, vor allem, da wir den ursprünglichen Sinn und die Tragweite ihrer Namen meistens nicht kennen und weil es sicher etliche Namensdubletten und Überschneidungen gegeben hat. Mehrere hundert waren es sicher, ja sogar über tausend. Aber nicht alle hatten die gleiche Bedeutung oder konnten sie zumindest nicht halten – und sie hatten auch nicht alle die gleiche Kraft, die Verehrung der Menschen auf sich zu ziehen.
Da nichts Zufriedenstellenderes und Praktischeres zu finden war, behalf man sich wie wir und stellte sich diese Gottheiten in menschlicher Gestalt vor und stellte sie auch so dar. Ihr Körper und Geist glichen der menschlichen Natur in allem; nur waren sie von einem unendlich höheren und reineren Wesen. Sie waren gebaut, funktionierten genau wie wir und hatten die gleichen Grundbedürfnisse, als da sind Nahrung und Kleidung, Schmuck und Putz, Wohnung und Behaglichkeit, Kommen und Gehen. Wie wir waren sie beiderlei Geschlechts und kosteten das nach Kräften aus. Sie schliefen miteinander, zeugten Kinder und waren wie wir in Familien und Generationen unterteilt; sie lachten und weinten wie wir und konnten sich wie wir verstehen und lieben, aber ebenso sich reizen, streiten und schlagen. Nur – wie es sich für so hohe Wesen gehört – die Leiden der Menschen, Krankheit und Tod, das Erlöschen des Lebens, waren ihnen fremd. Das heißt, sie waren uns ebenso ähnlich wie überlegen. Deshalb stellte man sie nicht als gewöhnliche Menschen dar, sondern als besonders prächtige und vollkommene Exemplare unserer Art, so wie die Inhaber höchster politischer Macht. Übereinstimmend vergleichen alle überlieferten Denkmäler die Götter – in überhöher Form – mit den menschlichen Herrschern. Nun scheint sich Mesopotamien seit Urzeiten ausschließlich der Monarchie verschrieben zu haben; jede politische Einheit hatte dort ein einziges Oberhaupt an der Spitze, das in seiner Residenz nicht nur von seiner Familie,

Linke Seite: Abrollung des Siegels des Hašḫamer, Stadtfürst von Iškun-šîn. Ein thronender Gottkönig empfängt zwei Göttinnen, die einen Beter einführen. Hašḫamer bezeichnet sich in der Inschrift als Untertan des Urnammu, des ersten Königs der III. Dynastie von Ur.

Links: Terrakottastatuette einer Mutter mit Kind aus Isin. Figuren dieses weitverbreiteten Typs wurden in Tempeln und Gräbern, aber auch in Häusern gefunden und sollten vielleicht die Geburt eines Kindes bewirken.

Rechts: Die Terrakottastatuette eines knienden Mannes, der seinen Arm auf den Rücken gelegt hat, wurde im Tempel der Heilgöttin Gula in Isin gefunden. Sie war wohl ein Exvoto für die Heilung von einem Rückenleiden.

sondern auch von seinen Stellvertretern und Beamten umgeben war und unterstützt wurde. An diese hatte es einen Teil seiner Autorität abgegeben, die in den verschiedenen Verwaltungsbezirken in seiner Nähe oder auch weiter entfernt auszuüben war.

Dementsprechend hatte man die Götter neben dem Familienschema mit Ahnen – die, anders als bei den sterblichen Menschen, immer Überlebende, also Zeitgenossen ihrer Nachkommen waren –, mit Vätern, Müttern und Kindern, zusätzlich in lokale Kreise aufgeteilt, die nur der Ämter walteten, in die sie der in seinem Tempel residierende Herrscher eingesetzt hatte.

Die Einschätzung dieser übernatürlichen Autoritäten, die wie überhöhte Spiegelungen der politischen Macht konzipiert waren, hat sich zugleich mit der langen, bewegten Geschichte des Landes gewandelt. Wir nehmen an, daß vor dem 3. Jahrtausend, als Mesopotamien nur erst aus autonomen, Ackerbau und Viehzucht treibenden bäuerlichen Zentren bestand, die Götter einer jeden Ansiedlung lediglich in verfeinerter Form die bescheidenen lokalen Autoritäten widerspiegelten. Spätestens seit dem Anfang des 3. Jahrtausends, als die politische Entwicklung diese Dörfer zu größeren politischen Einheiten, zu kleinen »Stadtstaaten« mit einer Hauptstadt, verschmelzen ließ, wurden die verstreuten alten Götterfamilien in größere Gruppierungen zusammengefaßt, entsprechend dem höheren Niveau der neuen städtischen und »staatlichen« Machthaber. Das Ansehen der Götter wurde immer wieder über die politische Macht »angehoben«. So hatte jeder Stadtstaat in seiner Hauptstadt sowohl einen Herrscher, der, unterstützt von Familienmitgliedern, Hofstaat und Beamten, im Palast residierte, wie auch ein übernatürliches Gegenstück, das heißt einen eigenen Götterstaat, in dem sich, neu organisiert, die alten Ortsgottheiten wiederfanden, die nunmehr den Hofstaat des Monarchen oben bildeten, der in seinem Tempel regierte.

Es gibt gute Gründe für die Annahme, daß schon vor der Mitte des 3. Jahrtausends v. Chr. das Bewußtsein, eine gemeinsame kulturelle Basis zu haben, die politische und geographische Zerstückelung überlagerte und irgendwelche Instanzen des Landes dazu brachte, übergeordnet über die lokalen Götterfamilien und -höfe ein allen gemeinsames Pantheon mit einer einzigen regierenden Familie an der Spitze zu konstituieren. Diese residierte in der Stadt Nippur, die man wahrscheinlich genau deshalb gewählt hatte, weil sie nie die geringste politische Rolle gespielt hatte noch je spielen sollte, sondern lange nur der Standort des bedeutendsten religiösen Zentrums des Landes war. Dort stand das erhabene E-kur, »Haus, (das) ein Berg (ist)«. Der Tempel war Enlil, dem höchsten Gott, geweiht. Bei ihm war sein Vater und Vorgänger, An (der Name bedeutet zugleich »Himmel«), der alte Begründer – noch immer am Leben in dieser Gesellschaft von Unsterblichen – der regierenden Götterdynastie und Garant von Enlils Autorität; zwar hatte An sich zugunsten seines Sohnes von der Regentschaft zurückgezogen, war aber immer bereit, bei größeren Krisen einzuschreiten. Neben Enlil hatte sein Bruder Enki, den die Akkader meist Ea nannten (beide Namen können wir nicht erklären) die Stellung von einer Art Großwesir inne; er war der Gott des riesigen unterirdischen Süßwassermeeres, das man sich genauso weit ausgedehnt wie die Erde vorstellte; überintelligent, kunstfer-

In der Form hergestellte Terrakottareliefs, die man vor allem in Südbabylonien in großer Zahl, zumeist in Wohnhäusern, gefunden hat, dienten wohl als eine Art Devotionalien der privaten Andacht. Die Reliefs können auch profane Themen darstellen wie die sitzende Frau mit Kind (oben). Der bärtige Mann mit Breitrandkappe und einem Widder im Arm (unten) ist vielleicht ein Opfertierträger. Eine sehr häufig dargestellte Gottheit ist Ištar als Göttin des Krieges (rechte Seite, oben) Schwer zu deuten ist das Relieffragment einer frontal dargestellten bärtigen Gottheit über einer von Löwen flankierten Gestalt (rechte Seite unten).

tig, listig, durchgreifend, über alles auf dem laufenden und fähig, alle Schwierigkeiten zu überwinden. Die beiden Brüder bildeten vor allem in sehr früher Zeit eine Dreiheit mit einer weiblichen Gottheit; sie war eine renommierte, besonders altertümliche Muttergottheit, die wir unter verschiedenen Namen kennen.

Innerhalb dieser Dreiheit regierte Enlil, der wie sie alle Frau und Kinder besaß, nicht nur die obere Welt, sondern auch das Getriebe der Unterwelt; dabei waren weniger bedeutende Gottheiten seine Mittelsmänner, die er mit der nötigen Machtfülle ausstattete, damit sie ihr jeweiliges Ressort in Natur oder Kultur führen konnten, und zwar nach einem pyramidenförmig aufgebauten Regierungssystem, das dem auf Erden herrschenden – aus gutem Grund – nachgebildet war.

Es versteht sich von selbst, daß diese doppelte Entwicklung – daß man nämlich allen Vertretern des Überirdischen immer größere Majestät und Macht verlieh, immer nach Maßgabe der wachsenden Stattlichkeit der irdischen Autoritäten –, daß diese Entwicklung das herkömmliche Pantheon, das Bild der Götter veränderte; sie wurden ihrer ursprünglichen »Menschlichkeit« entfremdet und zu immer großartigeren und übermenschlicheren Wesen gemacht, kurz, das Bild der Götter wuchs mit dem Ansehen des Königs, und die großen politischen Umwälzungen hatten auch ihre Auswirkungen auf die Organisation dieser übernatürlichen Gemeinschaft. Als es König Hammurabi (1792-1730) gelungen war, das Land mit Babylon als Zentrum dauerhaft zu vereinigen, da fand sich Marduk, der Herrschergott dieser Stadt, der in seinem Tempel E-sagil (»Haus, das das Haupt erhebt«) wohnte und als Sohn des Ea ein Gott der »jungen Generation« war, auf einen Schlag an der Spitze des ganzen Königreichs; denn Babylon galt nun als Zentrum und Hauptstadt der Welt; und die Priesterschaft von Babylon, die dadurch allgemeine Verehrung gewann, hat ihn rundweg an die Spitze der Götter des Weltalls gesetzt. Die Bedeutung Enlils verblaßte; sein jüngerer Nachfolger war nun angesehener und bedeutender. Das große Literaturwerk, in dem die Geistlichkeit des E-sagil um 1100 v. Chr. die Gründe für ein so gewaltiges Avancement darlegte und das wir gewöhnlich – nicht ganz zu Recht – das »Weltschöpfungsepos« nennen, schreibt ihm »zehnfache Göttlichkeit«, »fünfzigfachen übernatürlichen Glanz« zu, um so sein Numinosum aufs Meistmögliche zu erhöhen.

Seit dem Ende des 2. Jahrtausends v. Chr. wurden noch andere mehr oder weniger mißlungene Versuche unternommen, den einen oder anderen »großen Gott« an die Stelle von Marduk zu setzen. Jedoch hat sich das religiöse Denken in diesem Land niemals auch nur annähernd bis zum Monotheismus erhoben. Zwar wurde die anthropomorphe Auffassung der Göttlichkeit immer weiter von Schlacken befreit, und die Darstellung des Göttlichen wurde immer stärker vergeistigt; aber das religiöse Denken blieb von Grund auf polytheistisch.

Gewiß, die Zahl der Gottheiten, die von den Gläubigen wirklich verehrt wurde, verringerte sich stark im Vergleich zu dem früheren Gewimmel im 3. Jahrtausend – möglicherweise unter dem zunehmend vorherrschenden Einfluß der Semiten, deren Pantheon nicht so reich ausgestattet war wie das sumerische. Unter den Göttern der beiden Volksteile kam es immer dann zu synkretistischen Verschmelzungen, wenn sich die Gottheiten hinreichend ähnlich waren. Entweder behielten sie dann ihren alten sumerischen Namen (wie Enlil und Ninurta), oder sie traten unter demselben, nur akkadisierten Namen auf (zum Beispiel wurde An zu Anu); manche erhielten einen neuen Namen (Ea statt Enki), andere wurden unter ihrem semitischen Namen verehrt (Utu, der sumerische Sonnengott, wich seiner akkadischen Entsprechung Šamaš).

Manche Gottheiten mit besonders kraftvollem und dominierendem Charakter konnten, da ihnen ihre Sonderstellung allgemein große Verehrung eingetragen hatte, andere Gottheiten absorbieren, die von weniger ausgeprägtem Charakter und folglich auch weniger verehrt waren: So hat die sumerische Inanna, die von den Akkadern Ištar genannt wurde – die Göttin der fleischlichen Liebe wie auch der Zwietracht, die sie häufig zwischen den Menschen sät –, nach und nach so gut wie alle anderen Göttinnen verdrängt, und zwar so weitgehend, daß ihr Name schließlich nur noch das »Weiblich-Göttliche«, »die Göttin« schlechthin meinte.

Am Ende dieses langen Schrumpfungs- und Konzentrationsprozesses, also zu Beginn des 2. Jahrtausends v. Chr., war das damalige Pantheon, das heißt die namentlich bekannten und von allen verehrten Gottheiten, auf etwas über zwanzig Gestalten zusammengeschmolzen. Das ergibt sich sehr deutlich bei der Analyse der Personennamen, die zu Tausenden in unseren Texten überliefert sind. Die Leute benannten sich gern mit frommen Ausrufen, in denen der Gegenstand ihrer Verehrung vorkam: etwa vom Typus Aššur-bān-apli, »Assur hat (mir) einen Erben geboren« (wir verwenden die in der Bibel überlieferte Form Assurbanipal).

Am häufigsten kommen die alten großen Drei vor: Anu, Enlil und Ea, dazu, etwas seltener, ihre jeweiligen Gemahlinnen; sehr oft Ištar und seit 1750 v. Chr. auch Marduk, genausooft wie Aššur im Norden, der eine Art Nationalgott war; dann die wichtigsten Astralgottheiten: Sîn, der Mondgott, und Šamaš, der Sonnengott, ferner Adad, der allen atmosphärischen Erscheinungen zugeordnet war; außerdem rund 25 alte sumerische Götter, die aus irgendwelchen Gründen berühmt geblieben waren: so Ninurta, der Gott des Totenreiches Nergal (akkadisch auch Erra); dann noch etwa fünf zweitrangige Gottheiten wie der Feuergott Girru und der Flußgott Id/Nāru.

Natürlich können in gelehrten Texten jahrhundertelang immer weiter tradierte alte Namen auftauchen, die sicher nicht mehr gebräuchlich waren – so wie wir heute oft nach längst vergessenen Heiligen benannt sind.

Man war sich wohl bewußt, daß die wenigen verbliebenen Gottheiten nicht das ganze Pantheon vorstellen konnten; die alten Priester, die große Liebhaber von Zahlen und besonders von runden Zahlen waren, hatten es ja schon auf »600« festgelegt. Auch haben sie endlose Listen angefertigt, in denen alle Götter genau in hierarchischer Ordnung, mit Rang, Vorrechten und Titeln, aufgeführt waren – mitsamt ihrem ganzen Anhang. Noch lieber versteckte man sich hinter allgemeinen Formulierungen: Man nannte sie »die großen Götter« oder »die Götter des Himmels und der Erde« oder auch die Igigū (eine Bezeichnung unklarer Herkunft), oder die Anūnakū (sumerischer Herkunft, etwa »die von fürstlichem Samen sind«).
Wie in allen Religionen blieb die Antwort auf die Frage nach der leibhaften Gegenwart dieser Gottheiten mehrdeutig und verschwommen. Man scheint sich vorgestellt zu haben, daß jeder selbstverständlich in dem kosmischen Bereich wohnte, der ihm unterstand, sodann am Hof seines übernatürlichen Herrschers »oben« oder »unten«, wobei man Ortswechsel von einem zum anderen Punkt in Kauf nahm; daß aber auch jeder in seinem Heiligtum wahrhaft gegenwärtig war in der Gestalt seines Kultbildes. Aber mit dieser im Reich der Mythologie üblichen Unlogik hat sich anscheinend kaum einer beschäftigt.
Die Aufteilung der Götter in Familien führte zu Spekulationen über ihre Generationenfolge, zur Suche nach den »Anfängen«, immer wieder von den Kindern zu den Eltern gehend; es liegt in unserer geistigen Natur, Klarheit über unsere Vorfahren, über die Ursachen und den Ursprung der Dinge haben zu wollen. Die Lösung des Problems war offenbar aussichtslos, wie das beim Menschen so ist. Also behalf man sich mit der Vermutung einer tiefen Nacht. Manche Texte schreiben großen Göttern wie Anu und Enlil bis zu 21 Generationen vor ihnen zu; und diese Vorelternpaare tragen Namen, die immer geheimnisvoller werden, je weiter sie zurückliegen, bis sie fast abstrakt erscheinen: »Dauer (männlich)« und »Dauer (weiblich)« – und, noch weiter zurückliegend »Herr/Herrin der uralten Siedlungen«, als sollte eine so weit entfernte, so undurchdringliche, so unausdenkbare Vergangenheit vorgestellt werden, daß man sie gar nicht dunkel genug benennen konnte. Eine andere Lösung ist von den Autoren des schon erwähnten »Weltschöpfungsepos« vorgeschlagen worden. Am Anfang, so sagen sie, gab es nur eine riesige Wasserfläche, wo sich wie in einem wundersamen Zeugungsakt zwei verschiedene und unnachgiebige Wassermassen miteinander vermischten, die zugleich Materie, Orte und Personen waren: Das Salzwassermeer (Tiāmat) stellte das weibliche Element dar und das Süßwasser (Apsû) das männliche. Aus dieser kolossalen Verbindung von zwei nahezu unendlichen, fast konturlosen Wesen entsprangen zunächst noch unvollkommene Gottheiten, sozusagen Skizzen; diese, meinte man, waren Vorläufer und Wegbereiter der endgültigen Wesenheit der Gottheiten, die uns unser Text heranführt und die ihre Nachkommenschaft bereits durch Zeugen der späteren Göttergenerationen sicherten.
Wie in aller Mythologie die Regel, kannte man auch noch Überlieferungen, die den Ursprung zumindest einiger unbedeutenderer Gottheiten anders erklärten. Ein Gott galt als von Ea »gezeugt«, doch an anderer Stelle wurde er von ihm aus einem Ton modelliert, der natürlich besser war als derjenige, der zum Formen von Menschen diente – wir werden es noch sehen.

Das Sitzbild der Göttin Bau, der Gemahlin des Ningirsu, stammt aus der Zeit der III. Dynastie von Ur. Ihr Thron ist mit Haustieren geschmückt, ein Hinweis auf die Funktion als Schutzgöttin von Haus und Hof. Sie trägt ein fransenbesetztes Kleid und einen Mantel. Die Augen der 28,5 cm hohen Dioritstatue waren wohl aus Stein oder Muscheln eingesetzt. Bagdad, Iraq Museum

Götter, Welt und Menschen

Mehr als der Ursprung der Götter beschäftigte – wie immer und überall – die Frage nach dem Ursprung der Dinge, der Welt und ihrer Bewohner die Gemüter – und hauptsächlich die Frage nach dem Ursprung der Menschen. Will man verstehen, in welchem Sinne sich die Mesopotamier an die Götter wandten, muß man sich zunächst ihre Vorstellungen vom Bau der Welt vergegenwärtigen. Sie waren weit entfernt von den unseren und wohl auch in ihren eigenen Augen verworren, weil sie damit nur auf ihre Phantasie angewiesen waren. Sie betrachteten das Universum als eine aus zwei Hemisphären zusammengesetzte riesige hohle Kugel: Die obere Halbkugel umschloß das Himmelsgewölbe, die untere das, was wir im mythologischen Sinne des Wortes die Unterwelt nennen. Zwischen den beiden stand am äußersten Kreisrand eine durchgehende Gebirgskette als Stütze und Fundament der riesigen Himmelskuppel. Den kreisrunden Innenraum nahm das Meer ein, aus dessen Mitte die Erde wie eine Insel auftauchte. Deren Mittel- und Hauptteil, versteht sich, war Mesopotamien; der umliegende Rest der Welt galt ungefähr so viel wie ein Vorortring. Unter dieser Erde dehnten sich Fluten von Süßwasser aus, das als Grundwasserspiegel zu finden war, sobald man den Boden aufgrub, oder das aus dem Boden sickerte und im Gebirge als Quelle sprudelte – es war der Apsû.
Dieses Weltall war sofort mit Göttern bevölkert. Der auf Symmetrie bedachte Klerus hatte sie in gleicher Zahl auf das Oben und Unten verteilt, 300 gab es in jedem Bereich, damit man im ganzen auf die schon erwähnte Zahl 600 kam. Die Oberen, die über einen lichten und geläuterten Raum herrschten, hatten notwendigerweise den Vortritt: Die große Herrschertrias war dort angesiedelt. Die Gegenseite der Himmelskuppel stellte man sich als ungeheure unterirdische Höhlung vor; dahin waren die Unteren verwiesen und hatten deshalb etwas Untergeordnetes, manchmal auch Negatives, Düsteres und Unheilverkün-

dendes, besonders wenn sie dem Totenreich vorstanden. Man hat sich anscheinend kaum mit ihnen beschäftigt, nur mit ihren Herrschern, nämlich dem Paar Nergal und Ereškigal, das dort am Ruder war. Die schönen Rollen und die üppigen Ausgeburten der mythologischen Phantasie waren fast alle den Göttern der Oberwelt vorbehalten. Gestirn- und Sterngötter, vor allem der blendende Sonnengott, gaben wohl besondere Rätsel auf; denn sie stiegen alle Tage am Osthimmel auf und tauchten am Abend an der Gegenseite wieder unter – also mußten sie in der Nacht den Weg durch die Unterwelt nehmen, um am Morgen wieder pünktlich aufzutauchen.

Wie ist ein solches Weltbild entstanden? Wer hatte es entworfen und zuerst beschrieben? Bevor der Weltbau so erklärt werden konnte, hatte eine lange und vielgestaltige mythologische Überlieferung lange vor der Schrifterfindung – und nur ein Teil davon wurde dann schriftlich niedergelegt – eine Reihe von »Weltmodellen« hervorgebracht, die wohl im einzelnen, im Vorgang und im Mechanismus differierten, aber keineswegs in der Grundüberzeugung, daß allein die Götter eine aktive Rolle dabei spielten und daß die Welt ihr Werk war, ihre »Schöpfung«. Der eigentliche Schöpfungsakt ist nie genau beschrieben worden, weil es so schwierig war, sich das auch nur ungefähr vorzustellen, sich mehr als ein verschwommenes Bild davon zu machen. Die Wörter, die man dafür in den Mythen verwendete, waren verschiedenen Produktionszweigen entlehnt und alle vage und doppeldeutig: »bilden«, »machen«, »hervorbringen«, »erzeugen« – oder man half sich mit dem einfachen, aber genauso ungenauen Rückgriff auf die geschlechtliche Zeugung: »in die Welt setzen«, »gebären« ... Ebensowenig wie alle anderen Mythenerfinder und Mythenschreiber haben die Mesopotamier die sozusagen »metaphysische« Erkenntnis einer absoluten Schöpfung ex nihilo erlangt. Sie sind immer von einer präexistenten Materie oder Wesenheit ausgegangen, deren sich der Schöpfungsakt dann bediente – entweder durch eine andere Anordnung oder durch eine neue Formgebung, durch einen bestimmten Kunstgriff oder körperlichen Akt. Das Wesentliche in den Augen der Mesopotamier war, daß dieses schöpferische Eingreifen einem Vertreter des Übernatürlichen anzurechnen war – mit anderen Worten: Es kam ihnen darauf an, eine Erklärung »hinter den Dingen« zu suchen.

Einige Mythen, die wohl archaischer sind, gehen von einem riesigen undeutlichen Chaos aus; da bestand der erste »Schöpfungs«-Akt daraus, daß in einem ungeheuren, von den Göttern bewerkstelligten Auseinanderreißen die beiden großen kosmischen Pole getrennt wurden: »Als An den Himmel (das Oben), Enlil die Erde (das Unten) davongetragen hatte« (sumerisch). Dieses »Oben« und »Unten« wurden manchmal als männlich und weiblich dargestellt; der Himmel befruchtete mit dem Samenwasser des Regens die Erde und befähigte sie damit, die Vegetation hervorzubringen.

Das war der Entwurf eines Modells von »aufeinanderfolgenden Schöpfungen«, durch die man stufenweise zum gegenwärtigen Stand der Dinge in seinem ganzen Reichtum und in seiner Vielfalt gelangte. Dieses Schema wurde hin und wieder benutzt. Wir kennen zwei Mythen, die zwar zunächst, wie es sich gehört, Anu als den Schöpfer des Himmels nennen, Ea jedoch die Erschaffung alles übrigen zuschreiben: Die Erde mit allem, was sie schmückt und in Gang hält, hat er in Etappen geschaffen. Wir werden auf diesen Mythos noch zurückkommen.

Ein anderer Text beutet dieselbe Erzader etwas anders aus; für ihn ist die Welt das Ergebnis einer Folge von Schöpfungen – sozusagen in Kaskaden –, jede das Ergebnis eines Schöpfungsaktes, der seinerseits etwas weniger Fundamentales schafft, das von ihm abhängt. So gibt es eine Erzählung, die bei einer Beschwörung gegen den »Zahnwurm« aufgesagt wurde. Denn tatsächlich schrieb man den Zahnschmerz einem »Wurm« zu – wahrscheinlich meinte man den Zahnnerv. Die Geschichte stellt eine direkte Schöpfungsreihe dar, deren Endpunkt ebendieses Tier ist: Anu »schuf« den Himmel, der »schuf« die Erde, diese die Flüsse, die Flüsse die Bäche, die Bäche »schufen« den Schlamm und der den Wurm. Die Geschichte scheint uns auch in umgekehrter Richtung ein brauchbares Schema zu liefern, da sie nämlich geeignet wäre, sich mit dem gesamten kosmogonischen Problem auseinanderzusetzen. Aber wir haben keinen Beweis dafür, daß sie wirklich so benutzt wurde.

Wieder andere Mythen gehen von einem ungeheuren Urozean aus und nehmen – zumindest in einigen Fällen – geschlechtliche Zeugung als Schöpfungsvorgang an. Das trifft zum Beispiel zu für das »Weltschöpfungsepos« (um 1200 v. Chr.), das das Entstehen der ersten Götter so erklärt. Wo es um die Kosmogonie selbst geht, da bedient sich diese Dichtung der eigentlichen »Meeres«-Komponente des Urwassers, der Tiāmat (der akkadische Name bedeutet schlichtweg »Meer«), der Urmutter aller Götter. Tiāmat ist ein Riesenungeheuer, das seinen jüngsten Abkömmlingen nach dem Leben trachtet. Deren Vorkämpfer, Marduk, greift Tiāmat an, tötet sie und spaltet ihren gewaltigen Leib in zwei Teile. Der Körper ist damit nicht mehr eine Person, sondern zurückgeführt auf den Zustand von Ort und Materie. Marduk ordnet die Teile in einer riesigen, in sich selbst geschlossenen Hohlkugel an und richtet in ihrem Inneren die Welt ein, wobei er ihre gewaltigen Körperteile verwendet: Der Kopf wird zu den hohen Bergen des Nordens (Kaukasus), die Augen werden die Quellen der großen Flüsse Euphrat und Tigris; die beiden Zitzenreihen sind die entfernten Bergketten im Westen und Osten, und so geht es weiter; denn der Text geht bis ins kleinste Detail. Marduk ist hier im wahrsten Sinne des Wortes der »Demiurg«.

Auch ein weiterer, vielleicht etwas jüngerer Bericht (Anfang des 1. Jahrtausends v. Chr.), der ebenfalls Marduk die Schöpferrolle zuweist, geht aus von einem riesigen

Oben: Wasserspendende Göttin. Durch die 1,42 m hohe Statue aus dem Palast des Zimrilim von Mari führt von unten ein Kanal in das mit den Händen umfaßte Gefäß, so daß einst Wasser daraus sprudeln konnte. Das in gewellten Bändern herabfallende Gewand ist mit Fischen verziert. Aleppo, Nationalmuseum

Rechts: Götterbilder mit vier Gesichtern symbolisieren vielleicht das »Alles-sehen-Können« göttlicher Wesen. Die Gottheit der altbabylonischen Bronzestatuette aus Neribtum trägt ein Falbelgewand, hält ein Krummschwert und hat den Fuß auf einen Widder gesetzt. Chicago, Oriental Institute Museum

anfänglichen Salzwassermeer: »Alle Länder waren nur Meer.« Zur Erschaffung der Erde »machte Marduk ein Floß am Wasser fest, schuf Erde und häufte sie auf das Floß«. Danach »lenkte er Euphrat und Tigris in ihr Bett«. »Er schuf ... Sümpfe, Röhricht, Dickicht und die Steppe mit ihrem Grün« und setzte so allmählich die Welt in Gang. Wieder andere Mythen greifen die Dinge von ganz anderer Seite an; sie betrachten die Erschaffung des Universums als ein großes handwerkliches oder architektonisches Unternehmen, das vor allem eine gründliche Planung durch »Experten« erforderte: Dies waren, vereint in einem Rat, natürlich die drei höchsten Götter Anu, Enlil und Ea. Diese mußten anschließend »spezialisierte« Gottheiten mit der Ausführung ihres Projekts beauftragen. Hier ist das Schema, das wir in unserer Belegsammlung immer wieder angetroffen haben, tatsächlich nur teilweise verwendet, um das eine oder andere Ensemble von Phänomenen zu erklären – zum Beispiel den Sternenhimmel und die Himmelsmechanik:

Als Anu, Enlil und Ea und die großen Götter in ihrem Rat
den Plan von Himmel und Erde entworfen hatten,
als sie Sonne und Mond geheißen hatten,
den Tag zu schaffen und für die regelmäßige Abfolge der Monate zu sorgen ...
Da sah man die Sonne aufgehen und die Sterne
von nun an bis auf ewig am Himmel leuchten.

Wenn also die Weltenschöpfer nach Meinung der kosmogonischen Berichte wechselten und auch ihre Methoden variierten, so sind doch die Unterschiede alles in allem sekundär; denn bestehen blieb die gleiche Grundüberzeugung, daß nämlich die Welt und ihr ganzes System nicht aus sich heraus entstehen konnten. Die Existenz des Universums ließ sich nur durch das »schöpferische« Eingreifen der Vertreter des Übernatürlichen erklären.

Genau das gleiche springt uns auch bei den Erzählungen über die Erschaffung des Menschen ins Auge. Zu beachten ist allerdings, daß deren Erzählweise viel gleichförmiger ist. Man könnte fast glauben, daß nach langem Experimentieren eine besonders überzeugende und treffende Form herausgearbeitet wurde, der man dann stillschweigend den Vorzug gab. Die wohl gelungenste Formulierung dieses Mythos vom Ursprung des Menschen ist »Atramḫasīs«. Der Mythos ist am besten erhalten (selbst wenn noch etwa ein Drittel fehlt), am »logischsten« und zweifellos auch der am ältesten überlieferte, was die akkadische Literatur betrifft. Es handelt sich um eine umfangreiche und bedeutungsschwere Dichtung, die spätestens ins 17. Jahrhundert v. Chr. zu datieren ist. Der zusammenhängende Text wurde erst vor rund 30 Jahren entdeckt. Atramḫasīs, »der überaus Kluge«, heißt der Held dieser Dichtung, und nach ihm hat man heute das ganze Werk benannt. Es verlohnt hier eine Zusammenfassung, handelt es sich doch um die älteste uns bekannte »Genesis«. Die Dichtung erklärt uns – auf ihre Weise – nicht nur Ursprung und Zweckbestimmung des Menschen; sie zeigt auch, wie die alten Mesopotamier aus ihrer »theozentrischen« Weltsicht heraus der Existenz des Menschen einen Sinn unterlegt haben.

»Atramḫasīs« spielt zu Beginn auf eine Urzeit an, als die Götter noch allein auf der Welt waren und sich alles, dessen sie nach gängiger anthropomorphischer Auffassung bedurften, selbst herbeischaffen mußten. Sie waren deshalb genau wie später die Bewohner des Zweistromlandes in zwei Klassen geteilt: Die einen herrschten, verkörperten Autorität, waren ganz dem Regieren hingegeben und insofern nicht in der Lage, irgend etwas anderes zu tun; sie waren sozusagen reine »Verbraucher«. Die übrigen Götter mußten für alle arbeiten und Nahrung schaffen. Eines Tages »streikten« die Arbeitergötter. Sie waren der entsetzlichen, nicht enden wollenden Plackerei überdrüssig. Sie verbrannten ihr Arbeitsgerät und machten ihr Recht auf Nichtstun geltend. Sie wollten ebenso behandelt werden wie ihre Oberen. Diese gerieten in Panik; denn sie sahen sich, würde niemand mehr für sie arbeiten, von Hunger und Elend bedroht. Hier griff nun wie immer in einer Krisensituation der wendige Ea ein. Er ersann einen Heilsplan: Er verspricht, den fronenden Göttern Ersatzleute zu »erschaffen«. Die sollen ihnen die Arbeit abnehmen. Sein Einfall ist indes höchst raffiniert. Der Mensch soll von denen, für die er eintreten wird, grundverschieden sein. Er wird aus gewöhnlichem Lehm gemacht, weil er am Ende wieder »zu Lehm wird« (eine akkadische Wendung für den natürlichen Tod). Auf die Weise kann er sich niemals mit seinen Herren auf eine Stufe stellen und das Recht für sich beanspruchen, nicht arbeiten zu müssen. Da der Mensch auf der anderen Seite aber auch Fleisch und Blut eines zum Zwecke der Schöpfung geopferten niederen Gottes in sich aufgenommen hatte, war er klug und leistungsfähig genug, die ihm zugewiesene Arbeit zur einhelligen Zufriedenheit durchzuführen. Die Ersatzperson ist also der »Mensch«, und seine angeborene Aufgabe ist es, den Göttern all die Güter zu verschaffen, die für ein Leben in satter Muße nötig sind, so daß sich die Gottheit ihrer eigentlichen Aufgabe widmen kann, die Welt zu lenken. Die Götter spendeten diesem genialen Rettungsplan Beifall. Eas Idee wurde sofort in die Tat umgesetzt. So kam der Mensch auf die Welt.

Mittlerweile lebten die Menschen schon geraume Zeit. Ihr Werk gedieh, und sie vermehrten sich über die Maßen. Das Lärmen der Menschheit wurde dem Götterkönig Enlil zum Ärgernis, weil er nicht mehr ruhig schlafen konnte. Reizbar und unbesonnen – nach dem Bilde so vieler Machthaber! – faßt Enlil den Plan, die Zahl der Menschen zu verringern – selbst auf die Gefahr hin, daß er sie ganz ausrotten könnte. So schickt er ihnen nacheinander verheerende Plagen: zuerst die Pest, dann Dürre und Hungersnot. Aber Ea ist auf der Hut. Er wittert die Gefahr, man könnte wieder in die so überaus schwere Krise der Vorzeit zurückverfallen, aus der er die Götter ja gerade gerettet hatte, indem er den Menschen entstehen ließ. Er vermag also jedesmal die Plage unschädlich zu machen, indem er dem Herrscher des Landes, jenem »überaus Klugen«, insgeheim mit listigem Rat zur Seite steht.

Aber bei dem immer von neuem einsetzenden Getöse und Gepolter der Menschen entbrannte Enlil vollends vor Zorn. Nun beschloß er, brutal und ohne über die Folgen nachzudenken, die Menschen durch eine Flut zu vernichten – eben die Sintflut, die in der Genesis unserer Bibel bis in einzelne Details hinein übernommen worden ist (freilich adaptiert an den Monotheismus der Israeliten). Infolge einer List Eas wird Atramḫasīs zum Sintfluthelden, zum babylonischen »Noah«, und er rettet die Menschheit »hinüber«, damit sie, unersetzlich, wie sie nun einmal ist, bestehen bleibe. Dabei hat es Ea, der ja stets für Lösungen eintrat, die der Vernunft entsprachen, allerdings so angestellt, daß die Zahl der Menschen – und ihr Lärmen – hinfort nicht mehr überhand nähme. Er verkürzte ihre Lebenszeit auf die von nun an gültige Dauer, und er setzte einer allzu großen Fruchtbarkeit Schranken: Er führte die Kindersterblichkeit ein, und er bewirkte, daß bestimmte Typen von Frauen keine Kinder mehr bekamen – manche waren unfruchtbar, und andere durften auf Grund religiösen Gebots keine Kinder kriegen.

Diese Geschichte wird auch noch in einigen anderen Mythen erzählt, zwar mit den gleichen Einzelheiten, doch viel kürzer. Überall findet die gleiche Vorstellung ihren Ausdruck: Der Mensch war von den Göttern ersonnen und erschaffen worden zu dem alleinigen Zweck, daß er ihnen dienstbar sei. Die Erzählung von Atramḫasīs hat nicht nur die Frage nach dem Ursprung der Menschen erhellt, indem sie deren »ontologische« Abhängigkeit von der überirdischen Welt unterstrich; sie hat auch die bohrende Frage beantwortet, warum die Menschen hienieden weilen.

Die Götter waren nun nicht nur die Erschaffer der Welt und des Menschengeschlechts. In einer Art von Nachvollzug, einer ständigen Wiederaufnahme der Schöpfung standen sie seit Anbeginn an der Spitze der Menschen und beherrschten sie zeitlebens und in allen Bereichen, möge das ihre natürliche Umwelt betreffen oder die politische Geschichte oder auch das tägliche Leben des einzelnen. Die Götter lenkten die Dinge nach einem geheimen, ihnen allein bekannten und den Menschen undurchschaubaren »Plan«. So wie die Könige in ihren Ratsversammlungen berieten auch die Götter, wie man meinte, in regelmäßigen

Zeitabständen, um die »Geschicke« der Lebenden, genauer: den künftigen Ablauf ihres Lebens, zu erörtern und in aller Form zu »beschließen«. Man hatte sogar die Vorstellung, daß die einmal gefaßten Beschlüsse in die »Schicksalstafeln« eingetragen wurden – wie konnte es auch anders sein in einem Land, wo die Schrift einen so hohen Rang einnahm. Der Götterherrscher selbst hatte diese Tafeln inne als Emblem seiner Macht. So waren die Dinge also von einer religiösen »Aura« umstrahlt, die *alles* auf die Götter bezogen sein ließ: *Alles*, was sich hienieden abspielte, in der Natur, in den Wechselfällen der Universal- und Landesgeschichte und auch im Leben des einzelnen, spiegelte sich in dieser Aura durch eine Art von übernatürlichem, mysteriösem, aber wirksamem Mechanismus, den die Götter beseelten. Das Übernatürliche stellte man sich also, wie wir nochmals betonen, so vor, daß man sowohl Zustand und Gebaren der weltlichen Herrschaft samt Hofstaat und Gefolge als auch die Art, wie sie ihre Macht ausübten, in vergeistigter Form nach oben projizierte. Das war die Zentralidee der Mythologie und Religion im Zweistromland.

Wenn man sich unter solchen Umständen mit einem andern Problem befaßte, dem des Bösen – und die Menschheit hat sich mit ihm ja überall und zu allen Zeiten abgequält –, so konnte man ihm nicht einfach dadurch beikommen, daß man jedwedes Übel, das unser Leben verpestet, den Göttern zuschrieb – seien es nun Krankheit, Leid oder Unglücksfälle aller möglichen Art. Gewiß, man erkannte oft – nicht immer – die unmittelbare Ursache; aber man verstand doch in keiner Weise, warum das Böse sich gerade hier und in diesem Augenblick sein Opfer gesucht hatte: Warum gerade ich? Die Götter waren von Natur aus keinesfalls böse, und hätten sie denn ein Interesse daran gehabt, ihre Diener zu drangsalieren? Das hätte doch nur die Leistungsfähigkeit der Menschen lähmen oder doch herabsetzen müssen. So kam es zwangsläufig zu der Vorstellung, daß das Böse seinen Ursprung auf einer Ebene hatte, die zwar unterhalb derjenigen der Götter lag, aber doch höher war, als der leidgeprüfte Mensch erfassen konnte. Man stellte sich das Böse, zumal das konkret faßbare Übel, zum Teil in der Gestalt lebendiger, aktiv tätiger Wesen vor, die zum Beispiel das »Fieber«, die »Gelbsucht«, »Angst« und »Schrecken«, »Wahnsinn« und so weiter verkörperten, etwa in der Weise, wie wir uns den Tod personifiziert denken. Teilweise dachte man aber auch an Gestalten, bei denen sozusagen eine im Rang degradierte Gottheit Pate gestanden hatte; an Wesen, die ihrer Funktion entsprechend häßlich und grausam waren. Wir würden heute von »Dämonen« sprechen. Man unterschied eine ganze Palette solcher unheilvoller Geister, und auch der Totengeist konnte, wie wir noch sehen werden, den Menschen heimsuchen.

Ganz zu Anfang herrschte, wie es scheint, noch die Vorstellung, daß diese Population böser Dämonen für sich existiert und nur dann und wann aus reiner Laune und Scha-

Oben: Ziegenbock am Blütenstrauch. Das aus verschiedenen Materialien zusammengesetzte Bildwerk wurde mit einem Gegenstück im Königsfriedhof von Ur gefunden. Die Tiere dienten wohl als Ständer und sind vielleicht als Fruchtbarkeitssymbole zu deuten. London, British Museum

Unten: Im Inanna-Tempel von Nippur wurden viele Vasen aus Straußeneiern gefunden. Bagdad, Iraq Museum

Folgende Doppelseite: In heraldischer Symmetrie komponierte Szenen der Befruchtung des Heiligen Baumes sind ein häufiges Motiv neuassyrischer Reliefs. Die geflügelten Gottheiten mit Hörnerhelm und Bart halten in der rechten Hand ein blüten- oder wedelartiges Gerät (mullilu) *zum Bestäuben der Palme, in der linken einen Eimer* (banduddu). *Das erst vor einigen Jahren in Kalḫu/Nimrūd ausgegrabene Orthostatenrelief zeigt noch Reste der Bemalung.*

denfreude ins Leben der Menschen eingegriffen hatte. Bald wurden sie indes ins allgemeine System der babylonischen Religion integriert, und von da an waren sie, wie alle Geschöpfe, von den Göttern abhängig und unfähig, mit dem Pfund ihrer üblen Begabung zu wuchern, sofern jene es nicht wollten, es ihnen nicht auftrugen. Dieser letzten Endes Schaden bringende Wille der Götter hat sich nun verquickt mit einer anderen aus ihrer Macht abgeleiteten Wirkensweise: der Überwachung der gerechten Ordnung – auch dies natürlich nach dem Vorbild der weltlichen Herrscher. Die Könige waren, ein jeder in seinem Reich, zugleich Schöpfer, Verkünder und Garanten aller Maßnahmen, die die soziale und politische Ordnung gewährleisteten. Sie waren frei, jeden zu bestrafen, der sich einer Übertretung schuldig machte. Genauso hat man in Mesopotamien (vielleicht sollten wir hier aber besonders die semitische Bevölkerung im Auge haben) den Göttern alle Satzungen und Anordnungen zugeschrieben, ob nun positiver oder negativer Natur, die das menschliche Leben in Regeln zwängten und in Bahnen hielten, ob dies nun die Religion ganz allgemein, die Ethik, das heißt die Unterscheidung von Gut und Böse, die soziale oder die Rechtsordnung betraf oder sogar alteingewurzelte Sitten und Gebräuche. Wer immer sich gegen eine dieser Satzungen verging, hatte sich der »Auflehnung« gegen ihre Verkünder, einer »Sünde« gegen die Götter schuldig gemacht und sich dadurch ihrem Strafgericht ausgesetzt.

Zikkurrat des Mondgottes Nanna in Ur. Urnammu gab der Bauidee der Zikkurrat die bis ans Ende der altorientalischen Kultur hin gültige Form. Das Basismassiv mit der von Osten heraufgeführten Freitreppe und den beiden an die geböschten Flanken angelehnten Seitentreppen wurden mustergültig renoviert.

Auf diese Weise sind die »Dämonen« oder die »Leiden« zu Vollstreckern der oberen und niederen Instanzen göttlicher Justiz geworden. Kummer und Not, Heimsuchung, Krankheit und Unglück, mit denen sie ihre Opfer verfolgten, wurden nunmehr als die gerechte Strafe für deren »Sünde« angesehen, für irgendeine Verfehlung gegen den göttlichen Willen. Selbst wenn der Dulder sich seines Verstoßes nicht – oder nicht mehr – bewußt war, mußte er ihn doch begangen haben. Wie anders wären die eingreifende dämonische Macht und darüber hinaus das göttliche Strafurteil zu verstehen gewesen. So waren das Böse und das Leiden, aus religiöser Sicht, nicht mehr absurd und ein Ärgernis bar jeder Vernunft. Sie waren vielmehr eine »gerechte« Folge.
Den Tod, das heißt den natürlichen Tod, hat man nicht mit unter das Böse gerechnet. Er war ja kein unerwartetes und etwa nur als Ausnahme vorkommendes Übel; auch keine »Strafe« für ein Vergehen, wie die göttlichen »Polizisten« sie auferlegten. Der Tod war das Ende des Menschenlebens schlechthin; er war das seit Uranfang von den Schöpfern verkündete »Schicksal«. Die Götter hatten die

Menschen ja, wie wir sahen, »aus Lehm gemacht«, damit sie eines Tages dorthin »zurückkehrten«. Der Tod wurde aber offensichtlich nicht betrachtet als der einfache Rückfall ins Nichts. Wenn er eingetreten war, so löste sich vom Körper, der ja bald nur noch ein »für den Lehm« bestimmtes Gerippe war, ein Schemen, eine Art von flüchtigem, verschwommenem Doppelgänger des Verstorbenen, kurz dasjenige, was von einem Verstorbenen im Traum und in der Erinnerung übrigblieb. Einmal unter der Erde – und die Beerdigung war in Mesopotamien die allgemein übliche Art der Bestattung – konnte dieser Schemen aus dem Grabloch in die »Unterwelt« entweichen, den Hades, das unterirdische Reich der Dahingeschiedenen. Das war eine Höhle von ungeahnten Ausmaßen, gleichsam das Ebenbild und das Negativ des Himmels. Dort waltete das göttliche Paar Nergal und Ereškigal (Nergals Frau hatte nach anderer, älterer Tradition ursprünglich allein auf dem Thron der Unterwelt gesessen), umgeben von einer Trabantenschar von Höllengeistern, alle so trist und düster wie die Stätte selbst. Die Masse der Schemen, die jeden Tag anwuchs, »lebte« – wir sollten wohl besser sagen »existierte« – dort in Halbschlummer, Starre, Trübsinn und Apathie, nur dann und wann mit Opferkost und Spendewasser versorgt, die ihnen die Hinterbliebenen im Totenkult hinbrockten und libierten. Dem einen oder anderen dieser Schatten war es verstattet, die düstere Bleibe auf kurze Zeit zu verlassen, um pflichtvergessene Lebende zu peinigen – ganz wie die Dämonen und Leiden. Freilich war der Tote ein für allemal tot. Das war das Geschick des Menschen: Wenn es ein Ende hatte mit dem Erdenleben voller Freude und Aktivität, unter den Augen und der schützenden Hand der himmlischen Herren, dann siedelte der Schatten um ins »neue Land«, kam unter die Gewalt der finsteren Unterweltsgötter, um eine unendlich langweilige, verhöhnenswerte, empfindungslose und von Heimweh geplagte Existenz zu führen. Dieses Geschick war von allen akzeptiert, es gab kein Wenn und kein Aber. So wollten es die Götter, und sie waren die alleinigen Herrscher.

Das kultische Verhalten

Auch das kultische Verhalten und die religiöse Aufnahmebereitschaft waren dadurch charakterisiert, daß man weltliche Machtvorstellungen transzendiert hatte. Die Gläubigen in Mesopotamien stellten sich ihre Gottheiten nach dem Bilde ihrer stolzen Herrscher vor, und sie hatten vor den Göttern noch stärker das Gefühl der Distanz, noch mehr Respekt und Scheu als vor den irdischen Herren. Sie hatten angesichts jener das Heilige verkörpernden höheren Wesen gar keine andere Wahl, als daß sie sich als deren Untertanen verhielten, wenn sie sie – wie wir sagen würden – *kultisch* verehrten. Kult war nichts mehr und nichts weniger als überhöhte Hofetikette. Haben wir doch aus »Atramḫasīs« gelernt, daß der »Dienst für die Götter« der

erste und einzig und allein die Existenz berechtigende Zweck der Menschenschöpfung gewesen war.
Die Beziehungen zwischen Untertanen und Herrschern waren von zweierlei Art. Zunächst und vor allem *diente* der Untertan. Aber dann konnte es nicht ausbleiben, daß er auch Gegenleistung erwartete in Form von Schutz und Hilfe in Bedrängnis.

Der Götterdienst

Der Dienst an den Göttern war einer der wichtigsten Bestandteile der Religionsausübung. So wie die Großen dieser Welt einen Palast brauchten, so war den Göttern zunächst einmal ein »Haus« (sumerisch *é*) zu erbauen, das heißt ein Tempel. Um diesen Götterwohnsitz war alle Kultausübung angeordnet. Ein Schöpfungsmythos, den wir weiter oben zitiert haben, beschreibt die Erschaffung der Dinge durch Ea so, daß sie im wesentlichen durch die Erbauung und Einrichtung der Heiligtümer beendet war. Zuerst hatte Ea die »Grundelemente« geschaffen: Lehm, Schilf, Holz, Steine und Metall und dazu die Gottheiten, welche als Schirmherren der mit diesen Elementen verbundenen Künste und Techniken fungierten. Darauf folgten die durch Pflanzen, Züchten, Pflücken und Lesen gewonnenen Versorgungsgüter und wieder jene Götter, die solche Grundnahrungsmittel in für die Göttertafel würdige Gerichte umzuwandeln verstanden. Schließlich der Gott, der als »Oberster Priester der Großen Götter die zugehörigen Riten und Zeremonien ausführen ließ«. Da nun ein Programm solcher Art noch der eigentlich Ausführenden bedurfte, hatte Ea schließlich »den König« geschaffen »als den Verwalter der Tempel und den Menschen, der alle Arbeit verrichten sollte«.
Alles in allem stand bei der Weltschöpfung laut diesem Mythos – und er ist nicht das einzige Werk, das uns eine solche Sicht der Dinge vermittelt – der Tempel im Mittelpunkt, mit anderen Worten: der Götterkult. Die Könige legen in ihren Bau- und Weihinschriften stets Wert darauf, daß sie in der Reihe ihrer Titel an erster Stelle auf ihre Rolle als Pfleger der Tempel hinweisen. So nennt sich Išmedagan von Isin »Versorger (der Tempel) von Nippur, der das Haupt erhebt zu (dem Tempel von) Ur, der Tag für Tag dasteht für (die Heiligtümer von) Eridu, Priesterherr von Uruk«, und erst dann folgen seine weltlichen Titel »mächtiger König, König von Isin, König von Sumer und Akkad«. Davon abgesehen versäumte es kein Herrscher, seine Verdienste um die Erbauung, Erneuerung und Ausstattung der Tempel hervorzuheben, wie wenn solches seine erste und eigentliche Aufgabe gewesen wäre.
Wir kennen von diesen Heiligtümern für gewöhnlich nur noch die – oft allzu kümmerlichen – Überreste; denn sie waren meist aus ungebrannten Lehmziegeln erbaut. Trotzdem machen auf uns auch die Grundrisse häufig noch einen gewaltigen Eindruck durch ihre Größe, aus der wir auf ihre einstige Pracht schließen können. Es handelt sich

um sehr weitläufige Bauensembles, die um den Zentralbau herum gruppiert waren und oft auch einen »Tempelturm« (Zikkurrat) enthielten; auf dessen Spitze befand sich (wenn wir Herodot glauben dürfen) eine Kapelle als Ruheort für die vom Himmel herniedergestiegene Gottheit.

Der Tempel beherbergte ein umfangreiches Personal, von dem einfachsten Handlanger bis hinauf zum obersten verantwortlichen Verwalter und den Mitgliedern des eigentlichen »Klerus«, teilweise beiderlei Geschlechts, die alle im Kultzeremoniell ihre Rolle spielten: als Hohepriester, Offizianten, Offiziantinnen, Klage- oder Beschwörungspriester und andere mehr. Wir kennen aus den Texten ganze Listen solcher »Kultpersonen«, verstehen aber oft nicht, was die diversen Termini bedeuten. Es sieht so aus, als hätte es im Bereich mancher großer Kultzentren oder in unmittelbarer Nachbarschaft davon regelrechte Vereinigungen, »Gilden« oder Orden gegeben, zum Beispiel von gelehrten Schreibern, von Handwerkern oder von dem Dienst der Gottheit geweihten Frauen (die aber vielleicht nicht durch die Bank Priesterinnen waren oder wenigstens nicht so, wie wir es uns vorstellen).

Ebenso wie der Bau und Unterhalt der Heiligtümer hing auch das Personal nicht allein von den Zuwendungen des königlichen »Verwalters« ab, der von Haus aus *der* Mäzen war, sondern auch von den Spenden der Tempelbesucher, meist Naturalgaben. Manche Tempel waren so reich geworden, daß sie, wie wir aus zahlreichen Darlehensverträgen wissen, Silber und Korn gegen Zins ausliehen.

Im Hauptraum des Heiligtums, der »Cella«, stand das Kultbild der Stadtgottheit oder eines sonstigen Gottes. Es bestand für gewöhnlich aus einem Kern aus Edelholz, der mit Blattgold oder -silber belegt war. In ihrem Kultbild war die Gottheit präsent. Um sie herum standen die Bilder von Mitgliedern der Götterfamilie und des Hofstaates.

Das Kultzeremoniell vollzog sich in unmittelbarer Nähe dieser absolut realistischen Götterdarstellungen; es war begleitet und untermalt von hymnischen Rezitationen und musikalischen Darbietungen (von Instrumenten begleiteter Gesang). Dies war der »Götterdienst« im engeren Sinne. Uns sind einige Rituale überliefert, in denen der Ablauf einer Zeremonie aufs genaueste, unter Einschluß jeder einzelnen Gebärde, jedes Handgriffs festgelegt ist. Wir erfahren zum Beispiel, daß die Götterstatuen herausgeputzt wurden, daß man sie mit den kostbarsten Gewändern bekleidete und aufs üppigste schmückte. Für gewöhnlich war der Ornat in Truhen aufbewahrt. Es sind Inventartexte von beträchtlicher Länge (mehrere hundert Zeilen) erhalten, in denen der Zubehör, Schmuck und Textilien, in verlockenden Details beschrieben ist. Mit am

Linke Seite: Unter Tempelfundamenten in Girsu/Tellō gefundene Gründungsfigur eines Gottes, der einen Pflock in den Boden treibt. Bagdad, Iraq Museum

Rechts: Gründungsfigur aus dem Enlil-Tempel in Nippur. Sie stellt Urnammu dar, der einen Korb mit dem Grundstein trägt. Bagdad, Iraq Museum

Links: Der Nabû ša ḫarê-*Tempel ist der jüngst entdeckte Tempel Babylons. Baugeschichtlich ist er spät. Nebukadnezar hat hier Renovierungsmaßnahmen durchgeführt. Nabonid sagt von sich, daß er von hier die »Keule der Macht« holte, worunter wohl eine Insignie königlicher Macht zu verstehen ist. Die Wände der Cellae (unten) und die des Hofes (oben) sind in bislang unbekannter Weise dekoriert: in reinem Schwarz-Weiß-Kontrast rahmen Bänder großzügige Rechteckfelder. Die Farbwirkung wird vom asphaltierten Hofboden aufgenommen.*

Rechts: Auch der vollständig restaurierte Ištar-Tempel steht, wie der Nabû ša ḫarê-*Tempel an der Ostseite der Prozessionsstraße.*

Tukulti-Ninurta, König der Gesamtheit, der mächtige König, König von Assyrien, Günstling des Aššur, Stadtfürst von Assur, der rechtmäßige Hirte, Liebling der Ištar; der unterwarf das Land der Quti bis zum Grenzgebiet der Gesamtheit, der Sohn des Salmanassar, des Stadtfürsten von Assur, meiner Herrin, den zuvor Ilušuma, mein Vorfahr, der Stadtfürst von Assur, ein König, der vor mir wandelte, erbaut hatte – 720 Jahre vergingen, da verfiel dieser Tempel und kam ins Altern. In diesen Tagen, im Beginn meiner Königsherrschaft, verlangte Ištar, meine Herrin, einen zweiten Tempel, dessen (für) sie (bestimmter) Kultraum heiliger (sei) als der frühere, von mir. Der alte Tempel, die Wohnung der Ištar, meiner Herrin, der zuvor der alleinige Tempel für sie (war, als einziger zur Wohnstätte der Ištar bestimmt war und an dessen Front ein *šaḫuru*-Haus nicht erbaut war, ich räumte seinen verfallenen (Bau) weg, bis zu seinem festen Untergrund drang ich vor. Eme, das Haus der »heiligen Macht«, die Wohnung ihrer Freuden, (darin) den Kultraum, das Postament ihrer Fülle, das ehrfurchtgebietende Bauwerk, dessen Front gewaltiger als die frühere ist, erbaute ich, und gleich der Wohnung des Himmels machte ich (es) glänzend. Von seinem Fundament bis zu seinem Zinnenkranz vollendete ich (den Bau und) legte meine Urkunden nieder.

Aus der Inschrift eines Gründungsblocks des Ištar-Tempels in Assur

wichtigsten und das eigentlich Wesentliche der Kultroutine war die Speisung und Tränkung der Götter. Dabei handelt es sich nicht um »Opfer« im ursprünglichen Sinne, in der Form, daß ein Tier geschlachtet und der Gottheit »geweiht« wurde. Es gab vielmehr regelrechte Mahlzeiten, täglich vier, »zwei große und zwei kleine«, nach dem prunkvollen Vorbild der Hoftafel. Tempelköche waren angestellt, um die Gelage der Götter zu bereiten, und es spricht manches dafür, daß Kochrezepte, die uns aus Tontafeln des 17. Jahrhunderts v. Chr. überliefert sind, in erster Linie für die »hohe Küche« der Götter bestimmt waren oder doch im selben Maße wie für den Herrscher.

Die Götter, das heißt ihre Bilder, wurden von Zeit zu Zeit auch »ausgeführt«, teils zu Lande auf dem Wagen, teils im Boot auf dem Fluß oder auf einem Kanal; so konnten sie einander Besuch abstatten. Lange Prozessionen der Einwohner, Sänger und Musikanten begleiteten sie. Einmal im Jahr wurde sogar die »Heilige Hochzeit« gefeiert, bei der sich der König als oberster Priester mit einer gottgeweihten Frau vereinigte, um auf solche Weise den Geschlechtsakt zwischen dem Gott und seiner Gemahlin zu verwirklichen. Eine andere Form der Götterhochzeit bestand darin, daß man die Statuen von Gott und Göttin feierlich nebeneinander aufs »Hochzeitslager« in ihrem »Ehegemach« bettete. Sie blieben dort die Nacht über allein, und am folgenden Tage wurde die Vereinigung unter großer Teilnahme von Festbesuchern und mit einem üppigen Bankett gefeiert. Solche Zeremonien und andere mehr fanden monatlich oder jährlich zu festen Zeiten im kultischen Kalender statt; aber es gab auch Feste aus besonderem Anlaß. Höhepunkt war wohl das Neujahrsfest im Frühjahr, Ende März. Es dauerte elf Tage, und wir kennen ungefähr die Hälfte vom Ablauf auf Grund eines Ritualtextes; ihm entnehmen wir, daß man nicht nur den Jahresbeginn, sondern in Wirklichkeit die Erneuerung aller Dinge, eine neue Weltschöpfung feierte.

Wahrsagerei und Beschwörungswesen

Wir haben im vorangehenden gesehen, daß die Mesopotamier von ihren Göttern schlichtweg alles erwarteten als Gegenleistung für treue und ergebene Dienste. In zwei Bereichen hat man das Bewußtsein, daß man von der Hilfe und vom Eingreifen der Götter abhing, mehr oder weniger stark kultisch integriert. Der eine Bereich war die Wahrsagerei. Sie war nur verhältnismäßig lose mit der Kultroutine verbunden, und es herrschte bei ihr ein mehr »technischer«, fast könnten wir sagen »wissenschaftlicher« Aspekt vor (wenigstens wenn wir es mit den Augen der damaligen Zeitgenossen betrachten). Der andere Bereich, das Beschwörungswesen, war dagegen viel deutlicher in die Kultordnung eingebettet.

Wir verstehen unter »Wahrsagerei« (Omenkunde) den Versuch, von etwas Kenntnis zu gewinnen, das im Prinzip

unzugänglich und unerforschbar ist, weil es die Zukunft betrifft, also noch nicht existiert; analog sind dann auch Fälle einbezogen, wo etwas erforscht werden soll, das gegenwärtig oder vergangen – aber eben unbekannt – ist. In der Sicht der Mesopotamier war das Verborgene nur den Göttern als Herren des Geschichtsablaufs und des »Schicksals« sowie als Schöpfern des allem zugrundeliegenden »Plans« bekannt, und es stand ihnen völlig frei, ob sie es offenlegen wollten oder nicht. Man hat im Zweistromland zwei stark voneinander unterschiedene Methoden der Wahrsagerei praktiziert.

Im einen Fall – und das gilt für Mesopotamien wie für andere Kulturen, besonders aber die »westsemitischen« – wurde das Geheime spontan durch eine Gottheit einer von ihr auserwählten Person mitgeteilt. Der Empfänger war darauf in keiner Weise vorbereitet, so daß wir nicht sagen können, er habe die Enthüllung selber in Gang gesetzt. Diese Art der »inspirierten Wahrsagerei« war in Mesopotamien – zumindest offiziell – nicht sehr im Schwange, und wenn wir sie zu bestimmten Zeiten antreffen, dann zumal in Gebieten, die stärker dem Einfluß außermesopotamischer, westlicher, semitischer Völker ausgesetzt waren. Wir werden uns daher über diese Form der Wahrsagerei nicht näher auslassen.

Dagegen ist die so zu bezeichnende »deduktive Wahrsagerei« äußerst typisch für das Zweistromland, ja sie ist nach allem, was wir wissen, dort erfunden worden – so sehr fügt sie sich allen Kulturäußerungen und ganz besonders dem System der Keilschrift. In der Form der Eingeweideschau, aber auch auf mancherlei andere Art, hat sie zu allen Zeiten, aber vornehmlich seit Ende des 3. Jahrtausends v. Chr., eine ganz besondere Rolle gespielt. Das geht hervor aus der erstaunlich großen Zahl der uns überlieferten sogenannten »Omentexte«. Diese »deduktive Wahrsagerei« gründete sich auf eine Reihe von Voraussetzungen.

Vorweg eine Binsenwahrheit: Die das »Schicksal entscheidenden« Götter waren Herren und Handelnde ganz besonders in bezug auf die Zukunft, so wie die Könige über ihre Untertanen verfügten, indem sie sich die Entscheidungen über sie vorbehielten. Ferner stand es ebendiesen Göttern anheim, die von ihnen getroffenen Entscheidungen zu offenbaren, ob sie nun einen einzelnen, den König oder das ganze Land betrafen. Zu diesem Zwecke, so nahm man an, legten sie ihre einzelnen Entscheidungen »schriftlich« nieder, so wie die Herrscher ihre Willensäußerungen. Die Götter konnten das tun, indem sie ein Zeichen kundtaten, das unerwartet, außer der Reihe, auffällig und folglich als Fingerzeig zu deuten war. So rief zum Beispiel die Tatsache, daß die Leber eines frisch geschlachteten Opferschafes ungewöhnliche Löcher aufwies, zur Vorsicht auf. Aber ein solcher Befund war sodann noch spezieller zu deuten: Er enthielt eine von den Göttern in die Leber eingeschriebene Nachricht. Diese Mitteilung war nicht selten am System der Keilschrift orientiert, das von Haus aus etwas zu

Bezeichnendes »abgezeichnet« hatte: So notierte das Zeichen »Fuß« Bedeutungen wie »Gang«, »Standort«. Absonderliche Markierungen der Leber konnten analog als eine Art von den Göttern eingezeichneter »Ideogramme« angesehen werden. Es gab also parallel zur Keilschrift und oft mit ihr sich überschneidend einen regelrechten Kodex der göttlichen Vorzeichen-Schrift. Konnte man ihn lesen, so wußte man auch die Botschaft zu entschlüsseln, die in einer ungewöhnlichen Erscheinung enthalten war. So tat zum Beispiel die oben erwähnte Leber mit Löchern (es handelt sich, wie wir heute wissen, um verkalkte Wurmdurchgänge) kund, daß eine »belagerte Stadt« dadurch einzunehmen war, daß man »Löcher« in die Stadtmauer »bohrte«, daß man sie also unterminierte.

Da sich nun ungewöhnliche oder einzigartige Erscheinungen ominöser Art überall in der Natur finden – und alles ist ja von den Göttern gelenkt – so konnte einfach auch alles und jedes in dieser Welt zukunftsdeutend betrachtet werden, seien es nun die Bahnen der Sterne, die Träume, das absonderliche Aussehen oder Verhalten von Mensch und Tier. Im Laufe der Zeit wurden ausführliche Kataloge, regelrechte Traktate angelegt, in welchen die beobachteten Erscheinungen auf das genaueste und unter Einschluß aller Varianten klassifiziert waren: Jeder Omenaussage (»Protasis«) folgte die Ausdeutung (»Apodosis«). Diese Traktate (oder »Serien«) hatten in einer Zivilisation, deren »Didaktik« ganz und gar kasuistisch ausgerichtet war, die Aufgabe, durch die Menge höchst verschiedener und sorgfältig zusammengeordneter Beispiele den Omenspezialisten die von den Göttern gegebenen Regeln einzuschärfen, mit deren Hilfe sie die zukunftsdeutenden »Mitteilungen« lesen und ausdeuten konnten.

Die Vorzeichendeutung stellte also auf der einen Seite eine regelrechte »Wissenschaft« dar; aber andererseits war die »deduktive Wahrsagerei« auch wieder tief im religiösen Glauben verwurzelt. Wir wissen, daß der Opferschauer, wie sehr er auch Spezialist und »Gelehrter« sein mochte, doch nie vergaß, daß er Mitteilungen der Götter zu lesen, zu durchdringen und dann interpretiert weiterzugeben hatte. Er mußte sich auf seine Handlung rituell vorbereiten und dazu Gebete sprechen. Insofern war die Wahrsagerei denn doch mit kultischem Verhalten und der Religion verbunden. Und da das Wahrsagewesen so weit verbreitet war und einen so bedeutenden Stellenwert im Leben der Allgemeinheit wie des einzelnen hatte, indem es stärksten Zulauf von allen Seiten hatte und außerordentlich oft praktiziert wurde, dürfen wir die Behauptung wagen (auch wenn dieser Sachverhalt in den Quellen nicht so gut bezeugt ist, wie wir es wünschten), daß es auf seine Weise Bestandteil eines »auf Gegenleistung bedachten Kultes« war, der also nicht den Göttern, sondern den Gläubigen zuliebe ausgeübt wurde.

Bei der Beschwörungskunst, über die wir ein ebenso reichhaltiges Textkorpus besitzen wie über das Wahrsagewesen, haben wir es mit einer ganz anderen Seite des religiösen Lebens zu tun. Hier steht die »Sünde« im Vordergrund: Der Mensch lehnt sich gegen die Götter auf, indem er gegen ihren Willen verstößt; und als Folge hat er dafür zu büßen mit Leiden und Qualen, die ihm die »dämonischen Ordnungskräfte« auferlegen.

Noch bevor die Religion selbst von Dämonenvorstellungen durchdrungen worden war, hatte sich schon unabhängig eine Abwehrtechnik gegen derlei Störenfriede herausgebildet. Sie gründete sich auf die auch von manchen anderen – antiken und »primitiven« – Kulturen geteilte Überzeugung, daß ebenso, wie das »Hand«-Werk des Menschen voller Effekt war (gegebenenfalls unterstützt durch Gerät und andere Hilfsmittel), so auch sein Wort, mit dem er befahl und empfahl. Er vermochte mit diesen beiden Mitteln sogar auf unsichtbare Mächte Einfluß zu nehmen. Es war ein ganzes System von Sprüchen und Handlungen entwickelt worden, das sich zumeist Dinge oder Kräfte

Links: Die Wahrsagekunst stützte sich unter anderem auf die Interpretation der Lebermerkmale frisch geschlachteter Schafe. Zu Ausbildungszwecken dienten Lebermodelle aus Ton, auf denen relevante Zonen markiert waren. London, British Museum

Rechts: Das fast 40 cm lange Zepter aus geädertem Sardonyx fand sich im spätbabylonischen Marduk-Heiligtum von Babylon. Der kostbare Herrscherstab könnte Ausstattungsstück einer Götterstatue gewesen sein. Berlin, Vorderasiatisches Museum

Šamaš, großer Herr, gib mir eine klare, eindeutige Antwort auf meine Frage.
Partatua, der König der Skythen, der nun seine Boten zu Asarhaddon, dem König von Assyrien, geschickt hat, betreffend eine Königstochter – wenn Asarhaddon, König von Assyrien, ihm eine Königstochter zur Heirat geben wird, wird Partatua, König der Skythen, mit Asarhaddon, dem König von Assyrien, aufrichtige, wahre und friedliche Worte sprechen? Wird er die vertraglichen Abmachungen mit Asarhaddon, König von Assyrien, einhalten? Wird er alles, was für Asarhaddon, König von Assyrien, gut ist, tun? Ist es so günstig beschlossen im Willen deiner großen Göttlichkeit, Šamaš, großer Herr? Wird es sehen können, der sehen kann, hören, wer hören kann?

Orakelanfrage des Königs Asarhaddon (681–669)

zunutze machte, deren Wirksamkeit man kannte und hoch einschätzte (das Feuer, um ein gefährliches Objekt zu verbrennen oder verschwinden zu lassen; das Wasser, um es zu ertränken oder um eine Verunreinigung wegzuwaschen; eine bestimmte Pflanze, ein bestimmter Stein oder Gegenstand, dem man wirksame Eigenschaften zumaß ...). Meist wurden gewiß beide Methoden ineinander verschränkt, indem wohlerprobte Handgriffe und Gebärden durch effektvolle Worte verdeutlicht und wirkungsmäßig verstärkt wurden. Wir sprechen hier von »Magie«. Ganz ohne Zweifel lassen sich Reste davon noch im historischen Mesopotamien nachweisen.

Indessen hat der Wandel der religiösen Vorstellungen, der die einst selbständigen Dämonen und bösen Mächte schlicht und einfach den Göttern hörig werden ließ, auch die ursprünglichen Beschwörungstechniken verändert, zumindest von innen her. Es wurden zwar die schon zuvor praktizierten Worte und Handlungen bewahrt, ja noch weiter entwickelt. Doch die Sprüche gegen die bösen Geister wurden in Gebete an die Götter umgewandelt, damit diese – hinfort als über alles erhabene Herren anerkannt – sich herbeifanden zu reagieren; denn nur sie konnten es ja mit der nötigen Autorität tun. Auf der anderen Seite degenerierten die von Haus aus durch sich selbst wirksamen Handgriffe und Gebärden zu einer Art von mimischem Spiel, das man den eingreifenden Göttern darbot, damit *sie* es als wahr und wirksam erhärteten. Hatte man eine Krankheit, die ein Dämon dem Menschen als Strafe für eine »Sünde« zugefügt hatte, einstmals dadurch aus der Welt geschafft, daß man einen mit dem Kranken verbundenen Gegenstand verbrannte, so daß dieser Gegenstand das Übel an sich zog, verschwand die Krankheit nach neuerer Vorstellung, weil die um Hilfe angegangenen Götter selbst diesen Verbrennungsakt wirksam machten. Das bedeutet, daß die tatsächlichen Bewirker bei den Beschwörungspraktiken nicht mehr Menschen waren, die »ex opere operantis« dank persönlicher »magischer« Begabung die Fähigkeit dazu hatten, sondern die Götter. Man ersuchte sie inbrünstig, und sie gaben ihren dämonischen Bütteln Weisung, mit der Züchtigung des »Sünders« innezuhalten. Aus dem Grunde ist es denn auch nicht richtig, in solchen Fällen von »Magie« zu sprechen (wie es noch oft geschieht) anstelle von »Beschwörung«.

Die Beschwörung hat, wenn man es so sieht, so gut wie alle Beziehungen, die der einzelne Gläubige zur Welt »oben« hatte, in die rechte Bahn geleitet. Er wandte sich an die Gottheit, um sie im Notfall zu Hilfe zu rufen – ebenso wie der einfache Untertan dem König laut sein Leid klagte, wenn er das Opfer von Gewalt geworden war. Die Beschwörung hatte also sehr viel weitgehender als die Wahrsagerei vom »auf Gegenleistung bedachten Kult« Besitz ergriffen. Dank der Beschwörung können wir einen wesentlichen Aspekt der persönlichen und vertrauenden Haltung, die die Mesopotamier zu ihren Göttern hatten, besser verstehen.

Man hat Beschwörungen in der Tat nur eingesetzt, um ein Leiden zu bekämpfen, vom schlimmsten wie einer gefürchteten Krankheit bis hin zu den kleinen Übeln wie drohender Kahlköpfigkeit, dem Geplärr eines Babys, das nicht schlafen kann, oder nächtlichem Hundegeheul. Es gibt praktisch kein Beispiel dafür, daß jemand, statt sich eines Übels zu entledigen oder (was auf dasselbe hinausläuft) einen schwer zu ertragenden Mangel zu beheben, sich einen Vorteil oder großen Wohlstand verschaffen wollte. So wandte sich keiner an die Götter, um die Liebe einer begehrten Frau zu erringen; vielmehr galt es, ihre Gleichgültigkeit zu besiegen, um nicht länger in hoffnungsloser Liebe dahinzuschmachten.

Die Beschwörungskunst hatte ihre eigenen in langem Studium ausgebildeten Sachverständigen. Wir kennen das »Curriculum«, eine imposante Liste von teilweise sehr umfangreichen Beschwörungs-»Serien«, die der Ausführende

auswendig lernen oder doch zu konsultieren wissen mußte, um sein weites, alle Lebensbereiche umfassendes Fachgebiet auszuleuchten. Es gibt, was die literarische Form anbetrifft, drei Haupttypen der Beschwörung. Zunächst kurze Sprüche mit zugehörigen Handreichungen, die »hic et nunc« angewendet werden konnten, um einem bevorstehenden Übel entgegenzuwirken. Hier war offenbar nicht unbedingt ein Beschwörungspriester vonnöten, sondern jeder Gläubige konnte in eigener Sache tätig werden. Sodann – und das kam am häufigsten vor – einfache »Zeremonien«, deren jede ein oder zwei Handreichungen und eine entsprechende Anzahl von Bittgebeten umfaßte. Schließlich gab es aber auch ein sehr viel komplizierter und ausführlicher gestaltetes Sichabwechseln manueller und oraler Riten, veritable, höchst weihevoll zu vollziehende Liturgien. In den beiden letztgenannten Fällen war der Ausführende, der »Spielleiter«, unbedingt ein Exorzist, der dem Patienten anzeigte, was er zu tun und zu sagen hatte, und der ihn veranlaßte, die vorgesehenen Sprüche und Handlungen so oft zu wiederholen, wie es das Ritual erforderte. Wenn als Ort der Handlung nicht ausdrücklich ein Tempel vorgesehen war, so konnte das Beschwörungsritual im Hause des Patienten, im Hof oder auf dem Dach durchgeführt werden. Es gibt auf der einen Seite eine Anzahl, etwa ein Dutzend, Beschwörungsserien, von denen wir bisweilen den gesamten Text kennen, weil die Überlieferungslage ganz besonders gut ist. Aber auf der anderen Seite sind uns die viel geläufigeren Einzelbeschwörungen in einem breiten Strom der Überlieferung erhalten. Manchmal hat man für jeden Einzelfall eine gesonderte Tafel benutzt; bisweilen sind aber auch mehrere Beschwörungen zusammengefaßt, und zwar gemäß dem übergeordneten Thema. Viele Beschwörungen gehen – und zwar in höchst glücklicher Ehe – mit der empirischen Medizin Hand in Hand. Ihr Zweck war die Heilung von Krankheiten, und die Beschwörungen sind angeordnet entsprechend damaliger medizinisch-therapeutischer Auffassung. Wiederum besonders häufig sind »Lösungsriten« (akkadisch *namburû*), deren Ziel es war, ein von der Wahrsagerei angekündigtes böses Geschick »durch ein gutes zu ersetzen«.

Die an die Götter gerichteten Bitten sind nicht eigentlich »Beschwörungen« im magischen Sinn (obwohl sie oft, aber zu Unrecht, als solche verstanden werden), sondern regelrechte Bittgebete. Es ist dies in der Tat fast die einzige uns gut bezeugte, beinahe als »kanonisch« zu bezeichnende Form des individuellen Gebets und der persönlichen Frömmigkeit. Sie sind aber doch gleichsam »vorfabriziert«, um für jeden Beliebigen verwendbar zu sein (anstelle eines persönlichen Namens steht »So-und-so, Sohn/Tochter des So-und-so« da), und kaum wirklich fromm und verinnerlicht. Wortwahl und Stil sind oft formalisiert und voller Wiederholungen, so wie wenn sich der Beter nicht spontan und natürlich hätte verhalten dürfen, sondern sich an ein Protokoll halten mußte, das – vor der Gottheit wie vor dem Herrscher – eine gekünstelte, vorausstilisierte, formelhafte Sprache verlangte. Uns sollte das nicht erstaunen in einer Religion, deren Prämisse es war, daß der Mensch für nichts mehr oder weniger geschaffen und geboren war, als daß er zeit seines Lebens den Göttern zu einem behaglichen,

Links: Die inkrustierte Steinkanne mit gebogener Tülle könnte als Kultgerät gedient haben. Wasser-, Öl-, Wein- und Bierspenden (Libationen) waren fester Bestandteil der Kulthandlungen. Bagdad, Iraq Museum

Rechts: Bevor sie ihren Platz im Tempel fanden, hatten manche Weihgaben bereits einen langen Weg hinter sich. Reliefierte Chloritgefäße kommen zum Beispiel aus dem Ostiran. Das Fragment zeigt einen symbolisch zu verstehenden Kampf zwischen Löwe und Schlange, denn eine Inschrift nennt das Thema: »Inanna und die Schlange«. Das Stück stammt aus dem frühdynastischen Inanna-Tempel von Nippur. Bagdad, Iraq Museum

... daß sich der Fuß des Bösen dem Hause des Mannes nicht nähere. Sieben Bilder von Weisen aus Ton mit Vogelgesichtern und Flügeln; in der Rechten tragen sie das Reinigungsgerät, in der Linken den Eimer. Am Hausfundament oder am Kopfende des Bettes vergräbst Du sie. Die Beschwörung »Ihr Bilder der Weisen, seid Wächter« rezitierst Du vor ihnen. Bilder von Löwenmenschen aus Ton: auf ihre Arme schreibst Du: »Du vertreibst den Unterstützer des Bösen!« Im Tor des Waschraumes vergräbst Du sie, rechts und links.
Wenn ein Mann – das Tor seines Hauses ist (kultisch) gereinigt – damit dann der Zauber sich dem Hause des Mannes nicht nähert, zerstößt Du zusammen Schwefel, Gips und Ton und vermischst es mit Mischbier. Die Beschwörung »Du bist wütend, Du bist furchtbar«, diese Beschwörung rezitierst Du dreimal darüber... Mischbier stellt Du her und wäschst seinen Körper ab, und es wird ihm gut gehen! ...

Ritualtext aus einem Wohnhaus in Assur (8. Jahrhundert v. Chr.)

üppigen und sorglosen Leben verhelfen mußte, so daß sein Verhältnis zu ihnen das des Dieners zu einem unerreichbaren Herrn war. Worauf es ankam, war, daß er seine Aufgabe nach besten Kräften erfüllte. Dazu bedurfte es keiner persönlichen Gefühle und keiner Zuneigung, und er brauchte kein engeres Vertrauensverhältnis anzustreben. Respekt und Verehrung genügten, Furcht und Gehorsam, Devotion und Dienstfertigkeit – stets aus der Distanz. Das Herz blieb dabei aus dem Spiel.
Die mesopotamische Religion stellt sich also in allen Bereichen und in ihrer ganzen Entfaltung als ein System dar – logisch zusammenhängend und in sich ausgeglichen –, wo sich Gefühl, Vorstellung und Verhalten genau an dem orientierten, was die politische Macht gebot – nur übersteigert und voller Prächtigkeit. Auch insofern übertrug sie lediglich die Parameter der einheimischen Kultur und der für sie typischen Strukturen (ob nun im Sozialen, Wirtschaftlichen, Politischen oder Administrativen) auf das Höhere. Die mesopotamische Religion hat aber keineswegs alle Bereiche des Lebens dupliziert, wie es die uns nahestehenden »historischen« Religionen fordern würden, sondern nur einen Ausschnitt aus der Existenz und dem Bewußtsein. Es fehlte ein geschärfter Sinn für das Ethische. Gewiß, die Mesopotamier hatten ihre eigene Art von Moral; aber wenn die Übertretung als Rebellion gegen die Götter galt, als »Sünde«, die die Ahndung durch unheilvolle Kräfte nach sich zog, dann waren Verstöße gegen eine solche Moral nichts prinzipiell Absonderliches. Denn diese Moral zu beachten war nicht wie in der Religion der Bibel die beste oder überhaupt einzige Art, sich seiner Pflicht gegenüber den Göttern zu entledigen – noch ganz abgesehen davon, daß diese Götter sich daraus nicht viel machten. Die eigentliche religiöse Pflicht, der eigentliche Kult war der ganz materielle Dienst, den man den Göttern in ihren Tempeln darbrachte und womit infolge der täglichen Kultroutine das ganze Leben zusammenfiel, des einzelnen wie des ganzen Landes. Das hatte nun übrigens die nicht zu verachtende Folge, daß ein solches kulterfülltes Leben durchaus von Würde und Größe geprägt sein konnte, insofern nämlich, als jeder einzelne sich schmeicheln durfte, daß er sein Scherflein zur Weltordnung beitrug. Die Götter ihrerseits hatten daher wieder alles Interesse, ihren Dienern – unter normalen Umständen – ein ruhiges Leben in Frieden und Wohlstand zu garantieren, damit sie ihren Pflichten aufs beste nachkommen konnten.
Um nun den Menschen zu helfen, sich ihre Existenz, und zwar die jedes einzelnen, in dieser Art von Erfolgsdenken einzurichten (und das war wohl ihre wichtigste Lebensregel, ihr Ideal), willfahrten die Götter, ihnen dann und wann zu enthüllen, was sie sonst verborgen hielten. Wenn das Geschick, das sie den Menschen gewährten, diesen auch hart und zuwider erscheinen mochte, so war es wenigstens nie absurd und ein Ärgernis. War es doch Ausfluß des unzugänglichen und undurchdringlichen Willens

Linke Seite: Wahrzeichen von Assur ist die Zikkurrat, die ursprünglich dem Gott Enlil, später dem Stadtgott Aššur geweiht war.

Oben: Die Zikkurrat auf der Akropolis von Kalḫu/Nimrūd war dem assyrischen Kriegsgott Ninurta geweiht.

der hohen Herren; es mußte ein jeder darin auch die Folge einer »Sünde« sehen, selbst wenn sie ihm nicht bewußt war; das Ergebnis eigenen Verhaltens. Allerdings konnten Beschwörungen, die man ja zu praktizieren wußte, von den Richtern Straferlaß oder doch eine Milderung des Loses erwarten lassen. Nun waren zwar weder Wahrsagerei noch Beschwörungskunst unfehlbar; aber wenn das erhoffte Ergebnis ausblieb, fanden sich leicht Gründe, dies zu erklären: Die Götter waren völlig frei, zu verfügen und zu verwehren. Man versuchte es dann ein zweites Mal und hoffte auf mehr Erfolg, ein wenig in der Art, wie man sich sofort wieder und wiederholtermaßen einem Vorgesetzten nähert, um von ihm eine Vergünstigung zu gewinnen. Wenn kein Mesopotamier nach seinem Glück in der Religion selbst trachten konnte (so wie es uns in den unsrigen gegeben ist, die sich ganz auf die Anziehungskraft des Göttlichen gründen), dann leistete diese doch zumindest einen Beitrag dazu, und sei es einen negativen: Die Religion Mesopotamiens bewahrte vor jener Verbitterung und Verzweiflung, die aus einem Gefühl schlimmsten Unrechts und vollkommener Absurdität erwachsen konnte. Die Zauberschenkin Siduri hat Gilgameš, der dem Todeslos entrinnen wollte, das Bild vom einzigen dem Menschen zugänglichen Glück gezeichnet, wenn sie sagte:

Gilgameš, wohin eilst du denn?
Das Leben, nach dem du suchst, wirst du nicht finden.
Als die Götter die Menschheit erschaffen hatten,
da haben sie ihr den Tod zugewiesen;
das Leben aber haben sie für sich in der Hand behalten.
Dein Bauch, Gilgameš, sei voll,
bleibe fröhlich Tag und Nacht …
Jeden Tag veranstalte ein Freudenfest,
Tag und Nacht tanze und spiele!
Dein Gewand strahle vor Reinheit,
wasche dir das Haupt, bade dich!
Betrachte liebevoll den Kleinen, der dich an der Hand faßt,
deine Frau sei glücklich, wenn sie sich an dich schmiegt …
Das ist die einzige Aussicht, die der Mensch hat.

Abgesehen von der Gewißheit, daß unser Geschick ein für allemal von den Göttern bestimmt und entschieden ist, finden wir in Siduris Rede nichts, das uns an »Religion« erinnern könnte, sondern nur eine optimistische Bilanz, die durch tiefe Resignation gemildert, aber nicht getrübt ist. Die Mesopotamier haben, intelligent und positiv, wie sie waren, sich in allen Lebensbereichen einschließlich der Religion eine Wert- und Vorstellungswelt zurechtgelegt, die ihr Leben stützte und in Gleichgewicht hielt und es zugleich vor Verzweiflung wie vor Maßlosigkeit bewahrte.

Wissenschaft und Technik

Im Gegensatz zur heutigen Praxis war Wissenschaft im alten Mesopotamien größtenteils anonym; dabei möchten wir den Begriff »Wissenschaft« so weit wie möglich ausdehnen. Man glaubte, alles Wissen käme von den Göttern, besonders von Enki oder Ea, dem Gott der Weisheit, Gelehrsamkeit und Handwerkskunst. Schreiber überlieferten uns zwar auf Abschriften wissenschaftlicher Texte ihre Namen, aber sie erhoben nie den Anspruch, auch deren Autoren zu sein. Manchmal wurde ein ganzer Text oder – im Bereich der Astrologie – eine einzelne Deutung einem bestimmten früheren Schreiber zugeschrieben. Doch selbst in diesen Fällen bleibt uns häufig verborgen, ob der namentlich genannte Schreiber tatsächlich der wirkliche Autor war oder einfach ein noch früherer Kompilator. Römische Schriftsteller nennen uns die Namen von drei babylonischen Astronomen: Sudines, Naburianos und Kidenas. Doch bei zwei Namen wissen wir nicht einmal genau, wie die babylonische Namensform lautete, und bei allen drei haben wir keine Vorstellung, was sie im einzelnen zur damaligen Astronomie beigetragen haben.
Wissenschaftliche Erkenntnisse erscheinen in Keilschrifttexten ganz allgemein als Listen, Beobachtungsprotokolle oder Verfahrensvorschriften. Allerdings liegt uns nicht für jede unten besprochene Wissenschaft und jedes Handwerk eine Darstellung in allen drei Formen vor. Lehrsätze werden niemals aufgestellt, geschweige denn bewiesen; die Regeln sind oft nur sehr schwer zu erkennen; und der Vorgang des eigentlichen Forschens bleibt uns weithin verborgen. Diese Erscheinung findet eine Parallele in dem Vorkommen einer großen Anzahl religiöser Texte in Mesopotamien einerseits und dem fast völligen Fehlen von irgendeiner Form der Philosophie nach unserem heutigen Verständnis auf der anderen Seite. Die Wissenschaft in Mesopotamien fragte »Was?« oder »Wie?«, aber niemals »Warum?«. In diesem Punkt war das Vorgehen dort ganz und gar verschieden von der zweifelnd fragenden Methode der altgriechischen Philosophen, die ja die Fundamente für die Wissenschaften der Neuzeit legten.

Den hohen Stand der Metalltechnik in Frühdynastischer Zeit belegt die in der »verlorenen Form« gegossene Zeremonialaxt mit komplizierten Figurengruppen auf Tülle und Schneide. Dargestellt sind Männer im Kampf mit Tieren. *Bagdad, Iraq Museum*

Das Zusammenstellen von Listen war ein Grundelement des Schreiberwesens in Mesopotamien, und das Abschreiben von Listen gehörte zu den allerersten Übungen der Schreiber. Manche dieser Listen haben schriftlich überlieferte Vorstufen, die sich bis zu den Anfängen der Keilschrift zurückverfolgen lassen. Solche Verzeichnisse umfassen Namen von Pflanzen und Tieren, Vögeln und Fischen, Materialien und Geräten, Orten und Sternbildern. Derartige Listen wurden gelegentlich als erste Stufen von Botanik, Biologie und so weiter in Mesopotamien angesehen. Tatsächlich aber haben die einfacheren Listen des 3. und frühen 2. Jahrtausends v. Chr. eine größere Bedeutung für unser Wissen über die Ausbildung von Schreibern als für die Kenntnis der damaligen wissenschaftlichen Denkweise. Die mehr ins einzelne gehenden und kommentierten Listen des ausgehenden 2. und frühen 1. Jahrtausends v. Chr. hingegen zeigen gleichermaßen eindrucksvoll nicht nur den glänzenden Einfallsreichtum der Schreiber, sondern auch einen erstaunlichen wissenschaftlichen Kenntnisstand. Darüber hinaus bleiben die Listen unsere wichtigste schriftliche Informationsquelle zu den natürlichen Grundlagen wie zu den Kulturgütern der babylonischen Welt.
Ob es nun Aufzeichnungen über die Beobachtung von natürlichen Erscheinungen waren, wie zum Beispiel den Lauf der Gestirne, das Wetter, das Aussehen einer Schafsleber und bestimmte Krankheitsbilder, oder künstlich erzeugte Phänomene, wie das Schlierenbild von auf Wasser geschüttetem Öl, alle waren für gewöhnlich mit einer Prophezeiung verbunden. Bei medizinischen Beobachtungen betraf die Vorhersage eine Einzelperson. Auf den

König und das ganze Land bezog sich die Vorhersage besonders bei astronomischen Beobachtungen. Die treibende Kraft für die Sammlung und Zusammenstellung von Beobachtungen war der Wunsch, auf der Grundlage von Präzedenzfällen aus der Vergangenheit die Zukunft vorauszusagen. Wahrscheinlich war deshalb nach Ansicht der alten Mesopotamier das Studium der Omina die wichtigste aller »Wissenschaften«.

Das Aufschreiben von allgemein üblichen Verfahrensweisen erscheint uns ganz natürlich in der Mathematik und Astronomie. Für die Babylonier waren solche Aufzeichnungen aber in erster Linie wichtig bei der Vorbereitung der Abwehr von Krankheiten und der Abwendung unheilvoller Prophezeiungen astrologischer oder sonstiger Art vom ganzen Land. Das Abwehrritual enthielt deshalb auch einen großen religiösen oder magischen Anteil.

Es ist bemerkenswert, daß die einzigen überlieferten handwerklichen Produktionsverfahren die für die Glasherstellung sind. Da eine genaue Erforschung der babylonischen Medizin noch aussteht, sind allein die Texte mit den Verfahrensweisen der Mathematik und Astronomie sowie den Vorschriften zur Glasherstellung für eine ernsthafte wissenschaftliche Auswertung nach modernen Gesichtspunkten geeignet.

Mathematik

Unsere Kenntnis der theoretischen babylonischen Mathematik stammt aus zwei weit auseinanderliegenden Zeitabschnitten: der altbabylonischen Periode (ca. 1900–1600 v. Chr.) und der seleukidischen Periode (ca. 300–150 v. Chr.). Die altbabylonischen Tontafeln aus dem eigentlichen Babylonien werden durch ähnliche Texte in akkadischer Sprache aus Susa ergänzt. Ungeachtet der Lücke von 1300 Jahren zwischen den älteren und jüngeren Schriftquellen ist der allgemeine Charakter dieser Texte in großen Zügen der gleiche geblieben.

In den altbabylonischen literarischen Texten in sumerischer Sprache, die den Schulbetrieb dieser Zeit beschreiben, wird die Mathematik als ein ganz wesentlicher Bestandteil des Lehrplans vorgestellt. Da fragt zum Beispiel ein Student der höheren Semester einen Studienanfänger:

Kennst du die Multiplikation, den Umgang mit Kehrwerten und Koeffizienten, das Saldieren von Konten und die Lagerbuchhaltung; weißt du, wie man alle Arten von Geldauszahlungen durchführt, wie man ein Vermögen teilt und Teile von Feldern abgrenzt?

Die drei zuerst angeführten Beispiele bilden die Grundlagen der babylonischen Mathematik. Die anderen Punkte fassen die Anwendungsbereiche zusammen, in denen ein ausgebildeter Schreiber seine mathematischen Kenntnisse einsetzen sollte.

Die babylonische Mathematik benutzt nicht das heute übliche Dezimalsystem, das in Zehnerschritten zählt, sondern ein Sexagesimalsystem, das in Sechzigerschritten zählt, daneben jedoch auch einige Elemente eines Dezimalsystems enthält. Heute benutzen wir zum Schreiben von Zahlen zehn verschiedene Zahlzeichen: 1, 2, 3, 4, 5, 6, 7, 8, 9, 0. Dabei hängt der Wert einer Ziffer von ihrer Stellung in einer ganzen Zahl ab. So hat in der Zahl 21 die Ziffer 1 den Wert 1; in der Zahl 12 dagegen hat die Ziffer 1 den Wert 10; und in der Zahl 123 hat die Ziffer 1 den Wert 100. In der Zahl 2,1 hat sie den Wert 1/10.

Die Babylonier hatten für die Eins und die Zehn verschiedene Zahlzeichen. Die Zahlen 1 bis 10 wurden durch entsprechende Wiederholung der Ziffer 1 geschrieben. Die Zahlen 10 bis 50 wurden durch Wiederholung des Zeichens für 10 dargestellt. Bei 60 beginnt das System wieder von vorne. Die Zahl 60 wird also wie die Zahl 1 geschrieben. In den folgenden Ausführungen sind die Keilschriftzeichen für die Zahlen wegen der besseren Lesbarkeit in arabische Ziffern umgesetzt. Dabei gilt für die moderne Umschrift die Übereinkunft, daß Vielfache, Potenzen oder Bruchteile von 60 durch Kommata getrennt sind und dem Dezimalkomma ein Semikolon entspricht. Folglich hat die babylonische Zahl 1,1 den dezimalen Wert 61 (1 x 60 + 1); 2,1 = 121 (2 x 60 + 1); 2,2,1 = 7321 (2 x 60 x 60 + 2 x 60 + 1). Brüche werden in der gleichen Weise geschrieben. 1;1 entspricht demnach dem dezimalen Wert 1 + 1/60; 1;1,1 = 1 + 1/60 + 1/60 x 60.

Es ist sicher einleuchtend, daß ein Zahlensystem, bei dem man lieber in Sechzigerschritten anstatt in Zehnerschritten zählt, etwas kompliziert zu handhaben ist. Die mathematischen Tabellen, die ein babylonischer Schuljunge zu lernen hatte, sahen demzufolge auch ein wenig anders aus als die Multiplikationstabellen, die noch vor einer Generation an europäischen Schulen gebräuchlich waren. Die an den babylonischen Schulen benutzten Standardtabellen enthielten die Multiplikation der Zahlen 1–20, 30, 40, 50 und 60 mit eben den gleichen Zahlen 1–20, 30, 40, 50 und 60. Diese Tabellen waren auswendig zu lernen. Die Multiplikation anderer, das heißt in den Tabellen nicht vorkommender Zahlen wurde durch Addition der Ergebnisse aus mehreren Tabellen zuwege gebracht. So zum Beispiel: 39 x 39 = 30 x 30 + 30 x 9 + 9 x 9 + 9 x 30 = 900 + 270 + 81 + 270 = 1521. Das Ergebnis, 1521, mußte 25,21 (25 x 60 + 21) geschrieben werden.

Die Division im Sexagesimalsystem wurde durch Multiplikation mit dem Kehrwert ausgeführt. Der Kehrwert von 3 – wir schreiben ihn 1/3 – wurde 0;20 (20/60) geschrieben. Die Division einer Zahl durch 3 wurde also durch deren Multiplikation mit dem Kehrwert 0;20 (20/60) erreicht. Die Division durch 4 bedeutete das Multiplizieren mit 0;15 (15/60) und so weiter. So gab es also eine weitere Tabelle, die man auswendig lernen mußte. Sie enthielt die Kehrwerte aller Zahlen von 1 bis 60, die sich in einer sexagesimalen Zahl mit endlichen Stellen ausdrücken ließen. Weiterer Lernstoff für die Schüler einer Schreiberschule waren die Tabellen der Quadratzahlen und Quadratwurzeln, der

Altbabylonische Tontafeln mit mathematischen Übungen, um 1800 v. Chr. Die Übungen der linken Tafel aus Tell el-Dhiba'i zeigen die Anwendung des später nach Pythagoras benannten Lehrsatzes, die der rechten aus Tell Ḥarmal befassen sich mit gleichwinkligen Dreiecken. Bagdad, Iraq Museum

Kubikzahlen und Kubikwurzeln. Anscheinend wurden auch einfache Methoden gelehrt, um Näherungslösungen für nicht ganzzahlige Kehrwerte, Quadratwurzeln und so weiter zu erhalten.

Dieses Rechensystem gab dem babylonischen Mathematiker ein Werkzeug in die Hand, das jedem anderen Zahlensystem vor der Erfindung der »arabischen« Ziffern und des Dezimalsystems in Indien weit überlegen war. In dem von den alten Griechen benutzten Zahlensystem sind zum Beispiel mathematische Berechnungen der oben beschriebenen Art nur unter großen Schwierigkeiten möglich. Deshalb benutzte der griechische Astronom Ptolemaios im 2. Jahrhundert n. Chr. für all seine Berechnungen das babylonische Sexagesimalsystem. Dieses System liegt auch der uns geläufigen Teilung der Stunde in 60 Minuten zu je 60 Sekunden zugrunde. Ebenso verhält es sich mit der Teilung eines Winkelgrades in 60 Winkelminuten zu je 60 Winkelsekunden durch die Astronomen.

Aus praktischen Gründen mußte ein babylonischer Schreiber außerdem noch eine ganze Reihe von feststehenden Zahlen (Koeffizienten) erlernen, die für verschiedene Arbeiten vonnöten waren. Auch heute noch, trotz der zunehmenden Vereinfachung der Maße und Gewichte durch Angleichung an das Dezimalsystem, lernt ein Schulkind eine ganze Menge solcher Zahlen, zum Beispiel: 7 Tage = 1 Woche, 12 Monate = 1 Jahr, 365,25 Tage = 1 Julianisches Jahr, 11 Männer = 1 Fußballmannschaft, 18 Löcher = 1 Golfspiel, 300 000 Kilometer pro Sekunde = Lichtgeschwindigkeit. Die entsprechenden Zahlen, die von den Babyloniern gelernt wurden, beziehen sich auf geometrische Berechnungen, Bauarbeiten (Ziegelherstellung und das Befördern von Lasten), Erdarbeiten (Ausschachtungen und Bewässerungskanäle), auf Produkte aus Mineralien, Metalle, Maße für das Fassungsvermögen (einschließlich dem von Booten und Lastkarren), Pflanzen und Schilfsorten, Bewässerung, astronomische Berechnungen und auf die Saiten von Musikinstrumenten.

Die Herkunft des babylonischen Sexagesimalsystems wurde nie vollständig geklärt. Aber wahrscheinlich hat es sich aus mehreren Rechensystemen für Warenwerte entwickelt, die schon in den ältesten Keilschrifttexten zu finden sind. Das Dezimalsystem erlaubt nur die ganzzahlige Division durch 2 oder 5. Das Sexagesimalsystem dagegen gestattet die ganzzahlige Division durch die Primzahlen 2, 3 und 5. Dadurch ergibt sich eine weit größere Anpassungsfähigkeit des Systems. Die praktische Notwendigkeit, die Ausgabe von Lebensmittelzuteilungen an die Arbeiter auf der Grundlage eines mit 30 Tagen angenom-

menen Mondmonats vorauszuplanen, mag ebenfalls ein Grund für das Sexagesimalsystem gewesen sein.

Neben dem Grundwissen der sexagesimalen Mathematik lehrte man einen babylonischen Studenten zusätzlich eine große Zahl von Rechenverfahren, von denen viele rein theoretischer Naur zu sein scheinen. Das Lehren von Rechenverfahren – und das ist besonders interessant – scheint während der altbabylonischen Zeit neu in den Lehrplan eingeführt worden zu sein. Denn anders als die elementaren Zeichenlisten und Zahlentafeln mit relativ feststehendem Inhalt ist jede Tafel mit Rechenverfahren ein Einzelstück. Es scheint fast so, als hätte jeder Mathematiklehrer seine eigenen Lehrbucher geschrieben.

Der Bereich der behandelten Probleme umfaßt Geometrie, Algebra und vermutlich aus der Praxis heraus konstruierte arithmetische Aufgaben. Die Babylonier sahen im Prinzip keinen Unterschied zwischen Geometrie (Berechnen von Flächen und Körpern), Algebra (Lehre von den Gleichungen) und reiner Mathematik (Rechnen mit Zahlen). Die babylonische Algebra benutzt keine Symbole wie x oder y, sondern bedient sich einer geometrischen Ausdrucksweise. Dabei gebraucht sie diese in einer Art, die eine geometrische Darstellung des Problems häufig ausschließt. Anstatt einfach zu sagen: »$x^2 + x = y$«, stellt der babylonische Lehrer die Aufgabe: »Addiere ein Quadrat zu seiner Seite und schreibe das Ergebnis auf.« Es ist erstaunlich, wie eine offensichtlich ganz einfache Sprache eingesetzt werden kann, um quadratische Gleichungen oder noch verwickeltere Probleme zu lösen. Auch bei anscheinend ganz klaren Beispielen bleibt immer offen, ob ein gegebenes Einzelproblem wirklich als Frage der Geometrie oder eher als rein algebraische Aufgabe aufzufassen ist. Die rein geometrischen Aufgaben befassen sich mit Themen wie den Flächen oder Abmessungen von Quadraten, Dreiecken und Kreisen sowie dem Rauminhalt von quaderförmigen oder zylindrischen Körpern. Die später »Lehrsatz des Pythagoras« genannte Regel, daß im rechtwinkligen Dreieck die Summe der Quadrate über den Katheten gleich dem Quadrat über der Hypothenuse ist, war in Babylonien bekannt. Sie fand sich in mathematischen Texten aus Altbabylonischer und Seleukidischer Zeit. Ein gutes Beispiel dafür bietet eine Tontafel aus der irakischen Ausgrabung in Tell el-Dhiba'i. Da wird einem Stu-

Oben: Altbabylonische mathematische Tontafel aus Sippar, um 1800 v. Chr. Der Text behandelt Probleme hinsichtlich der Maße von Belagerungsrampen und Kultbauten, der Aushebung von Kanälen, des Mauerbaus, des Inhalts von Wasseruhren und Kegeln und der Fläche von Kreissegmenten. London, British Museum

Links: Altbabylonische geometrische Tontafel aus Sippar, um 1800 v. Chr. Sie enthält eine Zusammenstellung von Problemen der Berechnung der Flächen von Quadraten, Dreiecken und Kreisen. Die einzige Größe, die angegeben wird, ist die Seitenlänge des jeweils größten Quadrats, die immer 1 beträgt. Jedes Problem endet mit der Frage: »Wie groß ist die Fläche?« Es wird jedoch nicht angegeben, welche Fläche man im Einzelfall jeweils berechnen soll. London, British Museum

denten die Aufgabe gestellt, Länge und Breite eines Rechtecks zu finden, dessen Fläche (0;45) und Diagonale (1;15) gegeben sind. Der angegebene Lösungsweg für die Aufgabe führt zu dem Ergebnis: Länge 1, Breite 0;45. Folglich setzt sich das Rechteck aus zwei rechtwinkligen Dreiecken mit dem klassischen Seitenverhältnis 3:4:5 zusammen. Nach der Lösung dieser Aufgabe wird der Student aufgefordert, das Ergebnis durch Einsetzen der Hypothenusenlänge und der Rechtecksfläche in die Rechnung zu überprüfen. Auf einer anderen Tontafel ist ein Quadrat mit Seiten von 0;30 und einer Diagonale von 0;42,25, 35 zu sehen. Sie liefert uns für $\sqrt{2}$ (1,4142136) den Näherungswert 1;24,51,10 (1,414213); das ist ein sehr guter Näherungswert, den Ptolemaios noch 2000 Jahre später benutzte. Andere babylonische Tontafeln verwenden den Wert 1;25 (1,4166...) als Näherungslösung für $\sqrt{2}$. Die Deutung einer Zahlentabelle auf einer weiteren Tontafel aus der Plimpton-Sammlung der Columbia University, New York, zeigt, daß den Babyloniern die Gleichung geläufig war, mit der man Dreiergruppen von Zahlen gemäß dem Lehrsatz des Pythagoras berechnen konnte.

Aufgaben zur Kreisberechnung benutzen gewöhnlich für π (3,1415927) den Näherungswert $\pi = 3$. Daneben zeigt uns jedoch eine Tontafel aus Susa, die regelmäßige Vielecke und Kreise behandelt, daß auch der bessere Näherungswert $\pi = 3;7,30$ (3,125) bekannt war.

Die Texte der babylonischen Rechenaufgaben haben noch weitere bemerkenswerte Eigenschaften. So können anscheinend rein praktische Fragen, wie etwa das Errechnen der Größe einer Kanalausschachtung und der für die Durchführung der Arbeit erforderlichen Tagewerke, häufig zu unrealistischen Ergebnissen führen, zum Beispiel Bruchteilen eines Arbeiters. Daran erkennen wir, daß es wohl eher auf den Rechengang als auf das praktische Problem ankam. Der Lehrer schlägt manchmal zur Lösung einer Aufgabe einen Umweg vor. Auf diesem Lösungsweg werden dann eine Menge Fragen gelöst, die gar nicht in direkter Beziehung zur gestellten Aufgabe stehen, und erst danach kommt man auf das erste Problem zurück. Auf einigen Tontafeln sind ganz verschiedene Aufgaben enthalten, deren Ergebniszahlen alle gleich sind. So hat der Schüler selbst eine Kontrolle, ob er dem richtigen Lösungsweg gefolgt ist. Und schließlich gibt es mehrere Tontafeln, auf denen lauter verwandte Aufgaben zusammengestellt sind, ohne daß irgendeine Lösung angegeben wäre.

Astronomie

Die Astronomie hatte in Mesopotamien zwei Aufgaben: das Kontrollieren des Kalenders und die Untermauerung astrologischer Zukunftsprognosen. Natürlich waren Astronomie und Astrologie für die Bewohner Mesopotamiens ebenso untrennbar ineinander verwoben wie für alle späteren Gelehrten bis ins 17. Jahrhundert n. Chr. auch. Wahrscheinlich aber löste die Notwendigkeit, den Mondkalender besser unter Kontrolle zu bekommen, den ersten Versuch aus, die Bahnen der Himmelskörper zu bestimmen. Die Astronomie scheint eine nahezu rein babylonische Wissenschaft zu sein. Es gibt bis jetzt nämlich kein Anzeichen einer sumerischen Astronomie. Die aus Assyrien vorliegenden Texte haben fast ausschließlich astrologischen Inhalt und scheinen fest in der babylonischen Tradition verankert zu sein.

In Sumer, Babylonien und Assyrien war ein Mondkalender in Gebrauch. Jeder Monat begann mit dem Erscheinen der Sichel des Neumondes am Abendhimmel. Ein Mondjahr von 12 Monaten zu je 29 oder 30 Tagen beläuft sich auf 354 Tage. Es ist folglich rund 11 Tage kürzer als das Sonnenjahr mit 365,25 Tagen. Um den Mondkalender annähernd mit dem Sonnenjahr in Übereinstimmung zu halten, mußten in bestimmten Zeitabständen Schaltmonate eingefügt werden. So konnte ein Jahr 12 oder 13 Monate haben. Insgesamt 7 Schaltmonate waren rein rechnerisch in jedem Zyklus von 19 Jahren nötig. Diese Tatsache wurde allerdings erst im 5. Jahrhundert v. Chr. klar erkannt. Während des längsten Teils der mesopotamischen Geschichte scheint das Einfügen der Schaltmonate keiner festen Regel gefolgt zu sein. Allerdings verbindet ein Text (MUL-APIN, siehe unten) das Einfügen der Schaltmonate mit dem Datum, an dem der Frühaufgang des Sirius zu beobachten war. Erst mit der Entwicklung der mathematischen Astronomie im 5. Jahrhundert v. Chr. finden wir schließlich einen regelmäßigen Zyklus von 19 Jahren mit einem festen Schema zum Einfügen der Schaltmonate. In Mesopotamien begann das Jahr im Frühling mit dem Monat Nisannu ungefähr zur Zeit der Tagundnachtgleiche. Die Schaltmonate wurden gewöhnlich nach dem sechsten oder zwölften Monat des Jahres eingefügt.

Der Tag war nicht in 24 Stunden geteilt, sondern in 6 Wachen, 3 am Tag und 3 in der Nacht. Die Länge einer Tag- oder Nachtwache änderte sich mit dem Gang der Jahreszeiten. Der älteste, nur fragmentarisch erhaltene astronomische Text aus Babylonien zeigt ein sehr einfaches Systems für das Ändern der Wassermenge in der babylonischen Wasseruhr, um diese jahreszeitlichen Schwankungen auszugleichen. Die Wasseruhr ist eines der beiden Geräte, das im Altertum zur Zeitmessung benutzt wurde; das andere war die Sonnenuhr (Gnomon). Abgesehen von den bloßen Erwähnungen der Wasseruhr in mathematischen Texten und den Tabellen für die jahreszeitlichen Korrekturen, die bei Wasseruhr und Sonnenuhr anzubringen waren, wissen wir nichts darüber, wie die Babylonier diese beiden Geräte gebrauchten. Der Einfachheit halber sind die Ausgleichstabellen unter Annahme eines fiktiven Jahres von 12 Monaten zu je 30 Tagen aufgestellt.

Außer dem Wasseruhren-Text besitzen wir aus der Altbabylonischen Zeit nur einige Bruchstücke von Sternlisten (manchmal als »Götter der Nacht« bezeichnet) sowie ein paar astrologische Texte. Sie beschäftigen sich mit Omina, die von Mondfinsternissen oder von den ersten

Beobachtungen der Venus als Morgen- oder Abendstern abgeleitet sind. Zum Beispiel heißt es da:
Am 15. Tag des 11. Monats, Venus wurde unsichtbar. Drei Tage war sie abwesend vom Himmel. Am 18. Tag des 11. Monats wurde Venus sichtbar im Osten. Die Quellen werden sich auftun, Adad wird seinen Regen senden, Ea wird seine Hochwasser hervorrufen, die Könige werden einander Botschaften der Versöhnung senden.
Die Venus-Omina sind deshalb von Interesse, weil sie in die Regierungszeit des Königs Ammisaduqa datiert sind und außerdem eine fortlaufende Reihe von Venusbeobachtungen zu enthalten scheinen, die den heutigen Astronomen die Berechnung einer Anzahl von möglichen Jahreszahlen für die I. Dynastie von Babylon erlauben.
Wir bekommen ein genaueres Bild von den frühen Stufen der babylonischen Astronomie durch den als MUL-APIN, »Sternbild des Pfluges«, bekannten Text. Hier sind drei Reihen oder »Wege« von insgesamt 66 Sternbildern zusammengestellt. Diese »Wege« verlaufen ungefähr parallel zum Himmelsäquator. Der erste, der »Weg des Enlil«, liegt nördlich einer Deklination von +17 Grad. Der zweite, der »Weg des Ea«, erstreckt sich südlich einer Deklination von −17 Grad. Der dritte, der »Weg des Anu«, verläuft zwischen den ersten beiden. Der Text gibt außerdem für bestimmte Sternbilder im Jahreslauf den ungefähren Zeitpunkt für ihren Frühaufgang an. Weiter nennt der Text Gruppen von Sternbildern, von denen eines im Zenit steht, während das andere gerade aufgeht. 18 dieser Sternbilder, die auf der Bahn des Mondes, dem Tierkreis, liegen, werden noch einmal extra aufgeführt. Ein erst kürzlich übersetzter weiterer Text scheint Himmelsmeridiane zu bestimmen. Zusammen schaffen diese beiden Texte ein allgemeines Gerüst zur Bestimmung der babylonischen Sternbilder. Sie lassen uns auch deren Ähnlichkeit mit den von Ptolemaios beschriebenen griechischen Sternbildern erkennen, die heute noch gebräuchlich sind.
Zwei Gruppen von Schriftstücken geben uns Einblick in die Arbeit der damaligen Astronomen. Das sind einmal Berichte an den assyrischen König, hauptsächlich aus den Jahren 680–657 v. Chr. Die Astronomen berichten dem König über den Auf- und Untergang sowie den Lauf der Planeten, über Finsternisse und verschiedene andere Himmelserscheinungen. Danach geben sie dann ein Gutachten über die Vorbedeutung der Beobachtungen ab. Oft bezieht sich dieses Gutachten auf die große astrologische Textsammlung *Enuma Anu Enlil*, »Als Anu und Enlil«. Diese Sammlung astrologischer Omina wurde in einem Zeitraum von über 1000 Jahren zusammengetragen; einige ihrer Bestandteile lassen sich bis in die Altbabylonische Zeit zurückverfolgen. Ein kurzes Beispiel mag genügen:
An den König, meinen Herrn, von deinem Diener Akkullanu. Der Planet Mars hat sich auf dem Weg der Enlil-Sterne gezeigt zu Füßen des Sternbildes Perseus. Er war nur schwach zu sehen und sandte weiße Lichtstrahlen aus. Ich fuhr fort mit der Beobachtung am 26. des Monats Ajjaru, bis er höher am Himmel stand, und dann habe ich die einschlägige Deutung an den König, meinen Herrn, gesandt: Wenn sich Mars Perseus näherte, wird ein Aufstand im Westland ausbrechen, und der Bruder wird seinen Bruder erschlagen.
Ganz anders als moderne Astrologen, die von einem kausalen Einfluß der Planeten auf das menschliche Leben ausgehen, betrachteten babylonische und assyrische Astrologen den Himmel lediglich als einen zusätzlichen Bereich für die Ausschau nach Vorzeichen der Zukunft. Ein Zeichen am Himmel hatte das gleiche Gewicht wie das Mal auf einer Schafsleber. Ein Vorzeichen war ein Hinweis auf etwas, was sich aufgrund überlieferter Erfahrungen möglicherweise ereignen konnte. Auf gar keinen Fall aber ermöglichte ein Vorzeichen eine sichere Vorhersage. Folglich schlossen die Berichte der assyrischen Astrologen auch Empfehlungen für bestimmte Riten ein, um etwa drohendes Unheil abzuwenden.
Die assyrischen Berichte lassen den Schluß zu, daß sich das Niveau der Astronomie gegenüber dem in MUL-APIN erkennbaren Stand nicht weiterentwickelt hatte. Bemerkenswert ist, daß die Positionen des Mondes und der Planeten auf die 18 in MUL-APIN aufgezählten Sternbilder auf dem »Weg des Mondes« bezogen werden. Es wird gesagt, daß ein Planet vor, in oder hinter einem Sternbild steht oder vor, neben oder hinter einem bestimmten Stern innerhalb eines Sternbildes. Ein System von Sternbildern zu je 30 Grad auf dem Tierkreis gab es noch nicht.
Und das sind die Namen der 18 Sternbilder: »der Lohndiener« (Widder), »die Sterne« (Siebengestirn), »der Stier des Himmels« (Stier), »der getreute Hirte des Himmels« (Orion), »der alte Mann« (Perseus), »der krumme Stab« (Fuhrmann), »die großen Zwillinge« (Zwillinge), »der Krebs« (Krebs), »der Löwe« (Löwe), »der Gerstenhalm« (Jungfrau), »die Waage« (Waage), »der Skorpion« (Skorpion), »Pabilsag« (Schütze), »der Ziegenfisch« (Steinbock), »der Riese« (Wassermann), »die Schwänze« (Teil der Fische), »die Schwalbe« (Südwestteil der Fische), »Anunitum« (Nordostteil der Fische).
Ungefähr ein Jahrhundert später liefert uns eine andere Liste (BM 77 824) eine verkürzte Zusammenstellung von 15 Sternbildern aus dem Tierkreis. Sie sind mit den 12 Monaten eines Jahres verknüpft: 1. »der Lohndiener« (Widder), 2. »die Sterne« (Siebengestirn) und »der Stier des Himmels« (Stier), 3. »der getreue Hirte des Himmels« (Orion) und »die großen Zwillinge« (Zwillinge), 4. »der Krebs« (Krebs), 5. »der Löwe« (Löwe), 6. »der Gerstenhalm« (Jungfrau), 7. »die Waage« (Waage), 8. »der Skorpion« (Skorpion), 9. »Pabilsag« (Schütze), 10. »der Ziegenfisch« (Steinbock), 11. »der Riese« (Wassermann), 12. »das

Mittelbabylonischer Kudurru, um 1100 v. Chr. Über der Inschrift, die eine Landschenkung dokumentiert, sind Symbole eingemeißelt. Sie repräsentieren die Götter, die als Zeugen der Schenkung angerufen werden. Einige von ihnen stellen möglicherweise Sternbilder (Löwe und Skorpion) dar. London, British Museum

102 485

Feld« (Pegasus) und »die Schwänze« (Fische). Wir sind damit einen Schritt näher an dem uns geläufigen Tierkreis. Die zweite Gruppe von babylonischen Schriftstücken, die uns die Arbeit der Astronomen zeigen, sind Tontafeln, die heute als »astronomische Tagebücher« bekannt sind. Ungefähr seit der Regierungszeit des Königs Nabû-nāṣir (747–734) wurden genaue Berichte verfaßt, die auf der täglichen Beobachtung durch amtliche Astronomen beruhten. Der griechische Astronom Ptolemaios berichtet, daß die frühesten ihm zugänglichen Beobachtungen aus der Zeit des Nabû-nāṣir stammten. Auch die Tafeln der Mondfinsternisse, zusammengestellt durch spätere babylonische Astronomen, beginnen mit einer Finsternis im Jahre 747 v. Chr. Die astronomischen Tagebücher wurden bis ins 1. Jahrhundert v. Chr. weitergeführt. Die frühen Tagebücher sind meist verloren gegangen. Jedoch von ungefähr 380 v. Chr. an ist der größte Teil der fortlaufenden Berichte erhalten. Die täglichen Berichte wurden in Monatsberichten zusammengefaßt und später in Jahrbüchern vereinigt. Der babylonische Tag begann bei Sonnenuntergang. Ein typischer Monatsbericht beginnt daher mit der Feststellung, ob der Neumond am 30. oder 31. Tag des vorhergehenden Monats gesehen wurde. Die Zeitabstände zwischen Auf- und Untergang von Sonne und Mond werden für Beginn, Mitte und Ende des Monats angegeben. Diese Angaben dienten als Hilfsmittel zur Vorhersage, an welchem Tag der nächste Monat beginnen würde. Die Zeitabstände wurden in Grad gemessen; ein Grad entsprach vier Zeitminuten. Die täglichen Positionen des Mondes, das heißt, wo er zuerst nach Sonnenuntergang gesehen wurde oder wann zuletzt vor Sonnenaufgang, wurden angegeben im Verhältnis zu einem von 31 genau festgelegten Sternen; diese werden heute gewöhnlich als Normalsterne bezeichnet. Der Abstand zwischen dem Mond und den Normalsternen wurde in Ellen und Fingern über (Nord) oder unter (Süd), vor (West) oder hinter (Ost) einem Stern gemessen. Die Elle scheint 2 oder 2,5 Grad entsprochen zu haben, der Finger 5 oder 6 Minuten. Mondfinsternisse wurden ebenfalls aufgezeichnet und das Ausmaß der Bedeckung in Fingern gemessen; die Totalität entsprach 12 Fingern. Allerdings scheint ein Finger hier nur 2,5 Minuten zu betragen. Der genaue Zeitpunkt der Mondfinsternisse ist in Beziehung zum Zenitdurchgang einer weiteren Gruppe von Fixsternen gesetzt.

Die Genauigkeit der babylonischen Beschreibungen von Mondfinsternissen war nützlich für moderne Untersuchungen der Veränderungen der Rotation von Erde und Mond relativ zueinander. Auch mögliche, aber nicht beobachtete Mondfinsternisse werden erwähnt. Sie wurden aufgrund eines für Finsternisse gut belegten Zyklus von 18 Jahren vorhergesagt. Ebenso läßt sich für die in den Tagebüchern angegebenen Daten von Tagundnachtgleichen, Sonnenwenden und den heliakischen Auf- und Untergang des besonders hellen Sirius nachweisen, daß sie aus theoretischen Systemen abgeleitet wurden und nicht aus Beobachtungen.

Für die Planeten nennen die Tagebücher die Daten der frühesten und spätesten Sichtbarkeit; sie geben an, wann die Planeten sich in stationärer Position befanden, wann sie rückläufig oder rechtläufig waren und wann ein Zusammentreffen mit Normalsternen stattfand. Wiederum stellen einige dieser Daten wohl eher das Ergebnis von

Links: Spätbabylonische astrologische Tontafel mit astronomischen Zeichnungen, um 200 v. Chr. Auf der linken Seite befindet sich das Siebengestirn, in der Mitte der Mond und auf der rechten Seite der Stier.
Berlin, Vorderasiätisches Museum

Rechts: Neubabylonische Wasseruhr-Tabelle, 7. Jahrhundert v. Chr. Die Tabelle gibt für jeden fünften Tag eines Jahres die verschiedenen Mengen von Wasser an, die in die Wasseruhr gefüllt werden mußten, um die Länge einer Nachtwache festzustellen.
London, British Museum

Berechnungen als von Beobachtungen dar, denn einen Planeten konnte man unter Umständen erst sehen, wenn er relativ hoch am Himmel stand. Der Astronom konnte dann abschätzen, daß der Planet tatsächlich schon einen oder zwei Tage früher erstmals über dem Horizont hätte erscheinen müssen.

Vom 5. Jahrhundert v. Chr. an bringen die astronomischen Tagebücher an jedem Monatsende eine Zusammenfassung der Planetenstellungen in den Sternbildern des Tierkreises. Das System des Tierkreises von zwölf gleich großen Sternbildern zu je 30 Grad wurde anscheinend im frühen 5. Jahrhundert v. Chr. eingeführt. Es erleichterte die rechnerische Festlegung und Voraussage der Bewegungen von Sonne, Mond und Planeten. Von dieser Zeit an kennen wir in Babylonien die folgenden Sternbilder im Tierkreis: »der Lohndiener« (Widder), »die Sterne« (Stier), »die Zwillinge« (Zwillinge), »der Krebs« (Krebs), »der Löwe« (Löwe), »der Gerstenhalm« (Jungfrau), »die Waage« (Waage), »der Skorpion« (Skorpion), »Pabilsag« (Schütze), »der Ziegenfisch« (Steinbock), »der Riese« (Wassermann), »die Schwänze« (Fische). Die Sternbilder des Tierkreises, die jetzt alle die gleiche Länge haben, können folglich nicht mehr genau den tatsächlichen, ungleich langen Sternbildern entsprechen. Daher wurde das System des Tierkreises wohl eher für astrologische und mathematische Zwecke benutzt als für Beobachtungen. Auch die Positionen der Planeten im Tierkreis in den Monatsberichten stellen das Ergebnis von Berechnungen dar.

Auch über verschiedene andere Dinge wird regelmäßig in den Tagebüchern berichtet. Das Wetter wird festgehalten, nicht nur wenn es die Sternbeobachtungen stört, sondern als eigene Naturerscheinung. Denn das Wetter war ebenso geeignet, um daraus eine Prophezeiung abzuleiten wie irgendein astronomisches Phänomen. So enthalten die Berichte über Finsternisse auch immer genaue Angaben über die gerade herrschende Windrichtung. Außerdem werden die Marktpreise von sechs besonders wichtigen Waren monatlich festgestellt; und manchmal werden auch politische Ereignisse berichtet. Denn man nahm an, daß die Astrologie nicht nur für das Wohlergehen des Königs von Bedeutung war, sondern auch für Handel und Wandel im Lande.

Über die seltenen Meteorfälle und das Erscheinen von Kometen wird ebenfalls Buch geführt. So wurden kürzlich Nachrichten über einen Kometen entdeckt, den die Babylonier in den Jahren 164 und 87 v. Chr. beobachteten; dabei handelte es sich nach unserer Benennung um den Halleyschen Kometen. Diese hervorragend genauen und deswegen besonders wichtigen Berichte versetzten die moderne Forschung in die Lage, die gegenwärtigen Kontroversen über mögliche Bahnänderungen dieses Kometen in der Antike zu beenden.

Die babylonischen Astronomen waren auch imstande, die aus den Beobachtungen der Tagebücher zusammengestellten Jahresberichte zur angenäherten Vorhersage der zukünftigen Bahn des Mondes und der Planeten zu verwenden. Sie wußten, daß sich die Stellungen des Mondes in einem Zyklus von 18 Jahren wiederholten. Von den Planeten hat jeder seinen eigenen Umlaufzyklus: Jupiter 83 oder 71 Jahre, Venus 8 Jahre, Merkur 46 Jahre, Saturn 59 Jahre, Mars 47 oder 18 Jahre. Durch die Auswertung älterer Jahresberichte war es den Astronomen daher möglich,

Oben: Eine babylonische Weltkarte aus Sippar, 7./6. Jahrhundert v. Chr. Die Welt ist als Kreis dargestellt. Die ihn umgebenden Meere werden »Bitterer Fluß« genannt.
London, British Museum

Unten: Altakkadische Landkarte eines von Bergen umgebenen Grundstücks aus Gasur.
Cambridge, Mass., Harvard Semitic Museum

Rechte Seite: Stadtplan von Nippur, um 1500 v. Chr. Die Karte stimmt im wesentlichen mit den Ergebnissen der jüngsten Ausgrabungen in Nippur überein.
Jena, Hilprecht-Sammlung

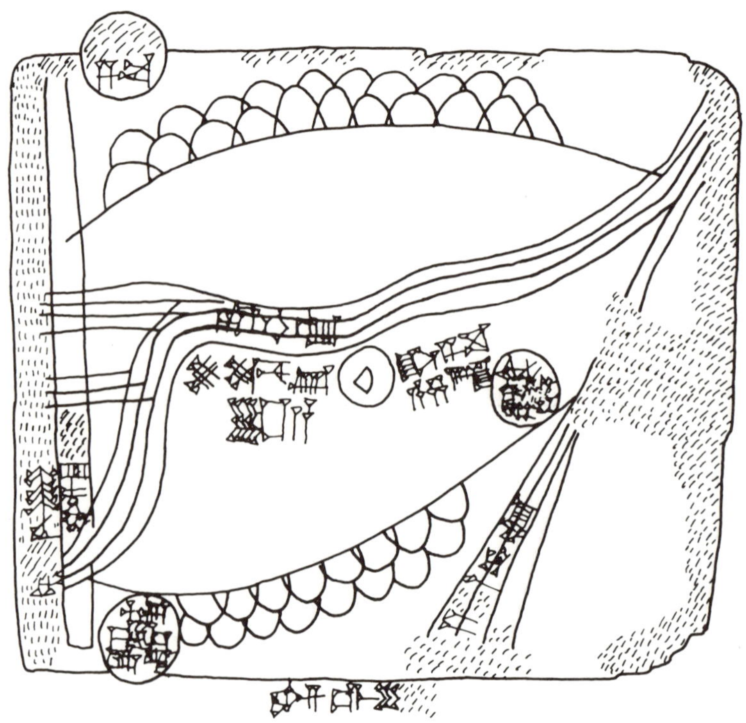

eine Liste der bedeutenden Himmelserscheinungen zusammenzustellen, auf die sie im kommenden Jahr zu achten hatten.

Wir erfahren leider nur wenig über die Menschen, die sich dieser Tätigkeit widmeten. In Uruk haben sich aus der Seleukidenzeit einige Arbeitsverträge von Astronomen erhalten. Im Hinblick auf ihre astrologischen Aufgaben nannte man sie die »Schreiber von Enuma Anu Enlil«; das ist die bereits erwähnte große babylonische Sammlung von astrologischen Omentexten. Diese Texte zeigen uns, daß Uruk und Babylon damals die beiden Hauptzentren der Astronomie in Babylonien waren.

Die wissenschaftlich bedeutendste Entwicklung war die Schaffung der mathematischen Astronomie in den letzten vier Jahrhunderten vor Christi Geburt. Der Hauptzweck dieser Art von Astronomie war es, die Stellungen von Sonne und Mond möglichst genau vorherzusagen. Besonders wollte man das Erscheinen des Neumonds vorausbestimmen und damit die Länge des folgenden Monats. Obgleich die langen Beobachtungsreihen, festgehalten in den astronomischen Tagebüchern, grundlegendes Datenmaterial geliefert hatten und Hilfsmittel zur Überprüfung der Berechnungen, war die wirkliche Leistung die Entwicklung von mathematischen Verfahren, die die sichtbaren Bewegungen von Sonne und Mond richtig beschrieben, ohne daß man dabei darauf einging, warum sie sich so bewegten, wie sie es taten.

Ähnliche Verfahren entwickelte man auch für die Planeten. Die damals aufgestellten Zahlenwerte für die Mondphasen und so weiter waren so genau, daß sie noch bis ins 17. Jahrhundert n. Chr. in Gebrauch blieben. Griechische Astronomen haben diese Zahlen ihren Nachfahren überliefert, ebenso wie den bis heute allgemein üblichen Gebrauch des Sexagesimalsystems für astronomische Berechnungen.

Erst kürzlich hat uns das Fragment eines griechisch geschriebenen Papyrus aus dem Ägypten der Römerzeit den materiellen Beweis für die Überlieferung der babylonischen mathematischen Astronomie erbracht. Denn dieser Papyrustext enthält Teile aus einer Tabelle von Sexagesimalzahlen, die mit den babylonischen Ephemeriden des Mondes übereinstimmen. Er zeigt uns, daß Astronomen in Ägypten in der Lage waren, die babylonische zahlenmäßige Analyse der Mondbewegungen in allen Einzelheiten zu studieren.

Es fällt auf, daß die babylonischen Astronomen, ganz anders als ihre griechischen Zeitgenossen, anscheinend nie irgendwelche Spekulationen über Kosmologie angestellt haben. Nirgendwo finden wir auch nur die Spur einer wissenschaftlichen Diskussion über die wahre Natur der Erde oder etwa der Mond- und Planetenbahnen. Unser begrenztes Wissen über die babylonische Kosmologie stammt deshalb aus literarischen und mythologischen Texten. Das entspricht ganz und gar der langen Tradition der babylonischen Wissenschaft, einfach nur zu beobach-

ten, die Erscheinungen schriftlich festzuhalten und entsprechende Verfahrensweisen festzulegen.
Ein weiteres Vermächtnis der Babylonier ist das persönliche Horoskop. Wie schon gesagt, befaßte sich die babylonische Astrologie – im Gegensatz zu anderen Formen der Omina – anfangs nur mit dem König und dem Land, nicht mit einzelnen Bürgern. Das blieb so bis ins späte 5. Jahrhundert v. Chr.; dann tauchten die ersten persönlichen Horoskope auf. Dies hängt mit der Schaffung des Tierkreises zusammen und mit der Möglichkeit, die Positionen der Planeten theoretisch zu berechnen. Alle Horoskope sind anläßlich der Geburt eines Kindes geschrieben. Das früheste stammt aus dem Jahr 410 v. Chr. und lautet:
Monat Nissan, Nacht des 14., der Sohn von Šuma-uṣur wurde geboren. Zu dieser Zeit stand der Mond unterhalb vom Horn des Skorpions, Jupiter in den Fischen, Venus im Stier, Saturn im Krebs, Mars in den Zwillingen, Merkur, der zum letztenmal untergegangen war, war noch unsichtbar. Die Umstände werden günstig sein für dich.

Andere Horoskope machen ausführlichere Vorhersagen über die Zukunft des Kindes. Der Gedanke eines persönlichen Horoskops wurde später von den Griechen übernommen. Sie entwickelten auch die Theorie des planetarischen Einflusses. Für die Babylonier hatten die Planeten jedoch keinen direkten Einfluß. Sie waren nach ihrer Auffassung nur schweigende Vorzeichen für die möglichen zukünftigen Absichten der Götter.

Kartographie

Die erhalten gebliebenen Karten und Pläne geben uns nur eine ziemlich begrenzte Vorstellung von den Fähigkeiten der Babylonier, Karten und Pläne zu zeichnen.
Die berühmte babylonische »Weltkarte« aus dem 7. Jahrhundert v. Chr. stellt die Erde als Scheibe dar, umgeben von den Ozeanen. An ihrem äußeren Rand sieht man verschiedene dreieckige Bereiche. Oben auf der Karte steht die Bemerkung »wo die Sonne nicht gesehen wird«, ein

Hinweis auf die Nordrichtung. Die Stadt Babylon ist als Rechteck nahe am Zentrum abgebildet. Der Euphrat verläuft mitten über die Erdscheibe. Andere Städte und Länder sind durch Kreise markiert.
Die einzige gut erhaltene Landkarte, gefunden im altakkadischen Gasur, zeigt ein Grundstück mit drei Dörfern und einem Flußsystem; das Ganze ist von Bergen umgeben. Auch die vier Himmelsrichtungen sind angezeigt.
Von den wenigen erhalten gebliebenen Stadtplänen ist ein kassitischer Plan von Nippur besonders eindrucksvoll. Er scheint nahezu maßstabgerecht gezeichnet zu sein und enthält die Stadtmauern und -tore, die Kanäle, die durch die Stadt fließen, und wichtige öffentliche Gebäude. Die Einzelheiten stimmten gut mit den Ergebnissen der jüngsten archäologischen Ausgrabungen überein. Sumerische und babylonische Baupläne von Häusern und Tempeln sind meist sorgfältig gezeichnet und enthalten auch Maßangaben. Ein Tempelplan aus Spätbabylonischer Zeit zeigt offensichtlich jeden einzelnen Ziegel in den Mauern.
Aus der Zeit der III. Dynastie von Ur gibt es eine Anzahl von Feldvermessungsurkunden, die meist nicht durch Pläne erläutert sind. Feldvermessungen wurden von der Tempelverwaltung vorgenommen, um die Größe und den zu erwartenden Ernteertrag von Teilen des Grundbesitzes festzuhalten. Im Gegensatz dazu kommt die große Zahl der spätbabylonischen Feldpläne aus der Privatwirtschaft. Es handelt sich um grob gezeichnete schematische Pläne der Felder mit der zugehörigen Flächenberechnung und dem Bedarf an Saatgut. Auch die Besitzverhältnisse der angrenzenden Grundstücke werden mitgeteilt. Solche Aufzeichnungen wurden vermutlich im Zusammenhang mit Grundstücksverkäufen angefertigt.

Maße und Gewichte

Schon in den frühesten Tontafeln aus Uruk (um 3200 v. Chr.) wird uns eine große Anzahl von Maßen und Gewichten genannt. Diese bleiben dann während der folgenden drei Jahrtausende in Mesopotamien ununterbrochen in Gebrauch. Archäologische Funde haben uns leider nur eine bescheidene Auswahl von realen Beweisstücken geliefert, bescheiden im Vergleich zu der verwirrenden Vielfalt von Nachrichten in den Texten. Eine Statue des Gudea, eines sumerischen Herrschers in Lagaš um 2130 v. Chr., zeigt ihn als Bauherrn eines Tempels. Auf den Knien hält er einen Tempelgrundriß, einen Maßstab und Schreibgriffel. Der Maßstab ist eine halbe Elle (rund 25 Zentimeter) lang und trägt eine Maßeinteilung von 15 Fingern. Außerdem sind Einheiten von 1/2, 1/3, 1/4 und 1/5 Finger extra angegeben.
In sumerischer Zeit waren Entenfiguren aus Stein die beliebteste Form für ein Gewicht (Abb. S. 208). Viele dieser Stücke sind mit ihrem Gewicht gekennzeichnet. In assyrischer Zeit wurde die Form eines ruhenden Löwen für Gewichte bevorzugt. Die Ausgrabungen in Nimrūd erbrachten einen ganzen Satz solcher Löwengewichte aus Bronze, dazu die Abbildung einer großen assyrischen Waage in Betrieb (Abb. S. 209). Moderne Versuche, die antiken Gewichte genau auszuwiegen, wurden durch den beschädigten Zustand der allermeisten erhaltenen Originalgewichte erschwert. Außerdem gab es wohl Schwankungen der Standardgewichte in den einzelnen Orten.
Ein altbabylonisches Gefäß aus Tell ar-Rimāh ist mit seinem Fassungsvermögen gekennzeichnet. So können wir das Grundmaß für die Gerstenration in Mesopotamien,

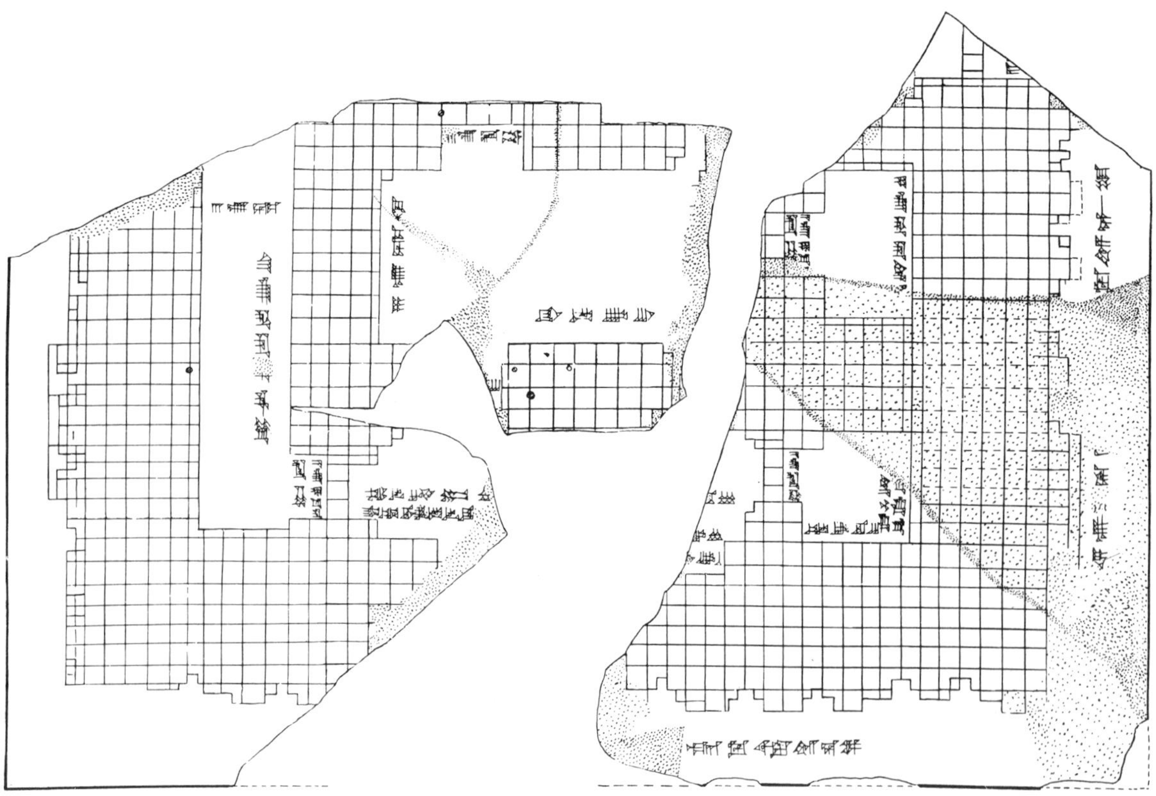

Links: Neubabylonischer Tempelgrundriß aus Sippar, um 600 v. Chr. Die Nischen, die sich in den Außenmauern und zu beiden Seiten des Torwegs befinden, sind typische Merkmale der babylonischen Tempelarchitektur. London, British Museum

Rechts: Dioritstatue des Gudea, Herrscher des sumerischen Stadtstaates von Lagaš. Auf den Knien hält er einen Tempelgrundriß, einen Maßstab und einen Schreibgriffel. Aus Lagaš, um 2130 v. Chr. Paris, Louvre

Sutu, auf ungefähr 0,8 Liter veranschlagen. Das steht zwar im Widerspruch zu Angaben, die sich aus Texten mit Rechenaufgaben ergeben, bleibt aber trotzdem der einzige reale Nachweis in dieser Frage. Für die große Zahl weiterer Hohlmaße besitzen wir nichts ähnlich Beweiskräftiges.

Medizin

Ein Rollsiegel aus der Zeit der III. Dynastie von Ur trägt als Inschrift folgende Anrufung:

Oh Edin-mugi, Wesir des Gottes Gir, der den Müttern bei der Geburt beisteht, Ur-lugal-edina, der Arzt, ist dein Diener.

Neben der Gestalt des Gottes werden dann die Geräte des Arztes und seine Arzneigefäße gezeigt (Abb. S. 276). Nachrichten über bestimmte Ärzte sind selten in Mesopotamien; sie stehen meistens in Privatbriefen. Der »Kodex Hammurabi« regelt die Honorare, die ein Arzt für die Behandlung verlangen durfte:

Wenn ein Arzt an einem Mann eine schwere Operation mit einem bronzenen Skalpell vorgenommen hat und das Leben des Mannes rettete, oder wenn er die Augenhöhle des Mannes mit einem bronzenen Skalpell geöffnet hat und das Auge des Mannes rettete, soll er zehn Schekel Silber erhalten.

Wenn allerdings die Operation den Tod des Mannes verursachte oder den Verlust seines Auges, schnitt man dem Arzt seine Hand ab. Andere Gesetze regeln die Bezahlung für das Einrichten gebrochener Knochen, das Einrenken verstauchter Gliedmaßen sowie für die Rettung des Lebens bei einem Rind oder Esel.

Der größte Teil der Schriftstücke über die babylonische und assyrische Heilkunde stammt aus dem frühen 1. Jahrtausend v. Chr. Sie gliedern sich in zwei Bereiche, die man als »praktische Medizin« und als »wissenschaftliche Medizin« bezeichnet hat. Die »praktischen« Texte stellen Reihen von Krankheitssymptomen zusammen und geben genaue Anweisungen für die benötigten Heilmittel und ihre Anwendung. Diese Anweisungen folgen einer Tradition, die mit nur wenigen Abänderungen bis in die Altbabylonische Zeit zurückreicht.

Die medizinische Behandlung, bei der man Kräuter und tierische Produkte verwendet, die eingenommen oder als Salben aufgetragen wurden, ähnlich der Volksmedizin des Mittelalters. Manche der Heilverfahren weisen darauf hin, daß man die Eigenschaften verschiedener Heilkräuter kannte. Andere lassen vermuten, daß auch weniger rationale Vorstellungen bei der Auswahl der Arzneigrundstoffe eine Rolle spielten. Die verschiedenen notwendigen Ingredienzien, insgesamt mehrere hundert, sind in einer eigenen Liste, *Uruanna*, zusammengestellt. Diese Liste war ebenfalls Bestandteil der babylonischen Schreibertradition. Viele der aufgezählten Heilkräuter können wir bis jetzt noch nicht identifizieren. Deshalb ist es schwer, ein abschließendes Urteil über die Wirksamkeit der mesopotamischen Behandlungsmethoden abzugeben.

Details der bronzenen Torbeschläge aus Balawāt zeigen den Einsatz assyrischer Kriegstechnik. Auf dem Feldzug König Salmanassars III. (858–824) in Armenien überqueren assyrische Streitwagen mit Hilfe einer Pontonbrücke einen Fluß (oben). Mit fahrbaren Rammböcken wurden die Mauern syrischer Städte zum Einsturz gebracht (linke Seite). London, British Museum

Die »wissenschaftlichen« Texte scheinen eine spätere Entwicklung widerzuspiegeln. Hier spielt die Magie eine wichtige Rolle bei der Behandlung. Nicht der Arzt, sondern ein Exorzist – ein eigener Berufsstand – untersuchte den Patienten auf Anzeichen für den vermutlichen Verlauf der Krankheit und bestimmte dann ein Ritual oder eine Beschwörung als Gegenmittel. Wir haben einige Hinweise darauf, daß die magische Richtung der Medizin den praktischen Zweig allmählich verdrängt hat.

Technologie

Der sumerische Mythos von Inanna und Enki enthält eine Liste aller wesentlichen Elemente der babylonischen Kultur. Viele davon sind rein abstrakte Begriffe. Aber diese Liste enthält daneben auch eine Reihe von handwerklichen Tätigkeiten: Holzbearbeitung, Kupferbearbeitung, Schreiben, Schmieden, Lederbearbeitung, Tuchwalken, Bauen und Korbflechten. Eine neubabylonische Liste der verschiedenen Namen und Attribute des Gottes Ea zeigt, daß er als Schutzpatron aller praktischen Handwerksberufe galt: Bauen, Töpfern, Metallverarbeitung, Schilfverarbeitung, Steinbearbeitung, Zimmererhandwerk, Lederbearbeitung, Landwirtschaft, Fischen, Schiffahrt und so weiter. Weben und Mahlen von Getreide fehlen in der Aufzählung, weil es sich um Frauenarbeiten handelt. Diese Liste stellt so beiläufig alle Rohstoffe zusammen, die den Bewohnern Mesopotamiens zur Verfügung standen. Viele dieser Materialien (Metalle, Steine, Bauholz) mußten allerdings eingeführt werden.

Bauwesen

Lehm war das Rohmaterial schlechthin. Man benutzte ihn seit ungefähr 6000 v. Chr. zur Herstellung von Keramik; und Lehm war stets der wichtigste Baustoff. Seit frühester Zeit wurde die Mehrzahl aller Bauwerke aus luftgetrockneten Lehmziegeln errichtet. Nur bei Tempeln und Palästen wurden auch Backsteine in größerem Umfang verbaut. Aber selbst da waren sie oft nur Verblendung von Lehmziegelmauerwerk. Die gewaltigsten Bauten der Ziegelarchitektur waren wohl die großen Zikkurrate, die Tempeltürme in Ur, Uruk, Babylon und an anderen Orten. Bei ihnen waren in regelmäßigen Abständen Schilflagen zwischen den Ziegelschichten eingelegt (Abb. S. 214). Diese bemerkenswerte Konstruktion diente zur Drainage der großen Massen von Ziegelmauerwerk.

Es ist auffallend, daß in Mesopotamien viele Kultbauten sorgfältig nach den vier Himmelsrichtungen ausgerichtet waren. In diesem Land herrschte großer Mangel an Holz, nur Dattelpalmen waren häufig; jedes Scheit, jede Rispe, jedes Blatt, jede Faser davon wurden verarbeitet. Türen galten als der wertvollste Teil eines Privathauses und werden oft in Texten über Familienerbschaften oder in Mitgiftverträgen erwähnt. Die hölzerne Tür war an einem senkrechten Türpfosten befestigt, der sich unten in einem Türangelstein drehte. Dieser bestand oft nur aus einem gebrannten Ziegel; manchmal, besonders in Palästen oder Tempeln, war er auch aus Stein gemeißelt und mit einer Inschrift versehen. Als Türverschluß diente eine Schnur oder ein Haken. Die Schnur wurde um einen Pflock im Türstock gewickelt; der Haken wurde an einem ebensolchen Pflock eingehängt.

Dächer bestanden meist aus Lehm, der auf einem Unterbau aus Holzstangen und Schilfmatten verlegt war. Allerdings beherrschte man in Mesopotamien schon im späten 3. Jahrtausend v. Chr. die Technik, den scheitrechten Bogen zu mauern (Tell ar-Rimāh). In den Sumpfgebieten des Südens besitzt die spätestens im 4. Jahrtausend v. Chr. entwickelte Kunst, mit Schilf zu bauen, eine durchgehende Tradition bis zum heutigen Tag. Das gilt besonders für die als Mudhif bekannte Hausform (Abb. S. 32).

Anders als in Syrien und Palästina, wo die Entwicklung des Festungsbaus ausführlich diskutiert werden kann, gibt es in Mesopotamien hierzu wenig zu sagen. Denn die Ausgrabungen haben sich dort weithin auf die Stadtzentren konzentriert. Die Entwicklung von Stadtmauern und Stadttoren ist dagegen nur selten untersucht worden. Babylonische Texte berichten nur ganz allgemein über Belagerungstechnik sowie über den Bau von Festungsmauern und -gräben; sie liefern uns leider keine brauchbaren Einzelheiten hierüber. In Assyrien jedoch ist die irakische Antikenverwaltung gegenwärtig dabei, im Zuge eines großen Restaurierungsprojektes wenigstens die Fassaden der Stadtmauern und -tore von Ninive in Stein wieder aufzubauen (Abb. S. 145).

Ingenieurbau

Für das Errichten von großen technischen Bauwerken gab es keinen eigenen Berufsstand in Mesopotamien. Die Unterhaltung des Kanalsystems für die Landwirtschaft erforderte natürlich einen großen Verwaltungsapparat und eine beachtliche Belegschaft. Trotzdem gibt es keinerlei Hinweise darauf, daß dafür besondere Fähigkeiten vorausgesetzt wurden. Wie ungeheuer wichtig allerdings die Unterhaltung des Kanalnetzes für das damalige Wirtschaftssystem war, spiegelt sich in den Mythen wider. Danach wurden die Menschen erschaffen, um die Götter vom Zwang zur Arbeit an den Kanälen zu befreien.

Einige babylonische Bauwerke und Straßen haben zwar eine Entwässerung mit Rohren oder Kanälen, aber es gibt keine Anzeichen für eine regelrechte Stadtplanung. Wir haben aber bessere Beispiele für Bautechnik aus der Zeit Sanheribs in Assyrien. Während seiner Regierungszeit wurde bei Ğerwān ein großer Aquädukt gebaut, der im Zuge eines Kanals vom Fluß Gomel nach Ninive lag und die Stadt mit Wasser versorgen sollte. Dieser Aquädukt ist wahrscheinlich auf einem Relief in Sanheribs dortigem Palast abgebildet (Abb. S. 200). Ein anderes Relief aus der gleichen Zeit zeigt, wie ein Šaduf Wasser aus dem Fluß in einen Bewässerungskanal schöpft (Abb. S. 201). Solche Anlagen gibt es noch heute in Ägypten.

Sanheribs Armee baute eine Belagerungsrampe, um die Stadt Laḫiš in Judäa zu erstürmen. Auf mehreren assyrischen Reliefs ist der Einsatz von Mauerbrechern im Belagerungskampf in Syrien zu sehen. Der Transport der erst

Links und rechte Seite: Reliefs aus dem Südwestpalast des Königs Sanherib (705–681) in Ninive zeigen den Transport von steinernen Stierkolossen. Der Lamassu liegt auf einer Art Schlitten, der von mehreren Kolonnen an Stricken gezogen wird. Andere Kriegsgefangene unterstützen die Fortbewegung mit einem Hebel, schleppen Hölzer, die als Rollen oder Hebel dienten, und Steine, mit denen die Bahn geebnet wurde.
London, British Museum

Folgende Doppelseite: Holztransport über das Meer. Die Baumstämme sind teils auf die Ruderschiffe verladen, teils ins Schlepptau genommen. Am oberen Rand sind Küstenstädte dargestellt. Relief aus dem Palast Sargons II. (722–705) in Dūr Šarrukīn.
Paris, Louvre

grob herausgemeißelten Stierkolosse vom Steinbruch bei Balata den Tigris hinunter nach Ninive in Sanheribs Palast war eine weitere ingenieurtechnische Leistung. Auf den Reliefs sieht man Flöße, Hebel, Rollen und Kolonnen von Kriegsgefangenen, die mit Stricken den Koloß ziehen.

In ihren Inschriften sprechen die neuassyrischen Könige von den Mühen beim Straßenbau durch das Zagrosgebirge während der Feldzüge gegen die Urartäer; doch gab es außerhalb der Städte keine befestigten Straßen. Auch in den Städten waren gepflasterte Straßen meistens auf die Bereiche für den Kult beschränkt. Brücken werden häufig erwähnt. Aber sehr oft handelte es sich wahrscheinlich nur um Palmstämme, die man über einen Bewässerungskanal gelegt hatte. Einige Brücken sind auf den Toren von Balawāt aus der Zeit Salmanassars III. abgebildet. Ein anspruchsvolleres Bauwerk war da schon die unter Nabupolassar in Babylon gebaute Euphratbrücke; ihre Pfeiler hat man im ehemaligen Flußbett wiedergefunden.

Noch immer gibt es heftige Debatten über das wohl verwickeltste Problem des babylonischen Ingenieurbaus: Wie waren die berühmten »Hängenden Gärten« von Babylon konstruiert, die Nebukadnezar II. für seine persische Gemahlin Amytis bauen ließ, und wie wurden sie bewässert? Zahlreiche Lösungen wurden vorgeschlagen, aber keine ist überzeugend.

Transportwesen

Der Gütertransport wurde meistens mit Booten oder Eseln bewerkstelligt. Der Transport von großen Mengen schwerer Güter, besonders Getreide oder andere Lebensmittel, verlangte große hölzerne Lastkähne oder Flöße. Flußauf wurden sie getreidelt, flußab trieben sie mit dem Strom und wurden mit Steuerrudern gelenkt. Mit Bitumen abgedichtete leichte Boote aus Holz oder Schilf und Lederboote mit Holzspanten wurden gerudert oder gepaddelt. Sie dienten meistens dem Personenverkehr auf den Flüssen oder in den Sümpfen (Abb. S. 206). Die im Königsfriedhof

von Ur gefundenen Bootsmodelle sind den Booten ähnlich, die noch heute in den Tigrismarschen benutzt werden (Abb. S. 198). Der Fernhandel mit Hilfe von Eseln ist besonders gut bezeugt in den altassyrischen Texten aus Kaniš/Kültepe in der Zentraltürkei. Sie weisen den internationalen Handel mit Textilien nach.
Das Kamel wurde im 2. Jahrtausend v. Chr. aus Arabien eingeführt. Für den Gütertransport wurde es in Mesopotamien aber anscheinend nicht vor der Perserzeit benutzt. Gleiches gilt für den Wagen. Er hat zwar eine lange Entwicklung als Kriegsgerät durchgemacht, von den ersten von Eseln gezogenen, schwerfällig dahinrumpelnden Formen mit dicken Scheibenrädern in Frühdynastischer Zeit bis hin zu leichten, von Pferden gezogenen Streitwagen mit sechs- oder achtspeichigen Rädern in der Neuassyrischen Zeit. Aber die Bilder vom Gütertransport mit Kamelen und Karren auf assyrischen Reliefs gehören zu Szenen aus Palästina und der Levante.

Textilien

Fernhandelsgüter waren meist Luxusgüter: Stoffe, wohlriechende Öle, kleine Gegenstände aus Stein und Metallarbeiten. Infolge des Klimas in Mesopotamien wissen wir fast nichts über die einheimischen Textilien, anders als in Ägypten, wo sich wegen der Trockenheit Gewebe erhalten haben. Die Fachsprache in den Wirtschaftstexten ist bei dem völligen Fehlen von Anschauungsmaterial kaum zu übersetzen. Was die Texte jedoch zeigen, ist eine sehr umfangreiche Textilproduktion. Sie wurde organisiert von Beamten der Tempel- oder Palastverwaltungen. Die Arbeitskräfte waren ausnahmslos Frauen und Kinder, oft auch Kriegsgefangene. Geleitet und abgerechnet wurde alles durch Männer aus der Verwaltung. Ein Großteil der Textilproduktion war wohl für den täglichen Bedarf bestimmt. Aber es wurden auch kostbare Textilien sowohl für Gewänder als auch zur Raumausstattung hergestellt. Nur ganz wenige kunstvolle Darstellungen, zum Beispiel der »steinerne Teppich« aus dem Palast Assurbanipals in Ninive oder ein Grenzstein mit der Abbildung eines babylonischen Königs in einem gestickten Prachtgewand, beide im British Museum, vermitteln uns einen Eindruck von den Erzeugnissen dieser verlorenen Handwerkskunst.

Metall

Metallbearbeitung, Siegelschneiden, Glasherstellung und natürlich Töpferei sind die Gewerbe, deren Zeugnisse die Zeiten überdauert haben. Die Funde aus den Königsgräbern von Ur beweisen die hohen handwerklichen Fähigkeiten der Gold- und Silberschmiede in der Mitte des 3. Jahrtausends v. Chr. Viele Stücke aus diesen Gräbern gelten als anerkannte Meisterwerke des Kunsthandwerks in Mesopotamien. Zunächst schien es so, als ob sich aus späteren Zeiten nur wenige bedeutende Arbeiten erhalten hätten. In den Jahren 1988 und 1989 öffneten dann aber irakische Ausgräber in Kalḫu/Nimrūd drei Gräber der königlichen Familie. Sie enthielten den persönlichen Goldschmuck der Toten, Schmuck von außerordentlicher Qualität im Gewicht von rund 40 Kilogramm. Aus Darstellungen der Könige und ihrer Höflinge auf assyrischen Reliefs hatte man das Vorhandensein solchen Schmucks erschließen können. Trotzdem waren die Archäologen von den Entdeckungen in Nimrūd überwältigt (Abb. S. 119).
Gold und Silber konnten zu dünnen Blechen ausgeschlagen werden. Dann hämmerte man das Blech über die Oberfläche eines Gegenstandes aus anderem Material, gewöhnlich Holz oder Bitumen. Viele Gegenstände aus dem Königsfriedhof waren so gearbeitet, beispielsweise die Stierköpfe an den Musikinstrumenten oder die Figuren stehender Ziegenböcke, die an den Blättern von Bäumen knabbern (Abb. S. 231). Daneben wurde das Metall in eine Form gehämmert, so daß ein hohler goldener Gegenstand entstand. Eines der besten Stücke in dieser Treibtechnik ist der Goldhelm des Meskalamdug aus Ur (Abb. S. 61).
Viele goldene Fundstücke aus Ur, Zeremonialwaffen und -werkzeuge, sind gegossen. Wahrscheinlich benutzte man

Die Ringergruppe aus dem Nintu-Tempel von Ḫafāǧī (links, Höhe 10 cm) und die Quadriga aus dem Šara-Tempel von Tell Aǧrab (rechte Seite, Höhe 7,2 cm) sind hervorragende Beispiele für die kühnen, komplizierten Metallfiguren der Frühdynastischen Zeit. Beide sind im Wachsausschmelzverfahren hergestellt und im Wortsinn »aus einem Guß«. Bagdad, Iraq Museum

Steinformen, ein Verfahren, das wenigstens bis ins 5. Jahrtausend v. Chr. zurückgeht.
Die frühesten Beispiele für den sogenannten Guß in verlorener Form datieren in die Uruk-Zeit am Ende des 4. Jahrtausends v. Chr. Bei dieser Technik wird ein genaues Modell in Wachs gearbeitet und mit Ton überzogen. Das Ganze wird dann gebrannt, um den Ton zu härten und das Wachs auszuschmelzen. Die so entstandene Gußform liefert dann einen metallenen Abguß, der auch das feinste Detail des Wachsmodells wiedergibt. Frühere Arbeiten im Wachsausschmelzverfahren (Cire perdue) bestehen aus Kupfer. Aber im Königsfriedhof wurde eine auf diese Weise gegossene wunderbare Onagerfigur aus Gold gefunden; sie war auf einen Zügelring aufgesetzt.
In Mesopotamien wurden verschiedene Sorten von Gold verwendet. In den Texten werden sie als rotes oder weißes Gold beschrieben. Häufig war das verfügbare Metall sehr unrein. Ein Brief von Burnaburiaš, König von Babylon, an den ägyptischen Pharao Amenophis IV. veranschaulicht das. Burnaburiaš beklagt sich nämlich, daß von einer Goldsendung aus Ägypten, die man in Babylon im Schmelzofen prüfte, am Ende nur ein Viertel des ursprünglichen Gewichtes übriggeblieben sei (Quellentext S. 208).
Alle oben erwähnten Techniken der Metallverarbeitung blieben während der ganzen historischen Zeit in Gebrauch. Andere damals bekannte Verfahren waren das Löten, die Granulation und das Zellenschmelzverfahren. Für Gegenstände des täglichen Gebrauchs wurden unedlere Metalle benutzt, zuerst Kupfer, später Bronze und schließlich Eisen. Obwohl Eisen wegen seiner größeren Festigkeit für Waffen und Werkzeuge besonders geeignet war, zeigen die Tributlisten der assyrischen Könige, daß edle Kupfer- und Bronzegegenstände doch noch einen wichtigen Teil des Handels mit Luxusartikeln ausmachten. Sargon und Sanherib erwähnen in ihren Inschriften ihr persönliches Interesse an den Verfahren der Bronzeverarbeitung. Leider erfahren wir aus den Wirtschaftstexten nur andeutungsweise etwas über die Handwerker.

Holz und Stein

Holz wurde meistens eingeführt und war wertvoll. Es wurde in erster Linie für eine begrenzte Zahl von Möbeln und für landwirtschaftliche Geräte, zum Beispiel Pflüge, gebraucht, außerdem für die Griffe von Werkzeugen aus Kupfer und Bronze und schließlich noch für Waffen, wie Speere, Bogen und Pfeile. Daneben verwendete man es für den Bootsbau, für Dachbalken und Türen. Wegen des Klimas in Mesopotamien sind die Holzgegenstände praktisch spurlos vergangen.

Links: Steinerne Gußform für Schmuck aus Assur, spätfrühdynastisch oder akkadisch, um 2400/2300 v. Chr. Die einzelnen Schmuckformen sind als Negative in die geglättete Steinoberfläche geschnitten und jeweils mit einem trichterförmig zum Modelrand hin erweiterten Gußkanal versehen. Gold, Silber oder Blei wurden als Werkstoff verwendet. Bei den Schmuckgegenständen handelt es sich um Stäbe mit lanzettförmiger Spitze sowie scheibenförmige und tierförmige Anhänger, deren Rückseite glatt blieb.
Berlin, Vorderasiatisches Museum

Rechte Seite: Glasgefäße mesopotamischen oder phönikischen Ursprungs, 8. bis 6. Jahrhundert v. Chr. Die meisten von ihnen wurden im Wachsausschmelzverfahren gegossen und danach geschliffen. Das erste von links oben trägt die Inschrift »Palast des Sargon, Königs von Assyrien« und wurde in Kalaḫ/Nimrūd gefunden. Das schlanke Schminkgefäß am rechten Rand wurde in Italien gefunden. Die Vase mit »gekämmtem« Schwarz-Weiß-Dekor ist über einem Sandkern geformt und wurde auf der griechischen Insel Rhodos gefunden.
London, British Museum

Beispiele von einigen damals benutzten Werkzeugen, unter anderem Meißel, Dechsel und Beile, haben sich als goldene Kopien für zeremonielle Zwecke in den Gräbern von Ur erhalten. Viele Werkzeuge der gleichen Form mögen für die Steinbearbeitung gebraucht worden sein. Aus dem 8. Jahrhundert v. Chr. stammt eine assyrische Säge aus Nimrūd. Sie ist 1,15 Meter lang und wurde wahrscheinlich zum Schneiden von Steinen eingesetzt. Denn ihre Zähne sind nicht spitz und stehen senkrecht, was bei Holzsägen nicht der Fall ist. Die Größe der bearbeiteten Steine reicht von den Stierkolossen, die für Sanherib gebrochen wurden, bis hin zu kleinen Rollsiegeln und Schmucksteinen, für die man sicher feinere Werkzeuge brauchte, wie etwa den Dreuel (Drillbohrer mit Bogen).

Glasherstellung

Die Glasherstellung scheint ihren Ursprung in Mesopotamien zu haben. Denn das älteste Bruchstück künstlich hergestellten Glases, ein formloser Klumpen von durchscheinendem Blau, wurde in Eridu ausgegraben; er stammt aus der Zeit um 2100 v. Chr. Die ältesten vollständigen Glasgefäße kommen aus Syrien und dem nördlichen Mesopotamien. Sie datieren ins späte 16. Jahrhundert v. Chr. Das Glasblasen wurde nicht vor dem 1. Jahrhundert v. Chr. erfunden. Alle Glasgefäße in Baylonien und Assyrien waren daher über einen Sandkern geformt, gegossen oder geschliffen. Die besten Stücke dieser Art wurden in der assyrischen Stadt Kalḫu/Nimrūd gefunden. Offensichtlich wurden sie in einer Form gegossen, anschließend dann geschliffen und poliert.
In der Bibliothek Assurbanipals gibt es eine Anzahl von Tontafeln mit assyrischen Glasrezepten. Zum Färben wurden Kupfer, Blei und Antimon verwendet. Ähnliche Texte geben Anweisungen für das Färben von Wolle und das Beizen von Steinen mit besonderen Farben.
Man ist sich nicht ganz sicher, ob einiges von dem aus assyrischen Fundstellen stammenden Glas vielleicht phönikischer Herkunft ist. Denn die Ausdehnung des Assyrerreiches führte zu einem wachsenden internationalen Austausch von Kunsthandwerkern und ihren Produkten. Glaswaren von anscheinend mesopotamischer, vielleicht auch phönikischer Herkunft wurden an zahlreichen Fundplätzen rund um das östliche Mittelmeer entdeckt; die westlichsten Funde kommen aus Italien.

Kuriosa

Schließlich gibt es aus dem Gebiet der Technologie noch zwei Objekte, die schon immer die Phantasie erregt haben. Das erste ist die »Linse aus Nimrūd«, ein ovaler Gegenstand aus geschliffenem Bergkristall, den A. H. Layard während seiner Ausgrabung im Palast Assurbanipals II. in Nimrūd gefunden hat. Er mißt 3,2 x 4,2 Zentimeter; eine Seite ist eben, die andere leicht konvex. Eine optische Prüfung hat ergeben, daß dieser Gegenstand, als Linse benutzt, eine Brennweite von 11,5 Zentimeter hätte. Viel wahrscheinlicher war er aber einfach nur Bestandteil einer Einlegearbeit.
Das zweite merkwürdige Stück ist die »elektrische Batterie von Bagdad«. Dieser Gegenstand wurde im Mai 1936 von irakischen Archäologen in Ḫuyut Rabu'ā, einem Fundort aus parthischer Zeit am Stadtrand von Bagdad, gefunden. Es handelt sich um eine Keramikflasche mit einem hineingestellten Zylinder aus Kupfer. In den Kupferzylinder wurde ein eiserner Stab gesteckt. Dieser ist oben durch einen Stöpsel aus Asphalt und am Gefäßboden durch eine Asphaltschicht gegen den Kupferzylinder isoliert. Wenn man diesen Apparat mit einer Säure, zum Beispiel Essig, auffüllen würde, hätte man eine zur Stromerzeugung geeignete Batterie. Diese elementaren naturwissenschaftlichen Tatsachen sind nicht zu leugnen; die praktische Bedeutung ist jedoch nicht ganz so klar. Selbst wenn man annimmt, daß ein Babylonier in der Partherzeit die Batterie mit der erforderlichen Mischung aus Essig und Wasser aufgefüllt hätte, dürfte der entstandene Strom eher für magische Effekte benutzt worden sein als zum Galvanisieren oder für andere praktische Zwecke.

Schrift und Literatur

UM DIE WENDE vom 4. zum 3. Jahrtausend v. Chr. wurde im südlichen Mesopotamien, wahrscheinlich in der Stadt Uruk, die Schrift erfunden – eine gewaltige geistige Leistung und eine der größten Errungenschaften der Menschheitsgeschichte. Wir verbinden heute mit dem Begriff »Schrift« die Möglichkeit, Sprache, Gedanken, Gefühle und Nachrichten über Raum und Zeit hinweg zu übermitteln. Das vermochte diese erste Schrifterfindung noch nicht gleich zu leisten; das war aber auch nicht der Zweck, dem sie dienen sollte. Ihre Aufgabe war es vielmehr, die staatliche Buchhaltung in einer immer komplexer werdenden Gesellschaft zu gewährleisten.

Die Anfänge der Schrift

Die Idee zu schreiben kam nicht aus heiterem Himmel. Jahrtausendelang hatte man sich seit dem Neolithikum im Vorderen Orient eines Abrechnungssystems bedient, das für unterschiedliche Waren verschiedenartige Zählsteine, sogenannte *tokens*, benutzte. Aus Ton geformt, bildeten sie teils konkrete Gegenstände nach, etwa Gefäße, teils stellten sie abstrakte Symbole wie eine kreisförmige Scheibe mit eingeschriebenem Kreuz für »Schaf« dar. Dem abstrakten Symbol konnte wiederum etwas Konkretes zur Differenzierung hinzugefügt werden: Eine Verdickung am Rand der Scheibe besagt, daß hier Fettschwanzschafe gezählt sind. Wir glauben die Bedeutungen einiger dieser *tokens* zu kennen, weil sie als zweidimensionale Zeichnungen Eingang in das Schriftsystem gefunden haben.
Eine weitere Vorstufe zum Schreiben war, daß man die Zählsymbole in etwa tennisballgroße Tonklumpen einschloß, auf diesen das Siegel der Rechnungsstelle oder der rechnungführenden Person abrollte und so die Abrechnung garantierte. Um nun für künftige Rechenschritte wie Monats- oder Jahresabrechnungen das Siegel nicht erbrechen zu müssen, drückte man einen Griffel so oft in den Tonklumpen ein, wie er Zählsteine enthielt.
Es war dann nur folgerichtig, daß der nächste Schritt dazu führte, das Gezählte neben den Zahleindrücken mit scharfem Griffel in den Ton einzuzeichnen, auf die *tokens* zu verzichten und die Form des Informationsträgers, der weiterhin aus Ton geformt wurde, der neuen Technik anzupassen: Die Schrift und ihr Träger, die kissenförmige Tontafel, waren geboren. Griffel – sie hießen »Tafelrohr« – schnitt man aus dem in Sümpfen und an Kanälen reichlich wachsenden Rohr. Die Schreibmaterialien Ton und Rohr gab es überall im Lande, und sie kosteten nichts.
Freilich, ganz so einfach konnte das Geschehen nicht ablaufen. Die Notwendigkeit, ein Schriftsystem zu erfinden, wird sich daraus ergeben haben, daß das Mittel der Zählsteine für die Wirtschaft nicht mehr ausreichte. Die neue Technik erlaubte es nun, verschiedene Vorgänge auf einer Tafel festzuhalten und sie zueinander in Beziehung zu setzen. Man tat dies durch die Anordnung der Einzelbuchungen in durch Linien abgegrenzten Feldern, »Kästchen«, die sich in einer oder mehreren »Zeilen« linksläufig aneinander anschlossen. Summierungen schrieb man meist in eine neue »Zeile« oder notierte sie auf der Rückseite der Tafel.
Um nun alle möglichen Verwaltungsvorgänge erfassen zu können, mußte ein über den von den Zählsymbolen abgedeckten Bereich weit hinausgreifendes Zeichensystem geschaffen und verbindlich festgelegt werden. Man mußte es lehren und brauchte dafür Schulen und Lehrbücher. Als sinnvolle und erlernbare Ordnung der Schriftzeichen wählte man die der Sachgruppen. So stellte man alle Berufs- und Funktionsbezeichnungen zusammen, alle Bäume und Gegenstände aus Holz, alle Tiere einer bestimmten Gattung und so weiter. Dieses Ordnungsprin-

Einer der beiden Tonzylinder (»Zylinder B«) des Stadtfürsten Gudea von Lagaš (ca. 2100 v. Chr.) mit dem epischen Preislied auf den Bau des Ningirsu-Tempels Eninnu, des Haupttempels von Girsu, der Hauptstadt des Stadtstaates Lagaš. *Paris, Louvre*

Links: Zählsteine (tokens) *aus dem südbabylonischen Uruk aus den letzten Jahrhunderten des 4. Jahrtausends v. Chr. in der Form konkreter Gegenstände und abstrakter Symbole. Die konischen Gefäße mit Deckel (in Zeile 1 und 3) entsprechen dem späteren Schriftzeichen für Öl, sumerisch* ì*: später: . Das* token *am Ende von Zeile 3 gibt den Kopf einer Kuh wieder und ist das Vorbild für das Schriftzeichen für Kuh, sumerisch* áb*: später: . Das mittlere Symbol der letzten Zeile ist ein abstraktes Zeichen; es ist unschwer im Schriftzeichen für Schaf, sumerisch* udu, *wiederzuerkennen: ⊕ später: . Berlin, Vorderasiatisches Museum*

Rechts innen: Einander entsprechende Differenzierungen der Form des Zählsteins und des Schriftzeichens für Schaf: links das einfache Symbol/Zeichen (Schaf, sumerisch udu*); in der Mitte mit zusätzlichem Ritzmuster zur Bezeichnung des Euters (Mutterschaf, sumerisch* u_8*) und rechts mit einer Verdickung am Rand sowie entsprechender*

zip blieb für die kommenden Jahrtausende bestimmend. Zwar traten später auch anders angeordnete Listen neben die Sachwörterbücher, doch blieben diese bis ins 1. Jahrtausend v. Chr. hinein die grundlegenden Schulbücher in Mesopotamien und überall dort, wohin dieses Schriftsystem gelangte.

Die ältesten beschrifteten Tontafeln verbindet man mit der Bauschicht Uruk IV – sie wurden im Schutt unterhalb der Schicht III gefunden, können nicht älter sein als Schicht IV; die nächstjüngere Gruppe gehört bereits zur Schicht Uruk III und steht paläographisch den Tafeln aus Ǧemdet Naṣr sehr nahe. Man spricht von den archaischen Schriftstufen IV und III.

Da die frühen Schriftzeichen der Stufen IV und III erkennbare Bilder sind, ist auch deutlich, wie man die Tafeln beim Lesen halten mußte. Die Schriftrichtung war dagegen vielleicht schon von Anfang an um etwa 45 Grad gedreht. Das war sicher der Fall, als im Laufe der Zeit die Zeichen abstrakter und kurvige Linien in gerade Striche aufgelöst wurden, die man nicht mehr zeichnete; vielmehr drückte man den Griffel in den Ton und hinterließ dort keilförmige Eindrücke, die der Schrift ihren Namen gaben: Keilschrift. Man vermied nun motorisch schwierige Griffelbewegungen und reduzierte so die möglichen Keilrichtungen. Dabei ging man dann – wann, ist in der Forschung umstritten – dazu über, die Schriftrichtung um weitere 45 Grad zu drehen. Ob die Leserichtung sich damit gleichzeitig änderte oder erst mit einiger Verzögerung der Schreibrichtung folgte, ist ebenfalls unklar. Steinerne Stelen, Weihgaben aus Stein oder Metall und Siegel, deren Ober- und Unterkanten zweifelsfrei festliegen – auf diesen harten Materialien ahmt die Schrift stets Formen des Schreibens auf Ton nach –, zeigen bis zur Mitte des 2. Jahrtausends v. Chr. die archaische Leserichtung. Siegel behalten sie sogar teilweise noch im 1. Jahrtausend v. Chr. bei. Die Keilschriftforschung hat aber mit Texten des 1. Jahrtausends v. Chr. das Lesen gelernt; darum ist es in der Assyriologie üblich, Texte aller Schriftstufen in der jungen Leserichtung abzubilden (was gelegentlich zu einer merkwürdigen Kopfhaltung führt, wenn ein Forscher vor einem älteren Originaldenkmal steht). Die »Zeilen«, in welche die Schrift-»Kästchen« geordnet sind, stehen bei dieser Leserichtung nebeneinander, die »Kästchen« in der »Zeile« untereinander. Darum spricht man (auch bei den alten Texten) von Kolumnen. Gegen Ende des 3. Jahrtausends v. Chr. beginnt man dann, die »Kästchen« zugunsten einer Zeichenfolge in nur noch einer Richtung (je nach Leserichtung: unter- oder nebeneinander) aufzugeben; es entstehen so Zeilen innerhalb der Kolumnen.

Die frühen Schriftzeichen waren Wortzeichen, bezeichneten Gegenstände und Lebewesen, Berufe und Titel, aber auch – so besonders die Zahlzeichen – Begriffe. Die Notierung der Kardinalzahlen mit den Schritten 1, 10, 60, 600, 3600, 36000 weist deutlich auf ein Sexagesimalsystem, wie es der sumerischen Sprache eigen ist – ein Hinweis darauf, daß bereits die Schreiber dieser Wirtschaftstexte Sumerisch sprachen (Abb. S. 274 rechts). Maßeinheit und Maßzahl bezeichnete man fast durchweg mit nur einem Zeichen; das Gemessene konnte dazu angegeben werden; es konnte aber auch wegfallen, wenn es sich von selbst verstand. Dieser Art der Notierung blieb die Keilschrift durch Jahrtausende treu.

Um auch schreiben zu können, was nicht unmittelbar Inhalt eines Bildzeichens war, übertrug man das Bild auf verwandte Begriffe seines Bedeutungsfeldes. »Fuß« bedeutet so (auch) »gehen«, »stehen«, »bringen«; das Zeichen »Pflug« steht auch für »Agronom«, »Saatfurche« und »pflügen«. Dabei entsprechen den verschiedenen Bedeutungen im Sumerischen auch verschiedene Wörter. Ein Zeichen bekommt so mehrere Lesungen.

Ein weiteres Mittel ist die Zeichenkombination. Das Bild der konischen Schale, das für »Brot« steht, verbindet sich mit »Mund« zu »essen«, »verbrauchen«, »in Besitz nehmen« (Abb. S. 274 links) oder der Trichter, in den das Zeichen »Gerste« geschrieben ist, bedeutet »Gegenwert«, »Kaufpreis«, »kaufen«. Auf diese Weise gewinnt man nicht nur die Möglichkeit, zusätzliche Dinge zu benennen, man kann nun auch Tätigkeiten und Geschehen, Verben und deverbale Nomina ausdrücken.

Trotz alledem geben die frühen Texte gemäß ihrer ursprünglichen Aufgabe, der Buchhaltung zu dienen, keineswegs Sprache wieder. Ebensowenig würde man ja auch

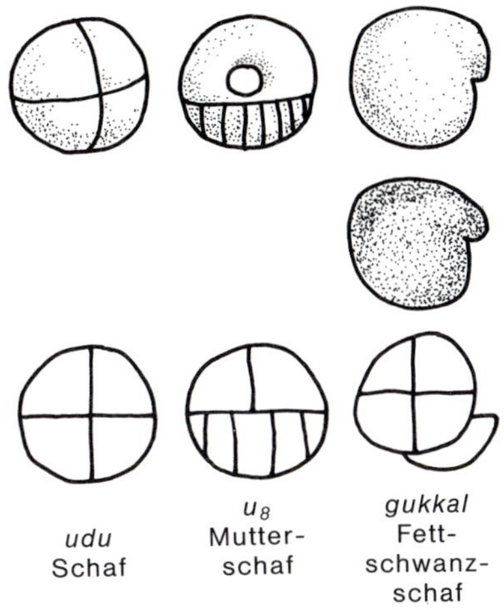

Zeichnung innerhalb des Schriftzeichens (Fettschwanzschaf, sumerisch gukkal, *ursprünglich* kungal, *»großer Schwanz«).*

Rechts außen: Ein Tonball mit den darin enthaltenen Zählsteinen, die in Form und Anzahl den Griffel- und Fingereindrücken auf seiner Oberfläche entsprechen und in Zahlzeichen des Schriftsystems ihr jeweiliges Gegenstück finden (vgl. Abb. S. 274). Man brauchte den Tonball nicht mehr für Abrechnungen aufzubrechen.
Paris, Louvre

von einer Registrierkasse die Fähigkeit erwarten, Sätze zu schreiben. Im Laufe der auf die Schrifterfindung folgenden Jahrhunderte hat man – gewiß im Schulbetrieb – die Möglichkeit entdeckt, Wortzeichen durch andere zu ersetzen, die gleich oder ähnlich gelesen werden können. Die mit einem Schriftzeichen verbundene Lautung kann sich so von der Bedeutung lösen, und es kann als Lautzeichen Verwendung finden. Die Wortschrift kann zur Silbenschrift werden und kann schließlich auch andere Sprachen – zunächst das Akkadische – schreiben. Vor allem aber kann man nun den Wortzeichen im Sumerischen Silbenzeichen an die Seite stellen, die die grammatische Form verdeutlichen. Die Schrift beginnt damit, Sprache wiederzugeben. Bis es – um 2600 v. Chr. – soweit war, war das einzige Mittel, die Bedeutung eines Textes zu erschließen, die Anordnung der einzelnen Einträge auf der Tontafel, das Formular. Mit dem Schreiben mußte der angehende Beamte in der Schule auch die Formulare erlernen, und auch dies blieb der Keilschrift durch die Jahrtausende erhalten.

Um 2600 v. Chr., mit dem Erreichen der nach einem Fundort im mittleren Babylonien »Fāra-Zeit« genannten Schriftstufe, konnte die Schrift als kombinierte Wort- und Silbenschrift Sprache relativ eindeutig wiedergeben – zumindest für Muttersprachler; uns Heutigen stellen sich freilich noch viele Probleme. Eine kombinierte Wort- und Silbenschrift sollte die Keilschrift stets bleiben, auch wenn in manchen Textgattungen – zum Beispiel in akkadischen (babylonischen wie assyrischen) Briefen der ersten Hälfte des 2. Jahrtausends v. Chr. – die Silbenschrift stark überwiegt. Auch beim Schreiben fremder Sprachen – Elamer, Hurriter, Urartäer und Hethiter übernahmen die Keilschrift – überwog naturgemäß die Silbenschrift, doch mochte man auf die knappere und übersichtlichere Verwendung von Wortzeichen nie ganz verzichten.

Noch ein weiterer Gebrauch der Schriftzeichen war dem Leser hilfreich: Sie können als nicht mitzulesende Hinweise auf den semantischen Bereich des folgenden (seltener des vorangehenden) Wortes stehen. Vor Holzgegenständen und Bäumen schreibt man meist das Zeichen *ĝiš* »Holz«, vor Steinen und Dingen aus Stein das Zeichen na_4 »Stein«, vor Dingen aus Metall oft *urudu* »Kupfer«, vor Berufen oder Titeln oft *lú* »Mensch« (spätere Texte differenzieren auch zwischen Männern mit voranstehendem senkrechten Zählkeil und Frauen, vor deren Namen oder Titel *munus* »Frau« geschrieben wird); hinter Ortsnamen steht das Zeichen *ki* »Erde«, »Ort«. Ursprünglich nur vor sumerische, später aber vor alle Götternamen tritt das sternförmige Zeichen für Gott *(diĝir)* und Himmel *(an)*, das nur ausfällt, wenn der Name selbst mit *an-* oder *diĝir-* anfängt. Wir sprechen in allen diesen Fällen von »Determinativen«. Um diese von zu lesenden Wörtern eines Textes abzuheben, setzt man sie in wissenschaftlichen Umschriften zumeist eine halbe Zeile höher. Das erste Wort der Baumliste (Abb. S. 282 links) umschreibt man ^{ĝiš}*taskarin*; das ist »Buchsbaum«. Das zweite transkribieren wir als $^{ĝiš}nu_{11}$; das besagt, daß es als Name eines (nicht näher bestimmbaren ausländischen) Baumes, eines Hartholzes (?), das elfte in einer modernen Liste von *nu* zu lesenden Keilschriftzeichen ist. Die Bestimmung der Lesungen für Texte aus dem 3. Jahrtausend ist notgedrungen anachronistisch; denn systematische Aussprацheangaben für die Keilschriftzeichen gibt es erst im 18. Jahrhundert v. Chr.

Urkunden und Literatur der Fāra-Zeit

Sowie in der Fāra-Zeit die Fähigkeit erworben ist, Sprache mit Hilfe der Schrift auszudrücken, tauchen neue Textgattungen auf: Zu den Wirtschaftstexten und Wortlisten gesellen sich nun Rechtsurkunden, vor allem Kaufverträge, die – weil formulargebunden – recht gut verständlich sind, Weihinschriften und »Literatur«.

Eine Art Kaufurkunden über zum Teil umfangreiche Ländereien gibt es freilich schon in früherer Zeit, vielleicht schon seit der Schriftstufe IV. Es handelt sich um Inschriften auf steinernen Weihgaben – Reliefs oder auch rundplastische Darstellungen, die in Tempeln deponiert wurden, um die Transaktionen zu garantieren. Das schließt man aus späteren, in steinerne Bildwerke gemeißelten Grundstücksgeschäften dieser Art, die seit etwa 2600 v. Chr. – zunächst nur partiell – verständlich werden und zumeist mehrere Grundstückskäufe festhalten (Abb. S. 278, 279).

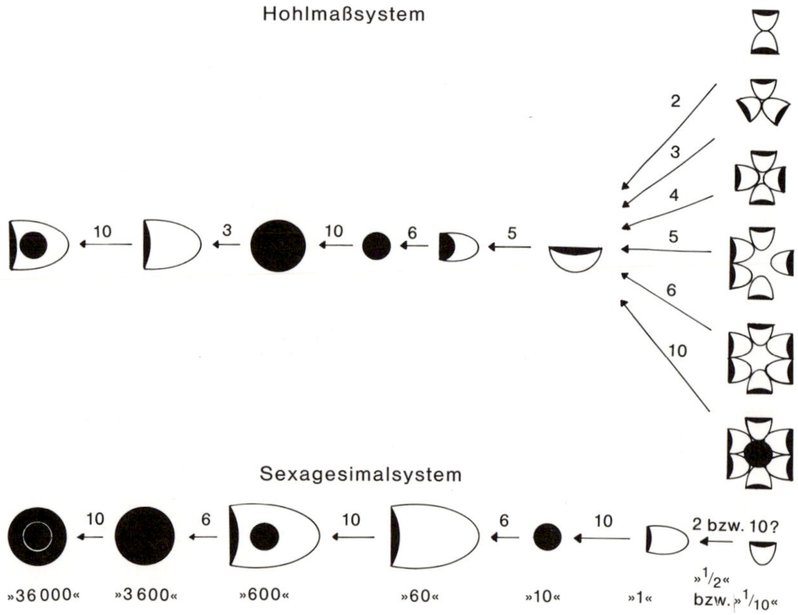

Oben links: Tontafel der Schicht Uruk III mit einer Abrechnung über das für verschiedene Mengen von zwei Getreideprodukten benötigte Getreide.

Oben: Zahlen im Sexagesimalsystem und Maßzahlen für Hohlmaße. Die über die Pfeile geschriebenen Ziffern geben jeweils den Multiplikator an, mit dem die mit dem nächsten Schriftzeichen bezeichnete Zahl oder Maßeinheit erreicht wird.

Rechte Seite: Die beiden Tontafeln aus Uruk dienten als Schulbücher. Die linke (Schriftstufe IV) enthält die Liste der Berufs- und Funktionsbezeichnungen, die rechte (Schriftstufe III) eine Liste verschiedener Schweinearten.

Auf den ältesten dieser Dokumente erkennt man nur Feldmaße; der Rest der Texte – vielleicht Namen von Käufern, Verkäufern und Zeugen und Angaben der Preiszahlung – bleiben ganz unverständlich. Die Sitte, Rechte an Ländereien auf steinernen Weihgaben zu verewigen, kam gegen Ende des dritten vorchristlichen Jahrtausends außer Gebrauch – letzte Zeugnisse sind von dankbaren Priestern für das Leben von Gudea von Lagaš und Šulgi von Ur geweihte Statuen. Nach der Mitte des 2. Jahrtausends v. Chr. lebte sie jedoch in den *kudurru* wieder auf; das sind mit den Symbolen der die gewährten Rechte garantierenden Götter geschmückte Steine, in die Abschriften von (zumeist) königlichen Landschenkungen gehauen sind (Abb. S. 154, 155).

Die frühesten erkennbaren Literaturwerke in der Fāra-Zeit sind kurze Sprichwörter und – vor allem – Beschwörungen, von denen oft mehrere auf einer Tontafel gesammelt erscheinen. Die Beschwörungen wenden sich gegen Skorpione und Schlangen und gegen Krankheiten oder sollen einer Geburt förderlich sein. Sie gebrauchen Topoi, die wir aus jüngeren Vertretern der Gattung gut kennen, wie die Beschreibung der in Reinigungsritualen oft gebrauchten Tamarisken und das Hilfeersuchen eines Gottes an seinen in der Beschwörungskunst erfahrenen Vater. Dort aber, wo die Deutung sich nicht auf jüngere Parallelen und Formeln stützen kann, sind sie trotz der ungemein großen Fortschritte im letzten Jahrzehnt immer noch recht unverständlich; denn was uns heute selbstverständlich ist, daß nämlich die Schriftzeichen so aufeinanderfolgen, wie man sie lesen muß, ist erst in der folgenden Entwicklungsstufe, der Altsumerischen Zeit, erreicht.

Der Rat des Šuruppag

Der Fundort Tell Abū Ṣalābīḫ hat einen reichen Schatz literarischer Texte und Fragmente aus einer etwas jüngeren Phase der Fāra-Stufe erbracht. Hier finden wir nun Beispiele erzählender Literatur, Lieder – darunter ein Liederkranz, der die einzelnen Heiligtümer des Landes besingt – und ein Beispiel der Ermahnungsliteratur. Letzteres ist von ganz besonderem Interesse für die Literaturgeschichte, weil dieser Text erweitert und teilweise umgestaltet auch im 18. Jahrhundert v. Chr. gut bezeugt ist und dann noch einmal in akkadischer Übersetzung im 11. Jahrhundert v. Chr. wieder auftaucht – eine Textgeschichte von 1400 Jahren. Ein Vater und Schwiegervater gibt seinem Kind und Schwiegerkind Ratschläge, meist in der Form von Warnungen, die einem Verhalten seine Folgen gegenüberstellen:

Bring keinen Bürgen! Der Mensch wird dich packen!

Die offensichtlichen Folgen werden zuweilen gar nicht genannt:

Wenn du Bier getrunken hast, prozessiere nicht!

Gelegentlich sind Ratschläge ausführlicher formuliert:

Das »Ich will es dir geben« liegt nahe bei eines Menschen Habe (oder: *Brot*)*, aber das Geben (selbst) ist himmelweit entfernt! (Du sagst:) »Ich will den Menschen mit dem »Ich will es dir geben« konfrontieren.« Er wird es dir nicht geben: »Es ist bereits aufgebraucht!« Mit Eigentum, auf das man Mühe verwandt hat, mein Kind, kann sich nichts messen!*

Diese Sammlung von Ratschlägen wird modern »Rat des Šuruppag« (»Instructions of Šuruppak«) genannt. Der

antike Titel – das sind die Anfangsworte – lautete im 26./25. Jahrhundert v. Chr.:

Ein Weiser, der die Worte kennt, lebte im Lande.

Etwa zwei Jahrhunderte später war daraus geworden:

Ein Weiser – er ist einer, der die Worte kunstvoll macht, der die Worte kennt – wohnte im Lande.

Im 18. Jahrhundert v. Chr. schließlich trat vor diese Zeile:

An jenem Tag, an jenem fernen Tag, in jener Nacht, in jener fernen Nacht, in jenem Jahr, in jenem fernen Jahr,

eine Texteinleitung, wie sie sich auch bei dem Epos »Gilgameš, Enkidu und die Unterwelt« in der Fassung des 18. Jahrhunderts v. Chr. findet. Fast die gleiche Einleitung lesen wir aber auch schon in zwei erzählenden Texten von Tell Abū Ṣalābīḫ, deren einer anfängt:

Jener Tag, jener Tag war es wirklich; jene Nacht, jene Nacht war es wirklich; jenes Jahr, jenes Jahr war es wirklich.

Solche Formeln am Anfang eines Textes gab es also schon im 26./25. Jahrhundert v. Chr., und es liegt nahe, ihren Ursprung in einer mündlichen Literatur zu vermuten. Formelhafte Wendungen, die in der Dichtung des 2. Jahrtausends v. Chr. wiederkehren, wie zum Beispiel

(Die Gottheit X) erschütterte den Himmel, ließ die Erde erzittern

finden sich auch anderwärts in diesen Texten und stützen die Annahme vom Ursprung der sumerischen Literatur im mündlich-formelhaften Dichten. Das heißt jedoch nicht, daß das, was in die schriftliche Tradition eingegangen ist, auch stets wieder formelhaft neu gedichtet wurde; es soll nur aussagen, daß die Wurzeln im mündlich – formelhaften Dichten zu suchen sind und daß die Techniken dieser Form der Dichtkunst an schriftlich tradierten und zum Teil wohl sicher auch so verfaßten Texten weit späterer Epochen noch ablesbar sind.

Die Keš-Hymne

Mit der Hymne auf das Heiligtum Keš ist auch ein poetisches Werk der Fāra-Stufe in Abschriften des 18. Jahrhunderts v. Chr. bezeugt. Die Bruchstücke der alten Fassung fanden sich bei den Ausgrabungen am Tell Abū Ṣalābīḫ und stammen vielleicht von ein und derselben Tafel, bei der die Trennlinien der Kästchen die Tafeloberfläche schachbrettartig überzogen, die Größe der Kästchen also unabhängig von der jeweils zu schreibenden Zeichenzahl vor Beginn der Niederschrift schon einheitlich festgelegt war (Abb. S. 283). Diese Form beobachten wir an verschiedenen Fundorten bis in die beginnende Akkad-Zeit hinein; in Tell Abū Ṣalābīḫ sind zum Beispiel einige Abschriften des erwähnten Tempelliederkranzes so gegliedert – vermutlich eine Hilfe für noch nicht sehr weit fortgeschrittene Schreiberschüler. Die schematische Einteilung der Tafeloberfläche erlaubt eine relative Sicherheit bei der Rekonstruktion der Tafel mit zwölf Schriftkolumnen auf der Vorderseite und nur zwei auf der Rückseite. Die Hymne auf das Heiligtum Keš wird durch den Refrain

Kann jemand etwas Größeres hervorbringen als Keš? Hat eine Mutter jemals einen geboren, der größer ist als sein Held (der Gott) Ašgi?

in acht Strophen unterschiedlicher Länge gegliedert. Im 18. Jahrhundert v. Chr. gab es dann auch Fassungen mit zusätzlichen Strophen, und man erweiterte den Refrain um den Vers

Wer hat jemanden gesehen, der größer ist als seine Herrin (die Göttin) Nintu?

und fügte jeweils einen redaktionellen Vermerk an:

Es ist das n-te Haus (n=1–8; 1–10),

was den Gedanken an einen Prozessionshymnus nahelegt. Im Laufe der etwa achthundertjährigen Überlieferung, aus der wir keine Zwischenglieder besitzen, hat sich der Text

dieses Preisliedes erstaunlich wenig verändert. Es sind vor allem neue Verse hinzugekommen; einzelne Verse der alten Fassung fehlen in der jüngeren; manchmal auch wurden Halbverse neu formuliert. So lauten die Verse 90 und 91 in der jungen Version:

Der Tempel ist von seinem Inneren her das Herz des Landes, von seiner Rückseite her der Odem, der das Innere füllt.

In der Fassung des 26./25. Jahrhunderts v. Chr. entspricht dem:

Der Tempel ist nach seinem Inneren der Odem des L[andes],/nach seinem Äußeren der Odem von [...].

Einen wesentlichen Unterschied sehen wir aber in der Abfolge der Strophen, und es ist gewiß kein Zufall, daß sich die Reihenfolge nach der dritten Strophe ändert, nach der in einigen Vertretern der jungen Version die erste Sonderstrophe eingeschoben wurde. Die ersten drei Strophen gehören wohl enger zusammen. Sie beschreiben eingangs, wie (der Götterkönig) Enlil erscheint und beginnt, das Heiligtum zu preisen, und wie die Göttin der Schreibkunst, Nisaba, den Lobpreis aufzeichnet – dieses Lied ist ein Werk der Götter. Das Heiligtum wird in seinen kosmischen Dimensionen besungen: Es reicht bis an den Himmel, der Anblick seiner Fassade füllt den Horizont, und die Fundamente reichen bis in den unterirdischen Süßwasserozean. Metaphern beschreiben den Tempel in seinen himmlischen und irdischen Aspekten. So heißt es:

Zum Himmel hin ist der Tempel ein Wisent, zur Erde hin ist er ein Hirsch,

mit der Folgerung, daß der Tempel Himmel und Erde als dritte kosmische Einheit an die Seite zu stellen sei. Auch die letzten beiden Strophen bilden eine engere Einheit; sie preisen das Leben im Tempel, sein Pantheon und seine Priester und gipfeln in der letzten Strophe im Ruf an die Menschen, zur Stadt, zum Heiligtum, zu den Göttern Ašgi und Nintu zu kommen. Auch die Abfolge der Schlußstrophen scheint in der alten und in den jungen Fassungen unveränderlich zu sein. Die achtstrophige Version des 18. Jahrhunderts v. Chr. umfaßt 124 Verse; die alte Fassung war wohl nur unwesentlich kürzer, eine der jungen zehnstrophigen Versionen war um 31 Verse länger.

Die Sprachen

Das Sumerische

Alle diese Dichtungen der Fāra-Zeit sind in sumerischer Sprache geschrieben. Das Sumerische wurde in Mesopotamien, vor allem in seinem südlichen Teil, bis ins beginnende 2. Jahrtausend v. Chr. gesprochen; danach lebte es in Literatur und Kult, aber auch in juristischen Formularen bis in die zweite Hälfte des 1. Jahrtausends v. Chr. fort. Beamte und Priester mußten es beherrschen und lernten es, nachdem es als lebendige Sprache ausgestorben war, in den Schulen. Zweisprachige, das heißt sumerisch-akkadische Lexika, Formularsammlungen und Grammatik-»Lehrbücher« sind seit dem beginnenden 2. Jahrtausend bezeugt. Einige Wissenschaftler setzen das Ende des gesprochenen Sumerisch schon vor dem Ende des 3. Jahrtausends an. Sie müssen dann aber annehmen, daß sich in der Ur-III- und der frühen Isin-Zeit nicht nur Literatur und Recht, sondern auch die staatliche Verwaltung für die vielen zehntausend Buchungsvorgänge über den Transfer von Schafen und Ziegen, über die Ausgabe von Bier und Mehl an einzelne Arbeiter und dergleichen mehr, daß sich auch die Schreiber von Briefen und das südmesopotamische Onomastikon einer toten Sprache bedient haben; außerdem hätten dann die in dieser Zeit eintretenden Neuerungen in der Orthographie des Sumerischen dem Schreiben einer Sprache gegolten, die nur noch als graphische Hülse von Äußerungen in einer ganz anders strukturierten Sprache, im Akkadischen, Verwendung fand.

Vermutlich war Mesopotamien viele Jahrhunderte lang zweisprachig, wobei das Sumerische im Süden und das Akkadische im Norden überwog. Die Entscheidung darüber, welche Sprache als Amtssprache dienen sollte, war wohl eine politische. Daß das Sumerische als gesprochene Sprache in der ersten Hälfte des 2. Jahrtausends v. Chr. verschwand, hängt sicher mit dem Vordringen der Amurriter in die Städte Südbabyloniens zusammen; ihre Sprache ist mit dem Akkadischen verwandt. Es war gewiß ein langsamer Prozeß.

Das Sumerische ist mit keiner bekannten Sprache verwandt und unterscheidet sich in zweifacher Hinsicht wesentlich von den uns geläufigen Sprachen: Es flektiert seine Nomina und Verben nicht; es fügt vielmehr an (fast) unveränderliche Wortbasen, die die lexikalische Bedeutung tragen, in festgefügter Ordnung Präfixe und Suffixe an, die (beim Nomen) Numerus und neun Kasus bezeichnen und (beim Verbum) sich auf die an der Handlung Beteiligten beziehen, die Richtung des Geschehens ausdrücken, das Verhältnis des Sprechers zu seiner Aussage nuancieren und noch nicht sicher bestimmbare weitere Funktionen festlegen. Man unterscheidet Personen und Sachen, der Gegensatz von Maskulinum und Femininum ist dagegen grammatisch irrelevant. Die Pluralität von Sachen und wiederholte Handlungen können nur durch reduplizierte Wortbasen ausgedrückt werden; verschiedene Verben werden nur mit pluralischem Bezug gebraucht. Der zweite uns sehr fremde Zug des Sumerischen ist seine Zugehörigkeit zur Gruppe der »Ergativsprachen«, die das Subjekt eines intransitiven oder passiven Verbums mit demselben Morphem bezeichnen wie das Objekt einer transitiven Handlung, deren Subjekt in einem besonderen Kasus, dem Ergativ (man spricht auch vom Agentiv), erscheint. Im Bereich des Verbums gibt es außer der Heteronymie von Singular- und Pluralbasen Aspektunterschiede, die teils nur morphologisch, teils durch Heteronymie (zum Beispiel *ĝen*: *du* »gehen«, Singular; *re7*: *su8* »gehen«, Plural) oder durch (oft die Basis verkürzende) Reduplikation (zum Beispiel *zig*: *zi-zi* »sich erheben«; *gul*: *gul-gul* »zerstören«) ausgedrückt werden. Durch diese Aspektunterschiede (perfektiv: kursiv) wird zumeist der Zeitbezug (vergangen: gegenwärtig/zukünftig) mitbezeichnet.

Die sumerischen Laute erkennen wir nur in mehrfacher Brechung in den Traditionen späterer Jahrhunderte und zudem anderer Sprachen. Im Bereich der Konsonanten gab es zum Beispiel die uns fremden Laute eines nasalierten *g*, als *ĝ* umschrieben, und eines *dr*.

Eine weitere Besonderheit ist die Existenz eines Frauendialekts, in dem viele Kultlieder des zweiten und ersten vorchristlichen Jahrtausends niedergeschrieben sind – in altsumerischer Zeit gab es weibliche Kultsänger.

Das Akkadische

Die zweite altmesopotamische Sprache, das Akkadische, begegnet uns zuerst deutlich in Eigennamen, etwa in den Namen von Schreibern sumerischer literarischer Texte und Wortlisten aus Fāra und Tell Abū Ṣalābīḫ. Diese Namen sagen zwar nicht zwingend, welches die Muttersprache ihrer Träger war; sie bezeugen aber eine weit fortgeschrittene kulturelle Einheit von Sprechern des Akkadischen und des Sumerischen zu eben der Zeit, zu der wir die Sprachen erstmals sicher in den Texten erkennen können. Das Akkadische gehört zur Familie der semitischen Sprachen und vertritt dort deren östlichen Zweig; es ist überhaupt die älteste bezeugte semitische Sprache. Es flektiert Nomina und Verba und kennt die Kategorie des Ergativs nicht; vielmehr unterscheidet es Subjekt und Objekt. Ob es

Linke Seite: Siegel eines Arztes mit dem Namen Ur-lugal-edena aus der Akkad-Zeit (oben; Inschrift spiegelbildlich); auch bei dem neubabylonischen Siegel mit einem Beter vor zwei Postamenten mit Göttersymbolen (unten) verläuft die Inschrift in alter Weise senkrecht zur Standfläche der Figuren.

Oben: Fragment einer Stele, die ein amurritischer Häuptling der Göttin Ašratum für die Gesundheit des altbabylonischen Königs Hammurabi von Babylon geweiht hat. Die nomadische Herkunft des Weihenden läßt sich aus seinem Titel »Großer (des Gebiets am) S[ilakum-Kanal]« und daraus erschließen, daß er Hammurabi »König der Amur[riter]« nennt. London, British Museum

Unten: Ein Schulbuch der Fāra-Zeit: Die Liste der Berufs- und Funktionsbezeichnungen.

Links: Kalksteintafel mit Reliefdarstellung und Inschrift aus Girsu/Tellō. Das Relief zeigt einen Mann in einem Rock mit Netzmuster und mit federartigem – gelegentlich auch als Pflanzen gedeutetem – Kopfschmuck (»Figure aux plumes«); mit der Linken hält er eine keulenförmige Standarte. Der etwa in die Fāra-Zeit datierende, noch weitgehend unverständliche Text spricht von mehreren, insgesamt ca. 380 km² großen Feldern. Paris, Louvre

Rechts: Der sogenannte »Blausche Stein« gehört zu einem Paar solcher Flachbild und Inschrift verbindender Denkmäler, die Transaktionen im Zusammenhang mit einem Grundstücksgeschäft beurkunden; er datiert in die Ǧemdet-Naṣr-Zeit. London, British Museum

im 26. Jahrhundert v. Chr. noch über die gesamte Palette der für das Ursemitische angesetzten Phoneme verfügte, lassen unsere Quellen nicht erkennen. Im Laufe der Jahrhunderte bis zum Ende des 3. Jahrtausends v. Chr. wird die Gruppe der Kehllaute stark reduziert; ebenso fallen zum Beispiel die interdentalen Spiranten mit dem Š (»sch«) zusammen. Darin und in anderen Veränderungen des Lautstandes einen Einfluß des Sumerischen zu sehen, ist vielleicht nicht ganz richtig, weil das für das frühe Akkadisch gebrauchte Syllabar diese Laute zum Teil noch erkennen läßt und die Silbenzeichen dafür ja zunächst zum Schreiben des Sumerischen abstrahiert worden sind. Die Stellung des akkadischen Verbums am Satzende in Prosatexten – anders als in anderen semitischen Sprachen – kann aber auf sumerischen Einfluß zurückgehen. Sonst aber gibt es große Unterschiede zwischen sumerischer und akkadischer Wortstellung.

Gerade solche Unterschiede in der Stellung der Satzglieder erlauben es, selbst Weihinschriften als akkadisch zu identifizieren, die kein einziges silbisch geschriebenes akkadisches Wort enthalten. Die Formulierung

Mesallim, König von Kiš, Haus-Erbauer des (Gottes) Ningirsu, hat dem (Gott) Ningirsu (diesen Gegenstand) hineingebracht; Lugal-ša(g)-engur war (zu dieser Zeit) Stadtfürst von Lagaš

auf der mit Löwen und einem löwenköpfigen Adler geschmückten »Mesilim-Keule« (Abb. S. 330) aus Tellō/Girsu, der Hauptstadt von Lagaš, erweist sich durch die Stellung des Wortes *Erbauer* als akkadisch – sumerisch stünde es nach dem Gottesnamen –, obwohl sie in *hat hineingebracht* eine ausgeschriebene sumerische Verbalform enthält, die also als »Sumerogramm« akkadisch zu lesen ist.

In Adab, einer anderen Stadt des vorwiegend sumerischsprachigen Südens, hat derselbe König eine eindeutig sumerisch formulierte Weihinschrift hinterlassen. Die Zeichenformen der »Mesilim-Texte« sprechen für ein Datum kurz nach der Fāra-Zeit – Altersangaben für Steininschriften dieser frühen Zeit sind allerdings angesichts des dünn gesäten Vergleichsmaterials und großer Qualitätsunterschiede recht unsicher.

Die Weiterentwicklung der Keilschrift

Altsumerische Königsinschriften

Die folgenden Jahrhunderte bringen ein Anwachsen der Zahl von Silbenzeichen und damit immer größere Eindeutigkeit des Gemeinten. Damit wuchs auch die Möglichkeit, sich unabhängig von engen Formularen frei schriftlich auszudrücken. Das nutzten nun Herrscher, die ihren formelhaften Weihinschriften andere Aussagen hinzufügten. Etwa um die Mitte des 25. Jahrhunderts v. Chr. schrieb Urnanše von Lagaš seinen Namen sowie die Namen seiner Familienmitglieder und Diener auf Weihplatten und verzeichnete darauf, welche Tempel er erbaut habe (Abb. S. 285). Wir kennen auch eine sehr schlecht erhaltene Stele von ihm, auf der er über kriegerische Taten berichtet, und schließlich Bau- und Kriegsberichte Urnanšes, die ein Schüler – vielleicht ein halbes Jahrhundert später – als Schreiberübungstext in eine unregelmäßig geformte Steinplatte eingemeißelt hat. Damit beginnt für uns die Gattung der erzählenden Königsinschriften, die bereits zwei Generationen später in dem Text der »Geierstele« Eannatums von Lagaš (Abb. S. 331) kunstvoll gestaltet und in epischer Breite vor uns tritt. Stoff dieser Berichte ist vor allem der Grenzkonflikt mit dem Nachbarstaat Umma, der in historischer Perspektive dargestellt wird. Einige dieser Texte sind uns wiederum nur als Abschriften, diesmal auf Tontafeln und konischen Tonfäßchen, überliefert.

Das altakkadische Syllabar

Im letzten Drittel des 24. Jahrhunderts v. Chr. erfolgte noch ein entscheidender Schritt im silbischen Schreiben. Bislang hatte man die vor und hinter die sumerischen Wortbasen tretenden grammatischen Bedeutungsträger

mit Silbenzeichen der Typen K(onsonant) + V(okal) oder K(onsonant) + V(okal) + K(onsonant) geschrieben; der zweite dieser Typen war aber nie recht produktiv geworden, weshalb silbenschließende Konsonanten kaum ausgedrückt werden konnten. Die wenigen Zeichen, die in modernen Umschriften durch Vokal und Konsonant beziehungsweise nur durch Vokal wiedergegeben werden, verstand man offenbar als konsonantisch (mit Hiatuslaut) beginnend, las also eine Zeichenfolge *dù+a+am*$_6$ als *duHaHam* »es ist gebaut«. Trat ein Vokal an ein konsonantisch endendes Wort an, so gebraucht man ein K+V–Zeichen – vermutlich, weil die Silbengrenze dann vor den Konsonanten rückte: *sum+a*, gesprochen *su'ma*, geschrieben als *sum-ma*. Nun aber entdeckte man die Möglichkeit, K+V+K-Silben durch zwei Zeichen der Art K+V-V+K auszudrücken, schrieb also zum Beispiel den Namen des zweiten Königs der Dynastie von Akkad, Rīmuš, als *rí-mu-uš*. Man schuf ein System von K+V- und V+K-Zeichen, mit dem man alle möglichen Lautverbindungen schreiben konnte, ein Syllabar, das es erlaubte, Akkadisch zu schreiben. Im Silbenanlaut wie im Silbenauslaut verzichtete man dabei auf eine Unterscheidung zwischen den drei verschiedenen Arten von Verschluß- und Zischlauten einer Artikulationsbasis, schrieb also *ga* für *ga*, *ka* und *qa* und *ag* für *ag*, *ak* und *aq*. Für Muttersprachler war die erzielte Eindeutigkeit groß genug, das zu erlernende Zeicheninventar konnte so recht klein gehalten werden. Auch in den folgenden Jahrtausenden hielt man daran fest, im Silbenauslaut nicht zu differenzieren – vielleicht waren die Unterschiede neutralisiert. Im Silbenanlaut begann man später aber zu unterscheiden, wobei sich örtlich und zeitlich verschiedene Systeme ergaben. Dies waren aber nur noch Änderungen im Detail. Die wesentlichen Schritte zur Ausbildung eines effektiven und flexiblen, auf verschiedene Sprachen anwendbaren Schriftsystems waren mit der Entstehung des altakkadischen Syllabars getan.

Altsumerische Literatur und Werke der Akkad-Zeit

Von der Literatur zwischen Fāra- und Akkad-Zeit ist nur ganz wenig erhalten; lediglich aus dem nordsyrischen Ebla kommen einige noch schwer deutbare Texte, aus dem südmesopotamischen Girsu/Tellō ein Fragment eines Klageliedes, das diese Literaturgattung für diese frühe Zeit bezeugt. Die literarischen Bemühungen der Schreiber finden wir statt dessen in Königsinschriften manifestiert, die, wie zum Beispiel die Vaseninschriften von Lugalzagesi von Uruk und Umma, als Wortkunstwerke gestaltet wurden. Hier gebraucht der Autor gezielt räumliche, vor allem geographische Begriffe, um den Horizont des Lesers schrittweise auszuweiten und ihm den sich bis ins Unermeßliche erstreckenden Bereich vor Augen zu führen, den der Götterkönig Enlil dem irdischen Herrscher anvertraut hat – eine Aufgabe, für die dieser wiederum den Beistand des Gottes vermittels der Weihgaben erfleht. Geschickt nutzt der Verfasser das grundlegende Stilmittel altorientalischer Poesie, den uns aus dem Alten Testament vertrauten Parallelismus membrorum, das ist die Folge von Sätzen oder Satzgliedern gleicher oder entgegengesetzter Struktur oder Aussage, zumeist bei teilweiser Veränderung der Formulierung. Er gebraucht Chiasmen und spiegelbildliche Konstruktionen, kontrastiert Reihen grammatisch gleich gebauter Ausdrücke mit solchen alternierender Syntagmata und erzielt seine Wirkung durch den kunstvollen Einsatz von Möglichkeiten, die Grammatik und Lexikon ihm bieten. Es scheint eine reizvolle Frage, ob jemand, der so

Links und rechts: Die altbabylonische Tafel mit Liebesbeschwörungen einer Priesterin fand sich in kleine und kleinste Fragmente zerbrochen, beigesetzt in einem verschlossenen Keramikgefäß (um die Wirkung des Liebeszaubers zu beenden?) im Hause eines »Oberkultsängers« in Isin. Vor dem Beschreiben von einer großen Mehrkolumnentafel abgeschnitten, ist die Tafel selbst ein Kuriosum. Die Formeln ähneln denen des unten übersetzten ca. 500 Jahre älteren Zaubertextes.

Rechte Seite: Die 12 cm hohe Steintafel ist eine von vier identischen Bauinschriften, die zusammen mit Statuetten Šulgis in Gründungskästen in Ur gefunden wurden.
Bagdad, Iraq Museum

zielstrebig Morphologie und Syntax seiner Sprache, also des Sumerischen, einsetzt, sich deren grammatischer Struktur nicht auch bewußt gewesen sein muß.

Eine altakkadische Liebesbeschwörung

In der Akkad-Zeit wurde das Akkadische zur Amtssprache auch des Südens. Aus späterer Zeit sind verschiedene Literaturwerke in sumerischer und akkadischer Sprache überliefert, die aus dieser Epoche erzählen. Kontemporäre Überreste einer Literatur in altakkadischer Sprache kommen nur aus dem nördlichen Landesteil. Neben Bruchstücken einer epischen Erzählung ist hier vor allem eine Liebesbeschwörung zu nennen, deren Bilder freilich recht fremdartig anmuten und nur zum Teil verständlich sind und über deren Deutung bisher noch keine Einigkeit herrscht:

(Der Gott) Enki liebt den Liebreiz.
(Der Göttin) Ištars Kind Liebreiz [sitzt] auf [ihrem] Schenkel.
Ich werde durch Weihrauch-Speichel geleitet.
Ihr beiden schönen Mädchen steht in voller Blüte,
ihr seid zum Garten hinabgegangen.
Ihr beiden seid in den Garten hinabgegangen
und habt den Weihrauch-Speichel abgeschnitten.
Ich habe deinen, (Mädchen), Speichelmund gepackt,
ich habe deine bunten Augen gepackt,
ich habe deine Urinscham gepackt.

Ich bin in den Garten des (Mondgottes) Sîn gesprungen,
habe die Pappel abgeschnitten
für das Tageslicht für sie.

Umfange (wörtlich: *umkreise*) *mich, (Mädchen), auf den Buchsbaum(hölzern),*
wie der Hirte die Herde umkreist,
wie die Ziege ihr Böckchen,
wie das Mutterschaf sein Lamm,
wie die Eselin ihr Fohlen!

Seine Arme sind geschmückt,
Öl und Harfe(nklänge) sind seine Lippen,
ein Ölkrug ist in seiner Hand,
ein Krug mit Zedernharz ist auf seiner Schulter.
Die Liebreize haben sie betört,
haben sie rasend gemacht.

Ich habe deinen, (Mädchen), Mund der Lust gepackt!
Bei (den Göttinnen) Ištar und Išḫara beschwöre ich dich:

Solange sein Nacken und dein Nacken einander nicht berühren, sollst du mir nicht zur Ruhe kommen!

Ein Mann will hier die Liebe einer Frau gewinnen; teils spricht er selbst, teils der Beschwörer. Angeredet ist die Geliebte; ein Teil des Textes wendet sich an zwei Frauen, wohl die Liebesgöttin Ištar und die Geliebte. Zweimal wird von der Geliebten objektiv geredet, wohl vom Beschwörer zum Verliebten.

Der »Weihrauch-Speichel« ist hier sicher nicht die Bezeichnung eines Pflanzensaftes (was die Wörterbücher nahelegen), sondern Metapher für ein Körpersekret, dessen kräftiger Duft – dem akkadischen Wort für Weihrauch entspricht im Sumerischen »bitteres Aroma« – den Liebeshungrigen angelockt hat. Die Geliebte hat sich ihm entzogen; Gerüche des Gartens – noch ganz im Bereich der Geruchsmetapher – überlagern die Düfte. Dann aber kommt die sichtbare Wahrnehmung ins Bild: Es ist ein dunkler, nächtlicher Garten, der Garten des Mondgottes. Die schattenspendende Pappel – noch einmal Betonung des Dunklen – wird gefällt (»abgeschnitten«, wie auch der Weihrauch-Speichel »abgeschnitten« wurde), so daß die Geliebte sichtbar wird, im Lichte steht. Auch der »Speichelmund« ist eine Metapher; sie gehört zum Formelinventar der Beschwörer. Das zeigt eine Beschwörung des Geliebten durch eine sehnsüchtige Frau aus dem 18. Jahrhundert v. Chr. (Abb. S. 280), in der wir lesen:

Ich habe dich mit meinem haarigen Mund gebunden,
mit meiner Urinscham,
mit meinem Speichelmund,
mit meiner Urinscham!

Die Metaphern »Speichelmund« und »haariger Mund« – die Annahme eines Damenbartes in diesem Zusammenhang wäre absurd – werden jeweils durch die wiederholte konkrete Aussage verdeutlicht. Das läßt sich unschwer auf die altakkadische Beschwörung übertragen, auch auf den »Mund der Lust« dort; das mit »Lust« übersetzte Wort benennt die körperlichen Reize von Mann und Frau und in Metonymie den Geliebten. Erstaunlich scheinen in einer Liebesbeschwörung die Vergleiche der erhofften Zuwendung durch die Geliebte mit der eines Muttertieres zu seinem Jungen. Hier läßt sich das Tertium comparationis nicht genau fassen (Bewegungsrichtung, Zärtlichkeit und Fürsorge, Nähe?). Wir sähen klarer, wüßten wir, was es mit den Buchsbaum(hölzern) auf sich hat, ob hier ein Bett aus diesem Material gemeint ist – kostbare Betten aus Buchsbaumholz werden in Wirtschaftsurkunden des 3. Jahrtausends v. Chr. genannt.

Sumerische Dichtungen – neue Schriftträger

Außer Beschwörungen in sumerischer und altakkadischer Sprache haben Fundorte aus dem südlichen Babylonien auch Bruchstücke sumerischer Literatur erbracht, die in

der frühen Akkad-Zeit oder kurz zuvor aufgeschrieben wurden, darunter eine Abschrift des schon genannten »Rates des Šuruppag« aus der Stadt Adab.

Aus Nippur, der Stadt, deren Ruinen die Mehrzahl der heute bekannten Werke der sumerischen Literatur dem Spaten preisgeben sollten, kommen Bruchstücke verschiedener Dichtungen, darunter zwei mythologische Erzählungen. Eine davon handelt von der Gefangenschaft des Wettergottes Iškur in der Unterwelt (oder: im Bergland; das sumerische Wort *kur* hat beide Bedeutungen), und die andere, die mit der uns schon bekannten formelhaften Einleitung beginnt

An jenem Tag, bis zu jenem Tag war es; in jener Nacht, bis zu jener Nacht war es; in jenem Jahr, bis zu jenem Jahr war es,

handelt zunächst von einem Gewitter:

Der Sturm stieß hernieder, der Blitz zuckte; auf das Heiligtum Nippur stieß der Sturm hernieder, zuckte der Blitz. Dabei sprach der Himmel ein Wort mit der Erde, sprach die Erde ein Wort mit dem Himmel.

Dann ist die Rede davon, daß ein Gott – sein Name ist nicht erhalten – mit der Muttergöttin Nin-ḫursaĝa (»Herrin des Gebirges«) ein Kind zeugt, vielleicht den Gott Ninurta, der

etwas später genannt wird. Der Rest des Textes ist leider zu schlecht erhalten, um das weitere Geschehen zu erschließen.

Dieser letztere Mythos ist auf einen Tonzylinder geschrieben, eine neue Art von Schriftträger, vielleicht aus den konischen Fäßchen der altsumerischen Zeit abgeleitet. Sie erlaubt es, einen vielkolumnigen Text ohne größere Schwierigkeit fortlaufend zu lesen, während man den Zylinder um seine Achse dreht. Einige derartige Zylinder zeigen noch Reste der Durchbohrung, durch die eine solche Achse geführt war. Eine spätere Weiterentwicklung ist das mehrseitige Prisma.

Der Tonzylinder aus Nippur teilt mit anderen gleichzeitigen literarischen Fragmenten aus dieser Stadt und aus Adab die vielleicht als Hilfsmittel für Schüler gedachte schematische schachbrettartige Einteilung der Schreibfläche durch einander senkrecht schneidende Linien in gleichgroße Schriftkästchen, die uns schon bei der Hymne auf das Heiligtum Keš begegnet war. Da ein Kästchen gewöhnlich eine syntaktische Einheit und damit auch eine Sprecheinheit umfaßt, ist die Zahl der in ihm enthaltenen Schriftzeichen variabel; erfahrene Schreiber passen dem die Kästchengröße an. Ist aber diese vorgegeben und nicht großzügig bemessen, so kann der Schreiber gezwungen sein, mehr Zeichen hineinzuzwängen, als Platz haben. Dann muß er kleiner schreiben. Eine andere Lösung hat der Schreiber des »Rates des Šuruppag« aus Adab gewählt. Er mißachtet die Kästchengrenze und schreibt so über sie

Oben: Ein Schulbuch aus der Schicht Uruk IIIa (links) enthält die Liste von Bäumen und Holzgegenständen, die bis in die 2. Hälfte des 1. Jahrtausends tradiert wurde. Das ca. 1840 v. Chr. in Isin geschriebene Schulbuch (rechts) zeigt die Liste der Bäume und Holzgegenstände in einer jüngeren, gegenüber der archaischen erweiterten Fassung. Der ursprünglich zweite Eintrag steht nun an dritter Stelle.

Rechts: Rekonstruktion der Keš-Hymne in einer Version der Fāra-Zeit. Die Fragmente stammen von einer (höchstens zwei) Tafel(n), deren Vorderseite hier wiedergegeben ist.

hinweg, daß die Präfixe eines Verbums vor ihr, die Basis aber hinter ihr stehen; die Grenze geht so mitten durch ein Wort. Ebenso scheint auch ein Schreiber aus Nippur verfahren zu sein.

Die Gudea-Zylinder

Ein großer Glücksfall für unser Wissen um die sumerische Literatur war die Auffindung der Zylinderinschriften Gudeas von Lagaš bei den Ausgrabungen in der südmesopotamischen Stadt Girsu (heute der Ruinenhügel Tellō). Gudea war Herrscher (*énsi*, »Stadtfürst«) von Lagaš und ein (wohl etwas älterer) Zeitgenosse Urnammus von Ur, des Begründers der sogenannten III. Dynastie von Ur. In dem sich über zwei Zylinder erstreckenden Gedicht beschreibt er den Tempelbau für den Stadtgott Ningirsu, die Errichtung einer großen Anlage, in der viele Götter verehrt wurden. Der eine Zylinder umfaßt 30, der andere 24

Kolumnen; zusammen sind es 1366 Kästchen, die jeweils einen Vers oder Halbvers enthalten (Abb. S. 270).
In der Forschung herrscht keine Einigkeit darüber, ob die beiden Zylinder die Dichtung vollständig enthalten – der Text hat nur ganz kleine Lücken – oder ob ihnen ein weiterer Zylinder vorausging. Es geht dabei um die Deutung der jeweiligen redaktionellen Schlußvermerke, die lauten: *Mitte* (beziehungsweise *Ende*) *des Preisliedes für den Bau des Hauses Ningirsus* oder *Mittleres* (*Letztes*) *Preislied dafür, daß das Haus Ningirsus erbaut worden ist.*
Auch wenn letztere Auffassung gut möglich scheint, spricht für erstere der Beginn des Zylinders A mit einer Art »Prolog im Himmel«, der allerdings recht knapp geraten ist. Falls ein weiterer Zylinder vorausging, könnte er die Erschaffung der Welt und der Menschen, die Einrichtungen der Kultur und der politischen Ordnung beschrieben und die Geschichte des Staates Lagaš bis zur Zeit Gudeas erzählt haben. Diese Annahme ist nicht ganz aus der Luft gegriffen. Es gibt nämlich einen bruchstückhaften Text des 18. Jahrhunderts v. Chr. mit ursprünglich 200 Zeilen (das entspräche etwa 300 bis 400 Kästchen), der eine Geschichte des Staates Lagaš nach der Sintflut erzählt, beginnend mit der Aussaat des Menschensamens, der Einrichtung des Stadtfürstenamtes, nicht aber des Königtums, der Schaffung der landwirtschaftlichen Kultur, besonders des lebenswichtigen Kanalsystems, bis hinab zu eben unserem Gudea. Diese als »Die Herrscher von Lagaš« bekannte Tafel im British Museum ist sicher die Abschrift eines älteren Textes und könnte dem Inhalt der zweiten Hälfte eines solchen ersten Gudea-Zylinders entsprechen, dessen erste Hälfte dann die Geschichte der Welt vor der Sintflut beschriebe. Ob man freilich annehmen darf, daß wir es mit einem Nachkommen des ersten Gudea-Zylinders zu tun haben, steht dahin; es hängt – neben Stilunterschieden und der notwendigen Annahme orthographischer und wohl auch grammatischer Veränderung des Textes – vor allem davon ab, ob die Aussage, Gudea sei »jüngerer Bruder Urbabas« gewesen, mit unserem Wissen darum vereinbar ist, daß Urbaba sein Schwiegervater war. Wenn wir einer im 1. Jahrtausend v. Chr. bezeugten Überlieferung Glauben schenken können, der zufolge Urnammu von Ur eine Tochter seines Bruders Utuḫengal geheiratet hat, dann wäre für exakt dieselbe Zeit die Heirat der Bruder-Tochter in einem Herrscherhaus bezeugt; wir brauchten dann nicht anzunehmen, die Aussage des Textes über Gudea müsse sachlich falsch sein.
Sei dem, wie ihm wolle, die in den beiden Gudea-Zylindern erzählte Geschichte beginnt damit, daß Enlil, der Hauptgott des Pantheons, den Stadtgott Ningirsu freundlich anschaute, *als die Entscheidungen für Himmel und Erde zu treffen waren*, denn *Lagaš hatte im Besitz der großen kultischen Amtsmacht* (me) *sein Haupt zum Him-*

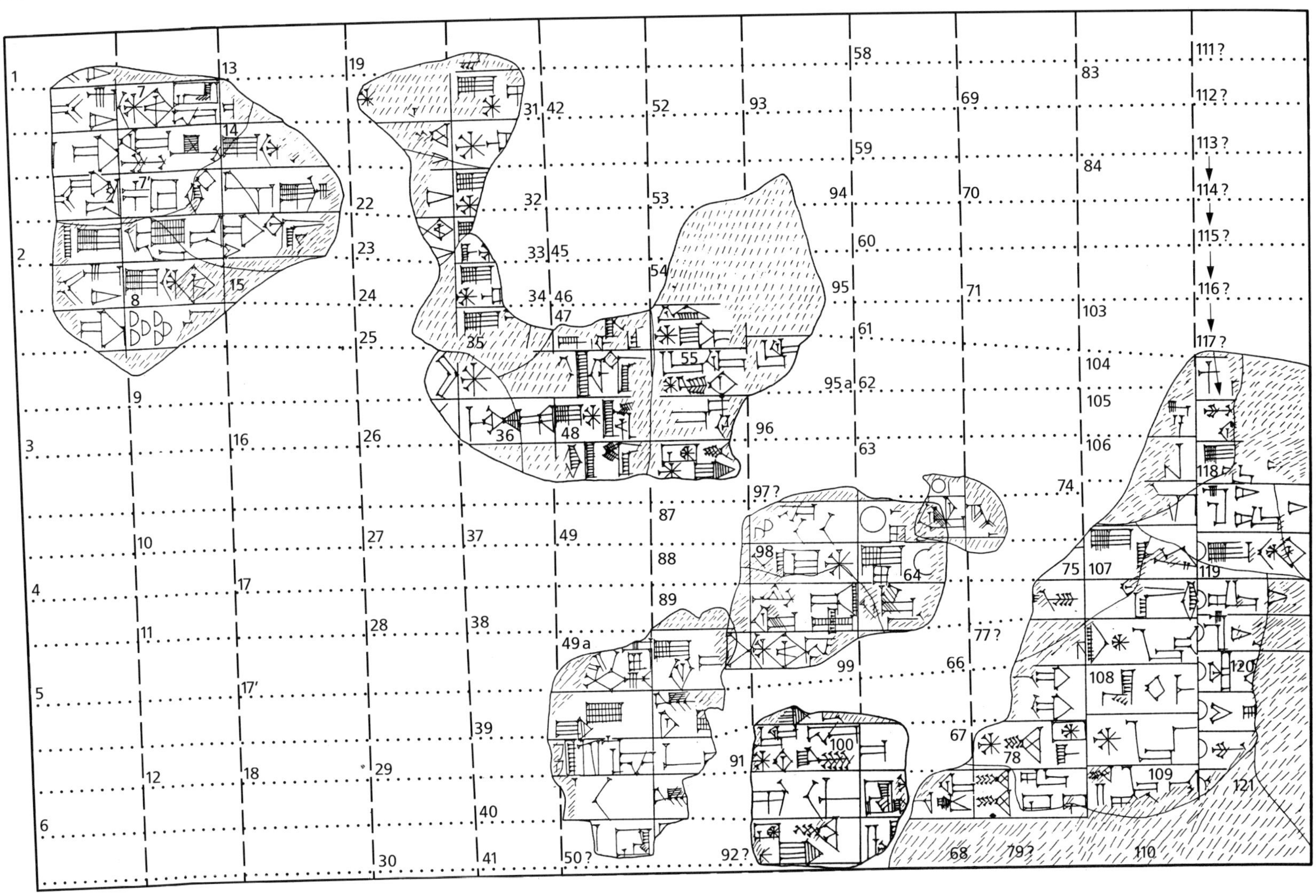

mel erhoben, und Enlil war sehr zufrieden. Nun faßt Ningirsu den Entschluß, sein Haus bauen zu lassen, und läßt den Stadtfürsten Gudea es im Traum sehen. Gudea freilich versteht den Traum nicht und begibt sich auf eine Reise zur Göttin Nanše, der Schwester Ningirsus, um sich den Traum deuten zu lassen:

Wohlan, ich will es ihr sagen, wohlan, ich will es ihr sagen!
In dieser Sache soll sie mir beistehen!...
Von dem, was der Traum mir gebracht hat,
habe ich den Sinn nicht verstanden.
Meiner Mutter will ich meinen Traum bringen!
Meine weise Traumdeuterin aus eigenem Vermögen,
meine Nanše, die Schwester aus Siraran,
möge mich seinen Sinn finden lassen!

Nachdem ihm nun der Traum in allen Einzelheiten gedeutet worden ist, macht sich Gudea sogleich ans Werk, erhält in einem weiteren Traum genauere Anweisungen von Ningirsu und beginnt mit der kultischen Reinigung der Stadt. Dann werden die einzelnen Schritte beschrieben, die zum Bau nötig sind: die Beschaffung von Hölzern und kostbaren Materialien aus fernen Ländern, das Ausmessen des Bauplatzes, die Fertigung des Gründungsziegels und so weiter, alles in überaus poetischer und an Metaphern und Vergleichen reicher Sprache. Es folgt endlich die Schilderung der Einweihungsfeierlichkeiten mit dem Einzug Ningirsus und seines göttlichen Hofstaats, dem Beilager mit seiner Gemahlin Baba (oder Ba'u) und einem Festgelage der Hauptgötter des Pantheons, an ihrer Spitze An und Enlil, die für Ningirsu, seinen Tempel und für dessen Erbauer Gudea eine gute Zukunft bestimmen.

Altbabylonische Literaturtradition

Gudea steht für uns an der Grenze der im babylonischen Kernland in Altbabylonischer Zeit tradierten, fast ausschließlich sumerisch geschriebenen Literatur, die die Ausgräber vor allem in Nippur und Ur, auch in Isin und Larsa in Schichten aus der Zeit Samsuilunas von Babylon gefunden haben. Danach sollte der Süden Babyloniens für Jahrhunderte ohne Schriftzeugnisse bleiben. Die politisch-militärischen Katastrophen der Antike mit ihren verheerenden wirtschaftlichen Folgen haben in ihrem Schutt die Denkmäler bewahrt, die sonst durch steten Gebrauch und Wiederverwendung verlorengegangen sind. Die altbabylonischen literarischen Texte aus Sippar und Kiš lassen sich keinen bestimmten Schichten zuweisen.

Aus der Zeit vor Gudea sind nur vereinzelte Texte in den Kanon der in den Schulen Babyloniens gelehrten Literatur aufgenommen worden: die mit dem Namen der Tochter Sargons von Akkad, Enḫeduana, verbundenen Lieder auf die Tempel des Landes und Hymnen an die Göttin Inanna sowie die schon besprochenen beiden fārazeitlichen Werke. Sehen wir von einer sumerischen Erzählung über Sargon von Akkad und den von ihm bezwungenen Lugalzagesi von Uruk und Umma ab – sie ist unvollständig, nur in zwei Fragmenten vorhanden und in ihrem Tenor nicht deutlich –, so findet sich außer einem ebenfalls singulären literarischen Brief Sargons (er ist nur in einer einzigen Handschrift erhalten) kein einziges Literaturwerk in diesem Korpus, das dem Ruhm der Herrscher von Akkad dienen soll. Solche Texte sind vielmehr in akkadischer Sprache und nur aus Randgebieten und – gewiß erst nach Samsuiluna – aus Sippar und nach der altbabylonischen Zeit aus Assyrien, Kleinasien und sogar aus Ägypten (Tell el-Amarna) überliefert.

In Babylonien dagegen erfreute sich im Schulbetrieb, von der Ur-III-Zeit bis Samsuiluna bezeugt, die Dichtung »Fluch über Akkad« größter Beliebtheit; zur Zeit sind 99 Handschriften bekannt. Sie beschreibt nur kurz den Aufstieg von Akkad unter Sargon und zeigt dann die Hybris – wenn wir es recht verstehen – seines Enkels Naramsîn und dessen trotzig-gewaltsame Reaktion auf die Entfremdung der Götter. Die daraufhin von den Göttern bewirkte Ver-

Linke Seite, außen: Weihplatte aus dem Heiligtum des Mondgottes Nanna in Ur mit Libationsszenen vor einem thronenden Gott und vor einem Tempel.
London, British Museum

Linke Seite, innen: Thema der Weihplatte aus dem Inanna-Tempel in Nippur ist das in Frühdynastischer Zeit so häufig dargestellte Symposion. Aus der Inschrift geht hervor, daß die Platte von dem Groß-Juwelier Lumma dem Gott Ninmu geweiht wurde.
Bagdad, Iraq Museum

Oben: Auf der Weihplatte des Stadtfürsten Urnanše von Lagaš sind Familienmitglieder und Diener mit ihren Namen bezeichnet.
Paris, Louvre

nichtung Akkades durch die barbarischen Gutäer wird breit ausgemalt und zum Schluß die Göttin Inanna, die Stadtgöttin von Akkad, für dessen Zerstörung gepriesen. Literatur, genauer wohl die Weitergabe von Literatur in den Schulen, wo die Staatsbeamten ausgebildet wurden, hatte im Alten Orient offensichtlich einen hochpolitischen Aspekt, auch wenn wir heute nur ahnen können, worin die Ablehnung der Überlieferung über die Herrscher von Akkad gründete – ihre Monumentalinschriften schrieb man im Schulunterricht ja durchaus ab. Es lag vermutlich an einem rigorosen politischen Zentralismus, der das überkommene politisch-religiöse System außer Kraft setzte, in dessen Zentrum der Gott Enlil mit seiner Stadt Nippur gestanden hatte.

Wenn wir von Schulen sprechen, dann meinen wir nicht ein Schulhaus, in dem Schüler und Lehrer zusammenkamen. Es war vielmehr – soweit wir wissen – so, daß der Unterricht in den Häusern der Schreiber erteilt wurde. Die Lichtverhältnisse, die zum Lesen einer Keilschrifttafel nötig sind, hätten auch gar keine größeren »Klassen« zugelassen. Trotzdem bestand die Schule als eine Institution. Man verfuhr im ganzen Lande nach einem einheitlichen Lehrplan, der die Abfolge der zu erlernenden und abzu-

schreibenden Literaturwerke regelte. So studierte man in Nippur und Larsa die auf einer in Isin gefundenen Tontafel in Miniaturschrift aufgeschriebenen Werke in gleicher Abfolge als Nr. 6–10 des Kanons (Abb. S. 289).
Auch Gudea ist in der altbabylonischen Schultradition eine ganz marginale Erscheinung. Wir sahen einen möglichen Kandidaten für eine späte Version eines Zylinders 1; dann gibt es ein zu seinen Ehren verfaßtes Götterlied. Er wird außerdem in einem großen Hymnus auf die im Staate Lagaš beheimatete Göttin Nanše genannt, und man kann vermuten, daß das große epische Gedicht *Lugal ud melam-bi nirĝal*, das sich deutlich auf den von Gudea erbauten Tempel bezieht, den politischen Führungsanspruch von Lagaš begründen soll und in seiner Zeit entstanden ist.

Ninurta-Epen

Lugal ud melam-bi nirĝal (»König, Unwetter, das auf seinen Glanz vertraut«) ist in seiner kanonischen Form eine Erzählung über den Gott Ninurta, einen dem Ningirsu des Staates von Lagaš verwandten kriegerischen Gott aus dem Hofstaat Enlils in Nippur, auf den, wie wir annehmen, eine Ningirsu-Dichtung (oder zumindest der Stoff einer solchen) übertragen wurde. Um die Mitte des 2. Jahrtausends v. Chr. entstand eine zweisprachige, sumerisch-akkadische Version, die bis in die Seleukidenzeit nachweisbar ist – eine etwa zweitausendjährige handschriftliche Überlieferung dieses Epos. Es ist die Geschichte von dem jungen Kriegsgott, der vom schlimmen, bedrohlichen Treiben des bösen Dämons Asag im Bergland hört, gegen diesen in den Kampf zieht und ihn in wildem und schrecklichem Zweikampf besiegt. Zunächst freilich muß Ninurta unterliegen – ein in der Epik beliebtes Mittel, die Spannung des Zuhörers zu erhöhen. Sein Diener, die Keule Šarur, holt in Nippur den Rat seines Vaters Enlil ein, und dann erst hat Ninurta Erfolg. Aus dem Asag werden Steine, die der Gott zum Gebirge auftürmt, und aus diesem läßt er den Tigris herabfließen, womit nun der Ackerbau im flachen Lande möglich wird. Das Gebirge schenkt er seiner Mutter, die fortan den Namen Nin-ḫursaĝa(k) (»Herrin des Gebirges«) tragen wird. Schließlich kehrt Ninurta zu Schiff als Triumphator heim, anscheinend nach Girsu, nicht etwa, wie man bei einem ursprünglichen Ninurta-Mythos annehmen würde, nach Nippur. In diese Erzählung vom kulturschaffenden, heroischen Gott ist ein längerer Abschnitt eingebaut, der die verschiedenen Gesteinsarten beschreibt, ihre Namen nennt und Ninurta ihre Verwendung bestimmen läßt – weniger ein Thema heroischer Epik als vielmehr weisheitlicher Weltbeschreibung. Mit 728 Versen ist *Lugal ud melam-bi nirĝal* die längste bekannte erzählende Dichtung in sumerischer Sprache, die im Schulbetrieb abgeschrieben wurde, und sie ist mit 112 altbabylonischen Textzeugen und dazu 69 aus dem 1. Jahrtausend v. Chr. aus Babylonien und Assyrien auch überaus gut dokumentiert. Der Sieg Ninurtas über ein Wesen mit übernatürlichen Kräften im Gebirge und die Erhebung seiner Mutter zur

Links: Ḫuwawa, der Hüter des Zedernwaldes, wird durch Gilgameš und Enkidu getötet. Altbabylonisches Terrakottarelief. Berlin, Vorderasiatisches Museum

Rechts: Altbabylonisches Terrakottarelief, das vielleicht den Sieg des Gottes Ninurta über den Dämon Asag darstellt. Bagdad, Iraq Museum

»Herrin des Gebirges« sind auch Gegenstand des in akkadischer Sprache vorliegenden Anzu-Epos, in dessen altbabylonischer Version der Held noch Ningirsu heißt. Auch die Erzählstruktur ist recht ähnlich. Der Gott muß hier die vom Mythenadler Anzu geraubte Schicksalstafel zurückerobern, ohne die Enlil machtlos ist und die Kulte darniederliegen. Mit seinem Sieg über Anzu – andere Götter haben den Kampf nicht gewagt – erlangt Ningirsu/Ninurta einen Sitz in der die Schicksale des Landes leitenden Götterversammlung in Nippur.

Noch ein weiteres sumerisches Ninurta-Epos erweckt den Eindruck, Ningirsu-Traditionen aus Lagaš zu verwenden: »Ninurtas Rückkehr nach Nippur« (nach seinem Anfang auch *angim dimma* genannt). Auch diese wesentlich kürzere Dichtung könnte auf die Gudea-Zeit zurückzuführen sein; auch sie erhielt um die Mitte des 2. Jahrtausends v. Chr. eine zweisprachige Fassung und ist bis ins 1. Jahrtausend v. Chr. überliefert. Die lange Überlieferungsgeschichte unterscheidet die Ninurta-Mythen vom Gros der in den Schulen der altbabylonischen Zeit abgeschriebenen Literatur, das sich mittelbar oder unmittelbar zu den Herrscherhäusern der Ur-III-Zeit und von Isin in Beziehung setzen läßt und entweder nach Samsuiluna von Babylon kaum oder gar nicht weiter tradiert wurde oder, wie im Falle der Gilgameš-Epen, in anderer Form wieder erschien. Hat der fehlende Bezug zu Ur und Isin diese Ninurta-Epen davor bewahrt, aus dem Kurrikulum der Schulen gestrichen zu werden? Freilich, andere Werke sumerischer Dichtung, deren Herkunft aus dem Bereich von Lagaš evident ist, wie etwa ein umfangreicher Hymnus auf den Gott Ḫendursanga, der mit dem Siebengestirn nachts wacht, sowie die Nanše-Hymne und andere Gedichte über diese Göttin haben die altbabylonische Zeit nicht überdauert; andererseits sind ein Lugalbanda-Epos und der Mythos über die Geburt des Mondgottes Nanna-Su'en, der diesen zum erstgeborenen Sohn Enlils macht, auch im 1. Jahrtausend v. Chr. bezeugt.

Literaturwerke der III. Dynastie von Ur

Mit dem Regierungsbeginn der III. Dynastie von Ur setzt ein breiter Fluß literarischer Werke ein, die uns im Lern- und Lesestoff der Schulen des 18. Jahrhunderts v. Chr. begegnen. Im Mittelpunkt der Dichtungen steht meist unmittelbar der König, oder der Bezug auf das Königtum ist doch mittelbar greifbar. Erzählende Texte und Lieder besingen seine göttliche Geburt, die Verleihung der königlichen Insignien durch die Götter und seine Inthronisation, Prozessionen, die ihn zu diesem Zweck von einem Heiligtum zum anderen führen, die Errichtung von Bauten und herausragende Taten.

Eines dieser Lieder berichtet von dem Kriegszug, den König Šulgi zu Beginn seiner Regierungszeit unternahm, um Sumer zu rächen, und von seiner Heimkehr mit Weihung der Beute an Enlil in Nippur und Feier der Heiligen Hochzeit mit der Göttin Inanna in Uruk. Von einer besonderen sportlichen Leistung Šulgis erfahren wir in einem anderen Lied. Der König, der sich die Anlage von Straßen sehr angelegen habe sein lassen, sei an einem einzigen Tag von der Stadt Nippur nach Ur gelaufen und noch bei Tageslicht eingetroffen; er habe dort Opfer dargebracht und sei dann im Vollbesitz seiner Kräfte nach Nippur zurückgelaufen, mitten durch ein schreckliches Gewitter mit Hagelschlag, und er habe sich nicht dabei gefürchtet. Bei Sonnenuntergang sei er dort eingetroffen und habe dann mit dem Sonnengott Utu und der Venusgöttin Inanna ein Gelage gefeiert, an ein und demselben Tag habe er so in Nippur und Ur das Ešeš-Fest gefeiert; 15 Meilen sei er gelaufen. Die Angabe ist recht exakt: Die Entfernung von Nippur nach Ur beträgt tatsächlich rund 160 Kilometer, aber das wäre nur die einfache Strecke ohne den Rückweg. Wie immer Šulgi es bewältigt hat, diese große Strecke hin und zurück (in einer Nacht und am folgenden Tag) zu durchlaufen, es war eine so bedeutende Tat, daß sein siebentes Regierungsjahr danach benannt wurde. Eine weitere Hymne bezieht sich auf dieses Ereignis, und etwa 100 Jahre später ließ sich auch Išmedagan von Isin in ähnlicher

Links oben und Mitte: Das akkadische Streitgedicht »Dattelpalme und Tamariske«. Assur, ca. 1100 v. Chr. Die schmale Tafel oben enthält den bis vor kurzem unverständlichen einleitenden Mythos. Der Schreiber hatte viele unleserliche Zeichen seiner Vorlage kommentarlos weggelassen. Die Anfangsworte »In hellen Tagen, in dunklen Nächten, in [fernen] Jahren« parodieren die altüberkommene Einleitungsformel »In jenen Tagen ...«; »jene« und »helle« unterscheiden sich im Akkadischen nur in einem unbetonten Vokal.
Berlin, Vorderasiatisches Museum

Links unten: Die 6. Tafel des Gilgameš-Epos. Assur, 8./7. Jh. v. Chr.; assyrische Schrift. Ištar, die Göttin von Liebe und Kampf begehrt den prachtvollen Gilgameš als Liebhaber und Ehemann; er weist sie zurück. Die beleidigte Göttin führt den Himmelsstier gegen Uruk; Gilgameš und Enkidu töten diesen, und Enkidu schleudert Ištar den Schenkel des Himmelsstieres (ein Euphemismus?) als abermalige Beleidigung entgegen. Diese Episode entspricht dem sumerischen Epos »Gilgameš und der Himmelsstier«.
Berlin, Vorderasiatisches Museum

Rechts innen: Die 1. Tafel der altbabylonischen Version des Atramḫasīs-Epos, niedergeschrieben am 21. 1. 1635 v. Chr. vom Juniorschreiber Ku-Aja in Sippar. Herkunft: Sippar. Der Text dieser Tafel berichtet vom Aufstand der für ihre und ihrer Regierung Ernährung an den Kanälen Schwerarbeit leistenden Götter gegen ihren König Enlil und von der Erschaffung und Sozialisation der Menschen, die ihnen die Arbeit abnehmen sollen.
London, British Museum

Rechts außen: Das Tontafel-Schulbuch aus Isin im Postkartenformat enthielt auf Vorder- und Rückseite mit ursprünglich ca. 770 Versen (= Zeilen; vgl. die nur siebenzeilige Tafel Abb. S. 281) die zweite zu lernende Fünfergruppe sumerischer Hymnen und Epen (darunter das Epos »Gilgameš und Ḫuwawa«). Die Reihenfolge der Dichtungen war für die babylonischen Schulen in verschiedenen Städten zur Zeit des Königs Samsuiluna stets dieselbe.

cher Weise als begnadeter Schnelläufer besingen. Des Königs beeindruckende, alles Wissen umspannende Bildung, seine Weisheit und seine Leistungen als Krieger und Jäger werden in anderen Liedern gefeiert, seine Rechtskunde und seine Gerechtigkeit bilden ein weiteres Thema. In großer Breite und sehr eindrucksvoll wird all dies über Šulgi von Ur ausgebreitet; dieselben Themen tauchen aber auch bei anderen Königen der Ur-III-Zeit und der Isin-Dynastie auf. Von besonderem Interesse ist ein episches Fragment, das einen Dialog zwischen Šulgi und dem sagenhaften König Gilgameš von Uruk berichtet, den Šulgi und sein Vater Urnammu als Bruder reklamieren; sie haben alle drei dieselbe göttliche Mutter Ninsun, Šulgi und Gilgameš nennen auch denselben sagenhaften Uruk-König Lugalbanda ihren Vater. So sind die Epen um diese Könige und um Lugalbandas Vorgänger Enmerkar, der wohl über die Göttin Ninsun mit ihnen verwandt ist, die Familiengeschichte des Herrscherhauses.

Die Sumerische Königsliste

In der »Sumerischen Königsliste«, einem Werk, das in Listenform Herrscherreihen einzelner Städte Mesopotamiens und seiner Nachbarschaft aufführt und dabei bis zur Sintflut zurückgeht (eine jüngere Version enthielt auch die Könige der vorsintflutlichen Städte, die zur Tradition des Sintflutmythos und der vorsintflutlichen Weisen gehören), schufen sich Urnammu und Šulgi von Ur ihre genealogische Legitimation. Denn diese Liste kennt innerhalb von Babylonien ursprünglich nur drei zur Herrschaft berufene Städte: Kiš, Uruk und Ur. Bedenkt man, daß im Epos »Gilgameš und Ḫuwawa« Gilgameš von dem Herrscher (oder der Herrscherin) Enmebaragesi von Kiš als seiner Schwester spricht, daß Gilgameš der Bruder Urnammus und Šulgis von Ur ist (Urnammu war zudem leiblicher Bruder des letzten Uruk-Königs Utuḫengal), so bezeugt die »Sumerische Königsliste« einen Erbanspruch der Könige von Ur im Zuge der Brudererbfolge auf ganz Babylonien. Die epische Tradition trägt so zur Deutung dieses Dokumentes fiktiver Geschichtsschreibung zu Legitimationszwecken bei. Der fiktive Charakter der »Königsliste« sagt nicht, daß die Namen der aufgezählten Herrscher frei erfunden wären; manche sind uns durch Originalinschriften bezeugt, und über viele gab es volkstümliche Erzählungen, die aus Anspielungen, vor allem in Omina, bekannt sind. Fiktiv ist aber die historische Konstruktion, und man darf von diesem Text weder Vollständigkeit in der Aufzählung der Könige einer Stadt erwarten noch, daß ihre Abfolge »stimme«. Ganz am Anfang stehen Tiernamen und dergleichen, die an eine Fabel über die Zeit ohne Königsherrschaft erinnern, wie sie zum Beispiel das akkadische Etana-Epos enthält. (Etana führt die folgende Königsreihe an!) Ähnlich verfährt die »Königsliste« bei der Gutäer-Dynastie und kennzeichnet deren Zeit damit als Periode der Anar-

chie. Die fremden, ausländischen Dynastien sind so ausgewählt, daß ihre Städte die Eckpunkte von Šulgis Herrschaftsbereich in der ersten Hälfte seiner Regierungszeit markieren. Indem die »Königsliste« zwischen Lugalbanda und Gilgameš, »Vater« und »Bruder« der Ur-III-Könige, den wie jene vergöttlichten Dumuzi einschiebt, weist sie Urnammu und Šulgi auch als seine Amtsnachfolger aus. Auf diese Weise wird ihr Anspruch begründet, die legitimen Partner der Göttin Inanna im Kult der Heiligen Hochzeit zu sein, der Feier der die Fruchtbarkeit des Landes sichernden Vereinigung von Dumuzi und Inanna.

Damit gehört aber auch die epische Dumuzi-Überlieferung, die Geschichten über sein Werben um die junge Göttin, über seine Verschleppung in die Unterwelt und seine Rückkehr, ebenso zur »Familiengeschichte« der Könige von Ur wie die zahlreichen Liebeslieder, die das Verhältnis der beiden besingen – einige nennen ausdrücklich den Namen des Königs (Šulgi und Šūsîn). Auch die folgende Dynastie von Isin hat sich der »Königsliste« zum Zwecke ihrer Legitimation bedient. Sie hat sehr geschickt genutzt, daß diese »Geschichtsdarstellung« den Übergang der Herrschaft von einer Stadt auf die nächste als Grundprinzip historischer Abfolge gebraucht. So stellten sich die Könige von Isin in diese Tradition und ließen – in dem Klagelied über die Zerstörung von Ur und Sumer, das den Untergang der III. Dynastie von Ur zum Gegenstand hat – die Götter das Urteil verkünden, die Amtszeit Urs sei zu Ende.

Dumuzi-Erzählungen

Die Geschichte über Dumuzis Tod und Rückkehr ist in verschiedener Weise erzählt worden. Der einen Version zufolge, die wir aus Klageliedern und aus der Dichtung über Urnammus Tod kennen, zog die Göttin Inanna zum Götterkönig Enlil und erwirkte bei diesem die Freilassung ihres Geliebten aus der Unterwelt. In »Urnammus Tod« geht es gerade darum, daß Inanna den toten König nicht wie Dumuzi aus der Unterwelt zurückbringen kann und ihm statt dessen das Weiterleben im Ruhm seiner Taten bestimmt wird. Der Tod und seine Überwindung im Nachruhm sind auch ein Thema der Gilgameš-Epen.

Wie der Hirte Dumuzi dieser Tradition zufolge zu Tode kam und der Unterwelt ausgeliefert wurde, bleibt undeutlich. Davon erzählen verschiedene Dichtungen: Er fand bei einem Überfall in der Steppe bei seinen Schafen den Tod – die Täter, eine Frau namens Bilulu und ihr Sohn, sind für uns vorläufig nur Namen; eine andere Überlieferung läßt die Unterweltdämonen Dumuzis Schafpferch überfallen, läßt ihn mit Hilfe des Sonnengottes Utu (er ist Inannas Bruder) mehrfach entkommen und schließlich endgültig gepackt werden. Diese letztere Fassung ist auch mit einem Mythos über den Gang der Göttin Inanna in die Unterwelt verbunden worden – er soll wohl das periodische Verschwinden des Venussterns erklären. Inanna hat sich nach dieser Geschichte, die auch in akkadischer Sprache aus

dem 1. Jahrtausend v. Chr. bekannt ist (»Ištars Höllenfahrt«), unter Vorspiegelung falscher Tatsachen Eingang in die Unterwelt verschafft und versucht, dort die Göttin Ereškigal zu entthronen. Zur Strafe verfiel sie der Unterwelt, wurde mittels einer List des Gottes Enki wieder befreit, mußte aber eine Ersatzperson stellen. Ihre Wahl fiel auf Dumuzi, der nicht gebührend um sie getrauert hatte; er wurde von den Dämonen ergriffen, entkam ihnen wieder mit Hilfe des Sonnengottes, wurde schließlich aber doch in die Unterwelt verschleppt. Seine Schwester Geštinanna folgte ihm dorthin und erreichte von der Göttin Ereškigal, daß Dumuzi jeweils ein halbes Jahr zurückkehren und damit die Fruchtbarkeit der Herden sichern konnte. Während dieser Zeit aber mußte Geštinanna als Ersatzperson für Dumuzi in der Unterwelt bleiben. Diese Verknüpfung ursprünglich selbständiger Mythen in einer Kausalkette lastet den Tod Dumuzis dem Machthunger der Göttin Inanna an, vielleicht ein politisches Motiv, da die eroberungslustige Göttin als Stadtgöttin von Akkad verehrt wurde, freilich auch als Stadtgöttin von Uruk, der Stadt, als deren König Dumuzi galt.

Enmerkar-Epen

Die Epen um Enmerkar und Lugalbanda handeln von Auseinandersetzungen zwischen Uruk und der im iranischen Bergland gelegenen mythischen, an Metallen und Edelsteinen reichen Stadt Aratta. Enmerkar wollte für Inanna einen ebenso kostbaren Tempel erbauen wie der Herr von Aratta, aber Babylonien besitzt weder Steine noch Metalle. Darum beschloß Enmerkar, Aratta zu unterwerfen. Dies ist nur der äußere Rahmen, in dem die Epen erzählt werden; eigentlich geht es jeweils um etwas ganz anderes. Im »Enmerkar-Epos« wird der Konflikt mit Hilfe eines Boten ausgetragen, der die Botschaften der beiden Herrscher hin- und herbringt. Das formale Element, daß die Reden der Kontrahenten so stets zweimal gesprochen werden, verbindet der Dichter geschickt mit einem inhaltlichen: Zuerst erscheinen sie wirklich zweimal, dann aber wird die Wiederholung vor dem Adressaten nur noch erwähnt, und schließlich erfindet Enmerkar das Schreiben auf einer Tontafel – daß der Herr von Aratta das Lesen hätte lernen müssen, kümmert den Dichter freilich wenig. Der Inhalt der Botschaften ist ein intellektueller Wettstreit; der Herr von Aratta ist nur bereit, sich zu unterwerfen, wenn sich Enmerkar ihm im Lösen von Rätseln oder von unmöglichen Aufgaben wie dem Transport von Getreidekörnern in Netzen überlegen erweist. Enmerkar findet die Lösungen. Gehört damit dieses Epos in den Grenzbereich zur weisheitlichen Literatur, so greift ein zweites um »Enmerkar und Ensuḫkešda'anna« – der Herr von Aratta hat hier einen Namen – deutlich die Form des Streitgedichts auf, einer Gattung der Weisheitsliteratur. Der wieder mit Boten und dann schriftlich ausgetragene Rangstreit bringt den Herrn von Aratta in eine ausweglose Situation, was ihm den Tadel der Ratsversammlung seines Staates einträgt. Da bietet sich ein ausländischer Beschwörungspriester an, mit dessen Heimat Ḫamazi der Dichter ein Wortspiel verbindet, so daß deren Name »Es soll mir beigebracht werden« bedeutet. Der erfreute Arattäer schenkt ihm reichlich Gold und Silber und sagt dazu – es ist das erste Trinkgeld der Literaturgeschichte –: *»Iß etwas Ordentliches!«* und: *»Trink etwas Ordentliches!«* Wieder scheint die Ironie des Dichters durch, denn so, wie es dasteht, kann man letzteres auch lesen als *»Trink Tränen!«*, und das *ordentliche Essen* klingt wie das Wort für Zikkurrat, das massivste Bauwerk in Mesopotamien, gewiß ein zu großer und unverdaulicher Brocken. Der Beschwörer scheitert, denn ihm tritt die Göttin der Schreibkunst Nisaba entgegen. Zum Schluß erklärt sich der Herr von Aratta ganz im Stil der Streitgedichte seinem Gegenspieler aus Uruk unterlegen.

Lugalbanda-Epen

Ganz anders die Lugalbanda-Epen. Sie sind am Schicksal der Einzelperson interessiert – auch hier wird außer Enmerkar nur *ein* menschliches Wesen als Individuum greifbar. Das erste der beiden Epen schildert den Auszug des Heeres aus Uruk und erzählt, wie Lugalbanda todkrank von »Brüdern und Freunden« zurückgelassen wird. Auf seine dringenden Gebete hin lassen ihn die Götter genesen; er läuft nun allein durchs Gebirge auf der Suche nach dem Heer Enmerkars; er lernt, Feuer zu machen und Tiere zu erlegen, die er den Göttern opfert. Das Ende ist nicht ganz klar, aber es scheint, daß die Götter ihm wieder – vielleicht mit Hilfe des Siebengestirns – beistehen.

Das zweite Lugalbanda-Epos beginnt inmitten des Gebirges und mutet wie eine Fortsetzung des ersten an. Hier nun versteht es Lugalbanda, sich den gewaltigen löwenköpfigen Adler Anzu zu Dank zu verpflichten, und es gelingt ihm, mit dessen übernatürlichen Kräften ausgestattet, besonders der Fähigkeit, dorthin zu gelangen, wohin er kommen will, wieder zu Enmerkar und seinen »Brüdern und Freunden« zu stoßen. Als nun die Truppen bei der Belagerung von Aratta in arge Bedrängnis geraten, ist es Lugalbanda, der wiederum allein aufbricht, um die Hilfe der in Uruk zurückgebliebenen Göttin Inanna zu gewinnen. Dank der ihm von Anzu verliehenen Kräfte bewältigt er diese Aufgabe mühelos. Inanna hilft mit einer Ritualanweisung, und Arattas Schätze werden nach Uruk kommen.

Gilgameš-Epen

Auch die Gilgameš-Epen gehören zur »Familiengeschichte« der Könige von Ur. Auch sie sind fast nur an der Person des Helden interessiert; außer ihm tritt nur noch

Urnanše, der »große Sänger« (die »große Sängerin«), ist der Name der 26 cm hohen Sitzfigur aus Mari in der Inschrift auf den Schulter- blättern. Damaskus, Nationalmuseum

Links: Altbabylonisches Terrakottarelief eines Harfenspielers, der das siebenseitige Instrument mit beiden Händen spielt. Paris, Louvre

Rechts: Zwergenhafte Männchen spielen auf Lauten für zwei Tänzerinnen und dressierte Affen. Altbabylonisches Terrakottarelief. Bagdad, Iraq Museum

sein Freund Enkidu als Einzelmensch hervor. Eine Ausnahme von dieser Regel ist aber das Epos »Gilgameš und Akka«, das einen vergeblichen Feldzug von Enmebaragesis Sohn Akka von Kiš gegen Gilgameš und seine Stadt Uruk zum Gegenstand hat. Gilgameš's Sieg über Akka begründet den Übergang der Königsherrschaft von Kiš auf Uruk, wie ihn die »Königsliste« bekundet. Dabei tun sich zwei Männer aus Gilgameš's Umgebung besonders hervor und werden namentlich genannt. Dieses Epos hat keinen Eingang in die akkadische Gilgameš-Tradition gefunden, die im klassischen Gilgameš-Epos des *Sîn-leqe-unninnī* gipfelt. Anders die Epen »Gilgameš und Ḫuwawa« und »Gilgameš und der Himmelsstier«. Ersteres handelt vom Zug des Uruk-Königs ins Zederngebirge, mit dem er sich »einen Namen machen« will, um so den Tod zu überdauern. Um die Zeder zu fällen, muß er mit seinem Freund Enkidu Ḫuwawa, den schrecklichen Wächter des Zedernwaldes, besiegen. Da sie dem Besiegten keine Gnade gewähren und ihn töten, erregen sie den Zorn Enlils, des Königs der Götter. Im akkadischen Gilgameš-Epos ist das der zweite große Erzählabschnitt, dem nach dem ausführlichen Prolog (ein Prolog von *Sîn-leqe-unninnī* ist vor einen älteren aus der altbabylonischen Zeit gestellt) die Episoden vorangehen, die zur Begründung der Freundschaft von Gilgameš und Enkidu führen.

Von der sumerischen Fassung von »Gilgameš und der Himmelsstier« ist wenig erhalten. Es kommt zum Streit zwischen Gilgameš und der Göttin Inanna, die sich vom Himmelsgott An den Himmelsstier erbittet, um mit diesem Uruk zu unterwerfen – ein Topos, der ähnlich in einem vielleicht auf die Sargon-Tochter Enḫedu'anna zurückgehenden Epos über die Unterwerfung des Gebirges Ebiḫ erscheint, des sich von der Diyāla bis nach Assur hinziehenden Ǧabal Ḥamrīn. Es geschieht das Unerhörte: Gilgameš und Enkidu töten den Himmelsstier, und Enkidu schleudert der Göttin den Schenkel – ein Euphemismus? – des Himmelsstiers mit beleidigenden Worten entgegen. Der Anlaß zum Streit war in der akkadischen Version, die wir seit etwa dem 13. Jahrhundert v. Chr. für diese Episode kennen, Gilgameš's Weigerung, Inanna als Liebhaber zu dienen. Ob das auch in der sumerischen Fassung so war, muß offen bleiben; dort scheint die Göttin dem Herrscher die Jurisdiktion in seinem Herrschaftsgebiet nicht zu gestatten. Nach der akkadischen Fassung stirbt Enkidu – wohl eine göttliche Strafe für seine und Gilgameš's Untaten. Die sumerische Überlieferung erzählt ein ganz anderes Epos über den Tod Enkidus. Es zerfällt wiederum deutlich in zwei Teile. Der erste Teil handelt von einem Baum am Ufer des Euphrat, aus dem Gilgameš den Anzu-Adler, eine Schlange und die Dämonin Lilith vertreibt, um Inannas Wunsch nach einem Thron und einem Bett aus dem Holz dieses Baumes zu erfüllen. Aus Wurzeln und Zweigen stellt er zwei Gegenstände her, die bislang nicht zu deuten sind und die Phantasie der Assyriologen immer wieder beflügeln (Reifen und Treibstab, Hockeyschläger und Puck, Trommel und Schlegel sind einige Vorschläge). Damit hält er die jungen Männer der Stadt auf Straße und Dächern ununterbrochen beschäftigt – ein Thema, das in der akkadischen Version noch vor der Begegnung von Gilgameš und Enkidu anklingt. Als durch ein merkwürdiges magisches Geschehen diese Gegenstände in die Unterwelt fallen, will Enkidu sie zurückholen, beobachtet aber die ihm von Gilgameš angeratenen Vorsichtsmaßnahmen nicht und verfällt der Unterwelt. Gilgameš findet nach vergeblichen Versuchen Hilfe beim Gott Enki und kann den Totengeist Enkidus zurückholen, der ihm dann aus der Unterwelt berichtet. Dieser letzte Teil ist als Anhang in die akkadische Version aufgenommen worden – anders als bei den übrigen Geschichten nicht in freier neuer Fassung des Stoffes, sondern als wörtliche Übersetzung.

Auch das nur in Bruchstücken greifbare Epos vom Tod Gilgameš's findet keine Entsprechung im akkadischen Epos. Umgekehrt aber kennen wir in der sumerischen Überlieferung kein Gegenstück zu der am Anfang des akkadischen Epos stehenden Geschichte von der Erschaffung Enkidus durch die Götter als Widerpart zu dem seine

Stadt bedrückenden Gilgameš, von Enkidus Leben in der Steppe mit den Tieren, seiner Entfremdung von diesem paradiesischen Zustand durch den Kontakt mit der Dirne, von seiner Übernahme zivilisierter Lebensformen, besonders der Körperpflege, zubereiteter Speisen (Brot) und alkoholischer Getränke (Bier), wodurch er zum Menschen wird nach Ansicht des Dichters. Nichts erfahren wir in den sumerischen Epen über die erste Begegnung der beiden Helden. Gilgameš's Umherirren in der Steppe nach dem Tode Enkidus, sein langer Weg zu Utnapištim, der ihn zunächst zu der Schenkin Siduri führt, das Überqueren der Wasser des Todes – all dies fehlt in den uns überkommenen sumerischen Gilgameš-Texten. Bedenkt man dazu, daß nur ein Bruchteil des akkadischen Epos erhalten ist, so wird deutlich, wieviel reicher das akkadische Epos war als die sumerische Schultradition und auch wie verschieden die beiden Überlieferungsstränge sind. Ein Abschnitt ist deutlich aus einem anderen Literaturwerk ins akkadische Gilgameš-Epos eingedrungen. Es ist dies die Sintfluterzählung des Utnapištim; sie stammt aus dem bereits altbabylonisch gut bezeugten Atramḫasīs-Epos.

Atramḫasīs-Epos

Im Atramḫasīs-Epos ist die Sintfluterzählung mit einer Geschichte über die Erschaffung der Menschen verbunden, so auch im bruchstückhaften sumerischen Sintflutmythos. Ihnen und verschiedenen anderen Erzählungen über die Erschaffung der Menschen ist gemeinsam, daß der Sinn des menschlichen Daseins die Arbeit für die Ernährung der Götter ist. Das Atramḫasīs-Epos stellt die Verbindung zwischen den beiden Themen her, indem es zunächst einen sozialen Konflikt unter den Göttern schildert: Die Götter müssen für ihre Ernährung arbeiten, und der Götterkönig Enlil mit seinem Hofstaat schläft im Palast. Die arbeitende Göttergruppe, die Igigū, treten in Streik und wollen Enlil von seinem Thron verjagen. In dieser verfahrenen Situation weiß der weise Enki Rat. Man schlachtet den Rädelsführer der Igigū und vermischt mit seinem Fleisch und Blut Lehm und formt daraus die Menschen als die künftigen Arbeiter. Die Kultur erwerben diese dann, indem sie die Beherrschung ihrer Sexualität erlernen und sich nicht mehr, wo sie gehen und stehen *(in Gärten und auf den Straßen)*, paaren, vielmehr *in [ihren Häusern], indem sie Betten aufstellen, sollen die Ehefrau und ihr Ehemann einander erwählen.*

Es ist in der Zukunft dann auch die ungehemmte Vermehrung der Menschheit, die neue Probleme schafft. Es wird immer lauter, und Enlil kann nicht schlafen. Auf verschiedene Weisen versucht er die Menschen zu dezimieren – aber ohne Erfolg, weil der weise Enki die Pläne stets hintertreibt und den Menschen rät. Schließlich greift Enlil zum Mittel der Sintflut, aber wieder verhindert Enki die Vernichtung der Menschen, indem er Atramḫasīs, den »über-

aus Weisen«, warnt und dieser mit einer Arche sich und die Tierarten rettet.
Enkis Verhalten war nicht uneigennützig, denn er erhielt den Göttern so ihre Versorgung ohne eigene Arbeit. Das erwies sich sogleich nach der Sintflut; denn als Atramḫasīs (im Gilgameš-Epos heißt er Utnapištim und im sumerischen Sintfluttext *Zi-u4-sù(d)-rá)* sein erstes Opfer darbrachte, stürzten sich die Götter darauf *wie die Fliegen*. Das Problem der zu vielen Menschen wurde durch die Einführung des Todes gelöst und durch das für bestimmte Priesterinnen erlassene Verbot, Kinder zu bekommen.

Weltschöpfungsepos

Der der Erschaffung der Menschen vorangehende Konflikt unter den Göttern ist auch ein wesentliches Element im sogenannten »Weltschöpfungsepos« *(enūma eliš)*, dessen eigentliche Aufgabe es ist, die Herrschaft des Gottes Marduk über die Götter zu begründen. Die Entstehungszeit dieses Werkes, das beim Neujahrsfest in Babylon vorgetragen wurde und das assyrische Herrscher für ihren Gott zu usurpieren suchten, indem sie Marduk durch Assur ersetzten, ist umstritten; es stammt vielleicht erst aus dem 1. Jahrtausend v. Chr. Das Epos setzt mit der Entstehung der Welt aus der Vermischung der Wasser von Apsû (Süßwasser, männlich vorgestellt) und Tiāmat (Meer, weiblich) ein. Verschiedene Göttergenerationen folgen aufeinander, deren Lärm ihren Vater Apsû stört. Der weise Ea erschlägt Apsû und sichert das Überleben der Götter. Eas Sohn Marduk wird als ein ganz besonders tüchtiger Gott im Heiligtum Eas, das aus dem Körper des Erschlagenen errichtet wurde und auch Apsû heißt, geboren. Der zweite Konflikt entsteht dadurch, daß Tiāmat aufgestachelt wird, Apsû zu rächen. Diesmal ist Ea machtlos, aber Marduk besiegt Tiāmat und schafft aus ihrem Körper den Himmel; er tötet den Anführer der auf Tiāmats Seite stehenden Götter, mischt sein Blut mit Lehm und schafft die Menschen, damit sie die Götter ernähren. Die Götter machen ihn zu ihrem König und errichten ihm seine Stadt Babylon.

Die Aussage mythischer Erzählungen

In einem weiteren Mythos, der bereits in einem kleinen sumerischen Fragment aus dem 18. Jahrhundert v. Chr. greifbar ist, wird von der Erschaffung der Menschen aus dem Blut getöteter Gottheiten erzählt. Dies scheint eine zentrale anthropologische Vorstellung seit der altbabylonischen Zeit zu sein. Das Atramḫasīs-Epos sagt sehr deutlich, daß daher das Besondere menschlicher Existenz stamme, der den Tod überdauernde »Totengeist«. Andere mythische Erzählungen, wie das Streitgedicht »Enki und Ninmaḫ«, kommen ohne die Tötung eines Gottes aus. Da geht es dem Erzähler aber auch nicht um eine Aussage über das Wesen des Menschen in seinem Verhältnis zu den Göttern, sondern er will zeigen, daß Menschen mit den verschiedensten körperlichen Gebrechen eine sinnvolle Rolle in der Gesellschaft ausfüllen können (der Clou: das Baby ist der einzig wirklich hilflose Mensch). Es gibt daneben die Vorstellung vom Aussäen des Menschensamens, die uns schon im Zusammenhang mit den »Herrschern von Lagaš«, einem am Ackerbau interessierten Text, begegnet ist; sie findet sich auch in einem Gedicht zum Preise der Hacke, wo ebenfalls ein landwirtschaftliches Bild für die Menschenschöpfung naheliegt.
Die Unterschiede in den mythologischen Einzelaussagen, in ihrer jeweiligen Ausgestaltung und Verknüpfung zu einer Erzähleinheit machen recht deutlich, daß es den fast immer anonymen Dichtern der Literaturwerke nicht so sehr um die Details des mythischen Geschehens ging. Diese waren den Hörern wohl ohnehin vertraut. Ihnen war es vielmehr darum zu tun, eine Geschichte zu erzählen, deren Aussage auf etwas ganz anderes zielt. Im Weltschöpfungsepos ist es die Stellung des Gottes Marduk und seiner Stadt Babylon, weshalb ja die Assyrer Marduk durch Aššur ersetzten. Ebenso geht es in den Ninurta/Ningirsu-Mythen um den Rang des Gottes (und damit seiner Stadt). Demgegenüber stellt die Erzählung von der Geburt des Mondgottes außer Zweifel, daß er der Erstgeborene Enlils ist und seiner Stadt darum die Königsherrschaft gebührt. Dem Erzähler des Atramḫasīs-Epos scheint es um Konflikte und ihre Lösung zu gehen, darum, daß es Besseres gibt als die gewaltsame Durchsetzung der eigenen Interessen, daß der Starke auf den Schwachen angewiesen ist.

Sänger und Dichter

Die sumerischen und akkadischen Literaturwerke waren zum Hören gedichtet. Das verdeutlicht schon, daß erzählenden Werken in aller Regel ein Prolog vorausgeht, der die Aufmerksamkeit der Zuhörer einfangen soll, manchmal kleine Erzählungen wie die mit *An jenem Tag, in jener*

Nacht... anfangenden Texte, manchmal liedhaft gestaltet mit der stereotypen Formel *Ich will singen von*..., wobei besonders im 1. Jahrtausend v. Chr. der einleitende Hymnus wie eine Ouvertüre die Themen des zu erzählenden Textes anklingen läßt. Erst relativ späte Texte wie das Erra- und das Weltschöpfungsepos geben sich – beide in einem Epilog – als geschriebene Literatur zu erkennen. Nach dem Epilog des Erra-Epos oblag sein Vortrag – und das darf man gewiß auch auf frühere Zeiten übertragen – dem Sänger, sumerisch *nar*, akkadisch (ein Lehnwort) *nāru*. Die Musik gehörte also dazu. Viele – besonders sumerische – Dichtungen geben sich durch Unterschriften und Rubriken als Lieder zu erkennen, die zur Begleitung von Saiten- oder Schlaginstrumenten gesungen werden sollten. Daß in einem Falle notiert wird, *mit der Hand zu spielen*, könnte auf unterschiedliche Anschlagsarten hinweisen. Kultlieder, auch diese verschiedentlich in erzählender Haltung, sang der »Kultsänger«, sumerisch *gala*, akkadisch (wieder ein Lehnwort) *kalû*, der den Frauendialekt beherrschen mußte. In altsumerischer Zeit und auch noch später konnten Frauen als Sänger und Kultsänger beschäftigt sein.

Wer die Dichter waren, wissen wir nicht. Es gibt zwar eine im 1. Jahrtausend v. Chr. greifbare Tradition, die die Verfasserschaft verschiedener Werke einzelnen Personen zuschreibt. Das ist jedoch Fiktion; denn an prominenter Stelle dieses Katalogs stehen der Gott Ea und mehrere vorsintflutliche Weise als Autoren. So muß auch fraglich bleiben, ob Sîn-leqe-unninnī wirklich der Verfasser der kanonischen Form des akkadischen Gilgameš-Epos war, wie wir gemeinhin annehmen. Der Begriff einer Autorschaft darf aber auch nicht im modernen Sinne verstanden werden; dazu scheint der Text der Werke doch zuwenig fixiert und zu offen für Einfügungen, Umstellungen und Auslassungen. Außerdem sind viele königliche Lieder in der ersten Person stilisiert; es hieße gewiß, den Herrschern zuviel Kunstsinn zuzutrauen, wenn ein jeder von ihnen sich auch als Dichter hätte erweisen müssen. Im Falle eines in der Ich-Form verfaßten Šulgi-Liedes spricht denn auch der Dichter und Sänger in einem kurzen Proömium von sich selbst und nennt den König in der dritten Person. Seinen Namen sagt er freilich nicht.

Vom Handwerk der Dichter und von ihren Stilmitteln, besonders dem Gebrauch sprachlicher Bilder, war schon die Rede. Der Nachweis bestimmter Klangbilder ist im Einzelfall im Sumerischen wegen unserer nur ungenauen Kenntnis des Phoneminventars recht schwierig, doch finden sich – ebenso auch im Akkadischen – Assonanz und Alliteration, Binnen- und Endreim. Über die Metrik wissen wir fast gar nichts. Trotzdem ist es recht gut möglich, Verse und Strophen zu erkennen, Verse vor allem, weil

Im Königsfriedhof von Ur wurden mehrere Leiern entdeckt, die im Iraq Museum (linke Seite), im British Museum und im University Museum in Philadelphia, Pa., (rechts) aufbewahrt werden. Die Klangkästen sind mit figürlichen Intarsien verziert.

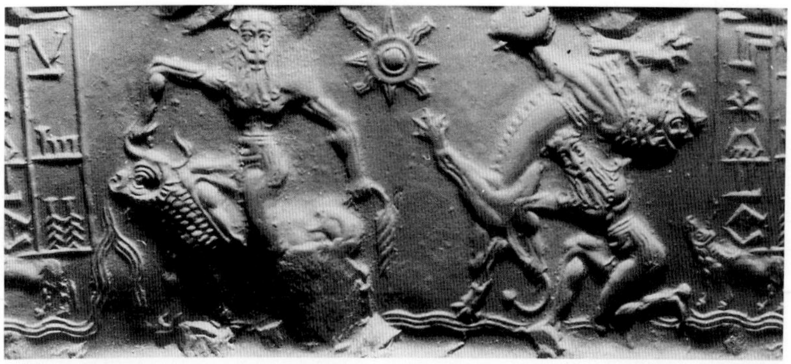

A Mein König, für die Stadt, die wie *Kühe* weidet – ihr rechter *Kuhhirt* bist du,
2 Ninazu, für die Stadt, die wie *Kühe* weidet – ihr rechter *Kuhhirt* bist du,
3 Mein Herr Ninazu, ihr rechter *Kuhhirt* bist du, ihr rechter *Kuhhirt* bist du!

B Wie für eine lazurfarbene *Rohrmatte* bist du für die ... ihr ... *Rohrflechter*,
2 Wie für *Schafe* bist du für die beim Pferch ... Sitzenden? ihr *Schafhirte*,
3 Ein hoher Berg, mit Schönheit bekleidet, Herr Ninazu, bist du,
4 ⟨Mein⟩ Herr Ninazu, (weil) der Kopfschmuck? wirklich geformt wurde – **Nanna**[1] soll sich über dich freuen!

C Der Riese mit dem großen Verstand, der für **Nanna**[1] geboren ist, bist du,
2 Deine Sternen-Zweige – **Ašimibabbar**[1] möge ihnen die (ausgestreckten) Arme leuchten lassen!
3 Dein Thron, den An[2] dir gegeben hat – sein Fundament soll [**er**] nicht [verändern]!
4 Bis zur Grenze von Himmel und Erde sollen die Wege um deinetwillen gerichtet werden, sollen sie um deinetwillen wie für Utu[3] gerichtet werden!
5 Mein Herr Ninazu, wie für Utu[3] sollen sie für dich gerichtet werden, wie für Utu[3] sollen sie für dich gerichtet werden!

D **Su'en**[1] hat deinen Krummstab für das Herrenamt vollkommen gemacht,
2 Das erhabene Zepter, das in allen Ländern erstrahlt, hat **er** dem Volk hingestellt,
3 Deine Schutzgottheit soll im **Ekišnugal**[4] für dich große Kraft ...
4 Ninazu, in **Ur**[5] geboren, **Nanna**[1] soll sich über dich freuen,
5 Mein Herr Ninazu, in **Ur**[5] geboren, **Nanna** soll sich über dich freuen!

E Dein leiblicher Vater, der große Berg Enlil, hat deinen Namen berühmt gemacht,
2 Deine leibliche Mutter, die erhabene Herrin des Ki'ur[6] hat dir dein Schicksal [...],
3 Dein Haus, deine Stadt – vom Bergland, dem reinen Ort, her mögest du dort Wohnung nehmen,
4 Enegi, deine Stadt – vom Bergland, dem reinen Ort, her mögest du dort Wohnung nehmen,
5 Mein Herr Ninazu, mögest du dort Wohnung nehmen, mögest du dort Wohnung nehmen,

F Die goldene Krone hat es dir fest aufs Haupt gesetzt, hat es dir richtig geschmückt,
2 Das Kind, das bei seinem leiblichen Vater angesehen ist, hat dich? im liebenden Herzen erwählt?,
3 Es hat dich als auserwählten [Kön]ig? angeschaut.
4 [A]n[2] hat dir ein gutes Schicksal bestimmt,
5 Auf [das Wort] En[lils], des Herrn aller Länder, möge dein Glanz erscheinen,
6 Mein Herr Ninazu, möge dein Glanz erscheinen, möge dein Glanz erscheinen!

G Deine Gemahlin, die junge Frau, die hübsche Frau, die Herrin Ningirda,
2 soll zu dir sagen: »Dein Haus, deine Stadt!«, zum Gebet tritt sie damit gewiß vor dich,
3 [Gott?] des Landes, mein Herr Ninazu!

Ein Balbale-Lied für Ninazu ist es.

Oben links: Der auf vielen Rollsiegeln dargestellte sechslockige Held wird häufig als »Gilgameš« bezeichnet, aber dieser Figurentyp tritt schon vor der ersten Erwähnung des mythischen Königs Gilgameš auf. Das altakkadische Steatitsiegel (Höhe 3,6 cm) zeigt zwei dieser Helden, die einen Löwen und ein Wildrind bezwingen. Nach der Inschrift gehört es einem Mundschenken mit dem Namen Ur-Ištaran. Bagdad, Iraq Museum

Oben rechts: Ein aus Serpentin geschnittenes Rollsiegel der Akkad-Zeit (Höhe 4,5 cm) stellt möglicherweise den Mythos vom Hirten und ersten König der Stadt Kiš, Etana, dar, der auf einem Adler in den Himmel flog. Berlin, Vorderasiatisches Museum

Links: Ninazu-Hymnus. Die unterschiedlichen Schriftarten, die Unterstreichungen und die Pfeile markieren Wiederholungen von Wörtern und Wortgruppen oder ihre Ersetzung und machen so den Aufbau des Textes sichtbar.
1 Namen des Mondgottes.
2 Himmelsgott, zusammen mit Enlil an der Spitze des Pantheons.
3 Sonnengott.
4 Tempel des Mondgottes in Ur.
5 Stadt des Mondgottes.
6 Tempel von Ninlil, der Gemahlin Enlils.

Vers- und Zeilengrenze in poetischen Texten meist zusammenfallen. Strophengrenzen können durch Refrains und ähnliche Strukturen oder dadurch angezeigt werden, daß die syntaktische Konstruktion wechselt. Besonders hilfreich hierbei ist der Parallelismus membrorum.

Das soll hier an einem kurzen Lied auf den Gott Ninazu gezeigt werden, bei dem verschiedene Arten der Wiederholung von Wörtern und Wortgruppen oder ihre Ersetzung den Aufbau des Textes deutlich machen (in der Übersetzung auf S. 296 durch unterschiedliche Unterstreichungen hervorgehoben). Das Spiel mit grammatischen Formen und Konstruktionsweisen, das in einer Übersetzung weniger deutlich werden kann, spielt in diesem Lied nur eine ganz untergeordnete Rolle. Der besungene Gott ist Sohn von Enlil und Ninlil, ein jüngerer Bruder des Mondgottes, auf den immer wieder verwiesen wird (**fett**). Er soll (als Vegetationsgott) aus der Unterwelt (Bergland) auf die Erde zurückkehren, wo seine Gemahlin Ningirda ihn in seinem Kultort erwartet und mit formelhaften Worten auffordern wird, sich dort niederzulassen (......).

Die Gliederung des Textes erfolgt vor allem durch Refrains. Verschiedene Verse beginnen mit den Worten *Mein Herr Ninazu* (═) und fahren in der Regel mit einem sich wiederholenden Satz fort, der das Ende des jeweils vorhergehenden Verses, zweimal sogar der beiden vorhergehenden Verse, wiederaufnimmt (—). Das deutet auf Strophengrenzen. Die Ausnahmen sind Strophen B und D einerseits und G andererseits. In G steht *Mein Herr Ninazu* am Ende des letzten Verses, also besonders herausgehoben. In B endet der letzte, in D enden die letzten beiden Verse auf *Nanna soll sich über dich freuen!* (_._) Andere Wiederholungen wie das Mittelglied in A1–2, die Satzstruktur von B1–2, in C2–3 (teilweise fortgeführt in C4) das Possessivum mit folgendem Wunsch, in D1–2 und E1–2 die Indikative gegenüber den Wunschformen in D3–5 und E3–5, ähnlich auch F1–4 gegenüber F5–6, sind in jeweils gleicher Weise (_ _) hervorgehoben; ebenso auch das refrainartige *bist du* (sumerisch jeweils am Ende des Verses) in B1–3 und C1, das das *bist du* am Ende von A1–3 fortführt. Schließlich ist das für A1–3 bis B1–2 bestimmende Schema der Nennung eines Berufs und seines Objekts gekennzeichnet (*kursiv*) ein Schema, das ebenfalls die Strophengrenze überschreitet. Weitere Arten der Wiederholung (↓) sind die Ersetzungen eines Begriffs durch einen ähnlichen oder einen Namen, die Erweiterung eines Ausdrucks durch ein Attribut oder eine Apposition; so in A1–3, D5–6, E1–2 und E3–4 jeweils am Anfang und in D1–2 die Folge *Zepter-Krummstab*. Der ganze kurze Text ist so mit verschiedenen Wiederholungsmustern überzogen, die zwar zum Teil die Strophengrenzen überspringen, aber doch kein zweites durchgängiges, alternatives Gliederungsschema ergeben.

Die Zahl der Verse je Strophe variiert (A, G: je 3; B: 4; C, D, E: je 5; F: 6). Bei Strophe F fällt aber auf, daß Vers 1 zwei parallele verbale Aussagen enthält (bei gleichem Subjekt), die zu F2 parallele Aussage aber F3 ausmacht. Es spricht so einiges dafür, in F2–3 nur einen, allerdings längeren Vers zu sehen (F1 wird durch fünf Syntagmata gebildet, F2–3 durch sechs). Trifft das zu, dann haben die Strophen C–F denselben Umfang. Da A und G mit ihren jeweils nur drei Versen die längeren Strophen einrahmen, fiele nur Strophe B aus dem Rahmen. Hier haben wir aber bereits den Text verbessert; denn das *Mein* steht nicht auf der Tontafel – wir haben nur ein Manuskript. Ein Vergleich von B4 mit D4–5 legt nun sehr nahe, daß B ebenso wie D auf einen Doppelvers enden sollte und der Schreiber – es handelt sich ja um einen Schülerübungstext – sich vertan hat, vermutlich weil B3 auf *Herr Ninazu (bist du)* endete, und er deshalb zum nächsten *Herr Ninazu* eine Zeile übersprang, die wohl wie D4 mit *Ninazu* begann, sonst aber mit der folgenden übereinstimmte. Dabei hat er dann das Possessivum *Mein* weggelassen, das seine Vorlage im vierten Vers ja auch nicht enthielt. Damit können wir mit relativ großer Sicherheit annehmen, daß zwei Dreizeiler fünf Fünfzeiler einrahmen.

Spätere Literaturüberlieferung

Während es in der altbabylonischen Zeit nur eine geringe Zahl von Städten war, die uns größere Mengen von Literaturwerken gebracht haben, sind es im 1. Jahrtausend v. Chr. in Babylonien sehr viel mehr. Dazu kommen nun weitere Fundorte in Assyrien, besonders Assur und Ninive, bedeutend sind aber auch Nimrūd und Sultan Tepe. Für immer verloren ist, was auf Wachstafeln geschrieben war. Ihre Existenz ist für die Zeit seit der Mitte des 2. Jahrtausends v. Chr. bezeugt, vielleicht gab es sie schon am Ende des 3. Man weiß, daß sie nach der Art von Triptichen zusammengeklappt werden konnten. Assurbanipal (668–627) hat Literatur systematisch gesammelt – nicht so sehr aus Liebe zur Wortkunst als vielmehr als Nebenprodukt seiner Sammlung aller möglichen Texte, die für die Vorzeichenkunde und als Rituale zur Abwehr drohenden Schadens benötigt wurden. Aus ganz Babylonien ließ er sich einschlägige Tontafeln schicken und dann auch abschreiben. Diese Bibliothek wurde bei den Ausgrabungen in Ninive im 19. Jahrhundert entdeckt und befindet sich heute großenteils im British Museum. Assurbanipal hatte bei seiner Sammeltätigkeit ein Vorbild, den Assyrerkönig Tukulti-Ninurta I. (1243–1207), der sich in seinem den Sieg über Kurigalzu von Babylon feiernden Epos rühmt, große Mengen von Literaturwerken in seiner Beute nach Assur gebracht zu haben. Während sich die Schrift in Babylonien nicht mehr wesentlich veränderte – lediglich der Schriftduktus wechselte noch mehrmals in der Zeit nach Samsuiluna, und die Zeichenformen wurden noch etwas vereinfacht –, reduzierte man in Assyrien die möglichen Keilrichtungen noch einmal; man schuf dort eine neue Art der Monumentalschrift für Steindenkmäler, die besonders die Wandreliefs der Paläste schmückte.

Kunst

Die verschiedenartigen Landschaften Vorderasiens und die zahlreichen Völker unterschiedlicher Sprache und Herkunft, die an der fast dreitausendjährigen wechselvollen Geschichte des Alten Vorderen Orients mitwirkten, haben eine Kunst von großer Vielfalt hervorgebracht. Wenn diese Kunst dennoch gemeinsame Züge aufweist, so vor allem wegen der erstaunlichen Lebenskraft und Ausstrahlung der sumerischen Hochkultur, die sich um 3000 v. Chr. im südlichen Mesopotamien entfaltete. In Syrien, in Anatolien und im Iran wurden jedoch stets auch eigene Vorstellungen und Formen entwickelt und in unterschiedlicher Weise mit dem mesopotamischen Erbe verschmolzen.

Mesopotamien

Wenn man einen Überblick über die Kunst Mesopotamiens seit der frühgeschichtlichen Zeit (um 3000 v. Chr.) gewinnen will, so muß man sich zuerst darüber klar sein, daß dieses Kunstschaffen nicht so einheitlich war wie das ägyptische. Das Gebiet zwischen den beiden Strömen Euphrat und Tigris ist niemals nach außen hin abgeschlossen gewesen, sondern war vielmehr ein Durchzugs- oder besser ein erträumtes Einfallsgebiet für die verschiedenen »Völker« und Stämme seit den frühesten Perioden, das Land, wo »Milch und Honig« flossen, und deshalb auch immer wieder begehrt.

Am Anfang des hier zu betrachtenden Zeitraums siedelten im Süden die Sumerer oder, wie sie sich selbst nannten, die Männer/Leute von *kenger (lú-ki-en-gi-ra)*. Man nahm von ihnen an, daß sie ebenfalls eingewandert seien, was neuerdings aber mit guten Gründen in Zweifel gezogen wird.

Ganz am Beginn plastischer Menschendarstellung steht ein marmornes Frauenantlitz aus dem frühsumerischen Uruk. Noch kennen wir keine ältere Skulptur, die uns etwas über die Entwicklung hin zu derart früher Meisterschaft verriete. *Bagdad, Iraq Museum*

Dann kamen die semitischen Akkader, benannt nach ihrer Hauptstadt, die bisher noch nicht gefunden wurde. Auf sie folgten später weitere Semiten, die Amurru oder Amoriter. Während die Akkader einen ostsemitischen Dialekt sprachen, stammten die Amurru aus dem Westen. Nach ihnen bestimmte für ungefähr 500 Jahre ein neues »Fremdvolk«, die Kassiten, die Geschicke im südlichen Zweistromland, bis diese ihrerseits durch die Aramäer abgelöst wurden, wiederum eine westsemitische Bevölkerungsgruppe, die aber ein anderes als das bisher übliche Silbenschriftsystem verwendete: die Konsonantenschrift. Ihren politischen Höhepunkt erreichten die Aramäer im 6. Jahrhundert v. Chr. unter dem bekannten König Nebukadnezar II. (605–562), dem Nabucco Giuseppe Verdis.

Im Norden, dem eigentlichen *Mesopotamia* nach dem Verständnis der Griechen, saßen die Assyrer und vor ihnen die Hurriter, die – so nimmt man aufgrund ihrer Sprache an – aus dem Kaukasus eingewandert sein sollen. Um die Mitte des 2. Jahrtausends v. Chr. bildeten sie im Staate von Mittani die tragende kulturelle Kraft.

Nachdem die Hethiter unter ihrem König Šuppiluliuma I., einem Zeitgenossen des Ketzerkönigs Echnaton/Amenophis IV., um 1340/30 v. Chr. die politische Macht des Mittani-Staates gebrochen hatten, konnten sich nunmehr die Assyrer wieder frei fühlen und ihre Geschicke selbst bestimmen. Seit dieser Zeit, am Ende des 14. Jahrhunderts, können wir auch von einer echt assyrischen Kultur reden, die dann bis zu ihrem Untergang um 612/606 v. Chr. die vorherrschende in Mesopotamien war. Ihre politische Macht dehnten die Assyrer sogar vorübergehend im 7. Jahrhundert v. Chr. bis nach Ägypten aus.

Mit diesem kurzen Abriß der Geschichte Mesopotamiens ist zugleich der zeitliche wie geographische Rahmen des Beitrags über die Kunst Mesopotamiens abgesteckt. Der Überblick beginnt in der Frühgeschichte um oder kurz vor 3000 v. Chr. und endet mit dem Untergang des spätbabylonischen Reichs der westsemitischen Chaldäer in der zwei-

ten Hälfte des 6. Jahrhunderts v. Chr., als der große Kyros Babylon einnahm.

Der geographische Schwerpunkt dieser Betrachtung liegt im Zweistromland mit den angrenzenden Randgebieten, dem Osttigrisland und jenem Bereich des heutigen Syrien, der sich vom Euphrat um einiges nach Westen erstreckt. Auch den Teil von Kleinasien, der zeitweise unter dem Einfluß Mesopotamiens gestanden hat, also das Gebiet südlich des Taurus und Antitaurus, beziehen wir mit ein. Ja, wir müssen sogar einen Abstecher nach Zentralanatolien unternehmen, wo zum Beispiel in Kültepe, dem antiken Neša oder Kaniš, bei der ersten Hauptstadt der Hethiter eine Handelsniederlassung der Assyrer bestanden hat.

Wenn wir eingangs auf eine mögliche, durch die verschiedenen Völkerschaften bedingte Heterogenität der mesopotamischen Kunst hingewiesen haben, so läßt sich doch in den Denkmälern Gemeinsames wiederfinden, vor allem in der Symbolsprache des vorwiegend religiös bestimmten Inhalts. Wie ein roter Faden führt die sogenannte Rosette, fast vergleichbar mit dem Kreuz in der christlichen Kunst, durch den gesamten hier zu besprechenden Zeitraum. Gleiches läßt sich über eine Denkmälergattung des Kunsthandwerks sagen, über das Rollsiegel, welches – wie die Keilschrift – vom ersten Auftreten um 3000 v. Chr. bis zum Ende der eigentlichen altorientalischen Kulturen und darüber hinaus bis zu den Achämeniden ihr spezieller Leitgegenstand gewesen ist. Die Keilschrift wurde meist auf Ton,

Oben: Fassadengestaltung der Uruk-Zeit an der Schauseite einer Terrasse in Uruk. Bunte Tonstifte bildeten geometrisch gemusterte Bänder in dickem Lehmputz.

Rechts: Fresken und Wandbehänge schmückten die Lehmziegelmauern des sogenannten »Thronsaals« und anderer Räume des altbabylonischen Palastes von Mari.

dem vom Material her vorbestimmten wichtigsten Strukturelement der altorientalischen Kunst, geschrieben. Wenn beide Denkmälergattungen, das Rollsiegel und die Keilschrift, außerhalb Mesopotamiens, in Westsyrien oder in Kleinasien, auftraten, dann lag hier der direkte Einfluß Mesopotamiens vor.

Abschließend noch einige Bemerkungen zu den Voraussetzungen, unter denen altorientalische »Künstler« ihre Werke hergestellt haben, da sie für unsere moderne Beurteilung von Form und Inhalt der damals entstandenen Denkmäler gleichermaßen wichtig sind. Auf die erste wurde bereits hingewiesen: Der Inhalt ist vorwiegend religiös, auf der Grundlage einer magisch bedingten Lebensauffassung. Damit hängt die zweite Voraussetzung zusammen, ja, sie ist nur von dorther zu verstehen: Anlage, Gestaltung und Ausführung eines Kunstwerks, ganz gleich, ob es sich um Werke der Architektur, des Rund- oder des Flachbildes handelt, sind von ihrer äußeren Erscheinung unperspektivisch und von ihrem Inhalt her vorstellig, das heißt, Figuren und Gegenstände werden nicht wiedergegeben, wie sie aussehen, sondern wie sie

sind (Abb. S. 331). Daraus folgt, daß es in der altorientalischen Kunst wie im ägyptischen oder im frühen griechischen Kunstschaffen keine exakte Raumwiedergabe und kein reales Größenverhältnis gibt. Alles, was bedeutend ist, wird groß beziehungsweise größer als das Unbedeutende dargestellt. Erst gegen Ende der Entwicklung findet sich bei den Assyrern seit der zweiten Hälfte des 8. Jahrhunderts v. Chr. der Versuch, mit Hilfe der unechten Vogel- oder Kavaliersperspektive im Flachbild die Tiefe des Raums wiederzugeben (Abb. S. 354/355).
Aufgrund dieser Voraussetzungen wird wohl auch begreiflich, daß Deutung und Verständnis altorientalischer Kunstwerke in der heutigen Zeit und durch uns nicht ganz einfach sind.

Architektur

Die Grundlage des Bauens in Mesopotamien, sowohl in der sakralen wie in der profanen Architektur, war der ungebrannte Ziegel, der sogenannte *libn*. Erst in der Spätzeit, wie beispielsweise im Babylon Nebukadnezars II., wurde der gebrannte Ziegel in größerem Umfang verwendet, und zwar eigentümlicherweise, wenn man von der Zikkurrat, dem Tempelturm, absieht, besonders bei den Palastanlagen. Die Tempel zu ebener Erde dagegen wurden weiterhin aus ungebrannten Ziegeln errichtet. Dieses Material erzeugte eine amorphe Struktur der Bauwerke, mit dicken Mauern und einer recht kompakt wirkenden Fassade. Um diese breit und unförmig wirkende Masse, die eher wie modelliert als wie aufgemauert aussah, aufzulockern, wurde die Fassade mit Vor- und Rücksprüngen, aber auch mit sehr kunstfertig ausgebildeten Halbsäulen gegliedert. So glauben jetzt einige Forscher, diese typische Fassadengliederung an Tempeln erklären zu müssen. Der bekannte deutsche Bauforscher E. Heinrich hingegen deutete diesen Schmuck als eine Art »Würdezeichen« der sakralen Architektur. Wie dem auch sei, in jedem Fall stellte die Massigkeit mesopotamischer Bauwerke ein besonderes Strukturelement dieser Kunst dar, worauf als erster der Archäologe G. Kaschnitz von Weinberg hingewiesen hat.
Der Lehmziegel war wohl nicht immer das bevorzugte Baumaterial für die wichtigsten Bauten einer Stadt im Zweistromland. Nach unseren heutigen Erkenntnissen, die wir den Geologen verdanken, wurde während des 4. Jahrtausends v. Chr., also in den älteren Zeiten, Kalkstein und künstlich hergestellter Stein verwendet, besonders im Süden, wo beide Materialien relativ leicht von Kalksteinbänken gewonnen werden konnten, die damals dicht unter der Oberfläche anstanden. Eine solche Bank, die von den auf Erdölsuche befindlichen Geologen kürzlich entdeckt wurde, befand sich beispielsweise bei Uruk/Warka, der frühsumerischen Metropole.
Zu den bedeutendsten sakralen Bauwerken in Mesopotamien gehörten die Tempeltürme, die seit dem Ende des

3. Jahrtausends v. Chr. als Zikkurrate bezeichnet worden sind. Sie wurden im Süden aus Vorstufen, die eigentlich nur Terrassenanlagen waren, entwickelt und zuerst mit drei Stufen, später dann mit sogar sieben Stufen versehen. Die berühmteste Zikkurrat stand in Babylon mit 90 Metern Höhe. Leider sind von ihr nur noch ein Stumpf des Lehmziegelmassivs (Abb. S. 160/161) und die Ansätze der drei Treppen erhalten geblieben, da Alexander der Große sie abtragen ließ, um sie dann höher und schöner als bisher wieder aufzubauen. Dieser Wunsch konnte aber bekanntlich wegen seines frühen Todes nicht erfüllt werden. So wissen wir auch nicht, ob Herodots Beschreibung des Tempels auf der Spitze und sein Hinweis auf dessen Funktion zutreffen. Er schrieb, daß sich in ihm kein Kultbild befunden habe, sondern nur ein Tisch und ein Bett, auf dem der Gott Marduk mit einer von ihm ausgewählten Frau die Heilige Hochzeit vollzog. Da auch keine andere Zikkurrat aus der Spätzeit ganz erhalten geblieben ist, versuchte man die wiederentdeckten Kultgebäude auf den frühen Terrassen für Vergleiche heranzuziehen und als Ersatz zu verwenden. Dabei darf jedoch nicht übersehen werden, daß die eigentliche Zikkurrat beziehungsweise ihre kanonische Form parallel zum ersten Auftreten dieser antiken Bezeichnung erst am Ende des 3. Jahrtausends v. Chr. entwickelt worden ist. Auf alle Fälle stammt die Idee, einen Tempelturm für die Stadtgottheit zu errichten, wenn dies auch nicht in jeder Stadt geschah, aus Südmesopotamien. Diese Bauform wurde dann von den Assyrern übernommen und abgewandelt, sowohl hinsichtlich der Treppenführung als auch der Zahl von Zikkurraten in einer Stadt. In Assyrien gelangte man entweder, wie vielleicht in Ḫorsābād/Dūr Šarrukīn, außenherum, über ein besonderes Treppenhaus oder über die Dächer der vorgelagerten Tempel nach oben, und in Assur standen gleich drei Zikkurrate (Abb. S. 114). Außerdem verfügten die assyrischen Tempeltürme manchmal über einen rechteckigen tiefen Schacht in der Mitte des Kernmassivs (Grundriß S. 307).

Einflüsse von Sumer strahlten auch nach Elam aus, wo in Čoġā Zanbīl beispielsweise eine Zikkurrat erbaut wurde, aber ebenfalls mit deutlichen technischen und vielleicht auch inhaltlichen Unterschieden zu Südmesopotamien. Wenn die Ausgrabungsergebnisse stimmen, so wurde hier die Zikkurrat von außen nach innen errichtet, und die Treppen, gleich vier, an jeder Seite eine, wurden verdeckt angelegt. Aus Čoġā Zanbīl wissen wir, daß die einzelnen Stockwerke eines Tempelturms verschiedenfarbig bemalt oder glasiert waren. Ähnliche Beobachtungen machten bereits die französischen Ausgräber von Ḫorsābād/Dūr Šarrukīn: Die erste Stufe war weiß, die zweite schwarz. Nur glaubte man es ihnen nicht, genausowenig wie ihren Hinweis auf das Vorhandensein der schon erwähnten Außentreppe, die vielleicht spiralförmig und mit Zinnen bewehrt nach oben führte.

Bei den Tempeln zu ebener Erde, den von W. Andrae so genannten »Tieftempeln«, können wir derzeit fünf Typen nach der Grundrißausbildung unterscheiden:

1 Uruk-Tempel
2 osttigridischer Knickachstempel
3 Antentempel
4 babylonischer Breitraumtempel
5 assyrischer Langraumtempel

Die ersten drei waren die ältesten, sie datieren mit ihren Anfängen in das ausgehende 4. Jahrtausend v. Chr., liefen

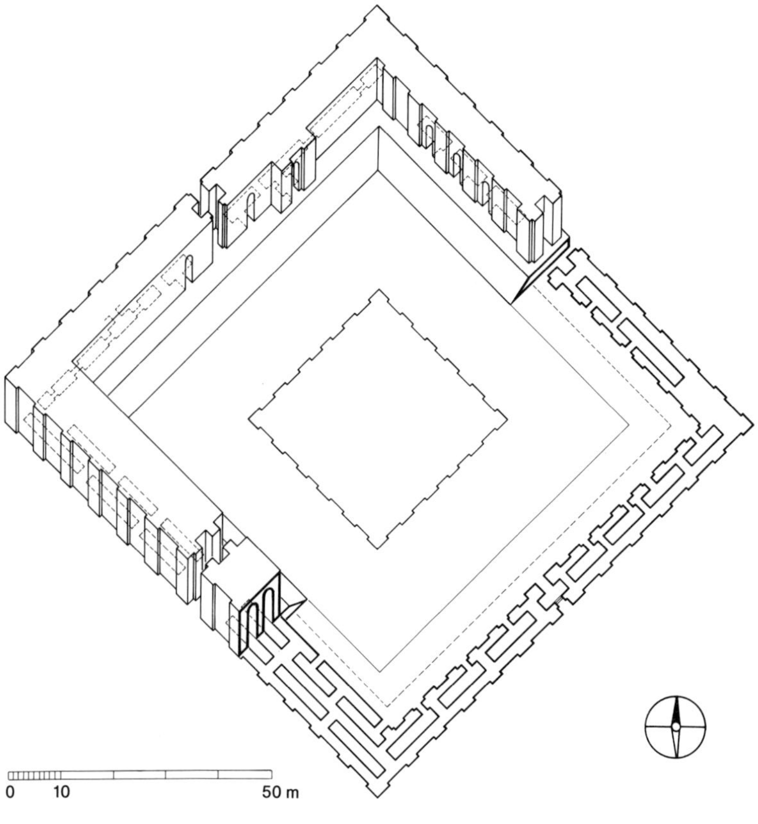

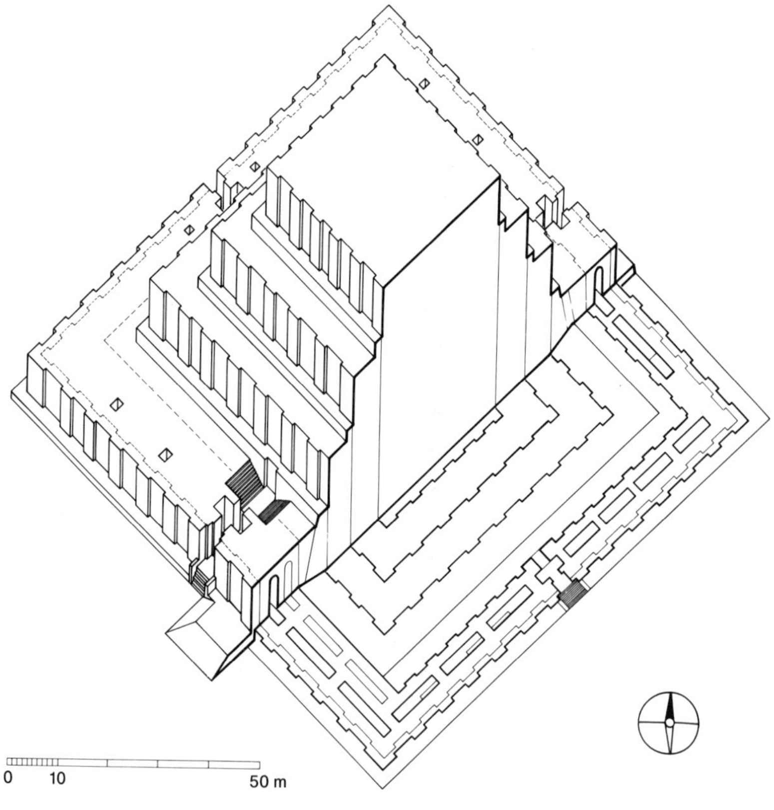

Vorhergehende Doppelseite: Die Zikkurrat von Čoġā Zanbīl war Mittelpunkt der mittelelamischen Kult- und Residenzstadt Dūr-Untaš. Sie war nur anläßlich hoher Feiertage bevölkert.

Linke Seite: Die Errichtung der Zikkurrat von Čoġā Zanbīl erfolgte in zwei gut unterscheidbaren Schritten. Zunächst wurde ein quadratischer Hof gepflastert und von einem Raumzingel umgrenzt (außen). Erst nach Fertigstellung des Zingels entstanden in Form von zwei verschieden hohen »Schalen« die mittleren Stockwerke und zuletzt wohl das zentrale Turmmassiv (innen); auf diesem stand ein Hochtempel. Aus dem primären Raumzingel, der auch den Tieftempel enthielt, wurde die unterste Stufe der Zikkurrat.

Oben: Das verwitterte Kernmassiv der Zikkurrat in Dūr Kurigalzu steht in markantem Kontrast zur erneuerten untersten Turmstufe. Die horizontalen Schilfschichten sind gut erkennbar.

Da sprach Enlil zu den Anunna-Göttern:
»... Mein Sohn hat sich ein Haus erbaut, der König Enki,
Eridu hat er wie einen Berg von der Erde aufsteigen lassen,
hat das Haus an schönem Orte gebaut,
in Eridu, dem Ort, den niemand (ungebeten) betritt,
ist das Haus aus Silber gebaut, mit Lapislazuli geziert,
das Haus, das alle Pauken spielen läßt, die Beschwörung übergibt,
im heiligen Lied *verschönt* das Haus die Erde immerdar,
durch die gute Schicksalsentscheidung Enkis ist das Heiligtum
am Abzu für die vollendeten »göttlichen Kräfte« geschaffen.«
Aus der sumerischen Hymne auf den Enki-Tempel in Eridu

aber weiter, Nr. 2 und 3 sogar bis in das 1. Jahrtausend v. Chr. Der Tempel des Salomo in Jerusalem gehörte zum Typus des Antentempels. Nr. 4 entstand am Ende des 3. Jahrtausends v. Chr. und Nr. 5 wohl erst zu Beginn des 2. Jahrtausends v. Chr.

Der babylonische Breitraumtempel, bis um 200 v. Chr. nachzuweisen, läßt sich offenbar direkt mit einer Kulthandlung in Verbindung bringen: mit der seit der Akkad-Zeit vorkommenden und dann später immer beliebter werdenden Einführungsszene (Abb. S. 222).

Fast alle Tempel waren – mit Ausnahme der frühen Anlagen in Uruk/Warka – aus luftgetrockneten Lehmziegeln errichtet, außen und innen verputzt sowie die Wände der Räume wohl auch bemalt, wie der neu ausgegrabene Nabû-Tempel in Babylon (Abb. S. 238) beweist, aber offenbar nicht in bunten, grellen Farben, sondern in Schwarzweiß. Der Schmuck außen bestand in den schon erwähnten Vor- und Rücksprüngen. Die Eingänge waren abgetreppt, ähnlich wie bei romanischen und gotischen Kirchen. Der Grundriß war immer über Eck zu unserer heutigen Nord-Süd/Ost-West-Ausrichtung angelegt. Diese Lage entsprach der damaligen »Windrose«.

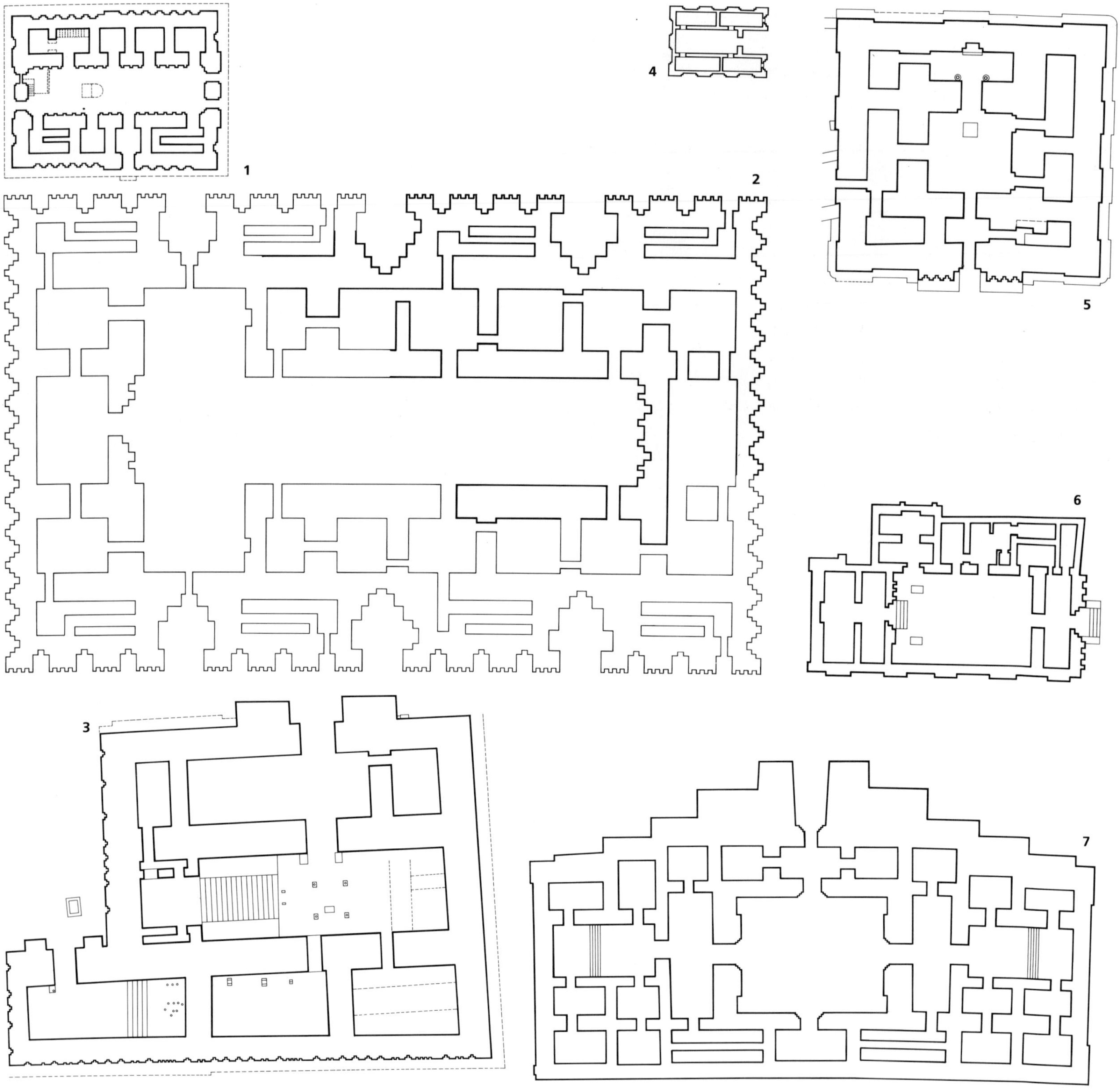

Mesopotamische Sakralbauten: Der einheitliche Maßstab (1:600) läßt direkte Größenvergleiche zu. Der uruk-zeitliche »Weiße Tempel« (1) auf der damals 12 m hohen Anu-Zikkurrat des (frühen) »kleinen« Uruk-Typs. Zur späten Uruk-Zeit entstand in Uruk/Eanna ein vielgliedriger, repräsentativer Komplex, dessen jüngster und größter Baukörper der sogenannte Tempel D (2) ist. Er weist trotz konventioneller Anlage (Mittelraum, alae, quergelegter Kopfbau) eine geradezu übertriebene Fassadengliederung durch gestufte Nischen auf. Tempel der Ištar Aššurītu mit Annex für die Göttin Dīnītu (3). Der von Tukulti-Ninurta I. im 13. Jahrhundert v. Chr. errichtete Neubau ist ein Knickachstempel mit Vorcella, Hauptcella und je einer erhöhten Plattform für die Kultbilder. Der kleine Westtempel von Tepe Gaura (4) aus der späten Uruk-Zeit vertritt den Typ des Antentempels. Der Eingang liegt in der Mitte der Schmalseite, an der die Längswände als Anten weit vorspringen und eine tiefe offene Vorhalle bilden. An die beiden Langseiten des Mittelraums legt sich jeweils ein Trakt mit zwei schmalen Räumen. Der Tempel des vergöttlichten Königs Šūsîn in Ešnunna (5) ist ein frühes Beispiel des babylonischen Breitraumtempels. Die streng achsiale Kultachse, die vom Haupteinagng durch den Innenhof in die Cella führt, hat ihr Ziel in der Nische mit dem Kultbild (Ur-III-Zeit). Der altbabylonische Doppeltempel der Ḫani und der Nisaba in Šaduppûm (6). In die einfache babylonische Raumabfolge (vgl. 5) wird eine Vorcella eingeschaltet. Einer der beiden Tempel ist durch abknickenden Zugang unzweifelhaft zweitrangig. In Assur entstand um 1500 v. Chr. der Doppeltempel für Sîn und Šamaš (7). Hinter einer getreppten Fassade entwickelte sich beiderseits des Innenhofes in klarer Symmetrie je ein assyrischer Langraumtempel mit breitgelagerter Vorcella.

Den ersten Tempelgrundriß vom Typ Uruk gab es in zwei Ausführungen, einer größeren, ja zum Teil sehr großen mit Ausmaßen des Bamberger Doms und einer kleineren. Beide unterschieden sich aber nicht nur hinsichtlich ihrer Größe, sondern auch aufgrund der Lage und des Aussehens des Mittelraums oder Saales. Die großen Anlagen wurden zu ebener Erde errichtet, und ihr Mittelraum, wohl überdeckt, hatte an einer Schmalseite beim Allerheiligsten zwei *alae*-artige Ausbuchtungen. Die anderen standen auf den Hochterrassen, wie in Eridu, Uruk (Kullaba, einem Stadtteil des später zu einer Stadt vereinigten Uruk) und in Tell al-ʿUqēr.

Auch in den Inneneinrichtungen gab es anscheinend zwischen diesen beiden Tempelanlagen Unterschiede. Die auf den Hochterrassen hatten einen Altar in der Mitte und ein breites Postament an einer der Schmalseiten, ebenfalls durch Nischen gegliedert oder bemalt, die anderen verfügten im Mittelraum über pfannenartige Vertiefungen, in denen offenbar über ein ausgeklügeltes System immerwährend Ölfeuer brannten. Der besseren Lichtführung wegen scheint aber bei beiden der Mittelraum basilikal überhöht gewesen zu sein. Diese Tempelanlagen, die man auch in Städten Nordsyriens (Tell Brāk) und am syrischen Lauf des Euphrat (Tell Qannas/Habūba Kabīra, Ǧebel Arūda, Abb. S. 72/73) nachweisen kann, hatten eine lange Laufzeit von der ʿObēd- bis in die späte Uruk-Zeit, verschwinden dann aber völlig aus der mesopotamischen Sakralarchitektur.

Wir wiesen bereits auf die Verwendung von Kalkstein und von Kunststein in Uruk hin. Das beste Beispiel dafür ist jetzt der unterirdisch angelegte Steinbau am Fuß der Hochterrasse in Kullaba/Uruk, wo oben der sogenannte Weiße Tempel gestanden hat (Abb. S. 308). Dieser Steinbau mit labyrinthartigen Gängen wurde aufgrund der Tatsache, daß er unterirdisch angelegt war, als Grabbau gedeutet, was aber bis heute weder durch das Mobiliar noch durch Inschriften bewiesen werden konnte.

Bei den Städten in Nordsyrien handelte es sich offenbar um Neugründungen aus Sumer oder aus Elam, also um sogenannte Tochterstädte, die den Handelsbeziehungen zwischen dem Süden und dem Norden und Westen dienten. Sumer war ja bekanntlich bis auf das Vorkommen des

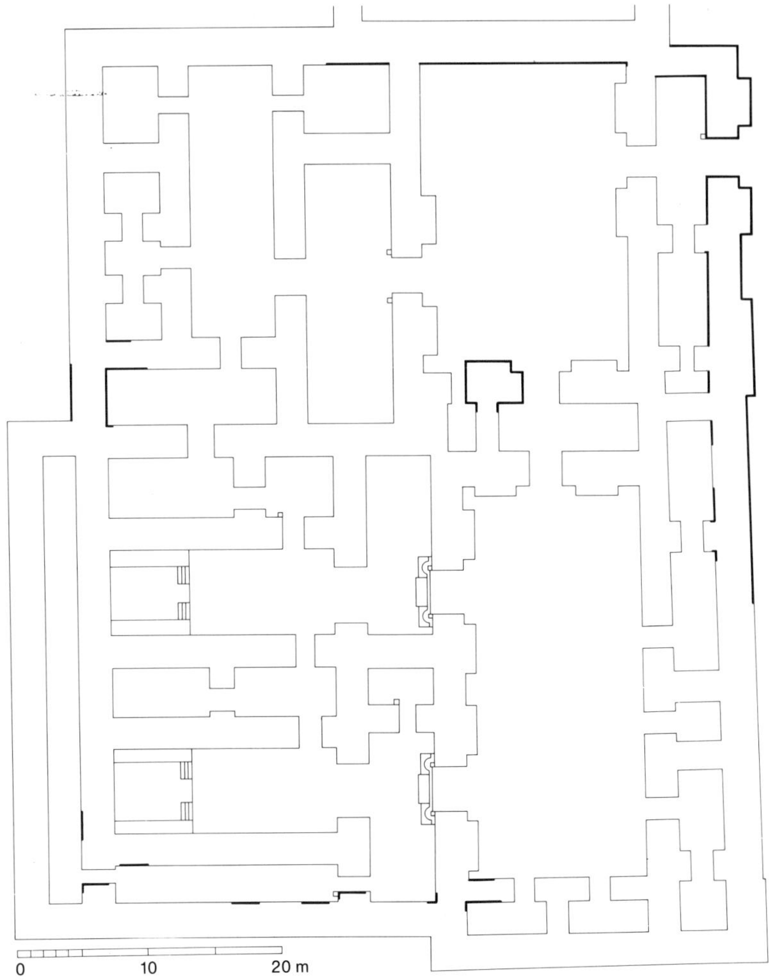

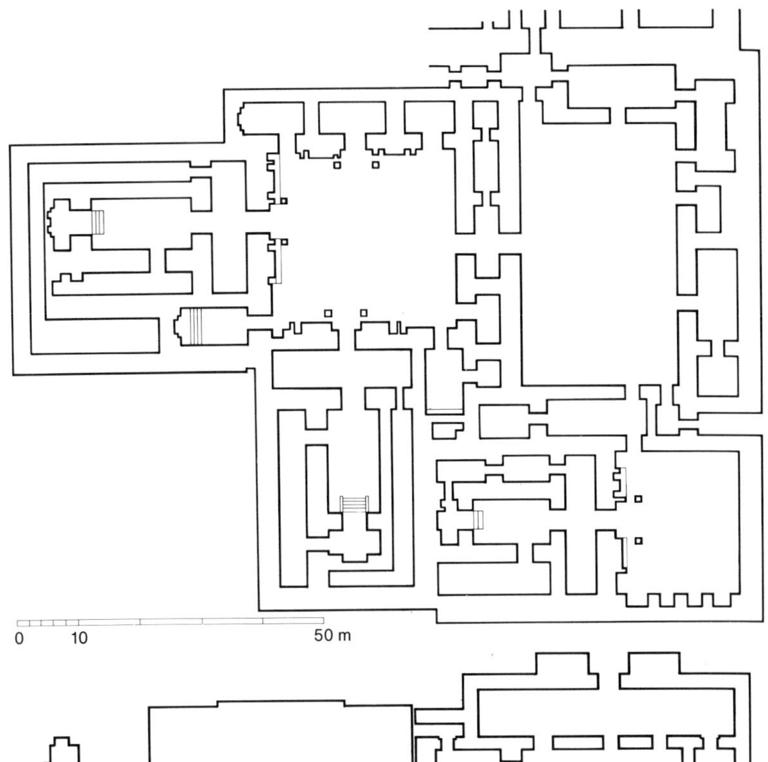

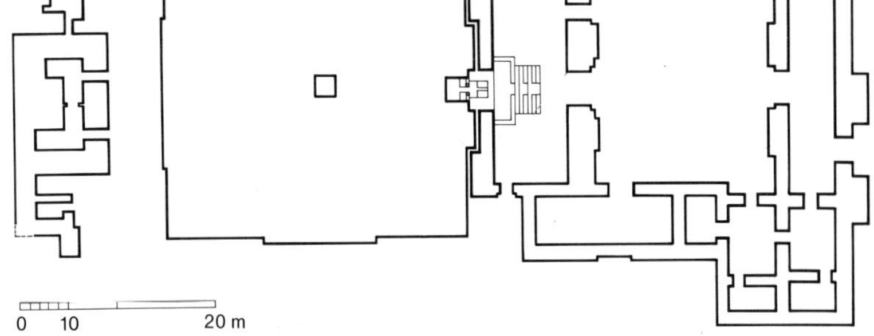

Oben und Mitte: Die zwei neuassyrische Tempelkomplexe, der Ištar-Nabû-Tašmetum-Tempel in Assur aus dem späten 7. Jahrhundert v. Chr. (oben) und der Tempel im Palast Sargons II. in Dūr Šarrukīn/Ḫorsābād (Mitte), vereinen jeweils mehrere Langraumtempel mit breitgelagerter Vorcella. Sie alle haben Höfe zum Ausgangspunkt, die wie die Kulträume selbst von Nebengelassen umrahmt waren. Eine einheitliche Kultrichtung wurde in solchen Komplexen nicht eingehalten.

Rechts: Assyrische und babylonische Einflüsse werden im mittelassyrischen Assur-Tempel von Kār Tukulti Ninurta sichtbar. Mari im Westen, vor allem aber Tell ar-Rimāḥ im Norden sind die älteren Vorbilder für die nahtlose Verknüpfung von Tieftempel und Zikkurat. Im Grundriß sind Bezüge zum babylonischen Breitraumtempel klar erkennbar, der erhöhte Kultbildstandort erinnert dagegen an den zeitgleichen Ištar-Tempel von Assur. In der Mitte der Zikkurat befand sich ein Schacht.

Kalksteins ein an »Grundstoffen« armes Land, so daß man sich vor allem die Metalle wie Kupfer, Silber und Gold aus anderen Gebieten besorgen mußte. Das gleiche galt anscheinend auch für Elam.
Die Ausdehnung des damaligen Handels erstreckte sich über Kleinasien bis zum Balkan und vielleicht noch weiter. Gegen räuberische Nachbarn in den fremden Landen wußte man sich bereits mit großen Stadtmauern wie in Habūba Kabīra zu schützen. Wenn man von Jericho in Palästina einmal absieht, wäre diese Stadtmauer zusammen mit anderen, wie in dem noch weiter nördlich gelegenen Hassek Höyük, die früheste ihrer Art. In Sumer ist die älteste erst von Gilgameš in Uruk/Warka während der Frühdynastischen Zeit um 2700 v. Chr. erbaut worden.
Der zweite Tempeltyp wurde von H. J. Lenzen erstmals als »osttigridische« Bauform angesprochen, was in gewisser Weise auch auf seine Verbreitung während der Frühzeit zutrifft. Wegen seines Grundrisses und der Achsenführung im Hauptraum wird er als Knickachstempel bezeichnet. Ferner findet sich dafür die Bezeichnung Herdhaustempel in der deutschsprachigen Literatur. Er tauchte aber ebenso westlich des Tigris auf, so in Assur und in Mari, und fand während des 2. Jahrtausends v. Chr. sogar im Palastbau Verwendung.
Ein immer zahlreicher in den Grabungen der letzten Jahre zu beobachtender Grundriß ist der unter Nr. 3 genannte Antentempel, der dem Megarontyp der mykenischen Kultur ähnelte und auch in Kleinasien, so in Troja, vorkam. Er läßt sich heute ohne Unterbrechung vom 3. Jahrtausend v. Chr. im Zweistromland, in Syrien, Kleinasien und in Palästina bis zu dem Tempel des Salomo in Jerusalem nachweisen. Unter Umständen hat er auch bei der Ausbildung des assyrischen Kultbaus zusammen mit dem babylonischen Tempel Pate gestanden.
Der babylonische Tempel (Nr. 4) zu ebener Erde war eine Breitraumanlage mit einer oder zwei Cellae. Die Kultachse vom Eingang zum Postament lag genau in der Mitte (Abb. S. 238/239). Nach A. Moortgat wäre dieser Grundriß die architektonische Form für den seit der Akkad-Zeit belegbaren Ritus der Einführungsszene des Beters zur Gottheit (Abb. S. 222), was auch gut zum ersten Auftreten dieses Tempels in jener Zeit passen würde. Seine Verwendung als Kultbau läßt sich aber, wie schon angemerkt, bis in die Ära der Seleukiden nachweisen, als es schon lange keine Einführungsszene mehr im Repertoire der Flachbildkunst gegeben hat.
Der assyrische Tempel (Nr. 5) war im Gegensatz dazu eine Langraumanlage wie der *templum in antis*, jedoch mit einem davorgelegten Breitraum (babylonischer Einfluß?). Sein erstes Auftreten läßt sich wohl jetzt dank der amerikanischen Ausgrabungen unter H. Weiss in Tell Lēlān (Nordsyrien) zum erstenmal für das frühe 2. Jahrtausend v. Chr. nachweisen. Im Laufe seiner Entwicklung wurde das eigentliche Allerheiligste immer weiter ausgebildet und mit einem hohen Postament für das Kultbild versehen. Mit dem Untergang des assyrischen Reichs um 612/606 v. Chr. verschwand der assyrische Langraumtempel im Gegensatz zum babylonischen Breitraumtempel aus der mesopotamischen Sakralarchitektur.
In der Profanarchitektur können wir für unseren Bereich grundsätzlich zwei Typen unterscheiden: Im Süden war eine Anlage mit zentralem Hof üblich, das nach R. Koldewey, dem Ausgräber von Babylon, so genannte »injunktive« Hofhaus mit der Hürde als primärem Ausgangspunkt (Abb. S. 71), und im Norden der Einraum, der mit mehreren solchen Räumen aneinandergefügt erst sekundär das sogenannte »konjunktive« Hofhaus ergab. Neuerdings wird aber von dem französischen Archäologen J. Margueron diese deutsche Typologie angezweifelt. Eine solche Art der »Planung« hat natürlich auch im Sakralbau Anwendung gefunden.
Was nun den Palast betrifft, so lassen sich hierbei ebenfalls zwei Typen unterscheiden: zum einen die im Süden seit der Ur-III- Zeit um 2000 v. Chr. beliebten Anlagen (Abb. S. 78) und zum andern die dann später von den Assyrern verwendeten Paläste (Abb. S. 120). Bei den ersteren gehör-

Linke Seite: Anu-Zikkurrat von Uruk. Unter jüngeren Ziegelterrassen konnte die besonders gut erhaltene Terrasse der Uruk-Zeit und der auf ihr erbaute »Weiße Tempel« (innen) freigelegt werden. Intakt waren auch fest eingebaute Kulteinrichtungen, zum Beispiel ein bühnenartiges Postament und ein in der Mittelachse stehender Stufenaltar mit Brandspuren. Dieser eminent wichtige Zeuge früher Sakralarchitektur blieb ungeschützt der Witterung ausgesetzt und hat darunter gelitten.
Zu Füßen der Anu-Zikkurrat in Uruk wurde über den Resten zweier Tempel aus der 'Obēd-Zeit ein labyrinthartiges Gebäude aus Steinblöcken und künstlichen Gipssteinquadern errichtet, das keine Bedachung trug (außen). Es wurde versuchsweise als Kenotaph, genauer, als zeitweilige Aufbahrungsstätte für eine hochgestellte Persönlichkeit gedeutet.

Oben: Anu-Zikkurrat in Uruk. In Eridu, Tell al-'Uqēr und in Uruk sind tempeltragende Terrassen die Vorläufer der späteren Zikkurrat. Die auf den Vorgängerbauten wieder und wieder erneuerten Tempel wuchsen zunehmend in die Höhe. Schon früh innerhalb dieser Entwicklung dürfte die bewußte Heraushebung heiliger Plätze aus den mitwachsenden Wohnsiedlungen zum Topos des »Tempels auf der Terrasse« geführt haben.

Für das, was du mir bauen wirst, mir bauen wirst,
Stadtfürst, für mein Haus, das du mir bauen wirst,
Gudea, für den Bau meines Hauses will ich dir die Anweisung geben,
meiner Kultordnungen »Sterne des reinen Himmels«
will ich dir künden!
Mein Haus, das Eninnu, das An gegründet hat, –
seine »göttlichen Kräfte« sind groß, überragen alle anderen,
das Haus, dessen König den Blick weithin richtet, –
vor seinem Ruf zittert der Himmel ...
Sein schrecklicher Glanz reicht bis zum Himmel,
meines Hauses großer Schrecken liegt auf allen Fremdländern ...

Aus der Tempelbau-Hymne Gudeas von Lagaš

ten immer zwei größere, hintereinandergeschaltete Räume zum Kern einer solchen Anlage. Der vordere, am Hof gelegene, diente wohl der Audienz, der dahinter befindliche mit einem Sakralraum zum Teil als Thronsaal. Der assyrische Palast hatte im Gegensatz dazu nur einen Hauptraum im Knickachsschema, der zwar ebenfalls an einem Hof gelegen, aber von dort über gleich drei Türen zugänglich und zugleich als Verbindungsraum vom Torbereich *(babānu)* zum Wohnbereich *(bitānu)* gedacht war. Auch der Thronsaal der spätbabylonischen Könige im 6. Jahrhundert v. Chr., so besonders deutlich in der Südburg in Babylon zu sehen, hatte drei Türen, war aber wiederum ein Breitraum (Abb. S. 312) und aus klimatischen Gründen nach Norden hin ausgerichtet.
Daß die Paläste zu allen Zeiten reich geschmückt waren, mit Wandbehängen wie in Mari, mit Bemalungen oder Reliefplatten aus Stein wie in Nimrūd/Kalḫu, Ḫorsābād/Dūr Šarrukīn oder in Ninive, versteht sich von selbst. Auch technische Einrichtungen, die dem Wohlbefinden der Herrscher und ihrer Familien dienten – Badeanlagen, Kühlvorrichtungen oder fahrbare Öfen –, waren natürlich ebenfalls vorhanden. Das Baumaterial ist aber wie beim Tempel, mit Ausnahme der Spätzeit, der luftgetrocknete Lehmziegel gewesen. Jedoch wurde im Gegensatz zum Sakralbau die Außenfassade nicht mit Vor- und Rücksprüngen oder Halbsäulen gegliedert. Die Räume waren besonders bei den Assyrern sehr hoch, und nach den dort

häufig vorhandenen Treppen können wohl mehrere Geschosse vermutet werden.
Das normale Wohnhaus bestand im Süden aus dem einfacheren Grundrißschema des Hof- oder Hürdenhauses mit einem bevorzugten Platz für den Hausherrn im Untergeschoß, im Norden aus dem Einzelraum, der mit weiteren Räumen zu einem »scheinbaren« (konjunktiven) Hofhaus zusammengefügt werden konnte. Die Dächer in Babylonien waren flach, die im Norden wegen der stärkeren Regenfälle wohl überwiegend sattelförmig ausgebildet.
Neben den Wohnhäusern, die in einer Stadt zu größeren Einheiten verbunden werden konnten, gab es auch Geschäfte, Lagerräume, Arbeitsstätten für Handwerker und »Kneipen« sowie an bestimmten bevorzugten Stellen und an größeren Plätzen Kapellen.
Seit dem ausgehenden 3. Jahrtausend v. Chr. begruben die Bewohner ihre Toten unter dem Fußboden der Häuser in Erdgräbern, in Tongefäßen oder in Grüften. Das gleiche geschah in den Palästen (Abb. S. 63), besonders in Assyrien, wo sich die Könige, aber auch ihre Frauen in Grüften mit reichen Beigaben beisetzen ließen (Abb. S. 118, 119).
Turmbewehrte, starke Mauern schützten die Städte vor den Feinden (Abb. S. 145), die sie seit dem 2. Jahrtausend v. Chr. mit raffiniert konstruierten Belagerungsmaschinen zum Einsturz zu bringen suchten. Die Assyrer berichteten darüber besonders ausführlich (Abb. S. 260, 344). Außerdem gab es auch technische Bauwerke wie Brücken (Babylon) und Aquädukte (Ǧerwān).

Vorhergehende Doppelseite: Seit dem Wiederaufbau wichtiger Tempel und von Teilen der Südburg hat die »Prozessionsstraße« von Babylon wieder viel von ihrem ursprünglichen weltstädtisch-monumentalen Gepräge zurückerhalten.

Unten: Beiderseits einer Kette von fünf Höfen entwickelte sich der Palast der spätbabylonischen Herrscher, die sogenannte Südburg von Babylon.

Rechts: Parallel zum linken Bildrand verläuft die »Prozessionsstraße« von Babylon. Sie durchquert das Ištar-Tor, an das rechts und links die doppelte Stadtmauer anschließt. Nördlich der Mauer (unten) erstreckt sich das Ruinengebiet der alten »Hauptburg«; südlich der Mauer liegen die in der Zwischenzeit restaurierten Trakte der Südburg.

Nebukadnezar, König von Babylon, der Weise, der Tüchtige, der Geliebte des Marduk, der Statthalter der Länder Sumer und Akkad, der Befestiger des Fundamentes des Landes, der aufmerksame Fürst, den zur Versorgung der (Kult)städte und Erneuerung der Heiligtümer Marduk, der große Herr, berief zu seinem Beruf, dem zur Erweiterung des Landes und zur Leitung der Menschen Nabû, der siegreiche Sohn, einen Hirtenstab, der den Leuten Wohlsein bewahrt, ergreifen ließ (mit) seiner Hand, der Kluge, der Vielbetende, der Erhalter von Esagila und Ezida, der erstgeborene Sohn des Nabopolassar, König von Babylon, bin ich.
Als Marduk, der große Herr, freudig mich schuf und mit ewigem Namen zum Königtum mich berief, da suchte ich ihn immer wieder ehrfürchtig, verehrte ich seine Gottheit, (die) des Nabû, seines rechtmäßigen Sohnes, des Gönners meines Königtums.
Unterwürfig, inbrünstig flehte ich zu ihnen und verehrte ihre Herrschaft. Esagila und Ezida, ihre geliebten Paläste, mit Gold, Silber, auserlesenen, guten Steinen und hochgewachsenen Zedern stattete ich aus, und wie das Innere der Himmel ließ ich sie leuchten. Die Heiligtümer der großen Götter, gemäß dem Wunsch ihres Herzens, verschönte ich glänzend ...
Aus einer Tonzylinderinschrift Nebukadnezars II.

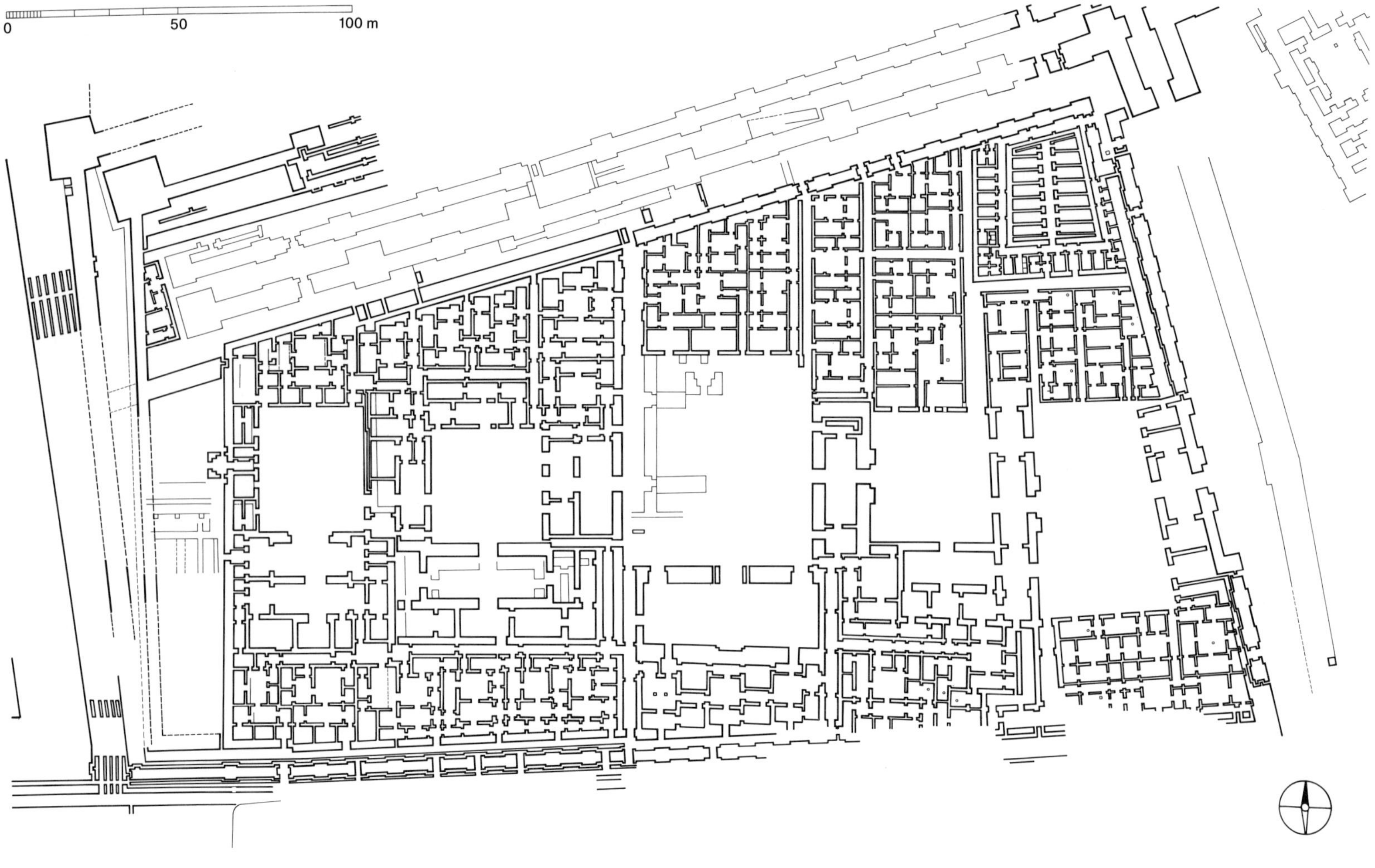

Bildkunst

Die Bildkunst gliedert sich wie üblich in Rund- und in Flachbildwerke. Zu den letzteren zählt man neben den sogenannten Reliefs auch die Malereien, Glasuren und Zeichnungen. »Sogenannte« Reliefs deshalb, weil die erhabenen Flachbilder des Alten Orients nicht tiefenmehrschichtig sind wie die der perspektivischen Kunst. Es gibt durch das Fehlen der echten Perspektive keinen künstlerischen Raum im Flachbild, vielleicht mit Ausnahme der spätassyrischen Kunst seit der Mitte des 8. Jahrhunderts v. Chr.

Wegen der geringeren Chance, über einen längeren Zeitraum erhalten zu bleiben, ist die Zahl der Malereien natürlich relativ klein. Es kommt hinzu, daß es meist sehr schwierig ist, bei einer Ausgrabung derartige Kunstwerke zu bewahren. Denn selbst mit modernen Mitteln läßt sich oft nicht das sofortige Verblassen bei der Verbindung mit der Luft verhindern. Das beste Mittel ist immer noch, die Malereien, meist sind es ja Wandmalereien, farbig aufzunehmen, wie es beispielsweise W. Andrae in Assur und in Babylon und L. Cavro in Til Barsip getan haben. Nur muß man eben dazu einen Zeichner oder Maler bei der Hand haben oder selbst einer sein, wie es eben die beiden waren.

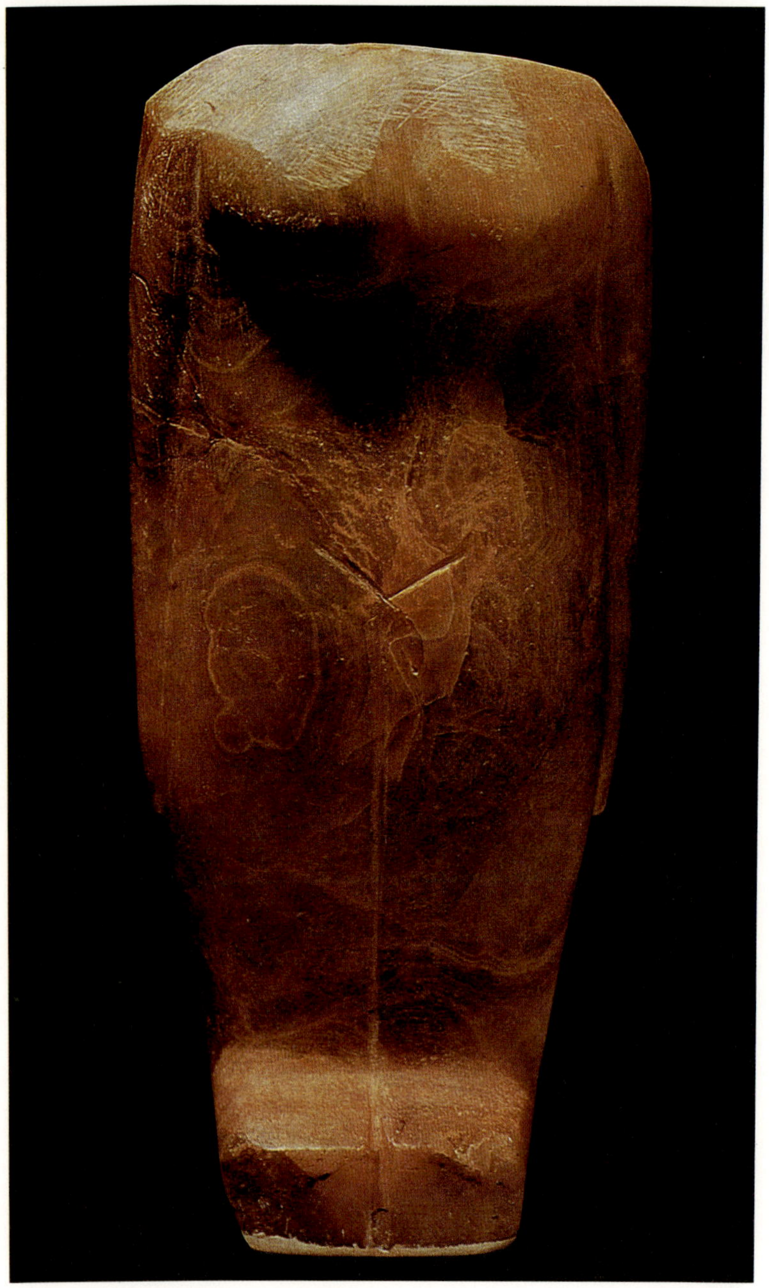

Rundbild

Nach dem heutigen Stand der Forschung glaubt man annehmen zu dürfen, daß das Rundbild als eigene Gattung im Verlauf der späten Uruk-Zeit kurz vor 3000 v. Chr. entstanden oder entwickelt worden ist. Dafür würden vor allem das noch relativ unterentwickelte Standmotiv mit durchgedrückten Knien und die großflächigen Füße sprechen (Abb. links).

Trotzdem ist die plastische Ausbildung der einzelnen Körperformen, besonders bei männlichen Figuren, in Sumer bemerkenswert. Sie wirken bereits sehr naturnah. Vielleicht haben die Bildhauer an der Nachbildung von Tierkörpern gelernt, die in großer Zahl auf uns gekommen sind und die bestimmt im Kult Verwendung fanden, sei es als Figuren, als Gefäße oder als Amulette (Abb. S. 190/191). Auch viele Flachbilder sind so plastisch gestaltet, daß die Trennung von den eigentlichen Rundbildern schwerfällt. Das schönste Beispiel ist der bekannte lebensgroße Frauenkopf aus Marmor, gefunden in Uruk/Warka (Abb. S. 298). Wir wissen nicht, ob sich hinter diesem Gesicht das Abbild einer gewöhnlichen Frau als Priesterin oder die Vorstellung von einer Göttin, der Inanna, verbirgt. Wir können uns auch nicht genau vorstellen, wie der Kopf einmal mit allen Zutaten, eingesetzten Augen und aufgesetzten Haaren aus Goldblech, ausgesehen und gewirkt hat; wir wissen ebensowenig, ob er Teil einer aus anderem Material bestehenden Kompositfigur war oder nur als Vollrelief an der Wand saß. In jedem Fall wirkt er auf uns, besonders das Untergesicht mit dem pessimistisch wirkenden Mund, fast wie die Nachbildung einer weiblichen Persönlichkeit, die tatsächlich gelebt hat. Trotzdem verbietet es sich, von einem Porträt zu sprechen, das es aufgrund der unperspektivischen, vorstelligen (ideoplastischen) Kunstprinzipien im Alten Orient niemals gegeben hat.

Eine wohl etwas ältere männliche Statuette gibt eine auch von anderen Darstellungen her gut belegte Figur wieder, deren Vorbild eine höhere kultische und politische Funktion besaß und die wir deshalb als die eines Priesterfürsten bezeichnen wollen.

Die Fundschicht in Uruk, aus der die zwei Alabasterstatuetten stammen, datiert in die Ǧemdet-Naṣr-Zeit; zumindest die Männerfigur könnte auch älter sein. Den beiden Bildwerken liegt eine gegensätzliche Körperauffassung zugrunde. Bei der Statuette einer nackten Frau (links) treten die plastisch herausgearbeiteten Partien in spannungsreichen Kontrast zu sparsam geritzten Körperkonturen. Die athletische Statuette eines »Priesterfürsten« (links) wird dagegen selbst in den Details mit viel Volumen gezeigt und erweckt den Eindruck von Energie und Kraft.
Bagdad, Iraq Museum

Zur allgemeinen Datierung wäre zu bemerken, daß anhand der Fundumstände diese und ähnliche Bildwerke von guter Plastizität und hoher Ausdruckskraft eher der späten Uruk-Zeit (Bauphasen Eanna-Uruk VI–IV) als der nachfolgenden Ǧemdet-Naṣr-Zeit (Eanna-Uruk III) angehört haben, wie es vor langen Jahren, aber unter anderen Voraussetzungen, bereits H. Frankfort vorgeschlagen hat. Während der Phase Eanna-Uruk VI-IV entstanden nicht nur die großen Kultanlagen, sondern es wurden damals auch die Keilschrift und das für Mesopotamien so typische Rollsiegel erfunden. Derartige Leistungen markieren den ersten Höhepunkt einer kulturellen Entwicklung, und wir können mit A. Moortgat diese Hochkultur wohl zu Recht mit den Sumerern in Verbindung bringen.

Nach einem Umbruch, vielleicht durch das Eindringen von frühen Semiten bedingt, tauchten dann in den nachfolgenden Frühdynastischen Perioden (FD, eine Bezeichnung, die wiederum auf H. Frankfort zurückgeht: Early Dynasty = ED) die sogenannten Beterfiguren auf, Männer und Frauen, die entweder ihre Hände gefaltet haben oder in ihnen Gefäße tragen. Hauptsächlich handelt es sich hierbei um stehende Einzelfiguren. Aber auch Sitzfiguren und Figurengruppen kommen vor (Abb. S. 218/219). Beterfiguren heißen sie deshalb, weil sie ihre Hände so gefaltet haben, wie es heute die Menschen beim Beten noch tun, vor allem die Protestanten, und weil die Mehrzahl der Figuren in Tempeln aufgefunden wurde. Wir wissen aber, daß die Gebetshaltung im Alten Orient eine andere war. In der Regel wurden nämlich ein oder beide Arme erhoben (Abb. S. 216) oder, wie es nachher bei den Assyrern üblich gewesen ist, die rechte Hand als Faust nach oben gehalten und der Zeigefinger in Richtung Kultbild oder Göttersymbol ausgestreckt (Abb. S. 343).

Leider können wir aber nicht sagen, um welche Haltung es sich nun bei den sogenannten Beterfiguren wirklich gehandelt hat. Was die Haltung mit den verschränkten Händen betrifft, so könnte man hierbei eher an den Ausdruck einer friedlichen Handlung denken, wie sie, jedoch wesentlich später, ein assyrisches Relief des 9. Jahrhunderts v. Chr. zeigt (Abb. S. 131). Hier verbanden sich die beiden rechten Hände des assyrischen und des babylonischen Königs nicht im Sinne eines modernen Grußgestus, sondern es sollte anscheinend damit der Friede zwischen beiden Herrschern ausgedrückt werden. Bei den Figuren, die ein Gefäß, meist einen sehr schlanken Trinkbecher, in ihren Händen halten, wird man dagegen an die Symposiasten auf den gleichzeitigen Weihplatten erinnert. Nur sitzen dort die so agierenden Personen, Frauen und Männer. Für eine solche Interpretation der Statuetten würde unter Umständen auch sprechen, daß einige, vor allem kleinere Figuren, in Schrittstellung wiedergegeben sind. Diese könnten die rundplastisch ausgebildeten Diener oder Mundschenke bei den Symposien gewesen sein.

Eine andere Deutung ist die der Totenverehrung, das heißt, die Figuren stellen Verstorbene dar, die von den

Nachkommen in irgendeiner Weise, meist mit Libationen, verehrt worden sind.
An diesen Rundbildwerken der Frühdynastischen Zeit kann infolge der relativ großen Zahl von ganz erhaltenen Exemplaren sehr gut die stilistische Entwicklung abgelesen werden, um die sich besonders A. Moortgat und seine Schülerin E. Strommenger verdient gemacht haben.
Die ältere Gruppe zeichnet sich durch eine starke Abstraktion vom Naturvorbild aus; die Körperformen sind flach, nicht plastisch wiedergegeben. Die Figuren wirken wie aus Holz geschnitzt (Abb. linke Seite und rechts). Sie sind Ausdruck der frühen FD/ED-II-Zeit und werden nach Moortgat und Strommenger dem sogenannten Mesilim-Stil zugerechnet.
Diese Abstraktion wird in der späteren FD/ED-II-Zeit zugunsten eines immer mehr naturnahe Formen annehmenden Stils aufgegeben (Abb. S. 67, 186, 292), der von Strommenger nach einem Fundort im südlichen Mesopotamien als Fāra-Stil bezeichnet wurde. Hier konnte man besonders auf Abrollungen von Rollsiegeln schon früher eine ähnliche Entwicklung beobachten.
Diese Kunstauffassung hält sich auch in der nachfolgenden Zeit (FD/ED III a-b), wird aber dann gegen Ende von einer mehr akademischen, leblosen Gestaltung abgelöst. Das Leben in den Figuren erstarrt, und das Erscheinungsbild der Statuetten wirkt sehr manieriert. Lebensfrohe Gestalten, wie der aus diesem Grunde so genannte »Konsistorialrat« aus Assur (Abb. S. 318), kamen nun nicht mehr vor.
Die Tracht der Männer, gelegentlich auch der Frauen (besonders im Norden, dort noch mit einem Umhang versehen), war der sogenannte Zottenrock *(kaunakes)*, der im allgemeinen als Fell oder Vlies gedeutet wird. Anfangs waren die Köpfe der Männer noch nicht glattrasiert wie später, Bärte hingegen zu allen Zeiten beliebt. Komplizierte Haarfrisuren mit Kopftüchern trugen die Frauen, eine polosartige Kopfbedeckung zeichnete in Mari wohl Priesterinnen aus. Diese Mode hielt sich bis in die frühe Akkad-Zeit, die auf die Frühdynastische folgte.

Linke Seite und rechts: Zwei »Beterstatuetten« der frühen abstrahierenden Darstellungsart aus dem berühmten Hortfund im »Square-Temple« von Ešnunna. Durch ihr Körpermaß und die übergroßen Augen unterscheiden sie sich von allen anderen in diesem Komplex gefundenen Figuren. In der ED/FD-II-Zeit waren unter dem Tempel außer Gebrauch geratene »Beter« bestattet worden. Die Frauenstatuette (links, Höhe 59 cm) hatte ursprünglich ein Kind bei sich, dessen Füße noch im Sockel zu sehen sind. Die bärtige Männerfigur (rechts, Höhe 72 cm) hält wie die Frau einen Becher in der Hand. Haar und Bart sind mit Bitumen dunkel gefärbt. Bagdad, Iraq Museum

Folgende Seite: Weitab vom sumerischen Süden kam in Assur der sogenannte »Konsistorialrat« ans Licht (erhaltene Höhe 44 cm). In seiner plastischen Natürlichkeit ist er ein gediegenes Beispiel einer jüngeren frühdynastischen Bildhauerschule. Im Gegensatz zu den Statuetten aus Ešnunna wurden die Körperteile hier nicht mehr als ein unvermitteltes Nebeneinander geometrischer Grundformen (Kubus, Kegelstumpf, Zylinder) gestaltet, sondern harmonischer ineinander übergeführt. Berlin, Vorderasiatisches Museum

Das Material der Statuetten war in der Regel ein heller Stein, Alabaster oder Marmor, der – wie der später beliebte Diorit – nach Südmesopotamien importiert werden mußte. Nur Kalkstein, aus dem ebenfalls Figuren gefertigt wurden, kam bekanntlich in Mesopotamien vor.

Die Verbreitung dieser frühdynastischen »Beter«-Figuren erstreckte sich von Nippur im Süden über das Dijāla-Gebiet (ein Zentrum), Tell Aswad am Euphrat, Mari (ein weiteres Zentrum), Assur (ebenfalls sehr zahlreiche Figuren aus dem Bereich des Ištar-Tempels) bis nach Tell Ḫuēra in Nordostsyrien.

Aber es wurden nicht nur Bildwerke aus Stein, sondern auch solche aus Metall, Kupfer oder Bronze, gefertigt, sogar lebensgroße, wie ein erhaltener Fuß aus dem Dijāla-Gebiet (Tell Aǧrab) bekundet. Bei den Techniken kommt neben der Treibarbeit sowohl der Voll- wie der Hohlguß vor. Eine kleine Figurengruppe stellt einen Mann in einem zweirädrigen Wagen dar, der von Equiden gezogen wird (Abb. S. 267).

Zu einer Art Tympanon vom Tempel der Ninḫursag in Tell el-ʿObēd gehörte ein in Treibarbeit hergestellter Tierfries in natürlicher Größe, bestehend aus zwei Hirschen und einem löwenköpfigen Adler (Imdugud/Anzu). Wie uns R. D. Barnett, der ehemalige Keeper der Altorientalischen Abteilung des British Museum, mündlich mitteilte, soll dieser Adler ursprünglich über zwei Köpfe verfügt haben.

Einen Höhepunkt, wie auf fast allen Gebieten der Kunst, stellte die Akkad-Zeit auch für die Rundplastik dar. Leider ist die Zahl der Rundbilder begrenzt, wohl auch deshalb, weil die Hauptstadt Akkad bisher noch nicht wiedergefunden wurde. Die meisten, wie auch die berühmte Narāmsîn-Stele (Abb. S. 339), kommen aus Susa in Iran, wohin sie im 12. Jahrhundert v. Chr. von einem elamischen König nach einem Kriegszug aus Mesopotamien verschleppt wurden.

Am besten ist der zweite König nach Sargon, Maništūšu, mit einem von P. Amiet, dem früheren Direktor der Altorientalischen Sammlung des Louvre, wieder zusammengesetzten Sitzfigur in Lebensgröße vertreten. Obwohl aus sehr hartem Material, dem jetzt beliebten, aus Magan importierten Diorit gemeißelt, zeigen doch die Details, so an der Sitzgelegenheit und an den Quasten des ansonsten glatten Gewandes, wie die gesamte Oberflächenbehandlung hohes technisches Können und ebensolche künstlerische Qualität. Bei der Narāmsîn-Stele glaubte J. Börkler-Klähn ägyptischen Einfluß zu erkennen. Dafür spricht bei der Rundplastik ein weiteres Denkmal des Maništūšu in Obeliskenform.

Von gleich hoher Qualität zeugt der in besonderer Gußtechnik hergestellte lebensgroße Kupferkopf, der verworfen in Ninive gefunden wurde. Seine Ohren waren im Sinne der *condemnatio memoriae* von späteren Feinden abgeschnitten, ebenso die eingelegten Augen herausgebrochen. Nach den antiquarischen Details und nach seinem Stil ist dieser Kopf bestimmt jünger als Sargon, der Begründer der Akkad-Dynastie, mit dem er im allgemeinen verbunden wird. Das Gesicht mit der scharf gebogenen Nase erinnert an die Physiognomie eines Beduinenscheichs, und entsprechend stolz wie mutig wird auch das akkadische Vorbild des Kupferkopfes gewesen sein, sei es nun Maništūšu oder Narāmsîn.

Narāmsîn war offenbar der Erneuerer der männlichen Tracht, denn wir finden bei ihm an einem kleinen Torso den ersten Hinweis für das später besonders beliebte sogenannte Togagewand. Die andere Bezeichnung »neusumerischer Mantel«, die auf das häufige Vorkommen in der Zeit der Könige der Ur-III-Dynastie hinweist, sollte man daher als eine anachronistische Bezeichnung nicht mehr verwenden.

Die besondere Qualität der akkadischen Bildwerke, oder anders ausgedrückt, das Bestreben der Bildhauer, möglichst naturnah darzustellen, blieb auch in der Folgezeit unter den Stadtfürsten *(ensi)* von Lagaš und Ur bestehen. Vielleicht sollte damit jetzt oder auch schon früher mit dem von Haar und Bart umrahmten Gesicht ein Ausdruck erzielt werden, der nach den damaligen Vorstellungen adäquat für den König als weltlicher Herrscher gewesen ist. Die andere Darstellungsweise mit glatter, wenig gegliederter Oberfläche im Gesicht und in den anderen unbekleideten Körperpartien könnte dann, so meinen wir, den Fürsten als Beter oder »Bittsteller« vor einer Gottheit gemeint haben.

Die zuletzt genannte Version nahm später aber offenbar zu, wie die so ausgeführten zwanzig Statuen und Statuetten des Gudea beweisen. Bei ihnen handelt es sich um Stand- und Sitzbilder, die meisten ohne Köpfe erhalten, da sie wohl von Feinden, die später Girsu/Tellō, den Fundplatz der Gudea-Figuren, einnahmen, in einer Art *condemnatio memoriae* abgeschlagen wurden. Nur fünf oder sechs Statuen sind ganz erhalten geblieben (Statue I, Paris AO 3293/4108; Statue M, Figure Stoclet, ehemals Brüssel; Statue N, Gudea au vase jaillissant, Paris AO 22 126; Statue O, Kopenhagen NGC 840; Statue P (?), New York Acc. no. 59,2; Statue de la Collection Plat, Paris AO 20 164). Alle tragen das

Vorhergehende Seite: Komposittechnik, die sogar Gold verwendete, ist an einer außergewöhnlichen Frauenstatuette Frühdynastischer Zeit aus dem Inanna-Tempel von Nippur zu beobachten. Der in ein langes Zottengewand gehüllte Körper ist aus grünlich durchscheinendem Stein (Argonit) gearbeitet, das Gesicht aus Goldblech, die Augen sind mit Muschelschale eingelegt, die Pupillen mit Lapislazuli. Das Gesicht war wie eine Maske auf einem Kopf aus Holz befestigt. Auch die fehlenden Beine könnten aus Holz gewesen sein. Bagdad, Iraq Museum

Rechte Seite: »Kupferkopf aus Ninive«. Willkürliche Verstümmelungen vermochten es nicht, dieses reife, auch technisch anspruchsvolle Herrscherbild (?) seiner Wirkung zu berauben. Wer auch immer dargestellt sein mag – das Bildnis verkörpert exemplarisch das Herrscherideal der Akkader. Der lebensgroße Kopf (erhaltene Höhe 36 cm) wurde in der Technik der »verlorenen Form« gegossen und dann ziseliert. Er belegt, daß in der fortgeschrittenen Akkad-Zeit Toreutik und Steinmetzkunst ebenbürtig waren. Bagdad, Iraq Museum

Linke Seite: Zur großen Gruppe von Statuen und Statuetten, die Gudea von Lagaš beziehungsweise seiner Zeit zuzuordnen sind, zählen auch einige Sitzbilder. Dieses mit 35,4 cm Höhe vergleichsweise kleine Exemplar zeigt viele Charakteristika der meist aus schwarzem Diorit geschaffenen und zuletzt auf Glanz polierten Skulpturen. Es steht für eine etwas streng und steif wirkende Gruppe, die einer bestimmten Bildhauerschule zuzuordnen ist. Der kopflose Körper der Statuette wurde bei einem Schatzgräber beschlagnahmt und im Iraq Museum mit der Kopie eines nach Philadelphia gelangten Köpfchens vervollständigt. Die Inschrift auf dem Togagewand (Übersetzung unten) rühmt Gudea als Erbauer des Ningirsu-Tempels, dessen Name Eninnu »Haus (im Besitz von) fünfzig (Götteramtsinsignien)« bedeutet.
Bagdad, Iraq Museum

Rechts: Im Gegensatz zum Sitzbild (links) verrät der aus dem Kunsthandel erworbene, halblebensgroße »Berliner Kopf« in den Details beträchtlich größere Könnerschaft. Betontere Konturen, Grübchen unter Augen und Mund sowie die schön geschwungenen Lider ergeben ein lebendigeres Bild, wenngleich noch kein Porträt.
Berlin, Vorderasiatisches Museum

Seinem Gott Ningišzida hat Gudea, der Stadtfürst von Lagaš, der das Eninnu (des Gottes) Ningirsu erbaut hat, seine (= Gudeas) Statue geschaffen, hat ihr »Er hat das Haus vollkommen gemacht« zum Namen gegeben, hat sie ihm in sein (= Ningišzidas) Haus hineingebracht.
Inschrift der Gudea-Statue im Iraq Museum

sogenannte Togagewand in der älteren Fassung mit geradem unteren Abschluß; erst gegen Ende der Ur-III-Zeit ändert sich diese Tracht, indem der untere Saum des Gewandes schräg nach oben verläuft. Der Kopf der lebens- oder überlebensgroßen Statuen beziehungsweise unterlebensgroßen Statuetten ist entweder kahl, das heißt glattrasiert, oder mit einer Breitrandkappe besonderer Ausprägung (Lockenwiedergabe?) bedeckt. Zwei Statuen charakterisieren Gudea als königlichen Bauherrn; die eine (»Architecte à la règle«) trägt auf dem Schoß Lineal und Markierungspflock, die andere (»Architecte au plan«) den Plan eines Tempels (Abb. S. 259). Diese Abbilder des Priesterfürsten Gudea von Lagaš (modern el-Hibā, nicht Tellō, wie früher angenommen), aber gefunden in Girsu/Tellō, der Stadt des Ningirsu, aus dessen Tempel die meisten Statuen stammen, tragen Inschriften. Sie enthalten die Weihung an die Gottheit (neben Ningirsu an Ningišzidda und seine Gemahlin Geštinanna), den Eigennamen der Figur und einen Hinweis auf die Prozedur der Mundöffnung, mit der offenbar die Steinstatuen zum »Leben erweckt« werden sollten. Man wird dabei an die Erschaffung des Menschen in der Bibel erinnert: »Und Gott der Herr machte den Menschen aus einem Erdenkloß, und er blies ihm ein den lebendigen Odem in seine Nase« (Gen. 2,7).
Aus den Inschriften erfahren wir auch, daß diese Figuren dazu bestimmt waren, als Substitut des Herrschers Gudea ständig um ein langes Leben Gudeas vor der Gottheit zu bitten. Aus diesem Grund waren sie wohl aus einem sehr harten, ewig bestehenden Material, Diorit oder Grabbo, hergestellt. Den Inschriften läßt sich weiterhin entnehmen, daß diese Statuen offenbar wie ihre Vorgänger aus Frühdynastischer Zeit in einer Tempelcella aufgestellt waren. Leider lassen sich Gudea und seine Dynastie noch immer nicht mit Sicherheit zeitlich einordnen; es sieht aber jetzt so aus, daß er eher ein Zeitgenosse Urnammus, des ersten Königs der III. Dynastie von Ur (2111-2094/2050-2032), gewesen ist, also nicht vor ihm gelebt hat.
Durch eine neue Untersuchung der Gudea-Figuren lassen sich jetzt auch zwei Werkstätten unterscheiden, wobei sich die eine mehr durch einen naturnahen Stil vor der anderen auszeichnet. Beide Stile finden sich auch bei den zwei bisher bekannten Statuen seines Schwiegersohnes und Nachfolgers Urningirsu. Das Oberkörperfragment in Berlin (Abb. S. 77), im Kunsthandel erworben, dürfte mit seinen markanten »veristischen« Gesichtszügen zum einen an die akkadische Tradition anknüpfen, zum anderen aber auch Vorbild gewesen sein für die Kunstauffassung in der späteren Larsa/Altbabylonischen Zeit des frühen 2. Jahrtausends v. Chr., die am besten beim sogenannten Kopf des Hammurabi im Louvre zu erkennen ist. Dieser war aber wohl eher das Abbild eines Fürsten aus Ešnunna. Aus derselben Stadt stammt die Sitzfigur eines einheimischen Fürsten, die wie der Kopf und der »Kodex Hammurabi« (Abb. S. 83) im 12. Jahrhundert v. Chr. nach Susa verschleppt

Links: Ein kleiner bemalter Terrakottakopf (Höhe 4,3 cm) aus dem kassitischen Palast in Dūr Kurigalzu zeigt einen bärtigen Mann mit einem seitwärts herabfallenden Zopf. Gerade solche kleinformatigen Bildnisse zeugen von feiner Beobachtung und von hohem bildnerischen Können.
Bagdad, Iraq Museum

Unten: Fast »barocke« Formen kennzeichnen den 94 cm hohen Kalksteintorso einer nackten Frau. Er wurde in Ninive gefunden. Stilistisch ist die Figur älter, als es die Inschrift des Assyrerkönigs Aššur-bēlkala (1082–1066) auf ihrem Rücken nahelegt. Sie ist wahrscheinlich ein babylonisches Werk, das als Kriegsbeute oder Geschenk nach Assyrien gelangte. Die frontal gezeigte, ihre Brüste haltende Frau könnte eine Dienerin der Göttin Ištar oder diese selbst darstellen.
London, British Museum

Rechte Seite: Aus speziell geformten Ziegeln (Backstein) wurden nahezu rundplastische Götterfiguren aufgebaut. Abwechselnd stehen der Berggott und die wasserspendende Göttin in den Nischen der Außenwand des Inanna-Tempels, den der Kassitenkönig Karaïndaš in Uruk errichten ließ.
Bagdad, Iraq Museum

Meine Herrin schaut vom Inneren des Himmels freundlich herab –
zur heiligen Inanna treten alle.
Die Herrin des Abends, die bis ans Ende des Himmels groß ist,
ist stark, eine Heldin, hochgewachsen, groß und erhaben,
unerreicht in Jugendkraft.
Aus einem sumerischen Lied auf Inanna

wurde. Die unbedeckten Partien des Oberkörpers der Sitzfigur zeigen in der Nachbildung der Muskeln die gleichen Stilmerkmale wie der sogenannte Hammurabi-Kopf. Mit diesem verglich E. Porada einen Bronzekopf aus Ekbatana (?), der bislang später, in die Mittelelamische/Kassitische Periode,neuerdings auch früher, in die Akkad-Zeit, datiert wurde.

Mari, die berühmte Ausgrabungsstätte A. Parrots am Mittleren Euphrat, war auch für die Zeit um 2000 v. Chr. eine Fundstätte von zahlreichen Rundfiguren. Neben Statuen von vergöttlichten Herrschern, mit Hörnern an der Breitrandkappe, wie der nach Babylonien verschleppte Puzur-Ištar aus der Ur-III- Zeit (Abb. S. 76), und von Göttern fanden sich dort auch Tierfiguren aus Bronze.

Vielleicht ein Nebenprodukt der besonders während der ersten Hälfte des 2. Jahrtausends v. Chr. florierenden Metallgießerei war die häufige Verwendung von Ton für Großfiguren in Menschen- oder Tiergestalt. Ein Nebenprodukt insofern, als sich der jetzt beliebte, aber nicht leichte Umgang mit diesem Material aus den für den Metallguß benötigten Formen erklären ließe.

Eine weitere Besonderheit der Periode zwischen 1800 und 1700 v. Chr. waren Figurengruppen wie der kniende Beter aus Larsa (?) im Louvre (Abb. S. 216), dessen Bezugsfigur, eine sitzende Gottheit, wie die Plinthe zeigt, verlorengegangen ist, und Götter mit vier Gesichtern (Abb. S. 229). Dieses Erscheinungsbild läßt sich entweder mit dem »Alles-sehen-Können« von göttlichen Wesen oder mit der peripher umlaufenden Struktur südmesopotamischer Kunstwerke erklären.

Die Vorliebe für Ton und der gekonnte Umgang mit diesem Material finden sich von jetzt ab über die Kassitenzeit (Fassade des Karaïndaš-Tempels in Uruk/Warka; Abb. S. 325) bis in die Spätbabylonische Periode, unter Hinzu-

nahme der um 1500 v. Chr. in Nordmesopotamien erfundenen Glasur (Abb. S. 360,361).
Wenn man seit der Akkad-Zeit von dem Bestreben nach Naturnähe in der Plastik, beim Rund- wie beim Flachbild oder auch auf Rollsiegeln, sprechen darf, so findet man diese Darstellungsweise noch verstärkt in der kassitischen Kunst nach 1500 v. Chr. (Abb. S. 324). Die Ursache dafür dürfte in einer Beeinflussung durch die elamische Kunst zu suchen sein, für die wohl, ähnlich wie bei der republikanischen Kunst Roms, die Totenmaske Pate gestanden hat. Es ist aber von den Kassiten nicht allzuviel erhalten geblieben. Ein kniender Mann aus Isin, der nach der Fundlage hierher gehört, war wohl mit seinem auf den Rücken gelegten linken Arm eine Exvotofigur für eine bei Gula, der Heilgöttin in Mesopotamien, geglückte Heilung eines Rückenleidens (Abb. S. 223).
Im Gegensatz dazu zeigen die Denkmäler des gleichzeitigen hurritisch-mittanischen Kulturkreises, wohl unter dem Einfluß Syriens, eine von der Natur wesentlich abstrahierende Kunstauffassung. Doch kennen wir hier statuarische Plastik vorerst nur aus der Peripherie des Mittani-Staates, aus Nuzi im Osten und Açana im Westen, weil die Lage der Hauptstadt Waššukkanni noch unbekannt ist.
Die Statuette des Herrschers Idrimi aus Açana/Alalaḫ, auf einem Thron mit Löwen sitzend, ist ein besonders gutes Beispiel dieser mittanischen Kunst syrischer Ausprägung, auf die besonders die Kleidung hinweist, der syrische Wulstmantel in seiner jüngsten Ausprägung und der ebenfalls in Syrien beheimatete, aber wohl aus Ägypten stammende zuckerhutähnliche Hut (Abb. S. 370).
Eine Wiederaufnahme oder Weiterführung der anderen naturnahen Richtung mit plastischer Ausbildung der Körperformen begegnet uns wieder in der für den Alten Orient exzeptionellen nackten Frauenfigur des Aššurbēlkala (1082–1066). Da die Inschrift aber sekundär auf dieser Statue angebracht wurde, dürfte sie wohl nicht in Assyrien hergestellt, sondern als Kriegsbeute oder als Geschenk nach Ninive gelangt sein, aus einem Gebiet, wo diese Kunstauffassung zu Hause war, wahrscheinlich aus Babylonien (Abb. S. 324).

Mit Aššurbēlkala gelangten wir zu den Assyrern, die vielleicht weniger das Rundbild als das Flachbild bevorzugten. Nicht nur die größere Zahl der Reliefs weist darauf hin, sondern auch die Form der Rundbilder, die sehr flach oder kubisch gestaltet sind. Auch hier müßten jedoch für ein endgültiges Urteil mehr Denkmäler vorliegen, zumal die Türlaibungsfiguren assyrischer Paläste wiederum sehr runde Formen aufweisen. Aber Tierfiguren unterlagen offenbar im Alten Orient anderen Gestaltungsprinzipien als das menschliche Abbild.
Leider verfügen wir derzeit über noch weniger Zeugnisse aus der Spätbabylonischen Periode. Wir können uns aber nach den erhaltenen Flachbildern aus Babylon vorstellen, daß die Rundbilder entsprechend naturnah und plastisch ausgesehen haben. Die große Löwenfigur mit niedergeworfenem Mann aus dem Schloßmuseum in Babylon kann nicht als Beispiel für die späte Kunst herangezogen werden, denn sie ist wohl ein späthethitisches Werk und außerdem nicht fertig geworden (Abb. S. 184).

Flachbild

Zum Flachbild rechnet man im allgemeinen Reliefdarstellungen, aber auch Malereien und Zeichnungen. Die Reliefdarstellungen, also Darstellungen, die sich plastisch vom Bildgrund nach außen »wölben«, waren im Vorderen Orient in der Regel einschichtig. Erst in der Spätzeit, im 8. und vor allem im 7. Jahrhundert v. Chr., fanden sich bei den Assyrern einige Ansätze zu einem mehrschichtigen Relief. Diese Einschichtigkeit hing mit der grundsätzlichen Auffassung der altorientalischen Künstler zusammen, die ihre Darstellungen nicht perspektivisch wiedergegeben haben. Ein Versuch zur Perspektive erfolgte wiederum erst in der Spätzeit auf assyrischen Orthostatenreliefs des 8. und 7. Jahrhunderts v. Chr. (Abb. S. 352). Wegen dieser grundsätzlichen Einschichtigkeit ist vielleicht der Ausdruck Relief hier nicht ganz richtig, jedenfalls ist er nicht im gleichen Sinn zu verstehen wie in der griechischen und römischen Kunst oder gar in der Plastik seit der Renaissance. Ein Großteil der altorientalischen Reliefdarstellungen kommt auf den schon erwähnten Orthostaten vor, Platten, die in den Räumen der assyrischen Paläste an den Wänden angebracht waren. Es gibt aber auch Reliefdarstellungen auf Stelen und Gefäßen. Ferner findet man Reliefs häufig

Links: Das Rundbild eines Assyrerkönigs zeigt Assurnaṣirpal II. (884–858). Fundort war der Ninurta-Tempel von Nimrūd. Der barhäuptige Herrscher im Schalgewande hält zwei archaische Waffen in Händen. Ihre Funktion hat sich längst geändert: Sie wurden zu Insignien königlicher Macht, das heißt eine Art von Zepter. London, British Museum

Rechts: Grundtypus neuassyrischer Laibungsskulpturen ist der Flügelstier mit Menschengesicht und Hörnerkrone. Dieser »Wächter« am Thronsaal des Nordwestpalastes in Nimrūd »inkorporiert« ein weiteres mythisches Wesen: den Genius mit Fischhaut. Dem Kopf scheint von hinten ein Fischkopf übergestülpt; Schuppen und Flossen ersetzen das Bauchfell.

als Siegesdenkmäler in den Felsen eingehauen, dort, wo jeweils Truppen einen Sieg errungen hatten oder durchmarschiert waren. Andere Felsreliefs, besonders bei den Assyrern, nahmen auch Bezug auf wichtige technische Einrichtungen, die von den Königen errichtet wurden, zum Beispiel Sanheribs Anlagen, die der Wasserversorgung von Ninive dienten.

Bei den Malereien handelt es sich meist um Wandmalereien, die in Tempeln oder Palästen an den Wänden der Räume angebracht waren. Aber zur Malerei müssen wir im Alten Orient, besonders in der Frühzeit, das heißt im 4. und 3. Jahrtausend v. Chr., auch die aus bemalten oder bunten Steinen bestehenden Mosaiken und Intarsien rechnen, ferner für die Spätzeit seit der zweiten Hälfte des 2. Jahrtausends v. Chr. die Glasuren.

Über die Malerei im Vorderen Orient gibt es jetzt eine Untersuchung von A. Nunn. Der Malgrund bei den Wandmalereien bestand in der Regel aus Lehm, aber auch Kalk und Gips wurden verwendet, und die häufigsten Farben nach den Feststellungen von Nunn waren Weiß, Schwarz, Rot und Grün beziehungsweise Gelb.

An den Anfang unserer Beschreibung von Reliefdarstellungen möchten wir die sogenannte Kultvase aus Uruk/Warka stellen. Das Material dieses Gefäßes ist Alabaster, die Höhe betrug ursprünglich etwa 1,05 Meter, und der Fundort lag dicht bei der späteren Zikkurrat in Eanna (Uruk/Warka). Es wurde dort mit mehreren anderen Kultgegenständen in einem Raum aufbewahrt, der in der sogenannten Ǧemdet-Naṣr-Zeit entstanden ist. Folglich muß das Gefäß wie auch die anderen Gegenstände entweder in diese Zeit oder in eine ältere Phase, das heißt in die Uruk-Zeit datieren. Für eine längere Benutzung dieses Gefäßes im Kult spricht auch, daß bereits in der Antike oben eine Ausbesserung vorgenommen wurde. Dadurch ist im oberen Bildstreifen der Kopfschmuck der wichtigsten Person, einer Frau, leider nicht mehr deutlich zu erkennen. Dadurch wissen wir nicht, ob es sich bei dieser Frau um eine Göttin oder um eine Priesterin gehandelt hat. Auch der Gefäßfuß ist ergänzt; man sollte ihn relativ hoch rekonstruieren, wie die im oberen Bildstreifen dargestellten Kultvasen. Diese zeigen auch, daß offenbar immer zwei solche Gefäße im Kult verwendet worden sind.

Wir beschreiben die Kultvase aus Warka von unten nach oben, entsprechend der Abfolge des Bildzyklus. Er beginnt mit der Wiedergabe von Wasser, darüber sitzen Getreidepflanzen. Beide Darstellungen, Wasser wie Getreide, deuten auf das Leben an sich hin. Es folgt darüber im weiteren Verlauf eine Reihe von Tieren, Schafe, die zusammen mit Wasser und Ähren auf die wichtigsten Nahrungsmittel der damaligen Zeit hinweisen. Nach einem breiten unreliefierten Band sehen wir nackte Männer, die Gefäße mit Früchten herantragen. Die Nacktheit weist sie entweder als Sklaven aus oder deutet darauf hin, daß diese Menschen einen kultischen Dienst verrichten. Sie tragen die Gaben zu der Hauptperson im obersten Bildabschnitt, der schon erwähnten Frau, die die Gaben grüßend entgegennimmt. Diese Frau, ob Göttin oder Priesterin, gehörte zum Tempel der Inanna-Ištar. Darauf verweisen die beiden hinter ihr stehenden Standarten; es sind die sogenannten Schilfringbündel, die wir eindeutig auf Ištar beziehen können. Zu dem Zug der nackten Männer gehörte offenbar auch eine bekleidete Person. Sie trat ebenfalls der Frau gegenüber und war – so viel läßt sich noch an den Resten erkennen – mit einem langen netzartigen Gewand bekleidet. Dieses endet in einer Schleppe, die von einem bekleideten Diener oder Ministranten hochgehalten wird. Hinter der Frau und den beiden Schilfringbündeln befindet sich eine Reihe von Gegenständen und Figuren, die offenbar auch zu dem hier dargestellten Ritus gehört haben. Es handelt sich um einen Stufenaltar, auf dem zwei Beter stehen und der seinerseits auf einem oder auf zwei Tieren ruht. Auch der Altar trägt das Symbol der Inanna/Ištar. Dahinter wiederum stehen einige Gefäße, im oberen Abschnitt die bereits erwähnten Kultvasen, ferner zwei Tiere, die aber durch die Öffnung auf dem Rücken des hinteren Tieres eindeutig als Tiergefäße zu deuten sind. Daß auch die Kultvase, die wir eben beschrieben haben, ein Gegenstück hatte, geht aus der Tatsache hervor, daß sich im Vorderasiatischen Museum in Berlin eine Scherbe befindet, die eine übereinstimmende Darstellung enthält.

Wie schon bemerkt, dürfte dieses Denkmal nach der Fundlage und nach der langen Verwendung eher in die Uruk- als in die Ǧemdet-Naṣr-Zeit zu datieren sein. Derselben Periode wird auch die sogenannte Löwenjagdstele angehört haben, die ebenfalls in Uruk/Warka, aber an einer anderen Stelle und auch nicht in situ gefunden wurde (Abb. S. 331). Dieses Relief mit der Jagd eines Mannes auf Löwen ist aus Basalt gearbeitet. Basalt ist bekanntlich ein vulkanisches Ergußgestein; er muß also aus einer Gegend herantransportiert worden sein, die weitab von Südmesopotamien lag. Wahrscheinlich war die Gegend südlich des Taurus und des Antitaurus in der heutigen südlichen Türkei das Herkunftsgebiet.

Wir sehen als Hauptakteur zweimal denselben Mann mit dickem Bart und einem breiten Haarschopf. Die Stirnhaare werden durch ein Band, eine Tänie, zusammengehalten. Der Oberkörper ist unbekleidet, den Unterkörper bedeckt ein Rock, der jedoch nicht weiter gegliedert ist. Diese Person – wir nennen sie Priesterfürst – zeigt die gleichen Einzelheiten wie die bereits beschriebene fragmentarisch erhaltene Rundfigur (Abb. S. 315). Besonders von Rollsie-

Im Eanna-Heiligtum von Uruk wurde eine ursprünglich über einen Meter hohe Kultvase aus Alabaster gefunden. In den sehr flachen umlaufenden Reliefstreifen wird im Fußbereich »zivilisiertes« Leben durch Kulturpflanzen und Herdentiere versinnbildlicht. Die beiden oberen Friese stellen wahrscheinlich einen Ritus dar, dessen Protagonist der »Mann im Netzrock«, das heißt der Priesterfürst war. Ziel der von ihm angeführten, reichbeladenen Prozession nackter Männer ist die durch ihr Symbol ausgewiesene Göttin Inanna oder ihre Priesterin. Bagdad, Iraq Museum

Links: Kopf einer übergroßen Keule (Höhe 19 cm) mit der Weihinschrift des Königs Mesilim von Kiš. Im endlosen Schema des Figurenbands auf der Seitenfläche springen sich Löwen von hinten an. Die Köpfe, wohl mit einst eingelegten Augen, schauen frontal aus dem Bild heraus. Die Oberseite ziert der löwenköpfige Anzu-Adler, den der Gott Ningirsu, dem die Keule geweiht war, besiegt hat. Man vergleiche den Netzverschluß, den Ningirsu auf der »Geierstele« hält (Abb. S. 75).
Paris, Louvre

Rechts: Die nur unvollständig erhaltene »Löwenjagdstele« ist die bislang älteste mesopotamische Stele. Nur die Reliefseite des rund 80 cm hohen, unregelmäßigen Basaltblocks ist geglättet. Zweimal, in unterschiedlicher Größe, ist dieselbe Person, sehr wahrscheinlich der Priesterfürst, bei der Löwenjagd dargestellt, einmal mit Lanze, einmal mit Pfeil und Bogen. Das später immer wieder aufgegriffene Thema dürfte schon damals symbolisch aufgefaßt worden sein. Gemeint ist wohl der Herrscher, der sein Volk vor drohenden Gefahren schützt wie ein Jäger beziehungsweise Hirte die Herde vor dem mächtigsten aller Raubtiere. Kunstgeschichtlich gehört die in voluminösem Relief gearbeitete Stele eher der Uruk-Zeit an als der flacher darstellenden Frühsumerischen Zeit.
Bagdad, Iraq Museum

Mesallim, König von Kiš, Haus-Erbauer des (Gottes) Ningirsu, hat den (Gott) Ningirsu (diesen Gegenstand) hineingebracht; Lugal-ša(g)-engur war (zu dieser Zeit) Stadtfürst von Lagaš.
Weihinschrift auf der »Mesilim-Keule«

gelbildern (Abb. S. 57) wissen wir, daß diese Persönlichkeit im Dienst des Kults der Inanna/Ištar gestanden hat und daß sie sowohl mit dem ungegliederten Rock als auch mit einer Art Netzrock bekleidet gewesen sein konnte. Demnach dürfte auch die leider sehr zerstörte Figur mit Netzrock auf der Kultvase von Uruk/Warka zu diesem Typus, dem des Priesterkönigs, gehört haben. Die Figur auf der Löwenjagdstele sticht mit einer Lanze oder schießt mit einem Bogen auf Löwen. Interessant ist, daß der aufgelegte Pfeil eine quergestellte Pfeilspitze trägt. Es handelte sich hierbei wohl um eine jener Steinspitzen von mondsichelförmiger Form, die man als *lunulae* bezeichnet.
Weitere Reliefdarstellungen, zum Teil hochplastisch gearbeitet, befinden sich auf zahlreichen Gefäßen, die meist wohl als Libationsgefäße gedient haben (Abb. S. 191).
Betrachten wir nun die gleichaltrigen Malereien, so finden wir hier zwei Gruppen: einmal Wandmalereien und zum anderen die bekannte Wandverzierung aus kegelförmigen Stiften. Diese bestanden meist aus Ton oder waren aus Stein verfertigt. Bei den Tonstiften war der Ton in den Farben Rot, Weiß und Schwarz eingefärbt, für Stifte aus Stein verwendete man die entsprechenden farbigen Steinsorten (Abb. S. 300). Mit diesen Stiften wurden in der Regel die Außenfassaden der Kultgebäude aus den Schichten Uruk VI bis Uruk III verziert, wobei regelrechte ornamentale Muster hergestellt wurden, die wie die Nachahmung von Geweben oder farbig verzierten Schilfmatten aussahen. Einige von diesen Ornamenten waren sogar direkt in das Mauerwerk eingegossen. Ein schönes Beispiel von Wandmalereien fand sich in einem Tempel in Tell al-'Uqēr bei Kiš. Neben der Wiedergabe von Raubkatzen (Leoparden?) und einer Prozession fand sich dort auch die Nachahmung des Mosaikschmucks aus Stiften.
Das nächste wichtige Denkmal mit einer Reliefdarstellung ist eine Weihkeule des Königs Mesilim von Kiš, der diesen Gegenstand mit seinem Namen in einem Tempel in Girsu/Tellō geweiht hat. Auf dieser Keule aus Kalkstein mit einer Höhe von 19 Zentimetern befindet sich oben die Darstellung eines löwenköpfigen Adlers. Dieses Mischwesen wurde früher mit dem Namen Imdugud bezeichnet. Heute liest man diesen Namen Anzu. Darunter, auf der Seite der Keule, erscheinen fünf in einem Fries angeordnete Löwen, die ihre Köpfe mit ursprünglich eingelegten Augen dem Beschauer zuwenden. Auch beim Löwenkopf des Anzu waren die Augen eingelegt.
Vergleicht man die Darstellung auf der sogenannten Mesilim-Keule mit der auf der Kultvase oder auf der Löwenjagdstele, so fällt auf, daß – wie in der Rundbildkunst – die jüngere Darstellung aus Tellō wesentlich flacher und in den Einzelheiten des Körpers stilisierter ausgeführt ist. Für die Datierung der Keule kommt die FD-II-Zeit in Betracht. König Mesilim als eine frühe historische Persönlichkeit wird aber heute an das Ende dieser Periode gesetzt. Vor ihm hat Gilgameš in Uruk geherrscht.

Aus jener Zeit stammt auch eine größere Anzahl von sogenannten Weihplatten. Sie sind meist rechteckig, weisen in der Mitte ein viereckiges oder rundes Loch auf und wurden mit bis zu drei Reliefstreifen verziert. Leider weiß man bis heute noch nicht genau, wie diese Platten ursprünglich verwendet worden sind. Wir nehmen an, daß sie mit einem Nagel an der Wand angebracht waren.
Im oberen Abschnitt ist meist eine Trinkszene wiedergegeben, an der ein Mann und eine Frau teilnehmen. Diener, Mundschenke und Musikanten gehören dazu. Im mittleren Streifen werden die Getränke gebracht; auch Tiere, die offenbar für das Festmahl geschlachtet werden sollen, sind dargestellt. Es erscheint auch manchmal ein Mann, der vielleicht eine solche Weihplatte auf dem Kopf trägt. Mit der linken Hand hält er sie fest, während in der rechten Hand ein Pflock zu erkennen ist, mit dem diese Weihplatten, wie angenommen wird, an der Wand befestigt werden konnten. Im unteren Abschnitt finden sich dann Wagen mit Equidenbespannung oder bei einigen Weihplatten auch Schiffe. Es können ferner Ringkämpfe dargestellt sein, die sich möglicherweise als kultische Agone deuten lassen.
Die Equiden hatte man früher als Kreuzung aus Esel und Pferd, also als Maultiere oder als Maulesel, gedeutet. Später ging man dann dazu über, in diesen Tieren Onager zu sehen, die man in deutscher Übersetzung auch als Halbesel zu bezeichnen pflegt. Onager gibt es heute noch als Wildtiere in einigen Gebieten Irans und Afghanistans. In jüngster Zeit jedoch, besonders aufgrund von Untersuchungen und Überlegungen des Münchner Paläozoologen und Domestikationsforschers J. Boessneck, hält man diese Tiere weder für Kreuzungen aus Pferd und Esel noch für Halbesel (Onager), sondern eher für Esel, weil die neuen osteologischen Befunde in Ausgrabungen von frühgeschichtlichen Fundorten, das heißt aus dem 4. und dem beginnenden 3. Jahrtausend v. Chr., in der Regel nur Skelette von Eseln erbrachten. Nach einem Befund aus Uruk/Warka ist es nun auch sicher, daß der Esel bereits im 4. Jahrtausend in Mesopotamien domestiziert war, was bisher immer als unwahrscheinlich galt, da man als Heimat des Esels Afrika annahm.
Der Stil dieser Weihplatten zeigt die gleichen Eigentümlichkeiten in Stilisierung und Abstrahierung wie die Darstellung auf der Mesilim-Keule und einige der frühen Beterfiguren aus der Frühdynastischen Zeit. Demzufolge werden wir auch die Mehrzahl der Weihplatten in jene Periode datieren dürfen.
Das nächste wichtige altorientalische Denkmal, das wir hier besprechen wollen, ist die sogenannte Geierstele aus demselben Fundort Girsu/Tellō, wo auch die Mesilim-Keule gefunden wurde. Der Name Geierstele rührt daher, daß oben auf der Rückseite Geier dargestellt sind, die Teile von Gefallenen wegtragen (Abb. S. 54, 55).
Dieses Denkmal aus Kalkstein mit einer Höhe von 1,80 Metern und einer Breite von 1,30 Metern ist eine echte Stele, also eine hochgestellte, oben abgerundete Platte. Vom Inhalt her handelt es sich um eine Siegesstele, die nach einer Schlacht zwischen den Herrschern von Lagaš und dem benachbarten Umma aufgestellt wurde. Eannatum, der Herrscher von Lagaš, entschied diese Schlacht für sich. Er ist besonders deutlich auf der Rückseite der Stele dargestellt: Im oberen Abschnitt führt er eine Phalanx an; im zweiten darunter sehen wir ihn im Streitwagen vor einem Soldaten, wie er mit einer Lanze auf seinen Gegner einsticht, und im dritten Abschnitt wird dann die Errichtung eines Tumulus für die gefallenen Krieger, offenbar die von Lagaš, gezeigt. Den Abschluß bildet ein Kampf gegen einen zweiten König, der ebenfalls mit der Lanze niedergestochen wird.
Auf der Vorderseite ist wohl der Gott Ningirsu, der Herr von Girsu, dargestellt. Er hält, in einem Netz gefangen und oben versiegelt mit einem löwenköpfigen Adler, dem Symbol des Todes, eine Reihe von nackten, wohl toten Kriegern des Gegners; einem davon schlägt er mit der Keule auf den Kopf. Hinter ihm erscheint eine göttliche Begleitperson mit einer Standarte, und darunter, im untersten Bildstreifen, steht offenbar der Wagen Ningirsus. Von ihm ist noch der hintere Teil der Deichsel mit dem Zügelfüh-

Die 29,5 cm hohe Weihplatte (links) stammt aus dem älteren Tempeloval von Ḫafāǧī. Flache, umrißbetonte Figuren bevölkern die drei Bildstreifen. Thematischer Schwerpunkt ist das im oberen Fries gezeigte Symposion eines thronenden Paares mit Dienern und Musikanten. Seitlich und unterhalb des Mittellochs sind vielleicht andere Aspekte des Festes dargestellt: Vorbereitungen und die Anreise im Vierspänner? Ein Fragment aus dem weit entfernten Ur (rechts), ersetzt inhaltlich die Fehlstelle der Ḫafāǧī-Platte. Bagdad, Iraq Museum

rungsring in der Gestalt eines Löwen erkennbar. Auch die Schmalseiten waren figürlich geschmückt, vorwiegend mit Kriegern.

Dieses Denkmal gehört nach den historischen Umständen, aber auch nach seinem nunmehr naturnahen Stil der jüngsten Phase der Frühdynastischen Zeit, FD/ED III beziehungsweise, nach A. Moortgat, der Ur-I-Zeit an.

Es bleibt noch zu erwähnen, daß die Haupttracht der Männer in jener Periode der schon von den Rundbildern bekannte Zottenrock war, zunächst in einfacherer Ausführung, später dann in reicherer Form mit mehreren Zottenreihen übereinander.

Aus der Frühdynastischen Zeit stammen ferner eine größere Anzahl von Ritzzeichnungen und Intarsien. Ein Beispiel soll hier für viele stehen. Es handelt sich um die sogenannte Standarte aus dem Königsfriedhof in Ur.

Die Bezeichnung Standarte ist wohl falsch, denn der Gegenstand ist ein Kasten, der sich nach oben verjüngt. Das Gehäuse aus Holz wurde mit Bitumen oder Asphalt überzogen, und in diese Unterlage waren die einzelnen Figuren aus Muscheln und Kalkstein gelegt.

Gehen wir von der dargestellten Handlung aus, so dürfte die Szene mit dem Kampf die Vorderseite, die mit der Trink- beziehungsweise Bankettszene die Rückseite bilden. Auf der Vorderseite erscheinen in der Mitte des oberen Bildstreifens der Herrscher, größer als die Krieger seiner Umgebung, und die Gefangenen, die vor ihn geführt werden. Links am Rand steht, in Seitenansicht wiederge-

»Mosaikstandarte« aus dem Königsfriedhof in Ur. Die in Einlegetechnik dekorierten Langseiten (20 x 48 cm) eines Holzkastens sind nach ihren Bildthemen als »Kriegsseite« und »Friedensseite« bezeichnet worden. Die dreistreifige »Kriegsseite« ergibt, von links unten nach rechts oben gelesen, einen konsequenten Handlungsablauf: Einsatz der Streitwagen – Einsatz der Infanterie – Entwaffnung und Entkleidung der Gegner – Präsentation der Gefangenen vor dem König. In der Streitwagenszene kommen Prinzipien zum Tragen, die sich wie ein roter Faden bis ans Ende altorientalischer Kunst verfolgen lassen: das kanonische Menschenbild in Zeichnung, Intarsie und Relief. Solange der Abgebildete Herr seiner Lage ist, wird er in wechselseitiger Ansicht gezeigt, das heißt, Profil- und Frontalansicht kommen innerhalb eines Körpers vor (Oberkörper frontal, Unterkörper und Kopf im Profil). Die Kriegsopfer dagegen sind »ohnmächtig«. Das wird durch »unkonventionelle« Darstellung hervorgehoben: Die Opfer können jede beliebige Haltung einnehmen, nur nicht die kanonische.
London, British Museum

geben, sein Wagen mit zwei Achsen und Scheibenrädern. Die Zugtiere der Bespannung sind nach ihrem Aussehen wieder die gleichen wie auf den sogenannten Weihplatten. Im unteren Abschnitt sehen wir Streitwagen in Aktion. Zwei Leute gehören zur Besatzung, die Wagen fahren über Tote. In der Mitte werden die Gefangenen abgeführt, die dann im oberen Abschnitt vor dem Herrscher erscheinen. Auf der Rückseite findet das Siegesmahl statt. Im oberen Abschnitt sitzt eine Reihe von kahlköpfigen Männern, die Zottenröcke verschiedener Ausführung tragen und aus schmalen, hohen Bechern trinken. Die Hauptfigur, mit einem reicheren Zottenrock bekleidet, befindet sich links und wird, wie auch die Person gegenüber, von Dienern versorgt. Rechts außen sehen wir einen Leierspieler und

dahinter einen Sänger oder eine Sängerin. Im mittleren Abschnitt werden Tiere zur Schlachtbank geführt sowie Fische und anderes zum Mahl herbeigeschafft. Im unteren Abschnitt sehen wir Esel, schon durch den Nasenring als Zugtiere zugerichtet, begleitet von Männern, die in verschiedener Weise etwas herantragen.

Dieses Denkmal wurde, wie schon gesagt, im berühmten Königsfriedhof von Ur gefunden, den der Engländer C. L. Woolley ausgegraben hat. Er fand hier eine große Anzahl von besonders wertvollen Gegenständen, neben der Standarte auch Musikinstrumente, die ebenfalls mit Intarsien verziert waren (Abb. S. 295), ferner Schmuck aus Gold, Silber, Lapislazuli und anderen Steinen sowie eine große Anzahl von Waffen. Darüber wird noch eingehender zu berichten sein. Einer der in diesem Friedhof beigesetzten Könige trug den Namen Meskalamdug; in ihm dürfen wir heute dank einer Untersuchung von J. Boese den Vater des in der Königsliste aufgeführten ersten Königs der Ur-I-Dynastie, Mesanepadda, sehen. Damit ist der Königsfriedhof in Ur direkt mit der I. Dynastie von Ur verbunden, das heißt, wir können ihn in die frühe FD/ED-III-B-Zeit einordnen.

Bei der Betrachtung der Szenen sowohl auf der Geierstele wie auf dem eben beschriebenen Denkmal aus dem Friedhof in Ur fällt auf, daß die Darstellung keine ausgesprochene Dynamik in der Handlung zeigt. Hier sind jeweils die Figuren in Reihen übereinander und in geschlossenen Szenen angeordnet, wobei der Inhalt oder der Ablauf der

Die »Friedensseite« der »Mosaikstandarte« von Ur setzt die Handlung der »Kriegsseite« nahtlos fort und soll wie diese wiederum von unten nach oben gelesen werden. Der untere Fries kann als Zug der Tributbringer oder als Beutezug gedeutet werden, der mittlere ist dem Thema »Festvorbereitung« gewidmet: Diener bringen Schlachtvieh und Fische zum Gastmahl herbei. Im Beisein des Herrschers nimmt dann (oben) das Siegesfest, ein Symposion mit Musikbegleitung, seinen Lauf. Die schmalen trapezoiden Seitenteile zeigen ebenfalls Mosaikdarstellungen, hier jedoch nicht Szenen mit historischem Hintergrund, sondern mythologische Motive. Drei Materialien ergeben das noch heute bunte Bild: Muschelplättchen für die Figuren, roter Kalkstein für kontrastierende Füllungen; beide zusammen heben sich gut gegen den tiefblauen Hintergrund aus Lapislazuliplättchen ab. Bitumen, das im Gegensatz zu vielen Importrohstoffen in Mesopotamien selbst aus natürlichen Quellen dem Boden entquillt, diente zur Verklebung des Mosaiks auf dem hölzernen Kasten. London, British Museum

Darstellung von unten nach oben abzulesen ist. In der Bildgliederung herrscht noch die einfache Reihung mit Isokephalie vor: Alle Figuren, mit Ausnahme des Herrschers, sind, ob stehend oder sitzend, mit den Köpfen in einer Linie angeordnet. Diese Art der Bildgliederung ist offenbar typisch für diese Phase der südmesopotamischen Kunst um die Mitte des 3. Jahrtausends v. Chr. Sie wird, wie wir sehen werden, in der nachfolgenden Akkad-Zeit durch eine wesentlich dynamischere abgelöst werden.

Neben farbigen »Bildern« gibt es auch Zeichnungen. Eine sehr schöne befindet sich auf einem silbernen Gefäß aus Girsu/Tellō im Louvre. Sie wurde von König Entemena in Auftrag gegeben und stellt wiederum einen löwenköpfigen Adler über einer Reihe von Löwen dar.

Wir beschließen damit die Aufzählung und Beschreibung der wichtigsten Flachbildwerke aus dem 4. und der ersten Hälfte des 3. Jahrtausends v. Chr., die wir noch als sumerisch bezeichnen können. Jedoch schon während des frühen 3. Jahrtausends sind offenbar semitische Stämme in Südmesopotamien seßhaft geworden und haben an der Entwicklung der Geschichte und Kultur teilgenommen. Davon zeugen semitische Eigennamen auf einigen der oben besprochenen Beterfiguren.

Die Kunst der nachfolgenden Akkad-Zeit war eindeutig durch Semiten geprägt, die nach ihrer Sprachzugehörigkeit als Ostsemiten bezeichnet werden. Der Begründer der Dynastie von Akkad war ein Usurpator mit dem Namen Sargon, was übersetzt der »echte«, der »wahre König« heißt. Diese Bezeichnung für einen Usurpator taucht hier zum erstenmal auf. Wir begegnen ihr dann später bei den Assyrern wieder.

Anfangs, in der ersten Hälfte der Regierungszeit Sargons, zeigt die akkadische Kunst noch Nachwirkungen der Frühdynastischen Zeit. Übrigens ist Akkad, die Hauptstadt des gleichnamigen Reichs, bis heute noch nicht gefunden worden. Die Gleichsetzung mit dem Hügel Tell ed-Dēr, südlich von Bagdad, hat sich als falsch herausgestellt.

Das wichtigste Denkmal der akkadischen Reliefkunst ist die Siegesstele des Königs Narāmsîn, des dritten Nachfolgers Sargons I. von Akkad. Die zwei Meter hohe Stele aus Sandstein wurde in Susa (Iran) gefunden, wohin sie im 12. Jahrhundert v. Chr. von einem elamischen König zusammen mit anderen berühmten Bildwerken aus Babylonien verschleppt worden war. Sie bezieht sich auf den Sieg Narāmsîns über das Bergvolk der Lullubäer. Im oberen Teil der Stele sieht man den König, bekleidet mit einem verzierten Helm, einem Schurzrock und Sandalen, bewaffnet mit einem Reflexbogen und einer Axt im linken Arm sowie einen Pfeil in der rechten Hand haltend. Er stürmt seinen Kriegern im Gebirge voraus, unter seinen Füßen und vor ihm liegen getötete oder schwerverwundete Feinde. Ein Stehender bittet um Gnade. Die Hörner an seiner Kopfbedeckung deuten auf die Göttlichkeit des Königs hin, der seinen Namen mit einem Götterdeterminativ schreiben ließ. Die Göttlichkeit wird wohl auch durch die Größe seiner Figur gegenüber den anderen kleinen Soldaten ausgedrückt.

Wenn man die Bildgliederung dieser Stele mit der auf der Geierstele (Abb. S. 54, 55) vergleicht, so wird deutlich, daß beide von unterschiedlichen Vorstellungen der Komposition beherrscht werden. Auf dem älteren Denkmal findet sich keine nennenswerte, der Situation angepaßte Bewegung. Die Bildgliederung kann man als statisch bezeichnen. Ganz im Gegensatz dazu die Narāmsîn-Stele. Durch die diagonale Bildgestaltung entsteht hier Dynamik, das heißt echte Bewegung. Die Darstellung enthält Leben, ist naturnah, so wie auch der Baum, der im rechten Bildfeld erscheint. Vor dem König türmt sich kegelstumpfartig ein Berg auf; er zeigt eine Inschrift, die auf den Elamerkönig zurückgeht, und darüber schweben zwei Himmelsgestirne, die beide wie Sonnen aussehen. An der linken Seite ist die Stele, die vielleicht gar nicht freigestanden hat, sondern in einer Mauer eingesetzt war, leider stark zerstört. J. Börker hat versucht, einzelne Motive auf dieser Stele aus der ägyptischen Kunst des Alten Reichs abzuleiten. Ob sie damit recht hat, ist nicht zu beweisen. Wir dürfen aber annehmen, daß wirtschaftliche und auch kulturelle Beziehungen zwischen Ägypten und Mesopotamien in jener Zeit ebenso bestanden haben wie schon früher in der Uruk-Zeit.

Auf den Wunsch der Akkader, fremde Länder »kennenzulernen«, besonders um dort reiche Beute zu machen, weist ein Stelenfragment aus Nasirīje bei Ur hin. Darauf nämlich sieht man in der Hand eines akkadischen Kriegers ein zwei- oder vierhenkliges Gefäß, so wie es nur in Kleinasien zu jener Zeit vorkam. Die Akkader hatten auch Stützpunkte in Nordmesopotamien, beispielsweise in Tell Brāk, und wir wissen aus den Texten von Ebla, daß diese wichtige Stadt von den akkadischen Königen besiegt und eingenommen worden ist.

Auch aus der nachfolgenden Zeit der III. Dynastie von Ur gibt es zahlreiche Beispiele von Reliefdarstellungen auf Stelen und auf Gefäßen, sowohl von dem Herrscher Gudea von Lagaš wie auch von Urnammu, dem ersten König von Ur. Nach neuen Erkenntnissen dürfte Gudea eher gleichzeitig mit Urnammu als vor diesem König anzusetzen sein. In die Zeit des Urnammu gehört wohl auch der König Puzur-Inšušinak von Elam.

Ein Felsrelief aus der zweiten Hälfte des 3. Jahrtausends v. Chr. in der Nähe von Suleimānīja im Ostirak zeigt einen einheimischen König in der Pose des Königs Narāmsîn. Er trägt anstelle des gehörnten Helms eine Breitrandkappe, die Kopfbedeckung des ausgehenden 3. und frühen 2. Jahrtausends v. Chr. für Könige und wahrscheinlich auch für höhere Würdenträger.

In der Zeit nach 2000 v. Chr. gelangten nach einer sumerischen Zwischenperiode der Ur-III-Zeit wiederum Semiten zur Macht, wobei es sich nunmehr um Westsemiten handelte, die aus der Bibel bekannten sogenannten Amoriter. Damals kam eine neue Denkmälergattung zur Geltung: in der Form hergestellte Terrakottareliefs, die sowohl religiöse wie profane Darstellungen zeigen (Abb. S. 224, 225). Wahrscheinlich dienten sie den damaligen Menschen zur Andacht in ihren Häusern, ähnlich wie die Devotionalien der katholischen Kirche.

Das bedeutendste Denkmal aus der Zeit der I. Dynastie von Babylon, die auf die Dynastien von Isin I und Larsa

Die in Susa gefundene »Narāmsîn-Stele« ist das bedeutendste Flachbildwerk der Akkad-Zeit (Höhe 2 m). Im Aufbau löst sie sich von der statisch-starren Registergliederung älterer und vieler jüngerer Stelen. Die Darstellung von Narāmsîns Sieg über das Bergvolk der Lullubäer folgt einer diagonal aufsteigenden Achse. Diese wurde durch die Darstellung des Gebirges vorgezeichnet; so entsteht »naturgegebene« Dynamik. Paris, Louvre

Links: Zeichnerische Rekonstruktion mittelassyrischer Wandmalereien aus Kār Tukulti Ninurta. Nurmehr kleine Putzfragmente waren 1913 im Schutt der von der Palastterrasse herabgestürzten Mauern entdeckt worden. Am Licht verblaßten die Farben schnell, konnten jedoch noch vom Ausgräber aquarelliert werden. Aus genauer Fundbeobachtung ergab sich die Kombination von geometrischer Fächerung, floralen Motiven und kleinen mythologischen Szenen.

Rechts: Die Investitur des letzten Königs von Mari, Zimrilim, ist zentrales Thema eines gemalten »Bildteppichs« aus dem Palasthof 106 in Mari. Die Investitur ist als klassische »Einführungsszene« symbolhaft wiedergegeben; die wasserspendenden Göttinnen sind als Garantinnen von »Überfluß« aufzufassen. In den Seitenszenen, wo ebenfalls göttliche und mythische Wesen dominieren, sind allenfalls die Dattelpflücker »von dieser Welt«.
Paris, Louvre

folgte, ist der bekannte »Kodex Hammurabi« im Louvre, das in Stein ausgeführte Gesetzbuch dieses großen Königs von Babylon (Abb. S. 83). Der menhirähnliche Monolith wurde wie die Narāmsîn-Stele im elamischen Susa gefunden, dürfte aber aus Babylonien, und zwar aus der Stadt Sippar, südlich von Bagdad, stammen. Über den in Keilschrift eingemeißelten Paragraphen des Strafgesetzbuches Hammurabis erscheint oben im Bildfeld der König vor dem sitzenden Sonnengott Šamaš. Diese Darstellung erinnert an die Stelle in der Bibel, in der beschrieben wird, wie Moses die Gesetzestafeln von seinem Gott auf dem Berg Sinai erhalten hat.
Wie weitere Bruchstücke bezeugen, muß es mehrere solche Steine gegeben haben. Man darf annehmen, daß Hammurabi in jeder wichtigen Stadt seines Imperiums den »Kodex« hatte aufstellen lassen.
Wenn die Beobachtungen von A. Moortgat und seine Deutung bestimmter Einzelheiten zutreffen, wären sie wichtig für die Kunstgeschichte. Moortgat sah in der reinen Profilansicht der Hörnermütze und in der schrägen Wiedergabe der einzelnen Bartlocken den ersten Versuch, echte Perspektive in einem Flachbildwerk anzuwenden. Aber diese Deutung ist leider vorerst nicht zu beweisen. Fest steht jedoch, daß die Kunst in der Zeit des Königs Hammurabi einen neuen Höhepunkt erreicht hat, wobei nicht nur bestimmte Motive, sondern auch Stileigentümlichkeiten offenbar aus der Kunst der Akkad-Zeit übernommen wurden. Die Darstellung des Hammurabi auf dem »Kodex« ist übrigens die einzige gesicherte dieses Königs.
Aus der Zeit davor stammen zwei der vier Felsreliefs in Westiran bei dem Dorf Sār-i Pūl nahe der irakisch-iranischen Grenze. Hier führte eine Straße vorbei, die Elam/Iran mit dem Dijāla-Gebiet und damit mit Mesopotamien verband. Die beiden Reliefs nennen einen Herrscher, den Lullubäer namens Anubanini. Die Lullubäer haben wir bereits durch die Stele des Narāmsîn kennengelernt. Nun wissen wir auch, wo ihr Gebiet gelegen hat.
Das besterhaltene Relief zeigt diesen Herrscher in der Narāmsîn-Pose, aber mit Breitrandkappe, wie er mit Gefangenen, von denen einige im unteren Bildstreifen von einem Anführer mit Federkrone herangeführt werden, vor die kriegerische Ištar tritt. Unter dem linken Fuß des Herrschers liegt ein Toter, während Ištar zwei nackte Gefangene an einem Strick mit Nasenring hält. Ein anderes Relief zeigt in seinen überlängten Figuren Stilmerkmale der Zeit nach Hammurabi (Abb. S. 54).
Wenden wir uns jetzt den Malereien zu. Die bedeutendsten, die wir bisher besitzen, sind bei den französischen Ausgrabungen unter der Leitung von A. Parrot in Mari am Mittleren Euphrat gefunden worden. Wir wählen für unsere Betrachtung das jüngste Gemälde aus, das noch in situ an der Südostwand des Hofes 106 entdeckt wurde.

Dieses 1,75 Meter hohe und 2,50 Meter breite Gemälde besteht aus zwei Teilen, einem inneren Bild und einem äußeren. In dem äußeren sind mehrere Mischwesen, zwei fürbittende Göttinnen, ein größerer blauer Vogel und vier Männer dargestellt, die Palmen zur Dattelernte besteigen. Das Mittelfeld selbst zeigt in einem Rahmen, gebildet aus mehreren Leisten, oben eine Investiturszene mit dem König Zimrilim und der Göttin Ištar in ihrer kriegerischen Funktion. Zwei wiederum fürbittende Göttinnen und der »Gottkönig als Krieger« vervollständigen die Szene. Durch mehrere horizontale Leisten oder Stege getrennt, erscheinen im unteren Bildfeld zwei Göttinnen mit Aryballoi in den Händen, in denen je ein Zweig steckt und aus denen wie üblich Wasser herausfließt.

Oben und unten am Paneel sind deutlich Fransen und Quasten zu erkennen, die man zu Recht als Nachbildungen der Kettfäden eines Kelims oder Teppichs deuten kann. Solche Textilien haben wohl als Wandbehänge in dem südlich des Hofes 106 gelegenen Raum 65 gedient. Entsprechende Vorrichtungen an den Wänden sind dort noch vorhanden. Auch das Vorbild der Szene im oberen Abschnitt des Mittelfeldes dürfte in Wirklichkeit dort, und zwar in der Cella 66, gesucht werden, wo wahrscheinlich die Investitur des Herrschers von Mari tatsächlich stattgefunden hat. Denn darauf weisen bestimmte Funde und Befunde hin. Als Farben sind in dem Wandgemälde Schwarz, Weiß, Rot, Ockerrot, Rotorange, Gelb, Rosa, Grün, Blau und Grau verwendet. Natürlich weiß man nicht genau, ob in jedem Fall diese Farben den ursprünglichen Zustand wiedergeben oder ob sie sich nachträglich durch die Lagerung im Boden, wo sie mit Erde bedeckt waren, chemisch verändert haben.

Zimrilim war ein älterer Zeitgenosse von Hammurabi und wurde von diesem später besiegt. Der Palast von Mari, mit Toiletten, Bädern und einer Kühleinrichtung in den Mauern ausgestattet, war im Altertum weltweit bekannt. Einige Details, so die in Farbe nachgeahmte Marmorierung des Postaments im Raum 64, dürften auf einen Einfluß aus der minoischen Kultur der Ägäis zurückzuführen sein.

Die Zeit nach Hammurabi ist, wie die Glyptik zeigt, durch das Auftreten überlängter menschlicher Figuren gekennzeichnet. Dieser Stil hält sich bis in die frühe Kassitenzeit. Ein gutes Beispiel dafür, wenn auch fast schon zur Rundbildkunst gehörig, ist die Fassade des Karaïndaš-Tempels in Uruk/Warka (Abb. S. 325). Karaïndaš hat um 1450 v. Chr. regiert. An seinem Tempel lernen wir zugleich auch ein neues Material für die Herstellung eines Wandschmucks kennen. Es ist gebrannter Ton; die Einzelteile der Figuren wurden in Formen, ähnlich wie die Terrakottareliefs, gegossen.

Dargestellt sind alternierend je eine männliche Berggottheit und eine weibliche Wassergottheit. Der untere

Links: Der kassitische Palast von Dūr Kurigalzu wurde gegen Ende des 13. Jahrhunderts v. Chr. erneuert und in einigen Türlaibungen mit Wandmalereien versehen. Wiederkehrendes Thema war die Prozession schreitender Beamter. Sie wurden weniger als halblebensgroß dargestellt, obwohl ihre Standlinie der Fußboden war. Bagdad, Iraq Museum

Rechts: Symbolsockel Tukulti-Ninurtas I. aus Assur. In seltsamer Verdoppelung betet der König, stehend und kniend, vor einem Symbolsockel. Darauf steht das Emblem des für die Schreibkunst zuständigen Gottes Nabû – Tontafel und Schreibgerät. Berlin, Vorderasiatisches Museum

Abschluß mit Kreisen oder Scheiben, so wie in der Vorderasiatischen Abteilung der Staatlichen Museen von Berlin rekonstruiert, dürfte falsch sein. Wahrscheinlicher hat hier ein Bergmuster gesessen, das man aus je drei Halbkreisen zusammensetzen könnte.

Aufgrund der Tatsache, daß sich dieser überlängte Stil von der Altbabylonischen bis in die frühe Kassitenzeit fortsetzte, könnte man zu Recht annehmen, daß kein großer Hiatus zwischen dem Ende der I. Dynastie von Babylon und dem Beginn der Kassitenherrschaft nach der Einnahme Babylons durch den Hethiterkönig Muršili I. bestanden hat.

Eine weitere neue Technik hat damals Einlaß in das Kunstschaffen des Alten Orients gefunden. Es handelt sich um die schon erwähnte Erfindung des Glases, die wahrscheinlich im Mittani-Staat gemacht worden ist. Nebenprodukte des Glases sind die Fritte und die Glasur. Besonders schön und kunstvoll waren jetzt auch Tongefäße bemalt, die sogenannte Nuzi-Keramik als Nachahmung von Glasgefäßen (Abb. S. 213).

Aus Nuzi, dem Fundort der eben erwähnten Keramik, kennen wir auch einige in Fall-Lage gefundene Wandgemälde aus dem dortigen Palast eines Statthalters der Mittani-Könige. Die Bildgliederung besteht aus horizontalen und senkrechten Streifen sowie aus metopenartigen Feldern. In diesen saßen, mit den üblichen Farben ausgeführt, Masken von Rinderköpfen (Bukranien), Hathor-Köpfe, ein Humbaba-Gesicht und Volutenbäume, die typische Darstellung des Heiligen Baumes im 2. und 1. Jahrtausend v. Chr. Diese Gestalt des Heiligen Baumes ist wohl, wie die Hathor-Köpfe, aus Ägypten über Syrien nach Mesopotamien gelangt. Oberhalb des Frieses mit den metopenhaltigen Feldern ist wohl senkrecht eine gedrehte Säule abgebildet, wie sie auch an Gebäuden des 2. Jahrtausends tatsächlich vorkamen.

Weitere Gemälde, ebenfalls mit metopenartigen Feldern, stammen aus dem mittelassyrischen Palast in Kār Tukulti Ninurta (Abb. S. 340). Die Gemälde von Nuzi gehören in das 15. Jahrhundert v. Chr., die von Kār Tukulti Ninurta in das 13. Jahrhundert v. Chr. Gegen Ende des 2. Jahrtausends v. Chr. sind Wandgemälde aus einem Palast in ʿAqar Qūf anzusetzen (Abb. oben). ʿAqar Qūf, nordwestlich von Bagdad gelegen, enthält die Ruine der kassitischen Stadt Dūr Kurigalzu. Hier ist eine Prozession von Männern abgebildet, die von einem Herrscher mit einer zylinderhut- oder fezartigen Kopfbedeckung angeführt werden, wie sie später auch von den Assyrern getragen wurde.

Den Kassiten verdanken wir ferner eine besondere Gattung von Denkmälern, die man als Kudurru oder fälschlicherweise als Grenzsteine bezeichnet. Die Bezeichnung Grenzsteine ist insofern falsch, als diese Gegenstände zwar anläßlich der Belohnung eines höheren Beamten durch den König mit Ländereien angefertigt worden sind, aber niemals draußen, sondern im Tempel aufgestellt waren. Das Bemerkenswerte dieser Gattung ist die Abbildung von fast ausschließlich Göttersymbolen oder Götterattributen (Abb. S. 154, 155). Nur eine Gottheit wird anthropomorph dargestellt. Es handelt sich hierbei um die Heil- und Stadtgöttin von Isin, Gula. Über diese Kudurru, die auch Beischriften enthalten, konnten die Symbole der Götter »entziffern« werden. Ihre Form, wenn auch wesentlich kleiner, erinnert bis zu einem gewissen Grad an die Gestalt des »Kodex Hammurabi«.

Ein schönes Beispiel der wiedererstarkten assyrischen Kultur im ausgehenden 2. Jahrtausend v. Chr. ist ein in Berlin befindlicher Symbolsockel des Königs Tukulti-Ninurta aus dem Ištar-Tempel in Assur (Abb. S. 343). Das Material ist Gipsstein, und die Höhe beträgt 57,5 Zentimeter. Dieser Symbolsockel war dem Gott Nusku geweiht, obwohl in der Reliefdarstellung ein Symbolsockel mit dem Symbol des Gottes Nabû erscheint. Das eigentliche Symbol befand sich demnach auf dem Symbolsockel, eine Lampe, wahrscheinlich aus Metall gearbeitet.

In der Reliefdarstellung sehen wir in zweifacher Wiedergabe, stehend und kniend, König Tukulti-Ninurta in Anbe-

tung des Symbols des Gottes Nabû, einer Schreibtafel mit dazugehörigem Griffel. Der König ist barhäuptig und trägt das nur den assyrischen Königen zustehende Schalgewand, welches offenbar auch eine Art Priestergewand war, denn man sieht den König in der Regel nur dann damit bekleidet, wenn er kultische Handlungen vornimmt. In der linken Hand hält er eine Keule oder ein Zepter. Die Verdoppelung der Gestalt und die unterschiedliche Haltung könnte man als Wiedergabe einer Bewegung auffassen.
Nach den verschlüsselten Darstellungen auf den Kudurru und auf diesem Kultsockel könnte man annehmen, daß in der zweiten Hälfte des 2. Jahrtausends v. Chr. nicht nur bei den Kassiten, sondern auch bei den Assyrern die Götter weniger anthropomorph als vielmehr in ihren Symbolen verehrt worden sind.
Der Höhepunkt der assyrischen Macht lag im 1. Jahrtausend v. Chr. Sie reichte bis in das 7. Jahrhundert, an dessen Ende, um 612 v. Chr., die Hauptstadt Ninive beim heutigen Mosul von den Medern und Babyloniern eingenommen und gründlich zerstört worden ist. So läßt sich die Geschichte der Kunst während dieses Zeitraums hauptsächlich an den Denkmälern der Assyrer ablesen.
Die wichtigste Denkmälergruppe des Flachbildes ist zweifellos das sogenannte Orthostatenrelief. Mit diesem Begriff werden – nicht ganz richtig – hochkant gestellte Platten bezeichnet, die aus Alabaster bestehen und eine Höhe bis über zwei Meter aufweisen. Diese Platten wurden mit Flachreliefs verziert, deren Darstellungen in einem, zwei oder seltener in drei Registern angeordnet sein konnten. Solche mit drei Registern fanden hauptsächlich im Tempelbau Verwendung. Im Gegensatz zu älteren, wesentlich kleineren Orthostatenplatten oder -blöcken, den echten Orthostaten aus dem nordsyrisch-kleinasiatischen Bereich, die dort meist an Außenwänden angebracht

waren, standen die assyrischen Orthostatenplatten in der Regel in den Räumen. Noch vorhandene Farbspuren deuten darauf hin, daß einige Teile des Reliefs, nicht das ganze, ursprünglich bemalt waren.

Das Material, der sogenannte Mosul-Alabaster, wurde in einem Steinbruch nördlich von Mosul gewonnen und konnte zunächst sehr leicht bearbeitet werden. Erst später, unter Einwirkung der Luft, erhärtete sich dieses Material. Die ersten Orthostatenplatten mit Reliefschmuck tauchen im 9. Jahrhundert v. Chr. bei König Assurnaṣirpal II. auf. Mit ihnen schmückte er seinen in Nimrūd/Kalḫu befindlichen Nordwestpalast aus. Dort wurden sie von dem Engländer A. H. Layard entdeckt und ausgegraben. Auch die anderen, vor allem die späteren Orthostatenreliefs, wurden von den Engländern bereits im vorigen Jahrhundert freigelegt. Sie befinden sich zum größten Teil im British Museum. Von folgenden sechs Königen der Assyrer sind solche Reliefs erhalten geblieben: von Assurnaṣirpal II. (883–859) aus dem Nordwestpalast in Nimrūd; von Salmanassar III. (858–824) aus dem Zentralpalast in Nimrūd (nur wenige); von Tiglatpilesar III. (745–727) aus dem Zentralpalast und aus dem Südwestpalast in Nimrūd; von Sargon II. (722–705) in Ḫorsabad; von Sanherib (705–681) aus dem Südwestpalast in Ninive; von Assurbanipal (669–627) aus dem Südwestpalast und aus dem Nordpalast in Ninive und schließlich von dem letzten Assyrerkönig Sinšarra-iškun, ebenfalls aus dem Nordpalast in Ninive (nur wenige).

Die Mehrzahl der Szenen, die auf diesen Platten dargestellt sind, behandeln Kriegsereignisse, also die Kriegszüge der Assyrer gegen ihre Feinde. Aber bei Assurnaṣirpal II. finden sich auch zahlreiche religiöse Darstellungen mit Genien und Dämonen, die den König beschützen (Abb. S. 126, 127). Der König selbst ist meist von seinem Hofstaat

Assurnaṣirpal II. (883–859) war der erste assyrische König, der im großen Stil Orthostatenreliefs anfertigen ließ. Charakteristikum der hier gezeigten Reliefs mit historischem Inhalt aus dem Nordwestpalast in Nimrūd ist die Gliederung in zwei horizontale Streifen, voneinander geschieden durch ein schmales Textfeld mit der langen, stereotyp wiederholten Standardinschrift. Bei der Belagerung einer Stadt kommt ein mobiler Rammbock zum Einsatz (linke Seite, oben). Assyrische Bogenschützen verfolgen fliehende Feinde, die auf aufgeblasenen Tierhäuten schwimmend eine Inselstadt zu erreichen suchen (oben). Nach der Schlacht wirft sich ein Gegener dem König zu Füßen (linke Seite, unten). Die Fortsetzung dieses Reliefs (unten) zeigt die Vorführung gefesselter Gefangener und Körbe mit Beute oder Tribut.
London, British Museum

(Eigentum) des Palastes von Assurnaṣirpal, Vizeregent des Gottes Aššur, erwählt von Enlil und Ninurta, geliebt von den Göttern An und Dagan, zerstörerische Waffe der großen Götter, starker König, König des Universums, König Assyriens, der Sohn des Adadnirāri, ebenfalls großer König, König des Universums und Assyriens …

Auftakt der Standardinschrift Assurnaṣirpals

umgeben, dessen Mitglieder später, im Gegensatz zum König, meist unbärtig wiedergegeben sind und das Aussehen von Eunuchen haben. Der Schein trügt aber wohl. Der König ist in jener Zeit immer mit der assyrischen Königsmütze, einer Art Fez, bekleidet. Sein Gewand hingegen, in der Regel nur ihm oder den Genien vorbehalten, kann variieren. An Waffen trägt er Dolche, mitunter auch einen Wetzstein im Gürtel, und ein langes, reich verziertes Schwert aus Bronze. Auffällig ist, daß er und alle anderen Assyrer, auch die göttlichen Figuren, reichen Schmuck tragen, an den Ohren, um den Hals, am Ober- wie am Unterarm. Zu den älteren Reliefs gehört eine Keilinschrift, die aus mehreren Zeilen besteht und als Standardinschrift den gleichen oder annähernd gleichen Text wiedergibt, die Genealogie des Königs und seine wichtigsten Kriegstaten. Bei einteiligen Reliefs Assurnaṣirpals II. läuft diese Standardinschrift über den Körper der Figuren, bei zweiteili-

gen trennt sie die obere von der unteren Szene. Auch hier besteht wieder wie früher ein Zusammenhang zwischen beiden Darstellungen, nur daß jetzt die Abfolge andersherum verläuft, nämlich von oben nach unten.
A. Moortgat verdanken wir die Erkenntnis, daß die Künstler oder der Auftraggeber, König Assurnaṣirpal II., verschiedene Bildgliederungen in den Darstellungen vorgenommen haben, sei es nun, daß diese erzählend Kriegs- oder Jagdszenen wiedergeben, sei es, daß sie einen religiösen Inhalt haben. Die ersten sind dynamisch gestaltet, die zweiten haben einen statischen Aufbau. Hinter dem Sitz des Königs auf einem Postament findet sich jeweils der Heilige Baum mit dem König umgeben von Genien (Abb. S. 126). Durchgänge werden flankiert und dadurch auch beschützt durch die sogenannten Lamassu, Mischwesen mit Menschenkopf und Hörnerkrone, Löwen- oder Stierkörper und in jedem Fall geflügelt.
Über diesen mindestens zwei Meter hohen Orthostatenplatten saßen noch Wandmalereien, die bis zur Decke hinaufreichten. Die Räume müssen also sehr hoch gewesen sein, was uns auch ein jüngeres Wandgemälde aus Ḫorsābād/Dūr Šarrukīn bestätigt. Leider sind von Wandmalereien aus dem 9. Jahrhundert v. Chr. nur geringe Bruchstücke erhalten geblieben.
Aus der Zeit Salmanassars III. (858–824) kennen wir jetzt ebenfalls Orthostatenreliefs, wenn auch nur wenige Beispiele. Sie wurden von den polnischen Ausgräbern im sogenannten Zentralteil des Palastes auf der Zitadelle von Nimrūd gefunden (Abb. S. 231/232).
Besonders bemerkenswert, nicht so sehr wegen der künstlerischen Qualität als durch den Inhalt seiner Darstellung, ist das Relief auf einem Thronpostament dieses Königs aus dem Zeughaus in Nimrūd. Denn die Stirnseite, also die Hauptschauseite, zeigt die Begegnung zwischen dem assyrischen und dem von ihm eingesetzten babylonischen König, die sich beide wie moderne Menschen die Hände reichen (Abb. S. 131). Wahrscheinlich war dieses Händeschütteln nicht ein Gestus der Begrüßung, sondern eher ein solcher des Friedens. Er entspricht wohl in der Rundplastik den gefalteten Händen.
Von Salmanassar III. sind auch guterhaltene Bronzereliefs überliefert, die ursprünglich an zwei Türflügeln eines Tempels in einem östlich von Nimrūd gelegenen Ort befestigt waren (Abb. S. 132, 133, 260, 261). Sie befinden sich heute im British Museum und zeigen Ausschnitte aus den Kriegszügen dieses Herrschers. Die Bildgliederung ist hier wesentlich einfacher gehalten als auf den Orthostatenreliefs. Auch von Assurnaṣirpal II. gab es solche Bronzereliefs, jedoch geringer an Zahl.
Betrachtet man nun die ebenfalls in Nimrūd gefundenen Orthostatenreliefs des Königs Tiglatpilesar III. (Abb. S. 136, 137) und vergleicht man sie mit denen des Königs Assurnaṣirpal II., so wird man deutliche Unterschiede feststellen können. Zunächst vermißt man die zahlreichen religiösen Darstellungen aus dem 9. Jahrhundert v. Chr. Ferner entdeckt man eine neue Raumgliederung, die hier zum erstenmal mit der sogenannten Vogelperspektive, also der unechten Perspektive, erzielt worden ist. Die Themen entstammen ausschließlich den Kriegszügen, und zum erstenmal können wir Schreiber beobachten, die für die Annalen des assyrischen Königs Einzelheiten bereits vor Ort aufnahmen. Dabei – es sind zwei – schreibt der eine mit einem Griffel auf einer Tontafel, der andere mit einem Pinsel auf »Papier« (Abb. S. 204/205). Dieser zweite Schreiber schrieb offenbar aramäisch und war auch selbst ein Aramäer, wie andere Darstellungen durch die Haartracht (Locke vor dem Ohr) deutlich machen.
Bei einigen Darstellungen von Tiglatpilesar III. hat man den Eindruck, daß sie nicht ganz fertig geworden sind, da einige Details unausgeführt blieben. Für die Geschichte ist es wichtig, daß in den Darstellungen hier zum erstenmal Araber mit Kamelen auftreten.
Aus den schriftlichen Überlieferungen wissen wir, daß unter diesem König eine Neuorganisation des Heeres stattfand und das assyrische Heer zu einem Söldnerheer umgestaltet wurde. Aus diesem Grund treffen wir jetzt auch auf Kontingente, die offenbar nicht assyrischer Herkunft waren, wie zum Beispiel solche mit einem Raupenhelm oder mit Schleuderern. Die ersteren, die man früher als Griechen angesprochen hat, dürften aus dem nordsyrischen beziehungsweise südkleinasiatischen Bereich gekommen sein, also aus den späthethitischen, aramäischen Stadtstaaten, die anderen, die erstmals bei Sanherib auftreten, dürften aus Palästina in das assyrische Heer übernommen worden sein. Bei den Schleuderern wird man an die Geschichte von David und Goliath erinnert.
Aus der Zeit Tiglatpilesars III. oder von einem seiner Nachfolger rühren die bestbekannten assyrischen Wandmalereien her. Sie wurden von französischen Ausgräbern in einer Provinzhauptstadt in Til Barsip östlich des Euphrat entdeckt und von einem Maler aufgenommen. Diese Unterlagen wurden erst kürzlich im Louvre wiederentdeckt und von A. Parrot veröffentlicht. In den üblichen Farben, aber auf Kalkputz aufgetragen, wurden hier bestimmte Ereignisse, meist wiederum Kriegsszenen, dargestellt (Abb. S. 348). Der König, auf einem Podest thronend, nimmt die Huldigung seiner Generäle, die Gefangene vorführen, entgegen. Auch hier findet man wieder Hinweise auf Kämpfe mit Arabern. Für die Beurteilung der damaligen Mode sind die Farben besonders wichtig; durch

Jagdszenen aus dem Nordwestpalast Assurnaṣirpals II. (882–859) in Nimrūd. Die Bilder erfolgreicher Jagd stehen gleichberechtigt neben den Schilderungen königlicher Siege im Krieg. Der König agiert vom leichten, dreispännigen Jagdwagen aus. Herangetriebene Stiere ersticht er mit dem Schwert (oben); die Löwen erschießt er mit Pfeil und Bogen (Mitte). Die Jagd war weit mehr als ein königlicher Zeitvertreib. Großwildjagd war auch ein symbolisch verstandener Akt mit Festcharakter (unten). Über der Jagdbeute vollzieht der König im Beisein seiner Gefolgsleute und von Musikanten ein Schüttopfer, eine Libation.
London, British Museum

Links: Befreit von den Einschränkungen vorgegebener Reliefplatten, gelangen in den Wandmalereien des Provinzpalastes von Til Barsip raumfüllende Kompositionen. In einer Schwächeperiode des assyrischen Staates hatte dort der Statthalter ein den Königen kaum nachstehendes Gepränge entfaltet; dies jedoch mit den bescheideneren Mitteln der Malerei. Der Bildausschnitt zeigt ein wohl »unter assyrischer Flagge« fahrendes, schwerbewaffnetes phönikisches Kriegsschiff auf dem Mittelmeer. Aleppo, Nationalmuseum

Rechts: Aus dem sogenannten Zeughaus von Nimrūd (ekal maššarti) *stammt ein in Goldtönen gehaltenes Bild aus Glasurziegeln, das einst die Wand über einer der Thronsaaltüren verblendete. Das Basismotiv des zweifach gezeigten betenden Königs unter dem Gott in der Flügelsonne (Aššur?) und die ebenfalls heraldisch-symmetrische Darstellung der Stiere am Lebensbaum sind Themen religiöser und symbolischer Natur. So steht das von Dekorbändern gerahmte Bild aus der Zeit des Salmanassar III. (858–824) in deutlichem Kontrast zur sonst sehr kriegerischen Bildwelt dieses Herrschers. Bagdad, Iraq Museum*

Folgende Doppelseite: Bei der Reliefausstattung des Palastes in Ḫorsābād traten neben die durch ein Textband getrennten zweiregistrigen Reliefs mehr und mehr auch Darstellungen, die die gesamte Plattenhöhe (hier 2,95 m) einnehmen. Sargon II. (722–705) ließ auf einer Hofwand Palastbedienstete darstellen, die Tribut oder Beute, vielleicht auch wertvolles Palastmobiliar herantragen. Bagdad, Iraq Museum

Palast des Assurnaṣirpal, des Priesters des Gottes Aššur, des Lieblings des Gottes Enlil und des Gottes Ninurta; des Geliebten des Gottes Anu und des Gottes Dagan, des Starken unter den großen Göttern; des mächtigen Königs, des Königs der Gesamtheit, des Königs vom Lande Assur...
Den alten Ruinenhügel räumte ich ab und grub bis zum Grundwasserspiegel nieder und ging (dabei) 120 Ziegelschichten tief. Paläste aus Zedern-, Zypressen-, Wacholderbaum-, Buchsbaum-, Maulbeerbaum-, Pistazien- (und) Tamariskenholz als meine königliche Wohnung und zu meinem herrschaftlichen Vergnügen für alle Zeit errichtete ich dort. Ungeheuer der Berge und Meere aus weißem Kalkstein und Alabaster fertigte ich an und stellte sie an ihren Toren auf. Sie betete ich an, machte ich großartig (und) mit Einfriedungspfählen aus Bronze umgab ich sie. Türflügel aus Zedern-, Zypressen-, Wacholderbaum- (und) Maulbeerbaum-Holz fügte ich in ihre Tore ein; und Silber, Gold, Blei, Bronze und Eisen, meiner Hände Beute aus den Ländern, die ich erobert hatte, nahm ich in großer Menge und brachte sie dorthin.
Aus der Standardinschrift Assurnaṣirpals II. in Nimrūd

sie erfahren wir nähere Einzelheiten über die Gewänder. Einige Soldaten, offenbar Reiter, tragen hohe Schnürstiefel mit Strümpfen. Die Umrißlinien dieser Malerei aus dem ausgehenden 8. Jahrhundert v. Chr. sind in schwarzer Farbe ausgeführt. Dadurch, aber auch hinsichtlich des Stils, unterscheiden sie sich von einer Gruppe jüngerer Wandmalereien aus demselben Palast. Diese datieren wohl in die Zeit des Königs Assurbanipal (669–627) und sind besonders durch die Wiedergabe der Pferde in verschiedenen Farben bekannt geworden. Es gibt schwarze, rote beziehungsweise braune und sogar blaue Pferde. Das Blau könnte aber gewissermaßen eine Fehlfarbe sein, insofern nämlich, als die Farbe nicht wie bei Franz Marc bewußt eingesetzt wurde, sondern auf einem Zufall durch chemische Umsetzung beruht. Der andere Unterschied besteht darin, daß die Umrißlinien nicht nur in Schwarz, sondern auch in Rot ausgeführt worden sind. Bei dem Gemälde aus Ḫorsābād aus der Zeit Sargons II., das ursprünglich 20 Meter hoch war, stand der König mit dem Kronprinzen vor einem Standbild des Gottes Aššur.
Kehren wir zurück zu den Orthostatenreliefs. Die meisten von ihnen enthalten Kriegsszenen. Auf einem verlorengegangenen Relief Sargons II. war die Eroberung der südurartäischen Stadt Muṣaṣir des Gottes Ḫaldi dargestellt. Der hier abgebildete Tempel dürfte also wohl nicht identisch gewesen sein mit den sonst üblichen urartäischen Turmtempeln weiter im Norden. Auf den Reliefs von Ḫorsābād wurde auch viel gefeiert, offenbar im Anschluß an einen Sieg oder aber nach einer Jagd.
Die Darstellungen des Königs Sanherib zeichnen sich nicht nur durch Kriegsszenen, sondern auch durch die Wiedergabe von Bauvorgängen aus, die sich wohl hauptsächlich auf die Errichtung seines Palastes »ohnegleichen« in Ninive (Abb. S. 202, 206, 262, 263) beziehen. Sie informieren uns über den Transport von Laibungstieren, sogenannte Lamassu, und über die einzelnen Arbeitsvorgänge.

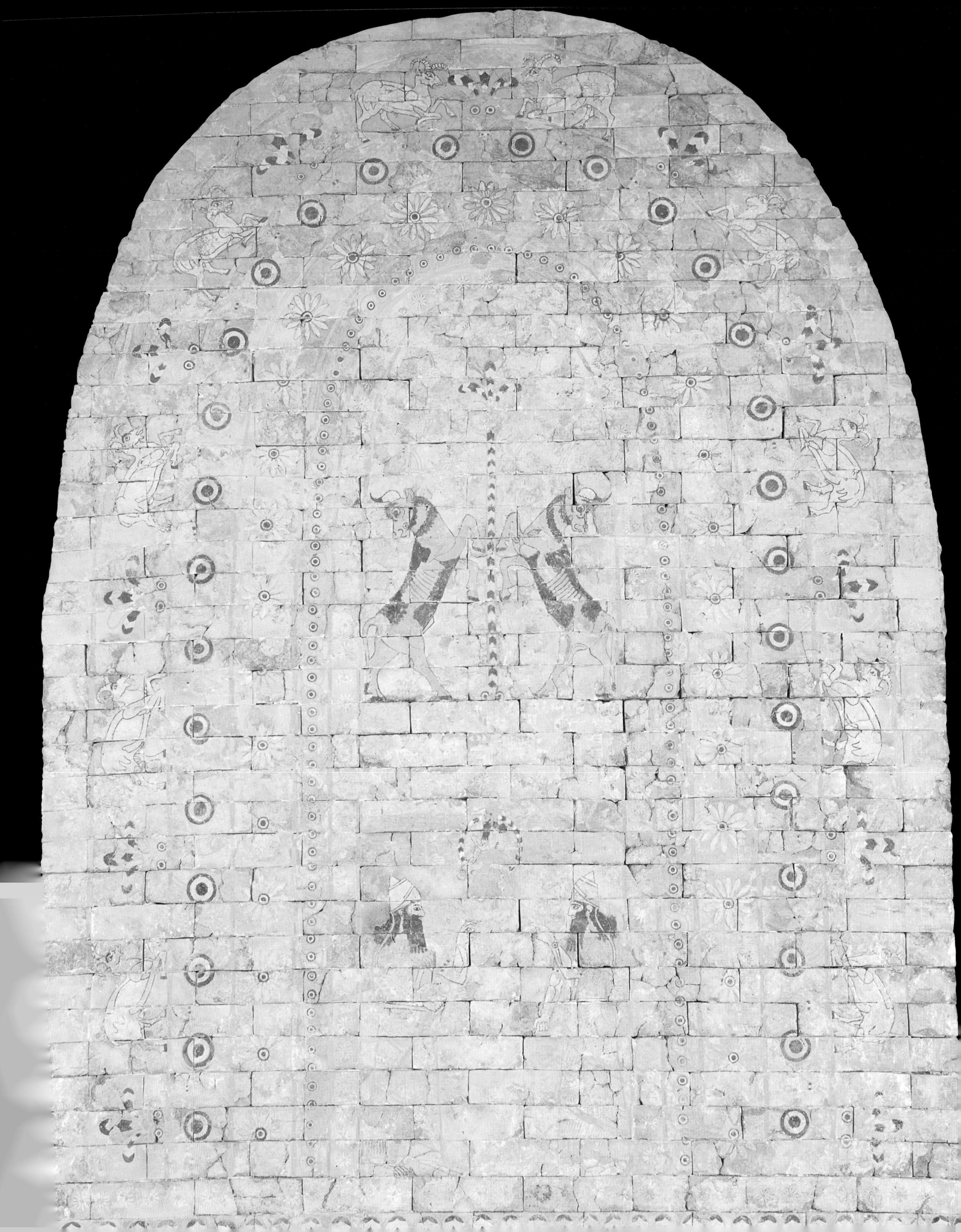

Unter seinen Kriegsdarstellungen ist von zentraler Bedeutung die Wiedergabe der Einnahme von Laḫiš in Palästina, offenbar wohl deshalb, weil ihm die Einnahme von Jerusalem nicht gelungen war. Die bereits bei Tiglatpilesar III. eingeführte Raumandeutung durch die Vogelperspektive wird bei Sanherib weitergeführt und vervollkommnet (Abb. S. 146/147).

Ein Höhepunkt der Orthostatenreliefkunst findet sich bei Assurbanipal in seinem Nordpalast in Ninive (Abb. S. 149, 150, 151, 152/153). Besonders die Wiedergabe der von ihm gejagten Tiere – meist waren es Löwen – ruft immer wieder große Bewunderung bei den Besuchern im British Museum hervor, wo man diese Reliefs, wie auch die aus Nimrūd, betrachten kann (Abb. S. 353).

Ebenso gekonnt in der Ausführung ist die Gartenszene, in der der auf einer Kline liegende König zusammen mit seiner Frau, die auf einem Thron ihm gegenübersitzt, aus Metallschalen trinkt (Abb. S. 354/355). Die Königin trägt, wie schon eine Vorgängerin, eine Mauerkrone. Vor dem Bett steht ein Tisch mit darauf befindlichen Geräten, darunter wohl auch eine Büchse aus Elfenbein, und am Kopfende der Kline sind die Waffen des Königs auf einem weiteren Tisch niedergelegt. Diese Feier findet in einer Laube, gebildet aus Weinreben, statt, mehrere Diener und Dienerinnen bedienen das königliche Paar. An einem Baum links dieser Szene hängt ein menschlicher Kopf, den man als den Kopf des Elamerkönigs Te'umman gedeutet hat. Dieser König wurde von Assurbanipal besiegt, aber zwischen diesem Ereignis und der Feier in der Gartenlaube müssen mindestens zehn Jahre vergangen sein.

Wie schon angedeutet, läßt sich vielleicht auf einigen Reliefs der Versuch einer Anwendung von echter Perspektive erkennen. Auf einem Beispiel hat der assyrische Künstler versucht, das Joch der Pferdebespannung hinter dem Rükken des vorderen Tieres verschwinden zu lassen (Abb. unten). Qualität und Plastizität dieses Reliefs aus dem Nordpalast sind so groß, daß A. Moortgat an eine Beeinflussung aus Babylonien gedacht hat. In der Tat erscheinen in den Darstellungen viele Personen, die das babylonische Gewand tragen, und auch der König scheint damit bekleidet zu sein (Abb. rechts). Die beiden spitzen Gegenstände in seinem Gürtel sind wohl keine Dolche gewesen, sondern Schreibgriffel. Sie weisen darauf hin, daß König Assurbanipal, bevor er zum Nachfolger König Asarhaddons bestimmt wurde, als Schriftgelehrter ausgebildet worden war. So verdanken wir ihm auch die berühmte Bibliothek in Ninive mit Nachschriften älterer, zum Teil sumerischer Texte, die im Auftrag Assurbanipals angefertigt wurden.

Wenn man diese Reliefs mit ihren reichen Darstellungen aus zwei Jahrhunderten untereinander vergleicht, wird man erhebliche Unterschiede feststellen können, so in der Mode, aber auch im Stil und in dem Versuch, Handlungen und Haltungen immer perfekter wiederzugeben. Man vergleiche zum Beispiel nur die einzelnen Haarfrisuren, vor allem die Nackenhaare bei den Männern, die bei Assurnaṣirpal II. noch weit vom Nacken abstehen, bei Assurbanipal hingegen dicht anliegen, oder auch die verschiedenen Handhaltungen beim Bogenschießen.

Man hat sich immer wieder gefragt, woher bei den Assyrern die Idee dieser Orthostatenreliefs rührte. Meist glaubte man an eine Beziehung zur späthethitischen, aramäischen Kunst, in der es in der Tat Reliefs auf Orthostatenplatten und auf echten Orthostaten (Blöcken) gegeben

Innerhalb der neuassyrischen Reliefkunst sind die unter Assurbanipal (669–627) geschaffenen Bilder Höhepunkt und krönender Abschluß zugleich. In den beiden Zyklen der »großen« und der »kleinen Löwenjagd« wird das dramatische Geschehen in vielen Facetten und in manchmal fast filmartig bewegten Handlungsabläufen geschildert. Perspektivische Wirkungen erzielte man durch Überschneidungen – gut erkennbar bei der Anschirrung der Pferde (links) oder bei der Vierergruppe auf dem Wagen (rechts unten). Während die »kleine Löwenjagd« (rechts oben) sehr strikt an der Registergliederung festhält, ist bei der »großen« weitgehend darauf verzichtet. Nur der Jagdwagen des Königs nimmt die volle Höhe des Reliefs ein, die Löwen sind nahezu frei im Raum verteilt. So wurde in Ansätzen die dritte Dimension gemeistert.
London, British Museum

hat, nur waren die angeblichen Vorbilder wesentlich kleiner und saßen in der Regel an Außenmauern.
Nach Ansicht des Verfassers könnten die Vorbilder für die Idee, derartige Reliefs zu schaffen, eher in Ägypten zu suchen sein, zumal seit der Mittelassyrischen Zeit in der zweiten Hälfte des 2. Jahrtausends v. Chr. eine enge politische Beziehung mit Ägypten bestanden hat. Indizien dafür könnten die eigenartige Wiedergabe des Daumens bei König Assurnaṣirpal II. wie überhaupt die ganze Handhaltung sein (Abb. S. 344, 345), die sehr typisch bei den Ägyptern war, und – wie wir noch sehen werden – die eigenartige, nur bei den Assyrern vorkommende Gattung der sogenannten assyrischen Obelisken (Abb. S. 134, 135). Bei den Begräbnissen der assyrischen Könige, so beim Verschluß ihrer Sarkophage, zeichneten sich wohl ebenfalls Einflüsse aus dem Land der Pharaonen ab.
Auch zur Herstellung der einzelnen Reliefs läßt sich einiges sagen. Wir können Gesellen- von Meisterarbeit unterscheiden, wie uns W. Nagel gezeigt hat. Außerdem lassen sich Vorzeichnungen nachweisen, die in die Platten eingeritzt wurden, an die sich aber der Bildhauer nicht immer gehalten hat. Ferner waren die Reliefs bemalt, aber im Gegensatz zu früheren Annahmen trugen nur Teile der Figuren wie das Gesicht mit den Haaren, der Bart und die Augen sowie die Sandalen Bemalung.
Neben den Orthostatenreliefs gab es eine Reihe von Felsreliefs, entweder Siegesdenkmäler oder aber solche, die auf bestimmte friedliche Taten der Könige hinwiesen. Zahlreiche assyrische Reliefs befinden sich zusammen mit ägyptischen, aber auch mit modernen Siegesdenkmälern an einer Paßstraße, die nördlich von Beirut über den Naḥr el-Kelb (Hundsfluß) führt. Von den sechs assyrischen Reliefs in Stelenform, die hier im Fels eingemeißelt wurden, läßt sich bisher nur eins auf einen König beziehen, nämlich auf Asarhaddon (681–669). Weiter östlich führte ein weiterer Nordsüdweg durch das Wādi Brisa. Hier hatte sich beispielsweise der spätere babylonische König Nebukadnezar II. (605–562) darstellen lassen, wie er eine Zeder mit einer Doppelaxt fällt.
Auf zwei Reliefdarstellungen der anderen Kategorie wurde bereits hingewiesen. Die eine bei Ḫinnis-Bavian bezog sich auf eine von Sanherib errichtete neue Wasserversorgung seiner Hauptstadt Ninive. Zu dieser Wasserversorgung gehörte neben einem Kanal auch ein Aquädukt, entdeckt

Siegesmahl des Königs Assurbanipal (669–627). Die sogenannte Gartenszene aus dem Nordpalast von Ninive erinnert an ein fast privat wirkendes Symposion in einer Weinlaube. Der auf einer Kline liegende König und seine thronende Gemahlin trinken aus Schalen. Den historischen Hintergrund nennt die Inschrift auf einem Nachbarrelief: Zwei besiegte elamische Fürsten müssen hier als Mundschenk dienen (links). Auch das im Baum aufgehängte Haupt eines geköpften Widersachers erlaubt die Interpretation als »Siegesmahl«. Bemerkenswert ist die detaillierte Darstellung von Möbeln und Pflanzen.
London, British Museum

bei Ğerwān. In dem Hauptrelief erscheint Sanherib vor den beiden Hauptgöttern des assyrischen Pantheons Aššur und Ninlil.

Bei Felsreliefs, die weiter im Westen bei Maltai gefunden wurden, kennen wir bisher nicht den Anlaß, wir können nur die Darstellungen – im ganzen sind es vier gleichen Inhalts – beschreiben. Wiederum ist König Sanherib doppelt dargestellt, die assyrischen Götter treten aber hier in größerer Zahl auf, stehend auf ihren Attributtieren. Den Anfang machen wiederum Aššur und seine Frau Ninlil. Da diese Götter auf Tieren stehen, wird es sich hier nicht um eine Götterprozession gehandelt haben, sondern um die Erscheinung (Epiphanie) der göttlichen Wesen, vor denen Sanherib wegen einer gelungenen Tat seinen Dank abstatten wollte. Weitere Felsreliefs – das älteste assyrische datiert auf den König Tiglatpilesar I. (1114–1076) – befinden sich in der Nähe des Tigristunnels in der heutigen südlichen Türkei.

Auch an Stelen, die meist die gleiche Form wie die Felsreliefs aufweisen, kennen wir eine größere Anzahl. Sie fungierten wohl ebenfalls als Siegesdenkmäler, daneben standen sie aber auch an Straßen und vor Tempeln. Bei den in Tempeln errichteten läßt ein vorgestellter Opfertisch darauf schließen, daß die göttliche Verehrung genossen oder zumindest vor ihnen auf den Tischen Opfergaben niedergelegt wurden. Eine Stele als Siegesdenkmal wurde sogar bei Kition auf Zypern gefunden; sie gehörte dem König Sargon II. (722–705). In der Regel ist der König in einem bestimmten Schalgewand und mit dem Fez dargestellt, wie er betend oder grüßend den rechten Zeigefinger zu den Symbolen emporhält (Abb. S. 124). Auf Stelen des Königs Asarhaddon (681–669), wie zum Beispiel der aus Zincirli/Sam'al, sind neben dem König auf der Vorderseite zwei seiner Söhne auf den Nebenseiten dargestellt. Es handelt

sich hierbei um Assurbanipal, den nach einem Reichstag eingesetzten Kronprinzen von Assur, und um den späteren König von Babylon Šamaš-šuma-ukīn.
Auf einer anderen Stele, die viereckig ist, wurde neben der Darstellung des Königs in einer großen Inschrift von den Feiern berichtet, die bei der Einweihung des Nordwestpalastes in Nimrūd stattgefunden haben (Abb. S. 125). Es nahmen daran ungefähr 60 000 Menschen teil, Künstler und Handwerker, Einwohner von Nimrūd und Gäste aus nichtassyrischen Ländern.
Neben den Stelen gab es in Assyrien noch eine besondere Denkmälergattung, die wir analog zu ägyptischen Vorbildern (?) als assyrische Obelisken bezeichnen. Diese unterscheiden sich aber von den ägyptischen dadurch, daß sie eine abgestufte Bekrönung tragen, die strukturell aus der Ziegelbauweise erklärt werden muß. Entsprechende Abschlüsse wiesen auch die Mauerkronen der assyrischen Befestigungsanlagen auf. Das älteste Denkmal dieser Art stammt von Aššurbēlkala, das beste von Salmanassar III. (858–824), der nach dem Material (schwarzer Marmor) so genannte Schwarze Obelisk aus Nimrūd, der sich heute im British Museum befindet (Abb. S. 134, 135). Interessant ist, daß auf der Hauptseite, in der zweiten Szene von oben, König Jehu von Israel aus dem Hause Omri um Gnade bittend vor dem König erscheint. Darunter sind dann wie üblich die entsprechenden Tributgaben dargestellt.
Auf diese Denkmälergattung wurde bereits hingewiesen, als wir die Herkunft der Orthostatenreliefs und die Beziehungen zwischen Assyrien und Ägypten erörterten.
Nach dem Untergang des assyrischen Weltreichs, das sich in der Spätzeit zeitweise bis nach Theben in Ägypten erstreckte, kamen in Babylon wieder Westsemiten zur Macht. Der berühmteste ihrer Könige war Nebukadnezar II. (605–562), der durch Giuseppe Verdi als Nabucco allgemein bekannt geworden ist. Im Alten Testament erfahren wir aber auch, daß er Jerusalem einnahm und die Bevölkerung von dort in die babylonische Gefangenschaft entführte, aus der sie dann erst vom Perserkönig Kyros (559–529) befreit wurde.
Die Hauptstadt dieser westsemitischen, aramäischen Dynastie war natürlich Babylon, und hier wurden durch die deutschen Ausgrabungen unter Leitung von R. Koldewey vor dem Ersten Weltkrieg die später von den irakischen Kollegen zum Teil wieder aufgebauten großen Paläste und Tempel entdeckt. Babylon war damals wie Ninive eine Weltstadt mit etwa einer Million Einwohner. Im Gegensatz zur assyrischen Kunst fanden sich hier nicht Steinbildwerke an den Wänden der Paläste oder an den Mauern, die die Straßen einfaßten, sondern solche aus gebranntem Ziegel mit farbigen Glasuren.
Die besten von ihnen wurden in der Vorderasiatischen Abteilung der Staatlichen Museen zu Berlin durch W. Andrae, den Assistenten von Koldewey, Ausgräber von Assur und späteren Direktor dieses Museums, hier wieder aufgebaut, so das Ištar-Tor (Vortor), die Löwenprozessi-

onsstraße (Abb. S. 358, 359) und Teile der Wandverkleidung aus dem Thronsaal des Königs Nebukadnezar (Abb. S. 442). Die zuerst genannten sind in Relief gehalten; es sind heilige Tiere, am Ištar-Tor: *mūšḫuš*, das heilige Tier des Gottes Marduk, des Stadtgottes von Babylon, und der Stier. Bei dem Stier, dem Attributtier des Gottes Adad, des babylonisch-assyrischen Wettergottes, wissen wir nicht, welche Funktion er hier am Tor der Ištar in Babylon hatte. Vielleicht bezieht sich seine Darstellung auf eine besondere Ausdeutung des Namens Marduk als »Jungstier«. Bei den Löwen hingegen ist die Symbolik klar, denn sie waren unter anderem die heiligen Tiere der Göttin Ištar.

Über die Glasuren gibt eine neue Untersuchung von St. Fitz Auskunft. Wir zitieren aus der 5. Auflage des Buches »Das wieder erstehende Babylon« von R. Koldewey:

»Die Glasuren auf spätbabylonischen Reliefziegeln bestehen aus einem Natriumsilicatglas, das zur Erhöhung seiner Beständigkeit Magnesium-, Calcium- und Aluminiumionen als Nebenbestandteile enthält. Keine der Glasuren besitzt höheren Blei- oder Borgehalt. Sie sind ohne Ausnahme dem Typ der Alkalisilicatglasuren zuzuordnen.

Es werden allgemein zwei Möglichkeiten des Einfärbens von Glasuren unterschieden. Entweder löst man bestimmte Metalloxide in der farblosen Glasur, oder es werden Farbkörper (Pigmente) in feinster Verteilung in der Glasur eingebettet. Sie müssen dabei nicht unbedingt vorgefertigt der Glasur beigemengt werden, sondern können auch durch kristalline Ausscheidung aus der Schmelze entstehen.

Bei den sechs verschiedenen Farben der spätbabylonischen Glasuren (Blau, Türkis, Grün, Gelb, Weiß und Schwarz) wurden beide Möglichkeiten der Farbgebung angewandt: Die tiefblaue Glasur ist mit Kobalt-II- und Spuren von Kupfer-II-Ionen gefärbt; die Färbung der türkisen Glasur geht auf Kupfer-II-Ionen zurück. Die schwarze Glasur ist nicht mit Pigmenten gefärbt. Die vermutlich gelösten farbgebenden Bestandteile konnten bisher nicht identifiziert werden.

Pigmentfärbung der Glasur erfolgte bei der gelben Glasur mit Bleipyroantimonat ($Pb_2Sb_2O_7$) und bei der weißen Glasur mit Calciumantimonat ($CaSb_2O_6$). Türkise Glasuren enthalten neben den färbenden Kupfer-II-Ionen Calciumantimonat ($CaSb_4O_6$) (Prozessionsstraße) oder Quarz (SiO_2) (Hoffront des Thronsaales) als Trübungsmittel.

Grüne Glasuren wurden bisher nicht naturwissenschaftlich untersucht. Es ist zu vermuten, daß sie durch entsprechende Mischung gelber und türkiser Glasur entstanden sind, also mit Kupfer-II-Ionen unter gleichzeitigem Zusetzen des gelben Bleipyroantimonats.

Die Konturen sind nicht mit leicht schmelzbaren schwarzen Glasfäden aufgetragen worden. Diese Technik hätte die Herstellung der glasierten Ziegel unnötig erschwert. Vielmehr benutzte man für die Konturen einen sehr zähflüssigen Glasurbrei. Dieser wurde aus einer Art Malform (Gießbüchse) oder einem Beutel mit Mundstück (wie sie heute der Konditor oder die Hausfrau benutzen) auf den vorgebrannten Ziegel aufgemalt. Nach dem Antrocknen konnten die einzelnen Felder mit der entsprechenden flüssigen Glasuraufschlämmung aufgefüllt werden.

Es gibt heute keine eindeutige naturwissenschaftlich begründete Bestätigung dafür, daß ein Teil der grün wirkenden Glasspuren ursprünglich rot war.«

Diese Technik, zum einen Figuren aus Formziegeln aufzubauen und sie zum anderen mit Glasur zu überziehen, geht auf die Künstler und Erfinder des 2. Jahrtausends v. Chr. zurück. Figuren aus Ton übrigens, auch in Lebensgröße, lassen sich bis an den Anfang dieses Jahrtausends zurückverfolgen. Aus Ziegeln errichtete tauchen hingegen offenbar zuerst in der Kassitenzeit auf (Abb. S. 325). Aus dem gleichen Zeitraum stammt, wie wir schon gesehen haben, die Erfindung des Glases und damit der Glasur.

Die Glasurgemälde im Thronsaal zeigen prächtig ausgebildete heilige Bäume mit drei Voluten übereinander (Abb. S. 442). Sie waren an drei Seiten des Raumes angebracht,

Stele des Asarhaddon (681–669) aus Zincirli/Sam'al (linke Seite, Höhe 3,18 m). Der übergroß dargestellte Assyrerkönig hält einen ägyptischen und einen phönikischen König an der Leine. Auf den Seitenreliefs sind seine Söhne abgebildet: im glatten babylonischen Kleid Šamaš-šuma-ukīn, später König von Babylonien (rechts innen); im assyrischen Schalgewand Kronprinz Assurbanipal (rechts außen). Er wurde der letzte bedeutende Herrscher der assyrischen Ära.
Berlin, Vorderasiatisches Museum

und ein Betrachter in diesem Raum hatte wohl den Eindruck, sich in einem Wald solcher Bäume zu befinden. In gewisser Weise erinnern diese Darstellungen an die doppelten Säulenreihen griechischer Tempel in Ionien. Auch die hier wiedergegebenen Voluten dürften indirekte Vorbilder der ionischen Kapitelle gewesen sein, wie bereits von O. Puchstein und W. Andrae vermutet wurde.
Auf das Felsrelief Nebukadnezars II. in Wādi Brisa wurde bereits hingewiesen. Etwas früher entstand ein sehr schön gearbeiteter Kudurru, der sich heute ebenfalls in Berlin befindet (Abb. S. 157). Er zeigt auf seiner Vorderseite die Belehnung eines höheren Beamten durch König Marduk-apla-iddina II. (721–710) mit Ländereien, wie sie während der Kassitenzeit häufig praktiziert wurde. Beide tragen das babylonische hemdartige Gewand mit Falten auf der Rückseite und halten lange Stöcke in den Händen. Der König hat die babylonische spitze Königsmütze auf dem Haupt, und sein Stock ist größer als der des höheren Beamten. Von Stöcken beziehungsweise Spazierstöcken berichtet auch Herodot in seiner Beschreibung der Babylonier des 5. Jahrhunderts v. Chr., also während der Perserzeit. Über der figürlichen Darstellung sitzt oben eine Reihe von Göttersymbolen, angeführt rechts durch das Symbol des Gottes Marduk von Babylon.
Mit der Spätbabylonischen Periode endete nach dem Verständnis einiger Wissenschaftler die eigentliche Geschichte des Alten Orients. Nach der Eroberung Babylons durch Kyros den Großen (559–529) im Jahre 538 v. Chr. folgte die Herrschaft der Achämeniden. Ihre Kultur wurde nun durch die Griechen mitgeprägt.

Kunsthandwerk – Geräte, Waffen und Keramik

Die wichtigsten Erzeugnisse des altorientalischen Kunsthandwerks sind die Rollsiegel, die Terrakotten, die Elfenbeinschnitzereien und der Schmuck allgemein. Das Rollsiegel dürfte zusammen mit den beschrifteten Tontafeln als eine der typischen Denkmälergattungen im Zweistromland, wie wohl auch die Keilschrift, eine Erfindung der Sumerer gewesen sein. Es tauchte zum erstenmal in der Uruk-Zeit auf und ging der Schriftfindung voraus. Wir finden jedoch beides zur gleichen Zeit auch in Elam. Das Rollsiegel war im Gegensatz zu dem älteren Stempelsiegel besser geeignet, eine bildliche Eigentumsmarkierung durch Abrollen, vor allem auf Krugverschlüssen aus Ton, vorzunehmen. Man siegelte damit aber auch Tontafeln und Türverschlüsse. Sein Bild, meist aus figürlichen Szenen bestehend, war – wie das Siegel auf einem heutigen Ring – in der Frühzeit die Signatur einer Gesellschaftsklasse (Priester) und später einzelner Persönlichkeiten. Demnach war das Bild einmalig, weder austauschbar noch verwechselbar. Nur bei jüngerer Massenware aus Fritte konnten sich die Bilder gleichen.
Das Bild, negativ in die Siegelfläche des Siegelzylinders eingeschnitten (daher auch der Oberbegriff Glyptik), beim

Die Rekonstruktion des Ištar-Tores von Babylon im Vorderasiatischen Museum von Berlin (linke Seite) verlangte jahrelange Kleinarbeit. Nur ein Teil der aus speziell geformten Ziegeln komponierten Tierreliefs und der einfachen bunten Ziegel konnte aus den Originalfragmenten wiederhergestellt werden, der größere Rest mußte neu geformt und glasiert werden. Das Tor schmücken zwei Tierfiguren: Marduks Schlangendrache mušḫuš *(Mitte) und der Stier des Wettergottes Adad (unten). Das Symboltier Ištars, der Löwe (oben), kommt nur auf den die Prozessionsstraße flankierenden Mauern und auf der Thronsaalfassade der »Südburg« vor. Vergleichbare, jedoch unglasierte Ziegelreliefs von zwei älteren, unvollendeten Torbauten wurden durch den mit farbig glasierten Ziegeln verkleideten Bau überlagert. All diese Baumaßnahmen datieren in die Regierungszeit Nebukadnezars (605–562).*

a)

b)

c)

d)

e)

f)

g)

h)

i)

k)

Abrollen somit ein positives Bild hervorrufend, bietet durch seine Stil- und Motiventwicklung eine der Grundlagen für die Datierung mesopotamischer Bildwerke; darüber hinaus dient es mit seinen Figuren und Szenen der archäologischen Hermeneutik. Die besten Anhaltspunkte für die Chronologie boten zum einen Königsnamen auf den Originalsiegeln selbst, zum anderen die weitaus größere Zahl der Abrollungen, wenn sie auf Texten erscheinen, die durch assyrische Jahresbeamte oder babylonische Jahresereignisse zeitlich festgelegt werden können.

Wie die aus allen möglichen Materialien, meist aber aus Stein (normale Steine und Halbedelsteine) hergestellten Rollsiegel von den Menschen getragen wurden, ist immer noch ungewiß. Es gibt bisher keine eindeutigen Hinweise im Rund- und Flachbild. Bei Darstellungen auf Einlegearbeiten aus Mari könnte es sich auch um einfache Perlen gehandelt haben, die an Gewandnadeln befestigt waren. Die senkrechte Durchbohrung diente der Aufnahme eines Bronzestiftes für die Befestigung des Griffs, nicht für die Aufnahme einer Schnur. Dieser »Griff«, der nicht zum Abrollen diente, weil er wegen seiner exzentrischen Lage dazu ungeeignet war, zeigte in der Frühzeit oft eine recht kunstvolle Ausführung. Tiere waren dabei die bevorzugten Themen. Nach der zweiten Hälfte des 2. Jahrtausends v. Chr. wurde der Griff auch an kapselartigen Halterungen aus Gold mit Granulationen befestigt.

Die meisten Darstellungen entstammen dem Reich der Mythologie und sind deshalb oft nur schwer deutbar, zumal aus den zeitgenössischen Textquellen keine näheren Hinweise gewonnen werden können. Daher sind auch viele Deutungen unvollkommen bis falsch, wie die Bezeichnung »Gilgameš« für eine auf Rollsiegeln sehr häufig zu belegende Figur, die sich durch eine besondere Frisur mit sechs Locken auszeichnet, aber schon früher als der historische Gilgameš (um 2700 v. Chr.) auftritt. Hingegen sind die vielen Einzelfiguren in der Regel durch ihre von den Kudurru her bekannten Attribute als Götter bestimmbar. Sie lassen sich dadurch für die archäologische Hermeneutik sehr gut verwenden.

Daneben sind einige Motive besonders charakteristisch und über lange Zeit gültig gewesen, wie die sogenannte Einführungsszene (Abb. S. 222), in der ein Beter von einer niederen Gottheit zu einer höheren hingeführt wird. Nach Moortgat sollen solche Darstellungen Abbild einer für den Breitraumtempel typischen Kulthandlung sein.

Das Rollsiegel bot durch seine zylindrische Form die geeignete Darstellungsfläche für den unendlichen Rapport. Trotzdem wurde diese Möglichkeit nur im 3. Jahrtausend genutzt, als man vornehmlich das wohl mehr ornamentale als inhaltsreiche Figurenband, bei dem Götter und Heroen mit aufrecht gestellten Tieren ein zusammenhängendes Band bilden, auf dem Rollsiegel verwendete.

Als Höhepunkte der Bildgestaltung mit naturnahen bewegten Darstellungen können die glyptischen Erzeugnisse der Frühsumerischen Zeit (um 3000 v. Chr.), der

Akkad-Zeit (um 2300/2200 v. Chr.), der Altbabylonischen Zeit (18./17. Jahrhundert v. Chr.) und der Mittelassyrischen/Kassitischen Zeit (nach 1350 v. Chr.) gelten.
Es gab nicht nur Rollsiegel für Gesellschaftsklassen und Einzelpersonen wie Könige, Schreiber und Kaufleute, sondern auch für Götter. Als im Verlauf des 1. Jahrtausends v. Chr. die aramäische Konsonantenschrift und damit auch anderes Schreibmaterial wie Leder und Papyrus mit der Keilschrift und dem Ton konkurrierten, wurde wieder das Stempelsiegel in Petschaftform eingesetzt.
Das Rollsiegel war, wie schon bemerkt, einer der Leitgegenstände der mesopotamischen Kultur. Es fand unter dem Einfluß des Zweistromlandes aber auch außerhalb dieses Gebiets Verwendung, hauptsächlich in Syrien. Das Auftreten in Kleinasien blieb auf die Kārum-Zeit (erstes Viertel des 2. Jahrtausends v. Chr.) beschränkt, als dort vornehmlich altassyrische Kaufleute Handel trieben.
Aus dem vorherrschenden Material Babyloniens und Assyriens, dem Ton, wurden seit den frühesten Zeiten kleine Figuren mit der Hand hergestellt. Um 2000 v. Chr. wurden dann Formen entwickelt, die man hauptsächlich für die jetzt in Mode gekommenen Terrakottareliefs verwendete. Religiöse wie auch Genreszenen kamen zur Darstellung. Offenbar dienten sie, wie R. Opificius nachweisen konnte, der Verehrung in den Privathäusern und nicht in Heiligtümern (Abb. S. 224, 225).
Weniger in Werkstätten des Zweistromlandes als in Syrien und Palästina, wo wohl auch eher das betreffende Material zu bekommen war, wurden Elfenbeinarbeiten hergestellt. Sie dienten in erster Linie als Furniere oder Applikationen von Möbeln, die von den Assyrern dort erbeutet oder als

Linke Seite: Rollsiegelbilder. a) Drei auf Hockern arbeitende Frauen; zwei davon hantieren an einem Gefäß; Spinnenmotive trennen sie von der dritten. Höhe 2,5 cm. Ǧemdet-Naṣr-Zeit. – b) Stallgebäude mit Ringträgern, umgeben von der Rinderherde des Tammuz (?). Höhe 6 cm, Ǧemdet-Naṣr-Zeit. – c) Ornamentmuster mit Rosetten. Höhe 4,3 cm. Ǧemdet-Naṣr-Zeit. – d) Antilopen, Stelzvogel und Füllmotive. Höhe 5,6 cm, Frühdynastisch I. – e) Zwei Stiermenschen kämpfen mit Löwen, in der Mitte greift ein bärtiger Held zwei Stiere. Höhe 4,2 cm. Mesilim-Periode. – f) Zwei kniende sechslockige Helden tränken zwei Arnibüffel mit dem Gefäß des Gottes Ea, aus dem Wasser strömt und eine Pflanze sprießt. Die Szene findet in einem in Aufsicht wiedergegebenen Flußtal statt, das von Bergen begrenzt wird. Höhe 4 cm. Akkad-Zeit. – g) Die Kriegs- und Liebesgöttin Ištar sitzt auf einem Löwenthron und empfängt zwei Beterinnen, von denen die vordere ein Trankopfer spendet, während die hintere ein Eimerchen herbeibringt. Hinter Ištar steht eine fürbittende Göttin. Höhe 4,3 cm. Akkad-Zeit. – h) Eine fürbittende Göttin tritt vor den »Gottkönig als Krieger«; hinter ihm steht auf einem Podest die nackte Göttin (Ištar). Höhe 2,7 cm. Altbabylonisch. – i) Ein sechslockiger Held schwingt in der Rechten ein Schwert und packt mit der Linken ein in die Knie brechendes Pferd. Höhe 3,9 cm. Mittelassyrisch. – k) Ein Beter vor der bewaffneten Ištar, die auf einem Löwen steht, zwei überkreuz wiedergegebene Bezoarziegen und eine Palme. Höhe 4 cm. Neuassyrisch.

Rechts: Dolch aus Gold mit Lapislazuligriff (Länge 37,3 cm) aus dem Königsfriedhof in Ur. Die ebenfalls goldene Scheide ist mit Durchbruchmustern und Filigrandekor verziert. Bagdad, Iraq Museum

Tributgaben entgegengenommen wurden (Abb. S. 141, 364, 365). Sie sind daher als syrische und phönikische Elfenbeine bezeichnet worden, einige wurden aber auch in Assyrien angefertigt, ja noch weiter im Osten gab es Werkstätten, wie die Funde aus Ziwije bekunden. Ein beliebtes Motiv der phönikischen Elfenbeinschnitzer war die Frau am Fenster, eine Astarte-Erscheinung (Abb. S. 142). Derartige Darstellungen finden sich zum Beispiel als Verzierung an der Kline des Königs Assurbanipal in der Gartenszene aus Ninive (Abb. S. 354/355). Wie man an einigen Beispielen noch erkennen kann, waren die Figuren zusätzlich mit Goldblech überzogen und die Blätter beziehungsweise Blüten von Pflanzen mit bunten Steinen nachgebildet.

Noch reicher sah natürlich der Schmuck aus, für den als teuerstes Material Gold verarbeitet wurde, das wie heute im Orient durch Beimengung von Silber eine sehr helle Farbe hatte. Die bedeutendsten Objekte, zusammen mit Prunkwaffen und reich geschmückten Musikinstrumenten, waren bisher aus dem Königsfriedhof des 3. Jahrtausends v. Chr. in Ur bekannt. Jetzt verfügen wir durch neue irakische Ausgrabungen im südlichen Teil des Nordwestpalastes von Nimrūd auch über entsprechend qualitätvollen Schmuck aus dem 1. Jahrtausend v. Chr. Dort stieß man nämlich auf drei Ziegelgrüfte mit unermeßlich reichen Beigaben, die meisten aus Gold. Dank dem Entgegenkommen des Generaldirektors des Iraq Department of Antiquities and Heritage, Dr. Mu'ayid S. Damerji, ist es möglich, hier einige der schönsten Stücke abbilden zu können (Abb. S. 119). In den Grüften waren Frauen von assyrischen Königen, so von Sargon II. (722–705), beigesetzt, und die Krone, die wertvollste unter den Beigaben, nahm mit den dargestellten Trauben wohl Bezug auf den Vater der Frau, der Mundschenk am Hof Sargons II. war. Mit diesen offenbar hauptsächlich in assyrischen Werkstätten hergestellten Erzeugnissen wird nun auch der hohe Stand des Kunsthandwerks im nördlichen Zweistromland bekundet.

Linke Seite: Ketten mit goldenem Blattwerk aus Gräbern in Ur (ED/FD III) und Achatperlenkette aus Uruk mit in Filigran- und Zellenschmelztechnik verzierten Fassungen (Ur-III-Zeit). Bagdad, Iraq Museum

Oben: In Frühdynastischer Zeit entstand die »Scharlachware«, eine Buntkeramik Ost- und Mittelmesopotamiens, deren Dekor geometrische mit fast abstrakten Tier- und Figurenmotiven verbindet. Bagdad, Iraq Museum

Auf das hohe Niveau der babylonischen Kunstfertigkeit, die bestimmt nicht geringer war als die assyrische, weist ein Zepter aus Onyx hin, das im Marduk-Tempel von Babylon gefunden wurde (Abb. S. 241). Es gehörte wohl ursprünglich zu einer Götterstatue.

Die meisten Geräte und Waffen, die wir kennen, bestehen aus Stein oder Metall und sind deshalb erhalten geblieben. Andere wiederum sind uns aus Darstellungen bekannt, besonders in neuassyrischen Wandreliefs. Eine hohe Kennerschaft im Umgang mit den verschiedenen Materialien und eine exzellente Beherrschung der damaligen Techniken setzte die Anfertigung von Streit- und Jagdwagen voraus, von denen Originale aus dem Vorderen Orient in ägyptischen Gräbern erhalten geblieben sind. Sie waren zweirädrig, hatten einen mehr oder minder hohen Wagenkasten und eine Jochdeichsel für die Anschirrung der Zweier- oder Viererbespannung. Die Pferde gingen damals, wie bei uns heute die Rinder unter dem Joch; die Sieleanschirrung war noch unbekannt.

Als Waffen, die bis in die erste Hälfte des 2. Jahrtausends v. Chr. aus Bronze gearbeitet waren, wurden neben Dolch und Schwert Lanze, Speer und Bogen benutzt, in älterer Zeit auch die Streitaxt. Der relativ kompliziert zu bauende und ebenso schwer zu handhabende Reflexbogen wurde, wie wir heute durch eine Darstellung aus Mari wissen, schon im 3. Jahrtausend v. Chr. eingesetzt, nicht erst im 1. Jahrtausend v. Chr., und zwar von Fußsoldaten und nicht von Reitern. Schilde, Helme und Panzer mit Schuppen oder Ketten dienten dem Schutz des Körpers.

Zu den Geräten sind eine ganze Reihe von Handwerkszeug, aber auch Gewandnadeln und die Fibeln zu rechnen, die die Nadeln um 1200 v. Chr. nach Übernahme dieser »Mode« aus Europa ablösten.

Immer noch Unklarheit herrscht über die Verwendung vieler Luristanbronzen, vor allem der sogenannten Standarten mit stilisierten Tierdarstellungen. Immerhin kennen wir jetzt durch die Untersuchungen von L. Vanden Berghe ihre Herkunft – sie stammen in der Regel aus Gräbern –, und wir wissen besser über ihre Vorläufer aus dem 2. und 3. Jahrtausend v. Chr. Bescheid, während die bekannten, in allen Museen ausgestellten Bronzen vorwiegend erst dem 1. Jahrtausend v. Chr. angehören.

Aus Bronze, Silber und Gold bestanden auch die besseren Gefäße im Alten Orient; einige davon sind durch Inschriften als zum Tafelservice von Königen ausgewiesen (Abb. S. 60). Eine besonders beliebte Form der Spätzeit war die Zungenphiale, meist mit einem Omphalos am Boden (Abb. S. 166). Später kam als Material das Glas hinzu, das als Ersatz für Gold und Lapislazuli um 1500 v. Chr. in Nordmesopotamien erfunden wurde (Abb. S. 212).

Die Hauptmasse der Gefäße stellten aber seit dem späten Neolithikum die aus Ton. Zuerst noch recht primitiv mit der Hand aufgebaut, wurden sie dann seit dem 4. Jahrtausend v. Chr. immer eleganter, da auf der schnell drehenden Drehscheibe hergestellt. Diese ist wohl ebenso wie das Rad, das Rollsiegel und die Schrift in Sumer erfunden oder entwickelt worden.

Das Besondere an den mesopotamischen Gefäßen seit dem 3. Jahrtausend v. Chr., in Babylonien wie in Assyrien, war das grundsätzliche Fehlen von Henkeln und Tüllen. Sie unterscheiden sich dadurch von der zeitgenössischen syrisch-palästinischen und auch von der hethitischen Keramik. Nur in der Frühsumerischen Zeit (um 3000 v. Chr.), bei den Gefäßen der sogenannten Uruk-Keramik, kamen Henkel wie Tüllen vor. Für diese scheinen aber Metallgefäße die Formvorbilder gewesen zu sein, worauf wohl auch ihr farbliches Aussehen, meistens rot glänzend, hinweist. Infolge des Fehlens von Henkeln und Tüllen beziehungsweise Ausgüssen wird man derartige Gefäße anders als solche mit Handhaben und Öffnungen verwendet, vielleicht auch andere Trink- und Eßsitten gehabt haben.

Unter den Tongefäßen gab es ebenfalls bessere und schlechtere. Bei den besseren konnte der Ton sehr dünn geschlemmt, die Außenseite gut abgedichtet und mit Bemalung oder Ritzverzierungen verziert gewesen sein. Nach der Erfindung des Glases verwendete man dann die Glasur als Verzierung und als Abdichtung besserer Gefäße.

Links: Zwei Rücken an Rücken stehende Frauenfiguren aus Elfenbein bildeten den Griff eines Geräts, vielleicht eines Wedels. Aus dem »Verbrannten Palast« in Nimrūd. Bagdad, Iraq Museum

Rechts: Aus einem Brunnen im Nordwestpalast von Nimrūd wurde die 16,8 cm hohe Elfenbeinplatte der »Mona Lisa« geborgen; sie ist syrischer Herkunft. Bagdad, Iraq Museum

Links: Der lebensgroße Basaltkopf aus Ǧabbūl stammt von einem Götterbild oder von der Statue eines vergöttlichten Königs. Die Augen waren eingelegt. Paris, Louvre

Rechts: Löwen- und Sphingenfiguren schmückten den Sockel des großen Tempels von Tell 'Ain Dara im Afrintal, der vermutlich im 10. Jahrhundert v. Chr. erbaut wurde.

Syrien

In der Kunstgeschichte des Vorderen Orients bereitet die Einordnung der bildnerischen und architektonischen Zeugnisse des syrischen Raumes von der Ausbildung der urbanen Kultur (um 3500–3000 v. Chr.) bis zur persischen Eroberung (um 535 v. Chr.) immer noch Probleme. Die Gründe dafür sind teils objektiver, teils zufälliger Art. Zu denen der erstgenannten Art gehört nicht nur die geographische Vielfalt dieses Landes, das von der Mittelmeerküste bis zur syrisch-arabischen Wüste Regionen mit ganz unterschiedlichen ökologischen Bedingungen umfaßt, sondern auch die Tatsache, daß es immer wieder Einflüssen und Eroberungen von seiten der benachbarten Kulturräume ausgesetzt war: Mesopotamien im Osten, Anatolien im Norden, die Ägäis im Westen und Ägypten im Südwesten. Zum anderen haben die archäologischen Forschungen in Syrien erst gegen Ende des 19. Jahrhunderts, ein halbes Jahrhundert später als in Mesopotamien, begonnen und blieben die Ausgrabungen in den historischen Zentren bis in die siebziger Jahre unseres Jahrhunderts sporadisch, zufällig und unvollständig.
In Anbetracht dieser wenig systematischen Erforschung verwundert es nicht, daß es sich bei den zuerst untersuchten Stätten Karkemiš und Guzana um Orte handelt, die ihre Blütezeit am Anfang des 1. Jahrtausends v. Chr. erlebt hatten, während in den wichtigsten Städten des 2. Jahrtausends v. Chr., Byblos, Ugarit, Alalaḫ, erst viel später erfolgreiche Ausgrabungen durchgeführt wurden. In anderen Zentren wie Qaṭna und Qadeš litten die Forschungen unter den unzulänglichen Grabungsmethoden. Die kulturell und politisch bedeutenden Zentren des 3. Jahrtausends v. Chr. sind mit Ausnahme von Tell Brāk erst in letzter Zeit bekannt geworden: Ebla in Innersyrien, Tell Ḫuēra, Tell Lēlān und Tell Mozan in Nordmesopotamien.
Unsere Vorstellung von der Kunstgeschichte Syriens bis zum Beginn der hellenistischen Epoche ist folglich noch zusammenhanglos und bruchstückhaft, ein Umstand, der in besonderer Weise die Beurteilung der Kunst dieses Raumes bestimmte. So wurde bis vor kurzem angenommen, daß die syrischen Zentren des 3. Jahrtausends v. Chr. an der äußersten Peripherie der sumerischen und akkadischen Hochkultur Mesopotamiens lagen. Auch im 2. Jahrtausend v. Chr. habe die Kunst dieses Gebiets fast keine lokalen Eigenheiten entwickelt, sondern sei nacheinander von ägyptischen, babylonischen, mittanischen, hethitischen und wiederum ägyptischen Vorbildern geprägt worden. Im 1. Jahrtausend v. Chr. wiederum soll es lediglich eine zweitrangige und stilistisch arme Kunstproduktion späthethitischer oder provinziell assyrischer Art hervorgebracht haben.
Die jüngsten archäologischen Untersuchungen führten jedoch zu einer grundlegenden Revision dieser Auffassungen. Es steht nun fest, daß die kulturelle Entfaltung des syrischen Raumes den frühurbanen sumerischen Kolonien zu verdanken ist, die in den letzten Jahrhunderten des 4. Jahrtausends v. Chr. zwischen einheimischen chalkolithischen Siedlungen am Oberen Euphrat entstanden sind. Aufgrund der Anregungen durch die urbane Hochkultur Südmesopotamiens kamen um die Mitte des 3. Jahrtausends v. Chr. neue Siedlungen hinzu, aus denen sich die ersten Städte auf syrischem Boden mit einigen Dutzend Hektar Ausdehnung entwickelten. Es lassen sich regionale Unterschiede bei der materiellen Hinterlassenschaft, insbesondere der Keramik, für die Küstenregion, das innersyrische Tafelland, das Euphratgebiet und für die weite nordmesopotamische Ebene feststellen. Eine hochentwickelte, blühende Stadtkultur kennzeichnet das dritte Viertel des 3. Jahrtausends v. Chr., die Zeit der politischen und kulturellen Vorherrschaft Eblas. Seine Bewohner waren frühe Semiten, die sich nicht allzu stark von der übrigen Bevölkerung des »Fruchtbaren Halbmondes« unterschieden haben dürften. Fast überall geriet diese Hochkultur, die man heute als Frühsyrisch bezeichnet, in den letzten Jahrhunderten des 3. Jahrtausends v. Chr. in eine Krise. Ursache

dafür war vielleicht eine regionale klimatische Störung, die zu wirtschaftlichen Schwierigkeiten und sozialen Unruhen führte. Hinzu kamen die Invasionen der großen akkadischen Herrscher.
Die neue Blüte der städtischen Siedlungen am Anfang des 2. Jahrtausends v. Chr. wurde von den semitischen Amurritern getragen, die in Innersyrien zum vorherrschenden Bevölkerungselement wurden, während in Nordmesopotamien starke Gruppen von Hurritern hinzukamen. So entstand die kulturelle Einheit des syropalästinensischen Raumes vom Taurus bis zum Sinai und vom Mittelmeer bis zur Wüste. In dieser Epoche, die als Altsyrisch bezeichnet wird, hatte zuerst Ebla die Vorherrschaft inne, dann Ḫalab/Aleppo, die Hauptstadt des mächtigen Reichs von Yamḫad. Neben Ebla und Aleppo waren Karkemiš, Tuttul, Ugarit, Qaṭna, Byblos und Hazor damals bedeutende Zentren. Um 1600 v. Chr. kam es jedoch zu einer neuen Krise. Von Norden expandierten die Hethiterkönige, von Osten die Mittani und von Süden schließlich die Pharaonen der XVIII. Dynastie. Die amurritischen Fürsten mußten sich unterwerfen. Es begann eine Periode der Kämpfe um die Vorherrschaft zwischen den damaligen Großmächten: dem Mittani-Reich, dem Neuen Reich Ägyptens, dem Hethiterreich und dem Mittelassyrischen Reich. In diese Mittelsyrische Zeit gehören die wichtigsten Funde der Ausgrabungen F. A. Schaeffers in Ugarit, denen wir die ersten und grundlegenden Zeugnisse archaischer phönikischer Schrift verdanken. Auch die deutschen Grabungen in Kamid el-Lōz, dem antiken Kumidi, im Beq'a Tal, die englischen in Alalaḫ in der 'Amuq-Ebene, die französischen in Emar im Euphrattal und wiederum die deutschen im mittelassyrischen Provinzzentrum Dūr Katlimmu in Nordmesopotamien trugen dazu bei, daß ein ausgeglichenes Bild der syrischen Zivilisation in der zweiten Hälfte des 2. Jahrtausends v. Chr. entstehen konnte.
Den Umwälzungen, die durch den Einfall der »Seevölker« um 1200 v. Chr. ausgelöst wurden, folgte die Einwanderung der Aramäer im Oberen Syrien und in Mesopotamien, der Hebräer in Palästina sowie der Ammoniter, Moabiter und Edomiter in Transjordanien. Die damit beginnende Neusyrische Zeit war eine neuerliche Periode kultureller Blüte in den späthethitischen und aramäischen Zentren Syriens und Nordmesopotamiens. Sie profitierten vom phönikischen Handel im Mittelmeer und von der Kontrolle des Warenaustausches mit der Arabischen Halbinsel. Die damalige Glanzzeit von Tyros, Damaskus und Sidon konnte archäologisch noch nicht erforscht werden. Das architektonische und künstlerische Niveau der Neusyrischen Zeit belegen jedoch die monumentalen Überreste aus Karkemiš, Guzana und Sam'al sowie die Erzeugnisse eines Kunsthandwerks von außerordentlicher Qualität, besonders Elfenbein- und Bronzearbeiten. Neben Ḫattina und Hama dürften auch Sidon und Damaskus bedeutende Produktionszentren gewesen sein.

Architektur

Die Architektur im syropalästinensischen Raum bediente sich von den Anfängen der städtischen Kultur bis zur Eroberung durch Alexander den Großen sowohl bei öffentlichen, sakralen und profanen als auch bei privaten Gebäuden einer zweckmäßigen und weitverbreiteten Bauweise, die für Fundamente und Sockel Stein, für aufgehende Mauern meist Lehmziegel verwendete. Die Verfügbarkeit von hochstämmigen Bäumen, insbesondere von Zedern im Libanon, Amanus und Taurus begünstigte die allgemeine Verbreitung von Flachdecken. Allerdings kann nicht ganz ausgeschlossen werden, daß Lehmziegel auch für falsche Gewölbe verwendet worden sind. Diese Bautechnik ist in assyrischen Reliefs des 7. Jahrhunderts v. Chr. gut bezeugt. Sie lebt auch heute noch in den traditionellen Bienenkorbhäusern Innersyriens weiter (Abb. S. 18). Die ältesten syrischen Städte des 3. Jahrtausends v. Chr. waren wahrscheinlich wie die sumerischen Kolonien am Oberen Euphrat von Stadtmauern mit vorspringenden rechteckigen Türmen umgeben. Hierfür hat sich jedoch nur im Mittelmeerhafen Byblos ein ansehnliches Beispiel erhalten, während kleinere städtische Zentren in Palästina, wie Arad, Mauern mit halbkreisförmigen Türmen aufweisen. Monumentale Strukturen kennzeichneten gewiß die Paläste, die Brennpunkte wirtschaftlicher und kultureller Aktivität in der frühen urbanen Kultur. Beispielhaft hierfür und bis heute einzigartig ist der von einer italienischen Expedition ausgegrabene Königspalast von Ebla, der um 2300 v. Chr. durch Sargon von Akkad zerstört worden ist. Die komplexe Anlage umfaßt Gebäude herrschaftlicher und administrativer Art, die nicht nur Repräsentationszwecken genügten, sondern auch der Vorratshaltung dienten. Der Sitz von Igriš-Ḫalam und Irkab-Damu, die durch das Tontafelarchiv als Herrscher von Ebla bezeugt sind, besaß sicherlich eine größere Ausdehnung als die bislang ausgegrabenen 2500 Quadratmeter. Zu Füßen der Akropolis mit ihren Wohnanlagen, Vorratsräumen und Palastwerkstätten lag, von einem Portikus umgeben, ein geräumiger rechteckiger Platz. Dieser sogenannte Audienzhof war in gewisser Weise das Verbindungsglied zwischen der Palastanlage und der Unterstadt. Von hier aus führten eine monumentale Treppenanlage zu den höhergelegenen Vierteln und ein anderer Zugang in das Verwaltungsviertel mit trapezförmigem Grundriß und einem zentralen kleinen Säulenhof. Hier wurden in einem mit Holzregalen ausgestatteten Raum über 15000 Tontafeln des Staatsarchivs gefunden. Im Audienzhof, der von 13 bis 15 Meter hohen Mauern umgeben war, stand in der Mitte der Nordfassade das Podium für den Königsthron. Er war über einen eigenen Zugang in einem Eckturm zu erreichen, dessen Treppe mit Intarsien aus Perlmutt geschmückt war. Ähnlich großartige Palastanlagen dürfte es auch in anderen Zentren Nordostsyriens gegeben haben, aber wahrscheinlich hatte sich im 3. Jahrtausend v. Chr. noch keine einheitliche Bautradition dafür herausgebildet. Im Gegensatz dazu scheint sich in der Sakralarchitektur gerade in Frühsyrischer Zeit ein bestimmter Tempeltypus etabliert zu haben. Es handelt sich um den Langraumtempel mit axialem Eingang auf einer der Schmalseiten und einer Cella mit Nische und Altarsockel an der gegenüberliegenden Seite. Solche Kultbauten, richtige »Gotteshäuser«, standen in der Regel in einem eigenen heiligen Bezirk. Die lange Tradition dieses Tempeltypus, der bereits für die zweite Hälfte des 3. Jahrtausends v. Chr. in Tell Halawa im Euphrattal belegt ist, gipfelt in dem von Salomo im 10. Jahrhundert v. Chr. errichteten Tempel von Jerusalem. Sein Grundriß mit dreiteiliger Gliederung entlang der Längsachse, wie er im 1. Buch der Könige beschrieben wird, stellt eine Erweiterung des ursprünglichen Schemas dar.

Zu Beginn des 2. Jahrtausends v. Chr. übernahmen die großen städtischen Zentren Syriens eine Reihe von urbanistischen und architektonischen Merkmalen, die vom Oberen Euphrat bis nach Südpalästina weitgehend einheitlich sind. Sie besaßen häufig eine innere Befestigung, die die Zitadelle schützte. Während die Zitadelle von Karkemiš exzentrisch am Euphratufer lag, war sie in anderen Fällen, wie in Ebla, zentral gelegen. Die mächtigen Wälle aus gestampfter Erde erhielten an der Basis als Verstärkung eine Steinverblendung, an der Böschung einen Estrich aus Gips und Lehm oder manchmal ein Steinpflaster. Diese Bauweise bot einen effizienten Schutz gegen die Rammböcke, die damals bei Belagerungen eingesetzt wurden.

Für die Toranlagen in der mächtigen äußeren Befestigung ist die ausgeprägte Längsentwicklung kennzeichnend. Drei Stützpfeilerpaare bilden zwei Torkammern. Torbauten dieser Art finden sich in Karkemiš und Qaṭna, in Ebla und Alalaḫ, in Gezer und Bet Šemeš. Die Palastanlagen in den Zitadellen zeigen verschiedene Grundrisse, die in Ostsyrien eine engere Verwandtschaft zur architektonischen Tradition Mesopotamiens aufweisen. Ein Beispiel dafür lieferten die deutschen Ausgrabungen in Tuttul am Zusammenfluß von Baliḫ und Euphrat. Der dortige Palast scheint das Grundrißschema der großartigen Palastanlage des Zimrilim in Mari zu wiederholen. In Zentralsyrien setzte sich stärker die altsyrische Tradition durch. Besonders deutlich ist dies im nördlichen und westlichen Palast von Ebla bezeugt, aber auch in Alalaḫ, Tilmen Höyük und Qaṭna, dort jedoch in monumentalerer Form und mit einigen Abweichungen, besonders in der Konzeption des Audienzviertels, das auch in topographischer Hinsicht den Mittelpunkt der gesamten Anlage bildet.

In der Sakralarchitektur aller großen Städte Nordsyriens wird der Langraumtempel mit Cella und axialem Eingang

Linke Seite: Die Bronzestatuette aus dem Depot des »Obeliskentempels« in Byblos stellt wahrscheinlich einen vergöttlichten Herrscher dar. Beirut, Nationalmuseum

Rechts: Bildnisse vergöttlichter Herrscher wie die Bronzestatuette aus Qaṭna wurden in Kultstätten königlicher Ahnen aufgestellt. Paris, Louvre

zum kanonischen Typus, wie die Tempel von Ebla, Tuttul und Hazor belegen. In den Palästen von Ebla und Alalaḫ erscheint die Variante mit dreiteiliger Gliederung in Vestibül, Vorcella und Cella, die im Tempel Salomos weiterlebt. In Byblos folgte vielleicht das wohl der Göttin Ba'alat geweihte »Bâtiment II« der innersyrischen Tradition, aber sonst wurde eine möglicherweise ältere und für die Küstenregion typische Tradition fortgesetzt. Kennzeichnend dafür ist ein Hof mit zentralem Heiligtum, wie in dem von M. Dunand freigelegten »Obeliskentempel«.

Leider ist das wichtigste Zentrum der klassischen Phase der Altsyrischen Zeit, Ḫalab/Aleppo, wo der mächtige Yarimlim, ein Zeitgenosse Hammurabis, residierte, aufgrund der modernen Überbauung für die Forschung endgültig verloren. Diese Lücke läßt sich nur teilweise durch Entdeckungen in Ebla schließen. Dort wird gerade ein ausgedehnter Sakralbezirk in der Unterstadt freigelegt, der vielleicht der Stadtgöttin geweiht war. Hier stand das größte bisher bekannte Heiligtum des gesamten syropalästinensischen Raumes vor Salomo, Tempel P2 und Monument P3, ein außergewöhnliches, noch rätselhaftes Bauwerk. Bekannt ist vorläufig davon nur eine ausgedehnte Terrasse, wahrscheinlich die Basis für einen Hochtempel, der vielleicht dem Fruchtbarkeitskult geweiht war.

Im Süden kommt der Breitraumtempel häufiger vor. Das älteste Zeugnis hierfür ist der erste der vier nacheinander erbauten »Orthostatentempel« im Areal H von Hazor.

Die Zerstörungen durch die Hethiterkönige in Nordsyrien und durch die Pharaonen in Palästina bewirkten ebensowenig wie die Errichtung der Mittani-Herrschaft im Oberen Mesopotamien eine erkennbare Zäsur in der architektonischen Tradition Syriens. Die lückenhaften archäologischen Untersuchungen erlauben allerdings noch kein endgültiges Urteil. Im Norden, besonders im Euphratgebiet, in Tell Mumbaqat, Emar und Tell Fray, setzt sich die traditionelle längsachsige, eincellige Tempelform fort. Der von einer syroitalienischen Expedition freigelegte Nordtempel von Tell Fray zeigt die ersten Einflüsse assyrischer Tempelbauweise mit einem querliegenden Eingangsraum. Die größten Tempel in Ugarit, die sogenannten Baal- und Dagan-Tempel, zeigen eine typisch mittelsyrische Fassadengestaltung bei einer Langraumanlage altsyrischen Ursprungs. Die Ausgrabungen von R. Hachmann am Tempel von Kumidi im Beq'a-Tal belegen die Entwicklung des für die Küstenregion typischen heiligen Bezirks mit zentralem Heiligtum. In Palästina lebt die nördliche Tradition in den Langraumtempeln von Sichem und Meggido weiter. In Hazor herrscht hingegen der Breitraumtempel vor. In anderen heiligen Bezirken, wie denen von Bet Šan, überwiegt der ägyptische Einfluß.

Auf der Statue des Königs Idrimi ist eine wichtige historische Inschrift angebracht, die berichtet, unter welchen Mühen er nach seiner Vertreibung und dem Exil in Emar am Euphrat die Macht in Alalaḫ zurückgewonnen hat. London, British Museum

Das eindrucksvollste Beispiel mittelsyrischer Palastarchitektur ist der große Königspalast von Ugarit. Die endgültige Gestalt dieser Anlage ist das Ergebnis einer Reihe von Anbauten, die immer wieder auf den kleinen Hof mit zwei Säulen an einer Seite als »kleinste Einheit« zurückgriffen, ein traditionelles Element, das sich bereits im frühsyrischen Ebla findet. C. L. Woolley und J. Margueron haben in Alalaḫ und Emar bescheidenere, aber organische Palastanlagen freigelegt. Dort setzt sich endgültig die Fassade mit Portikus durch, die möglicherweise schon in Altsyrischer Zeit im Westpalast von Ebla vorkommt. Damit kündigt sich der für die Palastarchitektur des frühen 1. Jahrtausends v. Chr. charakteristische Kanon an. Auch in der Privatarchitektur gibt es einen Grundtypus, der während des gesamten 2. Jahrtausends v. Chr. weit verbreitet war. Er besteht aus einem größeren vorderen Raum und zwei kleineren rückwärtigen Räumen, die häufig nebeneinanderliegen. Dieses Grundschema konnte modifiziert auch in die Palastarchitektur sowie in Wohnhäuser mit erweitertem Plan integriert werden. So entstand der Haustyp mit einem allseitig von Räumen umgebenen zentralen Hof, der von der städtischen Aristokratie im gesamten syropalästinensischen Raum übernommen wurde.

Die ägyptischen Quellen schildern eindrucksvoll den verheerenden Einfall der »Seevölker« im östlichen Mittelmeerraum und die Abwehrschlacht Ramses' III. im Delta. Nach der dadurch auch in Syrien ausgelösten Krise kam es allmählich zu einer Wiedergeburt des städtischen Lebens, bei der syrische und hethitische Traditionen miteinander verschmolzen. Damit begann die sogenannte Späthethitische und Aramäische Zeit. Es erscheint jedoch zweckmäßig, sie Neusyrisch zu nennen, um den gewichtigen syrischen Anteil zu betonen. Trotz unterschiedlicher Raumkombinationen weisen die meisten Monumentalanlagen des frühen 1. Jahrtausends v. Chr. ein besonderes Palastschema auf, den sogenannten *ḫilāni*-Typus. Dieser Begriff bezeichnet in den zeitgenössischen assyrischen Quellen eine für Syrien charakteristische architektonische Struktur mit einer Art Loggia. Folgende Elemente sind hierfür kennzeichnend und wesentlich: ein Portikus mit mindestens einer Säule an der Fassade; die Ausdehnung in der Querachse; die Aufteilung der Räume in drei aufeinanderfolgende Reihen; ein großer Raum mit seitlichem Eingang in der zweiten Reihe; die häufige Untergliederung der dritten Reihe in kleinere Räume, in denen vermutlich Vorräte gelagert wurden; die Asymmetrie der Stirnseiten, wobei eine Seite in der Regel mit einer Treppe ausgestattet ist. Die monumentalste Form eines *ḫilāni* zeigt der sogenannte Palasttempel von Guzana, der um die Mitte des 9. Jahrhunderts v. Chr. entstanden sein könnte. Umsetzungen und Neugestaltungen derartiger Anlagen als Randbebauungs eines Platzes finden sich in den Zitadellen von Sam'al/Zincirli und Tell Tayinat.

Merkwürdigerweise kennt man nur wenige Sakralbauten aus Neusyrischer Zeit. Außer dem Tempel von Tell Tayinat, einem dreifach unterteilten Langraum, ist der große Tempel von Tell ʿAin Dara, sicherlich das bedeutendste Kultzentrum des Fürstentums Ḫattina-Unqi, zu nennen. Das von syrischen Ausgräbern unter Leitung von A. Abu Assaf freigelegte Bauwerk ist in mehrfacher Hinsicht außergewöhnlich: wegen seiner Monumentalität, seiner originellen baulichen Struktur und der Pracht seiner Skulpturausstattung. Der hohe Sockel wurde mit Reliefplatten verkleidet, auf denen geflügelte Sphingen in Frontalansicht dargestellt waren (Abb. S. 367). Die Raumfolge bestand aus einem Vestibül mit Portikus, einer Vorcella und einer breitgelagerten Cella. Auf allen Seiten war der Tempel von einer überdachten Galerie mit leider sehr beschädigten Reliefs sowie Löwen- und Sphingenfiguren umgeben. Während sich der Grundriß aus der Altsyrischen Zeit herleitet, ist der Säulengang ein neues Element, das durch die beherrschende Lage des Tempels über dem Afrintal bedingt sein mag. Der vermutlich im 10. Jahrtausend v. Chr. erbaute Tempel von ʿAin Dara kann als nordsyrisches Gegenstück zu dem etwa gleichzeitigen, nicht weniger originellen und prachtvoll ausgestatteten Tempel Salomos gelten, von dem wir wissen, daß er von phönikischem Einfluß geprägt war.

Die Verwüstung der syrischen Städte durch die assyrischen Heere gegen Ende des 8. Jahrhunderts v. Chr., durch die so großartige Bauwerke wie das Hadad-Heiligtum in Damaskus vom Erdboden verschwanden, hatte zur Folge, daß die einheimische Architekturtradition nur in den von den Kriegswirren verschonten phönikischen Küstenstädten bis in die Hellenistische Zeit weiterleben konnte. Lediglich in Heiligtümern wie dem einzigartigen Ešmun-Tempel von Amrit mit seinem in den Felsen eingetieften, von Portiken umgebenen Bassin, in dessen Zentrum ein ägyptisierender Naos steht, und in einigen Bauten aus der Perserzeit im heiligen Bezirk der Baʿalat in Byblos zeigt die spätere syrische Sakralarchitektur noch bodenständige Merkmale.

Rundplastik

Bei der syrischen Großplastik, die hinsichtlich Datierung und Lokalisierung noch viele Fragen offenläßt, lassen sich drei Gattungen unterscheiden: Kultstatuen mit dem Abbild einer Gottheit, Votivstatuen von Persönlichkeiten, die ihr Bildnis den Heiligtümern weihten, und schließlich Grabstatuen zur Erinnerung an die Verstorbenen.

Für die großen Kultstatuen, von denen so gut wie nichts erhalten geblieben ist, dürften wertvolle Materialien wie Gold, Lapislazuli und Steatit verwendet worden sein. Wir kennen jedoch zahlreiche Götterstatuetten aus Bronze, die häufig von hoher Qualität und nicht selten mit Goldfolie verkleidet sind. Sie stammen vermutlich aus kleineren oder ländlichen Heiligtümern und wurden teilweise vielleicht auch als Exvotos deponiert. Votivstatuen wurden in der Regel aus Stein hergestellt, hauptsächlich aus Basalt. Solche mit Königsdarstellungen sind jedoch bislang erst in wenigen Exemplaren bekannt: in hoher Qualität neuerdings aus Ebla und in sehr viel geringerer aus Hazor. Während die Götterstatuetten differenzierte ikonographische Merkmale aufweisen, so daß sich die dargestellten Gottheiten aufgrund der typischen Haltungen und Attribute einwandfrei identifizieren lassen, scheint die Votivplastik einem festen Kanon zu folgen. Er ist bisher lediglich für die Altsyrische und vielleicht für die Neusyrische Zeit belegt, wobei es in der älteren Phase nur zwei Typen gibt: einen männlichen und einen weiblichen. Der männliche stellt in der Regel einen sitzenden König oder Priester dar, mit einem Becher in der Hand, die auf seinem Knie liegt. Der weibliche Typus zeigt eine stehende Königin mit einer Hand an der Brust. In der späteren Phase hingegen scheint das kanonische Darstellungsschema das Majestätische des nun stehenden Herrschers hervorheben zu wollen. Grabstatuen sind nur für die Neusyrische Zeit bezeugt; sie scheinen die typologischen Merkmale der Votivplastik der vorangegangenen Jahrhunderte übernommen zu haben.

Die meisten Götterbilder aus Bronze stellen einen einherschreitenden Gott dar, der in seinem erhobenen Arm einen Stab schwingt. Dieser Typus repräsentiert gewöhnlich den Wettergott Hadad, eine der Hauptgottheiten Nordsyriens, deren berühmtestes Heiligtum in Ḫalab/Aleppo stand. Die mythologischen Texte von Ugarit schildern ihn als einen Gott, der auf den Wolken reitet und mit seinem Stab auf sie einschlägt, um ihnen den im flußlosen Innersyrien für den Ackerbau so wichtigen Regen zu entreißen. Eine der schönsten Bronzestatuetten dieses Gottes, bei der die Goldplattierung von Gesicht und Krone erhalten ist, wurde in Ugarit gefunden und befindet sich heute im Louvre. Eine nicht minder wertvolle Statuette im Los Angeles County Museum hat die gleiche Goldblattauflage. Ihre Haltung entspricht zwar dem syrischen Kanon, aber der Gott trägt den Königsschurz der Pharaonen, ein deutlicher Hinweis auf ägyptische Vorbilder. Ein anderer Statuettentypus, der ebenfalls durch bemerkenswerte Beispiele aus Ugarit bezeugt ist, zeigt eine majestätisch thronende Gottheit mit segnend erhobener Hand. So wurde vor allem der Gott El, der Vater der Götter und ihr Oberhaupt im kanaanäischen Pantheon, wiedergegeben. Stehend und bewaffnet, manchmal auch geflügelt dargestellte Gottheiten verkörpern sicherlich verschiedene Lokalformen der Göttin Ištar, der Astarte in der späteren phönikischen Mythologie. Die wahrscheinlich der hurritischen Ḫepat entsprechende Göttin ʿAnat, Parhedros Hadads im Tempel von Aleppo, wurde wie in der zeitgenössischen Glyptik ebenfalls stehend dargestellt, bekleidet mit einem langen Mantel, dessen unterer Saum umgeschlagen ist. Auf dem Haupt trägt sie eine zylindrische Krone, auf der manchmal ein Vogel sitzt, vielleicht der Archetypus der heiligen Taube der späteren Atargatis.

Von den in Ebla gefundenen Bildwerken aus der Altsyrischen Zeit sind besonders zwei hervorzuheben: zum einen die vollständig erhaltene lebensgroße Basaltstatue eines

Priesters mit entblößtem Haupt, der eine gebogene Waffe an seine Brust drückt, wahrscheinlich ein Symbol seiner Priesterwürde; zum anderen der bewundernswerte Torso eines eblaitischen Herrschers. Ein weiter fransenbesetzter Mantel gehörte zusammen mit der eiförmigen Kopfbedekkung und der Axt zu den Königsinsignien der amurritischen Fürsten Innersyriens. Nur wenig später entstand die berühmte Sitzstatue des Idrimi von Alalaḫ, eines Vasallen der Herrscher von Ḫalab/Aleppo (Abb. S. 370).
Bronzestatuetten vergöttlichter Herrscher wurden in Heiligtümern aufgestellt, die dem Kult der königlichen Ahnen geweiht waren. Ein prachtvoll gestaltetes Bildwerk dieser Art stammt aus Qaṭna in Zentralsyrien (Abb. S. 369). Der thronende König trägt die typische ovale Krone. Vier übereinandergesetzte Hörnerpaare verweisen wie in Mesopotamien auf die Vergöttlichung des Herrschers. In den rätselhaften Votivdepots der Tempel von Byblos wurden Bronzefiguren mit Resten der ursprünglichen Goldblattauflage gefunden, die vermutlich schreitende Könige darstellen (Abb. S. 368).
Zeitlich schwierig einzuordnen sind zwei bemerkenswerte Köpfe aus Basalt. Eines dieser Meisterwerke wurde ohne Kontext in der Nähe des Tempels P2 von Ebla gefunden. Die Haartracht mit seitlichen Lockenbüscheln läßt darauf schließen, daß es sich um ein weibliches Haupt handelt. Es war ursprünglich mit Goldfolie überzogen, wie die Rille rings um das Gesicht zeigt, und stammt vielleicht von einem Kultbild, möglicherweise der großen Gottheit, die im Tempel P2 verehrt wurde. Dies könnte die »Göttin von Ebla« gewesen sein, die ein in Assur gefundener Ritualtext aus Mittelassyrischer Zeit erwähnt. Der andere Kopf stammt aus der Gegend des Ǧabbūl-Sees und stellt einen unbekannten Gott oder einen vergöttlichten Herrscher mit der typischen Hörnerkrone dar (Abb. S. 366). Beide datieren vielleicht in die frühe Phase der Altsyrischen Zeit.
Die Großplastik des 1. Jahrtausends v. Chr. kennzeichnet ein ausgeprägter Sinn für Volumen, der in deutlichem Kontrast zu den feinen plastischen Formen der Altsyrischen Zeit steht. Ihre Frühphase dokumentiert ein bemerkenswertes Standbild, das zufällig in ʻAin et-Tell bei Aleppo gefunden wurde und vermutlich einen der mächtigsten Herrscher des aramäischen Fürstentums Bīt-Agūsi darstellt. Auch Fragmente von Großplastiken der Fürsten von Sam'al, des westlichen Aramäerreiches, gehören in diese Phase. Der Höhepunkt dieser Kunst wurde um 700 v. Chr. erreicht. Wie eigenständig die späthethitisch geprägten Bildhauerwerkstätten Nordsyriens und Anatoliens damals den Einfluß der neusyrischen Kunst verarbeiteten, zeigt die weit überlebensgroße Statue, die L. Dela-

»Stele des Ba'al mit dem Blitz« aus Ugarit. Der Gott, als dessen Sitz der Berg Casius bei Ugarit galt, der kanaanäische Olymp, schwingt mit der Rechten eine Keule und hält in der Linken eine Lanze mit verzweigtem Schaft, der vielleicht auf Blitz und Wachstum anspielt.
Paris, Louvre

Links: Ein Meisterwerk phönikischer Elfenbeinschnitzerei der Mittelsyrischen Zeit ist ein Kopf aus dem Königspalast von Ugarit (Höhe 16 cm). Die Identifikation der bartlosen Person mit weichen Gesichtszügen ist umstritten, aber die hohe Kopfbedeckung mit Resten der Goldauflage läßt darauf schließen, daß es sich um ein Bildnis des Wettergottes handelt. Damaskus, Nationalmuseum

Linke Seite, innen: Das Elfenbeinrelief der »Herrin der Tiere« aus Ugarit weist in Typus und Stil deutlich ägäische Züge auf. Paris, Louvre

Rechte Seite, außen: Möbelzierat aus Nimrūd mit geflügeltem Sphinx, einem der ägyptisierenden Motive phönikischer Elfenbeinreliefs der Neusyrischen Zeit. Bagdad, Iraq Museum

porte in Malatya/Melid entdeckt hat (Abb. S. 128). Die provinziellen Werkstätten der ammonitischen Herrscher in den entlegensten Gegenden des syropalästinensischen Raums brachten um 700 v. Chr. eine Reihe vergleichbarer Königsstatuen hervor. Sie zeigen starken ägyptischen Einfluß, besonders in der Übernahme der Osiriskrone. Die in einem sehr weichen, kreidigen Kalkstein ausgeführten Standbilder wirken teils untersetzt und summarisch, teils schmächtig und unsicher.

Flachbild

Die syrische Flachbildkunst des 3. Jahrtausends v. Chr. dokumentieren bislang nur einige sporadische Funde aus Tell Halawa und zahlreiche Bruchstücke aus dem Königspalast von Ebla, die allesamt um 2300 v. Chr. datieren. Sie zeigen jedoch, daß sich die frühsyrischen Zentren nicht nur bei der Schrift und beim Aufbau der Verwaltung, sondern auch in der bildenden Kunst die frühdynastische Kultur Südmesopotamiens zum Vorbild nahmen. So wurde am Mittleren Euphrat ein Relieffragment mit Kriegsszenen gefunden, das zu einer ähnlichen Triumphstele gehört haben dürfte, wie sie die sumerischen Herrscher in ihren Tempeln aufzustellen pflegten. In Ebla schuf man große Paneele mit Reliefintarsien, deren figürliche Einlagen aus Marmor à jour gearbeitet und auf einer hölzernen Unterlage befestigt waren. Bei diesen Paneelen, die sicher als Wandschmuck dienten, lassen sich zwei Typen unterscheiden. Während bei dem einen Typus einfache figürliche Einlagen auf der Holztafel appliziert wurden, hatte der andere Kompositfiguren aus verschiedenen Materialien. Nackte Körperteile waren als Holzrelief gearbeitet und wahrscheinlich mit Goldfolie überzogen; Gewänder, Kopfbedeckungen und Gürtel bestanden aus entsprechend geformten Kalksteinplättchen, Haar und Bärte aus Lapislazuli oder Steatit. In dieser Technik wurden vorwiegend zeremonielle Szenen mit Reihen von Beamten und Würdenträgern dargestellt, in der anderen mythologische und Kriegsszenen, die in der Art der berühmten »Standarte von Ur« Siege der Herrscher von Ebla verherrlichen. Solche Szenen zeigen eblaitische Krieger, die Feinde töten, Gefangene vorführen oder die abgeschlagenen Köpfe von Gefallenen einsammeln. Aus einer mythologischen Darstellung stammt ein löwenköpfiger Adler, der über zwei Stieren mit menschlichen Köpfen schwebt, vermutlich das Symbol eines lokalen Kriegsgottes, das vom mesopotamischen Kriegsgott Ninurta/Ningirsu übernommen wurde. Einige dieser Figuren sind von herausragender Qualität und müssen ein Wandpaneel von ungewöhnlicher Größe gebildet haben. Sie lassen erkennen, welche künstlerische Reife die Palastwerkstätten von Ebla in einer typischen Kunstgattung des frühdynastischen Mesopotamien erreicht haben. Die Werkstätten der Altsyrischen Zeit wandten sich neuen Gattungen zu und entwickelten dabei auch künstlerische Eigenständigkeit. Es entstanden nun Stelen mit rituellen und mythologischen Szenen, Kultbecken mit entsprechenden Reliefdarstellungen und Stelen mit einem Götterbild. Ein um 1800 v. Chr. geschaffenes Meisterwerk der Basaltstelen des ersten Typs zeigt im oberen Bildfeld die Göttin von Ebla zwischen zwei Stiermenschen. Die mit Flügeln versehene »Ädikula«, in der sie auf einem Stier steht, symbolisiert sowohl den astralen als auch den chthonischen Charakter dieser Fruchtbarkeitsgöttin. Zweigeteilte Kultbecken wurden in allen altsyrischen Tempeln Eblas gefunden. Bei den meisten ist auf der Vorderseite ein kultisches Mahl dargestellt, mit dem König und der Königin oder einer Priesterin als Protagonisten, denen frontal wiedergegebene Schutzgottheiten assistieren. Auch das Becken aus Tempel G auf der Akropolis zeigt ein solches Mahl, bei dem die beiden Hauptfiguren zu seiten eines Opfertisches

mit ungesäuerten Broten und einer Ziegenherde als Fruchtbarkeitssymbolen sitzen. Die Schmalseiten enthalten mythologische Szenen, darunter eine löwenköpfige Gestalt, die Tiere bändigt. Das schwer zu deutende Motiv kehrt später auf Statuenbasen der Neusyrischen Zeit wieder. Die Götterstelen sind am besten durch Beispiele aus Ugarit dokumentiert, die vom Ende der Altsyrischen bis in die letzten Jahre der Mittelsyrischen Zeit reichen. Diese Denkmälergattung der syrischen Kunst lebte bis zum Ende der Perserzeit weiter. In diese Tradition gehören späthethitische Stelen des Wettergottes, aramäische Stelen wie jene, die wahrscheinlich ein Herrscher von Damaskus zu Ehren des Melqart von Tyros in der Nähe von Aleppo errichtet hat, und die in Amrit gefundene Stele für Šadrafa, eine Erscheinungsform des Heilgottes Ešmun. Vielleicht um 1600 v. Chr. zu datieren ist die berühmte »Stele das Ba'al mit dem Blitz« aus Ugarit (Abb. S. 373).

Von der phönikischen Kunst des 1. Jahrtausends v. Chr., deren Schöpfungen, vor allem im Kunsthandwerk, von den Griechen bewundert wurden und großen Einfluß auf ihre archaische Kunst hatten, ist so gut wie nichts erhalten, da Ausgrabungen in den phönikischen Zentren Tyros, Sidon und Arwad nicht möglich sind. Um so wertvoller ist ein außergewöhnlicher Sarkophag aus einem Königsgrab von Byblos. Der darin bestattete König dieser Stadt hat wahrscheinlich um 1000 v. Chr. gelebt. Ägyptischer Einfluß ist unverkennbar, aber ebenso deutlich mit Eigenem verschmolzen. Der Sarg ruht auf kauernden Löwen. Eine der Langseiten zeigt einen Zug von Betenden und Klageweibern vor dem König, der auf einem von geflügelten Sphingen getragenen Thron vor einem Opfertisch sitzt. Ganz unägyptisch wirken die Figuren auf dem Deckel.

In die Neusyrische Zeit fällt die Kunstblüte in den späthethitischen und aramäischen Fürstentümern Nordsyriens und Südanatoliens. In einigen der nordsyrischen Zentren mit langer Tradition, wie Karkemiš, waren mindestens vom Anfang des 9. bis zum Ende des 8. Jahrhunderts v. Chr. Werkstätten von hohem künstlerischen Niveau tätig, deren umfangreiche Produktion mythologische Motive altsyrischer und mittanischer Herkunft mit dem Erbe der hethitischen Großreichszeit verschmolz. Die Kunst des weiter östlich gelegenen Guzana, der auf dem prähistorischen Tell Ḥalaf gegründeten Hauptstadt des aramäischen Fürstentums Bīt-Baḫiāni, ist formal weniger ausgereift. Ihre ausgeprägte Linearität hebt sich deutlich ab von dem Sinn für plastisches Volumen, der den Bildhauern von Karkemiš eigen war. Im Verlauf des 8. Jahrhunderts v. Chr. kam es dann zu einer stärkeren Annäherung im Schaffen der Bildhauerschulen von Guzana, Sama'al, Karatepe und von Zentren geringerer Bedeutung in der Gegend von Aleppo. Dort entstanden zwei bemerkenswerte Grabstelen mit der Darstellung eines Totenmahls, ein typisches Thema der damaligen aramäischen Kunst, die sich an der neuassyrischen Reliefkunst orientierte.

Deren Einfluß tritt besonders deutlich in Til Barsip am Euphrat und in Sama'al im Amanusgebiet zutage.
Von der Kunst Inner- und Südsyriens ist nur sehr wenig erhalten. Die Funde der dänischen Ausgrabung in der Zitadelle des antiken Hamath weisen jedoch darauf hin, daß sie sicher durch einheitliche Stilelemente mit der Kunst von Tyros und Sidon an der Küste und vielleicht auch von Samaria und Jerusalem in Palästina verbunden war.

Kunsthandwerk

Die Erzeugnisse des syrischen Kunsthandwerks waren im Altertum weithin berühmt und hochgeschätzt: Vom luxuriösen Pharaonenhof des Neuen Reiches in Theben und den gigantischen Palästen der Assyrerkönige in Kalḫu und Ninive bis zu den archaischen Heiligtümern der griechischen Welt ist durch reiche Funde dokumentiert, wie sehr die erlesenen Schöpfungen amurritischer, kanaanäischer, aramäischer und phönikischer Werkstätten von weltlichen wie geistlichen Würdenträgern begehrt waren. Auch schriftliche Zeugnisse fehlen nicht, angefangen von den trockenen Inventaren aus dem Heiligtum der Göttin Ninegal von Qaṭna, die zeigen, welche Menge an Kostbarkeiten in den Schatzhäusern großer mittelsyrischer Tempel angehäuft war, bis hin zu den langen Aufzählungen wertvoller Gegenstände in der nur wenig späteren königlichen Korrespondenz von Amarna. Die neuassyrischen Herrscher ließen die reiche Beute an hochwertigen Elfenbein-, Bronze- und Goldarbeiten, die sie von ihren Feldzügen mitbrachten, akribisch in ihren Annalen und Prunkschriften verzeichnen. Und aus der Bibel erfahren wir, daß Meister aus Tyros und Sidon die Ausstattung des Tempels von Jerusalem und der Paläste von Samaria geschaffen haben.
Die frühesten Zeugnisse des syrischen Kunsthandwerks sind um 2300 v. Chr. entstandene figürliche Holzintarsien aus dem Königspalast von Ebla, die Bestandteile eines Throns und eines Tisches sowie anderer Möbel waren. Zu diesen à jour gearbeiteten Intarsien gehören Darstellungen eines frontal wiedergegebenen Königs mit der typischen turbanartigen Kopfbedeckung und einer Zeremonialaxt, zweier im Zweikampf gefallener Krieger, eines Mädchens im Zottenrock und Fragmente mythologischer Figuren. Besonders bemerkenswert sind jedoch Tierszenen, etwa ein Löwe, der eine Ziege angefallen hat und ihr den Hals zerfleischt.
Diese Meisterwerke der Holzschnitzerei, deren Ausarbeitung trotz des verkohlten Zustands gut erhalten ist, kündigen bereits die exquisite Machart der berühmtesten Erzeugnisse des syrischen Kunsthandwerks an: der Elfenbeinschnitzereien. Auch davon hat Ebla die frühesten Beispiele geliefert. Im Nordpalast wurden Elfenbeinblättchen mit Schnitzereien in agyptischem Stil gefunden, die vermutlich einen Thron oder ein Bett geschmückt haben und sicher um 1750 v. Chr. entstanden sind. Die Köpfe mit der Osiriskrone waren wohl Teil eines Figurenfrieses mit vergöttlichten Königen, der die Lehne eines beim königlichen Zeremoniell verwendeten Möbels zierte.
Obwohl auch in Alalaḫ und Kumidi Elfenbeinarbeiten gefunden worden sind, meistens Gerätezierat, dürfte doch Ugarit eines der führenden Produktionszentren der Mittelsyrischen Zeit gewesen sein. Dieser Mittelmeerhafen war ein bedeutender Umschlagplatz von Waren aus Ägypten, der Ägäis und Anatolien, die den einheimischen Werkstätten vielerlei Anregungen boten. So wurde im Hafenviertel ein schönes Elfenbeinrelief mit der Herrin der Tiere entdeckt, das in Typus und Stil unzweifelhaft ägäische Merkmale aufweist (Abb. S. 375). Derselben Zeit, dem 13. Jahrhundert v. Chr., gehören verschiedene Elfenbeinarbeiten sicher einheimischer Provenienz an; sie reichen von einem Hochrelief mit weiblichen Figuren in üppigen Formen bis zu durchbrochenen Intarsien, mit denen ein runder Tisch dekoriert war. Das Meisterwerk der ugaritischen Elfenbeinschnitzer ist jedoch ein vollplastischer Kopf (Abb. S. 374). Im Palastbezirk der Stadt Megiddo in Palästina wurde die umfangreichste Gruppe von Elfenbeinarbeiten aus den letzten Jahren der Mittelsyrischen Zeit gefunden. Allerdings ist sie stilistisch uneinheitlich: Neben Werken sicher lokaler Provenienz mit besonderen Merkmalen auch technischer Art stehen stark ägäisch beeinflußte Arbeiten sowie ein bedeutendes Relief, dessen Stil und Ikonographie anatolisch sind.
Ihren Zenit erreicht die aramäische und phönikische Elfenbeinschnitzerei im 9. und 8. Jahrhundert v. Chr. Da die syrischen Erzeugnisse jedoch fast immer an Orten entdeckt worden sind, an die sie als Tribut oder Beutegut gelangt waren, lassen sie sich nur schwer bestimmten Werkstätten zuordnen. Das gilt vor allem für die vielen Elfenbeinarbeiten aus den assyrischen Palästen von Nimrūd, Ḫorsābād und Arslan Taš. Bei den in Samaria gefundenen ist jedoch anzunehmen, daß sie von phönikischen Schnitzern im Auftrag der Könige von Israel angefertigt wurden. Die wichtigsten syrischen Produktionsstätten sind zweifellos in die nördlichen Fürstentümer Bīt-Baḫiāni, Bīt-Agūši und Unqi zu lokalisieren, während weiter südlich, sei es in Hama, sei es in Damaskus, mit Sicherheit Werkstätten tätig waren, die sich auf die Herstellung von Mobiliar sowie von Schreinen und Pyxiden spezialisiert hatten. In Phönikien dürften Tyros und Sidon auf diesem Gebiet die führende Rolle gespielt haben. Außer den stilistischen Eigenheiten, die man vereinfachend als ägyptisierende Manier der phönikischen Werkstätten bezeichnen kann, weisen die in der Küstenregion entstandenen Arbeiten auch technische Besonderheiten auf. An erster Stelle ist hier die Inkrustation von Elfenbeinplatten in Cloisonné-Technik zu nennen. Die außergewöhnliche Qualität dieser Elfenbeinintarsien, die vor allem in Nimrūd zu Tausenden in einem oft noch sehr guten Erhaltungszustand entdeckt wurden, macht das Renommee dieser phönikischen Produkte verständlich. Zu den erlesensten Arbeiten zählen Plaketten mit ägyptischen Motiven wie geflügelten Sphin-

Die 40 cm lange Dolchschneide aus der Altsyrischen Zeit wurde zusammen mit einem goldenen Zeremonialdolch im »Obelisken-tempel« von Byblos gefunden. Das getriebene Goldblech zeigt einen Hirten auf einem Esel, eine Ziege, einen Löwen und einen Affen, die zwei kniende Männer zu bändigen suchen, sowie einen Schakal und einen Fisch.
Beirut, Nationalmuseum

gen, Horus als Knabe unter Papyrusstauden, graziöse geflügelte Schutzgöttinnen, weidende Rinder und Ziegen (Abb. S. 142, 375). In solchen Arbeiten ist eine kaum zu übertreffende formale Reife erreicht, sowohl in der klassischen Harmonie der Konturen als auch in der ausgewogenen Modellierung. Weit entfernt von dem Preziösen, das die ägyptisierenden Werkstätten Phönikiens in der Komposition wie in der fast manieristischen Ausführung suchten, ist der sehr viel kraftvollere Stil der besten aramäischen Arbeiten. Herausragende Beispiele hierfür sind die im Palast Salmanassars III. in Nimrūd gefundenen Paneele von Bettgestellen (Abb. S. 143). Sie stammen vermutlich aus den königlichen Werkstätten von Ḫattina-Unqi.

Berühmt war das syrische Kunsthandwerk auch für seine getriebenen Metallgefäße. Die ältesten Beispiele aus Gold wurden in Ugarit gefunden und datieren um 1300 v. Chr. Der Boden einer Schale ist innen mit einer Jagdszene geschmückt, deren Komposition mit bemerkenswertem Geschick die Rundform ausnutzt. Die Tiere bewegen sich im fliegenden Galopp, ein Darstellungsschema ägäischen Ursprungs. Solche wertvollen Gefäße waren bevorzugte Präsente beim Geschenkaustausch zwischen den Höfen der Mittelsyrischen Zeit. Herstellung und Handel unterlagen sicher einem königlichen Monopol.

Eine weitere Gattung der Kleinkunst, in der die Werkstätten der syrischen Zentren Hervorragendes leisteten, war die Glyptik. Bei den Rollsiegeln der Frühsyrischen Zeit lassen sich zwei Gruppen unterscheiden: eine Siegelproduktion provinzieller Art und für den Palastgebrauch in Ebla um 2300 v. Chr. hergestellte Rollsiegel, die Motive des frühdynastischen Mesopotamien mit eigenen Erfindungen und Kombinationen anreicherten. Ein breites ikonographisches Repertoire, kunstvolle Kompositionen und brillante Formgebung kennzeichnen die Siegelbilder einer Reihe von Werkstätten, die in den nordsyrischen Zentren Karkemiš, Aleppo, Ebla, Ugarit und Qaṭna zwischen 1850 und 1600 v. Chr. tätig waren. Wir verdanken ihnen wahre Meisterwerke der Glyptik. Der sie auszeichnende Sinn für plastische Formen von klassischer Vollkommenheit weicht in späteren Werken einer Neigung zu manieristischer Übertreibung. Das Hauptmotiv auf diesen Siegeln ist meist eine kultische oder rituelle Szene mit einem Herrscher und Gottheiten, vor allem Hadad und seine Gemahlin sowie eine nackte oder sich entblößende Göttin. Ein üblicherweise in zwei Register gegliederter schmaler Abschnitt des Zylinders war einer dreiteiligen Komposition vorbehalten, die ebenso wie die der Hauptszene immer wieder variiert wurde.

In den folgenden Jahrhunderten setzten sich Rollsiegel durch, deren Ausführung viel weniger sorgfältig war. Anstelle von Hämatit und Steatit trat bei den Siegeln des sogenannten mittanischen Stils Glaspaste. Diese in weiten Teilen des syropalästinensischen Raums verbreitete volkstümliche Siegelproduktion war weit entfernt vom formalen und ikonographischen Raffinement der königlichen Glyptik der Mittani im Oberen Mesopotamien.

Seit Beginn des 1. Jahrtausends v. Chr. ging der Gebrauch von Rollsiegeln immer mehr zurück. Das hing damit zusammen, daß die Tontafeln im gesamten syrischen Raum durch neue Schreibmaterialien verdrängt wurden. Aramäische und phönikische Texte wurden nun vor allem auf Papyrus geschrieben. Für die Siegelung von Papyrusurkunden setzte sich das Stempelsiegel durch, und zwar in der uralten ägyptischen Form des Skarabäus. Dessen kleine ovale Stempelfläche verlangte eine Anpassung der Bildmotive, die jedoch für die syrischen Stempelschneider kein Problem war. Vor allem in den phönikischen Zentren, in geringerem Maß auch in Innersyrien, schufen sie noch einmal Werke von großer Feinheit. Die Verbreitung phönikischer Skarabäen im Mittelmeerraum und die Anregungen, die sie griechischen und etruskischen Werkstätten boten, trugen dazu bei, daß dem Westen Rudimente der altorientalischen Bildwelt vermittelt wurden.

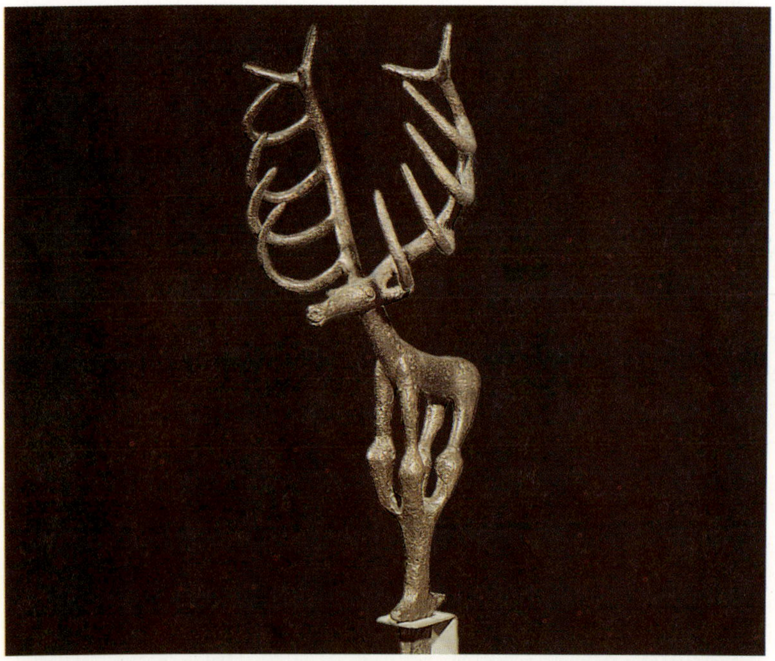

Anatolien

Anatolien besteht aus fünf geographischen und klimatischen Zonen, die weitgehend in sich geschlossene Gebiete bilden und nur durch vereinzelte Gebirgspassagen, die meistens Flußtälern folgen, miteinander verbunden sind. Im Westen befindet sich das reich gegliederte ägäische Küstengebiet, das von den Dardanellen im Norden bis nach Karien im Süden reicht. Dieses vom Mittelmeerklima beherrschte Küstengebiet erstreckt sich rund 100 Kilometer landeinwärts, wo es durch eine Gebirgskette von der Zentralanatolischen Hochebene getrennt wird. Zwei Flüsse, Mäander (Büyük Menderes) und Hermos (Gediz), die im Gebirge am Rand der Hochebene entspringen und in die Ägäis münden, bilden durch ihre Täler Verkehrswege zwischen der Küste und Zentralanatolien. Das Kerngebiet Anatoliens ist eine Hochebene, die im Norden durch das Pontische Gebirge und im Süden durch das gewaltige rauhe Taurusgebirge begrenzt wird. Im südlichen Teil der kaum bewohnbaren, baumlosen, öden Hochebene befindet sich ein großer Salzsee (Tuz Gölü). Die Tauruskette zieht sich an der Südküste Anatoliens entlang und fällt scharf zum Meer ab. Im Südosten, wo sich die berühmte Kilikische Pforte befindet, liegt am Südhang des Taurus die weite, fruchtbare Kilikische Ebene. Das Pontische Gebirge am Schwarzen Meer erhebt sich nicht so hoch wie das Taurusgebirge und stellt keine Barriere dar. Seine Hänge sind reich bewaldet, und es hat große Erzvorkommen. Der Osten Anatoliens ist gekennzeichnet durch die mächtigen Gebirgsketten des östlichen Pontischen Gebirges, des Antitaurus und des Zagros. Nur in den tiefen Tälern und um den großen Vansee boten sich Siedlungsmöglichkeiten.
Die geschilderten geographischen Gegebenheiten prägten auch die kunstgeschichtliche Entwicklung Anatoliens. Nur einmal in dem hier zu behandelnen Zeitraum vom 3. Jahrtausend bis um 700 v. Chr. kam es zur Bildung einer überregionalen, einheitlichen Kunst, nämlich zur Zeit des Hethitischen Reiches.

Frühe Bronzezeit

Eine Darstellung der Kultur des westlichen Küstengebiets Anatoliens im 3. Jahrtausend v. Chr. ist in erster Linie eine Beschreibung der Funde und Befunde aus den Ausgrabungen in der sagenumwobenen Stadt Troja (Hissarlık). Das liegt nicht nur daran, daß kein anderer Ort Westanatoliens so genau erforscht ist und uns so exakt publiziert vorliegt,

Die mit einer fußförmigen Basis versehenen Hirsche und Stiere stammen alle aus dem sehr reichen Beigabenrepertoire der Gräber von Alaça Höyük. Die großen, oft über 50 cm hohen Bronzeplastiken sind Abstraktionen ihres jeweiligen Vorbilds. Die Identifikation macht jedoch keine Schwierigkeiten, denn die typischen Merkmale der Tiere wurden übergroß dargestellt (Geweih, Gehörn) beziehungsweise durch Inkrustration von Gold oder Silber dekorativ überhöht (Fellzeichnung).
Ankara, Archäologisches Museum

sondern ist auch dadurch begründet, daß die Kultur dieses Bereichs, abgesehen von einigen wenigen lokalen Kunstgegenständen, vor allem den Töpfereierzeugnissen, damals weitgehend von Troja geprägt wurde.
Die Ruinen von Troja/Hissarlık befinden sich in der Nordwestecke Anatoliens, sechs Kilometer landeinwärts, dort, wo die Dardanellen in das Ägäische Meer einmünden. Die Ausgrabungen haben ergeben, daß während des 3. Jahrtausends v. Chr. fünf Städte an diesem Ort übereinander gebaut waren. Schon die erste Stadt, die auf dem gewachsenen Boden gegründet wurde, war mit einer Befestigungsmauer umgeben. Mehrere von Osten nach Westen gerichtete Bauten zeigen bereits die Urform der monumentalen Gebäude, denen wir in der zweiten Stadt begegnen. Alle sind freistehend und haben einen langgestreckten rechteckigen Grundriß. Die Gefäße aus der ersten Stadt wurden noch mit der Hand aufgebaut und mit verschiedenen eingeritzten Mustern, zum Teil durch weiße Farbe hervorgehoben, verziert. Charakteristisch sind auch die Darstellungen menschlicher Antlitze am Rand von Schalen. Das Bruchstück einer mit Reliefs versehenen Stele bezeugt, daß schon am Anfang des 3. Jahrtausends v. Chr. in Nordwestanatolien der Versuch unternommen wurde, Großplastiken zu schaffen. Dargestellt ist ein menschliches Antlitz in Herzform. Die Nase besteht aus einer breiten, flachen Masse, die Augen sind leicht eingetieft, und die Haare fallen zu beiden Seiten des Kopfes herab. Löcher deuten darauf hin, daß noch anderes Material, vielleicht Metall, verwendet wurde. Links vom Gesicht ist eine schräg verlaufende schmale Erhebung zu erkennen, wahrscheinlich eine Lanze oder Keule. Obwohl das Relief noch relativ unbeholfen und flach ausgearbeitet ist, stellt diese Stele das früheste und bisher einzige Beispiel einer Großplastik am Anfang des 3. Jahrtausends v. Chr. in Anatolien dar.
Die zweite Stadt in Troja wurde direkt auf der letzten Bauphase der ersten errichtet. In dieser Stadt fand H. Schliemann den weltberühmten »Schatz des Priamos«. Die bedeutendste ihrer sieben Bauphasen ist II c mit den monumentalen »Megaron«-Bauten. In der Mitte der Zitadelle befand sich der »Megaron« IIA, ein freistehender Bau mit einer 10,20 Meter breiten und fast ebenso tiefen Vorhalle und einem Hauptraum von fast 20 Meter Länge. Die vordere Seite der Vorhalle war offen, und eine vier Meter breite Tür in der hinteren Mauer führte in den Hauptraum, dessen Mitte, auf einem Fußboden aus gestampftem Lehm, ein großer Herd von vier Meter Durchmesser einnahm. Dieser »Megaron« war gewiß überdacht, ob aber mit einem Flach- oder Giebeldach, ist noch umstritten. Er hatte bestimmt eine besondere Funktion und diente vielleicht als Sitz des »Fürsten« von Troja. Eine vier Meter starke Befestigungsmauer, deren Unterbau noch drei Meter hoch erhalten war, umgab die Zitadelle der zweiten Stadt. Im Westen und Süden befanden sich zwei mächtige Toranlagen, jede mit drei Kammern an der Innenseite der Mauer.

Linke Seite und oben: Die Befestigungsmauer von Troja VI ist in einer Länge von fast 90 m und bis zu 6 m Höhe erhalten geblieben.

Folgende Doppelseite: Luftbild der Ausgrabungen von Troja. Der Ruinenhügel von Hisarlık enthält neun Hauptsiedlungsschichten.

Direkt neben dem westlichen Tor stieß Schliemann auf einen seiner »Schatzfunde« mit unzähligen Gegenständen aus Bronze, Silber und Gold. Besonders bemerkenswert ist ein goldenes Diadem, das als Stirn- oder Brustschmuck diente. An einer 30 Zentimeter langen horizontalen Kette hängen 90 weitere Ketten, an denen schuppenförmige Blättchen aufgereiht sind. Je acht rechts und links messen 37 Zentimeter und haben idolförmige Anhänger. Dazwischen befinden sich 74 kürzere Ketten von zehn Zentimeter Länge, an deren Enden zweizackige blattförmige Gebilde befestigt sind. Die idolförmigen Anhänger wurden aus dünnem Goldblech ausgeschnitten und durch eingeschlagene Punktreihen sowie kleine getriebene Bossen verziert. Die Ketten bestehen aus ineinandergesteckten Ringen aus feinem vierkantigen Golddraht, der wahrscheinlich gehämmert ist. Schliemann zählte 12 271 Kettenringe und 4 066 Blätter. Eine ähnliche Kunstfertigkeit zeigen korbförmige Ohrringe. Bei einem Beispiel besteht das Körbchen aus 16 aneinandergelöteten Golddrähten mit einem mittleren stabförmigen Glied, an dem der Haken angelötet ist. Auf das obere querlaufende Ornamentband ist eine Reihe von goldenen Kügelchen aufgesetzt. Vom unteren Querband, das unverziert blieb, hängen sechs Ketten herab. Diese bestehen aus aufgezogenen vierkantigen Röhrchen und vierkantigen Ringen. An jeder Kette hängt ein idolförmiger Anhänger, der von einer Rosette umgeben und mit einem Punktkreis verziert ist. Neben dem Schmuck enthielten die »Schatzfunde« auch eine Anzahl von silbernen, goldenen und bronzenen Gefäßen. Die oben beschriebenen Schmuckstücke befanden sich in einem becherförmigen Gefäß aus getriebenem Silber mit kugelförmigem Bauch und einem abgesetzten weiten Hals. Zwei große geschwungene Henkel sind an Schulter und Bauch angenietet. Dieses Gefäß wurde sicherlich als Trinkbecher benutzt. Für die Töpferei war die Einführung der Drehscheibe von entscheidender Bedeutung. Daß die Toreutik große Auswirkungen auf die Formen der Keramik gehabt hat, zeigen Gefäße mit der gleichen Form wie das eben erwähnte Silbergefäß. Die charakterischste Gefäßform in der zweiten Stadt war wohl das *depas amphikypellon.* Es handelt sich um Trinkbecher mit einem schmalen, zylindrisch geformten Körper und leicht ausladendem Rand. Zwei große Rundhenkel sind unmittelbar unter dem Rand und am Unterteil des Körpers angesetzt. Diese Trinkgefäße haben keine Standfläche und mußten daher entweder in einem Zug geleert oder herumgereicht werden. Bei den Ausgrabungen in Troja kam kein *depas amphikypellon* zutage, aber das British Museum besitzt ein Beispiel aus Silber, das angeblich aus der Gegend von Troja stammt.

Die zweite Stadt in Troja ist durch ein gewaltiges Feuer zugrunde gegangen, das allem Anschein nach durch einen Angriff von außen verursacht wurde; darauf weist zum Beispiel das Verbergen der wertvollen Metallgegenstände hin. Trotzdem ist das Kulturgut der dritten, vierten und fünften Stadt in Troja, die alle noch in das 3. Jahrtausend v. Chr. zu datieren sind, identisch mit dem aus den ersten beiden Städten, mit dem Unterschied allerdings, daß Troja jetzt, wie Schliemann schreibt, ein »dörfliches Aussehen« hat. Das Ende der fünften Stadt in Troja ist archäologisch nicht zu bestimmen. Es gibt keinerlei Anzeichen für eine Zerstörung, aber die darauffolgende sechste Stadt und ihr Kulturgut werden von einer ganz anderen Kunstrichtung geprägt und gehören bereits dem 2. Jahrtausend an.

Die Kunst Zentralanatoliens während der Frühen Bronzezeit ist am besten durch die Funde der türkischen Ausgrabungen in Alaça Höyük und Horoztepe dokumentiert. Beide Orte liegen am Nordostrand Zentralanatoliens, in den Flußtälern des Halys, Iris und Lykos. Diese mit Wäldern bedeckte Landschaft am Südhang des Pontischen Gebirges ist reich an Erzvorkommen jeder Art: Gold, Silber, Bronze und damals vielleicht auch Zinn. Falls die späteren sagenhaften Berichte über Kriegszüge der Könige von Akkad nach Anatolien einen historischen Kern besitzen, so sicherlich den, daß Sargon und Narāmsîn dieses Gebiet wegen seiner reichen Bodenschätze erobern wollten.

In Alaça Höyük sind in den dreißiger Jahren durch türkische Archäologen Gräber erforscht worden, deren Befunde und Beigaben eine besonders hoch entwickelte Kultur mit einem Kunststil eigener Prägung erkennen lassen. Im Gegensatz zu Westanatolien wurden die Verstorbenen in Zentralanatolien nicht außerhalb, sondern in den Siedlungen bestattet. In Alaça Höyük sind 13 in Form und Ausstattung ähnliche Gräber freigelegt worden. Die nicht sehr tiefen viereckigen Schachtgräber waren mit horizontal liegenden Holzbalken abgedeckt, auf denen eine Erdschicht lag. Auf den Holzbalken fand man Teile von Rinderskeletten, und zwar nur Schädel, Vorder- und Hinterfüße. Die paarweise deponierten Rinderschädel und -füße deuten auf einen bestimmten Opferkult hin. Gewiß nahmen die Bestatteten – es handelt sich um einen Mann und eine Frau – eine bedeutende Stellung in der Gesellschaft ein. Neben den Resten von Rinderskeletten lagen auf den Holzbalken Metallgegenstände, die als Aufsätze gedient haben müssen. Bei den Hinterfüßen befanden sich jeweils Tierfiguren (Abb. S. 378, 379) und bei den Schädeln mehrere scheibenförmige Aufsätze (Abb. S. 386, 387).

Was war der ursprüngliche Zweck dieser Scheiben und Tierfiguren, und welche symbolische Bedeutung besaßen sie? Nach ihrer Entdeckung nahmen einige Forscher an, daß es sich um Bekrönungen von Baldachinen oder Aufsätze von Standarten gehandelt habe. In den letzten Jahren wurden jedoch gewichtige Argumente dafür vorgebracht, daß sie als Aufsätze an Wagen gedient haben. Auch die Fundlage spricht zugunsten dieser Interpretation. Die

Scheiben, die neben den Schädeln gefunden wurden, wären demnach Deichselaufsätze gewesen, die jeweils in der Mitte des Jochs zwischen den Zugtieren befestigt waren, und die vollplastischen Tierfiguren, die hinter den Hinterfüßen lagen, Zierat am Wagenkasten. Die Reste von Rinderskeletten sind dann Überbleibsel der rituellen Opferung der Zugtiere. Gegen diese Deutung der Scheiben und Tierfiguren als Wagenschmuck läßt sich einwenden, daß in den Gräbern keine Wagenreste gefunden wurden, obwohl die Holzabdeckung noch vorhanden war. Es könnte aber sein, daß in Zentralanatolien der Wagen selbst, im Gegensatz zu den Wagenbestattungen in Mesopotamien und Transkaukasien, bei den Ritualen keine Rolle spielte, da die symbolische Kraft in den Scheiben- und Tierfigurenaufsätzen lag, die den Wagen schmückten und die Würde der Insassen für alle erkennbar machten. Was die symbolische Bedeutung der Aufsätze angeht, so liegt ihnen wohl eine Vorstellung von Himmel, Himmelslicht und der Natur zugrunde, die in abstrakte Gebilde von äußerster Symbolkraft eingegangen ist, wie K. Bittel es formuliert hat. Es darf in diesem Zusammenhang auch darauf hingewiesen werden, daß im Kult der Hethiter im 2. Jahrtausend v. Chr. der Wettergott, die Sonnengöttin und der Schutzgott der Jagd und Flur einen besonderen Platz einnahmen.
Unter den Holzbalken befand sich das eigentliche Grab. Hier fand man nur individuelle Beigaben, denen – obwohl aus Silber, Gold und Bronze – nur selten magische Bedeutung beizumessen ist. Um die Bestatteten lagen Schmuck, Waffen und Gefäße, darunter viele aus Gold, die teilweise mit Rillendekor oder Kanneluren versehen sind (Abb. S. 84). Diese Verzierung verteilt die Nuancen von Licht und Schatten auf der Oberfläche und hebt den Glanz des Goldes hervor. In einem Grab wurde ein goldenes Diadem mit durchbrochenem Gittermuster gefunden, das dem einer Scheibe ähnelt. Aus dem Gräberfeld bei Horoztepe stammt ein Sistrum aus Bronze, dessen hufeisenförmiger Bügel an den Seiten mit Hörnerpaaren und an den Enden mit Knospen verziert ist; die obere Querstange trägt einen Vogel.
Daß es bei den Funden aus den Gräbern von Alaça Höyük und Horoztepe stilistische Unterschiede gibt, verdeutlichen die anthropomorphen Statuetten aus Bronze. Bei einem Beispiel aus Alaça Höyük (Abb. linke Seite) sind zwar die Füße in naturalistischer Weise wiedergegeben, aber Körper und Kopf bilden nur eine flache idolförmige Gestalt. Hingegen läßt die weibliche Figur aus Horoztepe (Abb. rechts) das Bestreben erkennen, eine menschliche Figur naturgetreu darzustellen. Die Frau hält an ihrer Brust

Die beiden weiblichen Bronzefiguren aus dem ausgehenden 3. Jahrtausend v. Chr. weisen große stilistische Unterschiede auf. Die stark korrodierte Statuette aus einem Grab in Alaça Höyük (linke Seite) ist noch idolhaft flach und wirkt vor allem durch den bewegten Kontur mit den kräftig ausschwingenden Hüften. Die mit 20 cm Höhe etwa doppelt so große Figur einer »Mutter mit Säugling« aus Horoztepe erscheint dagegen vergleichsweise rundplastisch geformt und »naturalistisch«.
Ankara, Archäologisches Museum

7

Plastische Tierfigurinen und geometrisch-ornamentale Zeichen gehen in den Bronzescheiben aus Alaça Höyük reizvolle Verbindungen ein. Da diese auf den Grabkammern zusammen mit paarig liegenden Stierschädeln gefunden wurden, spricht viel dafür, daß es sich um Deichselaufsätze gehandelt hat, auch wenn die vermuteten Wagen fehlen. Der fast einheitliche Unterbau mit zwei »Beinen«, die ein geschwungenes Stiergehörn tragen, ist wahrscheinlich von der Funktion her bestimmt.
Ideenvielfalt herrscht bei den eigentlichen Emblemen dieser sogenannten »Standarten«. Die Raute mit den Hakenkreuzen (oben) und das von Strahlen und »Sternen« umgebene Kreuz (unten) sind rein ornamental gehalten. Elemente der großen Scheibe können als kleine Anhänger wiederholt werden. Schon bei der »Gitterscheibe« (rechts unten) kommt am Rand Figürliches hinzu: Knospen und kleine Vögel. Diesen vorrangig ungegenständlichen Exemplaren stehen andere gegenüber, die stilisierte Tiere einzeln oder heraldisch gruppiert in den Mittelpunkt stellen. Der Hirsch hat dabei besondere Bedeutung, Stiere und Leoparden können seine Trabanten sein (rechts Mitte und linke Seite). Die geometrische Scheibe mit einem Reh (?) stellt die Verbindung zwischen dem geometrischen und dem figürlichen Typ her (rechts oben).
Ankara, Archäologisches Museum

ein Kind, das ihren rechten Arm mit beiden Beinen fest umklammert.
Die Funde aus Alaça Höyük und Horoztepe sind nur einige Beispiele für die hochentwickelte Kultur im Nordosten Zentralanatoliens in der zweiten Hälfte des 3. Jahrtausends v. Chr. Daß die Künstler, die diese Gegenstände herstellten, eine fundierte Kenntnis der Metallurgie und Toreutik besaßen, ist offensichtlich. Die 13 Gräber von Alaça Höyük sind nicht alle gleichzeitig. Sie wurden in verschiedenen Tiefen gefunden, und manche lagen übereinander. Sie dürften in einem Zeitraum von mehreren Jahrhunderten entstanden sein. Die Ereignisse, die zum Untergang dieser Kultur führten, sind uns unbekannt. Archäologisch konnte nur festgestellt werden, daß eine Brandschicht über den jüngsten Gräbern lag. Die Kultur, die sich im 2. Jahrtausend v. Chr. anschließt, ist zwar eine andere, aber wesentliche Elemente der Kunst des 3. Jahrtausends v. Chr. wurdenübernommen. Ob und inwieweit wir diese Kunst als »hattisch« bezeichnen dürfen, bleibt umstritten. Festzustellen ist jedoch, daß die hattische Sprache eine bedeutende Rolle im Kult der Hethiter spielte und daß auch wesentliche Symbole der Grabbeigaben von Alaça Höyük, wenn auch in veränderter Form, weiterleben.

Mittlere Bronzezeit

In fast allen Ausgrabungsorten Anatoliens, wo Kulturschichten aus dem 3. und 2. Jahrtausend v. Chr. angetroffen wurden, weisen jene Besiedlungen, die zur Jahrtausendwende bestanden, Brandschichten auf. Ob und inwieweit dieses Phänomen durch Menschenhand oder durch Naturkatastrophen verursacht wurde, kann aufgrund fehlender schriftlicher Dokumentation nicht nachgewiesen werden. Die vorwiegende Meinung ist, daß diese Zerstörungsschichten ein Anzeichen für Völkerwanderungen sind. Auf jeden Fall steht fest, daß in Anatolien während des 2. Jahrtausends v. Chr. neben den bisherigen neue Kunstrichtungen auftreten, die sich nicht aus den älteren ableiten lassen. Mit der sechsten Stadt in Troja, die in drei Phasen unterteilt wird, beginnt um 2000 v. Chr. die Mittelbronzezeit. Sie unterscheidet sich derartig von der fünften Stadt, daß C. Blegen von einer abrupten Unterbrechung sprach, die nur dadurch erklärbar sei, daß ein neues Volk mit eigener Kulturtradition sich hier niedergelassen habe.
Die monumentale Befestigungsmauer der sechsten Stadt wurde in mehreren Bauabschnitten errichtet, und jeder Abschnitt setzt sich ein wenig von den anderen ab, so daß senkrechte Vorsprünge in der Mauer entstanden sind. Ihre Außenseite ist leicht geböscht. Die Mauer ist fünf Meter breit und an manchen Stellen noch sechs Meter hoch und umschließt ein Areal von 550 Meter Durchmesser (Abb. S. 280). Es gibt insgesamt drei Eingänge, einen im Nordwesten, einen im Nordosten und das Haupttor im Süden. Dieses ist eine einfache Öffnung in der Mauer von 3,30 Meter Breite. An der östlichen Seite befindet sich ein mächtiger Turm mit einer Seitenlänge von 10 x 10 Metern. An seiner Außenfront stehen vier Steinsäulen, Menhire, die auf eine kultische Bedeutung des Platzes hinweisen. Das Innere der Zitadelle ist terrassenförmig angelegt. Auf den Terrassen standen die einzelnen megaronartigen Bauten. Leider wurde im Zentrum, wo man einen Palast erwartet, im klassischen Zeitalter der Tempel der Athena errichtet und dieser Teil der Zitadelle dabei weitgehend abgetragen.
Bei der Keramik aus der sechsten Stadt haben Blegen und seine Mitarbeiter 98 verschiedene Formen festgestellt. Von diesen sind nur sieben oder acht mit solchen aus Troja I–V verwandt. Fast die Hälfte der neuen Formen gehört der sogenannten minoischen Ware an. Diese ist charakteristisch für die Mittelhelladische Periode auf dem griechischen Festland, und ihr Vorkommen schon in der ersten Phase der sechsten Stadt in Troja zeigt, daß das Westküstengebiet Anatoliens jetzt zu einem größeren Kul-

»Göttliche Ehepaare«, zum Teil mit Kindern, sind in großer Zahl in Blei gegossen worden. Zu Beginn des 2. Jahrtausends v. Chr. waren sie in Anatolien das *Thema einer im Volksglauben basierenden Idolproduktion. Man kennt steinerne Gußformen (linke Seite, außen) und Abgüsse (oben, Höhe der größten Figur 6,2 cm). Schon am Ende des 3. Jahrtausends wurde ein göttliches Paar in Form runder Alabasterplaketten mit zwei stilisierten Köpfen abgebildet (linke Seite, innen, Höhe 20 cm). Ankara, Archäologisches Museum*

turraum gehörte. Die Gefäße der minoischen Ware zeichnen sich durch dünnwandige Scherben und kantige Formen aus; ihre Oberfläche ist mit grünlicher bis gelbgrünlicher Mattfarbe versehen. Eine andere Ware, die zuerst in der Bauphase IVd auftaucht, die mykenische, weist eindeutig auf die enge Beziehung zur ägäischen Kulturwelt hin.
Die sechste Stadt in Troja ist durch ein gewaltiges Erdbeben zugrunde gegangen. Auf den Ruinen entstand die siebte Stadt, die man in VIIa und VIIb unterteilt. In der ersten Bauphase (VIIa) wurde die Befestigungsmauer wieder aufgebaut. Anstelle der freistehenden Bauten auf den Terrassen bildete sich jetzt innerhalb der Mauer ein dicht besiedeltes Areal mit aneinander angebauten Häusern. In manchen Räumen fand man, in den Fußboden eingelassen, Reihen von Vorratsgefäßen. Die Bauphase VIIa ist durch ein mächtiges Feuer zerstört worden. Die Stadt wurde zwar nochmals besiedelt (Bauphase VIIb), aber die Befestigungsmauer nicht mehr aufgebaut, und an die Stelle der minoischen und mykenischen Keramik trat eine handgemachte Ware, die sogenannte »Buckelkeramik«, die zeigt, daß die kulturelle Entwicklung in Troja unterbrochen wurde.
Bekanntlich war es das Bestreben Schliemanns, die Stadt der homerischen Sagen wiederzuentdecken. Obwohl noch immer Zweifel an der wirklichen Existenz der Stadt Troja angemeldet werden, steht eins fest: In dem geographischen Raum, der von Homer geschildert wird, gibt es nur eine Ruine, die in Betracht kommt, nämlich Troja/Hissarlık. Wie bereits erwähnt, fand man sowohl in der sechsten

Die Keramik der Kārum-Zeit ist von hoher Qualität und großer Vielfalt. Das polychrome Gefäß mit geometrischem Dekor (oben, Höhe 71,3 cm) stammt ebenso wie das Löwenrython (unten, Höhe 21 cm) und die sechshenklige Schale (rechte Seite, oben; Höhe 43,7 cm) aus Kaniš/Kültepe. Der charakteristische Gefäßtyp sind monochrome Schnabelkannen, die unter anderem in Kültepe (rechte Seite, Mitte; Höhe der rechten Kanne 39,8 cm) und Alaça Höyük (rechte Seite, unten; Höhe der mittleren Kanne 51,8 cm) gefunden wurden. Ihre rotbraun polierte Oberfläche ahmt den Glanz von Metallgefäßen nach.
Ankara, Archäologisches Museum

Stadt wie in der Bauphase VIIa mykenische Keramik. Die sechste Stadt ist durch ein Naturereignis, ein Erdbeben, zugrunde gegangen, während Bauphase VIIa durch ein Feuer zerstört wurde. Einige Gelehrte wollen in der sechsten Stadt mit ihren Monumentalbauten die homerische Stadt erkennen. Andere, so auch Blegen, neigen zu der Ansicht, daß die Bauphase VIIa, die den Befunden nach belagert wurde und dann einem Brand zum Opfer fiel, die »Stadt des Priamos« war. Es könnte aber sein, daß die Schwächung der Stadt durch ein Erdbeben fremde Mächte veranlaßte, diese wichtige geopolitische Stelle am Eingang der Dardanellen anzugreifen. Dann könnten beide, die sechste Stadt wie auch die Bauphase VIIa, als das homerische Troja gelten. Auf jeden Fall ist darauf hinzuweisen, daß der im klassischen Altertum angenommene Zeitpunkt des Trojanischen Krieges – Eratosthenes nennt das Jahr 1184 – weitgehend mit der Datierung der archäologischen Funde aus der Bauphase VIIa übereinstimmt. Es darf ferner nicht vergessen werden, daß die griechischen Geschichtsschreiber keine Zweifel an der geschichtlichen Grundlage der homerischen Epen hatten.

Die Kunst Zentralanatoliens im 2. Jahrtausend

Mit dem Aufstieg des Altassyrischen Reiches in Mesopotamien am Anfang des 2. Jahrtausends v. Chr. entstand ein Wirtschaftsimperium, dessen geographische Ausdehnung an jenes Gebiet erinnert, das in den sagenhaften Texten der Könige Sargon und Narāmsîn von Akkad in der zweiten Hälfte des 3. Jahrtausends v. Chr. erwähnt wird. Es umfaßte Zentralanatolien und reichte sogar bis zur Küste des Schwarzen Meeres. Auf dem Boden Anatoliens haben assyrische Kaufleute Handelsniederlassungen gegründet, die am Rande der einheimischen Städte lagen. In den altassyrischen Texten werden diese Kolonien als *kārum*, »Hafen«, bezeichnet. Insgesamt gab es zur Zeit des Altassyrischen Reiches über zwanzig solcher Handelskolonien in Anatolien. Unter diesen nahm der Kārum von Kaniš-Neša/Kültepe, rund 20 Kilometer östlich der heutigen Stadt Kayseri gelegen, als Verwaltungszentrum und Gerichtsstand eine besondere Stellung ein. Der Doppelname Kaniš-Neša ist darauf zurückzuführen, daß in den altassyrischen Texten die Stadt als Kaniš bezeichnet wurde, während die einheimische Bevölkerung ihre Stadt Neša nannte. Von erheblicher historischer Bedeutung erscheint die Tatsache, daß die um diese Zeit nach Anatolien eingewanderten indogermanischen Hethiter ihre Sprache *neš (umn) ili*, »nach Art (der Bewohner von) Neša«, nannten, während die Sprachbezeichnung *ḫattili* von dem Namen des Landes Ḫatti abgeleitet ist, das einer nichtindogermanischen Sprachfamilie angehörte. Die ethnische Zusammensetzung der Bevölkerung dieser Städte und Handelskolonien war also vielfältig, was auch in der Kunst seinen Niederschlag fand. In dem Kārum von Kaniš-Neša sind vier Schichten beobachtet worden, wobei nur in den oberen Schichten II und Ib altassyrische Texte gefunden wurden. Die Bauten haben alle privaten Charakter. Einzelne viereckige Räume gruppieren sich um einen Hof herum. Die Wohnbezirke sind mit gepflasterten Gassen und offenen Plätzen ausgestaltet. Der Grundriß des Kārums vermittelt den Eindruck, daß diese Handelskolonie sich nicht wesentlich von den Basarvierteln heutiger türkischer Städte unterschieden hat.

Zur Zeit der assyrischen Handelskolonien Kārum II und Ib standen in Kaniš-Neša, der eigentlichen Stadt, zwei Palastanlagen. Die ältere ist wie Kārum II durch einen gewaltigen Brand zugrunde gegangen und wurde zur Zeit des jüngeren Kārum Ib durch einen Neubau ersetzt. Diese Palastanlage, die nur zum Teil ausgegraben ist, besteht aus einem großen quadratischen Mittelhof, auf dessen vier Seiten sich Hallen, Korridore und Räume befinden. Wie wir sehen werden, finden sich hier bereits alle Bauelemente, die die späteren hethitischen Monumentalpaläste und Tempel kennzeichnen. Für die technische Ausführung der Paläste am Anfang des 2. Jahrtausends v. Chr. in Zentralanatolien müssen wir die gleichzeitige Palastanlage in Acemhöyük, rund 20 Kilometer nördlich von Aksaray gelegen, heranziehen, da sie besonders gut erhalten ist. Die noch 3,80 Meter hoch anstehende Mauer besteht aus einem Quadersockel, auf dem eine waagrechte Reihe von dicht aneinandergereihten Balken liegt. Auf diese Holzlage wurden schmale vertikale Holzpfeiler gestellt und dazwischen Ziegelfüllungen eingemauert, die mit weißem Putz versehen waren. Es handelt sich also um eine Art Fachwerk.

Was die bildende Kunst und Keramik dieser Handelsstädte angeht, so stehen sie auf einem ebenso hohen Stand wie die Baukunst, und beide erreichen einen einmaligen schöpferischen Höhepunkt in der Kunstgeschichte Anatoliens. Das gilt vor allem für die Keramik. Zwei Gattungen bemalter Keramik sind besonders hervorzuheben. Die noch mit der Hand angefertigte ältere Ware wird als »kappadokische Keramik« bezeichnet, da ein Zentrum ihrer Herstellung in diesem Gebiet lag. Die typischen Formen dieser Ware sind Tassen, Kannen, Becher und größere Töpfe, bei denen die gesamte Oberfläche mit geometrischen Mustern in verschiedenen Farben von Rot und Schwarz überzogen ist. Die zweite Gattung der bemalten Keramik aus Kaniš-Neša, die ihre Blütezeit während der Schicht Kārum II erlebte, ist auf der Drehscheibe hergestellt. Hier sind nur Hals und Schulter mit Dekor versehen. Die geometrischen Muster bestehen aus Strichgruppen, Dreiecken und einfachen oder mehrfachen Wellenlinien, aber auch figürliche Darstellungen kommen vor, so zum Beispiel stilisierte Schwimm- und Laufvögel, deren Kopf im Profil mit großem Auge dargestellt ist. Die dritte Keramikgattung aus der kārumzeitlichen Siedlung in Kaniš-Neša bildet eine monochrome Ware, deren glänzend polierte Oberfläche den Glanz von Metallgefäßen nachahmt. Beliebte Formen sind vor allem die sogenannten »Tee-« und »Schnabelkannen«.

Schließlich gibt es noch eine einzigartige Gruppe von zoomorph und anthropomorph geformten Gefäßen, deren

Form nicht zweckgebunden ist und die die hohe Kunstfertigkeit der Töpfer verdeutlichen. Auch Gefäße in Form von Schuhen oder einer Schnecke kommen vor. Die Ausbildung der Gefäßmündungen und -henkel als Stier- und Widderköpfe, wobei das Maul als Ausguß dient, sowie die Verzierung der Oberfläche mit Reliefs unterscheiden diese Keramik von allen anderen und lassen vermuten, daß ihr wahrscheinlich eine kultische Bedeutung zukam.

Es gibt nur wenige Beispiele von Rundplastik aus der Kārum-Zeit. Wenn man aber die eben beschriebenen Tiergefäße, etwa die Rhyta in Löwen- und Stiergestalt, nicht als zweckgebundenes Gebrauchsgeschirr, sondern als vollplastisch geformte Kunstobjekte ansieht, so ist evident, daß auf diesem Gebiet der bildenden Kunst ein sehr hohes Niveau erreicht und ein eigener Stil ausgeprägt wurde.

Daß die engen Beziehungen zwischen Zentralanatolien und Assur, wie sie die 20 000 Keilschrifttexte dokumentieren, die in den Schichten II und Ib des Kārum gefunden wurden, auch Auswirkung auf die Kunst gehabt haben, ist nicht verwunderlich. Dies wird vor allem in der Steinschneidekunst deutlich. Obwohl es schon im 3. Jahrtausend v. Chr. in Anatolien einige Beispiele von Stempelsiegeln gab, so führte doch die Einfuhr von mesopotamischen Rollsiegeln nicht nur zur Bildung einer einheimischen anatolischen Glyptik, sondern trug auch bei den Stempelsiegeln zur Ausprägung des in Ansätzen bereits vorhandenen eigentümlichen Stils bei, der die Grundlage für die Steinschneidekunst in Anatolien im 2. Jahrtausend v. Chr. bilden sollte. Bei den Rollsiegeln kann man vier Stilgruppen unterscheiden: die altassyrische, die altbabylonische, die altsyrische und die einheimische kappadokische Gruppe. Die kappadokische Stilgruppe unterscheidet sich von ihren mesopotamischen Vorbildern sowohl in der Technik als auch im Bildrepertoire. Die gesamte Oberfläche dieser Rollsiegel ist mit zahlreichen Darstellungen bedeckt, die in Kerbschnittechnik ausgeführt sind. Das Hauptmotiv ist ein Gott, der, auf dem Rücken eines Tieres stehend, an einer Kulthandlung teilnimmt. Die Stempelsiegel bestehen gewöhnlich aus Stein, selten aus Metall; sie haben einen kegelförmigen Griff mit durchbohrtem Knauf und eine kreisförmige Siegelplatte. Diese zeigt am Rand Spiralmuster und in der Mitte zweiköpfige Adler, Tierszenen mit Vögeln und Gazellen oder Raubvögeln und Hasen. Es gibt auch Stempelsiegel mit kultischen Darstellungen: Adoranten zu seiten eines Pfeilers oder eine sitzende Göttin vor einem Altar, auf dem Brote (?) liegen. Diese Göttin ist fast vollplastisch aus der Siegelplatte herausgearbeitet; ihr Gewand und ihre Kopfbedeckung werden später zur typischen Bekleidung der Großen Göttin der Hethiter.

Kleine Bleiidole, die in Gußformen gegossen wurden, sind wahrscheinlich als »Heilsfiguren« zum alltäglichen Gebrauch anzusehen. Dargestellt sind eine männliche und eine weibliche Gottheit, allein oder als Paar mit einem oder mehreren Kindern (Abb. S. 389).

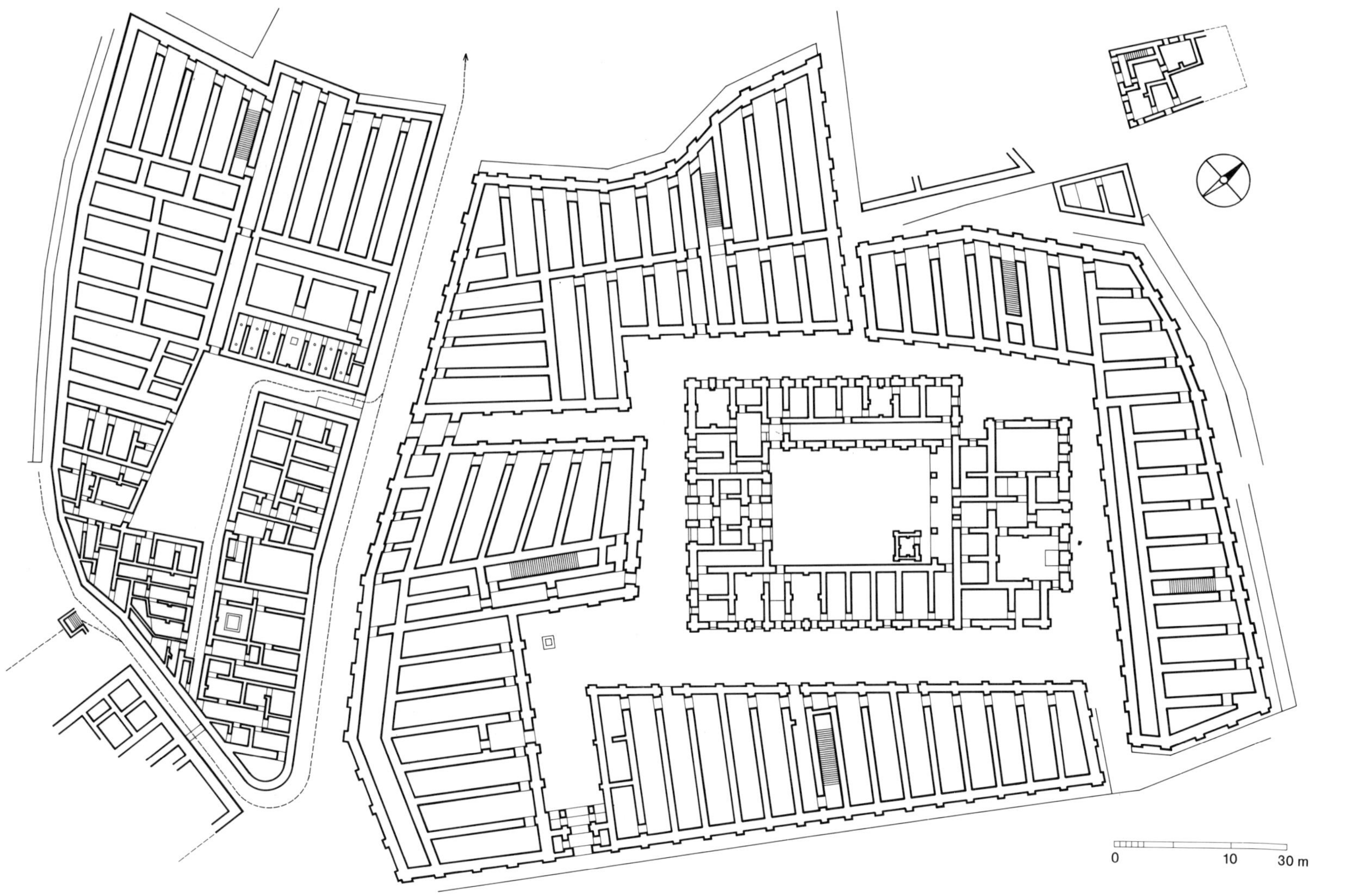

Tempel I in Hattuša/Boğazköy. Grundriß (links) und Blick von Osten über den Tempel zum Dorf (oben). Der eigentliche Tempel ist von Magazintrakten rings umgeben. Der Kern der Anlage ist für viele hethitische Tempel typisch, denn bei diesen wiederholt sich die Abfolge Tor – Hof – Pfeilerhalle – Vorraum – Cella(e).

Aufgrund historischer Ereignisse in Mesopotamien ging die Zeit der assyrischen Handelskolonien in Anatolien und eines regen überregionalen Handelsaustauschs zu Ende. Wie schon erwähnt, wissen wir aus den Keilschrifttexten, daß Angehörige verschiedener Völker in den Städten und ihren Handelskolonien ansässig waren. Es ist daher nicht verwunderlich, daß verschiedene Kunststile nebeneinander vorkamen. Von besonderer Bedeutung sind die Anfänge eines Kunststils, der mit einem in dieser Zeit erstmals in Anatolien auftretenden Volk verbunden ist, das die Geschichte Vorderasiens im 2. Jahrtausend v. Chr. weitgehend bestimmen wird: die indogermanischen Hethiter.

Die hethitische Kunst

Über die Einwanderungswege der Hethiter nach Anatolien ist nur wenig bekannt. Tragfähige Beweise fehlen, und es bestehen nur Theorien über ihre Herkunft. Erwiesen ist, daß sie ihre Sprache nach der Stadt Neša, die auch den Namen Kaniš hatte, benannten. Erst nach dem Verfall der assyrischen Handelskolonien und ihrer Schutzstädte gelang es den Hethitern mit der Verlegung ihrer Hauptstadt von Kuššara nach Ḫattuša (heute Boğazköy), ein eigenes Staatswesen aufzubauen. Die Kunst dieses Staates kann in zwei Abschnitte unterteilt werden: die des Alten Reiches im 16. und 15. Jahrhundert v. Chr. und die der Großreichszeit vom 14. Jahrhundert v. Chr. bis zum Untergang des Reiches um 1200 v. Chr. Bis vor kurzem kannte man nur einige wenige Denkmäler, die aufgrund stilistischer Kriterien als »vermutliche« Erzeugnisse aus der Altreichszeit bezeichnet wurden. Erst seit der Veröffentlichung der Funde aus der türkischen Ausgrabung in Inandık, rund 60 Kilometer nordöstlich von Ankara gelegen, ist es möglich, die Kunst dieses Zeitabschnittes Anatoliens genauer zu würdigen. In Inandık wurde eine kleine Tempelanlage freigelegt, in der man das Votivinventar fand. Durch eine datierte Urkunde ist die Anlage, wie auch das Inventar, der Zeit des Großkönigs Ḫattušili I. zuzuordnen. Neben Rhyta in Gestalt von Löwen, Gefäßen, deren Mündungen in tierförmigen Gebilden enden, und metallglänzenden »Tee-« und Schnabelkannen aus Ton, wie sie bereits aus der Zeit der altassyrischen Handelskolonien bekannt sind, treten jetzt die für die althethitische Kunst charakteristischen reliefierten Ritualgefäße auf. Zwar wurden schon im ersten Viertel des 2. Jahrtausends v. Chr. Gefäße mit Reliefs verziert, aber nur mit isolierten Darstellungen. Nun wird die gesamte Oberfläche mit plastischen Szenen bedeckt. Ein herausragendes Beispiel hierfür ist die

82 Zentimeter hohe »Inandık-Vase« (Abb. S. 88, 89). Ihre Außenfläche ist in sechs waagrechte Friese unterteilt, die eine Kultszene darstellen. Die unten beginnende Abfolge der Prozession endet im obersten Fries mit der Darstellung der »Heiligen Hochzeit«. Durch die fließend ineinander übergehende Bewegung der einzelnen Figuren erhält die gesamte Prozession eine Dynamik, die dieses ureigene Ritual mit Leben erfüllt. Die »Inandık-Vase« nimmt einen besonderen Platz in der Kunst- und Kulturgeschichte Anatoliens ein, denn sie belegt sowohl den hohen Stand der althethitischen Kunst als auch die tiefe religiöse Vorstellung, die ihr zugrunde liegt.

Als Beispiel althethitischer Rundplastik gilt eine Bronzestatuette aus Dövlek. Die am Kopf angebrachten Hörner weisen die Figur als Gott aus, durch die Bein- und Armhaltung wird verdeutlicht, daß es sich um einen Kriegsgott handelt; auch in den muskulösen Schultern und in der Physiognomie der Brust kommt dies zum Ausdruck.

Es gibt kaum Denkmäler der Hethiter, die wir sicher in die Zeit des Mittleren Reiches datieren können. Mit der Thronbesteigung Šuppiluliumas I. in der zweiten Hälfte des 14. Jahrhunderts v. Chr. beginnt der Aufstieg des hethitischen Staates zum »Weltreich«, mit einer Kunst, die man als »Reichskunst« bezeichnen kann. Die Monumentalität dieser Reichskunst tritt am deutlichsten in der Architektur der Hauptstadt Ḫattuša/Boğazköy zutage. Eigenartigerweise haben die Hethiter ihre Hauptstadt nicht etwa inmitten eines wirtschaftlich wichtigen Gebietes oder an bedeutenden Verkehrswegen gegründet, sondern am Rande ihres Reiches, auf einer felsigen Anhöhe, die K. Bittel als »Bergstadt« bezeichnet hat. Dieses besondere Verhältnis zu Stein, Fels und Gebirge hatte nicht nur praktische Gründe, sondern entsprach wohl auch einer tiefen Verbindung der Hethiter mit dieser Landschaft, die sich sowohl in ihrer Architektur als auch in der Bildkunst manifestiert.

Die Stadtbefestigungsmauer von Ḫattuša/Boğazköy ist rund sechs Kilometer lang. Ein Abschnitt ist zu einer Doppelmauer ausgebaut, und an zwei Stellen zieht sich die Mauer an gewaltigen Felsabhängen entlang. Im Süden, wo das Gelände sanft in eine Ebene übergeht, wurde ein hoher Erdwall aufgeschüttet, auf dem die Mauer sich fortsetzt. Für den Verlauf der Stadtmauer waren aber nicht allein geomorphe Gegebenheiten ausschlaggebend. Dort, wo einzelne Felsen im Weg standen, wurden sie in die Mauer einbezogen, und an anderen Stellen wurde ein Bett für die Mauer in den Fels hineingehauen. Sogar eine 90 Meter tiefe Schlucht wurde mittels Wehrgängen und Brücken zum Bestandsteil der Befestigung gemacht. An der Außenseite der Mauer befinden sich in Abständen von etwa 30 Metern vorspringende Türme. Die drei Haupttore liegen im Südwesten (Löwentor), im Süden (Yerkapı) und im Südosten (Königstor). Ebenso wie bei der Errichtung der Befestigungsmauer hat man das felsige, unebene Gelände bei der Stadtplanung berücksichtigt. Die Stadt gliedert sich in drei Bereiche: Oberstadt, Unterstadt und Königsburg (Büyükkale). Diese erhebt sich als riesige Felsenburg über der Stadt und ist ebenfalls von einer mächtigen Befestigungsmauer umgeben. Nur zwei Tore im Südwesten, eines für Wagen befahrbar, führen zu diesem mit Recht als Königsburg bezeichneten Residenz- und Verwaltungssitz. Die auf dem natürlich terrassenförmigen Plateau der Zitadelle errichteten monumentalen Gebäude gruppieren sich um drei größere Höfe. Den unteren Hof flankieren an den zwei Langseiten Hallenbauten; an der nördlichen Schmalseite befinden sich die Gebäude G, A und K. In den Untergeschossen der Gebäude A und K fand man größere Archive von Keilschrifttexten, so daß sie als Warenlager mit Kanzleien angesehen werden können. Die Bauten M und H an der Westseite des Hofes waren wahrscheinlich Verwaltungsgebäude mit Magazinen. Dazwischen liegt ein Eingangstor (Bau N). Die beiden im Nordwesten befindlichen Gebäude E und F stehen ein wenig abseits und dienten möglicherweise als Residenz der Könige. Sie besaßen gewiß mehrere Stockwerke, und von hier aus hatte man

In drei Bildstreifen verkleideten die Reliefs von Alaça Höyük den Fuß der Türme am Sphingentor. Sie zeigen Szenen des höfischen und religiösen Lebens. In der Kernszene (rechts) steht das Herrscherpaar betend vor einem hohen Altar. Ziel der Handlung ist das auf der nächsten Platte gezeigte Kultbild, ein Stierbild auf hohem Podest. Zum selben Thema gehört die Betergruppe (links innen). Attraktionen beim Fest schildert das dritte Relief (links außen). Ein Flötenspieler gehört zu weiteren Musikanten auf der Nachbarplatte. Die zwei kleinen Gestalten könnten Akrobaten sein – einer führt vielleicht die Balance auf einer freistehenden Leiter vor. Ankara, Archäologisches Museum

einen weiten Blick über die Stadtanlage. Das Gebäude D unterscheidet sich in Grundriß und Größe von allen anderen Bauten. Es ist 40 Meter breit und 50 Meter lang. 25 Pfeiler, angeordnet in Reihen von je fünf Pfeilern, trugen das Obergeschoß. Es ist anzunehmen, daß dieser Bau die Audienzhalle der Königsburg war.

Eine innere Stadtmauer, die sowohl durch Tore wie durch unterirdische Gänge (Poternen) passierbar ist, läuft von der Südwestecke der Königsburg nach Westen und teilt die Stadtanlage in eine Ober- und Unterstadt. Das bedeutendste Bauwerk der Unterstadt ist der Tempel I (Abb. S. 392, 393). Dieser Monumentalbau mit doppelten Kulträumen und dem angrenzenden Priesterviertel war wohl das zentrale Heiligtum der hethitischen Hauptstadt. Vom Haupttor an der Südostecke führt ein mehrfach geknickter Gang zum Portal des Tempels. Ein breiter Umgang trennt diesen von 83 langgestreckten Magazinräumen. Der Tempel besteht aus Torbau, Hof, Pfeilerhalle und Kulträumen; kleinere Verwaltungsräume der Priesterschaft und Depots für Kultgeräte umgeben ihn. Vom Hof, in dessen Nordostecke ein Turm stand, gelangt man durch eine offene Pfeilerhalle und kleine Vorräume zu den Allerheiligsten. Deren Außenwände waren mit hohen Fenstern versehen, so daß die Kultfiguren im hellen Licht standen. Im Süden und Westen der Tempelanlage, von dieser durch eine breite Straße getrennt, sind in den letzten Jahren die Wohn- und Arbeitsstätten der Priester freigelegt worden.

Bei den neueren Ausgrabungen in der Oberstadt wurden insgesamt 28 Gebäude entdeckt, die alle mehr oder weniger ähnliche Grundrisse aufweisen wie der große Tempel, jedoch mit nur einer Cella. Ob alle diese Gebäude tatsächlich als Tempel dienten oder nicht vielmehr eine Doppelfunktion als »Palast-Tempel« hatten, ist noch nicht geklärt. Außer den drei Haupttoren der Stadt im Süden, Südwesten und Südosten gab es bestimmt noch ein viertes Tor im Norden, aber es ist bis jetzt noch nicht entdeckt worden. Die Toranlagen im Südwesten und Südosten bestehen aus einem Vorhof und einer Torkammer mit doppeltem Torverschluß, flankiert von zwei Türmen. Beim Südtor, das auf einem hohen künstlichen Erdwall steht, fehlt der Vorhof; es ist eine einfache Öffnung in einem Turm und wurde daher früher als Torturm bezeichnet. Direkt darunter befindet sich ein auf dem gewachsenen Boden angelegter unterirdischer Gang (Poterne). Die Tordurchgänge sind an beiden Seiten von riesigen monolithischen Pfeilern eingefaßt, die einen aus Kragsteinen bestehenden Aufbau trugen. Daß man Monolithen für die Torpfeiler benutzte, hatte nicht allein bautechnische Gründe, sondern die großen glatten Flächen der Pfeiler dienten auch zum Anbringen von Skulpturen. Diese Skulpturen sind nicht nur als plastische Dekoration zu betrachten, sondern bilden wesentliche Architekturelemente. Das sogenannte Königstor im Südosten zeigt am nördlichen Monolithen stadteinwärts ein Relief, das eine männliche Gottheit (keinen König) darstellt (Abb. S. 96). Der in Schrittstellung wiedergegebene Gott trägt einen kurzen Schurzrock, Oberkörper und Füße sind nackt. Sein Schurzrock weist sechs waagrechte Streifen auf; in zwei davon sind feine Spiralen eingeritzt, in die anderen schräge Striche, die ein Fischgrätenmuster bilden. Der Schurzrock wird von einem breiten Gürtel gehalten, in dem ein Krummschwert steckt. Das Brusthaar wird durch feine Spiralen angedeutet. Den Kopf bedeckt ein Helm mit Wangenklappen, von dessen Spitze ein Band bis zum Rükken hinunterfällt. Die Hörner sind das Göttersymbol. In der rechten Hand vor der Brust hält er eine Stachelaxt, während die ausgestreckte linke zu einer Faust geballt ist. Die Haltung der fast vollplastisch aus dem Stein herausgearbeiteten Figur und die Modellierung der Muskulatur, vor allem an Knien und Waden, verleihen dieser Skulptur eine Lebendigkeit, wie sie kein anderes Denkmal dieser Zeit besitzt.

Aus den Monolithen an der Feldseite des Südwesttores (Löwentor) sind Kopf, Brust und Vorderbeine von Löwen herausgemeißelt. Die mit weit aufgerissenem Rachen und

Bei den Reliefs vom Sphingentor in Alaça Höyük (rechte Seite) dominiert in den oberen Registern das Jagdthema. Ein Bogenschütze zielt auf einen gewaltigen Eber; darunter ein äsender Hirsch (oben). Auf einer anderen Platte wurde ein gefährlicher Moment der Löwenjagd dargestellt (Mitte). Die Szene mit einem Adoranten vor einem Gott (unten) stammt vom unteren Fries, der dem rituellen Bereich vorbehalten ist. Ankara, Archäologisches Museum

heraushängender Zunge dargestellten Tiere sollten eine abschreckende Wirkung erzielen (Abb. S. 93). Beim Südtor (Yerkapı) wurden die Pfeiler mit vier Sphinxdarstellungen versehen. Die beiden äußeren sind als Protome wiedergegeben, während bei den inneren die Köpfe und Brustpartien vollplastisch ausgearbeitet sind, die Flügel und Körper aber in Relief. Über den Hörnern der Fabeltiere ist eine Art von Aufsatz mit drei übereinander angeordneten Rosetten angebracht. Vor einigen Jahren wurde die Meinung geäußert, daß die hoch über der Oberstadt gelegene Toranlage mit ihren vier Skulpturen kaum als Durchgang gedient haben kann. Offensichtlich war dieses Tor nicht für Wagen durchfahrbar, geschweige denn für einen regen Verkehr geeignet. Wie wir aus den hethitischen Texten wissen, wurden an bestimmten Toren in der Tat kultische Handlungen vorgenommen. Vielleicht diente das Sphingentor solchen Zwecken.

Die Bildhauerkunst der Großreichszeit beschränkt sich nicht auf Bauplastiken. Eine zweite Gattung – und ebenso typisch für die hethitische Kunst – sind die Felsreliefs. Das imposanteste Beispiel dafür bietet ohne Zweifel das sieben Kilometer nordöstlich der Hauptstadt liegende Felsheiligtum Yazılıkaya (Abb. S. 98, 99, 100/101). Auf dieser Felsenanhöhe entstanden durch Naturereignisse mehrere Kammern, und die Hethiter haben dann die glatten Felswände von zwei dieser Kammern benutzt, um Reliefs anzubringen. Gleichzeitig wurden auf dem Platz vor den Felskammern Bauten errichtet, so daß sich hier in eindrucksvoller Weise Naturgebilde mit von Menschenhand geschaffenen Werken verbinden. Der Baukomplex besteht aus einem Torbau, einem Hof und einem Kultraum. Die quer zum Hof liegende große Kammer A bildet das Allerheiligste. Im Grunde genommen hat die ganze Anlage eine ähnliche Raumordnung wie die Tempel in der Hauptstadt, nur ist hier die Natur unmittelbar in die Architektur miteinbezogen worden. An den drei Felswänden der weiträumigen Kammer A, deren Südseite offen ist, sind 64 Figuren im Relief dargestellt. Sie bilden eine Prozession, die vom Eintretenden aus gesehen links mit einer Reihe männlicher Gottheiten beginnt. Diese sind zur Nordwand der Kammer hin ausgerichtet, nur eine ist en face wiedergegeben. Auf der rechten Felswand erscheint ein Zug weiblicher Gottheiten, die ebenfalls nach Norden orientiert sind. Die beiden Züge treffen sich auf der Nordwand, wo als Höhepunkt die Begegnung des Hauptgottes und der Hauptgöttin dargestellt ist. Abgesehen von den zwölf männlichen Gottheiten am Ende der Prozession sind alle Götterfiguren mit Hieroglyphen namentlich gekennzeichnet. Die Hauptgöttin trägt den Namen Ḫepat, der Hauptgott ist Teššup. Ihre enge Beziehung wird dadurch betont, daß ihr gemeinsamer Sohn Šarruma, auf einem Löwen stehend, hinter der Göttin erscheint. Diese heilige Trias, Ḫepat, Teššup und Šarruma, ist aber erstaunlicherweise nicht in der hethitischen Religion zu Hause, vielmehr handelt es sich um die Hauptgötter der Hurriter. Anlaß für die Errichtung von

Yazılıkaya und für die Ausführung der Reliefs in unmittelbarer Nähe der hethitischen Hauptstadt ist wahrscheinlich die Heirat von Ḫattušili III. mit Puduḫepa gewesen. Wie aus der Zusammensetzung ihres Namens hervorgeht, stammte sie aus einem zum hurritischen Kulturkreis gehörenden Land im Süden Anatoliens. Über die Kunst der Hurriter weiß man nur sehr wenig; paradoxerweise wurden ihre Götter in hethitischen Reliefs überliefert. Es gibt aber nicht nur Götterbilder in dem Felsheiligtum Yazılıkaya. An einer sechs Meter aus der Hauptwand der Kammer A herausragenden Felswand ist der Großkönig Tutḫalija IV., auf zwei Bergen stehend, dargestellt. In der kleineren Nebenkammer B kommt er mindestens noch einmal vor, und zwar in Umarmung mit seinem Schutzgott Šarruma. Zwar finden sich in hethitischen Quellen keine direkten Hinweise auf die Bestimmung des Heiligtums, aber einige Gelehrte deuten aufgrund bestimmter Textstellen die Hauptkammer mit ihrer Götterversammlung als Ort des Neujahrsfestes und die Nebenkammer als Totentempel des Großkönigs Tutḫalija IV. Die beiden Kammern brauchen nicht unbedingt gleichzeitig entstanden zu sein. Puduḫepa könnte anläßlich ihres Einzuges in die hethitische Hauptstadt als Königin den Auftrag gegeben haben, die Götter ihrer Heimat in dem Heiligtum in Reliefs darzustellen; ihr Sohn Tutḫalija IV. ließ dann sein eigenes Bild in der Hauptkammer anbringen, und die Nebenkammer wurde als Bestattungsplatz (oder vielleicht als Opferstelle?) benutzt.

Die Hethiter haben nicht nur Felsreliefs in unmittelbarer Nähe ihrer Hauptstadt geschaffen, sondern auch an sehr entlegenen Orten und dort an fast unerreichbaren Felswänden. Das früheste absolut datierbare hethitische Relief ist das des Großkönigs Muwattalli an einer Felswand hoch über den Ceyhanfluß bei Sirkeli in Kilikien. Ob es als Siegesdenkmal oder als Grenzmarkstein zu gelten hat, entzieht sich unserer Kenntnis. Ein anderes Relief, das die weite Verbreitung der hethitischen Felsmonumente in Anatolien verdeutlicht, befindet sich im westlichen Küstengebiet bei der heutigen Stadt Manisa. Dieses als »Niobe« bekannte Felsrelief ist fast vollplastisch aus dem Gestein herausgearbeitet und stellt wahrscheinlich eine männliche Gestalt, vielleicht einen Berggott, dar.

Eine Sonderstellung nehmen die Reliefs von Alaça Höyük ein, die sich im Stil und zum Teil auch im Inhalt deutlich von

den Skulpturen an den Toren in Ḫattuša und von den Felsreliefs in Yazılıkaya unterscheiden. Es handelt sich um Reliefs an den Sockelsteinen eines Eingangs zu einem Innenbezirk. Thematisch lassen sie sich drei Bereichen zuordnen: Opferzug, Kultfest sowie Jagd und Feiern (Abb. S. 394, 395, 396). Alle Reliefs sind sehr flach, mit schroffen Kanten und ohne Modellierung aus den Steinblöcken herausgearbeitet. An einer Stelle saßen zwei Reihen von Reliefs übereinander. Sowohl diese Anordnung als auch die Darstellungsweise erinnern stark an die reliefierten Kultvasen aus der althethitischen Zeit, und kein geringerer als K. Bittel hat vor kurzem die Meinung geäußert, daß die Reliefs von Alaça Höyük vielleicht früher zu datieren sind, als bisher angenommen wurde.

In der Kleinkunst und Keramik der Großreichszeit wird die alte Tradition fortgesetzt, etwa bei den zoomorphen Gefäßen. Wahrscheinlich aus Gräbern, vielleicht sogar aus Königsgräbern, stammen Rhyta und Figuren aus Edelmetall, die sich heute in einer Privatsammlung befinden. Das Geweih eines Hirschrhytons aus Silber hat eine gewisse Ähnlichkeit mit den Hirschdarstellungen der Tieraufsätze aus der zweiten Hälfte des 3. Jahrtausends v. Chr., aber die Kopfform und die naturgetreue Wiedergabe des Mauls sowie das Relief mit einer Adorantenszene am Gefäßhals weisen dieses Stück eindeutig der Kunst der Großreichszeit zu. Auch die Statuette einer sitzenden Göttin mit einem Kind auf den Knien hat Vorläufer im ausgehenden 3. Jahrtausend v. Chr. sowie in den Bleifiguren vom Anfang des 2. Jahrtausends v. Chr., aber Augen, Nase und die vollen Lippen des Mundes erinnern an die Sphingen des Yerkapı-Tores.

In der Steinschneidekunst der Großreichszeit dominieren Stempelsiegel, während Rollsiegel nur gelegentlich auftauchen. Bereits am Anfang dieser Epoche erfolgt eine ent-

scheidende Neuerung: Die Mitte der kreisförmigen Bildfläche wird nun eingenommen von den Namen des Herrschers unter einer Flügelsonne, flankiert von den symbolischen Zeichen für die Titelatur des Großkönigs. Auf den Siegeln Muwattallis erscheint dann auch die Darstellung des Königs selbst, manchmal umarmt von seinem Schutzgott, und eine Keilschriftlegende tritt an die Stelle der Umrahmung des Bildfeldes durch ein Spiralmuster (Abb. S. 104).

Wie wir aus den hethitischen Texten erfahren, befand sich das Hethiterreich in der zweiten Hälfte des 13. Jahrhunderts v. Chr. in einer prekären Lage. Innenpolitisch war es durch eine Hungersnot, verursacht durch eine Dürre, geschwächt, und von außen drangen fremde Heere gegen seine Grenzen vor. Beides zusammen führte zum Untergang des Reiches und zur Zerstörung seiner Hauptstadt. Ḫatušša ging um 1200 v. Chr. durch einen gewaltigen Brand zugrunde und wurde erst einige Jahrhunderte später wieder besiedelt. Wie wir gesehen haben, erlitt Troja um diese Zeit ein ähnliches Schicksal, und sowohl für Zentralanatolien als auch für die Westküste beginnt jetzt das sogenannte »dunkle Zeitalter«.

Die späthethitische Kunst

Nach dem Zusammenbruch des Hethiterreiches verlagerte sich das politische Schwergewicht nach Osten und Süden sowie an den westlichen Rand der Zentralanatolischen Hochebene. Im Süden Anatoliens, einschließlich des Gebiets Nordsyriens bis zu der Stadt Aleppo, entstanden mehrere Kleinfürstentümer. Deren Machtbereich war auf einen engen Raum begrenzt, was auch in ihrer Kunst zum Ausdruck kommt, die verschiedene lokale Stile ausbildete. Kunsthistorisch werden die Denkmäler dieser Kleinfürstentümer als »späthethitisch« bezeichnet, was in gewisser Weise berechtigt ist. Die Mitglieder der Herrscherhäuser, soweit sie inschriftlich belegt sind, trugen aber luwische und in mindestens einem Fall aramäische Namen. Im Osten Anatoliens schufen die Urartäer einen Staat, der diese reich gegliederte Gebirgslandschaft zum erstenmal in der Geschichte politisch vereinigte, aber ständig im Konflikt mit den Assyrern stand. Am westlichen Rand der Zentralanatolischen Hochebene, ungefähr 20 Kilometer nordwestlich der Stadt Polatlı, legten die Phryger den Grundstein für ihre Hauptstadt Gordion.

Die Kunst der späthethitischen Kleinfürstentümer, die sich zwischen dem 11. und 8. Jahrhundert v. Chr. entwickelte, besteht weitgehend aus Bauplastiken. Man unterscheidet drei zeitlich aufeinanderfolgende Perioden (SH I, SH II und SH III). Über die Anfänge der älteren Periode SH I wissen wir sehr wenig; nur einige Denkmäler aus Karkemiš und ʻAin Dara deuten auf eine Fortsetzung der hethitischen Tradition hin.

Der Periode SH II wird ein von Löwenskulpturen flankierter Torbau in Melid/Malatya zugeordnet. Zwar zeigen diese Löwenfiguren eine gewisse Ähnlichkeit mit denjenigen der Großreichszeit, aber sie ist rein formaler Natur. Die beiden Löwen fungieren hier ebenfalls als symbolische Wächter des Tores, ihre Darstellung wirkt jedoch abstrakt und ausdruckslos. Das Maul ist nur leicht geöffnet, die Zunge hängt sanft zur Seite heraus, Oberlippe und Nase sind durch einfache Linien verziert. Die Beine, klobige, blockförmige Gebilde, gehen in ebenso unnatürlich geformte Tatzen über. Alles erscheint stilisiert und ohne innere Bewegung. Auch die Reliefs am Steinsockel des Torinnenraumes besitzen nicht die hohe Qualität des monumentalen »Reichsstils«, sondern sind durch gekünstelte Eigenheiten, beispielsweise in der Haartracht oder den Gewandfalten, gekennzeichnet.

Eines der wichtigsten Zentren der sogenannten späthethitischen Kleinfürstentümer war Karkemiš an der heutigen Grenze zwischen der Türkei und Syrien, bereits in der

Die Reliefdarstellungen von Arslantepe/Malatya fußen auf künstlerischen und thematischen Entwicklungen der Großreichszeit, drücken dieser Tradition jedoch zu Beginn des 1. Jahrtausends v. Chr. ihren eigenen Stempel auf. Wie zur hethitischen Glanzzeit bewachte auch hier ein Löwenpaar (rechts) das Tor eines heute bis zur Undeutbarkeit zerstörten Gebäudes. Die Details an Kopf und Körper sind stark stilisiert, die Glieder wirken ziemlich plump – kurz: die Löwenfiguren vermitteln nichts mehr von der Kraft und Gefährlichkeit dieser »Wächter«.
Die Orthostatenblöcke bilden weiterhin jeder für sich den Rahmen für eine abgeschlossene Szene. Es mag an der Funktion des zerstörten Gebäudes gelegen haben, daß hier das Themenrepertoire der Reliefs fast auf ein einziges Motiv, das »Opfer des Königs Šulumeli«, reduziert wurde. Dabei wird Althergebrachtes, etwa in den Trachten und Emblemen, weiterbenutzt. Eine Libationsszene (links) läßt den Wettergott zweimal erscheinen, einmal hinter seinem von Stieren gezogenen Wagen stehend, dann im Zentrum als Empfänger der königlichen Trankspende. Die gleiche rituelle Handlung wird in einem anderen Relief (linke Seite, oben) vor vier Gottheiten vollzogen. Sie tragen paarweise die gleichen Gewänder, jedoch unterschiedliche Embleme. In einer kleineren Nebenszene führt jedesmal ein Ministrant einen Opferstier herbei.
Ankara, Archäologisches Museum

hethitischen Großreichszeit ein politisch bedeutender Außenposten, wo königliche Prinzen im Namen des Hofes ihren Sitz hatten. Wir besitzen aber aus Karkemiš kaum Denkmäler, die in diese Zeit zu datieren sind. Erst aus dem 10. Jahrhundert v. Chr. sind Denkmäler erhalten; nach Aussage der Inschriften stammen sie aus der Regierungszeit der Könige Suḫis und Katuwaš. Karkemiš liegt am Westufer des Euphrat. Von einem Tor am Fluß (Wassertor) führt ein Weg in die Stadt, der im Norden und Süden von Mauern begrenzt ist. Die nördliche Mauer endet an einem breiten Treppenaufgang, und an diesen schließt sich im Südosten ein Hof an, in dem der Tempel des Wettergottes steht. Die südliche Mauer reicht bis zum Königstor. An drei Stellen, die als »Herald's Wall«, »Processional Entry« und »Long Wall« bezeichnet werden, sind reliefierte Orthostaten, das heißt Verkleidungsplatten, am Mauersockel angebracht.

Die Orthostaten der »Herald's Wall« zeigen fast ausnahmslos mythologische Darstellungen, die auf den einzelnen Platten in sich geschlossene Szenen bilden. Es sind sehr flache Reliefs, fast ohne Tiefengliederung. Auf eine Modellierung ist ebenso bewußt verzichtet wie auf die Ausarbeitung von Details. Die einzelnen Figuren wirken starr und scheinen in keinem inneren Zusammenhang zu stehen (Abb. S. 110, 111).

Die Reliefs der sogenannten »Long Wall« an der östlichen Umfassungsmauer des Tempels des Wettergottes und dem anschließenden Treppenaufgang stellen einen Einzug in die Stadt dar. Fünf Götter führen die Prozession an, gefolgt von Kubaba, der Hauptgöttin der Stadt Karkemiš, und der Königin Watis, Suḫis' Gemahlin, die den profanen Teil des Triumphzugs einleitet. Wagenkämpfer, Krieger zu Fuß und König Katuwaš schließen sich an. Obwohl die Darstellung des Zuges über mehrere Platten verteilt ist, besteht keine Beziehung zwischen den Figuren über die einzelnen Plattengrenzen hinaus. Der Stil entspricht dem der Reliefs der »Herald's Wall«; auch hier fehlen Tiefe und innere Bewegung. Bei der Platte mit König Katuwaš gehen Bild und Schrift jedoch eine neuartige Verbindung ein. Die Schrift beschränkt sich nicht mehr darauf, die Figur zu benennen; es handelt sich vielmehr um einen längeren Text, der die gesamte Fläche an der Rückseite der Figur ausfüllt, so daß die Schriftzeichen einen Hintergrund bilden, von dem sich die Figur abhebt. Figürliche Darstellung und Schriftbild erzielen eine Tiefenwirkung, die einmalig in der späthethitischen Kunst ist.

Orthostatenreliefs aus Karkemiš lassen die Beeinflussung durch assyrische Vorbilder erkennen, ohne daß diese in der Körperausbildung und den antiquarischen Elementen wirklich imitiert wurden. Eigenständigkeit zeigt sich unter anderem in der Einbeziehung langer Hieroglypheninschriften in die Bildkomposition. Sie reichen bis unmittelbar an den Körperkontur heran, so daß die jetzt fülliger modellierten Figuren noch deutlicher kontrastieren. Ein besonders markantes Beispiel hierfür ist die Platte mit König Katuwas von Karkemiš (rechts). Die deutlichsten Parallelen zur assyrischen Kunst und die in unserer Sicht gelungensten Darstellungen von Karkemiš finden sich in den Reliefs aus der Mitte des 8. Jahrhunderts v. Chr. Zu ihnen gehört der Zug hoher Militärs am »Royal Buttress« (links). Er bildet das Pendant zur »Familienszene« (folgende Doppelseite).
Ankara, Archäologisches Museum

Wettergott des Himmels, Bild eines Mannes, goldbelegt, sitzend, in der rechten Hand hält er eine Keule, in der linken das »Heil« aus Gold – auf zwei Bergen, Männerbildern, silberbelegt, stehend, darunter ein Sockel aus Silber.
Schutzgott der Flur, das Götterbild ist das Bild eines Mannes, stehend ... In der rechten Hand hält er einen Bogen aus Gold, in der linken hält er einen Adler aus Gold und einen Hasen aus Gold – ein Schwert aus Gold, goldene »Früchte« sind ihm daran – auf einem Hirsch aus Gold, auf allen vieren stehend, steht er.
Beschreibung von Kulturbildern in einer hethitischen Tempelinventarliste

Die Reliefs am »Processional Entry« beim Königstor stellen eine Kultprozession dar. Hauptfigur ist die Göttin Kubaba; sie sitzt auf einem Thron, der auf einem kauernden Löwen steht. Die Platte vor der Göttin zeigt drei gabenbringende Frauen, die nächste drei Männer, die auf ihren Schultern Tiere tragen. Eine weitere Platte enthält eine Musikszene mit Trommelspielern und Hornbläsern. Die Anordnung der Reliefs am »Processional Entry« erinnert in gewisser Weise an die der Inandık-Vase und an die Reliefs von Alaça Höyük aus der Zeit des Alten Reiches beziehungsweise des Großreichs. Im Stil unterscheiden sie sich aber erheblich davon.

Die drei beschriebenen Reliefzyklen aus Karkemiš datieren alle in die Zeit zwischen etwa 950 und 850 v. Chr. Ein vierter entstand um 750 v. Chr. Damals ließ König Jariri rechts neben dem Königstor das sogenannte »Royal Buttress« errichten, wobei einige der Reliefs der »Processional Entry« entfernt wurden. Die Sockelreliefs dieses Baus stellen auf der einen Seite die königliche Familie dar (Abb. S. 402/403), auf der anderen, ihr entgegenkommend, Krieger, Offiziere und Würdenträger. In der Hauptszene erscheint der König zusammen mit dem Thronfolger, den er am Handgelenk hält. Auf den beiden Platten dahinter sind die Kinder des Königs beim Spiel und die Königin mit einem Kleinkind in den Armen zu sehen. Alle Personen wurden durch Inschriften namentlich bezeichnet. Bei dieser Familiendarstellung ohne jeden kultischen Bezug sind die Reliefs viel plastischer als zuvor ausgearbeitet, die Körper sind modelliert, und es wird eine Tiefengliederung erzielt.

Ein weiteres wichtiges Zentrum der späthethitischen Kunst war das Kleinfürstentum Sam'al/Zincirli. Die Stadt Sam'al ist von einem kreisförmigen doppelten Mauerring mit drei Toren umgeben. In ihrer Mitte erhebt sich die ebenfalls ummauerte Königsburg. Hier standen mehrere Palastbauten eines besonderen Typs. An der breiten Frontseite führt eine Freitreppe zu einer offenen Vorhalle, in der zwei oder drei Pfeiler beziehungsweise Säulen stehen. Dahinter liegt der quergelagerte Hauptraum mit kleineren Nebengelassen an drei Seiten. Dieser Bautyp ist charakteristisch für die Architektur Nordsyriens und kommt schon im 2. Jahrtausend v. Chr. vor. Er wird mit dem assyrischen Namen *bīt ḫilāni* bezeichnet.

Die frühesten Bauplastiken wurden in Sam'al am südlichen Stadttor und am äußeren Burgtor gefunden; sie gehören der Periode SH II an. Die Reliefs sind stark von Karke-

miš beeinflußt, weisen aber auch lokale Eigentümlichkeiten auf, wie zum Beispiel die aus der Stirn herauswachsende Nase und die Betonung des Unterkiefers. Ob es sich dabei um stilistische Merkmale handelt oder um physiognomische Eigenheiten eines bestimmten Volkes, ist schwer zu entscheiden. Aus verschiedenen Texten geht aber hervor, daß die um 1200 v. Chr. eingewanderten Aramäer in Sam'al eine besondere Stellung einnahmen. Auf einem Relief, das in dem sogenannten »Nördlichen Hallenbau« aus dem 8. Jahrhundert v. Chr. gefunden wurde, ist in der Tat ein aramäischer König mit dem Namen Barrākib dargestellt. Während seine Bart- und Haartracht ebenso wie die Fransen der Gewänder und die Ornamente des Throns vom assyrischen Stil dieser Zeit geprägt sind, ist das Gesicht im Gegensatz zu den assyrischen Darstellungen weich modelliert. Das Obergewand und die Königsmütze weisen Barrākib als einheimischen Herrscher aus.

Seit dem 9. Jahrhundert v. Chr. gerieten die späthethitischen Kleinfürstentümer Südanatoliens und Nordsyriens mehr und mehr in Konflikt mit dem sich ausbreitenden assyrischen Staat, und einige wurden tributpflichtig. Nach einer Periode der inneren Schwäche gelang es den Assyrern dann unter Tiglatpilsear III. und Sargon II. im 8. Jahrhundert v. Chr., die Kleinfürstentümer nach und nach zu annektieren. Mit der Zerstörung von Karkamiš im Jahre 717 v. Chr. und der Eroberung von Melid im Jahre 712 v. Chr. endete das Zeitalter der späthethitischen Kunst.

Die Kunst der Urartäer

Die Anfänge der urartäischen Kunst liegen, genauso wie die frühe Geschichte der Urartäer, noch weitgehend im dunkeln. Ihre Sprache ist wahrscheinlich mit der hurritischen verwandt. Auf eine Verbindung mit den Hurritern weisen auch die Götternamen hin. An zweiter Stelle steht, neben dem Hauptgott Ḫaldi, der Gott Teišeba, der identisch ist mit Teššup, dem Hauptgott der Hurriter. Aber alle Versuche, die Wurzeln der urartäischen Kunst in der hurritischen zu suchen, bleiben rein hypothetisch, da nur wenige Denkmäler erhalten sind, die mit Bestimmtheit als hurritisch bezeichnet werden können.

Im 9. Jahrhundert v. Chr. haben die Urartäer die Gebirgslandschaft um den Vansee im Osten Anatoliens erstmals in der Geschichte dieses Gebietes zu einem Staat vereinigt und am Ostufer des Sees ihre Hauptstadt Ṭušpa gegründet. An einer in den See hineinreichenden Mauer, die als Sockel

Am »Royal Buttress« des Palastes von Karkemiš ließ sich um 750 v. Chr. König Jariri samt seiner zahlreichen Familie darstellen. Alle sind durch Hieroglyphenlegenden namentlich gekennzeichnet. Neben einer langen Hieroglypheninschrift historischen Inhalts steht, die Gruppe anführend, Kronprinz Kamanas, von seinem Vater Jariri am Arm gehalten. Das horizontal geteilte mittlere Relief zeigt Kinder beim Spielen und ein Kleinkind, das erste Gehversuche unternimmt. Die Mutter trägt ihr Jüngstes im Arm und führt eine Ziege hinter sich her. Ankara, Archäologisches Museum

für eine Art Damm oder vielleicht für auch ein Wasserheiligtum diente, ist folgende Inschrift angebracht:

Eine Inschrift Sardurs, des Sohnes Lutipris, des erhabenen Königs, des mächtigen Königs, des Königs des Weltalls [...] Ich, Sardur, empfing Tribut von allen Königen [...]

Es ist kennzeichnend für die Urartäer, daß diese Inschrift nicht in der eigenen Sprache und Bilderschrift abgefaßt ist, sondern in Keilschrift-Assyrisch. Von Anfang an standen die Urartäer unter starkem assyrischen Einfluß, und es entstand eine von dieser Stilrichtung abhängige Kunst, die fast über 200 Jahre, ohne bemerkenswerte Änderungen, fortdauern sollte. Nur in der Vorliebe für Mischwesen, in der Darstellung von Gottheiten, die auf einem Tier stehen, und in der Architektur treten urartäische Elemente in Erscheinung. Diese Kunst stand im Dienst des Königtums und der Staatsreligion und ist geprägt von einem höfischen Stil. Der Hof war bestrebt, nicht nur durch zahlreiche Neugründungen von Residenzen und Palaststädten in allen Teilen des Reiches, sondern auch durch einen einheitlichen Kunststil seine dominante Stellung überall in dieser rauhen Gebirgslandschaft zur Geltung zu bringen.

Von den ersten drei urartäischen Königen, Sardur I., Išpuini und Menua (um 840–785), die in Ṭušpa/Van residierten, sind nur wenige Denkmäler erhalten geblieben. Argišti I., der um 785 v. Chr. den Thron bestieg, dehnte das Gebiet der Urartäer aus und gründete zur Sicherung der Nordostgrenze des Reiches zwei Residenzstädte bei der heutigen Stadt Eriwan in Armenien. Irpuni auf dem Hügel Arinberd kann als Vorbild für die zahlreichen Zitadellen gelten, die die Urartäer im Laufe ihrer Geschichte gebaut haben. Die Anlage nimmt das dreieckige Plateau der Anhöhe ein und ist von einer Befestigungsmauer mit Türmen umgeben. Im Inneren der Burg befinden sich Tempel-, Residenz- sowie Verwaltungs- und Magazinbereiche. Der Tempelbezirk liegt im Süden. Er hat einen großen Hof, an dessen Westseite eine Pfeilerhalle mit fünf Reihen von je sechs Pfeilern steht. Ein Durchgang in der Mitte der Stirnwand führt zu einem quergelagerten, korridorartigen Raum, in dessen südlicher Schmalseite sich eine Tür zur Cella öffnet. Nördlich des Tempelbezirks liegen an den vier Seiten eines Hofes die Residenzbauten: im Norden der Wohnbereich mit einem Innenhof, im Osten der Thronsaal, im Süden Verwaltungsräume und im Westen ein Tempel. Dieser Tempel ist ein freistehender längsrechtekkiger Bau mit massiven Mauern und einem einzigen Innenraum. An den Steinsockeln einiger Wände im Residenzbereich befinden sich Inschriften in Keilschrift-Assyrisch mit einem Ideogramm, das »Palast« bedeutet. In den Räumen des Tempelbereichs waren die Wände mit roter und blauer Farbe auf weißem Grund bemalt. Eine Darstellung zeigt einen bärtigen Gott, der auf einem Löwen steht. Die im Palastbereich erhalten gebliebenen Wandmalereien sind in Streifen gegliedert. Auf den bekrönenden Palmettenfries folgt ein Zinnenmuster, darunter ein Streifen mit von Genien flankierten Lebensbäumen. Der breite Hauptstreifen zeigt auf blauem Grund Rosetten in Quadraten mit eingeschwungenen Rändern und an deren Seiten kniende Stiere, Mischwesen und Löwen. Unterhalb davon befindet sich wiederum eine Reihe von Lebensbäumen und Genien. Den Abschluß bildet eine Kette mit hängenden Granatäpfeln. Dieser Wandschmuck ähnelt bis in Einzelheiten Wandmalereien aus dem Palast Assurnaṣirpals II. in Nimrūd, aber die Haltung des auf einem Tier stehenden Gottes ist charakteristisch für die urartäische Kunst und vielleicht von hurritischen Vorbildern beeinflußt.

In der von Rusa II. errichteten Festung Tešebaïni auf dem Hügel Karmir-Blur am Araxes südwestlich von Eriwan wurden mehrere bronzene Gegenstände gefunden, die Weihinschriften seiner Vorgänger Argišti I. und Sardur II. tragen und aus einem uns unbekannten Grund hier deponiert worden waren. Insgesamt sind bei den Ausgrabungen vierzehn in Treibarbeit verzierte Bronzeschilde zutage gekommen, die alle den gleichen Dekor zeigen. In drei konzentrischen Kreisen, getrennt durch Bänder aus Lotosknospen, sind Stiere und Löwen aufgereiht, wobei die Tierfiguren so angeordnet wurden, daß keine auf dem Kopf steht, wenn man die Schilde am Riemen aufhängt. Die gestreckten Beine der Löwen nehmen eine A-förmige Stellung ein. Ihr halbkreisförmig erhobener Schwanz endet in einer Haarquaste über dem Rücken. Die Mähne ist durch ein flammenartiges Muster, die Schulter durch ein doppelt umrahmtes Oval wiedergegeben. Unter der Schulter befindet sich ein tulpenähnlich stilisierter Muskel. Das gefaltete Ohr hat auf der Muschel eine runde Warze. Auch die Stiere zeigen aufrechte, erhaben wirkende Haltung. Ihre Hörner gehen waagrecht von der Stirn aus und sind nach oben abgeknickt. Die Haare am Rücken enden in Spiralen. Obwohl diese Tierdarstellungen einen gewissen assyrischen Einfluß erkennen lassen, sind sie doch in einer Weise gestaltet, die für den urartäischen Hofstil im 8. Jahrhundert v. Chr. typisch ist.

In der zweiten von Rusa II. gegründeten Residenzstadt, in Rusaḫinili auf dem Berg Toprakkale nordöstlich von Ṭušpa/Van, wurde eine Anzahl vollplastischer, aus Bronze gegossener Figuren von Göttern und Mischwesen gefunden, die sicherlich als Verzierung von Möbeln dienten. Eine Sphinxfigur verbindet den geflügelten Körper eines Löwen mit dem Oberkörper und Kopf eines Menschen. Die Löwenbeine zeigen eine ähnliche ornamentale Stilisierung der Muskeln wie die Tierdarstellungen aus dem 8. Jahrhundert v. Chr. Die Hände sind vor der Brust gefaltet. Das Gesicht ist aus Kalkstein in den Kopf eingelegt, Augen und Augenbrauen werden durch schwarze Linien betont. Eine polosartige Kopfbedeckung mit zwei Hörnern weist das Wesen als göttlich aus. Unter den Löwenpranken sind Zapfen angebracht, mit denen die Figur an einem Möbelstück, wahrscheinlich an der Lehne eines Stuhls oder Throns, befestigt war.

Linke Seite, außen: In mehreren urartäischen Ausgrabungsfeldern wurden Bronzebleche mit getriebenen und ziselierten Verzierungen gefunden, die als Schmuck auf Ledergürteln getragen wurden. Ankara, Archäologisches Museum

Linke Seite, innen: Bronzene Wandplatten aus Toprakkale stellen ein dreistöckiges Gebäude mit Zinnenkranz und Turm dar. London, British Museum

Oben: Wehrhaft wirken auch die Fassaden auf den Säulenbasen (Höhe 1,10 m) aus Kefkalesi, vor denen geflügelte Genien auf schreitenden Löwen stehen. Ankara, Archäologisches Museum

Ein besonders typisches Erzeugnis der urartäischen Metallurgie sind große Kessel auf Dreifüßen. Am Gefäßrand sind Attachen in Form von Stier- und Sirenenköpfen angebracht.

In der Spätzeit des urartäischen Reiches entstandene Denkmäler sind zwar noch vom Hofstil geprägt, zeigen aber Änderungen in den Proportionen der Tierdarstellungen, wodurch die zeremonielle Wirkung etwas aufgelockert wird. So erscheinen auf einem Schild Rusas III. die Körper der Löwen schlanker und die Beine verhältnismäßig lang. Alle anderen Details, wie Mähnen- und Muskelverzierung sowie die Haltung des Schwanzes, entsprechen noch dem Hofstil.

Im Jahre 612 v. Chr. wurde die assyrische Hauptstadt Ninive durch die Meder und Babylonier zerstört; ungefähr zur gleichen Zeit ging auch das Reich von Urartu unter. Der über 200 Jahre währende Hofstil der Urartäer beeinflußte zwar noch die spätere Kunst, hörte aber in seiner eigentlichen Form auf zu existieren.

Die Kunst der Phryger

In Zentralanatolien trat nach dem Zerfall des Hethiterreiches um 1200 v. Chr. ein Volk in Erscheinung, das als Vermittler zwischen Okzident und Orient eine besondere Rolle spielte. In Westanatolien sind die Angehörigen dieses

Links oben: Einer der zahlreichen Tumuli der phrygischen Nekropole von Gordion/Yassıhöyük.

Links unten: Phrygisches Felsgrab nördlich von Midas Şehri.

Rechts: Die bis 9 m Höhe erhaltenen Mauern des monumentalen Osttores der phrygischen Hauptstadt Gordion bestehen aus roh verlegten Steinquadern, die einst mit Stuck überzogen und weiß getüncht waren. Zwei Türme flankieren die 9 m breite und 23 m tiefe Torkammer. Die geböschten Mauern der Befestigung ähneln denen von Troja VI. Westlich des Tors liegt, einst durch eine Temenosmauer abgeschirmt, ein großer Hof, an dessen Schmalseiten je zwei Antentempel standen.

Gordion
1 Osttor
2 Tempelbezirk
3 Palasthof
4 Megaron (Audienzhalle)
5 Terrasse mit Wirtschaftsgebäuden

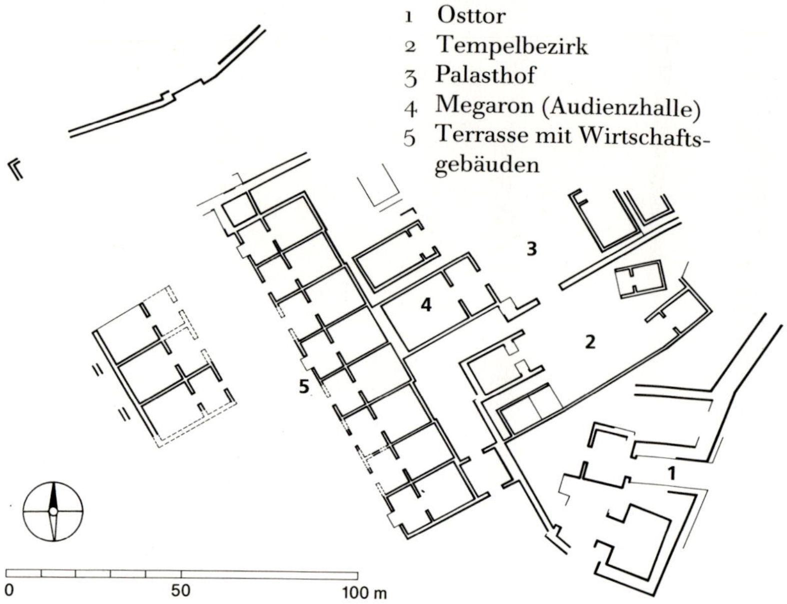

Volkes als Phryger, im Osten als Muški bekannt. Nach griechischen Quellen, so vor allem nach Herodot, war die Urheimat der Phryger Makedonien, von wo sie kurz vor dem Trojanischen Krieg nach Anatolien einwanderten. Im 8. Jahrhundert v. Chr. herrschten sie über das gesamte Gebiet Inneranatoliens und verfügten über so große Reichtümer, daß nach einer Sage alles, was ihr König Midas berührte, zu Gold wurde. Midas war es auch, der nach Herodot als erster Barbar ein Weihgeschenk, nämlich seinen Thron, nach Delphi sandte. Die Annalen des assyrischen Königs Tiglatpilesar I. (1114–1076) berichten, daß dieser am Anfang seiner Regierung einen Feldzug über den Euphrat nach Südostanatolien gegen ein kurz vorher eingedrungenes Volk unternahm und einen Sieg über 20000 Muški errang, die fünf Königen unterstanden. Von Sargon II. erfahren wir, daß er ein Heer unter den Königen von Tabal, Karkamiš und Muški zerschlug und nach der Eroberung von Karkamiš im Jahre 717 v. Chr. Tribut von Mitas, dem König der Muški, empfing. Somit ist spätestens im 8. Jahrhundert v. Chr. ein Volk bekannt, das je nach den Quellen als Phryger oder Muški bezeichnet wird und dessen König den Namen (oder Titel) Midas/Mitas trug.

Die griechischen und assyrischen Quellen finden eine gewisse Bestätigung durch die kulturelle Hinterlassenschaft Zentralanatoliens im ersten Viertel des 1. Jahrtausends v. Chr., wobei das östliche Gebiet vielleicht von den Muški, das westliche von Phrygern bewohnt wurde.

Ihre Hauptstadt gründeten die Phryger am nordwestlichen Rand der Anatolischen Hochebene, und zwar an einer wichtigen Verkehrsstelle am Ufer des Flusses Sangarios/Sakarya, wo vom Ost-West-Handelsweg eine Route nach Nordwesten abzweigt. Durch die Ausgrabungen, die von A. und G. Körte um die Jahrhundertwende begonnen und 1950 von der University of Pennsylvania fortgesetzt wurden, sind keine historischen Belege für den Namen der Stadt zutage gekommen. Aus geographischen Beschreibungen der Römerzeit ergibt sich jedoch, daß im 1. Jahrtausend v. Chr. hier die Stadt Gordion stand. Der etwa 20 Meter hohe Ruinenhügel trägt heute den Namen Yassıhöyük. Die früheste Siedlung in Gordion/Yassıhöyük datiert in die Frühbronzezeit, und im 2. Jahrtausend v. Chr. existierte hier eine nicht unbedeutende hethitische Stadt. Unmittelbar auf der letzten hethitischen bauten die Phryger ihre erste Siedlung auf. Bei den Ausgrabungen ist festgestellt worden, daß neben der phrygischen Keramik auch hethitische vorkam, so daß im Gegensatz zu fast allen anderen Orten Anatoliens hier ein friedliches Nebeneinander der beiden Völker bestanden zu haben scheint.

Spätestens im 9. Jahrhundert v. Chr. entwickelte sich die Siedlung Gordion/Yassıhöyük zu einer ansehnlichen Stadtanlage mit Residenz-, Tempel- und Wirtschaftsbereichen. Sie nimmt ein Areal von 500 x 350 Metern ein und ist von einer mächtigen Befestigungsmauer umgeben, an deren Ostseite sich eine monumentale Toranlage befindet.

Der Toreingang ist 9 Meter breit und 23 Meter tief. Zwei Türme, die als Ruinen noch eine Höhe von 9 Metern haben, flankieren ihn. Die in drei Bezirke unterteilte Stadtanlage folgt einem festgelegten Plan. Hinter dem Stadttor, durch eine Temenosmauer von ihm getrennt, liegt ein Hof, an dessen Schmalseiten je zwei Tempel stehen. In der Temenosmauer an der nördlichen Langseite führt ein Tor zum Hof der Residenzanlage mit einer großen Audienzhalle. Im Südwesten des Tempel- und Residenzviertels stehen, durch eine Mauer abgeschirmt, auf einer drei Meter hohen Terrasse die Wirtschaftsgebäude. Die charakteristische Bauform in Gordion/Yassıhöyük ist der Megaron. An drei Innenseiten eines der freistehenden Megara fand man Pfeilerbasen und andere architektonische Details, die auf eine Galerie hindeuten, und in einem anderen ist der Hauptraum mit einem Mosaikfußboden ausgelegt. Die Megara hatten Giebeldächer, die mit Akroteren geschmückt waren.

Die phrygische Kunst zeichnet sich durch eine besonders hervorragende Keramik aus. Die ältere Ware – grau bis schwarz, gut poliert und mit hochgezogenen Henkeln – hat eine gewisse Ähnlichkeit mit der sogenannten Buckelkeramik aus der Bauphase VIIb in Troja. Ihr Auftauchen im 1. Jahrtausend v. Chr., vorwiegend im westlichen Bereich Zentralanatoliens, wird mit der Einwanderung der Phryger aus dem Balkan in Verbindung gebracht. Über den Ursprung der bemalten Keramik sind verschiedene Meinungen geäußert worden; auf keinen Fall kann man sie jedoch von der griechisch-geometrischen Vasenmalerei ableiten. Es lassen sich drei Stilgruppen unterscheiden. Die ältere Gruppe ist im östlichen Bereich beheimatet und kommt schon im 9. Jahrhundert v. Chr. vor. Sie ist durch einen Silhouettenstil gekennzeichnet. Als häufigste Gefäßform dieser Gruppe erscheint ein zwei- oder vierhenkliger großer Kessel. Der Hals ist in mehrere schmale Streifen unterteilt, und in diese sind in rötlichbrauner Farbe geometrische Muster aufgetragen. Um die Schulter läuft ein breiter Streifen, in den Capriden und Cerviden im Silhouettenstil gemalt sind. Der freie Raum zwischen den Tieren wird mit stilisierten Bäumen und Kreisen ausgefüllt. Die zweite Gruppe mit Dekor im Linearstil ist vor allem im westlichen Bereich der Hochebene verbreitet und erlebte ihre Blütezeit im 8. Jahrhundert v. Chr. Die meisten Gefäße sind Kannen mit hochgezogenen Henkeln und einer langen Tülle. Ihre gesamte Oberfläche ist in quadratische Felder unterteilt, die Darstellungen von Löwen, Hirschen, Ziegen und Sphingen enthalten. Die in brauner bis rötlichbrauner Farbe gemalten Umrisse der Tiere sind mit Punkten, Spiralen und Wellenlinien ausgefüllt. Offensichtlich waren die Vasenmaler des Linearstils mit späthethitischen Reliefs vertraut. Der dritte Keramikstil kommt gleichzeitig und in derselben Region wie der zweite vor, taucht aber gelegentlich auch im Osten auf. Die gesamte Gefäßoberfläche ist hier mit geometrischen Mustern in rotbrauner bis schwärz-

lichbrauner Farbe verziert. Manche Gefäße zeigen zoomorphe Formen und erinnern an die Tiergefäße aus der hethitischen Alt- und Großreichszeit; sie setzen wohl eine ureigene anatolische Tradition fort.

Die räumliche und zeitliche Verteilung der verschiedenen Keramikgattungen in Zentralanatolien im 1. Jahrtausend v. Chr. ist vielleicht ein Spiegelbild der differenzierten Beziehung Phryger–Muški, Midas–Mitas. Klare Trennlinien können bis heute aber nicht gezogen werden.

Die Phryger haben ihre Toten unter großen Erdhügeln, sogenannten Tumuli, beerdigt, eine Bestattungsart, die im Balkan weit verbreitet ist und einen Hinweis auf die Herkunft dieses Volkes gibt. Der bedeutendste phrygische Tumulus befindet sich etwa zwei Kilometer nordwestlich von Gordion/Yassıhöyük. Er ist heute noch 53 Meter hoch und hat einen Durchmesser von 350 Metern. Das heißt, hier sind über 1,5 Millionen Kubikmeter Erde zu einem monumentalen Grabmal aufgehäuft worden. Die Grabkammer wurde auf dem gewachsenen Boden direkt unter der Spitze des Tumulus angelegt. Sie besteht aus einem 6,20 x 5,15 Meter großen Raum mit Giebeldach, der aus vierkantigen gehobelten Holzbalken errichtet wurde. Um die Grabkammer gegen den gewaltigen Druck der Erdmassen zu sichern, wurde sie rundherum mit großen Baumstämmen abgestützt und mit einem Flachdach abgedeckt. Zusätzlich zu dieser Ummantelung wurde eine Umfassungsmauer aus Steinquadern aufgeschichtet und der Zwischenraum mit einer Steinfüllung aufgeschüttet. Der Tote lag in der Grabkammer auf einer hölzernen Bahre. In dem Raum standen neun Tische, und an der östlichen Wand waren zwei Wandschirme aufgestellt. Insgesamt wurden 166 bronzene Gefäße, drei große Kessel, zwei bronzene Situlae und über 145 bronzene Fibulae als Beigaben in dem Grab gefunden. Die Tische und Wandschirme sind aus dunklem Holz hergestellt und in Einlegearbeit aus hellem Holz mit geometrischen Mustern um große Rosetten verziert. Bei den Bronzegefäßen handelt es sich um Omphalosschalen, Kannen mit hochgezogenem Henkel und Tüllenkannen. Die großen Kessel haben an den Rändern Attachen in Form von Stier- und Sirenenköpfen. Eine Situla endet in einem Löwenkopf, eine andere in einem Widderkopf. Die Bügel der Fibulae sind mit verschieden geformten Stegen verziert, und eine Gattung hat einen verschiebbaren viereckigen Nadelkasten.

Am äußersten westlichen Rand der Anatolischen Hochebene, nördlich der heutigen Stadt Afyon, haben die Phryger mehrere Felsreliefs hinterlassen. Beim Arslan-Taş, dem »Löwenfels«, sind drei Seiten des natürlich geformten freistehenden Tuffsteinblocks mit Reliefs versehen. Die breite Vorderseite gibt eine Fassade mit Giebel und Akroter wieder. Sie ist mit einem geometrischen Muster aus Mäanderlinien verziert, und in der Tür steht, im Halbrelief dargestellt, die Große Göttin der Phryger, Kybele. Eine Sphinx und ein aufrecht stehender Löwe flankieren sie an den Schmalseiten. Ähnlich wie die Reliefs der Hethiter, die

Phrygische Kunst ist in erster Linie ornamental. Dabei ist es unerheblich, ob der Dekorträger eine Keramik, ein Möbel oder eine geometrisch gemusterte Felsfassade ist.
Bei dem originellen Gefäß in Gestalt einer Gans (linke Seite, oben; Höhe 37 cm) wurde das Federkleid in dekorative Geometrie verwandelt.
Selbst die Stierfiguren in den Bildfeldern der ansonsten geometrisch verzierten Henkelkanne (linke Seite, Mitte; Höhe 30 cm) wurden flächenfüllend durchgemustert.
Durch einen Rapport streng gegliedert, erinnern die Intarsien eines hölzernen Wandschirms (rechts, Höhe 95 cm) an Textilmuster. Fundort ist der große Tumulus in Gordion.
Die zeichnerische Wiedergabe zweier marschierender Krieger auf einer bemalten Terrakottaplatte (linke Seite, unten; Höhe 44 cm) wirkt dagegen leicht und unbeschwert. Sie stammt von einem Fries, der einst ein Gebäude in Pazarli schmückte. Die Löcher in den Kacheln lassen darauf schließen, daß sie mit Nägeln an einem Holzbalken befestigt waren.
Ankara, Archäologisches Museum

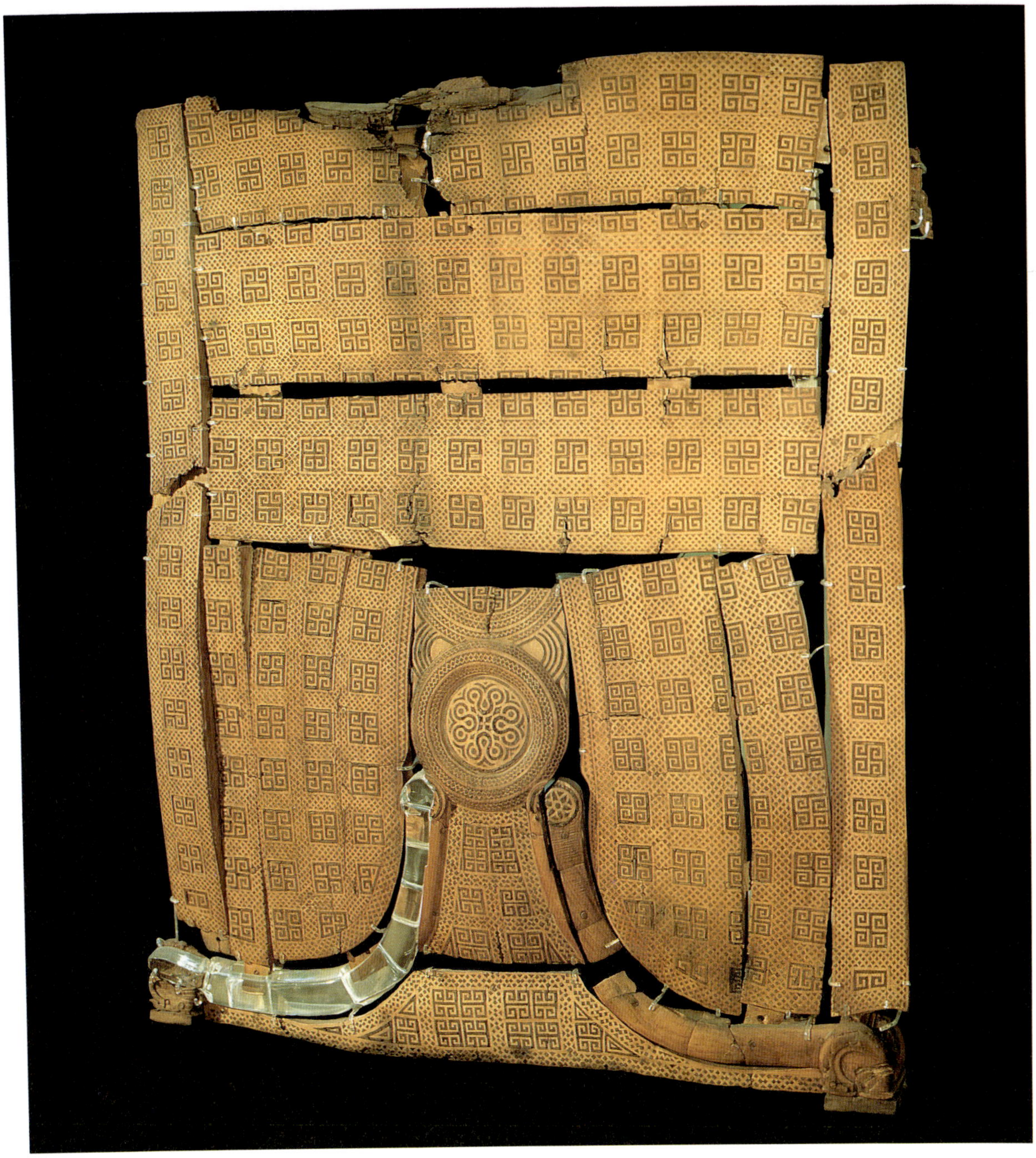

Standarten aus Alaça Höyük und die Rollsiegel aus Kaniš-Neša/Kārum offenbart dieses Felsdenkmal die tiefe Wirkung der Natur Anatoliens auf die Kunst der in dieser Landschaft heimischen Kulturen.
Anatolien ist oft als Brücke zwischen Ost und West beschrieben worden. Dies trifft besonders auf die Zeit der Phryger im ersten Viertel des 1. Jahrtausend v. Chr. zu. In den Reliefs aus dem Palast Sargons II. in Ḫorsābād sind Tributträger dargestellt, die Situlae und Fibulae tragen, wie sie in dem großen Tumulus von Gordion vorkommen. Andererseits wurden auf dem griechischen Festland, etwa in Delphi und Olympia, große bronzene Kessel mit Stier- und Sirenenkopfattachen entdeckt, die vielleicht nicht in Phrygien selbst, sondern in Urartu hergestellt, aber durch die Phryger nach Griechenland exportiert wurden. Neuerdings ist sogar die Meinung geäußert worden, daß die Griechen die Schrift nicht direkt von den Phönikern übernommen hätten, sondern auf Umwegen, vermittelt durch ein drittes Volk. In der Tat finden sich auf Gefäßen aus dem großen Tumulus von Gordion fünf Inschriften, die darauf hindeuten, daß schon in der zweiten Hälfte des 8. Jahrhunderts v. Chr. auch in Zentralanatolien die von den Phönikern übernommene Schrift mit Vokalzeichen angewandt wurde. Es ist daher mit der Möglichkeit zu rechnen, daß die Phryger durch ihre Beziehungen zu den Kleinfürstentümern in Südostanatolien und Nordsyrien den Griechen diese Schrift vermittelt haben.
Mit der Zerstörung der Stadt Gordion durch die Kimmerier um 700 v. Chr. ging die bis dahin blühende phrygische Kultur zugrunde. Zentralanatolien geriet durch die Ausbreitung des lydischen Reiches, mit der Hauptstadt Sardes, unter den Einfluß der griechischen Kultur und wurde im 6. Jahrhundert v. Chr. Bestandteil des Perserreiches. Die phrygische Kultur verschwand jedoch nicht völlig. Noch aus frühchristlicher Zeit sind Grabinschriften vorhanden, die phrygische Personennamen aufweisen.

Oben und unten: Neuelamische Felsreliefs in Kūl-i Farah bei Ideh/ Mālamīr. Das Relief des Kleinfürsten Hanni (oben) stellt eine Tieropferszene dar. Der Herrscher ist durch den enormen Größenunterschied hervorgehoben. Dieser ist noch krasser in einem Relief mit demselben Inhalt, das in der Spätphase neuelamischer Kunst in die gegenüberliegende Felswand gemeißelt wurde (unten).

Rechte Seite: Altelamisches Felsrelief mit späteren Zusätzen in Kūrangūn. Hoch oben an einer Felswand wurde hier am Ende der altelamischen Zeit eine schmale Plattform angelegt und mit der Reliefdarstellung eines Götterpaares und einiger Beter versehen. Der Gott sitzt auf einem Thron, der aus gefalteten Schlangen besteht. Wasserströme mit Fischen versinnbildlichen wohl die Verbindung zwischen Betern und Göttern. Dieses Relief blieb unvollendet, aber mehrere Jahrhunderte später wurden drei Reihen von Betern hinzugefügt, so angeordnet, daß sie die Felstreppe zur Plattform herunterzukommen scheinen.

Elam

Wenn wir von »Elam« sprechen und schreiben, so folgen wir, wie so oft in der Orientalistik, biblischem Gebrauch. Ganz ähnlich wie den Autoren der Bibel ist uns dabei nicht sehr klar, wie weit dieses östlich von Babylonien liegende politisch/historische Gebilde nach Norden und vor allem nach (Süd)osten ausgriff – zu gewissen Epochen offenbar recht weit. Wir verwenden das Wort meistens pauschal: so, als habe es sich immer um *ein* Land, um *eine* Kultur und Kunst gehandelt, und dieses »elamisch« im weitesten Sinne ist gewiß nicht mehr auszurotten.

Die nächsten Nachbarn, die Sumerer, Babylonier und zuletzt auch die Assyrer, hatten natürlich genauere Kenntnisse von den elamischen Ländern. Aus ihrer Literatur erfahren wir, daß man zwischen dem Mesopotamien zunächst gelegenen Susa mit der gleichnamigen Stadt und dem östlich anschließenden eigentlichen Elam unterscheiden konnte; man tat es jedoch nicht immer. Auch die griechisch-römischen Geographen (Strabo, Ptolemaios, Plinius) unterschieden säuberlich die »Susianē« und »Elymaïs«; letztere war in der Arsakidenzeit lange selbständig. Beide Länder zusammen bilden annähernd die moderne Provinz Khūzestān: eine reich bewässerte, heiße Tiefebene, der mesopotamischen ähnlich, und im Norden und Osten angrenzende schroffe Bergländer.

Damit aber ist Gesamt-Elam noch keineswegs zu Ende beschrieben: Eine Reihe von typisch iranischen Hochtälern, wie das von Ideh/Mālamīr, hatte manchmal halbselbständige Kleinkönige. Offenbar recht große andere Gebiete waren so wichtig, daß sie Teil des Titels der Herrscher wurden: so Awan im 3. und Šimaški im 3. und 2. Jahrtausend; beider Lage ist noch unbekannt. Seit einiger Zeit wissen wir dank einer amerikanischen Grabung, daß Tall-i Malyān, nordöstlich von Šīrāz, das antike Anšan ist, Hauptstadt des ebenfalls seit dem 3. Jahrtausend titelgebenden Landes, und daß diese Stadt bis zum Ende des 2. Jahrtausends blühte. Wohl nicht die Herrschaft, aber doch der kulturelle Einfluß der Elamer hat sich noch viel weiter nach Norden und Osten erstreckt, wie durch Funde südlich des Kaspischen Meeres, um die zentraliranische Große Wüste herum und sogar aus Afghanistan bezeugt ist. Der komplizierten Geographie entsprach der Aufbau der »Monarchie«, die nicht die »Herrschaft eines«, sondern gleichzeitig dreier Fürsten vorsah, was zuerst G. Cameron gesehen und beschrieben hat. Stellvertreter und Nachfolger des »Großregenten« war dessen nächstältester Bruder, während die nächste Generation die dritte, niedrigste Position innehatte: die des »Regenten von Susa«. Dieser, in der Regel der Sohn des Oberkönigs, konnte erst aufsteigen, wenn keiner seiner Onkel mehr am Leben war. Es ist möglich, daß in anderen Reichsteilen weitere Familienmitglieder amtierten. Verbunden mit Geschwisterehe und Levirat war dies ein kompliziertes System, das überraschend gut und lange funktioniert zu haben scheint.

Es ergibt sich daraus, daß Susa nur eine von mehreren Hauptstädten war, exzentrisch weit im Westen gelegen und regiert von einem Unterfürsten. Nach Ausweis der hier gefundenen Texte war es offenbar teilweise von Akkadisch Sprechenden besiedelt. Auch unser archäologisches Material stammt in überwältigender Mehrheit von diesem Fundort; wir sind also vorläufig gezwungen, elamische Kunstgeschichte, ebenso wie Geschichte, susazentrisch zu betrachten, und müssen uns dabei bewußt bleiben, daß das Resultat einseitig sein muß: Wie E. Carter bemerkt hat, kann Susa angesehen werden als die mesopotamischste Stadt Elams – oder auch als die elamischste Mesopotamiens. Nur die landeinwärts gelegenen Felsreliefs (Abb. S. 410, 411) und ein reicher Grabfund bei Behbehan (Arǧan) können das einseitige Bild etwas ausgleichen und ahnen lassen, in welcher Richtung wir es künftig korrigieren müssen.

Sind die geographischen Grenzen des lockeren elamischen Ländergefüges noch nicht erkennbar – nach Norden und Osten vor allem –, so sind es auch die zeitlichen nicht – und zwar zum 4. Jahrtausend hin. Wir können seit der Entzifferung durch W. Hinz davon ausgehen, daß die späteste Stufe der Strichschrift in Susa und bei Persepolis elamische Sprache wiedergibt; die übliche Bezeichnung »Protoelamisch B« ist also berechtigt. Gleichzeitig wird das Akkadische der Mitte des 3. Jahrtausends verwendet. Geht man von diesem Zeitpunkt an rückwärts, so hat man vielerlei mit Sumerischem Verwandtes: Architektur, Rundplastik, bemalte Keramik von hoher Qualität; doch ist die älteste Schrift, »Protoelamisch A«, nicht entziffert, und so wissen wir nicht, ob wirklich schon Ende des 4. Jahrtausends »erst-elamische« Sprache geschrieben wurde oder vielmehr vor-elamische. Auch die zugehörigen Siegelabrollungen sind stilistisch den sumerischen verwandt, inhaltlich jedoch eigenständig, vor allem durch ihre Vorliebe für Monstren und Schlangen; letzteres läßt sich gut mit mittelelamischer Ikonographie vergleichen und erlaubt doch wohl die Annahme einer gewissen Kontinuität. Schrift und Rollsiegel wurden etwa zur gleichen Zeit eingeführt wie in Sumer.

Gegründet wurde Susa noch vorher, im Chalkolithikum. Große Terrassen, denen in Uruk ähnlich, lassen Heiligtümer vermuten. Die geometrisch dekorierte gleichzeitige Keramik ist der ʿObēd-Ware verwandt, jedoch von viel höherer Qualität; als einzige nichtgriechische Ware wurde sie einst in das *Corpus vasorum* aufgenommen.

Das 3. Jahrtausend war, nach der Wirkung auf Nord- und Ostiran zu urteilen, die Zeit der größten Ausstrahlung der elamischen Kultur. Schon vor der Jahrtausendwende war die ältere protoelamische Schrift weit verbreitet: Neben Susa gibt es jetzt Belege vom Tepe Sialk (bei Kašan), aus Tall-i Malyan, Tepe Yaḥya in Kirman und Šahr-i Soḫta in Sistān. Diese Ausstrahlung hielt an bis in den Beginn des 2. Jahrtausends: So wird auch der entscheidende Bruch vom archaischen Stil zu dem der Akkad-Zeit, der in Mesopotamien stattfand, in Fars und sogar im fernen Baktrien mitvollzogen. Verschieden sind dagegen manche Bildinhalte, so die starke Betonung von Schlangen und Fischen, die große Rolle von Frauen und die teppichartige Füllung des Bildraumes. Leider stammen bis jetzt die wichtigsten erhaltenen Kunstwerke nicht aus wissenschaftlich kontrollierten Grabungen, sondern aus dem Kunsthandel; deshalb können wir oft die Herkunft nur vage angeben, wie bei einer prächtigen Axt, die aus Nordafghanistan nach Nordindien gebracht worden sein soll. Ebenso ist solches Material natürlich nicht schichtenbestimmt und kann deshalb nur entweder stilistisch oder typologisch datiert werden, wie zum Beispiel Äxte und Hämmer, deren undekorierter Typus aus Susa wohlbekannt und durch Inschrift oder Fundstelle fest datiert ist.

Die weitere Entwicklung der Kunst im 2. und 1. Jahrtausend pflegen wir, parallel zur babylonischen und assyri-

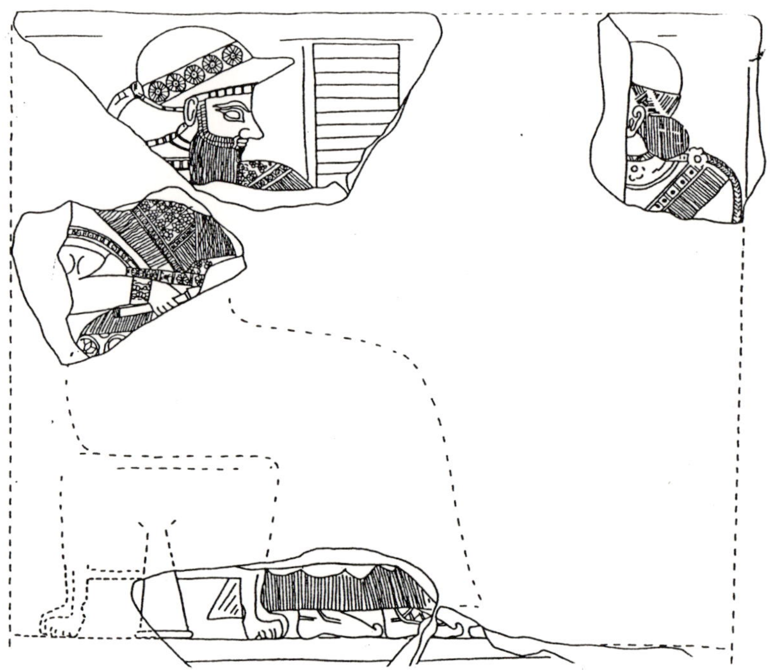

Linke Seite, außen: *Sogenannte »Spinnerin«, Relieffragment aus Susa. Auf dem Tisch liegt ein Fisch als Opfergabe; in der rechten unteren Ecke ist noch der Rest eines Göttergewandes zu erkennen. Paris, Louvre*

Rechte Seite, innen: *Stele des Atta-hamiti-inšušinak, aus den in Susa gefundenen Fragmenten zusammengesetzt von U. Seidl. Paris, Louvre*

Links: *Stele des Untaš-Napiriša aus Susa. Im Register unterhalb des Gottes mit dem Schlangendrachen erscheint König Untaš-Napiriša zusammen mit seiner Gemahlin Napir-asu und einer zweiten Frau. Darunter sind fischleibige Göttinen dargestellt, von denen Wasserströme ausgehen, und Stiermenschen mit Mufflonhörnern am Heiligen Baum. Paris, Louvre*

Rechts: *Die Bronzestatue der Königin Napir-asu aus Susa bezeugt die hochentwickelte elamische Guß- und Ziseliertechnik. Ihre Höhe beträgt (ohne Kopf) 1,26 m und ihr Gewicht 1750 kg. Paris, Louvre*

Folgende Doppelseite: *Die achämenidische Königsburg von Susa wurde im Nordosten der elamischen Akropolis errichtet. Am linken Bildrand sieht man, an den Säulenbasen erkennbar, den Apadana, oben die Sondage zur Bestimmung der Schichten, rechts unten das »Château« der »Mission Archéologique Française«.*

schen, in Alt-, Mittel- und Neuelamisch einzuteilen. Das heißt nicht, daß zwischen diesen Perioden keine Kontinuität bestand: Das Geschichts- und Dynastienbewußtsein muß dem in Mesopotamien ähnlich gewesen sein; dieselben Götter wurden über lange Zeiten hinweg verehrt. Zum Teil geschah das auch immer an denselben Stellen, wie zwei Felsreliefs beweisen, die mehrfach erneuert wurden. Eines davon ist das von Kūrangūn, am Weg zwischen dem Hochland von Fars und der elamisch-susianischen Tiefebene (Abb. S. 411). Hier wurde am Ende der altelamischen Periode eine schmale Plattform angelegt und mit der Reliefdarstellung eines Götterpaares und einiger Beter versehen, die rechts auch die innere Ecke des Felsens einnehmen. Der (uns unbekannte) Gott wird durch seinen Thron charakterisiert, der aus gefalteten Schlangen besteht; Wasserströme mit Fischen sollen wohl, ähnlich wie auf Siegelbildern, die Verbindung zwischen Betern und Göttern konkretisieren. Auch als Opfermaterie spielen Fische eine große Rolle: so auf einem Relieffragment sehr unsicheren Datums, in dessen rechter unterer Ecke noch der Rest eines Göttergewandes erscheint (Abb. linke Seite, außen). Die spätaltelamischen Reliefs in Kūrangūn wurden nie vollendet. Mehrere Jahrhunderte später, wohl gegen Ende des 2. Jahrtausends, wurden drei Reihen von ganz gleichartigen Betern hinzugefügt, so angeordnet, daß sie die Felstreppe zur Plattform herunterzukommen scheinen. Stärkere Plastizität und bewußt eingesetzte Gleichförmigkeit zeigen den Stilunterschied.

Wohl der Höhepunkt elamischer Kunstentwicklung, die Regierungszeit des Königs Untaš-Napiriša (früher Untaš-GAL geschrieben), ist neuerdings durch eine von J.A. van Dijk veröffentlichte Urkunde recht genau datiert: Er hat vor dem Jahre 1333 v. Chr. eine babylonische Prinzessin geheiratet. Von einer elamischen Gemahlin, Napir-asu, ist eine fast lebensgroße Bronzestatue erhalten (Abb. oben). Ein bärtiger Kopf im Metropolitan Museum in New York, in

Reliefierter Goldbecher aus Hasanlu mit Götterprozession und mythologischen Szenen, Gesamtansicht (rechte Seite) und Details (unten rechts die Außenseite des Bodens). Die Götter und Heroen der detailreichen Szenen wurden mit dem hurritischen Mythos von Kumarbi in Verbindung gebracht. Er berichtet vom Versuch dieses Gottes, seine Herrschaft über die Götter und die Welt, die ihm der junge Wettergott streitig macht, zu erhalten. Die Darstellungen sind inhaltlich und auch formal aus Elementen verschiedener Herkunft zusammengesetzt.
Teheran, Archäologisches Museum

ungefähr gleichem Maßstab und vor allem in der gleichen hochentwickelten Guß- und Ziseliertechnik, könnte der der zugehörigen Königsstatue gewesen sein; er wird allerdings, wohl wegen seiner hohen Qualität, auch zuweilen in die Akkad-Zeit datiert. Durch Inschrift gesichert ist eine in viele Fragmente zerbrochene Stele aus Susa (Abb. S. 413). Hier finden wir wiederum Untaš-Napiriša und Napir-asu, zusammen mit einer zweiten Frau, im Register unterhalb des Gottes mit dem Schlangendrachen, wohl als Beter zu Seiten dieses Gottes zu denken (vgl. Abb. S. 411). Auch die Wasserströme tauchen wieder auf, hier von fischleibigen Göttinnen ausgehend. Im untersten Register können wir ein altes mesopotamisches Motiv, Stiermenschen am Heiligen Baum, in seiner elamischen Variante rekonstruieren: nämlich mit Hörnern einer wilden Ovidenart, der Mufflons. Rahmen und Schutz für alle diese Szenen bilden die in Elam so beliebten Schlangendrachen.
Leider ist die mittelelamische Architektur in Susa bei älteren Grabungen nicht beobachtet worden; doch ist die von Untaš-Napiriša in Čoġā Zanbīl völlig neu geplante und erbaute Hauptstadt verhältnismäßig wohlerhalten durch den glücklichen Umstand, daß sie später kaum noch benutzt wurde. Sie enthält alles, was damals für den Regierungssitz eines Königs notwendig war: ein Hauptheiligtum mit Zikkurrat, eng umgeben von kleineren Tempeln (Abb. S. 302/303), als Mitte einer Art Akropolis mit weiteren Tempeln und mit Palästen, wiederum umgeben von einer äußeren Stadtmauer. Die Gräber einer Dynastie wurden in Babylonien gerne in den Boden eines früheren Palastes eingelassen; hier mußte ein solcher neu gebaut werden, um dann die Gräber (der Könige?) aufzunehmen. Das typisch Elamische, im Gegensatz zu mesopotamischen Planungen, liegt in der strikten Vermeidung von Symmetrie und rechteckigen Plätzen.

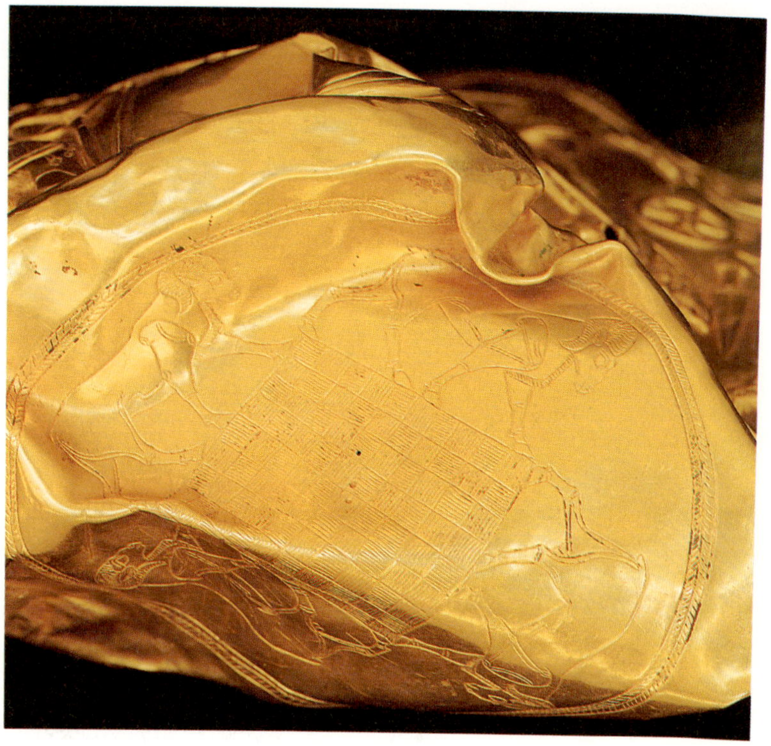

Die Ausbreitung des sehr charakteristischen mittelelamischen Stils, mit seinen fülligen Gestalten und glockenförmigen Umrissen (Abb. S. 413 rechts) sowie grob naturalistischen, in Gräbern beigegebenen Porträtköpfen aus Terrakotta, scheint nicht so weit gereicht zu haben wie in den voraufgehenden Epochen. Dagegen tauchen gegen Ende des 2. Jahrtausends in Nord- und Nordwestiran Zeugnisse hochentwickelter Werkstätten von Metallreliefs auf, die von Elam ganz und gar nicht beeinflußt sind. Wo genau diese Werkstätten gearbeitet haben, wissen wir noch nicht; an ihren Ausgrabungsstätten jedenfalls waren die berühmten Goldbecher von Marlik und Hasanlu nicht zu Hause. Eine Gruppe dieser Becher gibt so getreulich den Stil der II. Dynastie von Isin wieder, daß wir sie als mittelbabylonische Importe auffassen können (Abb. S. 421); andere, sowohl aus Marlik wie aus Hasanlu, sind gewiß einheimisch. Als reine Erzeugnisse erster iranischer Einwanderer dürfen wir sie wohl kaum deuten. Die Götter und Heroen der ausführlichen Szenen des Bechers von Hasanlu sind von M. Mellink zu Recht mit hurritischer Mythologie verglichen worden; inhaltlich und auch formal sind sie eindeutig synkretistisch aus Elementen verschiedenster Herkunft zusammengesetzt.

Mit der Anwesenheit iranischer Stämme dürfen wir erst im 8. Jahrhundert rechnen. Zwei Festungen, eine davon mit einem Feuerheiligtum (Abb. S. 436), sind eindeutig medisch; Meder waren wohl auch die Produzenten geometrisierend bemalter Keramiken in Nordluristan und bei Kašan am Rande der Großen Wüste (Abb. S. 418). In dem Teil des Schatzes von Ziwije, den A. Godard für das Museum in Teheran aus gefährdenden Umständen gerettet hat, finden sich Elemente eines Stils, den später die (ebenfalls iranischen) Skythen in Südrußland übernahmen (Abb. S. 421). Wo dieser Stil ursprünglich entstand und wie er in das Kleinfürstentum Man im heutigen Kurdistan gelangte, wissen wir nicht.

Im elamischen Bereich gibt es auch aus dem 1. Jahrtausend noch Inschriften und Bilder von Herrschern von Susa (Abb. S. 412) und von Kleinkönigen in den Baḫtiarenbergen (Abb. S. 410). Die technische Qualität und die Ausdrucks-

Links: Bemalte Kannen vom in Tepe Sialk gefundenen Typ. Teheran, Archäologisches Museum

Unten: Grundriß des Palastkomplexes von Hasanlu.

Rechts: Die von einer mächtigen Befestigungsmauer umgebene Zitadelle von Hasanlu im Nordiran wurde um 800 v. Chr. zerstört. In ihrem südwestlichen Teil wurden palastartige Gebäude mit Säulenhallen ausgegraben, die vielleicht Vorläufer der späteren Säulenhallen der achämenidischen Zeit waren. Holzsäulen auf großen Basissteinen stützten das Dach.

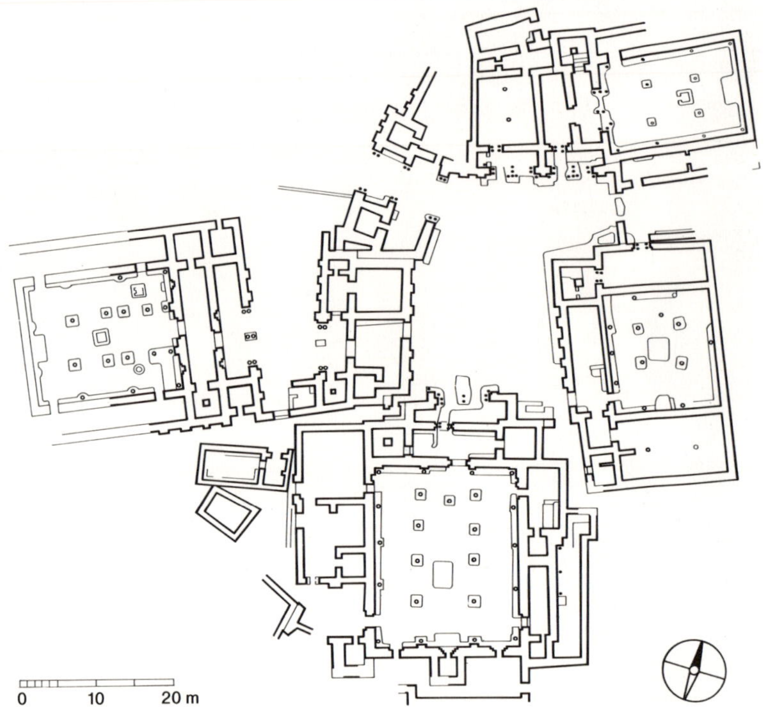

kraft des elamischen Stils haben in dieser Zeit offenbar merklich nachgelassen: Das Relief ist extrem flach, die Umrisse sind starr; Details werden, alle in gleicher Tiefe, nur noch eingeritzt – ganz im Gegensatz zu gleichzeitigen neuassyrischen Reliefs. Doch sind wir natürlich für einige dieser Details sehr dankbar, so für das in Löwenköpfen endende Armband (Abb. S. 412, innen), mit dessen Hilfe E. Porada eiserne »luristanische« Parallelstücke datieren konnte.

Wohl ganz am Ende dieser Entwicklung stehen zwei Felsreliefs, gegenüber dem des Kleinkönigs Hanni in Kūl-i Farah und von diesem wohl inhaltlich abhängig: ebenfalls ein blutiges Opfer in Gegenwart von jeweils fünf Andächtigen, unter denen der Herrscher durch nunmehr extreme Größe hervortritt (Abb. S. 410). Auch sonst sind die Proportionen kraß verschoben, die Detailfreude geschwunden. Die einsetzende Barbarisierung mag man mit der beginnenden Herrschaft eingewanderter Perser erklären.

So ist denn alles, was man später als elamisches Erbe in der Achämenidenkunst deuten könnte, nicht in dieser neuelamischen Spätphase begründet, sondern schon in der Zeit der mittelelamischen Blüte. In der Reliefkunst ist es vor allem die Wiederholung des völlig Gleichförmigen, die in Susa und Persepolis weiterlebt; eine verwandte Betonung der reinen Quantität kann man in der Massigkeit der menschlichen Figur erkennen. Eine besondere Eigentümlichkeit wie das sich dem Gelände anpassende, um Ecken herum weitererzählende Relief der Achämenidengräber ist in Kūrangūn vorgebildet.

Manches lebt noch lange über die Achämenidenzeit hinaus weiter, so die Wohlgefälligkeit der Schwesternehe im späteren Zoroastrismus und ein Heros in der Gegend von Susa, der zwischen zwei Löwen dargestellt wird. Wir kennen seinen Namen beim ersten Auftreten auf Stempelsiegeln des 4. Jahrtausends noch nicht; später heißt er bei Aelian Adonis (Adōn?), bei den Persern Ḫusrau und bei den *ahl al-kitab* (Juden und Christen) Daniel – dessen Grab bis heute am Fuß der Ruine von Susa verehrt wird.

Die altorientalische Kunst im Reich der Achämeniden

Vielmehr müssen wir uns das Walten Gottes ähnlich dem des Großkönigs vorstellen. War doch der Hofstaat des Kambyses, des Xerxes und des Dareios in so großartiger Weise eingerichtet, daß er den Gipfel der Hoheit und Erhabenheit erreichte. Der Herrscher selbst thronte, wie man berichtet, in Susa oder Ekbatana, für jedermann unsichtbar, in einem wunderbaren Palaste, dessen Inneres von Gold, Elektron und Elfenbein strahlte. Da gab es viele Torgebäude, eins nach dem andern, und viele Vorhöfe, die durch viele Stadien voneinander getrennt waren; eherne Tore und mächtige Mauern schützten das Ganze. Dazu waren die vornehmsten und erprobtesten Männer berufen, die einen in der unmittel-

baren Umgebung des Königs als seine Lanzenträger und seine Bedienung, andere als Wächter der einzelnen Höfe, als Torhüter und sogenannte Horcher, auf daß der König selbst, der Herr und Gott – denn so ward er angeredet – alles sähe und alles hörte. Gesondert von diesen waren andere angestellt, Verwalter der Staatseinkünfte, Anführer im Kriege und auf der Jagd, Empfänger der dargebrachten Geschenke und Beamte für alle übrigen Geschäfte, die der Bedarf des königlichen Haushaltes mit sich bringt.

Und die gesamte Herrschaft über Asien, die gen Abend bis zum Hellespont, gen Morgen bis zum Indus reichte, hatten unter sich Feldherren, Statthalter und Könige nach Völkern verteilt – auch sie Knechte des Großkönigs, denen wieder andere wie Dauerläufer, Späher, Boten, Wächter und Wärter der Feuerzeichen untergeordnet waren.

Mit diesen Worten beschreibt Pseudo-Aristoteles, »De mundo«, 398a, den Hof der Achämeniden. Das, was wir einen Staat nennen, vergleichen auch die echten aristotelischen Schriften oft mit einem Haus *(oikos)* und dessen Wirtschaft. Doch hier handelt es sich nicht, wie sonst, um eine Polis, sondern um die Herrschaft des »Königs der Könige« – und so ist das Haus ein Palast. Der Wille des Herrschers setzt sich sofort in Handlung um: so reibungslos, daß diese Perfektion zur Analogie des göttlichen Waltens werden kann.

Diese Schilderung könnte sehr wohl auf einen älteren persischen Augenzeugenbericht zurückgehen; allerdings ist ihre Kürze und Präzision in der vorliegenden Fassung wohl eher einem späteren Griechen zu verdanken, einem hellenistischen Bewunderer monarchischer Regierungsform. Doch müssen die Perser selbst die Herrschaft ihres Großkönigs sehr ähnlich gesehen haben. Das haben sie uns allerdings nicht in ihren Inschriften mitgeteilt: Diese betonen eher das außerordentliche, einmalige Erreichte als das ordentliche, tägliche Funktionieren. Vielmehr müssen wir die Darstellungen an den Wänden der Paläste des Großkönigs vergleichen. War zwar der Herrscher selbst, wie uns mehrfach berichtet wird, nur für die engste Umgebung sichtbar, so war doch seine Statue in den monumentalen Torgebäuden aufgestellt (Abb. S. 428) oder sein Reliefbild auf den Laibungen fast aller Türen angebracht (Abb. S. 181, 427). Die »Bedienung ... in seiner unmittelbaren Umgebung« bildet als Schirmträger oder Handtücher tragende Kämmerer die engere Umgebung; die weitere besteht aus viererlei Arten von Gardisten, alle mit Lanzen (Abb. S. 422/423, 425 rechts, 433). Die »dargebrachten Geschenke« erscheinen auf den Stirnwänden dreier Treppen, dargeboten von Vertretern der Völker des Reiches (Abb. S. 432, 434/435), geleitet von Persern und Medern, also wohl den »Empfängern der Geschenke«. Von den Beamten des Reiches erscheint der Chiliarch (Abb. S. 425 links), nominell nur der Anführer der Tausend, einer Leibgarde, real jedoch der Herr über den alles entscheidenden Zugang zum Großkönig, wie wir von Plutarch hören. Der »Bedarf des königlichen Haushaltes« wird von persischen und medischen »Dienern« gedeckt (Abb. S. 182/183): Pagen? Eunuchen? Adligen?

Die Gattungen

Der Dekor, dessen kostbares Material und vor allem die Größe und Vielfalt der Architektur dienen der gleichen Absicht: der Darstellung der Größe und Funktionstüchtigkeit des großköniglichen Reiches. A. Moortgat hat immer betont, daß der neuassyrische Palast ein Gesamtkunstwerk war, dem sich die einzelnen Kunstgattungen unterordneten. Allerdings dienten die Gattungen – Architektur, Rundplastik, Reliefs, Malerei und Ornamente – in verschiedenem Maße; es ist gewiß nützlich, sich klarzumachen, daß zum Beispiel die Rundplastik in Assyrien relativ selten war, dagegen bei den Achämeniden durch die Doppelprotomen der Kapitelle (Abb. S. 179) sehr eindrucksvoll hervortrat. Es gab auch freistehende reine Tierplastiken: wohl meist als Wächter an Eingängen (Abb. S. 177); sie wurden, wohl schon von den erobernden Makedonen, besonders eifrig zerstört. Noch stärker hat man wohl die Präsenz der wenigen rundplastischen Herrscherbilder empfunden: Es waren wahrscheinlich Meder, die einem uralten bronzenen Königskopf in Ninive die Augen aus- und die Ohren abschnitten (Abb. S. 321); Alexander der Große, ein Genie der Propaganda, soll vor seinen Soldaten eine vorwurfsvolle Ansprache an eine Statue des Xerxes gerichtet haben. Eben weil die Gattungen zum Zweck der Darstellung der Herrschaft zusammenwirkten, ist es zumeist nicht sehr fruchtbar, sie einzeln zu betrachten. Ausnahmen sind nur Münzen, Siegel und einige kleine Bilder kultischen Inhalts.

Das Geld der Achämeniden war, ebenso wie die Ausgestaltung der Residenzen, ein Ausdruck der großköniglichen Herrschaft. Allerdings sind die Unterschiede auffälliger als die Gemeinsamkeiten. Gemünztes Geld war erst kurz zuvor in Lydien erfunden worden. Kein Wunder, daß nur der Westen des Reiches die Geldwirtschaft voll annahm, und dies in einer sehr gemischten Form: Nebeneinander im Umlauf waren Prägungen selbständiger und teilselbständiger griechischer und phönikischer Städte, solche von Satrapen und schließlich das »königliche« Geld (Abb. S. 424). Dieses, und nur dieses, bestand aus silbernen Sigloi und den berühmten goldenen Dareiken. Letztere waren vielleicht nach Dareios I. benannt, der sie eingeführt hatte (kurz vor 501 v. Chr., wie wir neuerdings wissen); der Silberstandard beruht auf dem babylonischen Gewicht Schekel. Offensichtlich sollte also das »königliche« Geld die vielfältigen mittelmeerischen Münzen ersetzen und abwehren. Das aber gelang nicht: Wie wir aus Hortfunden ablesen können, hatten die Sigloi nur in Kleinasien, wo sie wohl auch geprägt wurden, einen großen Anteil am umlaufenden Silbergeld; in Babylonien, West- und Ostiran sind sie selten und konkurrieren mit Hacksilber, das anzeigt, daß die Geldwirtschaft nur Teile des Reiches erfaßt hatte. Am Ende herrschten, wie uns die nicht geplünderten Reste aus dem Schatzhaus in Persepolis beweisen, eindeutig die attischen »Eulen« vor, die auch vom Großkönig nachgeprägt, sozusagen gefälscht wurden.

Doch vor diesem unrühmlichen Ende waren Dareiken und Sigloi, besonders bei den Söldnern, so populär, daß auch sie einen griechischen Spitznamen hatten: *toxótai.* »Der Großkönig hat mich durch dreißigtausend Bogenschützen aus Asien vertrieben«, kann deshalb Agesilaos bei Plutarch witzeln. Diese »Bogenschützen« nun tragen die zinnengeschmückten Kronen von Königen. Doch sind es nur vier verschiedene, jeweils etwas anders bewaffnete Typen (Abb. S. 424). Da weitaus mehr Achämeniden geherrscht haben – allein sechs von ihnen zwischen 19 und 45 Jahre lang –, können die Münzbilder nicht Altbilder der jeweils lebenden Großkönige gewesen sein. Außerdem zeigt das sogenannte Knielaufschema der ganzen Figuren, daß sie sich auf übernatürliche Art, wie Heroen, bewegen; ihre vorne hochgeschürzten Gewänder sind die der »königlichen Helden«, die in Nebeneingängen der Paläste Löwen und Ungeheuer bekämpfen (Abb. S. 181 unten). Die Dareiken und Sigloi propagieren also ebenfalls das Herrscherhaus, jedoch unhistorisch, ohne an den Wechsel von Vater zu Sohn zu erinnern; vielmehr heben sie das Heldentum der Könige der Vorzeit hervor.

Einzig der seltene, vielleicht früheste Typ, eine Halbfigur (Abb. S. 424 oben links), könnte einen realen König darstellen: in diesem Fall Dareios I., den Begründer dieses Münzsystems. Die Einförmigkeit der übrigen Bilder, auch sonst Kennzeichen achämenidischer Kunst, hat für uns einen großen Vorteil: Wir können die Veränderungen im Stil ungestört beobachten. Nachdem I. Carradice aus Hortfunden die relative Abfolge nicht nur der vier Typen, sondern auch die Veränderungen innerhalb je eines Typs feststellen konnte, erkennen wir den Wandel von eckigen Bewegungen und strengen Gewandfalten (Abb. S. 424 oben Mitte und rechts, unten Mitte) hin zu heftig gespreizten Körpern und fließenden Gewändern (Abb. S. 424 unten links und rechts).

Nicht so leicht ist der Stilwandel von Siegelbildern abzulesen, die eine weitere selbständige Gattung bilden (Abb. S. 426); soweit datierbar, stammen sie in überwältigender Mehrheit von den Täfelchen der »Hofkammer«-Verwaltung Dareios' und Xerxes' I. sowie frühachämenidischer Archive in Babylonien. Jedoch sind hier andere Unterschiede zu machen: zwischen offiziellem und privatem Gebrauch vor allem sowie zwischen tradierten Bildinhalten und Neuschöpfungen. Die Siegelungen von Militär und Beamten enthalten häufiger ausführliche Szenen, wie diejenige mit zwei Großkönigen – wohl Dareios und sein Sohn und Mitregent Xerxes (Abb. S. 426 oben rechts). Die Vorführung von Gefangenen und das Töten eines ihrer Anführer kennen wir von den neuassyrischen Reliefs und aus Bīsutūn (Abb. S. 174/175); das Thema lebt anscheinend nur in der Glyptik weiter (Abb. S. 426 unten links). Die Tendenz zu komplizierten, streng symmetrischen Kompositionen dagegen ist der assyrischen Kunst ziemlich fremd (Abb. S. 426 unten rechts); allerdings lebt hier ein altmesopotamisches Element der Kunst des 3. und 2. Jahrtausends wieder auf. Nicht im offiziellen Gebrauch war, soweit wir wissen, das bekannte Lapislazulisiegel mit einer Jagdszene aus dem Oxus-Schatz. Die Beischrift bedeutet hier wohl, daß es vom König (Dareios I. oder II.?) in das Heiligtum des Flusses Oxus gestiftet worden war. Private Siegel sind meist einfacher: schreitende oder springende Tiere oder Mischwesen. Hier, in den privaten Siegelungen babylonischer Archive, können wir noch einen dritten Gegensatz ausmachen: den zwischen zylindrischen Walzen, die zu rechteckigen Bildern abgerollt werden, und den zunehmend häufigeren Siegelringen, deren Abdrücke linsenförmig sind. Diese Tendenz muß auch die Paläste erreicht haben, denn wir hören von Plutarch, daß Dareios III. mit einem Ring siegelte und daß Alexander ihn übernahm.

Der Oxus-Schatz im British Museum – und noch mehr die neuesten sowjetischen Grabungen im Heiligtum, aus dem jener Schatz offenbar stammt – liefern uns wertvolle Kenntnisse über andere Arten von Weihgaben. Daß darunter Waffen sind (Abb. S. 441), entspricht allgemeinem orientalischen Brauch; spezifisch iranisch, vielleicht ursprünglich eine Erfindung der Meder, sind dagegen Edelmetallplättchen, in die jeweils nur eine Figur eingeritzt ist: Mann oder Frau im Gebetsgestus, oft mit dem Barsombündel, über dessen Rolle bei Gebet und Opfer uns vor allem Strabo unterrichtet (Abb. S. 440).

Das Gesamtkunstwerk Persepolis

Dem verstorbenen Gelehrten A. Moortgat, der das Fach der altorientalischen Archäologie in Deutschland eingeführt hat, verdanken wir unter vielem anderen auch die Einsicht, daß die Paläste der Assyrerkönige aus Höfen, Portalen, Säulenhallen, Schatzkammern, Statuen, Orthostatenreliefs und Wandmalerei nicht nur mehr oder weniger geschickt addiert, sondern zu Systemen mit immer gleichen, für die königliche Repräsentanz für nötig gehaltenen Teilen angeordnet waren. Die auffälligste Bauform, riesige Höfe, sind uraltes mesopotamisches Erbe; die Gesamtform ist nie symmetrisch, doch immer streng rechtwinklig und nach außen geschlossen (Abb. S. 120). Die Reliefs, sowohl in den Höfen als auch den Räumen und, besonders prächtig, an den Laibungen der tiefen Tore und Türen, zeigen ausschließlich die Funktionen des Königtums: Herrscherkult, Jagd, Krieg und, als Folge davon, Tribute entlegener Völkerschaften; davon unterschieden werden Geschenke der eigenen Untertanen. Die wichtigsten Türen werden von halbgöttlichen Mischwesen bewacht. Vieles davon finden wir in Persepolis fortgesetzt, der am besten erhaltenen achämenidischen Residenz. Die nicht-

Oben: Reliefierter Goldbecher aus Marlik Tepe (Gilan) mit geflügelten Stieren und Mischwesen. Teheran, Archäologisches Museum

Unter: Fragment eines goldenen Gürtelbeschlags mit Voluten- und Tierdekor aus dem angeblichen Hortfund von Ziwije (Kurdistan). Cambridge, Mass., Fogg Art Museum

Folgende Doppelseite: Fries aus glasierten Ziegeln mit persischen Gardisten aus Susa. Die Garden tragen Lanzen, deren kugeliges Ende sie auf den vorgestellten Fuß setzen, und haben Bogen und Köcher geschultert. Ihre Gewänder zeigen Streumuster von Sternrosetten und Quadraten, in die jeweils eine Festung eingezeichnet ist. Paris, Louvre

symmetrische orthogonale Geschlossenheit hat auf Betrachter und Besucher schon immer so stark gewirkt, daß die Legende von der einheitlichen Planung der Königsburg durch ihren Gründer, Dareios I., entstand; sie ist inzwischen durch Grabungen und genauere Beobachtung vielfältig widerlegt (vgl. Plan S. 439). Eine entscheidende Änderung ist jedoch zu verzeichnen: An die Stelle der weiträumigen mesopotamischen Hofsysteme sind in sich symmetrische, nach außen freistehende Gebäude getreten, meist durch vorgelegte Säulenhallen zu betreten; die größeren Räume sind sämtlich durch »Säulenwälder« charakterisiert: mehrere Reihen gleich hoher Säulen, in rechteckigen oder quadratischen Räumen. In späteren Zuständen sind die ursprünglichen Einzelbauten so dicht und kunstvoll gefügt, daß zwischen ihnen nur noch wenige korridorartige Freiräume übrigbleiben.

Auch die Reliefs sind offensichtlich von mesopotamischen Vorstellungen her bestimmt; aber wichtige Einzelheiten haben sich geändert. Die Tore und Türen werden nicht mehr von Monstren bewacht, sondern von persischen Gardisten. Die Themen Jagd und Krieg sind völlig verschwunden; als einzige lebhaftere Aktion sind die in den Türen von Nebenräumen dargestellten Kämpfe von königlichen Helden mit Löwen und Mischwesen übriggeblieben (Abb. S. 181). Gaben bringende Vertreter von Völkerschaften spielen wieder eine große Rolle, aber nicht mehr als Ergebnis von Feldzügen, sondern als eine Art Tabelle der Reichsvölker oder, wie es J. G. Herder nannte, eine »statistische Landcharte des Perserreiches« (Abb. S. 432, 434/435). Empfänger waren der Großkönig und, anders als in Assyrien, der mitregierende Kronprinz, einst in der Mitte der Gesamtfassade, wie wir dank der Beobachtungen von G. und A. B. Tilia wissen. Hinter den Herrschern warteten verschiedene Garden, Hofstaat und Adlige, deren Funktionen wir aus einer genauen Beschreibung aus der Feder des hellenistischen Historikers Phylarchos kennen – allerdings beschrieb er den Hofstaat Alexanders des Großen, der den der Achämeniden nachahmte (erhalten bei Athenaios, Polyaen und Aelian). Von der anderen Seite her kommen »Delegationen« der Völker des Reiches auf die Herrscher zu, jeweils angeführt von einem persischen oder medischen Herold. Was sie bringen, darf nicht mit Tributen verwechselt werden; diese wurden in Silbergewichten abgerechnet (Herodots Summen wurden jüngst von R. Descat als im Kern richtig erwiesen). Es sind vielmehr Geschenke, typische Produkte des jeweiligen Volkes: zum Beispiel Hosen, Rock und Waffen in der Landestracht.

Geschenke zu empfangen – und, häufig gleichzeitig, auszuteilen – ist ein uraltes Vorrecht orientalischer Despoten, das sich bis in jüngst vergangene Zeit erhalten hat und in einer klassisch gewordenen Studie von M. Mauss beschrieben ist. Im Programm der Reliefs von Persepolis war es von großem Gewicht: Am größten Repräsentationsbau, dem Apadana, war es an zwei Fassaden, im Osten und

Links und rechte Seite: Details aus dem »Schatzhaus«-Relief vom Apadana in Persepolis: Akinakes des Waffenträgers (links), der einführende Chiliarch (rechte Seite, innen) und Gardisten (rechte Seite, außen).
Teheran, Archäologisches Museum

Oben: Das »königliche« Geld der Achämeniden bestand aus silbernen Sigloi und den berühmten goldenen Dareiken. Das Münzbild zeigt einen Bogenschützen mit der zinnengeschmückten Königskrone. Da es nur vier verschiedene, jeweils etwas anders bewaffnete Typen gibt, kann es sich nicht um Abbilder der jeweils herrschenden Achämeniden handeln. Einzig der seltene, vielleicht früheste Typ mit einer Halbfigur (oben links) könnte einen realen König darstellen, und zwar Dareios I., den Begründer des persischen Münzsystems. Die toxótai *der übrigen Münztypen sind Figuren im sogenannten Knielaufschema, das heißt, sie bewegen sich in der übernatürlichen Art von Heroen.*

Norden, spiegelbildlich wiedergegeben; ferner gab es einst eine noch ausführlichere Komposition, deren Reste in sekundärer Verwendung erhalten blieben. Daraus hat man geschlossen, daß diese Darstellungen die Raison d'être der gesamten Anlage anzeigten: das bis heute so berühmte persische Neujahrsfest, an dem Delegationen aller Völker an den Festort, eben Persepolis, gepilgert seien und dem Herrscher Geschenke gebracht hätten. Das ist in den meisten Handbüchern zu lesen; doch ist es nur eine Hypothese, gegen die vieles einzuwenden ist.

Die wichtigsten Einwände sind wohl diese: Dareios I., der Gründer von Persepolis, benutzte den babylonischen Kalender, in dem das iranische *Nowruz* nicht vorkommt; nach griechischen Berichten hielten sich die Großkönige regelmäßig im Herbst in Persepolis auf – nicht im Frühjahr, in dem das iranische wie das babylonische Jahr begann; in späteren Schilderungen des *Nowruz*, bis hin zum entsprechenden Empfang *(salām)* der jüngsten Dynasten, verteilten die Kaiser Geschenke, anstatt sie zu empfangen (Pseudo-Ǧahiz, Kitab al-taǧ); die Reliefs mit ihren Bäumen, Tieren und Wagen schildern Ereignisse im Freien – keineswegs in Persepolis oder in irgendwelchen anderen Palästen, am allerwenigsten im Apadana selbst mit seinen Treppen. Wenn aber die gängige Deutung nicht stimmt, was dann hat man sich solche Mühe gemacht zu feiern?

Die Antwort ist wiederum bei griechischen Schriftstellern zu suchen, die Zeitgenossen der Achämeniden waren oder deren Staatswesen, mit Alexander dem Großen, im Augenblick seiner Zerstörung kennenlernten. Wir verwiesen bereits auf Phylarchos, der die »tägliche Prachtentfaltung«, besonders bei Gerichtssitzungen auf Reisen der Herrscher, beschrieb. Hinzu kommen Theopomp, Plutarch und andere; sie beschreiben die Gaben, die die Könige in allen Ländern empfangen, durch die sie reisen: gleichermaßen von Arm und Reich. Manche der Geschichten sind rührend; sie alle betonen die Freiwilligkeit, den Eifer der Untertanen – wie die Reliefs; sie alle sind gewiß Teil der achämenidischen Propaganda.

Dies sind die einzigen antiken Texte zum altiranischen Geschenkwesen. Das ungeheure Achämenidenreich war eine Reisemonarchie, ähnlich darin dem frühmittelalterlichen Kaisertum; auf Reisen erfuhren die Monarchen, wann immer sie unter einem leichten Säulenpavillon Platz nahmen, Hofstaat, Wagen und Garden um sich, die Beweise der Liebe der vielfältigen Bevölkerungsgruppen. Wenigstens sollte es so aussehen – und wahrscheinlich hat es auch so ausgesehen.

Die Herrscher kamen also zu den Völkern – nicht umgekehrt, wie meist angenommen. Nicht einmal im Jahr geschah dies, sondern immerfort, überall. Die scheinbare Völkerparade besteht aus einer Fülle von Einzelereignissen; die Zusammenfassung zur »Landcharte« ist rein formal, eine Konstruktion. Daß achämenidische Bilder so aufgefaßt werden müssen, können wir an anderer Stelle

Links: Siegelabrollungen auf Bullae aus Wohngebäuden südlich der Terrasse und aus dem Archiv in der Befestigungsmauer von Persepolis. Achämenidische Siegel enthalten häufig ausführliche Szenen. Das Siegel mit den zwei Großkönigen (oben rechts) stellt wohl Dareios I. und seinen Sohn und Mitregenten Xerxes dar. Die Vorführung gefangener Feinde und das Töten eines ihrer Anführer (unten links) erinnern an entsprechende Szenen neuassyrischer Reliefs und an das Felsrelief Dareios' I. in Bīsutūn. In komplizierten symmetrischen Kompositionen (unten rechts) lebt ein Element der altmesopotamischen Kunst wieder auf. Private Siegel sind meist einfacher; sie zeigen schreitende oder springende Tiere oder Mischwesen.

Rechts: Laibung einer der Südtüren des »Hundert-Säulen-Saals« Artaxerxes' I. in Persepolis. Der Großkönig thront auf dem von Völkerrepräsentanten getragenen Hocker. Über ihm schwebt eine Gottheit in der Flügelsonne, die auch zweimal am Baldachin erscheint. Hinter dem Thron steht ein Diener mit Wedel und Handtuch.

beweisen: Das Felsrelief von Bīsutūn, wahrscheinlich im zweiten Jahr Dareios' I. begonnen, zeigt diesen Herrscher, wie er seinem Hauptfeind Gaumāta, gegen den er erfolgreich rebelliert hat, den Fuß auf die Brust setzt; dahinter sind acht weitere Thronprätendenten aufgereiht (Abb. S. 174/175). Wiederum nur scheinbar ist dies eine Einheit von Ort und Zeit, sind die acht Prätendenten im Angesicht des Siegers durch ein Seil aneinander gebunden. Der in drei Sprachen daneben ausgebreitete Text jedoch schildert ausführlich, was sich in der realen Zeit an welchen Orten ereignete: Am Beginn des Jahres wurde Gaumāta von den Sieben Verschwörern ermordet; dann erhoben sich die (in Dareios' Augen) »Lügenkönige« einer nach dem anderen, wurden besiegt – sei es vom König, sei es von seinen Generälen – und getötet und schließlich, in ihrer jeweiligen prätendierten Residenz, zur Schau gestellt. Wiederum also ist das Gesamtbild ein Konstrukt, nämlich die Summe der Erfolge des ersten Amtsjahres, wie es der Text denn auch betont.

Ein weiteres Thema, dessen höchst künstliche Komposition in die Augen springt, ist das der von Völkerrepräsentanten getragenen großköniglichen Sitze: Möbel ohne Lehne, griechisch *diphroi*, von übernatürlicher Größe, werden von Repräsentanten der Reichsvölker getragen; diese Riesenmöbel bilden ihrerseits eine Plattform für den thronenden König (Abb. rechte Seite). Die Füße des Diphros erscheinen in der Tat etwas von der Bodenlinie abgehoben. Man kann das Ganze also, mit dem Ausgräber E. Herzfeld, als reales Herumtragen interpretieren; doch dann dürften die Träger natürlich nicht in drei Reihen übereinander, sondern in Wirklichkeit hintereinander gestanden haben. Andererseits mußte der antike Betrachter zwingend eine damals weit verbreitete Form dekorierter assyrischer und phönikischer Möbel assoziieren, zwischen deren Quersprossen bronzene oder elfenbeinerne Figuren im Stützgestus aufgereiht erschienen.

Die gleiche Doppeldeutigkeit zwischen realistischer Prozession und symbolischem Möbel haben auch die Gestalter der großköniglichen Grabfassaden entstehen lassen (Abb. S. 172, 173). Auch hier ist das Möbel vom Boden abgehoben; die Bodenlinie ist aber zugleich das Dach einer Palastfassade. Sollen wir das als reale Prozession auf – oder allenfalls in – einem dreidimensionalen Gebäude ablesen? Sind die tragenden Völkerrepräsentanten in zwei Reihen hintereinander aufzufassen? Oder ist es wiederum ein Möbel mit Atlantenfiguren über den Sprossen, ein Symbol des Reiches, kombiniert mit symbolischer Architektur, die die Eingänge zu den Gräbern verkleidet?

Für die erstere, konkretisierende Deutung sprechen zwei weitere Umstände. Einmal ist die Form der Fassade, mit der Dareios I. einen gänzlich verschiedenen älteren Grabtypus ablöste, von allen seinen Nachfolgern peinlich genau kopiert worden: zuerst an einer Felswand nördlich von Persepolis, die schon durch elamische Reliefs als verehrungswürdig bezeichnet war (Abb. S. 173), später innerhalb der Königsburg Persepolis (Abb. S. 172).

Zweitens nimmt die Grabinschrift Dareios' I., also des »Erfinders« des Grabtyps, auf das Möbel Bezug:

... wenn du nun denkst: »Wie vielfach [waren] jene Länder, die König Dareios besaß«, und es aussprichst, so blick die Bilder (derer) an, die mein gathu *tragen, da wirst du erkennen, alsdann wirst du wissen: des persischen Mannes Lanze ist fernhin vorgedrungen; alsdann wirst du wissen: der persische Mann hat fern von Persien den kämpfenden (Feind) geschlagen.*

Vorher hat Dareios die Völker aufgezählt, die ihm gehorchen: genau den Figuren des Reliefs entsprechend in Zahl (30) und Reihenfolge. Die Worte für das Möbel lassen sich nicht eindeutig in eine moderne Sprache übersetzen. Das babylonische Wort bezeichnet sonst meist Sitzmöbel; das wiederum riesige, flache Gebilde der Reliefs ist aber keines: Großkönig und Feueraltar stehen darauf, je auf einem dreifach gestuften Sockel. So meint *gathu* denn auch etwas Be»geh«bares (W. Eilers). Die Griechen nannten bis zu 20 Ellen lange, betretbare Opferstätten *trapezai:* Tische oder Bänke (Polyaen, Diodor).

Die Verlegung der Königsgräber von Naqš-i Rustam nach Persepolis gibt uns einen ersten Hinweis darauf, daß die Funktion dieser Anlage sich im Laufe der Achämenidenherrschaft geändert haben muß: Es war zuletzt ein »Alter

Links: Das in Susa gefundene Rundbild Dareios' I. stammt ursprünglich aus Ägypten. Teheran, Archäologisches Museum

Rechts: Kopf eines Prinzen oder einer Königin mit Zinnenkrone aus Persepolis (Höhe 6,5 cm). Teheran, Archäologisches Museum

Palast« im Sinne der assyrischen und babylonischen Könige, die sich gerne in aufgegebenen Palästen ihrer Vorväter bestatten ließen. Dazu stimmt, daß alle Bau- und Bildhauerarbeiten in Persepolis offenbar nach Artaxerxes I. aufhörten, obwohl die Burg an vielen Stellen unvollendet geblieben war, und daß sich Dareios II. wohl nie dort aufgehalten hat (Ktesias). In der mittleren Achämenidenzeit war also Persepolis in seiner ursprünglichen Funktion aufgegeben und wurde als Begräbnisplatz der Dynastie benutzt; 400 Jahre später wußte Strabo noch, daß die Großkönige in »vorväterlichen Burgen« bestattet waren.

Was aber war die ursprüngliche Funktion? Aus der ältesten Inschrift an diesem Ort, an der Terrassenmauer nahe dem ursprünglichen südlichen Eingang, wissen wir, daß Dareios I. seine Gründung elamisch »Landbezwingerin« (Burg), persisch dagegen »Haus«, im Sinne von Familiensitz, nannte. Daneben sind noch einige Bezeichnungen einzelner Gebäude erhalten: am monumentalen Torbau »Aller Länder Tür-Halle« (Abb. S. 177), am Wohnpalast des Dareios (Abb. S. 182/183) *tačara*, in einer späteren Aufschrift *hadiš*, was wohl »Sitz der Macht« bedeutet; ebenso heißen der Wohnpalast des Xerxes in Persepolis und mehrere Paläste verschiedenen Typs in Susa.
Andere Bezeichnungen, die die Archäologen verwenden, sind nur erschlossen. Das »Schatzhaus« heißt so, weil dieses großräumige Gebäude nur einen schmalen Zugang hat und weil zahlreiche Kleinfunde, meist aus Stein, sehr wohl von Alexanders plündernden Soldaten verschmähte Reste sein können. Der »Harem« ist leichter zugänglich, nämlich durch einen wohnpalastähnlichen Vordertrakt, besteht aber dahinter aus einer langen Galerie ganz gleichförmiger, jeweils zweiräumiger Einheiten. Solche Zweiteilung in repräsentativeres, für Besucher zugängliches *biruni* (»außen«) und der Familie vorbehaltenes *anderuni* (»innen«) war noch bis in die zwanziger Jahre dieses Jahrhunderts feste Baugewohnheit bei Häusern der Wohlhabenden. Der größte Einzelbau in Persepolis, ein quadratischer Saal aus sechs mal sechs riesigen Säulen mit an drei Seiten vorgelagerten offenen Hallen, hat ein genaues Gegenstück in Susa, nach dessen Inschriften wir es *apadana* nennen. Beide Hallen waren von den Torbauten her leicht zu erreichen; die in Susa enthält noch heute einen Thronsockel. Der jeweilige »Apadana« war also der »äußerste« und gleichzeitig prächtigste der zahlreichen Repräsentationsbauten einer Königsburg.
Alle diese Einzelfakten und -beobachtungen fügen sich recht gut in die Gesamtbeschreibung, die wir aus der Feder eines Offiziers Alexanders (bei Strabo XV 3,21) besitzen: »Er sagt, daß in Susa jeder der Könige in der Akropolis einen eigenen Wohnpalast *(oikos)* hatte, ferner Schatzhäuser und Aufbewahrungsbauten für die Tribute, die jeder von ihnen auferlegte – als Denkmäler *(hypomnemata)* ihrer Verwaltung *(oikonomia)*.« In der Tat fanden sich in Susa Inschriften fast aller Herrscher der Dynastie.
Etwas anders muß sich Persepolis entwickelt haben. Gegründet wurde es von Dareios I., ebenfalls als »Familiensitz«, mit reichlich Platz für die Hypomnemata künftiger Geschlechter. Sohn und Enkel, Xerxes und Artaxerxes I., vollendeten und vergrößerten denn auch Begonnenes und füllten den übrigen Platz mit eigenen Thron- und Wohnpalästen. Obwohl mehrfach während der Bautätigkeit geän-

dert, wirkt das Ganze durch seine strenge Rechtwinkligkeit wie aus einer einheitlichen Planung.
Doch dann, wie wir gesehen haben, blieb alles unvollendet liegen; für den »Hundert-Säulen-Saal« des Artaxerxes bestimmte Kapitelle und Trommeln liegen noch heute am Weg zwischen Treppe und Bestimmungsort. Persepolis wurde »Alter Palast«, die Gräber erschienen innerhalb der Burg. Auch sie sind Hypomnemata ihrer Inhaber – aber doch solche von ganz anderer Art.
In einer dritten Phase, am Ende der Achämenidenzeit, muß die Burg wieder stärker belebt gewesen sein. Auch hier besitzen wir eine Schilderung aus der Zeit der Plünderung durch Alexander. Ein uns unbekannter Augenzeuge (bei Diodor XVII 70 f.) berichtet nicht nur über die dreifache Umwallung der Stadt, die dreitägige Plünderung der Privathäuser und die Königsgräber im Berg *(oros basilikos)*, sondern auch über die *akra* mit »Residenzen der Könige, der Mitglieder der königlichen Familie und solchen von Feldherren, mit viel Luxus ausgestattet, und Schatzhäusern, für die Bewachung von Schätzen wohl versehen«. Daß die Paläste zuletzt wieder benutzt wurden, ist auch durch eine reliefierte und beschriftete Treppe

Vorhergehende Doppelseite: Luftbild der Palastterrasse von Persepolis. An der Westseite (links oben) führt eine doppelläufige Treppe über Zwischenpodeste auf die einst von einer zinnenbekrönten Mauer umschlossene Terrasse und zum »Tor aller Länder«. Südlich davon liegt der Apadana. Diese Säulenhalle war über 20 m hoch und hatte eine Seitenlänge von 60,50 m (vgl. Grundriß S. 439). An der Südseite des Apadana stehen der Palast Dareios' I. und das Tripilon sowie der Palast und der »Harem« Xerxes' I. Den östlichen Teil der Terrasse nehmen die »Schatzkammer«, der »Hundert-Säulen-Saal« und ein Hof mit einem unvollendeten Torbau ein.

Links: Gaben bringende Daher (?), Griechen, Assyrer, Babylonier und Lyder (von oben nach unten) an der Ostfassade des Apadana in Persepolis. Die »Delegationen« der Völker des Reiches werden jeweils angeführt von einem persischen oder medischen Herold. Was sie bringen, sind nicht Tribute, sondern Geschenke, typische Erzeugnisse der jeweiligen Völker.

Rechts: Lanzenträger der Garde an der Ostfassade des Apadana in Persepolis.

Folgende Doppelseite: Ostfassade des Apadana Xerxes' I. in Persepolis.

bezeugt, die Artaxerxes III. dem Tačara Dareios' I. hinzufügte. Das Vordringen von Nichtadligen, auch Griechen, in Heer und Verwaltung wird auch sonst berichtet. So wurden die letzten Großkönige von dem Eunuchen Bagoas ein- und abgesetzt; dieser besaß einen berühmten Garten in Babylon und eine Residenz »bei Susa« (Plutarch, Alex. XXXIX 6).

Die anderen Königsburgen

Susa galt den Griechen als *der* Sitz des Großkönigs und seiner Regierung – so sehr, daß die Meinung aufkam, es sei schon unter Kyros dem Großen dazu gemacht worden (Strabo XV 3,2). Doch sind dort weder Inschriften noch Reste irgendwelcher Anlagen vor Dareios I. entdeckt worden, obwohl hier seit über hundert Jahren von französischen Expeditionen sehr intensiv gegraben wird (Abb. S. 414/415). Überdies wissen wir von den Buchungstäfelchen in Persepolis her, daß die ersten Könige keineswegs von *einem* Sitz her regierten, sondern herumreisten.
Dareios aber hat in Susa, nach Ausweis zahlreicher Inschriften und Inschriftfragmente, bereits in seinen ersten Jahren zu bauen begonnen; auch die berühmten Ziegelreliefs seiner Gardisten (Abb. S. 422/423) sind älter als irgendwelche Reliefs in Persepolis. Vielleicht konnte er Vorarbeiten seiner Vorgänger benutzen. Unter den späteren Achämeniden brach die Bautätigkeit niemals ab; eine Brandkatastrophe unter Artaxerxes I. regte vielmehr dessen Enkel an, den gewaltigen Apadana zu restaurieren.
Nicht nur durch Kontinuität unterscheidet sich Susa von Persepolis. Neben dem gewiß genuin iranischen Apadana liegt ein typisch babylonischer Wohnpalast aus dicken Lehmziegelmauern, um riesige Höfe gruppiert; der Thronraum ist hier keine Säulenhalle, sondern eine Folge von Breiträumen, die der Außenwelt möglichst weit entzogen sind. Die Lehmziegel bestimmen auch die wichtigste Bildkunst in Susa. Reliefierte, mit Glasurfarben bemalte und dann gebrannte Ziegel, aus denen großflächige Kompositionen mit Löwen, Mischwesen und Gardesoldaten zusammengesetzt werden, sind eine hier seit der Mittelelamischen Zeit bodenständige Kunstgattung. Reliefs in Stein dagegen sind in Susa rar.
Sind diese Unterschiede zu Persepolis klimatisch oder geologisch bestimmt, so ist ein sehr wesentlicher anderer historischer Art. Susa war seit alters Hauptort der Susiana, eines kleinen, äußerst fruchtbaren Teilgebiets des elamisch-anshanitischen Königreiches. Deshalb lag unterhalb aus mehreren riesigen Schutthügeln bestehenden Königsburg eine Wohnstadt, die nicht ummauert war. Die Bevölkerung war wohl aus Babyloniern und Elamern gemischt; zu welcher Sprachgruppe der oft genannte Stamm der Kissioi gehörte, wissen wir nicht.
Häufig wird der Inhalt des Buches Esther herangezogen, um die Verhältnisse am Achämenidenhof zu illustrieren.

Linke Seite: Medische Burg und Feuerheiligtum von Nuš-i Ǧan (Provinz Hamadan). Die 1967-1974 freigelegte Anlage war von der Mitte des 8. bis in den Anfang des 6. Jahrhunderts v. Chr. von Medern besiedelt. Festung und Feuertempel wurden aus Lehmziegeln erbaut.

Oben: Luftbild der Burgterrasse von Pasargadae (Tall-i Taḫt). Unter Kyros dem Großen wurde hier mit der Errichtung steinerner Monumentalbauten begonnen; unter seinen Nachfolgern kamen Lehmziegelbauten hinzu. Um 280 v. Chr. wurde die Zitadelle durch einen Brand zerstört.

Das ist nicht korrekt: Zwar finden alle Ereignisse in diesem historischen Roman in Susa statt, und der Herrscher soll Xerxes sein – doch stammt die uns vorliegende Fassung aus der Partherzeit, und die geschilderten Verhältnisse, Zeremonien und Anschauungen sind vielfach erst die des Hofes der Arsakiden.

Ebenso wie Susa muß das achämenidische Babylon das gewesen sein, was wir eine Weltstadt nennen: eine Stadt mit Geschichte, gemischter Bevölkerung und weitreichenden Handelsbeziehungen. Offenbar haben die Achämeniden und ihre Satrapen weitgehend die noch intakten Paläste der neubabylonischen Könige benutzt; mehrere Archive und Fragmente einer Replik des Felsreliefs von Bīsutūn beweisen es. Reste von Inschriften, Säulenbasen und Ziegelreliefs machen einen echt persischen Eindruck; sie wurden deshalb als Säulenhalle nach persepolitanischem Vorbild rekonstruiert. Jedenfalls handelt es sich nur um einen Anbau.

Die Griechen haben sich das Leben der Großkönige, vielleicht ein wenig stilisiert, alljährlich zwischen vier Residenzen wechselnd vorgestellt: im Herbst in Persepolis, im Winter in Susa, im Frühling in Babylon und im Sommer im luftig-kühlen Ekbatana. Von diesen vier Hauptstädten ist uns Ekbatana am wenigsten bekannt, denn der Ruinenhügel war bis vor kurzem gänzlich bedeckt von der Innenstadt des neuzeitlichen Hamadan. Gelegenheitsfunde aus Kellern moderner Häuser, Bauglieder und teils beschriftete Fragmente von höchster Qualität lassen uns ahnen, daß hier ein zweites Persepolis stand; Goldobjekte in den Museen von New York und Teheran überzeugen uns dagegen eher von der Fertigkeit moderner Fälscherwerkstätten.

Nicht in den Zyklus der Jahreszeiten-Hauptstädte gehörte Pasargadae, und doch mußte jeder Großkönig es wenigstens einmal aufsuchen. Gegründet wurde Pasargadae von Kyros dem Großen an der Stelle seines entscheidenden Sieges über die Meder, wiederum ausdrücklich als Gedächtnisstätte (Strabo XV 3,8: *mnemeion*). Daraus wurde sehr bald eine Stätte für Kyros, den Gründer der Großmacht der Dynastie: Er lag hier begraben, und hier wurde im wörtlichen Sinne die Investitur jedes neuen Großkönigs vollzogen: Der bisherige Kronprinz und Mitregent mußte die alte Kleidung des Kyros tragen und altertümliche Speisen essen. Das geschah im Heiligtum einer kriegerischen Göttin, »der Athena ähnlich«, wie es Plutarch im »Leben des Artaxerxes« beschreibt.

Leider ist von diesem Heiligtum nichts erhalten; wir wissen nicht, ob es auf der Höhe des Burgberges (Abb. S. 437) lag oder ob zwei Altäre in einem rechteckigen Freigelände nördlich von Pasargadae dazu gehörten. Erhalten sind wohl das Grab des Kyros (Abb. S. 170/171) sowie Ruinen von Torgebäuden und zwei Palästen (Abb. oben und rechte Seite), die alle in einem großen Garten lagen: weit verstreut, ganz unähnlich den mit Städten verbundenen Terrassen Persepolis, Susa und Babylon. Das Grab wurde später von Magiern bewacht, der Garten *(paradeisos)* erhalten und noch von den Alexanderhistorikern gesehen (Strabo XV 3,7).

Andere Paradeisoi und Paläste werden erwähnt; auch sie dienten den Großkönigen bei ihrer in ständigem Reisen ausgeübten Herrschaft. Exzellent gearbeitete Säulenbasen haben sich nahe Kūrangūn gefunden. Symbolischer Ausdruck der wohlgeordneten Regierung waren aber allein die Hauptstädte »der vier Jahreszeiten« – und das »Paradies« des Reichsgründers, das Heiligtum der Investitur.

Die Schöpfung des achämenidischen Stils

Wenn man die achämenidische Kunst unter dem Aspekt der zeitlichen Abfolge betrachtet, so wird sehr bald ein krasser Unterschied etwa gegenüber der neuassyrischen deutlich. Auch der ungeübte Betrachter wird bald die stürmische Entwicklung spüren, die die assyrische Reliefkunst genommen hat: von archaistischer Befangenheit zu kühner Beweglichkeit im Figuralstil und in der Komposition von einfachen Aufreihungen zu ebenfalls beweglichen, vielfach verschränkten und einander überschneidenden Handlungsabläufen. Demgegenüber wirkt die achämenidische Bildkunst wie ein Rückfall: wieder wie in der Bewegung erstarrte Gestalten, additive Aufreihungen von Figuren und Figurengruppen, ausgewogene, zum Gleichgewicht strebende Kompositionen. Allerdings sind die harten Umrisse und Details des assyrischen 9. Jahrhunderts nicht zurückgekehrt, sondern einer Neigung zu glatten Linien und geschlossenen Umrissen gewichen.

Besonders auffällig ist der Mangel an stilistischer Entwicklung: Auch bei längerem Studium ist es kaum möglich, nur mit Hilfe von Stilkriterien Figuren aus der späteren Zeit Dareios' I. (Abb. S. 181) von solchen aus der Zeit Xerxes' (Abb. S. 425, 432, 433) und Artaxerxes' I. (Abb. S. 427) zu unterscheiden und zu datieren. Durch intensive Detailvergleiche an den Fassaden war es M. Roaf deshalb zwar möglich, einzelne Arbeitsgruppen von Steinmetzen zu identifizieren – zu einer genaueren Chronologie jedoch konnten diese Beobachtungen nicht ausgewertet werden. Nur die Werke einer Spätphase lassen sich auch stilistisch unterscheiden; so sind die Stützfiguren des letzten Königsgrabes in Persepolis, wohl das Artaxerxes' III., plumper in den Proportionen, härter in der Oberfläche und Linienführung als die entsprechenden des Grabes von Dareios I. Einige Details sind am späten Relief sogar mißverstanden worden, zum Beispiel die Dolche des Persers und des Elamers. Die Hände und Muskeln der Arme und besonders die Gesichter sind so grob, daß sie auf uns fast grotesk wirken. Dennoch zeigt gerade diese Gegenüberstellung besonders deutlich den Willen zur Darstellung des ewig gleichen. Das Programm der Grabfassaden wird festgehalten, das Reich von immer den gleichen Repräsentanten derselben Völker gestützt – ungeachtet der Wirklichkeit. Manche der hier zwei Jahrhunderte lang repräsentierten Völker, so die »Ionier jenseits des Meeres« und die Inder von »Hind«, waren längst der Kontrolle des Großkönigs entglitten, des-

sen gewaltigen Opfertisch tragend sie wieder und wieder kopiert wurden. Auch die Beischriften zu jeder einzelnen Figur wurden auf einem späten Grab, vielleicht Artaxerxes' II. (Abb. S. 172), noch einmal wiederholt.
Das war nicht immer so gewesen: Zunächst hatte Dareios das Wachsen seines Reiches, sowohl in den Länderlisten seiner Inschriften als auch im Relief seines Grabes, angezeigt – ebenso aber auch seine Verluste durch den »ionischen Aufstand« (Abb. S. 428 Sockelrelief). Die Versteinerung, die ideologische Festlegung des Reichsumfangs setzten erst mit Xerxes ein.
Künstlerisch ist die »klassische« Zeit diejenige, auf die die gesamte Kunst des 5. und 4. Jahrhunderts zurückblickt und die sie nachzuahmen trachtet, die zweite Hälfte der Regierung Dareios' I. Es entstehen die wichtigsten Palastformen, die Reliefs im Tačara, Rundbilder (Abb. S. 428) und die Vorbilder für alles künftige Geld (Abb. S. 424). Es ist dies, gewiß nicht zufällig, auch eben diejenige Epoche, in der in Griechenland der archaische Stil sich zum frühklassischen wandelt. Der entscheidende Unterschied ist nur, daß in Griechenland der Wandel unaufhaltsam weitergeht – während die Achämeniden die einmal geschaffene Form festzuhalten trachten.
In der Zeit vorher, während der Regierungen Kyros' des Großen, seines Sohnes Kambyses und in den ersten zwei Jahrzehnten Dareios' I., hat sich dieser musterhafte Achämenidenstil gebildet, und das können wir auf einigen Gebieten gut verfolgen. Ob der »klassische« Apadanatyp schon im 2. Jahrtausend bei den Hethitern vorgeprägt war, ist fraglich, doch war er schon einige Zeit in Iran heimisch: kleinere freistehende Hallengebäude in der Akropolis von Hasanlu (Abb. S. 418, 419), größere »Säulenwälder«, eingebunden in medische Festungen (Abb. S. 436). Die

Linke Seite und oben: An der Stelle seines entscheidenden Sieges über die Meder gründete Kyros der Große die Königsburg Pasargadae. Hier wurde er auch begraben. Erhalten sind Reste von Torgebäuden und zwei Palästen, die in einem Garten (paradeisos) *lagen. Beim Torgebäude G (oben links) zeigt das Relief einer Türlaibung einen vierfach geflügelten Genius mit einer Krone, die an ägyptische Götterkronen erinnert (linke Seite, außen). Im »Audienzpalast« S (oben rechts) steht noch eine von ursprünglich acht schlanken Säulen. Sie trugen Kämpferaufsätze, die als Doppelprotome ausgestaltet waren. Der kannelierte Thorus der Basen (linke Seite, innen: »Thronpalast« P) erinnert an ionische Säulen.*

Unten: Plan der Terrasse von Persepolis mit Bauten Dareios' I., Änderungen von Xerxes I. und dem Grab VI (rechts), wohl Artaxerxes' III.

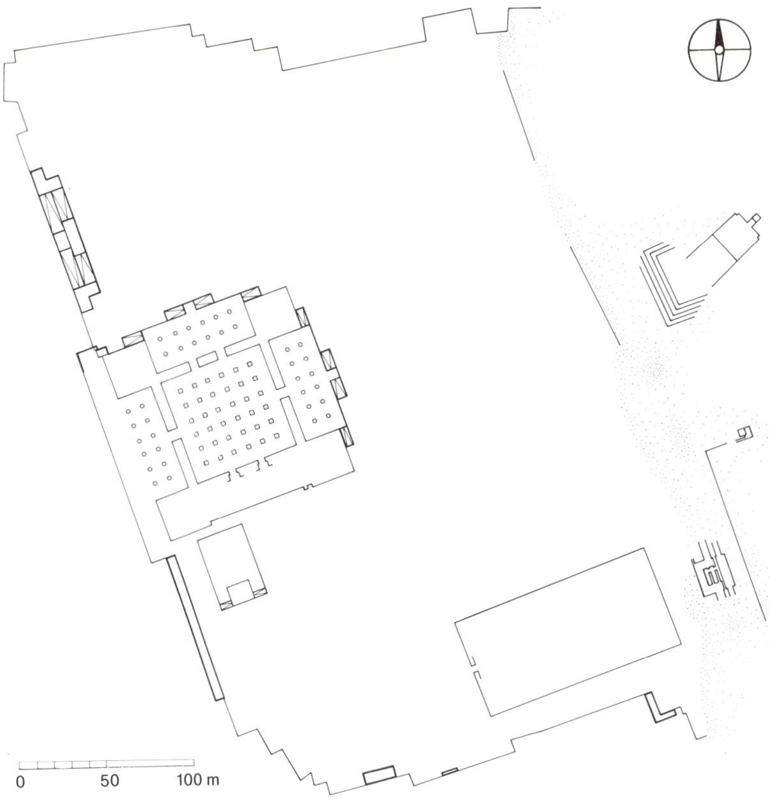

Geschichte von freistehenden monumentalen Toren können wir von Kyros (Abb. S. 438 links) über Dareios in Susa bis zu Xerxes in Persepolis (Abb. S. 430 links oben) belegen; die torschützenden Genien (Abb. S. 177) verraten assyrische und elamische Inspiration. Babylonisch-elamisch ist auch die Vorgeschichte der Ziegelreliefs. Auf assyrische Bezüge sind wir schon eingegangen; Ägyptisches ist seltener, aber doch in Türstürzen, der späteren Form der Flügelsonne und dem Rückenpfeiler der Statue (Abb. S. 428) spürbar.

Auch kleinere Kunstprovinzen waren den Achämeniden bedeutend und beispielgebend. Aus Lydien stammen die Idee des Geldes und wohl auch dessen ältestes Prägebild: Löwen, die Stiere schlagen, ein später in Persepolis häufiges Motiv. Van, die wichtigste urartäische Königsburg, war Dareios eine Inschrift wert (erst von Xerxes vollendet); hierher stammen offensichtlich die Idee, sich in Felshöhlen begraben zu lassen, und die spezifische Form dieser Höhlen, ferner turmartige Heiligtümer (Abb. S. 168, 169), Farbwechsel in der Steinarchitektur (Abb. S. 438, 439 links) und die Form der Gottheit in der Flügelsonne auf dem Felsrelief von Bīsutūn (Abb. S. 174/175) – einer Gottheit, die meist, aber gewiß fälschlich, als Ahuramazda bezeichnet wird. In einigen Fällen mögen die Meder die Vermittler gewesen sein.

Das Vorbild für die Komposition dieses Felsreliefs können wir glücklicherweise genau bezeichnen: das Relief eines Lullubäerkönigs bei Sār-i Pūl, der ebenfalls seinen Hauptgegner niedertritt und sich weitere Besiegte, hier von der kriegerischen Ištar, zuführen läßt. Das Vorbild ist etwa 1400 Jahre älter als die Umbildung.

Ganz eigentümlich iranische Erfindungen sind durchaus auch zu verzeichnen. Soweit wir wissen, gehört das mit Tierprotomen besetzte Säulenkapitell dazu, eine Neuerung der Kyros-Zeit; dasselbe gilt für die pavillonartige Palastarchitektur. Alles das sieht sehr bunt aus. Doch ist es kein wahlloser Eklektizismus. Wenn es so wäre, könnte das Ergebnis kein derart einheitlicher Stil geworden sein – obendrein ein für zwei Jahrhunderte vorbildlicher Stil. Der Entwurf eines Hofstils aus so vielen disparaten Elementen setzt vielmehr eine große Willensanstrengung voraus; derartiges unternimmt nur, wer damit ein Programm ausdrücken will. Dieses Programm ist hier leicht zu erraten: So viele Elemente, so viele Länder, Völker – seht her, sie alle sind mir untertan.

Das Programm liegt uns vor, bezeichnenderweise in zahlreichen Kopien einzig aus Susa, der am stärksten international bestimmten der vier Metropolen. Dareios I. beschreibt mit Stolz den Vorgang:

Diese Pfalz in Susa habe ich gebaut. Von ferne her wurde ihr Schmuck gebracht. Von einem Hang wurde die Erde ausgegraben, bis der Grund der Erde erreicht wurde und ein Graben entstand. Darauf wurde eine Aufschüttung gegraben, an einer Stelle 40 Ellen hoch, an anderer 20 Ellen hoch. Auf dieser Aufschüttung wurde die Pfalz aufgebaut.

Goldplättchen mit eingeritzter Beterfigur (linke Seite), Akinakes-Scheide (links) und goldenes Armband (rechts) aus dem Oxus-Schatz. Dieser reiche Schatzfund von 1887 und noch mehr die neuesten sowjetischen Grabungen in dem Heiligtum, aus dem er offenbar stammt, liefern uns wertvolle Erkenntnisse über verschiedene Arten von Weihgaben. Daß darunter Waffen sind, entspricht allgemeinem orientalischen Brauch, spezifisch iranisch, vielleicht ursprünglich von den Medern eingeführt, sind jedoch Edelmetallplättchen, in die jeweils nur eine Figur eingeritzt ist: ein Mann oder eine Frau im Gebetsgestus, oft mit dem Barsombündel, über dessen Funktion bei Gebet und Opfer vor allem Strabo berichtet.
London, British Museum

Und das Graben der Erde vom Hange und das Graben der Aufschüttung und das »Schneiden« des Lehms (der Ziegelbau), (das) hat das Heer von Babylon (Akkad) getan. Zedernholz, das wurde von einem Gebirge namens Labnāna von diesem gebracht. Das Heer von Assyrien, das brachte es bis Babel; von Babel transportierten es Kilikier und Ionier bis nach Susa. Zypressenholz wurde von Gandhāra gebracht und von Kirmān. Gold, das hier verarbeitet wurde, ward von Lydien und von Baktrien hergebracht. Edelstein: Lapislazuli und Karneol, das hier verarbeitet wurde, das wurde von Sogdien gebracht. Türkisstein, der hier verarbeitet wurde, der wurde von Arachosien hergebracht. Silber und Türrahmen aus Holz wurden von Ägypten hergebracht. Schmuck, mit dem die Mauern verziert wurden, der wurde von Ionien hergebracht. Elfenbein, das hier verarbeitet wurde, wurde von Nubien und von Hinduš und von Arachosien hergebracht. Marmorne Säulen, die hier verarbeitet wurden, wurden von einer Ortschaft namens Abirāduš in (dem Lande) Elam, von dort her, gebracht.
Die Werkleute, welche die Stein(arbeiten) ausführten, die (waren) Ionier und Lyder. Die Goldarbeiter, welche am Gold arbeiteten, die (waren) Meder und Ägypter. Die Männer, welche am Elfenbein arbeiteten, die (waren) Lyder und Ägypter. Die Männer, welche die Ziegel brannten, die (waren) Babylonier. Die Männer, welche die Mauer (mit Reliefs) schmückten (bemalten), die (waren) Meder und Ägypter.

Ein typisch spätzeitliches Programm ist das, eklektisch, wenn man will – aber doch ein Programm und eine Synthese, die einem Weltreich angemessen sind.

Das Ende der achämenidischen Kunst

Epochenwechsel in der Kunstgeschichte gehen durchaus nicht immer mit politischem Wechsel überein. Auch im Falle der Kunst des Achämenidenreiches ist der Einfluß des späteren klassischen Stils schon vor der Eroberung durch Alexander in vielen Provinzen spürbar – in Westanatolien sogar überwältigend. Andererseits lebt der Reichsstil noch unter den Diadochen weiter, allerdings, soweit wir wissen, nur im persischen Kernland, um Persepolis herum, in zumeist aus Spolien gefügten Bauten, wenigen Reliefs und vor allem in Münzen eines hier entstehenden Kleinkönigtums »Persis«. In der großen Welt dagegen setzt sich der spätklassisch-hellenistische Stil überall durch, so auch in der alten Residenz Ekbatana. Sie wurde zur Hauptkriegskasse Alexanders, und hier starb sein leidenschaftlich geliebter Freund Hephaistion; als Chiliarch und als Mitregent hatte er zwei iranische Ämter inne. Alexander setzte ihm ein Denkmal: einen Löwen, wie es sich für ein hellenisches Kriegermonument gehört (Abb. S. 185), der hoch aufragend auf einem Sockel gehockt haben muß. Heute liegt er, vielfach verstümmelt, und dient als Orakelstein für Frauen, die sich ein Kind wünschen.

ANHANG

Hoffassade des Thronsaales der »Südburg« in Babylon aus der Zeit König Nebukadnezars II. (605-562). Die 12,40 m hohe Fassade war mit farbig glasierten Ziegeln verkleidet. Sie wurde von W. Andrae aus Bruchstücken der Originale und aus neuen Ziegeln rekonstruiert. Das hohe mittlere Ornamentfeld ist mit einer Reihe stilisierter Palmen besetzt, der Sockelfries zeigt schreitende Löwen. Für die Herstellung dieser Löwenfiguren, die sich nur geringfügig von denen der Prozessionsstraße unterscheiden, wurden Reliefziegel verwendet.
Berlin, Vorderasiatisches Museum

Archäologische Stätten

Das folgende Verzeichnis enthält eine Zusammenstellung bedeutender altorientalischer Ausgrabungsstätten. Sie liegen heute in den Staaten Türkei, Syrien, Libanon, Israel, Jordanien, Irak und Iran. Bei der Auswahl waren einerseits historische und wissenschaftliche Kriterien ausschlaggebend, andererseits aber auch der Reiz mancher Ruine oder deren besonders gelungene Rekonstruktion. Da Vollständigkeit unmöglich erzielt werden konnte, wurde der Schwerpunkt auf den mesopotamischen Kernbereich (Syrien, Irak, Südwestiran) gelegt. Die Ortsnamen stehen in alphabetischer Ordnung. Der antike Name hat Vorrang, sofern er bekannt und gesichert ist; der moderne wird grundsätzlich genannt (Querverweise finden sich im Register am Ende dieses Bandes). Jeder Eintrag richtet sich nach folgendem Schema: Auf den antiken und modernen Ortsnamen folgt in Klammern das jeweilige Staatsgebiet, anschließend eine grobe Lageangabe mit Bezug auf einen größeren modernen Ort, der in den üblichen Reisekarten auffindbar ist. Dann werden die wichtigsten Daten der jeweiligen Ausgrabungen sowie deren Leiter vermerkt. Die eigentliche Beschreibung nennt die bedeutendsten Bauwerke oder Monumente vor Ort, gibt deren chronologische Einordnung und nennt spezifische historische Erkenntnisse. Den Abschluß bilden, wo immer nötig, reisetechnische Hinweise.
Die meisten der hier aufgeführten Stätten erreicht man während der Hauptreisezeit (Frühling und Herbst) ohne Schwierigkeiten mit normalem Pkw und Bussen. Während der Regenzeit im Winter sind sonst gut nutzbare Pisten selbst mit Geländewagen kaum zu meistern. Sehr viele der hier genannten Stätten sind dank guter Ausschilderung problemlos auffindbar. Anders ist dies bei Ruinen in wenig besiedelten Steppen-, Gebirgs-, Dünen- oder Sumpfgebieten (etwa in der nordsyrischen Ǧezire, im Zagros oder im Südirak); hier helfen oft nur geduldiges Nachfragen oder ein örtlicher Führer. Ähnliche Probleme entstehen infolge von Entwicklungsprojekten (Stauseen, Kanalbauten, Industrialisierung). Sie führen zu Straßenverlagerungen und -neubauten, die zunächst in keiner Karte verzeichnet sind, oder zum Auftauchen neuer, noch unüberbrückter Kanäle. In abgelegeneren Gegenden empfehlen sich die Mitnahme ausreichender Benzin- und Trinkwasservorräte und deren Ergänzung bei jeder Gelegenheit.
Zuletzt sei auf Gegebenheiten hingewiesen, die für die besprochenen Ruinen charakteristisch sind: Als landestypisches Baumaterial diente in sehr vielen Fällen der luftgetrocknete Lehmziegel. Die in den Ausgrabungen freigelegte Lehmziegelarchitektur ist trotz aller technischen Fortschritte nicht wirksam vor Witterungseinflüssen zu schützen, es sei denn, sie würde nach der Erforschung wieder mit Sand bedeckt. So hat die Natur schon manchen dieser Grabungsorte »zurückerobert«. Gerade der durch »klassische« Steinmonumente verwöhnte Betrachter erlebt hier beim ersten Kennenlernen herbe Enttäuschungen, wenn es trotz guter Pläne nicht gelingen will, antike Bauten in der Ruine sicher wiederzuerkennen. In laufenden Grabungen oder solchen, die erst vor kurzem abgeschlossen wurden, sind dagegen noch interessante Details sichtbar. Sonst aber sind diese Plätze nur mit Phantasie und dem Wissen um ihre Geschichte wieder »mit Leben zu füllen«. Ruinen besitzen einen speziellen Reiz, der durch die weite, oft einsame Landschaft noch gesteigert wird.

Acemhöyük (Türkei) 18 km nordwestlich von Aksaray am Südufer des Tuz Gölü gelegen. Türkische Ausgrabungen unter N. Özgüç seit 1962. Auf frühbronzezeitlichen Vorläufern entstand hier zur Zeit der assyrischen Handelskolonien ein blühender Stützpunkt (vgl. Kaniš/Neša). Besonders reiche Elfenbeinfunde, aber auch andere Luxusgüter stammen aus dem durch Feuer zerstörten Palast. Schon im 2. Viertel des 2. Jahrtausends v. Chr. hatte Acemhöyük seine Stellung eingebüßt und blieb bis zur hellenistischen Zeit unbesiedelt. Die aufsehenerregenden Funde sind im Archäologischen Museum in Ankara zu bewundern.
Akpınar (Türkei) 5 km östlich von Manisa (Magnesia am Sipylosgebirge). In eine steile Felswand über einer Quelle ist das monumentale Relief einer thronenden weiblichen Gottheit eingemeißelt. Das verwitterte Frontalbildnis trägt eine nicht mit Sicherheit zu entziffernde hethitische Hieroglypheninschrift (rechte obere Ecke). Die dargestellte Göttin gehörte wohl zum hethitischen Pantheon. Das Felsbild wurde schon in der Antike als Darstellung der Muttergottheit Kybele betrachtet beziehungsweise als die von den Göttern zur Strafe versteinerte Königstochter und Königin Niobe.
Alaça Höyük (Türkei) 30 km südlich von Çorum. Türkische Ausgrabungen unter R. O. Arik und H. Z. Koşay (1935–49 und 1962). Die reichen Grabbeigaben aus den »Königsgräbern von Alaça« (heute in Ankara) zeugen vom Rang der Siedlung während der Frühen Bronzezeit. Vor allem die Tierstandarten aus Bronze sind Meisterleistungen früher Kunsthandwerker. Die zweite bedeutende Epoche ist die der hethitischen Großreichszeit. Den südlichen Eingang zum architektonischen Ensemble auf der Zitadelle beherrscht das Sphingentor. Die gewaltigen Sockelquader der Torturmwangen sind mit Reliefszenen geschmückt. Den Durchgang flankieren außen wie innen je zwei frontal gezeigte Sphingen. Von hier aus öffnen sich lange hintereinander geschaltete Höfe mit Säulenhallen und den Überresten des Tempelpalastes.
Alalaḫ Tell Açana (Türkei) 32 km östlich von Antakya. Britische Ausgrabungen unter Sir L. Woolley (1937–39 und 1946–49). Während des 2. Jahrtausends v. Chr. war Alalaḫ ein bedeutender Ort in der weiten, fruchtbaren ʻAmuq-Ebene am Oberlauf des Orontes; überregionales Zentrum war allerdings Aleppo/Ḫalap (unausgegraben). Auf den Herrscher Jarimlim (18. Jahrhundert v. Chr.) geht der ältere der Paläste in Alalaḫ zurück. Er ist auf gestuften Terrassen angelegt und klar in Empfangs-, Wohn- und Wirtschaftstrakt gegliedert. In einem im Oberstock gelegenen Saal fanden sich noch Reste kretisch beeinflußter Wandmalerei. Aus der Mittani-Zeit (Mitte 2. Jahrtausend v. Chr.) stammt der Palast des Niqmepa. Dort begegnet uns erstmals der später weit verbreitete säulengestützte Portikus (*bīt ḫilāni*). Die Tempel von Alalaḫ sind kubischturmartige, öfter mindestens zweistöckige Anlagen. Die stark befestigte Stadt hat dem Seevölkersturm (um 1200 v. Chr.) nicht standgehalten. Danach übernahm das 20 km südwestlich gelegene Tell Tayinat die Führung in der Region.
Alişar (Türkei) 55 km südöstlich von Yozgat. Amerikanische Ausgrabungen unter E. F. Schmidt und H. H. von der Osten (1927–32). Die Ausgrabungen von Alişar gelten forschungsgeschichtlich als revolutionär, denn hier stand die Schichtenabfolge ganz im Vordergrund. Sie beginnt mit einem chalkolithischen Dorf aus Rechteckhäusern, unter deren Böden die Toten beigesetzt wurden. Seit der Frühen Bronzezeit war die Siedlung befestigt. Zu Beginn des 2. Jahrtausends v. Chr. wurde auch Alişar ein Handelsstützpunkt der Assyrer, der das Schicksal von Kültepe/Kārum Kaniš teilte (Zerstörung). Alişar war ein bedeutender Ort der Althethitischen Zeit, mußte diesen Rang dann aber an das aufstrebende Ḫattuša abtreten. Mit dem Untergang des hethitischen Großreichs endete auch in Alişar vorläufig die Siedlungstätigkeit. Zuletzt gab es dort eine bescheidene phrygische Siedlung.
Altıntepe (Türkei) 17 km östlich von Erzincan am Oberlauf des Euphrat gelegen. Türkische Ausgrabungen unter T. Özgüç (1959–66). Den mächtigen Hügel krönt ein für Urartu typisches Ensemble: Tempel, Palast und Lagerhaus. Der Tempel mit minuziös geglättetem Steinsockel ist eine quadratische Einraumanlage (14 x 14 m) mit leicht abgesetzten Eckpfeilern. Ein Peristyl umgibt den Tempelhof. Südwestlich liegt der etwas später (7. Jahrhundert v. Chr.) entstandene Palast mit einem weiten Säulensaal (3 x 6 Säulen). Aus beiden Bauten haben sich – sehr fragmentarisch – assyrisch beeinflußte Wandmalereien erhalten. Am Südosthang sind Grabbauten in gediegener Steinmetzarbeit ausgeführt worden. Altıntepe ist nie geplündert worden; entsprechend reiche Tempel- und Grabinventare sind deshalb in die Museen gelangt.

Aşsur Qal'at Šergāt (Irak) 10 km südlich der Stadt Šergāt am rechten Tigrisufer gelegen. Vereinzelte Kurzbesuche durch die »Pioniere« C. J. Rich, A.H. Layard und H. Rassam (bis 1853); deutsche Ausgrabungen 1903–14 unter W. Andrae; nach 1945 Grabungen und Restaurationen durch den irakischen Antikendienst; erneut deutsche Ausgrabungen seit 1989 unter B. Hrouda. Assur war die erste Hauptstadt des Assyrerreichs und bis zu ihrer Zerstörung 614 v. Chr. das religiöse Zentrum des Landes. Die Stadtanlage besetzt ein hohes Felsplateau, dessen Steilhänge im Norden und Osten von Bollwerken beziehungsweise Kaimauern, vor allem aber durch zwei Arme des Tigris geschützt sind. Die Landseite der Stadt ist seit dem 13. Jahrhundert v. Chr. durch einen breiten Graben gesichert. Die Stadtmauern und Tore gehen in den heute sichtbaren (teilweise renovierten) Resten auf das 9. Jahrhundert v. Chr. zurück und schlossen von da an die neugegründete Vorstadt im Süden mit ein. Befestigungswerke gab es jedoch mindestens seit Beginn des 2. Jahrtausends v. Chr. Im Bereich des Ištar-Tempels wurden die ältesten Bauschichten erreicht; sie stammen aus der Frühdynastischen Zeit. Die repräsentativen Paläste und Tempel der Metropole wurden beiderseits einer Prozessionsstraße errichtet. Deren Ausgangspunkt war einst ein Felssporn im äußersten Nordosten der Ruine. Dort stand an besonders prominenter Stelle das Stadt- und Staatsheiligtum, der mächtige Aššur-Tempel. Dieser Kultbau ist heute von einer osmanischen Kaserne überbaut, die das Museum von Assur beherbergt. Die Prozessionsstraße verlief parallel zum nördlichen Steilabfall und erreichte im Nordwesten der Stadt das Tabira-Tor. Von dort führte sie weiter zum vor der Stadt gelegenen Neujahrsfesthaus Bīt Akīti. Westlich des Aššur-Tempels liegt die erst dem Gott Enlil, später dem Stadtgott Aššur geweihte Zikkurrat, die mit 60 m Seitenlänge und heute noch über 30 m Höhe das weithin sichtbare Wahrzeichen von Assur bildet. Weiter im Westen stand bis in neuassyrische Zeit der Alte Palast, eine quadratische Anlage (über 12 000 m^2) mit Residenz- und Wohn- und Verwaltungstrakt. Im Laufe seiner langen Geschichte wurde dieser Palast mehrfach umgebaut und erneuert. Zuletzt diente er mit unterirdisch angelegten Grüften und mächtigen Steinsarkophagen mehreren neuassyrischen Königen als Begräbnisplatz. Zwischen den Alten Palast und den von Tukulti-Ninurta I. erbauten Neuen Palast legt sich seit Ende des 12. Jahrhunderts v. Chr. das monumentale Zwillingsheiligtum für den Himmelsgott Anu und den Wettergott Adad mit je einer Zikkurrat an der Nordwest- und Südostecke. Vom weit größeren Neuen Palast (etwa 40 000 m^2) ist fast nichts erhalten. Auf dessen Terrasse entstand in neuassyrischer Zeit ein vornehmes Wohnviertel. An der Südseite der Prozessionsstraße lagen ebenfalls wichtige Kultbauten, vor allem die in fast 2000jähriger Spanne immer neu entstandenen Tempel für die Ištar Aššurītu. Ein letztes Heiligtum für Ištar und den Gott Nabû beschließt diese Tradition. Dieser Komplex, dann der Anu-Adad-Tempel und der dem Sîn und Šamaš geweihte Doppeltempel umgrenzten einen großen Platz. Im Süden der Altstadt lagen die Wohnquartiere. Am Tigrisufer sind die mittelassyrischen Kaimauern aus in Asphalt verlegten Backsteinen bis heute erhalten. Nach der Zerstörung durch die Meder (614 v. Chr.) führte Assur bis in die Partherzeit ein Schattendasein. Dann aber blühte die Stadt noch einmal auf; der »Partherpalast« zeugt davon.

Babylon (Irak) 90 km südlich von Bagdad am Euphrat gelegen. Deutsche Ausgrabungen unter R. Koldewey von 1899 bis 1914. In den vergangenen Jahren wurden die »Südburg«, mehrere Tempel und das hellenistische Theater wiederaufgebaut. Babylon fungiert heute auch als Festspielort. Vergleichsweise spät spielte Babylon im Konzert altmesopotamischer Städte eine Rolle. Erst gegen Mitte des 3. Jahrtausends v. Chr. gegründet, wurde es unter der I. Dynastie von Babylon (Hammurabi) Herrschersitz. Die ältere Geschichte der Stadt ist allein aus Keilschriftquellen bekannt, da die Schichten des 2. Jahrtausends unter dem Grundwasserspiegel liegen. Der Stadtkern der Spätbabylonischen Zeit (6. Jahrhundert v. Chr.) bildet ein großes, gut befestigtes Geviert innerhalb der trapezförmig ausgreifenden Außenmauer. Der Stadtkern und die sogenannte Neustadt wurden durch den von Norden nach Süden fließenden Euphrat getrennt; eine steinerne Brücke stellte die Verbindung her. Das Stadt- und Staatsheiligtum Esagila entwickelte sich entlang der östlichen Flußfront in zwei großzügigen Hofsystemen. Der südliche Hof nahm den Marduk-Tempel auf. Der nördliche Hof wurde einst von der Zikkurrat beherrscht – dem »Turm zu Babel«. Hier gähnt heute ein wassergefülltes Loch, aus dessen Mitte ein Lehmziegelstumpf ragt, da Xerxes I. die Backsteinschale des Tempelturms abtragen ließ. Teile davon wurden für das unter Alexander dem Großen errichtete Theater verwendet. Die von Nebukadnezar II. prachtvoll gestaltete Prozessionsstraße führte vom Hof aus durch das Ištar-Tor zum bisher unentdeckten Festhaus. Das Tor steht rekonstruiert im Pergamon-Museum zu Berlin, dessen ältere Vorgängerbauten verblieben vor Ort. Unmittelbar am Tor liegt der wiederentdeckte Ninmaḫ-Tempel und nicht weit entfernt der erst jüngst wiederentdeckte Nabû-Tempel. Ihm gegenüber (im Westen) dehnt sich die aus mehreren hintereinandergeschalteten Palasteinheiten gewachsene »Südburg«. Sie wird an der Flußseite von Festungen umrahmt. Unmittelbar vor den Toren erhob sich die ältere »Nordburg«, die dann als Museum diente. Die äußere Stadtmauer greift hier 2 km weit nach Norden aus, wo im äußersten Mauerwinkel der sogenannte Sommerpalast das Vorland beherrschte. In der Stadt verstreut liegen verschiedenen Gottheiten geweihte Tempel. Sie alle folgen dem babylonischen Breitraumschema. Babylon blieb bis zur Partherzeit ein bedeutender Kultort.

Beycesultan (Türkei) 65 km südöstlich von Uşak und 5 km südwestlich von Civril. Grabungen unter S. Lloyd und J. Mellaart bis 1959. Die heute stark erodierte Grabung von Beycesultan spiegelte in einer immens langen Schichtenabfolge die Kulturgeschichte Westanatoliens vom Chalkolithikum bis zum Seevölkersturm. Die Ältere Bronzezeit ist durch ein traditionsreiches, gut ausgestattetes Doppelheiligtum eines Götterpaares vertreten. Aus dem 19. Jahrhundert v. Chr. stammt ein großzügiger Palast, der der Brandschatzung (durch die frühen Hethiter?) anheimfiel. Auch nach dieser Katastrophe wurden wieder, wenn auch bescheidenere Paläste errichtet. Tempelbauten und Vorratshäuser der späten Siedlungen benutzten das Megaronschema.

Bīsutūn (Iran) 32 km nordöstlich von Kermānšāh. Der Berg Bīsutūn, strategisch günstig an der von Ekbatana (Hamadan) nach Mesopotamien führenden »Königsstraße« gelegen, weist an seinem Fuß Siedlungsspuren aus nahezu allen Epochen auf. Besonderen Stellenwert besitzt das Felsrelief von Dareios I., der sich hier in Wort und Bild der Niederwerfung königlicher Gegner rühmte und damit die Gebietsansprüche des gerade entstehenden achämenidischen Großreiches »festschrieb«. Die dreisprachige Inschrift diente im vergangenen Jahrhundert bei der Entzifferung der akkadischen, neuelamischen und altpersischen Inschriften als Schlüsseltext.

Borsippa Birs Nimrūd (Irak) 30 km südlich von Hilla. Deutsche Grabungen unter R. Koldewey (1902); derzeit österreichische Untersuchungen durch H. Trenkwalder. Frühe Reisende hielten die noch bis zu 45 m anstehende Zikkurratruine für den »Turm zu Babel«, aber bereits die ersten Grabungen erbrachten die richtige Identifizierung. Die heute sichtbaren Reste stammen aus Spätbabylonischer Zeit; die Stadtgeschichte reicht jedoch weit ins 2. Jahrtausend v. Chr. zurück. Die Zikkurrat war wie der Tieftempel Ezida dem Gott der Schreiber, Nabû, geweiht. Über 80 Räume beziehungsweise Höfe umfaßte die quadratische Anlage zu Füßen der Zikkurrat. Den Kern bildete eine Breitraumcella mit zwei Vorräumen. Der heilige Bezirk war durch eine außen genischte mächtige Mauer eingefaßt, an die sich auf der Innenseite eine endlose Kette magazinartiger Räume anlegte.

Byblos phönizisch Gubla, modern Ǧebaïl (Libanon) 40 km nördlich von Beirut am Meer gelegen. Seit 1921 Ausgrabungen unter P. Montet, später unter M. Dunand. Der wirtschaftlichen und politischen Symbiose mit Ägypten verdankt Byblos seine hervorragende Rolle unter den phönikischen Hafenstädten. Die auf neolithischen Vorläufern gründende Stadt wurde kurz nach Ende des 4. Jahrtausends v. Chr. befestigt. Beiderseits eines heiligen Sees entstanden Tempel: der Tempel der Stadtgöttin Ba'alat Ǧebal mit großen Säulenhallen und der sogenannte Rešef-Tempel mit Hauptcella und zwei flankierenden Kulträumen innerhalb eines weiten Hofes. Ähnlich ist die Situation bei dessen Nachfolgebau (Anfang 2. Jahrtausend v. Chr.), dem »Obeliskentempel«. Byblos als angesehener Kultort und Handelshafen erholte sich besser als andere Städte von den Zerstörungen des 12. Jahrhunderts v. Chr. und behielt seine Bedeutung, bis die Zedern des Libanon abgeholzt waren.

Çatal Höyük (Türkei) 50 km südöstlich von Konya auf einer weiten fruchtbaren Hochfläche gelegen. Britische Ausgrabung unter J. Mellaart (1961–63). Dank einer Feuersbrunst wurde Çatal Höyük die besterhaltene Großsiedlung des anatolischen Neolithikums. Ihre Bewohner betrieben bereits Landwirtschaft, gingen in der wildreichen Ebene aber weiter der Jagd nach. Zum Bauen verwendeten sie Lehmziegel zusammen mit selbsttragenden Fachwerkkonstruktionen. Das dichte, Blöcke bildende Hauskonglomerat kannte keine Straßen oder Gassen und nur wenige Höfe. Die Dachflächen stellten die Verbindung her, der Eintritt ins Haus erfolgte von oben mit Leitern. Zum einzelnen Haus gehörten ein Hauptraum sowie kleine Vorratskammern. Der Hauptraum gliederte sich in einen tiefergelegenen Arbeitsbereich mit Herd und Backofen einerseits, andererseits in leicht erhöhte Lehmplattformen zum Sitzen und Schlafen. Unter diesen Plattformen wurden auch die Toten bestattet. Die eindrucksvollsten Befunde sind die bunten Wandmalereien und der plastische Wandschmuck in den Häusern und »Kulthäusern«, wo besondere Vielfalt herrscht. Plastisch beziehungsweise halbplastisch sind Bukranien, Ziegenschädel, Leoparden und eine als Muttergöttin gedeutete, frontal wiedergegebene Frauenfigur auf die Innenwände modelliert und oft bemalt. Die Motive der Wandmalerei reichen von kelimartigen Mustern über Jagdszenen bis hin zur wahrscheinlich frühesten Landschaftsdarstellung. Reichhaltig ist auch das Werkzeuginventar. Keramik war von Anfang an vorhanden; Holzgefäße und Flechtwerk spielten aber eine gleichrangige Rolle.

Čoġā Mami (Irak) 100 km nordöstlich von Bagdad im Vorgebirgsland gelegen. Britische Ausgrabung unter D. und J. Oates (1967/68). Die ältesten uns bekannten Bewässerungskanäle gehören zu dieser Ackerbausiedlung, die in der Sāmarrā-Zeit beträchtliche Größe entwickelte. Mit der Erfindung der Bewässerungstechnik sind im 6. Jahrtausend v. Chr. die Voraussetzungen für eine Besiedlung des südmesopotamischen Tieflandes erst geschaffen worden, denn Südmesopotamien liegt deutlich außerhalb der Zone des Regenfeldbaus. In stratigraphischer Hinsicht ist interessant, daß frühe Buntkeramiken des Nordens und solche des Südens hier zusammen auftreten.

Dūr Kurigalzu Aqar Qūf (Irak) 16 km vom Zentrum Bagdads in den nordwestlichen Vorstädten gelegen. Irakische Ausgrabung unter T. Baqir und S. Lloyd (1942–45). Als gewaltiger Ziegelpfeiler ragt der stark erodierte Kern der Zikkurrat von Dūr Kurigalzu über seiner restaurierten Basis auf. Zikkurrat beziehungsweise Tempel waren Enlil, Ninurta und Ninlil geweiht. Die weitläufige Stadt ist durch den Kassitenkönig Kurigalzu I. (Anfang 14. Jahrhundert v. Chr.) gegründet worden. Der vielgliedrige Palast besitzt als Kern einen weiten Hof, der allseitig (?) von je einer dreischiffigen Anlage flankiert wird. Die von außen recht blockhaft wirkende Architektur wies zumindest in den Räumen noch schöne Wandmalereien auf (Menschen in Prozession als jüngere, geometrische Muster als ältere Motive).

Dūr Šarrukīn Ḫorsābād (Irak) 16 km nordöstlich von Mosul. Ausgrabungen 1843/44 unter dem französischen Konsul P. E. Botta und 1852/53 unter seinem Nachfolger V. Place; amerikanische Nach- und Neugrabungen unter G. Loud 1928–35. Das weitflächige Palast-, Residenz- und Tempelviertel dieser von Sargon II. zur Hauptstadt Assyriens erkorenen Neugründung ist heute bis zur Unkenntlichkeit erodiert. Sargons Palast besetzte eine weitläufige Terrasse, die nordwestwärts wie eine Bastion über die Stadtmauer vorsprang. Der verschiedenste Funktionen erfüllende Bau war um mehrere Höfe gruppiert. Er besaß Werkstatt-, Küchen- und Magazinkomplexe, einen Tempelbezirk samt Zikkurrat, Gartenterrassen mit Blick ins Hügelland, den privaten Wohnbereich des Herrschers, mehrere offiziell zu nutzende Raumfluchten und als Zentrum einen prunkvollen Thronsaal. Kolossale, fast rundplastisch wirkende Wächtertiere einerseits, annalistische Erfolgsberichte und Palastszenen auf steinernen Wandreliefs andererseits schmücken die offiziellen Teile des Palastes. Thematisch unterstrichen diese die Funktion der ausgestatteten Bauteile, sind aber zugleich Zeugen einer auf Propaganda ausgerichteten Selbstdarstellung des Herrschers. Ein Teil dieser Bildwerke ging beim Abtransport durch Schiffbruch verloren. In der Anlage dem Palast ähnlich, aber bescheidener in Ausmaß und Ausstattung sind vor allem der Palast F (nahe der Südecke der Stadt). Weitere Residenzen befanden sich in der zwischen Innenstadt und Sargons Palast gelegenen Zitadelle. Sie beherbergt auch den Nabû-Tempel, einen assyrischen Langraumtempel mit Nebengebäuden auf eigener Terrasse. Das

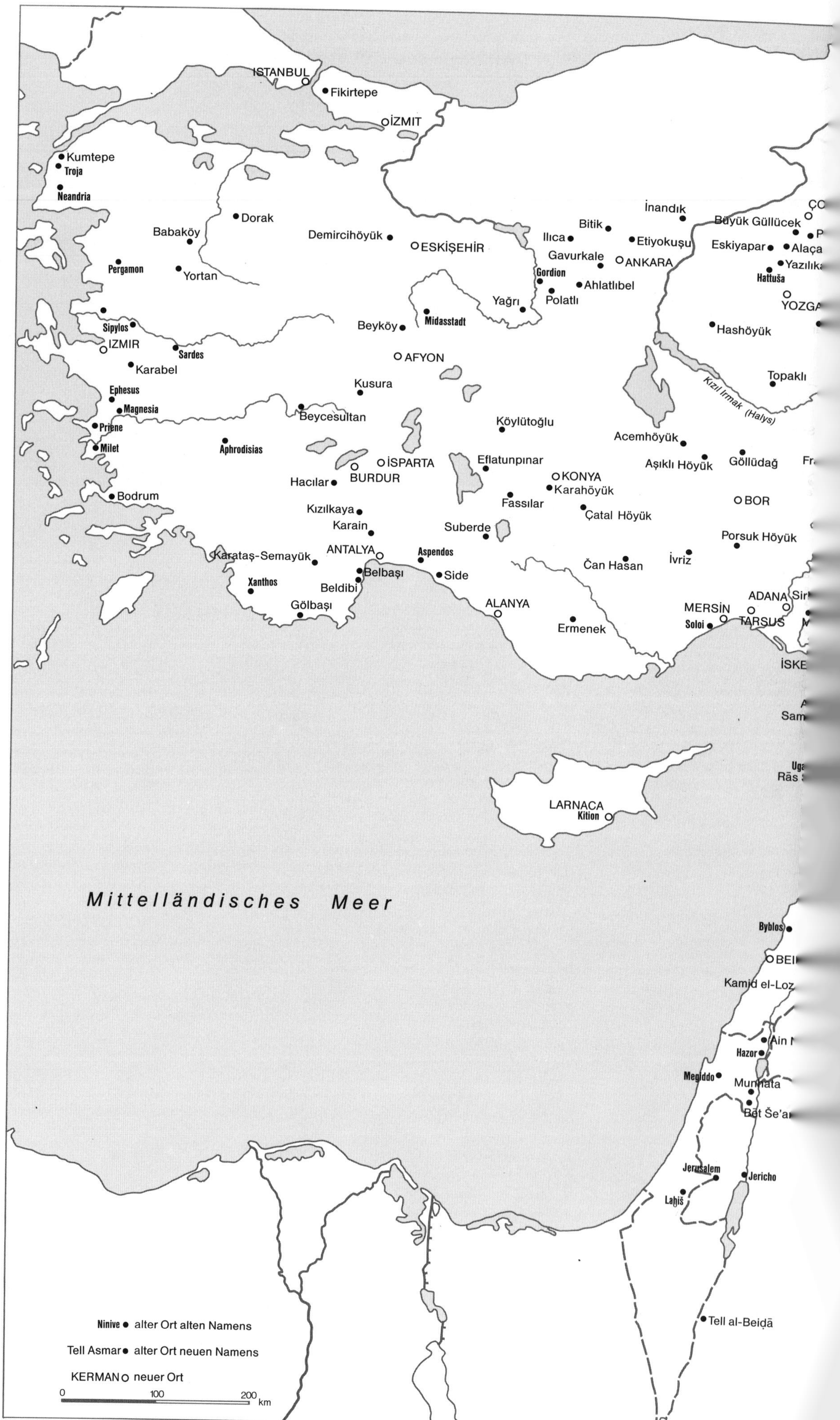

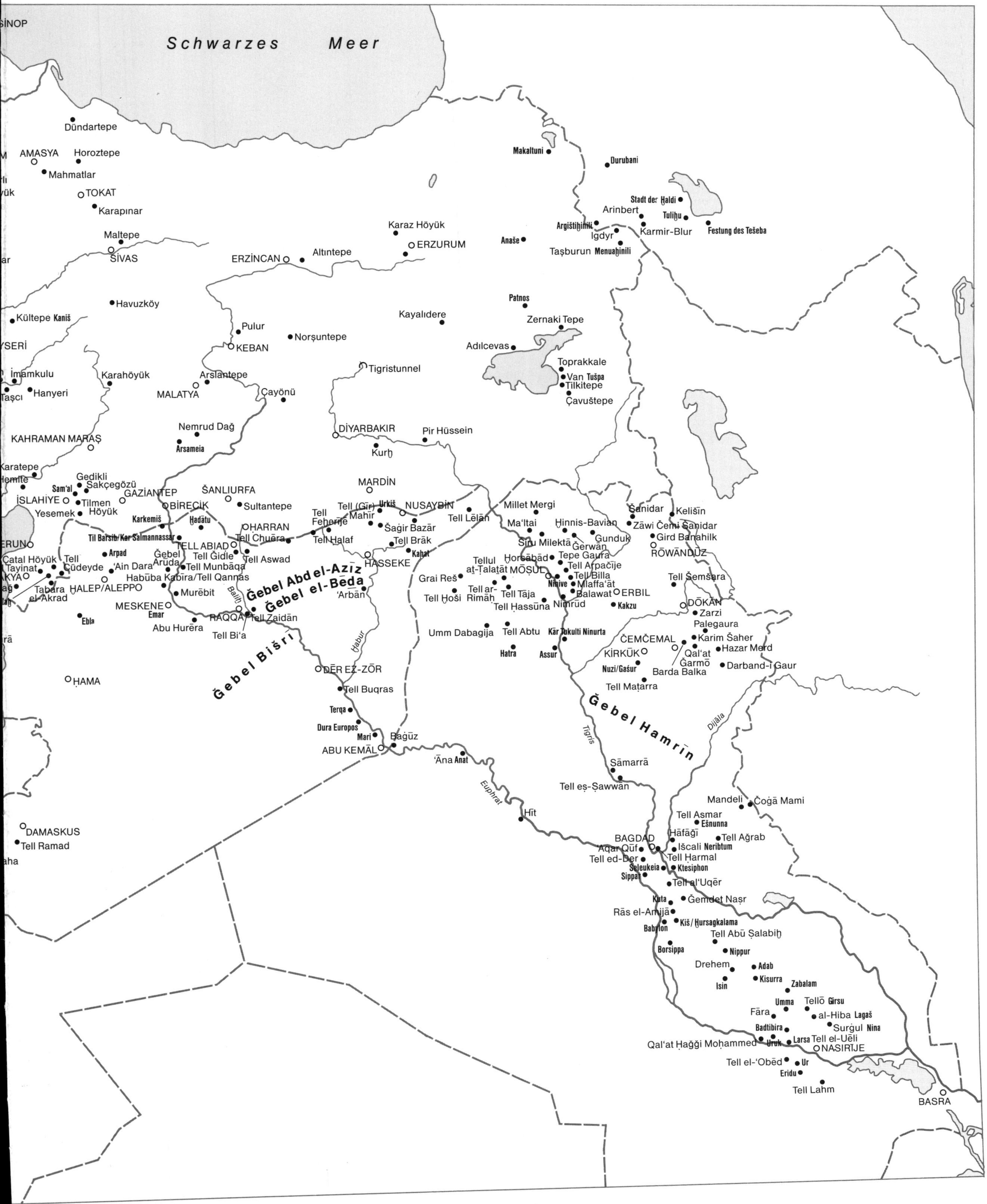
Schwarzes Meer
SINOP
Dündartepe
AMASYA
Horoztepe
Mahmatlar
TOKAT
Karapınar
Maltepe
SİVAS
ERZİNCAN
Altıntepe
Karaz Höyük
ERZURUM
Makaltuni
Durubani
Stadt der Haldi
Arinbert
Tulihu
Argištihinili
Igdyr
Karmir-Blur
Festung des Tešeba
Anaše
Tašburun
Menuahinili
Havuzköy
Kültepe Kaniš
Pulur
KEBAN
Norşuntepe
Kayalıdere
Patnos
Zernaki Tepe
Adılcevas
Toprakkale
Van Tušpa
Tilkitepe
Çavuštepe
Tigristunnel
İmamkulu
Hanyeri
Karahöyük
Arslantepe
MALATYA
Çayönü
Nemrud Dağ
Arsameia
KAHRAMAN MARAŞ
DİYARBAKIR
Pir Hüssein
Kurh
Karatepe
Gedikli
Sakçegözü
Sam'al
GAZİANTEP
ŞANLIURFA
MARDİN
İSLAHİYE
Tilmen Höyük
Yesemek
BİRECİK
Sultantepe
Tell Feherije
Tell (Gir) Urkiš
Mahir
NUSAYBİN
Millet Mergi
Šanidar
Kelišin
Karkemiš
Hadātu
HARRAN
Šagir Bazār
Tell Lēlān
Ma'ltai
Hinnis-Bavian
Zāwi Čemi Šanidar
Til Barsib/Kar Salmannassar
TELL ABIAD
Tell Chuēra
Tell Halaf
Tell Brāk
Siru Milektā
Gerwān
Gunduk
Gird Banahilk
RŌWĀNDUZ
Arpad
Ğebel Aruda
Tell Ğidle
Tell Aswad
HASSEKE
Kahat
Tellul at-Talatāt
Horsābād
Tepe Gaura
Tell Arpačije
Çatal Höyük
Tayinat
Tell Čüdeyde
'Ain Dara
Tell Munbāqa
MOSUL
Grai Reš
Tell Billa
Ninive
Tell Šemšara
Habūba Kabira/Tell Qannas
Ğebel Abd el-Aziz
Ğebel el-Bēda
Milaffa'at
Tabara el-Akrad
HALEP/ALEPPO
Murēbit
Balih
'Arbān
Tell Hoši
Tell ar-Rimāh
Tell Tāja
Balawat
ERBIL
DŌKĀN
MESKENE
Emar
RAQQA
Tell Zaidān
Tell Hassūna
Nimrud
Kakzu
Zarzi
Palegaura
Ebla
Abu Hurēra
Tell Bi'a
Habur
Umm Dabagija
Tell Abtu
Kār Tukulti Ninurta
ČEMČEMAL
Karim Šaher
Hatra
Assur
KIRKŪK
Qal'at Ğarmō
Hazar Merd
Ğebel Bišri
DĒR EZ-ZŌR
Nuzi/Gašur
Barda Balka
Darband-i Gaur
HAMA
Tell Buqras
Tell Matarra
Terqa
Ğebel Hamrīn
Dura Europos
Mari
Bāgūz
ABU KEMĀL
Tigris
Dijāla
'Āna Anat
Sāmarrā
Euphrat
Tell es-Sawwān
Mandeli
Čoğā Mami
Hīt
Tell Asmar
Ešnunna
DAMASKUS
Tell Ramad
BAGDAD
Hāfāğī
Tell Ağrab
'Aqar Qūf
Iščali Neribtum
Tell ed-Dēr
Tell Harmal
Seleukeia
Ktesiphon
Sippar
Tell al-'Uqēr
Ğemdet Nasr
Kuta
Rās el-Amijā
Babylon
Kiš/Hursagkalama
Tell Abū Salabih
Borsippa
Nippur
Drehem
Adab
Isin
Kisurra
Zabalam
Umma
Tellō Girsu
Fāra
al-Hiba Lagaš
Surgul Nina
Badtibira
Qal'at Haǧǧi Mohammed
Uruk
Larsa
Tell el-Ueli
NASIRIJE
Tell el-'Obēd
Ur
Eridu
Tell Lahm
BASRA

eigentliche Stadtgebiet, mit Mauer und sieben Toren gut gesichert, war sicher nie vollständig besiedelt, denn schon unter Sanherib wurde Ninive zur Hauptstadt ausgebaut.

Dūr Untaš Čoġa Zanbīl (Iran) 25 km südöstlich Susa. Französische Ausgrabungen unter R. de Mecquenem (1935–39) und R. Girshman (1951–62). Die Neugründung einer allein dem Kult geweihten Stadt zeugt vom ungeheuren Tatendrang des elamischen Herrschers Untaš-Napiriša (Mitte 13. Jahrhundert v. Chr.). Zentrum der durch drei konzentrische Mauerringe gegliederten Anlage ist die (neben Ur) besterhaltene Zikkurrat. Der »Turm« bestand, anders als sonst, aus einem zentralen Kern und Stufen in Form von unterschiedlich hohen Schalen. Der mittlere Stadtmauerring umgreift mehrere Tempel. Zwei Residenzen und der Palast liegen im dritten Ring nahe dem Haupttor. Unter dem Palast wurde die Familie des Stadtgründers in Gewölbegrüften bestattet (Brandbestattung). Dūr Untaš bevölkerte sich nur an Festtagen.

Ebla modern Tell Mardiḫ (Syrien) ca. 55 km südlich von Aleppo. Italienische Ausgrabungen unter P. Matthiae seit 1964. Der sensationelle Fund von über 13 000 Tontafeln erhellte schlagartig ein bis dahin dunkles Kapitel syrischer Geschichte. Sie stammen aus dem Archiv eines erst partiell freigelegten Palastes (G), der in die endende Frühdynastische Zeit datiert. Ebla war damals ein weit über die Region hinaus bedeutendes Königreich und Handelszentrum. Auch nach der Zerstörung (durch Narāmsîn von Akkad?) blieb Ebla eine mächtige Stadt. Der Befestigungswall mit Stadttor A umschloß die Unterstadt und die Zitadelle mit ihrem Palast und dem Gebäude Q, einem imposanten Verwaltungsbau. Unter dessen Fußboden fanden sich zwei künstlich geschaffene Grabhöhlen mit besonders reichen Beigaben. Am Westrand der Akropolis liegt Tempel D, ein Antentempel mit quergelagerter Vor- und längsgerichteter Hauptcella. Mit dem Ende der Altsyrischen Zeit verlor Ebla jegliche Bedeutung.

Eridu Abū Šaḫrēn (Irak) 30 km südwestlich von Nasirīja. Britische Untersuchungen 1918/19; irakische Ausgrabungen unter F. Safar und S. Lloyd 1946–49. Eridu galt schon in der Keilschriftliteratur als älteste Siedlung Sumers. Die Grabungsergebnisse schienen dies zu untermauern, bis in Tell el-Uēli noch ältere Schichten zutage kamen. Heute bezeichnet der archäologische Terminus »Eridu-Kultur« die Anfänge der südmesopotamischen Kulturentwicklung (ab ca. 5000 v. Chr.). Die dem Süßwassergott Enki (Ea) geweihte Stadt entwickelte sich aus dörflichen Anfängen zu einer traditionsreichen Kultmetropole. Ablesen läßt sich dies an den 18 übereinander gelagerten Bauschichten im Bereich des zentralen Heiligtums, das bis zum Ende der Uruk-Zeit immer mehr an Größe, Höhe (durch Terrassen) und architektonischer Differenzierung gewann. Eine Siedlung und ihr Friedhof aus der 'Obēd-Zeit ergänzen das Bild. Aus der Frühdynastischen Zeit stammen zwei Palastkomplexe. Unter Urnammu erhielt auch Eridu die von ihrem Herrscher geprägte Zikkurratform. Sie hat sich dank wiederkehrender Restaurationen bis ans Ende der babylonischen Ära erhalten.

Ešnunna Tell Asmar (Irak) 35 km nordöstlich von Bagdad. Amerikanische Ausgrabungen 1929–1936 unter H. Frankfort. In Tell Asmar ließen sich viele Aspekte frühen Stadtlebens untersuchen. Der Tempel des Abu markiert mit jedem neuen Plan eine neue Zeitstufe: der einfache, unregelmäßige Tempel der ausgehenden Ǧemdet-Nasr-Zeit, der geregeltere Knickachstempel vom Beginn der Frühdynastischen Zeit, ein quadratisches Hofhaus mit drei Zellen aus der Mitte dieser Phase und zu deren Abschluß ein wieder aufs Wesentliche reduzierter Knickachstempel. Die Entwicklung der Hausarchitektur läßt sich anhand eines ausgegrabenen Wohnviertels verfolgen. Am Ende dieser langen Zeitspanne entstand mit dem sogenannten Nordpalast ein mehrgliedriges Anwesen, das heute eher als Manufaktur gedeutet wird. Auch aus der Ur-III-Zeit liegt ein wichtiges architektonisches Ensemble vor – der Palast des Ilšuilija mit dem angebauten Breitraumtempel des vergöttlichten Herrschers Šūsîn. Der Eingangsbereich des Palastes selbst besteht aus solch einem Hofhaustempel; der Hauptrakt mit Thronsaal diente der Repräsentation.

Ganǧ-Dareh (Iran) 30 km südöstlich von Kermānšāh. Kanadische Grabungen unter Ph. Smith ab 1965. Ganǧ-Dareh gilt als Schlüsselgrabung für die Erforschung des Neolithikums in den nordwestiranischen Tallandschaften rund um Kermānšāh. Im 8 m mächtigen Kulturschutt des eher kleinen Hügels wurden fünf Schichten erfaßt. Die älteste gehört noch zu einem wohl nur saisonal genutzten Lagerplatz von Jägern und Sammlern. In den jüngeren Schichten traf man schon auf die kleinräumigen, rechtwinklig angelegten Häuser einer dörflichen Dauersiedlung, in der Pflanzenanbau mit Erfolg eingeführt wurde. Vorratsmöglichkeiten, eingebaute Mahlsteine und Sichelklingen aus Flint deuten dies an.

Ǧebel Arūda (Syrien) am Westufer des Assad-Stausees. Niederländische Grabungen unter G. Van Driel seit 1975. Als weißer Kalkkegel prägt der Berg Ǧebel Arūda das Westufer des Assad-Stausees. Hoch über dem Wasserspiegel fanden sich am seeseitigen Berghang auf halber Höhe die Ruinen eines urukzeitlichen Verwaltungssitzes. Die Siedlung mit ihren gediegenen Wohnhäusern liegt auf mehreren Hangterrassen. Vorn an der Hangkante beherrscht ein mächtiger Kultbau (Uruk-Typ) die weite Szenerie. Zusammen mit der Handelsstadt Habūba Kabīra/Tell Qannas zeugen die Reste auf dem Ǧebel Arūda von der machtvollen Ausstrahlung der in Südmesopotamien und Elam gelegenen Zentren, gleichzeitig aber auch von einer gewissen politischen Autarkie. Fernhandel war sicher der Motor für diese etwa 100 Jahre währende Kolonisation.

Ǧerwān (Irak) 50 km nordöstlich von Mosul/Ninive, unweit 'Ain Sifni. Amerikanische Untersuchungen durch Th. Jacobsen und S. Lloyd (1933). Eine frühe Meisterleistung des Wasserbaus ist ein unter Sanherib (705–681) erstellter Aquädukt, der einen Flußlauf überbrücken mußte. Bei der großzügigen Kultivierung des städtischen Umlands wurden damals Gärten, Parks und ein künstlicher Sumpf angelegt. Um den erhöhten Wasserbedarf von Ninive zu dekken, wurden mit Hilfe von Stauwehren, Kanälen und dieses Aquädukts zum Teil über 50 km entfernte Bäche erschlossen und umgeleitet.

Girsu Tellō (Irak) 70 km nördlich von Nasirīje und 5 km östlich des Šatt el-Hai gelegen. Französische Ausgrabungen zwischen 1877 und 1909, 1928 und 1933 unter E. de Sarzec, G. Cros, H. de Genouillac und A. Parrot. Die damals noch junge vorderasiatische Archäologie verdankte ihre Kenntnis einer eigenständigen sumerischen Kultur diesen frühen Grabungen in Tellō. Da die Grabungsmethode zur Freilegung luftgetrockneter Lehmziegel erst noch entwickelt werden mußte, sind es heute in erster Linie Kunstgegenstände wie die »Geierstele« oder die Gudea-Statuen im Louvre sowie die Archive, die uns den Rang dieser im Stadtstaat Lagaš gelegenen, dem Gott Ningirsu geweihten Stadt ermessen lassen.

Godin Tepe (Iran) 50 km südwestlich von Hamadan, im Kangavartal an der wichtigsten Ost-West-Verbindung durch den Zagros gelegen (Abschnitt der späteren persischen Königsstraße wie auch der Seidenstraße). Kanadische Ausgrabungen unter T. C. Young jr. (1965–73). Godin Tepe hat aufgrund seiner Lage eine lange, aber immer wieder unterbrochene Siedlungstradition. Die älteste Schicht (X) ist mit vorgeschichtlichen Fundorten in Aserbaidschan verwandt (Dalma Tepe), Schicht VI brachte erste Kupferfunde. Am Ende der Uruk-Zeit um 3000 v. Chr. (Schicht V) etablierte sich in einer Zitadelle ein Handelskontor, das wahrscheinlich von Susa aus eingerichtet wurde. Während auf der Zitadelle das Leben von der elamischen Kultur geprägt war, dominierte in der von Einheimischen bevölkerten Unterstadt das landeseigene Wesen. Godin Tepe (Schichten IV und III) hatte bis über die Mitte des 2. Jahrtausends v. Chr. eher dörflichen Charakter, dann lag es 500 Jahre verlassen. Erst die Meder nutzten den markanten Hügel ab 750 v. Chr. wieder für eine schwer befestigte Zitadelle. Sie gliedert sich in einen Palastteil mit mehreren Säulensälen, einen Wirtschafts- und einen Magazintrakt.

Gordion (Türkei) 29 km südwestlich von Polatlı. Amerikanische Grabungen unter R. S. Young seit 1949. Gordion war seit dem 9. Jahrhundert v. Chr. Sitz der phrygischen Könige, ruht jedoch auf wesentlich älteren Resten. Ausgegraben sind ein Torbau und Teile des phrygischen Palastes auf der Zitadelle. Wiederkehrende Baukomponenten sind sogenannte Megara am Rand größerer Höfe, eines davon besaß einen Mosaikfußboden. Vor den Toren der Stadt liegen Tumuli hochgestellter Persönlichkeiten. Der größte, vielleicht das Grab eines Königs, fand sich intakt. Die (begehbare) Grabkammer im Innern, ein massives Blockhaus, wurde über 40 m hoch mit Steinen und Lehm überdeckt. Der auf seinem Bett aufgebahrte Tote war reich mit Beigaben versehen (Mobiliar, Schmuck und Metallgefäße). Gordion fiel unter der kimmerischen Invasion (um 690 oder 660 v. Chr.?). Es wurde zuerst in der Nachbarschaft (Küçük Höyük), dann an alter Stelle von den Persern wieder aufgebaut und bestand bis in die Römerzeit.

Guzana Tell Ḥalaf (Syrien) am südwestlichen Stadtrand von Rās el-'Ain. Deutsche Ausgrabungen unter M. von Oppenheim (1911–15 und 1927–29). Heute vermittelt der Eingang des Nationalmuseums von Aleppo einen Eindruck vom »Tempelpalast« in der Zitadelle von Guzana. Dort sind, gemäß dem antiken Vorbild, die Laibungen der offenen Vorhalle mit zwei Sphingen und Orthostatenreliefs geschmückt. Das Dach der Halle wird von drei kolossalen Götterfiguren gestützt, die auf je einem Löwen beziehungsweise Stier stehen. Die Zitadelle von Guzana diente als aramäischer Stammessitz und wurde gegen 800 v. Chr. um einen assyrischen Statthalterpalast erweitert. Unter diesen jüngeren Resten stießen die Ausgräber erstmals auf eine qualitätvolle Buntkeramik, die sogenannte Ḥalaf-Keramik. Sie zeugt von einer prähistorischen Kultur gleichen Namens (5. Jahrtausend v. Chr.), deren überregionale Bedeutung sich erst später und an anderen Orten in Ausgrabungen zu erkennen gab, wie zum Beispiel in Tell Arpačīje.

Habūba Kabīra/Tell Qannas (Syrien) am linken Ufer des Euphrat-Stausees. Deutsche Ausgrabungen unter E. Strommenger (1969–75) in

Habūba Kabīra; belgische Grabungen (1967–73) unter A. Finet auf dem Tell Qannas. Die urukzeitliche, in fremdes Gebiet vorgeschobene Handelsniederlassung kontrollierte sowohl den südmesopotamischen beziehungsweise elamischen Handel mit der Mittelmeerküste als auch den mit Anatolien. Tell Qannas war mit seinen repräsentativen Hallenbauten das integrierte Kult- und Verwaltungszentrum der Stadt. Diese wurde von größeren Straßen und vielen Gassen erschlossen und war dicht mit großzügigen Häusern des Uruk-Typs bebaut. Der Handelsposten bestand kaum mehr als 100 Jahre, obwohl er gegen äußere Bedrohung über eine für damalige Zeiten unerhört massive Stadtmauer verfügte. Erst Jahrhunderte später entstand mit dem Tell Habūba wieder eine autochthone nordsyrische Siedlung. Die Grabungen sind heute vom Assad-Stausee überschwemmt.

Hacılar (Türkei) 30 km südwestlich von Burdur am Nordrand des Taurus gelegen. Britische Ausgrabungen unter J. Mellaart (1957–60). Hacılar ist älter als das bekanntere Çatal Höyük. Acht Schichten reichen ins akeramische Neolithikum zurück (8./7. Jahrtausend) und zeugen von frühen Ackerbaudörfern. Nach längerer Unterbrechung folgen aus dem 6. Jahrtausend neun keramikführende Schichten (spätneolithisch, chalkolithisch) mit differenzierter Hausarchitektur. Schicht VI war noch ein offenes Dorf, Schicht II dagegen ein massives Mauergeviert (36 x 57 m). Sein Inneres wies im Osten Gemeinschaftsräume auf, im Mittelfeld Keramikwerkstätten.

Der Westen war von Wohnräumen und die Nordwestecke von einem Kultraum besetzt. Mit Schicht I folgte ein letzter umfassender Wandel: Auf der alten Siedlung entstand eine zweistökkige Festungsanlage. Ansehnlicher als die verwitterte Grabung von Hacılar ist die auf halber Strecke nach Burdur gelegene neolithische Siedlung Kuruçay Höyügü.

Ḫadātu assyrisch Kār Salmanassar, modern Arslan Taš (Syrien) 35 km östlich von Ǧerablus, unweit der türkischen Grenze. Französische Ausgrabungen unter F. Thureau-Dangin (1928). Zwei neuassyrische Paläste beherrschten die gut befestigte ovale Stadtanlage in der aramäischen Provinz. Im älteren der beiden, dem »Bâtiment aux Ivoires« mit der landesüblichen Säulenvorhalle *(bīt ḫilāni)*, fand sich reicher Möbelzierat aus Elfenbein. Er stammt vermutlich aus phönikischen Werkstätten. Vom Ištar-Tempel hat sich außer Bildwerken aus Stein fast nichts erhalten.

Ḫafāǧi antik Tutub, später Dūr Samsuiluna (Irak) 15 km östlich von Bagdad am linken Ufer des Dijāla. Amerikanische Ausgrabungen unter P. Delougaz (1930–38). Die gut beobachtete Schichtenabfolge am Sîn-Tempel (I–X, Ǧemdet-Naṣr-Zeit bis Beginn der Akkad-Zeit) zeigt, wie der ursprüngliche Plan – Uruk-Typ mit knickachsiger Cella und vorgelagertem Hof samt Nebengebäuden – immer neu aufgegriffen und modifiziert wurde. Ähnlich aufschlußreich ist die zeitgleich ablaufende Entwicklung eines benachbarten Wohnviertels von einfachen Anfängen hin zum befestigten Quartier der höheren Schichten. Ins Auge sticht das in Frühdynastischer Zeit entstandene Tempeloval: Zwei große ineinandergebaute Mauerovale umgrenzen den Vor- beziehungsweise den Haupthof, in dem auf erhöhter Plattform der eigentliche Kultbau gestanden haben muß. In einem Nachbarhügel verbarg sich der altbabylonische Festungsbau Dūr Samsuiluna. Das alte Tutub war damals als Siedlung längst aufgegeben.

Hasanlu (Iran) 10 km südlich des Urmiasees. Ausgrabung unter R. H. Dyson jr. seit 1957. Eine in zehn Schichten faßbare lange Siedlungstradition hat den großen Tell seit der Jungsteinzeit entstehen lassen und reicht (mehrmals unterbrochen) bis ins Mittelalter. In Schicht IV (1100–800 v. Chr.) entstand auf der gut befestigten Zitadelle von Hasanlu ein besonders eindrucksvolles architektonisches Ensemble: Drei von insgesamt vier repräsentativen Säulensälen (Holzsäulen auf Steinbasen im Saal und im Portikus) waren auf einen zentralen Hof hin ausgerichtet. Preziosen des Kunsthandwerks wurden einst in den durch Brandschatzung zerstörten Obergeschossen aufbewahrt. Sie kamen im Schutt zwischen den Skeletten der getöteten Bewohner zum Vorschein. Bedeutendster Einzelfund ist die »Goldschale aus Hasanlu« (Museum Teheran).

Ḫassūna (Irak) 30 km südlich von Mosul. Grabungen unter F. Safar und S. Lloyd (1943/44). Mit 17 Bauschichten deckt Ḫassūna weite Teile der prähistorischen Siedlungsentwicklung ab. Hier wurde trotz äußerst bescheidener, »rustikaler« Rahmenbedingungen der Übergang von einfachen und groben Keramikformen hin zur technisch wie ästhetisch ansprechenden Buntkeramik realisiert (Ḫassūna-Ware). Später geriet Ḫassūna unter den Einfluß der wesentlich entwickelteren Sāmarrā- und Ḫalaf-Kultur.

Ḫattuša Boğazkale, älter Boğazköy (Türkei) 200 km östlich von Ankara. Deutsche Ausgrabungen unter H. Winckler (1906–12), K. Bittel und zuletzt P. Neve (1931–39, 1952 bis heute). Als Hauptstadt des hethitischen Großreichs (seit dem 16. Jahrhundert v. Chr.) erlangte die etwa ein halbes Jahrhundert früher gegründete Siedlung eine weit über Kleinasien hinausreichende Bedeutung. Die in aufsteigendem Gelände angelegte Stadt war von Natur aus durch Täler, darüber hinaus aber durch mehrere burgenbesetzte Felsen und eine starke Stadtmauer geschützt. Das Zentrum der Unterstadt bildete der große Tempel I. Die etwas unregelmäßige Anlage mit zentralem Hof und zwei Kulträumen war dem Wettergott und seiner Gemahlin, der Sonnengöttin von Arinna, geweiht. Die wirtschaftliche Bedeutung dieses Staatsheiligtums wird aus den Magazin- und Verwaltungsgebäuden ersichtlich, die es ringsum einfassen. Viele bescheidenere Tempel verteilen sich auf die Oberstadt im Süden. Die diesen Stadtteil schützenden Stadttore werden gemäß der plastischen Ausgestaltung ihrer Torwangen »Königstor«, »Sphingentor« und »Löwentor« genannt. Administratives Zentrum und Herrschersitz war jedoch die Zitadelle auf dem Felskegel Büyükkale. Mit besonders starken Befestigungen umgeben, gliederte sich die Anlage in drei gestaffelt angelegte Hofsysteme unterschiedlicher Funktion: Die untere Ebene bestand aus Verwaltungsgebäuden, die mittlere beherbergte den von 5 x 5 Säulen gestützten Audienzsaal und das Archiv. Die obere Ebene, wo der Wohntrakt vermutet wird, ist leider nur unvollständig erhalten. Um 1200 v. Chr. wurden Wohnstadt, die Tempel und die Palastburg derart gründlich zerstört, daß erst nach langer Pause noch einmal eine nennenswerte phrygische Siedlung entstand.

Hazor Tell al-Qedah (Israel) 15 km nördlich des Sees Genezareth im Jordantal gelegen. Britische Grabungen unter J. Garstang (1928) und israelische unter Y. Yadin (1955–58 und 1968–89). Hazor, eine antike Großstadt, war der Königssitz Nordpalästinas. Um 1750 v. Chr. wurde auf älteren Resten die stark befestigte Unterstadt angelegt. Damals wurde auch der Nordtempel gegründet. Dank Erneuerungen wurde er ein Ort mit Tradition und stach wiederholt durch reichhaltige Ausstattung hervor. Auf der Zitadelle, wo damals ein Palast entstand, wurde länger als in der Unterstadt (hier nur bis um 1300 v. Chr.) gesiedelt. Dort fanden sich aus salomonischer Zeit starke Befestigungen sowie große Wohn- und Lagerhäuser. Hazor fiel 732 v. Chr. der Zerstörung durch Tiglatpilesar III. zum Opfer. In persischer und hellenistischer Zeit erlebte Hazor seine letzte Blüte.

Ḫinnis-Bavian (Irak) 50 km nordöstlich von Mosul, unweit 'Ain Sifni. An den Wänden der Bavianschlucht ließ der assyrische König Sanherib (705–681) Felsreliefs anbringen. Sie zeigen ihn selbst in Anbetung vor den wichtigsten Göttern des assyrischen Pantheons. Anlaß dafür war die erfolgreiche Vollendung eines Meisterwerks früher Wasserbaukunst, das an Ort und Stelle auch in Keilschrift beschrieben wurde. Der Fluß Nahr Gomel, der hier das Gebirge durchbricht, wurde über Kanäle und den Aquädukt von Ǧerwān bis nach Ninive hinein umgeleitet, so daß die Wasserversorgung der vergrößerten Metropole gesichert war.

Isin Išān al-Baḥrījāt (Irak) 35 km östlich von Diwanīje. Deutsche Ausgrabungen unter B. Hrouda seit 1973. Heute abseits größerer Siedlungen gelegen, markiert der 1,5 km² große Tell eine einst bedeutende Stadt. Mindestens zweimal im Lauf seiner langen Geschichte besaß Isin überregionale Bedeutung (Anfang 2. Jahrtausend und um 1100 v. Chr.). Das traditionsreiche Hauptheiligtum war der Heilgöttin Gula geweiht. Aufgrund wiederkehrender Erneuerungen bestand dieser Breitraumtempel mit seiner vorgelagerten Freitreppe bis ans Ende der babylonischen Ära. Seine Vorgängerbauten reichen bis in die Frühdynastische Zeit zurück. Im Südosten der Ruine sind besonders repräsentative Wohnhäuser hervorgekommen, die ebenso wie ein Wohnviertel im Norden ins frühe 2. Jahrtausend v. Chr. datierten. Komplizierte Anfahrt.

Jericho Tell es-Sulṭān (Palästina) 10 km nördlich vom Toten Meer im Jordantal. Österreichisch-deutsche Grabungen (1907–09); britische unter J. Garstang (1930–36) und K. M. Kenyon (1952–58). Das »biblische« Jericho besitzt bis ins Mesolithikum reichende Spuren. Das Prädikat »älteste Stadt der Welt« rührt von einer jungsteinzeitlichen Befestigungsmauer mit mächtigem Steinturm her. Sie schützten im 8. Jahrtausend v. Chr. eine seßhafte Bevölkerung, die Ackerbau und Keramik noch nicht kannte. In der nächsten vorkeramischen, aber Landbau treibenden Siedlung des 7. Jahrtausends gab es erstmals rechteckige Lehmziegelhäuser. Nach langer Siedlungspause haben hier seit Ende des 4. Jahrtausends immer wieder Nomadenstämme – darunter die Israeliten – zur Seßhaftigkeit gefunden. So wuchs der Tell es-Sulṭān bis zur Späten Bronzezeit aus den Resten der Siedlungen auf bis zu 20 m Höhe.

Jerusalem arabisch El-Quds (Palästina) Besonders aufschlußreich waren britische Grabungen unter K. M. Kenyon (1961–67). Die älteste Stadt, eine bescheidene Siedlung der Jebusiter, bestand seit Ende des 3. Jahrtausends v. Chr. Sie lag, natürlich geschützt, auf einem Felssporn südlich der heutigen Altstadt. Um 1000 v. Chr. ergab sich die Stadt den siegreichen Israeliten und wurde unter David zum Königssitz. Seit 975 weitete Salomo die Stadt nach Norden aus, wo er im Bereich des heutigen Felsendoms seinen Palast und den Jahwe-Tempel anlegte (Zion). Aufgrund jüngerer Bautätigkeit ist davon wenig erhalten. Sehenswert ist dagegen der Hiskias-Kanal, der die biblische Gihon-Quelle im Kidrontal seit dem 8. Jahrhundert unterirdisch in den Siloah-Teich leitete. Die erste Blütezeit endete in der Zerstörung durch Nebukadnezar (587 v. Chr.) und mit der Verschleppung der Bewohner in die Babylonische Gefangenschaft.

Kalḫū biblisch Kalaḫ, modern Nimrūd (Irak) 35 km südlich von Mosul. Britische Ausgrabungen unter A. H. Layard, G. Rawlinson und H. Rassam zwischen 1845 und 1851. Neuaufnahme und Nachgrabungen 1949–1963 unter M. E. L. Mallowan und D. Oates. Polnische Arbeiten unter J. Meuszynski. Laufende Ausgrabungen mit Teams aus England, Italien und Japan. Bei Rekonstruktionen unter irakischer Leitung gelangen 1989 aufsehenerregende Funde in den lange vergeblich gesuchten Gräbern assyrischer Königsfamilien. Diese Stadt – eine Neugründung Salmanassars I. (1274–1245) – erlebte unter Assurnaṣirpal im 9. Jahrhundert v. Chr. einen glänzenden Aufstieg. Kaum einer seiner Nachfolger, der sich hier nicht durch Palastbauten verewigte. Die einst dicht am Tigris gelegene Akropolis wird an ihrer Nordwestecke durch die dem Kriegsgott Ninurta geweihte Zikkurrat überragt; an ihren Fuß legt sich dessen Tieftempel. An diesen wiederum rückt unmittelbar der »Nordwestpalast« des Assurnaṣirpal. Sowohl wegen seiner Aufgliederung (öffentlicher Hoftrakt, zentrale Thronsaalsuite, zurückliegender Wohntrakt) als auch in seiner Ausschmückung mit Orthostatenreliefs und plastischen Kolossalstatuen gilt dieser Palast als

Prototyp mit starker Ausstrahlung. Am Südostrand der Akropolis liegt mit zugehörigen Schreiberquartieren der Doppeltempel Ezida des Nabû und seiner Gemahlin Tašmētum – eine Gründung der Šammuramāt (Semiramis). Unter Sargon II. entstand ein zweites Doppelheiligtum als Anbau. Weitere, nur unvollständig erfaßte beziehungsweise erbaute Paläste teilen sich den verbleibenden Platz. Auch aus ihnen stammen Orthostaten. Aus dem Rahmen fällt der »Burned Palace«, ein unregelmäßiges Raumtrapezoid mit Zentralhof. Er besaß offenbar keinen Wohntrakt. Am Akropolis-Nordrand fanden sich Wohnquartiere reicher Kaufleute, die Größenunterschiede zur Palastarchitektur sind eklatant. Die Wohnviertel der einfachen Leute lagen unten in der Flußaue und sind unausgegraben. In der Unterstadt wurden dagegen die mehr als 200 Räume des »Fort Salmanassar« freigelegt. Dieser stark ummauerte, 250x350 m messende Komplex gliedert sich in einen Palastteil mit Thronsaalsuite und Wohntrakt, das Schatzhaus oder Arsenal *(ēkal maššarte)* sowie eine Garnison für die Heeresleitung (?); es blieb bis zum Untergang des assyrischen Reiches in Betrieb.

Kaniš hethitisch Neša und Kārum, modern Kültepe (Türkei) 20 km nordöstlich von Kayseri. Tschechische Untersuchungen unter B. Hrozný seit 1925; türkische Grabungen unter T. Özgüç ab 1948. Kaniš/Neša war die erste hethitische Hauptstadt und erlangte darüber hinaus Bedeutung, weil es bald nach 2000 v. Chr. besonders intensive Handelsbeziehungen mit Assur pflegte. Die Stadt der Einheimischen legte sich um eine Zitadelle, deren ältester uns bekannter Palast ein megaronähnlicher Bau vom Ende des 3. Jahrtausends v. Chr. war. Vor der Stadt lag ab 1900 v. Chr. als eigener Stadtteil das *kārum*, die Handelsstadt der gut organisierten altassyrischen Kaufmannschaft. Die Händler bewohnten großzügige, oft zweistöckige Hofhäuser einheimischer Bauart. Beide Stadtteile wurden durch Feuer zerstört, erholten sich jedoch schnell von diesem Schlag. Kaniš erhielt einen vielgliedrigen neuen Palast. Nach einer weiteren Zerstörung brach der lukrative Handel ab; Kaniš samt Kārum verfiel.

Kār Tukulti Ninurta Tellūl al-'Aqar (Irak) 3 km nordöstlich von Assur, gegenüber Šergāt am linken Tigrisufer. Deutsche Ausgrabungen 1913/14 unter W. Bachmann und W. Andrae; neue deutsche Grabungen sind seit 1986 im Gange. Ein besonders ehrgeiziges Projekt war diese Neugründung des mittelassyrischen Herrschers Tukulti-Ninurta I. (2. Hälfte des 13. Jahrhunderts v. Chr.). Er wollte sich mit einer Kult- und Residenzstadt am Tigris ein Denkmal setzen. Das weiträumig ummauerte Stadtareal beherbergte einen dem Staatsgott Aššur geweihten Tieftempel mit babylonischen und assyrischen Baumerkmalen; dieser legte sich ebenerdig direkt an die Zikkurrat (vgl. das ältere Karana). Dem König diente ein mehrgliedriger Palast, dessen prominentester Teil auf einer einst 18m hohen Terrasse am Fluß stand. Sein Inneres war mit bunten Wandmalereien verziert. Die hochgesteckten Pläne fanden ein jähes Ende, als Tukulti Ninurta I. aus politischen und religiösen Gründen ermordet wurde. Trotzdem blieb die Stadt bis ans Ende der assyrischen Ära bewohnt.

Karana Tell ar-Rimāḥ (Irak) 60 km westlich von Mosul. Britisch-amerikanische Ausgrabungen unter T.H. Carter und D. Oates (1967–71). Ein außergewöhnlicher Tieftempel samt Zikkurrat sowie der Palast entstanden um 1800 v. Chr. Der Tempel, streng achsensymmetrisch als Zingel angelegt, besitzt eine Vor- und Hauptcella im Breitraumschema. Letztere ist baulich unmittelbar mit der Zikkurrat verbunden. Der Aufgang auf deren erste Stufe erfolgte über ein Treppenhaus im Tieftempel. Die Fassaden von Tieftempel und Zikkurrat zeigen noch reichen Nischendekor: Halbierte Spiralsäulen und stilisierte Palmstämme aus speziellen Formziegeln ergeben ein eindrucksvolles Bild. Um die Mitte des 2. Jahrtausends v. Chr. zur Zeit der Mittani und im 13. Jahrhundert v. Chr. erneuerte man den Tempel. So könnte Karana der vergleichbaren Anlage in Kār Tukulti Ninurta als Vorbild gedient haben. In Neuassyrischer Zeit entstand im Schatten der Zikkurratreste ein letzter, wesentlich kleinerer Tempel im Langraumschema.

Karkemiš Ǧerablus (Türkei) am rechten Euphratufer, unmittelbar an der türkisch-syrischen Grenze gelegen. Britische Ausgrabungen (1879–81, 1911–14, 1920) unter D.G. Hogarth beziehungsweise C.L. Woolley. Am Anfang des 1. Jahrtausends v. Chr. entwickelte sich das seit der Ḥalaf-Zeit besiedelte Karkemiš zu einem selbständigen Fürstentum. Das Flußufer wird von der Zitadelle beherrscht, in ihr die Reste eines Kubaba-Heiligtums. Südwestwärts liegen die ummauerte »Innenstadt«, dann die doppelt bewehrte »Außenstadt«. Vom Palast (Innenstadt) kennen wir nur ein *bīt ḫilāni* und das »Königstor«. Entlang des südlichen Zitadellenhanges führte die Prozessionsstraße, deren Flanken mit Orthostatenreliefs geschmückt sind. Die verschiedenen Herrschern zuweisbaren Reliefzyklen zeigen Götter und Mischwesen, aber auch Herrscherbilder und höfisches Leben (Ankara, Archäologisches Museum). Der Zugang von Syrien wird gelegentlich erlaubt.

Kiš und **Ḫursagkalamma** Tell Oḥēmir und Ingarra (Irak) 20 km östlich von Hilla. Französische Ausgrabungen unter H. de Genouillac (1912); 1923–33 britisch-amerikanische Untersuchungen von S. Langdon, E. Mackay und Ch. Watelin; neuerdings amerikanische Felduntersuchungen unter McGuire Gibson und japanische unter H. Fujii. Kiš besaß schon früh historischen Vorrang, war es doch die erste Stadt, in der (laut sumerischer Königsliste) das Königtum »nach der Sintflut« wieder eingesetzt wurde. Dieses Ereignis ist vielleicht zeitgleich mit oder geringfügig jünger als die ältesten Siedlungsspuren in dem benachbarten Stadtteil Ḫursagkalamma anzusetzen (Ǧemdet-Naṣr-Zeit). Wohnsiedlungen und Gräber (Y-Friedhof) sowie zwei Zikkurrate stammen aus der Frühdynastischen Zeit. In die Spätbabylonische Zeit datieren ein kleiner Tempel und ein Doppelheiligtum. In Kiš hat sich ein eigentümlicher mehrteiliger Palast (Mitte der Frühdynastischen Zeit) erhalten. Über seinen verfallenen Mauern erstreckte sich am Ende dieser Phase der A-Friedhof. In Altbabylonischer Zeit ließ Hammurabi die heute noch weithin sichtbare Zikkurrat für den Stadtgott Zababa errichten. Sie wurde bis ans Ende der babylonischen Ära benutzt.

Lagaš al-Hibā (Irak) 24 km östlich von Šaṭra. Kurzgrabung durch R. Koldewey (1887), derzeit amerikanische Grabungen unter D.P. Hansen. Das weite Ruinengebiet weist Lagaš als eine seit Beginn der Frühdynastischen Zeit existierende Großstadt aus. Zwei Kultbauten sind die ältesten Bauwerke, die einer historisch bekannten Herrscherfigur, Eannatum von Lagaš, zugewiesen werden können (um 2500 v. Chr.): Einmal der Inanna-Tempel namens Ibgal, dessen Fundamentplattform von einer ovalen Mauer weiträumig eingefaßt ist; das aufgehende Mauerwerk ist völlig erodiert. Zum anderen ein zum Tempel Bagara des Gottes Ningirsu gehörendes Nebengebäude. Das Mauergeviert (20 x 30m) mit Eckbastionen und Pfeilervorlagen umschließt zwei Kapellen, Höfe, einen Raum voller Weihgaben (?) und Fischgräten (Opfer?) sowie einen Raum mit zwei Öfen. Ebenfalls ins ausgehende Frühdynastikum gehören weitere große Anwesen.

Larsa Senkere (Irak) 30 km nordwestlich von Nasirīje. Frühe Besuche durch W.K. Loftus (1853) und W. Andrae (1903); französische Grabungen unter A. Parrot (1933), seit 1967 unter J. C. Margueron und J.L. Huot. Die dem Sonnengott Šamaš geweihte Stadt konnte im Konzert der mesopotamischen Stadtstaaten erstmals gegen 1900 v. Chr. die führende Rolle übernehmen. Von Nūradad, einem Herrscher dieser Larsa-Dynastie, stammen die Reste eines (unvollendeten?) Palastes. Das Hauptheiligtum Ebabbar (»glänzendes Haus«), das in den vergangenen Jahren immer mehr Gestalt annahm, präsentiert sich jetzt als streng geordnete Kette von Tempelhöfen. Einer davon grenzt unmittelbar an die Zikkurrat mit integriertem Tieftempel. In der Kassitenzeit erhielt der Tempel einen Nischendekor mit gedrehten Halbsäulen (vgl. Karana und Tell Lēlān).

Mari Tell Harīrī (Syrien) 10 km nordwestlich von Abu Kemāl (syrisch-irakische Grenze) nahe dem rechten Euphratufer. Französische Ausgrabungen seit 1933 unter A. Parrot und J.C. Margueron. Die Kontrolle über den Karawanenhandel und den Flußhandel auf dem Euphrat machte Mari zu einem sehr einflußreichen, aber immer auch umkämpften Stadtstaat. Besonders der Palast, mehrmals neu errichtet zwischen Frühdynastischer und Altbabylonischer Zeit, ist auch als Ruine eindrucksvoll. Seine funktional gut gegliederte letzte Form erhielt er unter Zimrilim, einem Zeitgenossen von Hammurabi. Der Palast erfüllte unterschiedlichste Zwecke: Es gab den offiziellen Empfangstrakt mit Hof und Thronsaal, eine Wohnsuite für die königliche Familie, eine für hochrangige Gäste, Bäder, einen Küchen- und einen Vorratstrakt, Archive, Verwaltungsräume, Werkstätten – insgesamt über 300 Räumlichkeiten auf ca. 2,5 ha Fläche. Zudem war an traditionsreicher Stelle ein Heiligtum integriert. Von den Heiligtümern im Stadtbereich hat leider wenig der Erosion standgehalten. Erkennbar ist noch der Dagan-Tempel, ein Langraumtempel, an der Flanke einer Hochterrasse gelegen. Reich an Funden waren der Ištar-Tempel, besonders aber der Tempel der Ištarat und Ninnizaza sowie ein Vorläufer des jüngsten Palastheiligtums (alle noch aus dem 3. Jahrtausend). Sie erbrachten eine Vielzahl von sogenannten Beterstatuetten, aber auch eine große Auswahl an luxuriösen Weihgaben (heute im Louvre und in den Nationalmuseen von Damaskus und Aleppo). Als die Bürger von Mari gegen die von Hammurabi auferlegte Besatzung revoltierten, war das Schicksal der Stadt besiegelt – die völlige und endgültige Vernichtung.

Megiddo Tell al-Mutesallim (Israel) 33 km südlich von Haifa. Amerikanische Grabungen unter C. Fisher, P. Guy und G. Loud ab 1925. Megiddo beherrschte seit Mitte des 4. Jahrtausends v. Chr. die verkehrstechnisch wichtige Ebene Jezreel. In den älteren Schichten haben Kultbauten (Antentempel) und ein freistehender Rundaltar von 7 m Durchmesser das Interesse geweckt. Bis zur Mitte des 2. Jahrtausends v. Chr. wurden die Stadtmauern deutlich verstärkt. Unweit des dreikammerigen Stadttores entstand der Palast. Megiddo stand bis in die Amarna-Zeit unter ägyptischer Kontrolle und wurde gegen

1100 v. Chr. völlig zerstört. Neuen Aufschwung nahm der Platz nach der Eroberung durch König David. Unter Salomo und dessen Nachfolgern wurde der Tell großzügig mit einem Palast und Magazinen überbaut. Die Assyrer machten Megiddo zur Provinzhauptstadt, zuletzt führte die ägyptische Eroberung gegen 500 v. Chr. zum Ende der Siedlung.

Mersin/Yümük Tepe (Türkei) am nördlichen Stadtrand von Mersin. Britische Ausgrabungen unter J. Garstang (1937–40 und 1946–49). Eine Abfolge von 33 Schichten macht den Yümük Tepe zur Schlüsselgrabung, die die kilikische Küstenebene mit Syrien und Anatolien stratigraphisch verbindet. Seit dem Neolithikum (um 6000 v. Chr.) ist an dieser Stelle gesiedelt worden. Gerade die frühen Schichten reihen sich offenbar ohne Unterbrechung bis gegen 3000 v. Chr. nahtlos aneinander. So ist Mersin weniger durch aufsehenerregende Architektur, sondern dank der hier ablesbaren Keramikentwicklung für die Forschung bedeutsam. Nach einem Entwicklungsbruch zeigt das küstennahe Mersin seit dem 2. Jahrtausend v. Chr. auch ägäische Einflüsse.

Murēbit (Syrien) 5 km nördlich von Meskene. Amerikanische Ausgrabungen 1964/65, unter französischer Leitung (J. Cauvin) 1971–74. Manch festgefügte Lehrmeinung wurde durch die Ausgrabungen in Murēbit umgestoßen. Hier läßt sich seit der Mitte des 9. Jahrtausends v. Chr. die 2000jährige Geschichte einer Dorfgemeinschaft verfolgen, die Pflanzenbau und Viehzucht erst »erfinden« und erproben mußte. Rundhütten aus Stampflehm mit Dächern aus lehmbedecktem Astwerk dienten bereits als Dauerwohnsitz. Ökologische Standortvorteile unterstützten das Seßhaftwerden: Murēbit nutzte den Fluß zum Fischen, die wildreiche Flußaue und die angrenzenden Steppen als Jagd- und Sammelgebiet. Wilde Gras- und Gemüsesorten standen zur Verfügung. Schließlich (um 7000 v. Chr.) wurde der Wandel zur Rechteckbauweise, zur Viehzucht und zum Pflanzenbau vollzogen.

Naqš-i Rustam (Iran) 6 km nördlich von Persepolis. Vier Achämenidenherrscher haben das Tal von Naqš-i Rustam zur letzten Ruhestätte auserkoren. Hinter einer senkrechten Felswand, wo schon früh die Elamer Felsreliefs hinterlassen hatten, ließen Dareios I. (gest. 485 v. Chr.) und drei seiner Nachfolger ihre Grabkammern anlegen. Jede wurde außen durch eine große kreuzförmige Fassade im Fels sichtbar gemacht. Den Querbalken des Kreuzes überspannt im Relief jeweils ein Säulenportikus. Der Kopfbalken enthält eine Szene, in der Vertreter der Reichsvölker ihren Großkönig tragen. Jener wiederum wendet sich hin zu Altar und Symbol des Gottes Ahuramazda. Im Vorfeld der Felswand steht ein massiver Steinturm mit Scheinfenstern (vgl. Pasargadae). Mehrere Sasanidenherrscher (ab 224 n. Chr.) haben sich unterhalb der alten Grabanlagen ebenfalls in Felsreliefs verewigt.

Neribtum Iščali (Irak) 30 km östlich von Bagdad am Dijāla. Amerikanische Ausgrabungen 1934–36 unter H. Frankfort. Ein der Ištar Kitītum geweihter großer Tempelkomplex war das kultische Zentrum dieser Stadt des 19. Jahrhunderts v. Chr. Der Ištar-Tempel, über das mächtigste Tor und einen Hof erreichbar, besetzt mit Vor- und Hauptcella (Breitraumschema) sowie einigen Nebenräumen das westliche Drittel der etwa 100 m breiten Anlage. Die übrige Fläche nimmt ein zweiter, größerer Hof ein, an dessen Nordflanke zwei Tempel unbekannter Bestimmung liegen. Der in der Nordostecke zeigt ebenfalls das Breitraumschema, der zweite ist vielleicht ein Langraumtempel; es wäre der älteste, den wir kennen.

Ninive Qujunğik und Nebī Junus (Irak) heute linkstigridischer Teil des am rechten Ufer gelegenen Mosul. In mehreren Kampagnen zwischen 1852 und 1932 untersucht; die wichtigsten Forscherpersönlichkeiten waren A. H. Layard, H. C. Rawlinson, R. C. Thompson, L. W. King, später M. E. L. Mallowan und neuerdings D. Stronach. Zwischen 1960 und 1970 sehenswerte Rekonstruktionen an Toren und Stadtmauern durch den irakischen Antikendienst. Das 4,4 x 2,1 km große ebene Stadtgebiet wird von zwei großen Tells beherrscht. Der nördlichere, Qujunğik, hat eine lange Siedlungstradition. Sämtliche prähistorischen (Bunt-)Keramikstile seit der Ḫassūna-Periode sind in einem Tiefschnitt zum Vorschein gekommen. Größere Architektur ist trotz einiger älterer Spuren erst ab der Neuassyrischen Zeit bekannt. Die bedeutendsten Reste, leider unvollständig beziehungsweise unsachgemäß ausgegraben, sind die Paläste des Sanherib auf dem Südwestsporn und der Palast seines Enkels Assurbanipal im Nordosten des 30 m hohen Tells. Aus beiden Palästen stammen Reliefzyklen, die aufgrund ihrer von Annalen geprägten Bildinhalte besonders informationsträchtig sind. Die meisten befinden sich noch an Ort und Stelle. Sanherib wählte sich Ninive zum Regierungssitz und baute es zur Weltstadt seiner Zeit aus. Diese Maßnahmen schlossen die Kultivierung der städtischen Umgebung mit ein (vgl. Aquädukt von Ğerwān). Das weitausgreifende Befestigungswerk geht mit seinen auch heute noch markanten Resten ebenfalls auf Sanherib zurück. Ausgrabungen auf dem zweiten Ruinenhügel sind seit jeher durch die dem Propheten Jonas geweihte Wallfahrtsmoschee Nebī Junus behindert. Dennoch konnte dort ein Zeughaus, das *ēkal maššarte* des Sanherib, freigelegt werden. Bei Sanierungsarbeiten im Umfeld der Moschee kamen neuerdings kolossale Plastiken von Mischwesen (»Lamassu«) zum Vorschein – klare Anzeichen dafür, daß hier noch wichtige repräsentative Bauten verborgen liegen.

Nippur Nuffar (Irak) 45 km nordöstlich von Diwanīje. Amerikanische Ausgrabungen 1889–1900; Wiederaufnahme seit 1948. Ohne die Legitimatión durch den Stadtgott von Nippur, Enlil, konnte kein Herrscher in Sumer oder Akkad König werden. Kultischer Mittelpunkt waren Zikkurrat und Tieftempel des Enlil, auf älteren Vorläufern von Urnammu erbaut und dann immer wieder erneuert. Ungewöhnlich ist der Tieftempel mit der Cella und zwei Küchenräumen. Ein zweiter Kultort ist mit seiner über 3000-jährigen Tradition das Heiligtum der Inanna. Seit Mitte der Frühdynastischen Zeit besaß dieser Tempel zwei Kulträume. Sie bildeten den Kern eines Gebäudes mit sehr unregelmäßigem Grundriß. Dorthin führte durch verkettete Höfe, Pfeilervorhallen und Raumfluchten ein längerer Prozessionsweg. Ein Flußlauf trennte diesen vom Kult geprägten Stadtteil vom sogenannten Schreiberviertel ab. Von dort stammen besonders reichhaltige Keilschriftfunde.

Nuzi Jorgan Tepe (Irak) 13 km südwestlich von Kirkūk. Amerikanische Ausgrabungen 1925–31 unter E. Chiera, R. H. Pfeiffer und R. Starr. Die Grabungsbefunde und umfangreiche Textfunde vermitteln ein lebendiges Bild der von Hurritern bewohnten Stadt Nuzi (Mitte des 2. Jahrtausends v. Chr.). Bedeutend war sicher auch der akkadzeitliche Vorläufer Gasur. Keramikfunde belegen eine weit in die Prähistorie reichende Siedlungstradition. Aus hurritisch-mittanischer Zeit stammt der durch eine Mauer vom Häusergewirr abgesetzte Palast mit Wirtschafts-, Empfangs- und Wohntrakt. Von dort kennen wir bunte Wandmalereien und eine besonders feine Buntkeramik, die sogenannte Nuzi-Ware. Die fachwerkartig gegliederten Bildfelder zeigen Bukranien, Masken und Pflanzenmotive. Eine lange Bautradition zeichnet den Doppeltempel in Nuzi aus, der aus je einem Vorhof und einer äußerst massiv wirkenden Einraumcella besteht. Gut spiegelt sich anhand der Hausgrundrisse die differenzierte Sozialstruktur. Am Stadtrand lagen großzügige Anwesen bedeutender Familien.

Pasargadae (Iran) 50 km nordöstlich von Persepolis. Amerikanische Grabungen unter E. Herzfeld (1928), iranische unter A. Sami (1949–54) und britische unter D. Stronach (1961–64). Von diesem Ort, wo Kyros II., »der Achämenide«, um 550 v. Chr. die Meder besiegte, nahm das erste persische Großreich seinen Ausgang. Heute zeugt davon das Grab des Kyros selbst, in Hausform mit Satteldach und auf einem gestuften Sockel stehend. Weiter im Nordosten liegt auf einer Kuppe die verfallene Zitadelle, davor im Tal die Reste des Palastes. Teilweise erhalten sind eine Brücke, ein von Stierkolossen bewachtes Prachttor, die Audienzhalle mit ihrem figürlichen Säulenschmuck und der sogenannte Wohnpalast mit seinem Dreißig-Säulen-Saal und den weit ausgreifenden Säulenvorhallen. Ein heute »Gefängnis des Salomo« genannter Steinturm (vgl. Naqš-i Rustam) ist in seiner Funktion umstritten. Westlich der Zitadelle liegt der heilige Bezirk mit zwei Feueraltären.

Persepolis altpersisch Parsa, modern Taḫt-i Ğamšid (Iran). Amerikanische Grabungen unter E. Herzfeld und E. F. Schmidt (1931–39); Aufbauarbeiten durch den iranischen Antikendienst. Dareios I. (522–486 v. Chr.) und seine Nachfolger haben hier den berühmtesten Palastbau auf persischem Boden hinterlassen. Er diente zur Abhaltung der königlichen Staatsempfänge während des altiranischen Neufahrsfestes und als Wohnpalast. Am Fuß des Berges Kūh-i Raḥmāt erstreckt sich die weite Palastterrasse (450 x 300 m), die von Westen her über eine Treppe und das mächtige »Tor aller Völker« betretbar war. Kern der Anlage ist auf der Schauseite (im Westen) der quadratische Audienzsaal (Apadana) mit seinen 36 Säulen. Die Treppenwangen, die zu ihm hinaufführen, zeigen in feinem Relief Gesandte aller Reichsvölker und Höflinge. Den Südwesten der großen Terrasse nehmen die intimeren Wohnpaläste des Dareios und Xerxes sowie die Reste weiterer Paläste ein. Die Osthälfte der Terrasse ist ebenfalls von Säulenhallen besetzt, die größten darunter sind der »Hundert-Säulen-Saal« und das »Schatzhaus«. Alexander der Große nahm 331 v. Chr. Rache für die Kriege der Perser gegen die Griechen, indem er diese grandiose Anlage brandschatzte. Oberhalb finden sich im Berg königliche Felsgräber, die in Reliefschmuck und Anlage denen in Naqš-i Rustam verwandt sind.

Qal'at Ğarmō (Irak) 50 km östlich von Kirkūk. Amerikanische Ausgrabungen 1950–55 unter R. J. Braidwood. Die dörfliche Ansiedlung entstand bereits im 7. Jahrtausend v. Chr. und hatte mit 15 Schichten eine beträchtliche Lebensdauer. Die aus vielen kleinen Räumen bestehenden Häuser und Hausgruppen sind aus Stampflehm errichtet. Vorratshaltung schien ihr Hauptzweck; das tägliche Leben spielte sich eher unter freiem Himmel ab. Etwa 50 Prozent der Steinwerkzeuge bestanden aus importiertem Obsidian. Dies läßt auf regen Fernhandel schließen. Am Ort muß es Werkstätten zur Steingefäßherstellung gegeben haben. Spät und zaghaft wurde die Keramik in der aus Tepe Guran bekannten Spielart übernommen. Größere Bedeutung erlangte sie erst in einer technisch primitiveren Variante kurz vor Ende der Siedlung. Der Pflanzenanbau war nicht mehr der der Pioniere, sondern nutzte neben den Wildformen schon entwickeltere Getreidearten und mehrere Gemüsesorten.

Šaduppûm Tell Ḫarmal (Irak) heute von den südöstlichen Stadtvierteln Bagdads umgeben. Irakische Ausgrabungen zwischen 1945 und 1950 von T. Baqir und S. Lloyd. Einer der beiden Doppeltempel steht heute bis zum Dach restauriert. Die überschaubare, fast quadratische Stadtanlage der Altbabylonischen Zeit wirkt wie »aus einem Guß«; sie ist offensichtlich geplant. Die mit Türmen bewehrte Stadtmauer umgrenzt ein Stadtareal, dessen Straßen vielzellige Häuserblocks erschließen. In der etwas spitzwinkligeren Südostecke der Stadt liegen ein größeres offizielles Gebäude (Hürdenhaus), der Doppeltempel für Nisaba und ihren Gemahl Ḫaja, ein kleinerer Doppeltempel mit Kapellen. Alle Kultbauten folgen dem Breitraumschema. Šaduppûm muß eine Stadt der Verwaltung und des gelehrten Schrifttums gewesen sein; dies verraten die vielen in den Häusern gefundenen Tontafeln. Politisch unterstand die Stadt dem Herrschersitz Ešnunna, der Hauptstadt des Landes Warum.

Sam'al Zincirli (Türkei) 70 km westlich von Gaziantep. Deutsche Ausgrabungen 1882–94 unter K. Humann, R. Koldewey und F. von Luschan. Sam'al als Herrschersitz im gleichnamigen Fürstentum (später neuassyrische Statthalterei) war eine majestätische Stadtburg. Ein Doppelmauerring von 720 m Durchmesser und drei massive Tore schützen das Stadtgebiet. Kern der Anlage ist eine ebenfalls ummauerte Zitadelle mit doppelt gesichertem Zugang. Die Kuppe wurde von einem zwischen etwa 830 und 730 v. Chr. gewachsenen Ensemble von Palästen überragt. Sie besitzen alle säulengestützte Vorhallen *(bīt ḫilāni)* und sind zum Teil durch Säulenhallen miteinander verbunden. Das Palastgebäude war mit Orthostatenreliefs (Szenen höfischen Lebens), Laibungstieren und theriomorphen Säulenbasen ausgestattet (heute in Berlin und Istanbul).

Sāmarrā (Irak) 90 km nördlich von Bagdad am Ostufer des Tigris gelegen. Deutsche Ausgrabungen unter F. Sarre und E. Herzfeld (1913/14). Wer heute die mittelalterliche Kalifenstadt mit ihren beeindruckenden Ruinen besucht, weiß oft nicht, daß hier auch ein prähistorischer Begräbnisplatz liegt. Aus ihm stammen neben Tier- und Menschenterrakotten Beispiele einer berühmten Buntkeramik, die nach dem Fundort »Sāmarrā-Keramik« benannt wurde. Kennzeichnend für diese sind dichte geometrische Muster in umlaufenden Streifen oder sich »im Wirbel« wiederholende Motive. Die Siedlung zum Friedhof kennen wir bislang nicht. Aber der nur 10 km südlich gelegene zeitgleiche Ort Tell es-Ṣawwān verrät einiges über die Lebensumstände der hier Bestatteten.

Sippar Abū Habba (Irak) nördlich von Babylon am Euphrat gelegen. 1882 von H. Rassam untersucht, dann Grabungen unter P. Scheil (1894) und neuerdings durch den irakischen Antikendienst. In einem weiten Temenos erhebt sich die Zikkurrat des einst dem Sonnengott Šamaš geweihten Stadttempels. Die sichtbaren Baureste stammen vom Ende der langen Stadtgeschichte, als Sippar unter Nabupolassar und Nebukadnezar II. (um 600 v. Chr.) einen letzten Aufschwung erlebte. Die unsachgemäßen Methoden Rassams haben in Sippar zwar viel zerstört, doch die von ihm gefundenen 40000 Tontafeln und Fragmente vermitteln heute ebenso wertvolle Einblicke in das Leben dieser altorientalischen Stadt wie die Texte eines erst jüngst intakt gefundenen Archivs.

Susa Šuš (Iran) 50 km südwestlich von Dizful. Französische Ausgrabungen seit 1884 unter M. und J. Dieulafoy, J. de Morgan, R. de Mecquenem, R. Ghirshman und J. Perrot. Susa überlebte alle seine babylonischen Rivalen. Als Metropole der Südmesopotamien östlich benachbarten Landschaft Ḫūzistān/Elam hatte es bis zu den Mongolenstürmen Bestand (12. Jahrhundert n. Chr.). Im Südwesten erhebt sich die Akropolis mit ihrer die gesamte Laufzeit der Siedlung abdeckenden Schichtenfolge. Die prähistorischen Anfänge sind von einer besonders reizvollen Buntkeramik begleitet. Auf der Akropolis standen die Bauwerke der elamischen Herrscher und später die achämenidische Zitadelle. Nördlich liegt der Apadana-Hügel, eine künstliche Terrasse über älteren elamischen Schichten. Auf ihr ließ Dareios seinen Palast errichten. Kern dieser Anlage ist ein Saal mit 72 Säulen, der den Anlagen in Persepolis zum Vorbild diente. 1970 wurde durch Zufall am Westufer des an Susa vorbeifließenden Ša'ūr der kleinere Palast Artaxerxes' II. entdeckt. Östlich der Akropolis erstreckt sich die »Königsstadt«, wo Schichten bis weit ins 3. Jahrtausend v. Chr. reichen. Auf großer Fläche legte Ghirshman hier ein elamisches Wohnviertel des 19. Jahrhunderts v. Chr. frei. Erst in achämenidischer Zeit kam im Osten die »Handwerkerstadt« als Viertel hinzu. Heute ist die Grabmoschee Daniels in Šuš Ziel islamischer Wallfahrer.

Tarsus/Gözlükule (Türkei) Amerikanische Grabungen unter H. Goldmann (1934–38 und 1947–49). Tarsus reicht wie Mersin ins Neolithikum zurück und besitzt eine nahezu bruchlose Siedlungsfolge bis in die Gegenwart. Während der Frühbronzezeit geriet es abwechselnd unter westanatolisch-ägäischen beziehungsweise nordsyrischen Einfluß und war im Seehandel aktiv. Mehrere Erdbeben beendeten diese Phase abrupt. In der folgenden Spätbronzezeit gelangte Tarsus zunächst wieder unter syrische Herrschaft, bis die Hethiter sich endgültig gegen die Mittani durchsetzten und hier im Königreich Kizzuwatna die führende Rolle übernahmen. Hethitische Siegelfunde belegen dies. Nach dem Seevölkersturm verlor die Stadt rasch an Bedeutung. 696 v. Chr. fiel Tarsus unter dem Ansturm der assyrischen Truppen.

Tell Abu Ṣalabīḫ (Irak) 50 km nordöstlich von Dīwānīje. Britische Ausgrabung unter J. N. Postgate seit 1975. Die großflächige Freilegung einer sumerischen Stadt ist das Ziel dieser Ausgrabung. Ein eigener Tell enthält die urukzeitliche Siedlung. Die frühdynastischen Stadtviertel verteilen sich auf weitere Kuppen und waren von einer Mauer geschützt. Ansehnliche Hofhauskomplexe bildeten Inseln im unregelmäßigen Straßen- und Gassennetz. Die Toten der Stadt wurden unter Fußböden und Höfen ihrer Häuser beigesetzt. Am Reichtum der Grabbeigaben läßt sich der soziale Status der Toten ablesen. Einigen herausragenden Persönlichkeiten wurden sogar mehrere angeschirrte Equiden auf den Weg ins Jenseits mitgegeben (vgl. Ur). Trotz interessanter Textfunde kennen wir den antiken Ortsnamen bisher nicht.

Tell Aǧrab (Irak) 20 km südöstlich von Tell Asmar. Amerikanische Grabungen unter H. Frankfort zwischen 1930 und 1937. Der Šara-Tempel muß von außen wie eine Festung gewirkt haben. Ein einziger monumental gestalteter Zugang führte hinein in das mächtige, von Pfeilern und Nischen gegliederte Mauerkarree. Das Innere dieser klosterartigen Anlage ist durch mehrere Höfe nach Funktionen gegliedert. Vom Eingangshof aus erreichte man eine fast hermetisch abgetrennte Priesterwohnung. Vom zentralen Hof aus erschlossen sich weitere Höfe und Gelasse, vor allem aber das eigentliche Heiligtum. Dieses und zwei sekundäre Kulträume folgen dem Knickachsschema. Der Šara-Tempel gehörte zu einer befestigten Stadt und datiert in die mittlere Phase der Frühdynastischen Zeit.

Tell Arpačije (Irak) 5 km nordöstlich von Ninive. Britische Grabung 1933 unter M. E. L. Mallowan. Bienenkorbartig überwölbte Rundhütten aus Stein sind ein Merkmal der ḥalafzeitlichen Schichten in Tell Arpačije. Später erhielten diese Bauten einen oblongen Anbau, so daß sie einen Grundriß von Schlüssellochform aufwiesen. Daneben hat es aber auch immer rechteckige Bauten gegeben. Die ganze Bandbreite der bunt bemalten Ḥalaf-Keramik ließ sich hier studieren. Die jüngeren Schichten dieser Siedlung führen mit einer Übergangsschicht in die 'Obēd-Zeit mit der ihr eigenen Keramik hinüber. Die Architekturreste dieser Zeit sind armselig; eine reiche Ausstattung mit Werkzeugen und Keramik weisen hingegen die Gräber des zugehörigen Friedhofs am Ortsrand auf.

Tell al-Beiḍā (Jordanien) zwischen Totem Meer und Golf von Aqaba gelegen. Amerikanische Ausgrabungen unter D. Kirkbride vor 1964. Tell al-Beiḍā markiert das südwestliche Ende des Fruchtbaren Halbmondes. Auch hier läßt sich der seit dem Mesolithikum einsetzende Wandel der Lebensformen ablesen. Bereits zu dieser Zeit gab es runde Lehmziegelhütten, obwohl Pflanzenbau noch nicht betrieben wurde. Seit etwa 7000 v. Chr. erfolgte die Seßhaftwerdung neuer, jungsteinzeitlicher Siedler, die zunächst weiter in Rundhäusern lebten, im Lauf des 7. Jahrtausends jedoch zur Rechteckbauweise übergingen. Am Ende standen differenzierte Grundrisse, wobei Wohn- und Lagerhaltungsbereiche offenbar schon auf zwei Stockwerke verteilt wurden. Schließlich wurden Landwirtschaft und Viehzucht (unter günstigeren klimatischen Bedingungen als heute) gemeistert.

Tell Brāk (Syrien) 43 km nördlich von Hasseke gelegen. Britische Ausgrabungen unter M. E. L. Mallowan (1937/38) und seit 1976 unter D. und J. Oates. Der mit 40 m Höhe mächtigste Ruinenhügel der syrischen Ǧezire enthält Schichten, die von der Ḥalaf-Zeit bis in die Mitte des 2. Jahrtausends v. Chr. reichen. Die ältesten ergrabenen Bauten sind der sogenannte »Augentempel« und sein Vorgänger, der »Graue Tempel«. Beide sind reich mit Baudekor und Kleinplastik (Augenidole, Tieramulette) ausgestattet. Sie gehören zu einer unausgegrabenen urukzeitlichen Siedlung (vgl. im Euphrattal Habūba Kabīra und Ǧebel Arūda). Während der Akkad-Zeit ließ Narāmsîn im alten Tempelbereich einen mit 10 m dicken Außenmauern befestigten »Palast« (93 x 111 m) errichten, der eher die Qualitäten eines Arsenals oder Schatzhauses besitzt. Um 1500 v. Chr. legte ein mittanischer Herrscher seinen Palast auf der höchsten Kuppe an.

Tell Buqras (Syrien) 40 km südlich von Dēr ez-Zōr am rechten Euphratufer gelegen. Seit 1965 französische (H. de Contenson und W. J. van Liere), seit 1976 niederländische Ausgrabungen (M. Van Loon). Schon in der zweiten Hälfte des

6. Jahrtausends v. Chr. füllte dichte Hausbebauung etwa 3 ha Fläche. Die rechteckige Lehmziegelarchitektur fügt lange Parallelräume mit eingebauten Speichern und Herden zusammen. Wandmalereien und plastischer Wandschmuck erinnern an das zeitgleiche anatolische Çatal Höyük. Tierzucht (Ziege, Schaf, Rind und Schwein) war der Haupterwerb dieser Siedlung, Ackerbau und Jagd kamen ergänzend hinzu. Reich sind Handwerk und Kunsthandwerk vertreten (Kleinplastiken, Steingefäße); Keramik trat erst in der jüngsten Schicht zutage.

Tell Ḫuēra (Syrien) nahe der türkischen Grenze östlich von Tell Abiaḍ gelegen. Deutsche Grabungen unter A. Moortgat, U. Moortgat-Correns und W. Orthmann seit 1958. Der antike Name von Syriens wohl flächengrößtem Tell ist noch immer unbekannt. Ein erodierter Mauerwall umgreift mehrere Kuppen beiderseits einer Nordwest-Südost verlaufenden zentralen Senke. Die Blütezeit von Tell Ḫuēra war die Frühdynastische Zeit. Monumentale Steinbauten, mehrere Antentempel, aber auch Wohnquartiere und ein Töpferviertel zeugen davon. Aus dieser Zeit stammen auch Beterstatuetten, die ihre Parallelen in Rundbildern des weit entfernten Tell Asmar haben. Mit der Akkad-Zeit kam das Ende für Tell Ḫuēra – die Ursachen sind bislang ungeklärt. Die jüngsten isolierten Bauten datieren in die Mitte des 2. Jahrtausends v. Chr. (mittanisch); vor kurzem fanden sich vereinzelte Gräber aus Mittelassyrischer Zeit.

Tell Ḥassūna (Irak) 30 km südlich von Mosul. Grabungen unter F. Safar und S. Lloyd (1943/44). Mit 17 Bauschichten deckt Ḥassūna weite Teile der prähistorischen Siedlungsentwicklung ab. Hier wurde trotz äußerst bescheidener »rustikaler« Rahmenbedingungen der Übergang von einfachen und groben Keramikformen hin zur technisch wie ästhetisch ansprechenden Buntkeramik realisiert (Ḥassūna-Ware). Später besaß Tell Ḥassūna Merkmale der wesentlich entwickelteren Sāmarrā- und Ḥalaf-Kultur.

Tell Lēlān (Syrien) 25 km südöstlich von Qāmišlī. Amerikanische Ausgrabungen unter H. Weiss seit 1978. Mit ca. 90 Gesamtfläche ist Tell Lēlān (antik wahrscheinlich Šubat-Enlil) eine der antiken »Großstädte« auf syrischem Boden. Aus der seit der Akkad-Zeit ummauerten Unterstadt ragt im Westen die Akropolis auf. Keramikfunde belegen, daß diese Siedlung bis in die 'Obēd-Zeit zurückreicht. Überregionale Bedeutung besaß Tell Lēlān gegen Ende seiner Entwicklung, als Šamši-Adad, ein Rivale des jungen Hammurabi, wahrscheinlich hier seine Residenz Šubat-Enlil einrichtete (um 1800 v. Chr.). Aus seiner Zeit stammt der weitläufige Tempel im Nordosten der Akropolis. Die Außenfronten sind durch Nischendekor gegliedert. Besonders reizvolle Dekorelemente sind spiralige Halbsäulen und solche in Form stilisierter Palmstämme. Am Südende der Akropolis erhebt sich der Schutthügel einer Zikkurrat.

Tell Munbāqa Ekalte (Syrien) 120 km nordwestlich von Raqqa am Ostufer des Assad-Stausees gelegen. Deutsche Ausgrabungen unter E. Heinrich, W. Orthmann und D. Machule seit 1969. Die besonders während der Späten Bronzezeit bedeutende Stadt liegt auf einer hohen Uferterrasse mit Steilhang zum Euphrat. Das Stadtgebiet war durch Befestigungsanlagen in einen älteren Stadtkern und in die jüngere Innen- und Außenstadt gegliedert. Der bereits seit der Frühbronzezeit bestehende Stadtkern mit Wohnhäusern und drei monumentalen Langraumtempeln wurde zunächst durch eine Lehmziegelmauer geschützt; später kam eine parallel geführte Steinmauer hinzu. Ein besonders gut erhaltenes Wohnviertel der Späten Bronzezeit besetzt den südwestlichen Winkel der Stadt. Von dort stammt reiches Inventar (Museum Raqqa). Unten am Seeufer wurden bei Niedrigwasser noch Bauten des Flußhafens entdeckt. Hier muß einst reger Handel geherrscht haben. Keilschriftfunde führten erst kürzlich zur Identifizierung mit dem antiken Ekalte.

Tell el-'Obēd (Irak) 6 km nordwestlich von Ur gelegen. Britische Ausgrabungen unter H. R. Hall und C. L. Woolley zwischen 1919 und 1924; amerikanische Nachuntersuchungen 1937. Die sogenannte 'Obēd-Keramik, eine graugrün gebrannte Ware mit schwarzer geometrischer Bemalung, wurde zum »Leitfossil« einer in ganz Mesopotamien verbreiteten Kultur- und Zeitstufe ('Obēd-Zeit, um 4000 v. Chr.). Die Siedlung und der zugehörige Friedhof erbrachten diese Keramik erstmals in reicher Auswahl. Vom Ende der Frühdynastischen Zeit, aber sicher auf älteren Vorgängern aufbauend, stammt eine doppelt oval eingefaßte Hochterrasse (vgl. Tutub/Ḫafāǧī). Von dem auf ihr zu vermutenden Tempel der Göttin Ninḫursag waren nur verstreuter Baudekor und reiche Ausstattungsstücke erhalten.

Tell eṣ-Ṣawwān (Irak) 10 km südlich der heutigen Stadt Sāmarrā. Ausgrabung des irakischen Antikendienstes unter B. aṣ-Ṣoof. Klar gegliederte Hausgrundrisse prägen die prähistorische Siedlung am Tigris von Anfang an (Anfang 6. Jahrtausend, Ḥassūna-Zeit). Die rechteckigen Grundrisse ordnen sich in einen zentralen Langraum und beiderseits in je zwei oft weiter unterteilte Parallelräume. Völlig einheitlich wirken die Häuser der folgenden Sāmarrā-Zeit, wo stereotyp ein quadratischer Haustrakt T-förmig vor einen rechteckigen Trakt plaziert wurde. Spielte anfangs Keramik gegenüber Steingefäßen noch eine untergeordnete Rolle, so stand dann die geometrisch bemalte Sāmarrā-Keramik in ihrer Blüte. Reichhaltig ist das Inventar der Häuser, vor allem aber das der Gräber. Kindergräber wurden schon unter den frühen Häusern angelegt. Dort fanden sich besonders häufig menschliche Figurinen aus Stein. Mit der Ḥalaf-Zeit setzten sich auch hier die charakteristischen Tholos-Bauten durch.

Tell el-Uēli (Irak) 30 km nordwestlich von Nasirīje und knapp 4 km vom antiken Larsa entfernt. Französische Grabungen unter J. L. Huot seit 1976. Aufsehen erregten die Ergebnisse von Tell el-Uēli, weil hier Siedlungsschichten weiter zurückreichen als an jedem anderen bis dahin untersuchten Ort des südlichen Mesopotamien. So sind mehrere Schichten älter als Eridu, die älteste jedoch noch nicht erreichbar, da unter dem Grundwasserspiegel gelegen. Die früheste Keramik von hier ist verwandt mit Čoġā Mami und Sāmarrā. Damit hat die Besiedlung der weiten Alluvialebene vielleicht schon vor 5000 v. Chr. eingesetzt. Uēli war den vorläufigen Grabungsberichten zufolge ein Dorf, das bis ans Ende der 'Obēd-Zeit bestand.

Tell al-'Uqēr (Irak) 40 km südlich von Bagdad. Irakische Ausgrabungen unter F. Safar und S. Lloyd (1940/41). Bedeutendstes Monument dieser Siedlung ist der »Bemalte Tempel«. Die Terrasse mit nischengegliederter Schaufront und rund geschwungenen Flanken trägt eine kleinere rechteckige Terrasse. Auf dieser wiederum ruht der Tempelbau, der dem Weißen Tempel im Uruk gleicht und um 3000 v. Chr. entstanden sein dürfte. Im Innern fanden sich an Wänden und Altarpodest Malereien, die neben symbolischen Motiven auch Leoparden und Menschen wiedergeben. Die Siedlung von Tell al-'Uqēr ist bereits in der 'Obēd-Zeit entstanden.

Tepe Gaura (Irak) 23 km nordöstlich von Mosul nahe bei Ḫorsābād gelegen. Amerikanische Ausgrabungen zwischen 1927 und 1938 unter E. Speiser und C. Bache. Die lückenlose Schichtenabfolge vom Ende der Jungsteinzeit bis in die Mitte des 2. Jahrtausends v. Chr. macht Tepe Gaura zur Hauptstütze beim Aufbau eines nordmesopotamischen Chronologiegerüstes. Man unterscheidet 20 Hauptschichten: Die ausgehende Ḥalaf-Zeit (Schicht XX) weist Rundhäuser auf. In der älteren, mittleren und jüngeren 'Obēd-Zeit (Schichten XIX-XII) sticht vor allem Schicht XIII mit ihren architektonisch geregelten Kultbauten hervor. Für die Folgezeit (XII–VIII), die der südmesopotamischen Uruk-Zeit entspricht, ist Gaura namengebend. In Schicht XI dominiert ein inwendig stark gegliederter massiver Rundturm, in VIII (bis in die beginnende Frühdynastische Zeit) prägen dreigliedrige Heiligtümer mit vorgezogenen »Seitenschiffen« das Bild. Eher unbedeutende Kleinsiedlungen bevölkerten bis Mitte des 2. Jahrtausends v. Chr. den immer begrenzteren Platz auf der Hügelkuppe.

Tepe Guran (Iran) 60 km südlich von Kermānšāh im Hulailāntal gelegen. Dänische Untersuchungen ab 1962 unter J. Meldgaard. Mit 18 lückenlos aufeinanderfolgenden Schichten verrät Tepe Guran viel über die jungsteinzeitliche Entwicklung im zentralen Zagrosgebiet. Der allgemeine Aufschwung läßt sich in mehreren Bereichen darstellen. Auf architektonischem Gebiet wandeln sich leichte, saisonal genutzte Holzhütten zu festeren, dauerhaft besiedelten Lehmhütten; diese wiederum machen Häusern mit ausgeprägter Lehminnenarchitektur Platz. Tepe Guran ist zu Beginn akeramisch, hält sich nur kurz mit grober, undekorierter Ware auf und entwickelt dann verschiedene Gattungen der Buntkeramik. Anzeichen sprechen dafür, daß hier die Viehzucht schon vor dem Pflanzenanbau entwickelt war und die Keramikproduktion bereits vor der Seßhaftwerdung einsetzte.

Tepe Hissar (Iran) 3 km südöstlich von Damġān am Südrand des Elbursgebirges gelegen. Amerikanische Ausgrabung unter E. F. Schmidt (1931/32). Die drei großen Siedlungsphasen des Ortes decken das 4. und 3. Jahrtausend ab. Die beiden älteren Schichten (I und II) besitzen dörflichen Charakter. Damals hatte Tepe Hissar teil an der dekorativen altiranischen Buntkeramiktradition, die für viele Siedlungen am Rande der großen Salzwüsten typisch war. In der jüngsten Schicht (III, 2. Hälfte des 3. Jahrtausends) wuchs der Ort zu einem regionalen Zentrum. Ein herrschaftliches Gebäude mit reicher Ausstattung wurde offenbar von Angreifern in Brand gesteckt und brach noch vor einer Plünderung über den Bewohnern zusammen. Diesen Fundkomplex ergänzen reiche Grabbeigaben aus der weitgehend erodierten jüngsten Siedlung (Anfang 2. Jahrtausend v. Chr.).

Til Barsip Tell Aḥmar (Syrien) 22 km stromab von Ǧerablus am Ostufer des Euphrat gelegen. Französische Ausgrabungen unter F. Thureau-Dangin (1929–31). Berühmtheit erlangte Til Barsip durch die Entdeckung der in reinstem neuassyrischen Stil gehaltenen Wandmalereien des Statthalterpalastes. In künstlerischer Hinsicht sind sie ein vollwertiger Ersatz für die in den assyrischen Zentralpalästen üblichen steinernen Reliefzyklen. Til Barsip geht mit seinen ältesten Spuren bis in die Prähistorie zurück und war mindestens seit dem 3. Jahrtausend v. Chr. ein bedeutender Stützpunkt im Flußhandel mit Mesopotamien. Im 2. Jahrtausend gehörte es zum Mittani-, später zum Hethiterreich und wurde um 1000 v. Chr. zum Zentrum des Aramäerstammes Bīt Adini, bevor es schließlich an die Assyrer fiel.

Troja Ilion oder Ilios bei Homer, türkisch Hısarlık, modern Truva (Türkei) 30 km südwestlich Çanakkale. Bahnbrechende Ausgrabungen durch H. Schliemann (1871–90); amerikanische Grabungen unter C.W. Blegen (1932–38) und neuerdings wieder deutsche Untersuchungen, geleitet von M. Korffmann. Als Schauplatz von Homers »Ilias« ist Troja mindestens ebenso legendär wie die Geschichte seiner Wiederentdeckung. Der Siedlungsplatz unweit der südlichen Dardanelleneinfahrt lag an strategisch bedeutsamer Stelle. Dementsprechend reichen die neun Hauptschichten (und insgesamt 40 isolierbaren Phasen) bis ins 3. Jahrtausend v. Chr. zurück (Troja I). Immer wieder und in immer größerem Umfang entstanden hier stark befestigte Burgsiedlungen. Troja II (um 2500 v. Chr.) erbrachte den Schliemannschen »Schatz des Priamos«, der damit fast 1500 Jahre zu spät angesetzt wurde. Megaronbauten prägen das Bild der damaligen Zitadelle. Troja VI stand mit Mykene im Austausch und ging in einem Erdbeben unter. Das im Epos geschilderte Ende Trojas ist am ehesten mit Troja VIIa gleichzusetzen, das im 12. Jahrhundert v. Chr. in den Wirren der ägäischen Wanderung unterging. Die Stadt bestand jedoch weiter und wurde schon in der Antike als traditionsreiche Stätte berühmt. Die alte Substanz hat unter dem »ehrenden Angedenken« gelitten, vor allem durch Planierungsarbeiten Cäsars, der »Novum Ilium« gründete (Troja IX).

Tuttul Tell Bi'a (Syrien) am östlichen Stadtrand von Raqqa. Deutsche Ausgrabungen seit 1980 unter E. Strommenger. Seit prähistorischen Zeiten lagen bedeutende Siedlungen am Zusammenfluß von Balīḫ und Euphrat. Die seit der Frühdynastischen Zeit ummauerte, aber vielleicht schon seit der Uruk-Zeit bestehende große Stadt bildete mehrere Ruinenhügel. Im zentral gelegenen Hügel konnten die gut erhaltenen Reste eines altbabylonischen Palastes mit Eckbastionen und Tortürmen freigelegt werden. Aus dieser Zeit stammt auch der jüngere der beiden Stadtmauerringe. Der diesem Palast als Fundament dienende Vorgängerbau (ausgehende Frühdynastische Zeit) wird derzeit freigelegt. Auf der westlichen Kuppe stand nahe der Stadtmauer und von Wohnhäusern umrahmt ein für die Region typischer Antentempel. Fünf Kilometer von Tell Bi'a liegt noch unausgegraben der prähistorische Vorläufer von Tuttul, Tell Zaidān.

Ugarit Rās Šamrā (Syrien) 12 km nördlich von Lāṭṭakīja. Französische Ausgrabungen unter F. A. Schaeffer seit 1929, zuletzt unter M. Yon. Im küstennahen Ugarit wurde seit dem präkeramischen Neolithikum nahezu ununterbrochen gesiedelt. An der Schnittstelle der hethitischen und ägyptischen Einflußsphären gelegen, schlug sich Ugarit auf die Seite des jeweils Stärkeren und zog wirtschaftliche Vorteile daraus (Kontrolle des Zypernhandels). Von dieser Blüte (Mitte des 2. Jahrtausends v. Chr.) zeugt heute die guterhaltene Steinarchitektur größerer Stadtviertel mit mehreren Palästen und Tempeln. Unter den Hofhäusern waren oft steinerne Kraggewölbegrüfte angelegt. Einer der Paläste war so eng in die Siedlung eingebunden, daß neue Höfe und Baukomplexe wahrscheinlich Zug um Zug auf Nachbargrundstücke ausgreifen mußten. Reich bestückt war das Palastarchiv, dem wir das älteste bekannte Alphabet verdanken. Ugarit ging um 1200 v. Chr. im »Seevölkersturm« unter.

Ur Tell el-Muqejjir (Irak) 20 km südwestlich von Nasirīje. Die Identifizierung mit dem biblischen »Ur in Chaldäa« gelang bereits J. E. Taylor im Jahre 1854, aber die überragende Bedeutung von Ur erschloß sich erst 1919 in Grabungen unter H.-R. Hall und endgültig 1922–34 unter C. L. Woolley. Der irakische Antikendienst hat Teile der Zikkurrat wiederaufgebaut. Ur lag am einst westlicher verlaufenden Euphrat, besaß zwei Häfen und profitierte vom Fluß- wie vom Seehandel. Die dörflichen Ursprünge der Stadt reichen bis in die frühe 'Obēd-Zeit zurück. Seit der Ǧemdet-Naṣr-Zeit und der Frühdynastischen Zeit zeugen Friedhöfe von der sonst unausgegrabenen Stadt. Singulär steht der sogenannte Königsfriedhof am Ende dieser Phase. Mit den hochrangigen Toten gingen in mehreren Fällen deren Gefolgsleute in den Tod. Die reichen Grabbeigaben sind erlesene Meisterwerke des damaligen Kunsthandwerks (meist im British Museum und im Iraq Museum). Um diese Zeit bestimmte laut Königsliste die I. Dynastie von Ur kurzzeitig die politischen Geschicke der mesopotamischen Stadtstaaten. Ur, die traditionsreiche Kultstadt des Mondgottes Nanna und seiner Gemahlin Ningal, besaß als Wahrzeichen die große rechteckige Zikkurrat im eingefriedeten heiligen Bezirk. Unter den Königen der III. Dynastie von Ur (letztes Viertel des 3. Jahrtausends) entstand diese Anlage über älteren Vorgängerbauten. Zu den Neubauten zählen der Tempelhof des Nanna und das sogenannte Gipar. Es diente als Kultort, Wohnsitz und Grablege der (Ober-) Priesterinnen des Nanna, zugleich aber auch als Tempel der Ningal. Profane Komponenten des Zentrums sind der Palast, ein Schatzhaus sowie der Torbau, in dem das Gericht tagte. Das Mausoleum der III. Dynastie bestand aus einem oberirdischen Hofhauskomplex und unterirdischen Ziegelgrüften. Elamer haben dieser blühenden Stadt ein vorläufiges Ende bereitet. Die bis dahin geschaffenen zentralen Strukturen erwiesen sich jedoch als langlebig. So kennen wir Ergänzungen und Erneuerungen aus der Isin-Larsa-Zeit und der Kassitenzeit. Ungeplant erscheint ein Wohnquartier des beginnenden 2. Jahrtausends v. Chr.: Ein enges Gassennetz erschließt ein Konglomerat von Wohnhäusern, Läden samt Lagern und Kapellen. Danach verfiel Ur rapide. Erst 800 Jahre später restaurierten Nebukadnezar II. und zuletzt Nabonid den nun weiträumiger eingefriedeten Tempelbezirk und die Zikkurrat. In einem aus dieser Zeit stammenden Wohnviertel herrschten großzügigere Verhältnisse. In der Nähe des alten Nordhafens wurde der Palast der Oberpriesterin und der »Hafentempel« angelegt. Von den Persereinfällen beeinträchtigt, ging schließlich auch die letzte Blüte zu Ende. Unter den Seleukiden wurde die Stadt endgültig verlassen. Eine Verlagerung des Euphrat dürfte dafür ausschlaggebend gewesen sein.

Uruk Warka (Irak) 15 km nördlich Samāwa. Um 1850 von W. K. Loftus untersucht; deutsche Ausgrabungen unter J. Jordan 1912/13, dann 1928–39 unter Jordan, A. Nöldeke und E. Heinrich; Fortsetzung nach dem Zweiten Weltkrieg bis heute unter H. J. Lenzen, H. J. Schmidt und R. M. Boehmer. Mit dem Namen Uruk verbinden sich Begriffe wie früher Stadtstaat, sumerische Hochkultur, Gilgameš-Epos, Schrifterfindung. Die ältesten Schichten sind in Sondagen erreicht worden und datieren in die späte 'Obēd-Zeit. Danach setzt die sogenannte Uruk-Keramik ein. Ihre Laufzeit kennzeichnet eine Zeitstufe, die ebenfalls nach Uruk benannt wurde. Die Stadt gliederte sich damals schon in zwei Bereiche: in das der sumerischen Göttin Inanna geweihte Kultzentrum Eanna und in den Stadtteil Kullaba mit dem Heiligtum des Himmelsgottes Anu. Im Eanna der Späten Uruk-Zeit (um 3300 v. Chr.) entstanden in schneller Folge monumentale, klar gegliederte und zum Teil mit bunten Stein- und Tonstiftmosaikwänden verzierte Repräsentationsbauten. Es handelt sich um Höfe, Terrassen, Pfeilerhallen, Bäder, einen Palastbau und mehrere dreischiffige »Kulthäuser« mit quergestelltem Kopftrakt. Unklar ist bis heute, warum dieses großartige Ensemble bis auf die Mauerstümpfe eingeebnet wurde. In der Ǧemdet-Naṣr- und Frühdynastischen Zeit wich es einem »Opferstättenhof«, einem gewaltig dimensionierten Stampflehmgebäude, Handwerksbetrieben und nicht zuletzt den Vorläufern der Zikkurrat. Aus dieser Zeit datiert auch die mehr als 9 km lange turmbewehrte Stadtmauer, die der Mythos dem legendären König von Uruk, Gilgameš, zuschreibt. Im 400 m südwestlich gelegenen Kullaba reichen die ausgegrabenen Kultbauten bis in die 'Obēd-Zeit zurück. Anhand vieler Bauzustände ließ sich hier verfolgen, wie die Idee der Zikkurrat als Hochtempel auf einer Terrasse Gestalt annahm. Den informativsten Befund dazu bietet der Weiße Tempel auf seiner unregelmäßigen geböschten Plattform. Auch in Eanna stecken hakenförmige Terrassen unter der von Urnammu und Šulgi errichteten einstöckigen Zikkurrat. Damals erhielt (wie auch Ur) ganz Eanna die Ausgestaltung, die dann mehr als 1000 Jahre lang immer wieder erneuert wurde. Dies geschah zum Beispiel unter Sînkāšdi (19. Jahrhundert v. Chr.) und unter dem Kassitenkönig Karaïndaš, von dem auch ein fremdartig wirkender Tempel und eine Palastanlage stammen. Großzügige Erneuerungen gab es in Eanna noch einmal unter Sargon II. und Marduk-apla-iddina (Ende 8. Jahrhundert v. Chr.), in Spätbabylonischer Zeit und unter den Achämeniden. Erst in der Seleukidenzeit, als die altorientalische Kulttradition endete, erhielt die Zikkurrat in Eanna die klassische, das heißt mehrstufige Ausgestaltung. Drei nur partiell ausgegrabene gigantische Kultbauten stammen ebenfalls aus der Spätzeit: das Anu-Heiligtum Bīt Reš, das der Ištar und Nanâ geweihte Ešgal (auch Irigal) und das Neujahrsfesthaus Bīt Akīti. Die Partherzeit brachte eine letzte Blüte. Deren Baureste, vor allem der Gareus-Tempel, zeigen nun eindeutig hellenistische Züge.

Yazılıkaya (Türkei) 3 km nordöstlich von Boğazköy/Ḫattuša. Im Zuge der deutschen Ausgrabungen von Boğazköy untersucht. Untrennbar ist das berühmte Felsheiligtum mit der Hethiterhauptstadt Ḫattuša verbunden. Eine Felsengruppe, zwischen der sich natürliche Kammern bilden, wurde gegen Ende der Großreichszeit durch Tor- und Hofbau geschlossen, so daß die Felskammer als Cella dienen konnte. Die flankierenden Seitenwände der großen Felskammer tragen in Flachrelief je eine Prozession untergeordneter Gottheiten. An der rückwärtigen Felswand treffen die Züge mit der Gestalt des Wettergottes Teššup und der Göttin Ḫepat aufeinander. Unabhängig von diesem Zyklus steht ein Herrscherbild des Königs Tutḫalija IV. In einer schmalen Nebenkammer wird derselbe noch einmal im Schutz des Gottes Šarruma gezeigt. Das Relief eines in der Erde steckenden Dolches mit Löwenprotomen und Götterkopf stellt den Kriegs- und Pestgott Nergal dar.

Sammlungen altorientalischer Kunst

Belgien
BRÜSSEL Musées Royaux d'Art et d'Histoire

Dänemark
KOPENHAGEN Nationalmuseet; Ny Karlsberg Glyptotek

Deutschland
BERLIN Staatliche Museen, Vorderasiatisches Museum; Museum für Vor- und Frühgeschichte
BOCHUM Bergbaumuseum
DRESDEN Staatliche Kunstsammlungen, Skulpturensammlung
HAMBURG Museum für Kunst und Gewerbe
HEIDELBERG Sammlung des Assyriologischen Seminars der Universität
JENA Friedrich-Schiller-Universität, Hilprecht-Sammlung
KARLSRUHE Badisches Landesmuseum
MÜNCHEN Prähistorische Staatssammlung

Frankreich
PARIS Bibliothèque Nationale; Musée du Louvre

Großbritannien
LONDON British Museum; University London Institute of Archaeology, British School Collections
OXFORD Ashmolean Museum

Iran
TEHERAN Muzeh-e Iran-e Bastan
Regionalmuseen in Abadan, Bišapur, Haft Tepe, Kešan, Kirman, Mašad, Persepolis, Qazvin, Sīrāz, Susa, Tabriz

Irak
BAGDAD Iraq Museum
MOSUL Museum
Regionalmuseen in Assur, Babylon, Diwanīje

Israel
HAZOR Ayelet Hashahar, Hazor Museum
JERUSALEM Israel Museum; Rockefeller Archaeological Museum

Italien
TURIN Museo Egizio

Japan
TOKIO Ancient Orient Museum

Jordanien
AMMAN Archaeological Museum
IRBID Yarmouk University, Museum of Jordanian Heritage

Kanada
TORONTO Royal Ontario Museum

Libanon
BEIRUT American University Beirut, University Museum; Nationalmuseum

Niederlande
AMSTERDAM Allard-Pierson-Museum
LEIDEN Rijksmuseum van Oudheden

Östereich
WIEN Kunsthistorisches Museum

Schweiz
GENF Musée d'Art et d'Histoire
ZÜRICH Museum Rietberg, Sammlung von der Heydt; Universität Zürich, Archäologische Sammlung

Spanien
BARCELONA Museo Archeológico Nacional

Syrien
ALEPPO Nationalmuseum
DAMASKUS Ṇationalmuseum
Regionalmuseen in Dēr ez-Zor, Palmyra, Raqqa

Türkei
ADANA Bölge Müzesi
AFYON Arkeoloji Museum
ANKARA Anadolu Medeniyetleri Müzesi
ANTAKYA Hatay Arkeoloji Müzesi
ANTALYA Bölge Müzesi
BURSA Arkeoloji Müzesi
ERZURUM Arkeoloji Müzesi
ESKIŞEHIR Arkeoloji Müzesi
ISTANBUL Eski Şark Eserleri Müzesi
IZMIR Arkeoloji Müzesi
KAYSERI Arkeoloji Müzesi
KONYA Arkeoloji Müzesi
SAMSUN Arkeoloji Müzesi
VAN Arkeoloji Müzesi
Regionalmuseen in Boğazkale, Çorum, Diyarbakır, Elazıg, Gordion, Sivas, Troja, Urfa

UdSSR
ERIWAN Historisches Museum von Armenien
LENINGRAD Staatliche Eremitage

USA
ANN ARBOR University of Michigan, Museum of Art
BALTIMORE Walters Art Gallery
BERKELEY Lowie Museum of Anthropology
BOSTON Museum of Fine Arts
CAMBRIDGE Harvard University, Fogg Art Museum, Harvard Semitic Museum
CHICAGO Field Museum of Natural History; University Museum, Oriental Institute Museum
CINCINNATI Cincinnati Art Museum
CLEVELAND Cleveland Museum of Arts
LOS ANGELES Los Angeles County Museum of Arts
NEW HAVEN Yale University, Art Gallery
NEW YORK Brooklyn Museum; Columbia University Library, Norbert Schimmel Collection; Metropolitan Museum of Arts; Pierpont Morgan Library
PHILADELPHIA University of Pennsylvania, University Museum
WASHINGTON Smithsonian Institution

Zypern
NIKOSIA Cyprus Museum

Glossar

absolute Chronologie berechnet aufgrund historischer und astronomischer Nachrichten Geschichtsdaten, die in ihrem Abstand zur Gegenwart genau fixiert sind. Für Mesopotamien gelingt dies, von der Gegenwart rückwärts gerechnet, bis um 1500 v. Chr.

Alabaster ein Gipsgestein. Der fälschlicherweise auch als Mosul-Marmor bezeichnete Stein ist leicht zu bearbeiten. Er wurde wegen seiner Lichtdurchlässigkeit und der oft dekorativen Zeichnung häufig für Steingefäße, Figuren und Reliefdarstellungen verwendet.

Antentempel Langraumtempel, bei dem die Längswände so über die schmale Eingangswand hinausgezogen sind, daß sie die Seiten (Anten) eines überdachten Vorplatzes bilden. Der Antentempel ist eng mit dem *Megaron* verwandt.

Apadana (der) Audienzsaal achämenidischer Paläste. Auf einer künstlichen Terrasse angelegter Säulensaal, an dessen Flanken Säulenvorhallen stehen.

Aryballos Fläschchen mit kugeligem Körper, diente in der klassischen Antike als Salbgefäß.

babanu der Torbereich im assyrischen Palast, aber auch im assyrischen Wohnhaus; im übertragenen Sinn: die öffentlich zugänglichen – meist repräsentativen – Trakte des Palastes (im Gegensatz zum *bitanu*).

Beterstatuette Gattung des Rundbilds, die in Frühdynastischer Zeit entstand und in Altbabylonischer Zeit auslief. Unsere Interpretation ihrer Gestik (Handhaltung), vor allem aber die später hinzukommende Inschrift am Körper führen zu folgender Deutung: Das Rundbild vertritt den Gläubigen im ständigen Gebet und soll dadurch das lange Leben des Spenders gewährleisten. Beterstatuetten sind zugleich Weihgaben für den Tempel beziehungsweise für die dort verehrte Gottheit.

bīt akīti (oft auch unrichtig *bīt akītu*) bezeichnet das »Neujahrsfesthaus«. Der Kultort vor den Toren der Stadt war das Ziel der Götterprozessionen zum Neujahrsfest und dann Schauplatz wichtiger Zeremonien. Die ihn umgebenden Grünanlagen sind als Fruchtbarkeitsmotiv zu deuten.

bīt ḫilāni assyrische Bezeichnung für ein Element der Haus- und Palastarchitektur, das mit der repräsentativen Säulenvorhalle aramäischer, später auch neuassyrischer Paläste in Verbindung gebracht wird. Vom *bīt ḫilāni* aus gelangte man in einen offiziellen Breitraum.

bitanu der private Wohnbereich im assyrischen Wohnhaus. Im Palast die nicht öffentlich zugängliche Wohnsuite des Herrschers.

Breitraumtempel babylonisches Bauschema, bei dem die (Vor- und Haupt-) Cella durch die Breitwand (Langseite) betreten wird. Altar und Kultbild stehen axial gegenüber der Tür in einer Nische, das heißt wieder an der Langseite.

^{14}C-Datierung siehe *Radiocarbon-Datierung*

Chalkolithikum Kupfersteinzeit, die Entwicklungsphase zwischen Neolithikum (Jungsteinzeit) und Bronzezeit. In Vorderasien datieren chalkolithische Fundorte in das 5. und 4. Jahrtausend v. Chr. Während dieser Phase wurde nur natürlich vorkommendes Kupfer verarbeitet. Steingeräte spielten weiter eine bedeutende Rolle.

Diorit hartes Tiefengestein von grünlichschwarzer Farbe und körniger Struktur, das vor allem für Rundbilder und Stelen verwendet wurde. Diorit mußte nach Mesopotamien importiert werden.

Fruchtbarer Halbmond klimatisch begünstigter Bereich, der sich in weitem Bogen entlang der Küstengebirge des Mittelmeers, der Taurus- und Zagros-Gebirgsketten bis zum Persisch-Arabischen Golf erstreckt. Im Neolithikum wurden hier Wildformen der Flora (Getreide- und Gemüsesorten) und der Fauna domestiziert (Hund, Schaf, Ziege, Schwein und Rind).

Frühdynastische Zeit frühgeschichtliche Zeit Mesopotamiens, an deren Ende historische Textquellen einsetzen. Die Dynastien hatten ihren Sitz nacheinander in Kiš, Uruk, Lagaš und Ur. Kunsthistorisch ist diese Zeit in mehrere Phasen unterteilt. Das Ende kam mit dem Reich von Akkad.

Ğezīre (arabisch »Insel«) Landschaftsbezeichnung für das zwischen Euphrat und Tigris liegende Ackerbau- und Steppengebiet. Die Taurusvorberge bilden die nördliche Grenze, die Region von Bagdad die südliche.

Glyptik Steinschneidekunst, speziell die Kunst, Siegel zu schneiden. Die Glyptik besaß in Mesopotamien hervorragende Bedeutung durch die weite Verbreitung der Stempel- und Rollsiegel als Garantie- und Sicherungsinstrument.

Heilige Hochzeit real oder symbolisch vollzogene Vereinigung des Königs und einer hochrangigen Göttin des sumerischen Pantheons (Inanna in Uruk, Baba in Lagaš, Ningal in Ur). Der Part der Göttin wird von den höchsten Priesterinnen übernommen. Der Ritus, zum Neujahrsfest vollzogen, sollte Wohlergehen für König und Volk, Fruchtbarkeit in der belebten Natur garantieren.

Höyük, Hüyük türkische Bezeichnung für Ruinenhügel.

injunktives Hofhaus babylonischer Haustyp, auch als »Hürdenhaus« bezeichnet. Die Hürde ist als Umfriedung primär. Eingestellte Räume bilden ein Geviert.

Isokephalie (griechisch »gleiche Kopfhöhe«) Darstellung menschlicher Figuren dergestalt, daß keine einzige die anderen überragt.

Kārum (akkadisch, wörtlich »Flußkai«, »Hafenmauer«) in Altassyrischer Zeit (um 1900 v. Chr.) Bezeichnung für die von Assur aus etablierten Handelskontore auf kleinasiatischem Boden. Das Kārum Kaniš (Kültepe unweit Kayseri) als wohl bedeutendstes Kontor war ein eigener Stadtteil, von assyrischen Händlern bevölkert und vor den Toren der althethitischen Hauptstadt Neša gelegen.

Keilschrift ältestes Schreibsystem. Am Ende des 4. Jahrtausends v. Chr. (Späte Uruk-Zeit) wurde in Sumer zunächst ein Buchführungssystem entwickelt. Schreibmaterial war plastischer Ton, meist in Tafel- oder Kissenform. Als Schreibgerät diente der Schilfgriffel, mit dem der Schreiber aus keilartigen Eindrücken komplexe Zeichen komponierte. Die Entwicklung ging von der Bildschrift über die Wortschrift zur kombinierten Wort- und Silbenschrift. Damit konnten auch abstrakte Sachverhalte wiedergegeben werden. Zudem war so die Übernahme für nichtsumerische Sprachen (Akkadisch, Elamisch, Hurritisch, Hethitisch) realisierbar. Die Keilschrift wurde im 1. Jahrtausend v. Chr. allmählich von der phönikischen Alphabetschrift verdrängt, die auch zunehmend auf neue Schriftträger (Holz, Papyrus) auswich.

Knickachstempel Langraumcella, die an der Langseite nahe der einen Schmalwand betreten wird. Kultbild und Altar stehen im Zentrum der anderen Schmalwand; Eingangs- und Kultachse schneiden sich.

konjunktives Hofhaus assyrisches Bauschema, bei dem »Einraumhäuser« so angeordnet werden, daß sie einen Hof umschließen. Der Hof ist ein sekundäres Produkt.

Kraggewölbe »falsches« Gewölbe, schließt einen Raum nach oben dadurch, daß horizontal verlegte Steine oder Ziegel zweier gegenüberliegender Wände kontinuierlich einkragen. Den Abschluß bilden größere Deckplatten oder ein T-förmiger Schlußstein. Vorläufer echter Gewölbe.

Kudurru kassitische Grenzsteine in Stelenform. Die Inschriften beschreiben Landschenkungen; die meist dargestellten Göttersymbole sollen den Landbesitz legitimieren, das heißt vor fremden Ansprüchen schützen. Die Kudurru standen nicht am Feldrand, sondern wurden im Tempel aufbewahrt.

Lamassu Schutzgeist beziehungsweise Schutzgottheit für das Haus; in neuassyrischen Palästen vielleicht durch die menschenköpfigen geflügelten Stierkolosse an den Torlaibungen verkörpert.

Langraumtempel langrechteckiger Kultraum, dessen Altar beziehungsweise Kultbild an einer Schmalwand steht. Unterschieden werden knickachsige Anlagen (Eingang an der Langseite) und achsiale Anlagen (Eingang dem Altar gegenüber). Der assyrische (achsiale) Langraumtempel besitzt oft eine quergelegte Vorcella (Breitraum).

Libation Trankopfer; besonders im Totenkult üblich, um das Los der in der Unterwelt darbenden Verwandten zu lindern.

libn arabische Bezeichnung für den luftgetrockneten Lehmziegel, das verbreitetste Baumaterial des alten (und modernen) Orients.

Megaron (Plural *Megara*) langrechteckiger Einraum mit säulengestütztem Dach und offener Vor-

Zeit v. Chr.	Perioden	Mitteleuropa	Südosteuropa	Südrußland	Sibirien
4000	Mittelneolithikum	Stichbandkeramik Rössen Lengyel (Früh)	Marica (Karanovo V) Boian (Spät) Vinča C Dimini (Spät)	Tripolje (Früh)	
3500	↓ ↑	Lengyel (Spät) Münchshöfen Balaton	Gumelniţa (Karanovo VI) Vinča D Rachmani (Früh)	Tripolje (Spät) Gorodsk/Usatovo	
3000	Jungneolithikum	Boleráz Michelsberg Altheim/Pfyn/Baden	Cernavoda III Ezero (Früh) Coţofeni I/II Frühhelladisch II	Jamnaja-Kultur (Ockergräber)	? ↑
2500	↓ Endneolithikum ↓	Cham-Goldberg III Schnurkeramik	Kostolac/Coţofeni III Frühhelladisch II/III Vučedol/Frühhelladisch III	(Katakombengräber) Maikop	Tamcabulag Norovlijn Uul
2000	(Kupferzeit) Frühbronzezeit ↑	Glockenbecher Bronzezeit A (Aunjetitz) Bronzezeit B	Frühbronzezeit Vattina/Girla Mare/Monteoru Mittelhelladisch I-II Schachtgräber von Mykene (SH I)	Balkengrabkultur (Borodino)	Afanasjevo ↓
1500	Hügelgräberbronzezeit (Mittlere Bronzezeit) ↓ Urnenfelderzeit	Bronzezeit C Bronzezeit D Hallstatt A	Mittlere Bronzezeit Späthelladisch II/III HaA-Submykenisch	↓ Vorsabatinovka Sabatinovka	Andronovo ↓ Karasuk
1000	(Spätbronzezeit) Ältere Eisenzeit (Hallstattzeit)	Hallstatt B Hallstatt C Hallstatt D ↓	HaB-Protogeometrisch Geometrisch HaC-Orientalisierend HaD-Archaik	Belozerka Černogorovka (Kimmerer) Novočerkask (Kimmerer) Skythen	Aržan (Skythen) Aldybel-Kultur Ujuk-Kultur
500	Jüngere Eisenzeit (Latènezeit)	Latène A Latène B Latène C Latène D	↓ LT B 2 Klassik LT C Hellenismus LT D ↓	 ↓ (Sarmaten) Griechische Kolonisation	Tagar- Kultur (Sarmaten) Taštyk- Kultur

halle. Ist das Megaron ein Kultbau, so kann es als Antentempel angesprochen werden.

Mesolithikum Mittlere Steinzeit; bezeichnet in Vorderasien die Zeit zwischen ca. 10 000 und 7 000 v. Chr. In dieser Phase erfolgte vereinzelt die Seßhaftwerdung dank intensiver Ausbeute unterschiedlicher Wildformen aus Flora und Fauna. Die Fundstellen liegen im Bereich des »Fruchtbaren Halbmonds«.

Neolithikum Jungsteinzeit; setzt in Vorderasien gegen 7 000 v. Chr. ein und gliedert sich in eine vorkeramische (präkeramische, akeramische) und eine keramische Phase. Innerhalb dieser Zeitstufe gelangen erstmals der gezielte Anbau verschiedener Getreide- und Gemüsesorten sowie die Domestizierung beziehungsweise Herdenhaltung von Hund, Ziege, Schaf, Schwein und Rind (neolithische Revolution). Die seßhafte Lebensweise setzte sich durch und griff auf bislang unbesiedelte Gebiete aus, sobald die Bewässerungstechnik gemeistert wurde.

Neujahrsfest mehrtägiges Fest im babylonischen, assyrischen und hethitischen Festkalender mit Kulthandlungen wie Schicksalsbestimmung, Götterprozessionen zum *bīt akīti* und Zeremonie der Heiligen Hochzeit. Bei den Achämeniden war das Fest Anlaß für den Empfang von Gesandtschaften aller Reichsvölker. Er wurde in Persepolis prunkvoll begangen.

Obsidian vulkanisches Glas. Schon im Neolithikum wurde das scharfkantig brechende spröde Material über Hunderte von Kilometern transportiert (Fernhandel). Aus Obsidian wurden bevorzugt Klingen gefertigt. Wichtige Quellen waren die Vulkane Anatoliens.

Orthostat hochkant stehender Steinblock, der dem Mauerfuß Stabilität verleiht; auch Bezeichnung für die vorgeblendeten Steinplatten, die in der hethitisch beeinflußten Architektur der aramäischen Fürstentümer und bei der Ausgestaltung neuassyrischer Paläste als Bildträger für die in flachem Relief gestalteten Bildzyklen dienten. Hierbei handelte es sich um eine prestigeträchtigere Alternative zur Wandmalerei (auch Orthostatenreliefs waren partiell bunt bemalt).

Paläolithikum Altsteinzeit; ältester und am längsten währender Abschnitt der Menschheitsgeschichte; endet in Vorderasien gegen 10 000 v. Chr.; nachgewiesen im Bereich des Taurus, des Zagros und in Palästina.

Peristyl allseitig von gedeckten Säulengängen umschlossene Freifläche, nach innen offen, nach außen mehr oder weniger abgeschlossen.

plankonvexe Ziegel in Frühdynastischer Zeit verwendete Rechteckziegel mit flacher Unterseite und gewölbter Oberseite. Sie wurden hochkant in Fischgrätstellung und alternierend auch flach in viel Mörtel verlegt.

Polos Kopfbedeckung von konischem Umriß. Der Durchmesser nimmt nach oben zu.

Radiocarbon-Datierung Methode zur Gewinnung absoluter Altersangaben. Das auch ^{14}C-Datierung genannte Verfahren beruht auf der Tatsache, daß Flora und Fauna zu Lebzeiten dem radioaktiven Kohlenstoff ^{14}C der natürlichen kosmischen Strahlung ausgesetzt sind und diesen inkorporieren. Mit dem Absterben endet die Aufnahme. Das ^{14}C zerfällt danach unter Abgabe von ß-Strahlen. Aus der heute in der Probe meßbaren Menge an ^{14}C kann das Probenalter errechnet werden, da die Halbwertszeit von ^{14}C bekannt ist (5730 ± 40 Jahre). Die Methode liefert bislang keine exakten Daten, sondern nur Näherungswerte. Sie eignet sich bedingt für Datierungen prähistorischer Proben. Exakte Ergebnisse liefert die Dendrochronologie (Baumringdatierung), für die im Vorderen Orient jedoch nicht genügend Holzproben vorliegen (Ausnahme: Türkei).

relative Chronologie liefert keine absoluten Altersangaben (Jahreszahlen), sondern fixiert kulturelle Phänomene (Moden, technische Entwicklungen) in wechselseitigen Bezügen der Vor-, Gleich- oder Nachzeitigkeit.

Rhyton (griechisch »Trinkhorn«) Gefäß aus Keramik oder Metall, dessen tiefster Punkt einen Ausguß besitzt. Altvorderasiatische Rhyta waren oft Tierkörpern oder Tierköpfen nachgebildet, deren Schnauzen als Ausguß dienten.

Riemchen vollverbundfähige Lehmziegel, denn das Verhältnis von Länge zu Breite zu Höhe beträgt 2 : 1 : 1; Baumaterial der Späten Uruk-Zeit (um 3300 v. Chr.).

Risalit geringfügig aus einer Mauerflucht vorspringender Pfeiler. Risalite dienten als nichttragendes Gliederungselement altorientalischer Bauwerke und lockerten – oft im Wechsel mit Nischen – monotone Mauerflächen auf.

Rollsiegel längs durchbohrte kleine Steinwalzen, deren Zylinderfläche mit im Negativ eingeschnittenen Motiven versehen wurde. Auf dem feuchten Ton von Krug- oder Türverschlüssen und von Bullen (Plomben) abgerollt, ergab sich ein positiver Abdruck, dessen Beschädigung unerlaubten Zugriff erkennen ließ. Auf Tontafeln (Verträgen, Briefen) diente die Abrollung als bestätigende Unterschrift. Siegel führten zunächst nur Behörden, dann auch hochgestellte Personen und schließlich fast jeder freie Bürger. Als Gattung gibt es Rollsiegel seit der Schrifterfindung (Späte Uruk-Zeit). Sie lösten die älteren Stempelsiegel ab, wurden aber mit dem Aufkommen neuer Schriftträger (Papyrus im

Kleinasien	Mesopotamien	Iran	Indien	Perioden	Zeit v. Chr.
Amuq E	Spät-'Obēd (4)	Susa A		Mittleres Chalkolithikum	4000
	↓ Uruk (Früh) Uruk (Mittel)	↓ Susa B Susa C		Spätes Chalkolithikum	3500
Alişar O F G H	Uruk VI-IV Ĝemdet Nasr Frühdynastisch I/II Mesilim/Fāra-Zeit	Protoelamisch Erste Graue Ware		Frühe Bronzezeit I	3000
Alaça I	III Ur-I-Zeit Akkadisch ↓↑	Susa D	Indus-Kultur	II III	2500
J Kārum-Zeit Althethitisch K	Ur III Isin/Larsa Altassyrisch Altbabylonisch	↓ Altelamisch	↓	Mittlere Bronzezeit II	2000
Neuhethitisch Großreich	Kassitisch Mittanisch Mittelassyrisch	Mittelelamisch	Arier	Späte Bronzezeit I II	1500
See- und Nordvölker Lyder/Phryger/Urartäer Späthethiter	Neuassyrisch I Neuassyrisch II Spätbabylonisch	Zweite Graue Ware Neuelamisch Medisch		Eisenzeit I II	1000
Achämenidisch Hellenistisch Römisch	Achämenidisch Hellenistisch Parthisch	Achämenidisch Hellenistisch Parthisch		Achämenidisch Hellenistisch Parthisch	500

Synchronistische Tabelle früher Kulturen in Asien und Europa.

1. Jahrtausend v. Chr.) wiederum durch Stempelsiegel ersetzt.

Scharlachware (englisch *scarlet ware*) Buntkeramik der beginnenden Frühdynastischen Zeit, die sich aus der ebenfalls bemalten Ĝemdet-Naṣr-Keramik entwickelte. Schwarz und rot gemalter Dekor auf Tongrund zeigt geometrische Muster sowie stilisierte Tier- und Pflanzendarstellungen; zuletzt wurden auch Menschen dargestellt.

Stampflehm Gestampfter Lehm diente einerseits als Fußbodenbelag (Estrich), andererseits zum Bau von Gußmauerwerk. Beim Mauern wurde plastischer Lehm in eine Schalung gestampft, konnte aber auch ohne Schalung in festen geformten Klumpen verlegt werden. Nach Durchhärtung konnten nach und nach weitere Stampflehmschichten aufgesetzt werden.

Stele aufragendes stehendes Steinmal. Stelen waren im Querschnitt zunächst rund (3. Jahrtausend v. Chr.), später oval oder rechteckig, am oberen Ende meist abgerundet. Sie dienten als Bildträger für Reliefs und Inschriften.

Stempelsiegel seit der Ḥalaf-Zeit meist knopfförmige Siegel, deren Bildfläche mit geometrischen, später auch figürlichen Kerbschnittmustern versehen wurde. Stempelsiegel wurden mit der Schrifterfindung (Ende 4. Jahrtausend v. Chr.) durch Rollsiegel abgelöst, waren aber in den Nachbarländern Mesopotamiens weiter in Gebrauch. Seitdem nicht mehr auf Ton geschrieben wurde, erlebten Stempelsiegel auch in Assyrien (8. Jahrhundert v. Chr.) eine Renaissance.

Stiftmosaik Baudekor der Späten Uruk-Zeit. In dick aufgetragenen, noch feuchten Wandputz wurden konische Stein- und Tonstifte von 12–15 cm Länge gesteckt. Die von Natur aus farbigen Steinstifte beziehungsweise eingefärbte Tonstifte wurden dicht zu polychromen geometrischen Mustern gesetzt.

Stratigraphie Erkennen, Beschreiben und Definieren der in Ausgrabungen feststellbaren Fundschichten. Der Vergleich von Schichtinhalten unterschiedlicher Orte (vergleichende Stratigraphie) führt zur relativen Chronologie.

Survey historische Landesaufnahme; Untersuchung eines begrenzten Landschaftsgebietes zur Lokalisierung antiker Siedlungsspuren. Das Augenmerk gilt datierbaren Oberflächenfunden, wie Steingeräten und Keramik, sowie erkennbaren Bauresten. Der Survey gibt Auskunft über die Siedlungsgeschichte und bietet zugleich Entscheidungshilfen bei der Auswahl unter potentiellen Ausgrabungsplätzen.

Symposion festlicher Umtrunk; beliebtes Thema altorientalischer Flachbildkunst (Trinkszenen auf Siegeln, Weihplatten und Intarsien).

Tell (richtiger *Tall*, Plural *Tellūl* oder *Tullūl*) arabische Bezeichnung für Ruinenhügel, deshalb Namensbestandteil vieler Ortsnamen.

Temenos Einfriedung eines heiligen Bezirks mittels Mauern oder Zingeln.

Tepe türkische Bezeichnung für Ruinenhügel; auch in weiten Teilen Irans gebräuchlich und deshalb Bestandteil vieler Ortsnamen.

Tholos Rundhäuser beziehungsweise Rundhütten. Frühe (neolithische) Hausformen, die jedoch bald durch rechteckige Bauweise abgelöst wurden. Steinerne Tholoi, zum Teil mit rechteckigem Anbau, sind ein Charakteristikum der Ḥalaf-Zeit.

Tumulus künstlich aufgeschütteter Grabhügel; berühmteste Beispiele: die phrygischen Tumuli von Gordion.

Uruk-Tempel Tempeltyp der Späten Uruk-Zeit. Grundmodell ist ein durch Baudekor (Nischengliederung, Stiftmosaiken) oder Monumentalität hervorgehobenes Mittelsaalhaus, das manchmal um einen quergestellten Kopftrakt gleichen Typs erweitert wurde. Der große, langrechteckige Mittelsaal wird beidseitig von einer Nebenraumkette und Treppenhäusern flankiert.

Wādi Trockental, das nur während der Regenzeit kurzfristig Wasser führt.

Weihplatte Kunstgattung der Frühdynastischen Zeit; rechteckige Steinfliese mit zentralem Loch zur Befestigung an der Wand (?). Die Oberfläche ist in Streifen reliefiert. Beliebte Szenen: domestizierte und wilde Tiere, festliches Bankett, Musikanten, Familie, seltener religiöse Themen.

Zingel Mauer oder Raumkette, die Freiflächen beziehungsweise Höfe umrahmt; Gliederungselement bei Tempel- und Palastanlagen.

Zikkurrat (die; auch *Ziqqurrat*; abgeleitet von akkadisch *zaqāru*, »hoch bauen«). Seit Urnammu der mehrfach gestufte, aus massiven Ziegelkuben erbaute Tempelturm vieler mesopotamischer Städte (»Turm zu Babel«). Auf der obersten Plattform stand der inschriftlich erwähnte, aber nie erhaltene Hoch- oder Wohntempel, am Fuße der Zikkurrat der sogenannte Tieftempel, der auch als Erscheinungstempel der jeweiligen Stadtgottheit gedeutet wird. Die klassische Zikkurratform entwickelte sich aus frühgeschichtlichen Hochterrassen und den darauf erbauten Tempeln.

Zottenrock Männer- wie Frauengewand der Frühdynastischen Zeit. Die meist gestuften Horizontalreihen der Zotten deuten an, daß der die Knie bedeckende Rock aus einem Schaf- oder Ziegenfell (Vlies, griechisch *kaunakes*) bestand.

Literaturhinweise

AKURGAL, E., Die Kunst der Hethiter, München 1961
- Die Kunst Anatoliens von Homer bis Alexander, Berlin 1961
- Ancient Civilizations and Ruins of Turkey, Istanbul 1978

AMIET, P., Elam, Auvers-sur-Oise, 1966
- Die Kunst des Alten Orient, Ars Antiqua, Freiburg 1977

BARNETT, R. D., Assyrian Palace Reliefs in the British Museum, London 1974
- A Catalogue of the Nimrud Ivories, London 1957

BITTEL, K., Die Hethiter – Die Kunst Anatoliens vom Ende des 3. bis zum Anfang des 1. Jahrtausends vor Christus, Universum der Kunst, München 1976

BLEGEN, C., Troy and the Troyans, Ancient Peoples and Places, New York 1963

BÖRKER-KLÄHN, J., Altvorderasiatische Bildstelen und vergleichbare Felsreliefs, Baghdader Forschungen 4, Mainz 1982

BOTTÉRO, J., La religion babylonienne, Paris 1952

BRINKMANN, J. A., A Political History of Post-Kassite Babylonia from 1158 – 722 B. C., Analecta Orientalia 43, Rom 1968

The Cambridge Ancient History, 3 Bände in mehreren Teilen, 3. Aufl. Cambridge 1970 – 1982

The Cambridge History of Iran, 1 – 3, Cambridge 1968 – 1983

CARTER, E., STOLPER, M. W., Elam – Surveys of Political History and Archaeology, University of California Publications, Near Eastern Studies 25, (ohne Jahr [1983])

CASSIN, E., BOTTÉRO, J., VERCOUTTER, J. (HRSG.), Die Altorientalischen Reiche 1 – 3, Fischer Weltgeschichte 2 – 4, Frankfurt/Main 1965 – 1967

CAUVIN, J., Les premiers villages de Syrie-Palestine du IXème au VIIème millénaire avant J. C., Collection de la Maison de l'Orient Méditerranéen Ancien 4, Série Archéologique 3, Lyon 1978

COLE, S., The Neolithic Revolution, London 1963

COLLON, D., First Impressions, Cylinder Seals in the Ancient Near East, London 1987

DESHAYES, J., Les Civilisations de l'Orient Ancien, Paris 1969

EDZARD, D. O., Die »Zweite Zwischenzeit« Babyloniens, Wiesbaden 1957

EHLERS, E., Iran – Grundzüge einer geographischen Landeskunde, Wissenschaftliche Länderkunden 18, Darmstadt 1980

FALKENSTEIN, A., Das Sumerische, Handbuch der Orientalistik, Leiden 1964

FRANKFORT, H., The Art and Architecture in the Ancient Orient, Pelican History of Arts, 4. Aufl. Harmondsworth 1969

FREY, W., KÜRSCHNER, H., Die Vegetation im Vorderen Orient, Beihefte zum Tübinger Atlas des Vorderen Orients, Reihe A (Naturwissenschaften) Nr. 30, Wiesbaden 1989

FRIEDRICH, J., Entzifferung verschollener Schriften und Sprachen, Verständliche Wissenschaften, Berlin 1954

GOETZE, A., Kulturgeschichte Kleinasiens, Handbuch der Altertumswissenschaft, 3. Abt., 2. Teil, 2. Aufl. München 1957 (Nachdruck 1974)

HAAS, V., Das Reich Urartu, Konstanzer Althistorische Symposien Bd. 1, in: Xenia 17, Konstanz 1986

HAUSSIG, H.-W. (Hrsg.), Wörterbuch der Mythologie, 1. Abt. Die Alten Kulturvölker, Bd. 1, Götter und Mythen im Vorderen Orient, Stuttgart 1965

HEINRICH, E., Tempel und Heiligtümer im Alten Mesopotamien, Berlin 1982
- Die Paläste im Alten Mesopotamien, Berlin 1984

HELCK, W., Die Beziehungen Ägyptens zu Vorderasien im 3. und 2. Jahrtausend v. Chr., Ägyptologische Abhandlungen 5, Wiesbaden 1962

HINZ, W., Das Reich Elam, Urban Bücher 82, Stuttgart 1964

HROUDA, B., Vorderasien I, Handbuch der Archäologie, München 1971

HÜTTEROTH, W.-D., Türkei, Wissenschaftliche Länderkunden 21, Darmstadt 1982

HUOT, J.-L., Les Sumeriens-Entre le Tigre et l'Euphrate, Collection des Néréides, Paris 1989

KOLDEWEY, R., Das wieder erstehende Babylon, 5. Aufl. Berlin 1990

KRAMER, S. N., The Sumerians – Their History, Culture and Character, Chicago III. 1963

KREFTER, F., Persepolis – Rekonstruktionen, Teheraner Forschungen 3, Berlin 1971

KROLL, S., Das Reich Urartu, Hamburg 1979

LITTAUER, M. A., CROUWEL, J. D., Wheeled Vehicles and Ridden Animals in the Ancient Near East, Handbuch der Orientalistik, Leiden 1979

MATTHIAE, P., Ebla – Un impero ritrovato, Turin 1977
- I tesori di Ebla, Rom 1985

MELLAART, J., The Neolithic of the Near East, London 1975

MELLINK, M. J., FILIP, J., Frühe Stufen der Kunst, Propyläen Kunstgeschichte 13, Berlin 1974

MENSCHING, H., WIRTH, E., Nordafrika und Vorderasien, Fischer Länderkunde 4, überarbeitete Neuausgabe Frankfurt/Main 1989

MOORTGAT, A., Die Kunst des Alten Mesopotamien, Köln 1967

MOORTGAT-CORRENS, U., »Glyptik«, Reallexikon der Assyriologie 3, Berlin 1957 – 1971, S. 440 – 462

MUSCHE, B., Vorderasiatischer Schmuck von den Anfängen bis zur Zeit der Achaemeniden, Handbuch der Orientalistik, Leiden, im Druck

NAUMANN, R., Architektur Kleinasiens von ihren Anfängen bis zum Ende der hethitischen Zeit, 2. Aufl. Tübingen 1971

NUNN, A., Die Wandmalerei und der glasierte Wandschmuck im Alten Orient, Handbuch der Orientalistik, Leiden 1988

OPIFICIUS, R., Das Altbabylonische Terrakottarelief, Berlin 1961

OPPENHEIM, A. L., Ancient Mesopotamia – Portrait of a Dead Civilization, 3. Aufl. Chicago III. 1968

ORTHMANN, W., Der Alte Orient, Propyläen Kunstgeschichte 14, Berlin 1975

PARROT, S., Sumer, Universum der Kunst, 2. Aufl. München 1962
- Assur, Universum der Kunst, 2. Aufl. München 1961
- Sumer/Assur, Ergänzung 1969, Universum der Kunst, 2. Aufl. München 1973
- Sumer und Akkad, Universum der Kunst, 4. Aufl. München 1983

PORADA, E., Ancient Iran, New York 1965. Verkürzte deutsche Fassung unter dem Titel: Alt-Iran, Baden-Baden 1962

Reallexikon der Assyriologie und VorderasiatischenArchäologie, Bde. 1 – 7, Berlin 1932 – 1991 (laufende Fortschreibung)

SODEN, W. VON, Einführung in die Altorientalistik, Darmstadt 1985

SOLLBERGER, E., KUPPER, J.-R., Inscriptions royales sumeriennes et akkadiennes, Littératures anciennes du Proche-Orient, Paris 1971

SPYCKET, A., La Statuaire du Proche-Orient Ancien, Handbuch der Orientalistik, Leiden 1981

STROMMENGER, E., Das Menschenbild in der altmesopotamischen Rundplastik von Mesilim bis Hammurabi, Baghdader Mitteilungen I, Berlin 1960
- Die neuassyrische Rundskulptur, Abhandlungen der Deutschen Orient-Gesellschaft 15, Berlin 1970

STROMMENGER, E., HIRMER, M., Fünf Jahrtausende Mesopotamien, München 1962

WEIPPERT, H., Vorderasien II, Handbuch der Archäologie, München 1988

WICKEDE, A. VON, Prähistorische Stempelsiegel in Vorderasien, Münchner Vorderasiatische Studien 6, München 1990

WILHELM, G., Grundzüge der Geschichte und Kultur der Hurriter, Darmstadt 1985

WIRTH, E., Landschaft und Mensch im Binnendelta des unteren Tigris, Mitteilungen der Geographischen Gesellschaft in Hamburg 52, Hamburg 1955, S. 7 – 70
- Agrargeographie des Iraq, Hamburger Geographische Studien 13, Hamburg 1962
- Syrien – Eine geographische Landeskunde, Wissenschaftliche Länderkunden 4/5, Darmstadt 1971

YADIN, Y., The Art of Warfare in Biblical Lands, London 1963

Register

Kursive Seitenzahlen verweisen auf Abbildungen bzw. Bildlegenden.

Abūhappa 453
Abū Šaḥrēn 448
Acemhoyük 444
Achämeniden 162
Achämenidenkunst 418 ff
Achämenidenstil 438 ff
Ackerbau 22, 24, 51
Adab 278
Adad 225
Adad-nirāri II. 123
Ägypten 96, 104, 142 f, 354
Ahnen 223
Ahuramazda 176 f
Akka 292
Akkad 62–66
Akkader 58
Akkadisch 74 f, 277 ff
Akpınar 444
al-Hibā 451
Alaça Höyük 85, 384 f, 388, 397, 444
Alalaḫ 444
Aleppo 96
Alexander 184 f
Algebra 250
Alişar 444
Altıntepe 444
Amtssprache 280
Amurriter 74 f
An 223, 225, 228
'Ana 11
'Anat 372
Anatolien 25, 86, 110 ff, 378 ff
Anitta 86, 90
Anu-Zikurrat *309*
Anzu 291
Apadana 424 f, 428, 436
Apsû 227
'Aqar Qūf *215*, 342, 446
Aramäer 138 f, 156
Ararat *21*
Architektur 49, 159, 301, 368, 394, 396, 416
Ariditat 16
Arslan Taš 450
Arrapḫa 98
Artaxerxes I. 180 f
Artaxerxes II. 181
Ärzte 260
Asarhaddon 142 f, *357*
Assur 112 f, *114*, 116, 122–126, 136, 150, *245*, 445
Aššur 225
Aššur-uballiṭ I. 118
Assurbanipal 143 f, 156, 297
Assurkönige 113 f
Assurnaṣirpal II. 126, 135, *326*
Assyrer 112 ff
Assyrerheer 131 ff
Astrologie 251 f, 255, 257
Astronomie 251 f, 256
astronomische Tagebücher 254 f
Astyages 166
Atramḫasīs 229 f
Atraḫamsis-Epos 293 f

Babylon 78 f, 140, 142, *158*, 159, *160*, *312*, 437, 445
Babylonien 58, 150, 184
Bagoas 436
Bankgeschäft 201
Baumwuchs 29
Bauplastik 396, 399, 401
Bauwesen 261
Beschwörung 238, 240 ff, 245
Beterfiguren 316, 320
Beycesultan 445
Bildkunst 314 ff
Birs Nimrūd 445
Bīsutūn 426, 440, 445
Bodenversalzung 33
Boessneck, J. 35
Boğazkale 450
Boğazköy 450
Borsippa 445
Braidwood, R.J. 35
Bronze 364, 404
Bronzestatuetten 373, 385
Brücken 263
Buckelkeramik 389
Byblos 445

Can-Hasan-Keramik *49*
Çatal Höyük *39*, 51, 445
Chaldäer 156
Chalkolithikum 48 f, 51
Čoġā Mami 446
Čoġā Zanbīl *305*, 448

Dämonen 231, 234, 241
Dareios I. 168, 172, 177
Dehan-i Ġulaman *163*
Determinative 273
Dichter 295
Dichtung 281, 284
Dienstleistungen 198
Division 248
Dorfgemeinschaft 189
Dumuzi-Erzählungen 289 f
Dūr Kurigalzu *305*, 446
Dūr Samsuiluna 450
Dūr Šarrukīn *120*, 140, 446
Dūr Untaš 448

E-kur 223
Ea 230, 261
Eannatum 61, *75*
Ebla 64, 366, 368, 371, 448
Eidverträge 130
Eingeweideschau 239
Ekallātum 114, 117
Ekalte 454
Ekbatana 437
El-Quds 450
Elam 60, 70, 140, 144, 410 ff
Elektrizität 268
Elfenbein 361 f, 376
Enḫeduana 65
Enki 225, 293 f
Enkidu 292 f
Enlil 223 ff, 228, 230, 286 f, 293
Enmebaragesi 60
Enmerkar-Epen 291
Epen 207
Eponyme 123, 128
Ereškigal 228, 235, 291
Eridu 79, 448
Eridu-Ware 52
Ešnunna 448
Euphrat *32*, 33

Familienfirmen 201, 207
Fāra-Stil 317
Fāra-Zeit 273 f
Feldvermessungen 258
Felsmalereien 38
Felsreliefs 328, 355, 396 ff, 408, 413, 418
Fernhandel 113 f, 148, 206 f
Flachbild 326, 374
Fruchtbarer Halbmond 20 f, *22*, 26, 35
Frühgeschichte 52

Ganğ-Dareh 448
Gartenszene 352
gathu 426
Ğebaīl 445
Ğebel Arūda *75*, 448
Gebet 220, 241 f
Gebirge 12, 18
Gefäße 364, 377, 381, 391, 407
Geierstele 278, 338
Geld 420, 440
Geologie 11
Geometrie 250
Ğerablus 451
Gerste 189
Ğerwān 200, 448
Geschenkhandel 208
Gesellschaft 189
Gewichte 258
Gilgameš 245
Gilgameš-Epos 60, 288 f, 291 ff
Girsu 448
Glas 342
Glasherstellung 213, 268
Glasuren 357
Glasurgemälde 357 f
Godin Tepe 448
Goldbecher 417
Goldschmiede 266
Gordion 110, *406*, 407, 409, 448
Götterdienst 236 f
Götterfamilien 223
Götterhochzeit 238
Götterstaat 220
Götterstelen 375
Gottheit 219, 222, 224 f, 227
Gözlükule 453
Gräber 384 f, 408
Grabstatuen 372
Grausamkeit 135
Griechen 178, 180 f
Großgrundbesitz 200
Großplastik 373, 380
Grundwasser 21 f
Gubla 445
Gudea 66, *258*
Gudea-Figuren 320 f
Gudea-Zylinder 282 f
Gungunum 76
Gutäer 66
Guzana 371, 448

Habūba kabira 448
Ḫābūr *22*, 126
Hacılar 449
Hacılar-Keramik *46*, 49
Hadad 372
Ḫadātu 450
Hafāği 450
Ḫalab 371
Ḫalaf-Keramik 45, 48, 51
Hammarsee 32 f
Hammurabi 78 ff, 224
Handwerk 212, 215
Hängende Gärten 160, 263
Ḫantili I. 92
Hasanlu *418*, 450
Ḫassūna 450
Hatti 86, 99, 106, 109
Ḫattuša 85, 90, *92*, *95* f, 108 f, *393*, 394, 450
Ḫattušili I. 90 ff
Ḫattušili III. 108
Hazor 450
Hellenischer Bund 184
Herald's Wall 400
Herrscherbilder 420
Hethiter 85 f, 90
hethitische Kunst 393
Himmelsgewölbe 227
Ḫinnis-Bavian 450
Hısarlık 455
Holz 267
Holzintarsien 376
Homo sapiens 36

Horoskop 257
Horoztepe 85, 384 f, 388
Hors *32*, 33
Ḫorsābād 446
Humidität 17
Hurriter 85, 94, 397
Ḫursagkalamma 451
Hymnus 220

Ibbisîn 70
Idrimi 95 f, *371*
Ikiztepe 85
Ilion 455
Inandık 393 f
Inanna 225, 291 f
Inġarra 451
Ingenieurbau 262
Išān al-Baḥrījāt 450
Išbierra 70 f
Iščali 452
Isin 70, *71*, 76, 450
Iškur 281
Išmedagan 117
Isokephalie 337
Issos 185
Ištar 62, *224*, 225
Ištar-Tempel *238*
Ištar-Tor 357

Jericho *40*, 450
Jerusalem 450
Jorgan Tepe 452

Kalaḫ 450
Kalender 251
Kalḫū 450
Kambyses 168
Kanäle 262
Kaniš 85 f, 90, 207, 390, 451
Kār Salmanassar 450
Kār Tukulti Ninurta 451
Karaïndaš-Tempel 341
Karana 451
Karkemiš 111, 399 ff, 451
Kartographie 257
Kārum 390 f, 451
Kaškäer 103, 110
Kassiten 82, 150–155
Kaufurkunden 273
Keilschrift 240, 272 f, 278, 300
Keramik 40, 43 f, 48, 388, 391 f, 398, 407 f, 412, 417
Keš-Hymne 275
Kiš 451
Kizzuwatna 99, 102
Klima 13, 17
Kodex Hammurabi 76, 78, 81 f, 340
Kodex Lipiteštar 76
Kodizes 68
Koldewey, R. 160, 356
Kommendageschäft 202
König 57, 61
Königsburgen 436
Königsfriedhof von Ur 336
Königsinschriften 278 f
Königsliste 288 f
Königsstraßen 134
Königtum 173, 176
Kosmologie 256
Kudurru 154, 274, 342
Kūl-i Farah *410*
Kult 235, 237
Kultbecken 374
Kultstatuen 372
Kulturpflanzen 18
Kultvase aus Uruk 328, *329*
Kultzeremoniell 237
Kunsthandwerk 376 f
Kupfersteinzeit 49
Kūrangūn *410*
Kyaxares 166
Kyros 166 ff, 437

Lagaš 60 ff, 451
Lamassu 346
Landeigentum 197
Landwirtschaft 187 ff, 198
Larsa 451
Lehen 201
Liebesbeschwörung 280 f
Lieder 295, 297
Lipiteštar 76
Listen 247
Long Wall 400
Löwenjagdstele 329, *330*
Lugalbanda-Epen 291
Luwier 85
Luxusgüter 210

Macchie 28
Magan 64
Magie 241, 261
Malerei 314, 326, 328, 340
Maništūšu-Denkmal 320
Marduk 154, 220, 224 f, 228 f, 294
Mari 64, *78*, *80*, 116 f, 324, 341, 451
Mari-Schule *66*
Markttausch 209 f
Maße 258
Mathematik 248 ff
Meder 162 f, 166
Medizin 242, 248, 260 f
Megaron 380, 407
Megiddo 451
Meluḫḫa 64
Mersin 452
Mesilim 62
Mesilim-Keule 278, *330*
Mesilim-Stil 317
Metallbildwerke 320
Metallguß 324
Metallverarbeitung 214, 266 f
Mittani 91 f, 94–99, 104
Moortgat, A. 421
Moral 244
Mosaike 328
Mosaikstandarte 334, *335*, *337*
Mudhif 262
Multiplikation 248
Münzbilder 420
Münzen 176
Murēbit 452
Muršili I. 91 f
Muršili II. 106
Muwattali II. 106
Mythen 228 f, 281 f

Nabonid 160, 162
Nabopolassar 148, 158
Nafūd-Wüste *29*
Name 220
Napir-asu 413
Naqš-i Rustam *168*, *172*, 452
Narāmsın-Stele *338*
Naturalismus 325
Neandertaler 36, 38
Nebī Junus 452
Nebukadnezar 156, 158
Neolithikum 35, 38, 40
Nergal 228, 235
Neribtum 452
Neša 451
Neujahrsfest 238
Niederschläge 13
Nimrūd 126, 128, 450
Ninazu 296
Ningirsu *75*, 287
Ninive 142, *144*, 262, 452
Ninurta 189
Ninurta-Epen 286
Niobe 397
Nippur *71*, 79, *117*, 223, *245*, *256*, 258, 452
Norşuntepe 35
Nuffar 452
Nuš-i Ğan *437*
Nutzpflanzen 187
Nuzi 452
Nuzi-Keramik *213*, 342

Obelisken 356
Oikos-Wirtschaft 192
Omina 252
Opfer 238
Orakel 142 f
Orthostatenrelief 343-354
Ova 25 f

Paläolithikum 36, 38
Palastanlagen 308 f, 368, 371, 391
Palastgeschäft 197 ff, 201
Palastorganisation 128
Palmyragebirge *12*, *29*
Pantheon 223 ff, 227
Parrattarna 95
Parsa 452
Pasargadae *168*, *172*, *437*, *439*, 452
Persepolis *172*, 176, *177* f, *181*, 421-429, *432*, *439*, 452
Perser 166, 178, 180
Personennamen 225
Perspektive 326, 340, 346, 352
Phryger 405
Plastik 325
Porträt 314
Poterne 395
Privatarchitektur 371
Processional Entry 401
Profanarchitektur 308
Prophezeiung 247 f
Pseudo-Aristoteles 419
Pythagoras 251

Qal'at Ğarmō 452
Qal'at Šerġāt 425
Qujunğik 452
Quleia *117*

Rās Šamrā 455
Relief 314, 326, 380, 401
Reliefintarsien 374
religiöse Texte 217
religiöse Vorstellungen 220
religiöses Empfinden 219
Ritualgefäße 393
Rollsiegel 300, 360 f, 377, 392, 412
Rosette 300
Royal Buttress *401*
Rundbild 314
Rundplastik 320, 372, 392, 394, 420

Saatpflug 189
Šaduppûm 453
Sakralarchitektur 307, 369
Salmanassar 120
Salmanassar III. 126 f, *128*, 136
Sam'al 401, 453
Sāmarrā 453
Sāmarrā-Keramik 48
Šamaš 220, 225
Šamšī-Adad I. 114, 116, 218
Samsuiluna 82
Sänger 295
Sanherib 140, 142
Sār-i Pūl *55*
Sargon 62, 64, 66
Sargon II. 137, 139 f
Sargoniden 139
Šarkališarrī 66
Sarkophag 375
Satrapien 177, 180
Säulenwälder 424
Sauštatar 96
Scharlachware *363*
Schicksalstafeln 231
Schliemann, H. 381
Schmuck 362, 381, 385
Schöpfung 229 f
Schreiber 70, 193 f, 247
Schrifterfindung 55, 273
Schriftzeichen 271 ff
Schulen 248, 285 f
Senkere 451
Sexagesimalsystem 248 ff, 256, 272, 274
Siduri 245
Siegelbilder 420
Siegesdenkmäler 354 f
Silberschmiede 266
Sîn 225
Sintflutmythos 230, 288, 293 f
Sippa *258*
Sippar 453
Sklaven 193
Skythen 142
Sparta 181
Späthethitische Kunst 399
Sprachen 276 ff
Stadt 57, 189 f
Stadtfürst 69
Stadtmauer 308
Steinbearbeitung 268
Steinwerkzeuge 38
Stempelsiegel 44, 377, 392, 398
Steppe 16, 19 f
Sternbilder 252, 255
Subartu 112
Subsistenzproduktion 208 f
Südwestarabien 24
Šulgi *281*, 287 f, 288 f
Sumerer 55 ff
Sumerisch 74 f, 276
Sumerische Königsliste 60
Šunaššura 102
Sünde 234, 240, 244 f
Šuppiluliuma 103 f
Šuppiluliuma II. 109
Šuruppag, Rat des 274, 281
Šuš 453
Susa 410, 412, *413*, 418, 436, 453
Susa-Keramik *46*
Syrien 366 ff

Tabal 140
Taḫt-i Ğamšīd 452
Tarsus 453
Taurus *17*, *19*
Technologie 261, 268
Telipinu 93
Tell Abū Ṣalābīḫ 274 f, 453
Tell Açana 444
Tell Ağrab 453
Tell 'Ain Dara *366*, 372
Tell al-Beiḍā 453

Tell al-Dhiba'i 250
Tell al-Mutesallim 451
Tell al-Qedah 450
Tell al-'Uqēr 454
Tell ar-Rimāḥ 262, 451
Tell Arpačije 453
Tell Asmar 448
Tell Bi'a 455
Tell Brāk 453
Tell Buqras 453
Tell el-Muqejir 455
Tell el-'Obēd 454
Tell el-Uēli 454
Tell eṣ-Ṣawwān 454
Tell es-Sulṭān 450
Tell Ḥalaf 448
Tell Halawa 374
Tell Harīrī 451
Tell Ḥarmal 453
Tell Ḥassūna 454
Tell Ḫuēra 454
Tell Lēlān 454
Tell Mardiḫ 448
Tell Munbāqa 454
Tell Oḥēmir 451
Tell Qannas 448
Tellō 448
Tellūl al-'Aqar 451
Tempel 190, 236 f, 301
Tempelanlagen 307, 369, 371, 395, 404
Temperaturen 13, 16
Tepe Gaura 454
Tepe Guran 454
Tepe Hissar 454
Teššup *99*
Terrakottareliefs 338, 361
Textilien 266
Tholoi 51
Thutalija IV. 108 f
Tiāmat 227 f
Tieftempel 304
Tierdarstellungen 404
Tiglatpilesar I. 121, 123
Tiglatpilesar III. 128
Tigris 32 f
Til Barsip 454
Tilmun 64
Tod 234 f
tokens 271
Tontafel 271 f
Tonzylinder 282
Töpferei 381
Töpferscheibe 48
Totenkult 44
Transportwesen 263, 266
Tribute 130 f
Trockengürtel 11
Troja 378, 380, *381*, 384, 388 ff, 455
Truva 455
Tukulti-Ninurta I. 120 f, 123
Tukulti-Ninurta II. 123, 126
Tukulti-Ninurta-Kultsockel 342
Tumulus 408
Ṭušpa 137, *138*, 402
Tušratta 98
Tutḫalija 102 f
Tuttul 455
Tutub 450

UĒLI-KERAMIK 52
Ugarit 371, 376, 455
Untaš-Napiriša 413
Unterwelt 227, 235
Ur *58*, *62*, *234*, 455
Ur-III-Dynastie 66-70, 287
Urartäer 402 ff
Urartu 126 ff, 136 ff
Urkunde 194
Urnammu 66, 68, *237*, 288 f
Urnanše 62
Uruanna 260
Uruk 57 f, *215*, 455
Urukagina 62
Utuḫengal 66

VAN 440
Vegetation 17, 20
Vergöttlichung 65
Verwalter 122 f
Verwaltung 177, 192 ff, 196
Votivstatuen 372
Vulkane 12

WAFFEN 363
Wahrsagerei 238 ff, 242
Wald 19
Wandmalerei 330, 346 f, 404
Wandpaneele 374
Wandreliefs 213
Warka 455
Wasser 20 ff
Wasseruhr 251
Waššukani 104
Weißer Tempel 307, *309*
Weltbild 227 f
Weltkarte 257
Weltschöpfung 224, 227 f, 294
Wohnhaus 312
Wüste 19

XERXES 178, 180

YAZILIKAYA *99*, 396 f, 455
Yümük Tepe 452

ZAGROSGEBIRGE *12*, 32
Zahlensystem 248
Ziegel 301
Ziegelbau 39
Zikkurrat 304
Zimrilim 117
Zincirli 453
Zitadelle 369, 403
Zypern 140

Quellennachweis

BARNETT, R. D., Hittite Hieroglyphic Texts at Aleppo, in: Iraq 10, 1948
BORGER, R., Die Inschriften Asarhaddons, Königs von Assyrien, in: Archiv für Orientforschung, Beiheft 9, 1956
CAPELLE, W., Die Schrift von der Welt, NJB 11, 1905
EILERS, W., Die Gesetzesstele Chamurabis, Leipzig 1932
FALKENSTEIN, A., VON SODEN, W., Sumerische und akkadische Hymnen und Gebete, Zürich 1953
FRIEDRICH, J., Kleinasiatische Sprachdenkmäler, Berlin 1932
GÖTZE, A., Die Annalen des Muršiliš, in: Mitteilungen der Vorderasiatisch-Ägyptischen Gesellschaft 38, 1933
GREEN, M., Journal of Near Eastern Studies 47, 1980
GRESSMANN, H., Altorientalische Texte und Bilder zum Alten Testament, Berlin 1926
GÜTERBOCK, H. G., Journal of Cuneiform Studies 10, 1956
HEIMPEL, W., Journal of Cuneiform Studies 33, 1981
HERODOT, Historien, Übers. von A. Horneffer, Stuttgart 1971
HOFFMANN, I., Der Erlaß Telipinus, Texte der Hethiter 1, Heidelberg 1984
HRUSKA, B., Archiv Orientalni 53, 1985
IMPARATI, F., SAPORETTI, C., Studi classici e orientali 14, 1965
JAKOB-ROST, L., Assyrien. Die Inschriften, Berlin 1982
JEAN, CH.-F., Contrats de Larsa, Paris 1926
KNUDTZON, J. A., Die El-Amarna-Tafeln, Leipzig 1907
KÖNIG, F. W., Der Burgbau zu Susa. Nach den Bauberichten des Königs Dareios I., Leipzig 1930
LAMBERT, W. G., Babylonian Wisdom Literature, Oxford 1960
LARSEN, M. T., Old Assyrian Caravan Procedures, Istanbul 1967
ORLIN, L. L., Assyrian Colonies in Cappadocia, The Hague/Paris 1970
STOLPER, M. W., Entrepreneurs and Empire, Istanbul 1985
THUREAU-DANGIN, Correspondence de Hammurapi avec Šamašḫaṣir, in: Revue d'Assyriologie 21, 1924
WEISSBACH, F. H., Die Keilinschriften am Grabe Darius Hystaspis, Leipzig 1911